Standorttheorien

Oliver Farhauer · Alexandra Kröll

Standorttheorien

Regional- und Stadtökonomik
in Theorie und Praxis

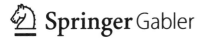

Oliver Farhauer
Alexandra Kröll
Lehreinheit für Volkswirtschaftslehre
Universität Passau
Passau, Deutschland

ISBN 978-3-658-01573-2   ISBN 978-3-658-01574-9   (eBook)
DOI 10.1007/978-3-658-01574-9

Die Deutsche Nationalbibliothek verzeichnet diese Publikation in der Deutschen Nationalbibliografie;
detaillierte bibliografische Daten sind im Internet über http://dnb.d-nb.de abrufbar.

Springer Gabler
© Springer Fachmedien Wiesbaden 2013

Lektorat: Stefanie Brich

Gedruckt auf säurefreiem und chlorfrei gebleichtem Papier

Springer Gabler ist eine Marke von Springer DE. Springer DE ist Teil der Fachverlagsgruppe Springer
Science+Business Media
www.springer-gabler.de

Vorwort

Es gibt eine zentrale Frage, die sich wohl jede Person und jedes Unternehmen stellt: Die Frage nach dem optimalen Wohn- bzw. Standort. Die Antwort auf diese Frage wird von den verschiedensten Faktoren, wie etwa dem Vorhandensein einer ausreichenden Anzahl an Arbeitsplätzen bzw. Arbeitskräften und der Ausgestaltung der lokalen Infrastruktur, entscheidend beeinflusst. Die Standortentscheidungen aller Privatpersonen und Unternehmen zusammen ergeben bestimmte räumliche Muster. Wir können zum Beispiel einerseits Ballungsgebiete und andererseits eher periphere Gebiete beobachten. In Abhängigkeit davon, wie viele und welche Akteure sich in einer Region ansiedeln, ergeben sich verschiedene Implikationen für die Entwicklung der jeweiligen Region.

Es existiert bereits einiges an Lehrtexten, die sich mit regional- und stadtökonomischen Fragestellungen auseinandersetzen. Wir haben uns dennoch dazu entschlossen, ein weiteres Buch zu dieser Thematik zu verfassen, um erstens einen didaktisch völlig neuen Weg bei der Vermittlung von Inhalten zu gehen und zweitens ganz bestimmte Inhalte aus dem breiten Feld der Regional- und Stadtökonomik zusammenzustellen, die sich insbesondere mit den oben genannten Standortentscheidungen auseinandersetzen.

Dieses Buch zeichnet sich dadurch aus, dass wir den Leser auf seinem jeweiligen Kenntnisstand abholen und durch jedes einzelne Kapitel führen wollen. Der Text ist mit zahlreichen anschaulichen Beispielen aus dem alltäglichen Leben gespickt, um den Inhalt der vorgestellten Theorien und Modelle zu verdeutlichen. Unterstützend werden grafische Darstellungen eingesetzt, um Modelle oder deren Mechanismen zu veranschaulichen. Theoretische Abhandlungen zu ausgewählten Modellen vertiefen die gewonnenen Erkenntnisse. Das Besondere an unseren analytischen Herleitungen ist, dass jeder Schritt einzeln aufgezeigt und erklärt wird. Zudem werden alle wichtigen Terme ausführlich interpretiert, um die ökonomischen Hintergründe mathematischer Ausdrücke zu verdeutlichen. Unsere Erfahrung aus jahrelanger universitärer Lehrtätigkeit hat gezeigt, dass eine derartige Vorgehensweise den Studierenden die Scheu vor komplex wirkenden Modellen nehmen kann, und sie mit Freude in der ökonomischen Modellwelt zu denken lernen, ohne dabei die praktischen Aspekte außer Acht zu lassen. Diese Vorgehensweise hat sich auch beim Lehren empirischer Methoden und Anwendungen bewährt. Deshalb werden auch alle empirischen Verfahren anhand von einfachen (Zahlen-)Beispielen aufbereitet.

Mit unserem Buch wenden wir uns an eine breite Leserschaft. Der Text ist so aufgebaut, dass er sowohl für Bachelor- als auch Masterstudierende der Volkswirtschaftslehre und der Wirtschaftsgeographie geeignet ist. Außerdem richten sich einige Kapitel an Bachelor- und Masterstudierende der Betriebswirtschaftslehre, speziell mit dem Schwerpunkt Strategisches Management. Doktoranden sprechen wir insbesondere in den analytisch komplexeren Kapiteln sowie in den anwendungsorientierten Teilen an. Letztere richten sich auch an Praktiker in öffentlichen und privaten Einrichtungen, die regional- und stadtökonomischen Fragestellungen nachgehen.

Wesentliche Inhalte dieses Buchs werden schon seit Jahren an der Universität Passau im Rahmen der Master-Lehrveranstaltung „Standorttheorien" gelehrt. Im Laufe der Jahre haben die Studierenden immer wieder wertvolle Hinweise für die Verbesserung des Buches geliefert, wofür wir uns herzlich bedanken. Ebenso bedanken wir uns bei Frau Janina Sobolewski und Frau Stefanie Brich vom Springer Gabler Verlag für ihre Unterstützung bei der Erstellung des Manuskripts. Für wichtige Anregungen zu einem frühen Zeitpunkt des Manuskripts danken wir Dr. Martin Wrobel. Das gesamte Manuskript haben Mag. Elisabeth Kröll und Claudia Stöckl MA sorgfältig gelesen und mit kritischen Anmerkungen wesentlich bereichert. Schließlich gilt unser ganz besonderer Dank Mag. Roland Žulić, der unseren Text in ein sprachlich einwandfreies Deutsch gebracht und somit wesentlich zur Leserfreundlichkeit beigetragen hat. Alle verbleibenden inhaltlichen und sprachlichen Missgeschicke gehen auf uns zurück.

Passau, September 2013   Oliver Farhauer
                                                             Alexandra Kröll

Inhaltsverzeichnis

Teil VIII   Anhang

Teil I

Einleitung

Zusammenfassung

Im gesamten Buch wird der Maxime von Albert Einstein gefolgt, der meinte: „Alles sollte so einfach wie möglich gemacht werden, aber nicht einfacher." Allen Kapiteln in diesem didaktisch versierten Buch ist gemeinsam, dass der Leser „an die Hand genommen" werden soll. Die Kapitel sind mit Beispielen aus dem täglichen Leben gespickt, um dem Leser den Zugang zur Materie zu erleichtern und die Alltagsrelevanz der besprochenen Inhalte zu unterstreichen. Weiterhin wird stets darauf geachtet, sowohl dem Einsteiger als auch dem fortgeschrittenen Leser gerecht zu werden. Außerdem werden alle Gleichungen ausführlich interpretiert, damit ihr inhaltlicher Hintergrund ersichtlich wird. Dadurch soll eine allfällige Schwellenangst vor komplexeren Modellen oder auch nur kompliziert wirkenden Formeln abgebaut werden und der Leser soll Begeisterung für die Materie entwickeln können. Im vorliegenden Lehrbuch geht es nicht bloß um die Vermittlung von Fach- und Faktenwissen. Vielmehr soll dem Leser *anwendbares* Wissen vermittelt werden, das ihn befähigt, das Gelesene eigenständig zu replizieren und auch auf neue Situationen bzw. Aufgabenstellungen anzuwenden.

Die Autoren dieses Buchs leben seit einiger Zeit in der Universitätsstadt Passau, einer eher kleinen Stadt in Niederbayern: Passau ist mit seinen knapp 50.000 Einwohnern sogar eine der kleinsten kreisfreien Städte Deutschlands. Trotz ihrer vergleichsweise geringen Einwohnerzahl verfügt die Stadt aber über eine Universität, ein Theater, mehrere Kinos und Einkaufszentren, ein Krankenhaus, eine direkte Autobahnanbindung und vieles mehr. Diese Vielzahl an Einrichtungen ist für eine Stadt dieser Größe eher ungewöhnlich. Passau vereint all diese Funktionen auf sich, da es ein so genanntes *Oberzentrum* ist. Kurz gesagt, um Passau herum ist alles noch kleiner als Passau. Die nächsten größeren Agglomerationen sind mehr als eine Autostunde von hier entfernt (zum Beispiel Regensburg, München, Linz). Dies ist der Grund dafür, dass in einer vergleichsweise kleinen Stadt Institutionen und Funktionen vorzufinden sind, die normalerweise nur in größeren Städten beheimatet sind. Dennoch sind ganz bestimmte Funktionen

O. Farhauer und A. Kröll, *Standorttheorien*, DOI: 10.1007/978-3-658-01574-9_1,
© Springer Fachmedien Wiesbaden 2013

größeren Städten vorbehalten. So muss der Passauer, der in den Urlaub fliegen will, zum Flughafen nach München, Salzburg oder Linz reisen. Somit finden wir ein System von Städten vor, die je nach ihrer Größe bzw. Bedeutung verschiedene Funktionen übernehmen. Aufgrund der Funktionen, die sie innehaben, sind Städte häufig ein attraktiver Standort für Unternehmen bzw. Wohnort für Personen. Die Herausbildung solcher Städtesysteme und die von einer Stadt ausgehenden Standortvorteile gehören zu den Phänomenen, denen wir uns in diesem Buch widmen.

Beobachtet man die beliebtesten Wohnorte in entwickelten Industrieländern, so zeigt sich, dass aktuell etwa 75 % der Bevölkerung in Städten leben. Offensichtlich weisen Städte gegenüber ländlichen Gebieten Eigenschaften auf, die sie als besonders attraktive Wohnorte erscheinen lassen. Städte sind nicht nur in der heutigen Zeit beliebt, sondern schon seit ungefähr 10.000 Jahren. Als älteste Stadt der Welt gilt Jericho, das im heutigen Westjordanland liegt. Als Grund für die für damalige Verhältnisse hohe Einwohnerzahl von etwa 2.000 Menschen wird vermutet, dass die Bevölkerung sich und ihre Güter vor Eindringlingen schützen wollte. Darauf lässt eine sieben Meter hohe und bis zu drei Meter dicke Stadtmauer schließen, die von einem tiefen Graben umgeben war. Für eine Einzelperson wäre es unmöglich gewesen bzw. hätte es sich nicht gelohnt, eine solche Verteidigungsanlage zu errichten. Im Kollektiv jedoch wurde es möglich, solch einen Schutzwall zu realisieren. Aber nicht nur als Wohnorte, sondern auch als Orte der Produktion zeichnen sich Städte als vorteilhaft aus. Als ältestes Beispiel für eine spezialisierte Produktion in einer Stadt gilt Çatalhöyük in der heutigen Türkei. Dort wurden Werkzeuge und Waffen aus Obsidian (vulkanischem Gesteinsglas), Holz und Stein gefertigt (vgl. O'Sullivan 2006). Für die Herstellung dieser Güter war hoch spezialisiertes Fachwissen notwendig. Dadurch, dass die Produktion in der Stadt stattfand, konnte dieses Wissen einfach von einer Person an die andere weitergegeben werden bzw. fiel es leicht, die Arbeitstechniken durch das Beobachten bereits geübter Arbeitskräfte zu erlernen. Auch heute noch können wir auf bestimmte Branchen spezialisierte Städte beobachten. Dies lässt darauf schließen, dass es für bestimmte Unternehmen nach wie vor vorteilhaft ist, in räumlicher Nähe zu anderen spezialisierten Unternehmen zu produzieren. Die so zu beobachtende Standortwahl von Unternehmen betrachten wir in diesem Buch ausführlich und führen eine Reihe weiterer Gründe an, die für derartige Entscheidungen ausschlaggebend sein können.

Des Weiteren ist immer wieder zu beobachten, dass manche Städte und Regionen sowohl an Einwohnern als auch an Wirtschaftskraft zulegen, während andere in eine Krise geraten und im Laufe der Zeit schrumpfen. Ein Beispiel für eine Stadt, die diese Phasen bereits mehrmals in ihrer Geschichte durchlaufen hat, ist die an der Ostküste der USA gelegene Stadt Boston. Ursprünglich einer der reichsten Handelshäfen der Welt, geriet Boston in eine Krise, weil New York und Philadelphia aufgrund besser befahrbarer Flüsse zu den wichtigsten Handelshäfen wurden. Dank seiner Erfahrung in der Seefahrt hatte Boston aber Vorteile im Bau von Handelsschiffen. Als es nach dem amerikanischen Unabhängigkeitskrieg (1783) zu einer Liberalisierung des Handels kam und der Bedarf an Handelsschiffen rapide anstieg, profitierte Boston von seinem Wissen und konnte sich so aus der Krise befreien. Die wirtschaftliche Regeneration nach Krisenzeiten wiederholte sich in

Boston noch mehrmals (vgl. Glaeser 2005). Aber nicht nur hier zeigt sich ein ständiges Auf und Ab von Städten und Regionen, sondern auch anderswo wechseln die Zentren wirtschaftlicher Aktivität einander im Zeitverlauf häufiger ab. Es gibt zahlreiche Theorien, die versuchen, diese Entwicklung zu beschreiben. Wir greifen die wichtigsten davon auf und versuchen zu ergründen, wann und warum sich Unternehmen (und auch Konsumenten) für welchen Standort entscheiden. Für die Analyse solch realer Standortentscheidungen benötigt man nicht zuletzt geeignete empirische Instrumente. Einige der gängigsten diesbezüglichen Verfahren greifen wir im weiteren Verlauf dieses Buchs ebenfalls auf.

1.1   Ausrichtung und Zielsetzung dieses Buchs

Beim Verfassen dieses Buchs haben wir in allen Kapiteln großen Wert auf eine besondere didaktische Vorgehensweise gelegt: Während unseres Studiums kam es bei spezielleren Themen und Fragestellungen immer wieder vor, dass wir in den zur Verfügung stehenden Lehrbüchern auf nur unzureichende Erklärungen und schlicht zu knapp gehaltene Herleitungen von Modellen stießen. Und es war extrem mühsam, sich viele der Modelle unter Zuhilfenahme diverser Quellen in nächtelanger Kleinarbeit selbst zu erschließen. Erschwernisse dieser Art könnten auch der Grund dafür sein, dass sich sehr viele Studierende von auf den ersten Blick ziemlich komplex aussehenden Modellen und Verfahren abgeschreckt fühlen. Genau dies möchten wir verhindern. Deshalb erklären wir alle Herleitungen und Umformungen sowie die Anwendung diverser regionalökonomischer Verfahren in bislang unüblicher, innovativer Art und Weise: Jeder Umformungsschritt und die einzelnen Komponenten aller verwendeten Formeln und Gleichungen werden von Grund auf beschrieben. Der Leser muss sich diese nicht selbst erarbeiten, sondern braucht ihnen nur zu folgen. Zudem unterlegen wir die verwendeten theoretischen Modelle und empirischen Anwendungen mit anschaulichen Beispielen. Insbesondere diese Beispiele sollen es dem Leser ermöglichen, Zugang zur Materie zu finden und den Hintergrund zum Teil auch etwas komplexerer Modelle zu verinnerlichen. Im gesamten Buch folgen wir der bereits zitierten Maxime von Albert Einstein, der meinte: „Alles sollte so einfach wie möglich gemacht werden, aber nicht einfacher."

Allen Kapiteln ist gemeinsam, dass der Leser „an die Hand genommen" werden soll. Verbaltheoretische Unterkapitel werden mit Beispielen aus dem täglichen Leben gespickt, um den Leser an die dargestellten Inhalte heranzuführen und vor allem auch deren Alltagsrelevanz zu unterstreichen. In formaleren Unterkapiteln achten wir stets darauf, sowohl dem Einsteiger als auch dem fortgeschrittenen Leser gerecht zu werden. Sind beispielsweise Umformungsschritte notwendig, um von einer Gleichung auf die nächste zu kommen, werden diese meist separat unterhalb der jeweiligen Gleichung in einer Box – in seltenen Fällen auch im Anhang – dargestellt. So werden fortgeschrittene Leser in ihrem Lesefluss nicht gestört und Einsteiger haben die Möglichkeit, von der Hintergrundinformation Gebrauch zu machen. Des Weiteren werden Gleichungen stets ausführlich interpretiert, damit ersichtlich wird, welche Zusammenhänge sie darstellen. So streben wir an, dem Leser die Scheu vor komplexeren Modellen oder auch nur „umständlich" aussehenden Formeln zu nehmen und ihn für die Materie zu begeistern. In unseren anwendungsorientierten Kapiteln greifen wir stets auf einfache, leicht nachvollziehbare Beispiele zurück, die es jedem ermöglichen, die vorgestellten Maßzahlen für eigene Untersuchungen selbst zu berechnen und die empirischen Analysen anhand unseres Leitfadens nachzuvollziehen. So geht es im vorliegenden Buch nicht allein um trockene und abstrakte Theorie, sondern vielmehr um die Vermittlung von *anwendbarem* Wissen, das den Leser befähigt, das Gelesene eigenständig zu reproduzieren und auch auf neue Fragestellungen anzuwenden.

In Teil I werden in Kap. 2 zunächst traditionelle Theorien der Standortwahl vorgestellt. Dazu zählen Theorien, die sich mit der Landnutzung um eine Stadt herum, dem Zusammenspiel von Städten innerhalb eines Systems und der Frage der optimalen Standortwahl im Raum auseinandersetzen. Diesen Theorien ist gemeinsam, dass sie eine explizite räumliche Komponente beinhalten: Sie berücksichtigen nämlich die Tatsache, dass bei der Überwindung von räumlichen Distanzen Transportkosten anfallen. Das darauf folgende Kap. 3 behandelt Theorien der Standortwahl, wie sie in der klassischen Stadtökonomik herangezogen werden. In der Stadtökonomik wird unter anderem der Frage nachgegangen, weshalb Städte bzw. Agglomerationen existieren. Sie kommt zu dem Ergebnis, dass es vielschichtige Agglomerationskräfte gibt, welche die Produktion oder das Leben in einem Ballungsraum attraktiv machen. Das Ziel von Kap. 3 ist, die klassischen Erklärungsansätze dafür auszumachen, weshalb ein Agglomerationsraum sowohl für Unternehmen als auch für Privatpersonen als Stand- bzw. Wohnort attraktiv ist. Aus den individuellen Standortentscheidungen ergibt sich schließlich in jedem Agglomerationsraum eine spezifische Branchenstruktur. In Kap. 4 werden die Eigenheiten verschiedener Branchenstrukturen dargestellt, und ihr Einfluss auf eine Stadt (zum Beispiel auf das lokale Beschäftigungswachstum) wird untersucht.

Neben den traditionellen Theorien der Standortwahl gibt es einen neueren Ansatz, der sich mit dieser Thematik befasst – das Cluster- und Netzwerkkonzept, das in erster Linie auf den Betriebswirt Michael Porter zurückgeht. Dieses ist Gegenstand von Teil II. Zu Beginn, in Kap. 5, wird das Konzept in allen Einzelheiten vorgestellt, wobei besonderer Wert auf eine leserfreundliche Darstellung mit vielen Beispielen gelegt wird. In jüngerer Vergangenheit wurde das Cluster- und Netzwerkkonzept häufig in der regionalpolitischen Praxis aufgegriffen und oftmals als eine Art Allheilmittel für strukturschwache Regionen dargestellt. Kapitel 6 übt Kritik an den Grundpfeilern des Cluster- und Netzwerkkonzepts und bespricht gleichzeitig Implikationen, die sich in Bezug auf regionalpolitische Maßnahmen daraus ableiten lassen.

Teil III befasst sich mit dem aktuellen Stand der Forschung. In den letzten Jahren wurden Modelle der Neuen Ökonomischen Geographie entwickelt, die äußerst populär geworden sind. Daher beschäftigen wir uns in Kap. 7 mit den Grundzügen dieser Theorie – man könnte auch sagen, mit dem gemeinsamen Nenner einer breiten Palette an Modellen der Neuen Ökonomischen Geographie. Diese Modelle greifen die in Teil I thematisierten Transportkosten und Agglomerationskräfte auf, um damit die Standortentscheidungen von Unternehmen und Arbeitskräften abzubilden. Das anschließende Kap. 8 widmet sich der Theorie der Kreativen Klasse. Dieser zufolge sind die so genannten drei Ts (Talente, Technologie und Toleranz) für den wirtschaftlichen Erfolg einer Region ausschlaggebend. Wir ordnen die Theorie der Kreativen Klasse, die sich mit der Bedeutung von Kreativität und dem Humankapital von Arbeitskräften beschäftigt, ebenfalls unter den „neuesten" Standorttheorien ein.

Nachdem in den bisherigen Teilen die Funktion von Agglomerationsräumen und deren Herausbildung durch individuelle Standortentscheidungen erklärt wurden, widmet sich Teil IV der *Entwicklung* dieser Räume. Kapitel 9 erklärt die unterschiedliche Entwicklung von Regionen erst aus Sicht der sektoralen und dann der regionalen Polarisationstheorie, welche die Bedeutung von Innovationen für die wirtschaftliche Entwicklung herausstellt. Währenddessen betont die Exportbasistheorie in Kap. 10 die Bedeutung von Basissektoren – die exportorientiert sind – für die regionale Entwicklung. Der Einfluss von Bildungs- sowie Forschungs- und Entwicklungtätigkeiten auf das regionale Wachstum wird in Kap. 11 anhand der Theorie des endogenen Wachstums untersucht. Die neo-schumpeterianischen Ansätze in Kap. 12 hingegen betrachten nicht nur den Aufstieg bzw. das Wachstum einer Region, sondern erklären darüber hinaus, wie eine ehemals prosperierende Region in eine Krise geraten kann. Teil IV schließt in Kap. 13 mit einem Modell zum Lebenszyklus von Städten. Ähnlich wie bei den neo-schumpeterianischen Ansätzen wird darin das wirtschaftliche Auf und Ab von Städten mithilfe eines so genannten *leap-frogging*-Modells erklärt. Demgemäß kann eine ehemals anderen hinterher hinkende Stadt durch den Einsatz einer neuen Technologie ein so starkes Wirtschaftswachstum generieren, dass sie bereits etablierte Städte hinter sich lässt.

Teil V stellt eine Reihe von Instrumenten vor, mit denen die bisher besprochenen Elemente der Standorttheorien und der regionalen wirtschaftlichen Entwicklung empirisch analysiert werden können. Kapitel 14 wartet mit einer großen Auswahl an Indizes zur Messung räumlicher Konzentration und regionaler Spezialisierung auf. Diese Indizes reichen von eher einfachen (zum Beispiel Standortquotient, Hirschman-Herfindahl-Index) bis hin zu komplexeren Maßzahlen, die zurzeit „state of the art" sind und in führenden empirischen Publikationen angewendet werden (zum Beispiel Ellison-Glaeser-Index, Duranton-Overman-Index). Im darauf folgenden Kap. 15 wird die Shift-Share-Analyse vorgestellt, mithilfe derer sich regionale Entwicklungsdynamiken abschätzen lassen. Zudem kann damit die wirtschaftliche Entwicklung einer Region auf verschiedene Faktoren zurückgeführt werden. Kapitel 16 beschäftigt sich mit einem weiteren empirischen Instrument, der Input-Output-Analyse. Sie ermöglicht es, die Verflechtungen einzelner Branchen miteinander zu bestimmen, und kann damit sowohl wechselseitige Abhängigkeiten dieser Branchen untereinander aufzeigen als auch die Ballung von bestimmten Branchen oder Wirtschaftsbereichen in einer Region identifizieren. Schließlich stellen wir in Teil VI grundlegende Ergebnisse aus den vorigen Teilen prägnant heraus und führen dem Leser seinen Lernfortschritt durch die Lektüre dieses Buchs vor Augen.

1.2   Zielgruppe

So breit wie das Gebiet der Regional- und Stadtökonomik ist auch der von uns adressierte Leserkreis. Zum Einen sprechen wir in diesem Lehrbuch Studierende im Bachelor- und Masterbereich an. Die Inhalte einzelner Kapitel unterscheiden sich wesentlich im analytischen Anspruch, weshalb sowohl Bachelor- als auch Masterstudenten von der Lektüre profitieren können. Insbesondere richten wir uns an Studierende der Volkswirtschaftslehre, der Wirtschaftsgeographie, der Stadt- und Landesplanung und der Betriebswirtschaftslehre mit dem Schwerpunkt Strategisches Management. Zum Anderen sprechen wir aufgrund des hohen analytischen Anspruchs mancher Kapitel ebenso Doktoranden an. Für das Erstellen eigener theoretischer Modelle ist es wichtig, mit verschiedenen Modellbausteinen und Modellierungsweisen vertraut zu werden. Gleichzeitig bieten wir aber auch empirisch arbeitenden Doktoranden eine wichtige Hilfestellung, insbesondere in unserem anwendungsorientierten Teil V. Dieser Teil richtet sich auch an Politiker und Praktiker, wie zum Beispiel Mitarbeiter diverser Kammern, die sich für die regionale Entwicklung interessieren, diese untersuchen und möglicherweise beeinflussen wollen. Unser Buch bietet ihnen ein breites Repertoire an Kennzahlen und Methoden zur Analyse der Entwicklung von Regionen.

1.3   Hinweise für den Leser

Schon nach kurzer Zeit der Arbeit mit diesem Buch wird der Leser feststellen, dass wir ihn immer wieder einmal direkt ansprechen. Diese Vorgehensweise wählen wir, um den Leser auf die Reise durch unser Buch mitzunehmen und zum selbstständigen Denken und Nachvollziehen der vorgestellten Argumente anzuregen. Sollte uns dies so gut gelingen, dass Sie neue, bessere Beispiele oder allgemeine Hinweise oder Anregungen zum Text haben, freuen wir uns über jede Art der Rückmeldung.

Da aktuelle Forschungspapiere zumeist in englischer Sprache verfasst sind, führen wir oft hinter einem deutschen Fachbegriff in Klammern den entsprechenden englischen Ausdruck dafür an. Dies soll dabei helfen, grundlegende regional- und stadtökonomische Zusammenhänge auch in der englischsprachigen Forschungsliteratur leichter einordnen zu können und den Wiedererkennungswert beim Studium von Fachpublikationen zu erhöhen.

Sowohl in den modelltheoretischen als auch den anwendungsorientierten Kapiteln arbeiten wir häufig mit Formeln. Im Text verweisen wir aber nur auf jene davon, die für die weitere Entwicklung des Modells oder der Berechnung relevant sind oder ausführlich interpretiert werden. Deshalb sind auch nur diese Formeln mit einer Nummerierung versehen. Die übrigen formalen Ausdrücke stellen zum Beispiel Umformungsschritte dar, die wir zur besseren Nachvollziehbarkeit der Berechnungen angeben. Sofern die Leser im anwendungsorientierten Teil V des Buchs unsere Zahlenbeispiele mit dem Taschenrechner oder dem Computer nachrechnen möchten (was wir ihnen sehr ans

Herz legen), ist zu beachten, dass es zu leichten Abweichungen aufgrund unterschiedlicher Rundung bzw. Berücksichtigung von Nachkommastellen kommen kann. Zumeist haben wir uns aber bemüht, in den Beispieltabellen so viele Nachkommastellen anzugeben, dass man beim Nachrechnen mit dem Taschenrechner auf beinahe exakt das gleiche Ergebnis kommt wie bei der Berechnung mithilfe eines Computers.

Literatur

Glaeser, E. L. (2005). Reinventing Boston. *Journal of Economic Geography, 5*(2), 119–153.

O'Sullivan, A. (2006). The first cities. In R. J. Arnott & D. P. McMillen (Hrsg.), *A companion to urban economics* (S. 40–54). Malden, MA: Blackwell Publishing.

Teil II

Traditionelle Standorttheorien und Branchenstrukturen

Unter dem Begriff *Traditionelle Standorttheorien fassen* wir in diesem Buch Ansätze zusammen, die sich mit der unternehmerischen Standortwahl, mit Standortstrukturtheorien und Agglomerationskräften beschäftigen. Durch die individuellen Standortentscheidungen von Unternehmen bilden sich einerseits Muster der Landnutzung um eine Stadt heraus und andererseits entsteht ein System von Städten, die jeweils unterschiedliche Funktionen übernehmen, was Thema der Standortstrukturtheorien ist. Sowohl die Theorien zur unternehmerischen Standortwahl als auch die Standortstrukturtheorien zeichnen sich dadurch aus, dass sie explizit Transportkosten berücksichtigen. Zur Zeit des Aufkommens der genannten Theorien am Ende des 19. bis Mitte des 20. Jahrhunderts war die Berücksichtigung dieser Kosten ein Novum, weshalb die in diesem Kapitel vorgestellten Ansätze in der ökonomischen Theorie als revolutionär galten. Durch die Berücksichtigung dieser Kostenkategorie wurde es erst möglich, eine räumliche Komponente in die diversen Modelle zu integrieren. Aufgrund dessen gelten die vorgestellten Autoren für viele als Begründer der Regionalökonomik.

In der Realität ist zu beobachten, dass Unternehmen in der Regel keine isolierten Standorte für ihre Produktion wählen, sondern sich die ökonomische Aktivität im Raum ballt. Die gemeinsame Standortwahl von Unternehmen hat jedoch weitreichende Folgen: Entscheiden sich mehrere Unternehmen für ein und denselben Standort, werden dort Agglomerationskräfte freigesetzt, die in vielen Fällen bewirken, dass sich weitere Unternehmen an diesem Standort niederlassen. Diese Agglomerationskräfte können in vielerlei Gestalt auftreten, zum Beispiel können Unternehmen davon profitieren, wenn sich ihre Zulieferer und Abnehmer in räumlicher Nähe befinden oder eine gut ausgebaute Infrastruktur zur Verfügung steht. Durch die gemeinsame Standortwahl von Unternehmen bilden sich schließlich unterschiedliche Branchenstrukturen heraus, die Auswirkungen auf die Wirtschaftskraft von Städten und Regionen haben.

Traditionelle Standortlehre

2

Zusammenfassung

Zur traditionellen Standortlehre zählen wir „ältere" Theorien (aus der Zeit von Ende des 19. bis Mitte des 20. Jahrhunderts) von bekannten Standorttheoretikern. Wir betrachten die Ansätze von Hotelling, Weber, von Thünen, Christaller und Lösch, von denen die meisten aus dem deutschsprachigen Raum stammten. Die Traditionelle Standortlehre umfasst sowohl einzelwirtschaftliche Ansätze, wie sie Bestandteil der Theorien zur unternehmerischen Standortwahl sind, als auch gesamtwirtschaftliche Ansätze, wie sie in den Standortstrukturtheorien vorkommen. Die Theorien zur unternehmerischen Standortwahl analysieren aus mikroökonomischer Perspektive die Beweggründe für eine bestimmte Standortentscheidung von Unternehmen. Durch die einzelnen Standortentscheidungen ergibt sich einerseits ein Muster der Landnutzung um eine Stadt herum und andererseits entsteht ein System von Städten, die jeweils unterschiedliche Funktionen übernehmen, was beides Gegenstand der Standortstrukturtheorien ist. Insofern verfolgen die Standortstrukturtheorien eine globalere Herangehensweise als die Theorien unternehmerischer Standortwahl. Beide Theoriestränge zeichnen sich dadurch aus, dass die Transportkosten, die in früheren Modellen noch außer Acht gelassen wurden, nun eine wesentliche Rolle spielen. Diese Innovation war äußerst bedeutend und ebnete den Weg für viele Modelle der jüngeren Generation.

Die traditionelle Standortlehre bildete lange Zeit das Fundament für regionalökonomische Fragestellungen, indem sie systematisch die Standortwahl von Unternehmen und die Struktur von Standorten analysierte. In Abschn. 2.1 betrachten wir Theorien unternehmerischer Standortwahl, welche die Standortentscheidung eines einzelnen Unternehmers untersuchen. Dabei spielen hauptsächlich Kostenüberlegungen, insbesondere betreffend die Transportkosten, eine entscheidende Rolle. Unternehmen wählen den Standort, an dem sie ihre Gewinne maximieren können. Im Gegensatz dazu nehmen die Standortstrukturtheorien in Abschn. 2.2 eine andere Position ein: Einige von ihnen beschäftigen

O. Farhauer und A. Kröll, *Standorttheorien*, DOI: 10.1007/978-3-658-01574-9_2, 13
© Springer Fachmedien Wiesbaden 2013

sich mit der internen Struktur eines einzelnen Standorts, während andere die Beziehungen verschiedener Standorte zueinander in den Fokus stellen. Insofern ist, wie bereits gesagt, die Betrachtungsweise der Standortstrukturtheorien eine umfassendere.

2.1   Theorien unternehmerischer Standortwahl

Die Theorien unternehmerischer Standortwahl nehmen eine mikroökonomische Perspektive ein und analysieren die Standortentscheidungen von Unternehmen aus diesem Blickwinkel. Eines ihrer besonderen Merkmale besteht in der Berücksichtigung von Transportkosten. Die Produktion findet somit nicht dimensionslos, sondern eingebettet in ein räumliches System statt. Dadurch werden strategische Überlegungen der Unternehmer hinsichtlich der Standortwahl berücksichtigt. In Abschn. 2.1.1 wird das Modell von Hotelling vorgestellt, in dem jeder Unternehmer das strategische Kalkül verfolgt, einen möglichst großen Marktanteil zu erlangen. Webers Ansatz in Abschn. 2.1.2 unterscheidet sich davon dadurch, dass die Nachfrageseite ausgeblendet wird. Stattdessen wird die Angebotsseite expliziter modelliert, indem Weber sowohl die Lage der Rohstofflagerstätten relativ zum Unternehmensstandort berücksichtigt als auch die beim Transport der benötigten Rohstoffe anfallenden Kosten.

2.1.1   Hotellings Gesetz

Das berühmte Hotelling-Gesetz geht auf den von Harold Hotelling (1929) publizierten Aufsatz *Stability in Competition* zurück. Hotelling, ein US-amerikanischer Statistiker und Volkswirt, beschäftigt sich darin mit dem Problem der Standortwahl von Unternehmen. Seine Ausführungen beschränken sich dabei im Wesentlichen auf die Situation eines Duopols, einer Marktform mit nur zwei auf dem Markt aktiven Unternehmen, er geht aber auch kurz auf die Situation mit drei Verkäufern ein. Vor ihm hatten sich bereits namhafte Autoren wie Antoine-Augustin Cournot (1838), Bertrand (1883) und Francis Edgeworth (1897) Gedanken über den Wettbewerb zwischen Unternehmen im Rahmen eines Duopols gemacht und vor allem die Verhaltensweisen von Oligopolisten in ihren Modellen analysiert. Hotelling hebt sich von den genannten Autoren gleich in mehreren Aspekten ab, die wir nun im Detail analysieren wollen. Das wohl wichtigste Merkmal, das Hotellings Beitrag auszeichnet, ist seine explizite Betrachtung der räumlichen Komponente des Oligopol-Wettbewerbs. Im Folgenden kann der Leser wählen, ob er die recht einfache formale Herleitung nachverfolgen möchte, oder ob ihm die intuitive grafische und verbale Darlegung des Modells ausreicht. Beide Strategien zusammen führen jedoch sicherlich zu einem besseren Verständnis des Modells.

Wie angesprochen, gibt Hotelling dem Markt eine räumliche Dimension; dies bedeutet, der Markt wird nicht bloß als ein Punkt im Raum behandelt. Stattdessen wird er eindimensional dargestellt als eine Linie mit einer bestimmten Länge (in unserem Beispiel 100 Meter) wie in Abb. 2.1 gezeigt. Diese Linie kann schematisch für eine Hauptstraße,

Abb. 2.1 Das Eisverkäufer-Problem. Nach Hotelling (1929, S. 45)

eine Eisenbahnlinie oder Ähnliches stehen. In vielen Darstellungen dieses Modells wird der Markt als Strand, auf dem die Sonnenanbeter gleich verteilt in der Sonne braten, bezeichnet, was auf Rosenhead und Powell (1975) zurückgeht. Dieser Sichtweise wollen wir uns anschließen und uns vorstellen, im Hochsommer an einem weißen Strand in südlichen Gefilden am tiefblauen Meer zu liegen, bis wir Lust auf ein Eis bekommen. Die beiden Unternehmer Mia und Ben sind Eisverkäufer und ihre jeweiligen Standorte am Strand sind in Abb. 2.1 gekennzeichnet mit M und B.

Die Eiskäufer sind per Annahme gleichmäßig entlang des Strands verteilt, auf jedem Meter ein braungebrannter Konsument. Pro Zeiteinheit, sagen wir pro Stunde, kauft jeder Konsument ein Eis. Die Nachfrage ist somit vollkommen unelastisch (nicht preisreagibel), also spielt der Preis für ein Eis für die Höhe der Nachfrage keine Rolle. Beim Eistransport von einem Verkäufer zum jeweiligen Badeplatz fallen für den Konsumenten aber Transportkosten an, etwa durch die Unannehmlichkeit des Tragens des Eises oder durch die Angst, das Eis könnte beim Tragen hinunterfallen und danach nach Sand schmecken, bevor der Badeplatz wieder erreicht ist. Diese Transportkosten betragen t pro Entfernungseinheit, sie steigen also linear mit der Entfernung zwischen dem Badeplatz und dem Standort des besuchten Eisverkäufers. Die Konsumenten bevorzugen weder Mia noch Ben, da sich die beiden weder hinsichtlich der Qualität des angebotenen Eises noch in ihrer Freundlichkeit beim Verkaufen unterscheiden. Vielmehr wenden sich die Eiskonsumenten an den Verkäufer, bei dem der Preis des Eises zuzüglich der anfallenden Transportkosten am geringsten ist.

Die Preise, welche die beiden Eisverkäufer für ihr Produkt verlangen, können sich grundsätzlich voneinander unterscheiden. Allerdings kann Ben maximal Mias Preis zuzüglich der Transportkosten von ihrem Standort zu seinem verlangen. Wäre sein Preis höher, würden alle Konsumenten bei Mia Eis kaufen. Analoges gilt umgekehrt für den höchst möglichen Preis, den Mia verlangen kann. Ist diese Bedingung der maximalen Preise erfüllt, sind beide Eisverkäufer auf dem Markt aktiv. Alle Konsumenten links von Mia (im Bereich a) kaufen das Eis bei ihr, und alle Konsumenten rechts von Ben (im Bereich d) kaufen bei diesem ein, da sie so ihre Kosten (Preis des Eises plus Transportkosten) minimieren. Der Konsument, dem es gleichgültig ist, ob er bei Mia oder Ben Eis kauft, markiert die Grenze zwischen ihren Absatzgebieten. Er befindet sich in Abhängigkeit von den Eispreisen der beiden Verkäufer – irgendwo zwischen M und B. Seine Indifferenz zwischen den beiden Eisverkäufern lässt sich formal darstellen als

$$p_M + tb = p_B + tc. \tag{2.1}$$

Dabei ist p_M der Preis, den Mia pro Eis verlangt, und Ben berechnet p_B. Die Entfernung des indifferenten Individuums / zu Mia ist b und die zu Ben c. Die Indifferenz dieses Konsumenten impliziert, dass die Preise zuzüglich der Transportkosten einander gleichen-egal, bei welchem Verkäufer das Eis erworben wird (s. Gl. 2.1).

Die Eisverkäufer maximieren ihren Gewinn, den wir im Folgenden berechnen. Der Gewinn eines Unternehmers hängt unter anderem von seinem Absatzgebiet ab, weshalb wir in einem ersten Schritt die Größe desselben bestimmen. Die Länge des Strands wurde auf 100 Meter festgesetzt. Links von Mia befinden sich a Meter Strand, zwischen Mia und dem indifferenten Konsumenten/liegen b Meter, zwischen diesem Individuum und Ben liegen weitere c Meter und rechts von Ben ist der Strand d Meter lang. Insgesamt gilt folglich

$$a + b + c + d = 100. \tag{2.2}$$

Umformen von Gl. 2.2 nach c ergibt $c = 100-a-b-d$, anschließendes Einsetzen in Gl. 2.1 führt zu $p_M + tb = p_B + t(100-a-b-d)$ und erneutes Umformen resultiert in

$$b = \frac{1}{2}\left(\frac{p_B - p_M}{t} + 100 - a - d\right). \tag{2.3}$$

Gleichermaßen kann die nach b umgeformte Gl. 2.2 in 2.1 eingesetzt und so c ermittelt werden:

$$c = \frac{1}{2}\left(\frac{p_M - p_B}{t} + 100 - a - d\right). \tag{2.4}$$

Herleitung von Gl. 2.3 und Gl. 2.4
Gleichung 2.3: Ausgehend von $p_M + tb = p_B + t(100 - a - b - d)$ ergibt Subtraktion von p_M und teilweises Ausmultiplizieren der Klammer auf der rechten Seite: $tb = p_B - p_M + t(100 - a - d) - tb$. Addition von tb resultiert in $2tb = p_B - p_M + t(100 - a - d)$ und Division durch $2t$ führt zum Ergebnis:
$b = \frac{1}{2}\left(\frac{p_B - p_M}{t} + 100 - a - d\right) \cdot$

Gleichung 2.4: Aus Gl. 2.2 folgt: $b = 100 - a - c - d$ und Einsetzen in Gl. 2.1 führt zu $p_M + t(100 - a - c - d) = p_B + tc$. Nun subtrahieren wir p_B und addieren tc (analog zu oben): $p_M - p_B + t(100 - a - d) = 2tc$, und schließlich muss durch $2t$ dividiert werden: er ist, je größer die Differenz $c = \frac{1}{2}\left(\frac{p_M - p_B}{t} + 100 - a - d\right).$

Ausgehend davon, dass bei der Produktion keinerlei Kosten anfallen, sind die jeweiligen Gewinne π von Mia und Ben durch das Produkt ihres Preises und der jeweils verkauften Menge gegeben:

$$\pi_M = p_M q_M = p_M (a + b) = p_M\left(a + \frac{1}{2}\left(\frac{p_B - p_M}{t} + 100 - a - d\right)\right)$$

$$= \frac{p_M p_B - p_M^2}{2t} + \frac{1}{2}(100 + a - d)\, p_M \tag{2.5}$$

$$\pi_B = p_B q_B = p_B (c + d) = p_B\left(\frac{1}{2}\left(\frac{p_M - p_B}{t} + 100 - a - d\right) + d\right)$$

$$= \frac{p_M p_B - p_B^2}{2t} + \frac{1}{2}(100 - a + d)\, p_B \tag{2.6}$$

Dabei wurde im ersten Schritt für q_M beziehungsweise q_B die jeweilige Marktgröße von Mia und Ben eingesetzt (s. Abb. 2.1). Wenn wir im Folgenden von der verkauften bzw. konsumierten Menge an Eis sprechen, beziehen wir uns dabei immer auf eine Zeiteinheit, also beispielsweise eine Stunde. Auf jedem Meter Strand gibt es einen Konsumenten, der ein Eis verzehrt. Die Länge des Absatzmarktes in Metern gibt somit die Anzahl der verkaufbaren Stück eines Eisverkäufers an. Im zweiten Schritt wurde für b Gl. 2.3 beziehungsweise Gl. 2.4 statt c eingesetzt und die resultierenden Ausdrücke wurden vereinfacht.

Jeder Eisverkäufer wählt seinen Preis so, dass er bei gegebenem Preis des Konkurrenten seinen Gewinn maximiert:

$$\frac{\partial \pi_M}{\partial p_M} = \frac{p_B}{2t} - \frac{p_M}{t} + \frac{1}{2}(100 + a - d) = 0 \;\leftrightarrow\; p_M = \frac{p_B}{2} + \frac{t}{2}(100 + a - d)$$
$$(2.7)$$

$$\frac{\partial \pi_B}{\partial p_B} = \frac{p_M}{2t} - \frac{p_B}{t} + \frac{1}{2}(100 - a + d) = 0 \;\leftrightarrow\; p_B = \frac{p_M}{2} + \frac{t}{2}(100 - a + d)$$
$$(2.8)$$

Gleichung 2.7 ist Mias Reaktionsfunktion und gibt ihren Gewinn maximierenden Preis an, wenn Ben p_B wählt. Beide Eisverkäufer sind rational und wissen, dass der jeweils andere ebenfalls Gewinn maximierend agiert. Deshalb kennt Mia Gl. 2.8, die Bens Reaktionsfunktion ist. Durch Einsetzen von Gl. 2.8 in Gl. 2.7 lässt sich Mias optimaler Preis ermitteln:

$$p_M = \frac{\frac{p_M}{2} + \frac{t}{2}(100 - a + d)}{2} + \frac{t}{2}(100 + a - d)$$

$$p_M = \frac{p_M}{4} + \frac{t}{4}100 - \frac{t}{4}(a - d) + \frac{t}{2}100 + \frac{t}{2}(a - d),$$

wobei 100 jeweils vor die Klammer geschrieben und beim dritten Term -1 vor die Klammer gezogen wurde. So kann man nun die beiden Terme $(a - d)$ zusammenfassen; ebenso werden die beiden Terme mit 100 zusammengefasst und $p_M/4$ wird auf die linke Seite gebracht:

$$\frac{3}{4}p_M = \frac{3t}{4}100 + \frac{t}{4}(a - d)$$

Multiplizieren mit 4/3 und Ausklammern von t auf der rechten Seite führt schließlich zu Mias optimalem Preis:

$$p_M = t\left(100 + \frac{a - d}{3}\right).$$
$$(2.9)$$

Bens Gewinn maximierender Preis ist analog zu ermitteln: Mias Reaktionsfunktion in Gl. 2.7 muss in Bens Reaktionsfunktion in Gl. 2.8 eingesetzt werden. Alternativ kann

Mias optimaler Preis aus Gl. 2.9 in Bens Reaktionsfunktion eingesetzt werden; daraus folgt nach einigen Umformungsschritten (die analog zur Berechnung von Mias Preis erfolgen):

$$p_B = t \left(100 - \frac{a-d}{3} \right). \qquad (2.10)$$

Aus den optimalen Preisen kann auf die optimalen Verkaufsmengen geschlossen werden. Wie bereits beschrieben gilt

$$q_m = a + b \cdot$$

Für b kann Gl. 2.3 eingesetzt werden:

$$q_m = a + \frac{1}{2} \left(\frac{p_B - p_M}{t} + 100 - a - d \right),$$

und p_M und p_B sind durch die optimalen Preise in Gl. 2.9 und Gl. 2.10 zu ersetzen:

$$q_m = a + \frac{1}{2} \left(\frac{t \left(100 - \frac{a-d}{3} \right) - t \left(100 + \frac{a-d}{3} \right)}{t} + 100 - a - d \right). \qquad (2.11)$$

Nach Vereinfachung dieses Ausdrucks resultiert Mias optimale Produktions- beziehungsweise Verkaufsmenge mit

$$q_m = \frac{1}{2} \left(100 + \frac{a-d}{3} \right). \qquad (2.12)$$

Herleitung von Gl. 2.12
Kürzen von t im Bruch von Gl. 2.11 und Streichen von 100 im Zähler ergibt

$$q_m = a + \frac{1}{2} \left(-\frac{a-d}{3} - \frac{a-d}{3} + 100 - a - d \right).$$

Anschließendes Vereinfachen führt zu

$$q_m = a + \frac{1}{2} \left(-2\frac{a-d}{3} + 100 - a - d \right) = \frac{1}{2} \left(2a - 2\frac{a-d}{3} + 100 - a - d \right);$$

dabei wurde das erste a in die Klammer gezogen. Weiteres Zusammenfassen resultiert schließlich in dem Ausdruck in Gl. 2.12:

$$q_m = \frac{1}{2} \left(100 + 2a - 2\frac{a}{3} - a + 2\frac{d}{3} - d \right) = \frac{1}{2} \left(100 + \frac{a-d}{3} \right).$$

Die Berechnung von Bens optimaler Verkaufsmenge erfolgt spiegelbildlich:

$$q_B = c + d;$$

c wird durch Gl. 2.4 substituiert

$$q_B = \frac{1}{2}\left(\frac{p_M - p_B}{t} + 100 - a - d\right) + d.$$

Einsetzen von p_M und p_B sowie anschließendes Vereinfachen nach dem gleichen Schema wie bei Mia führt zu Bens Gewinn maximierender Menge an Eis:

$$q_B = \frac{1}{2}\left(100 - \frac{a-d}{3}\right). \tag{2.13}$$

Die optimierten Gewinne ergeben sich aus dem Substituieren der optimalen Produktionsmengen (Gl. 2.12 und 2.13) und Preise (Gl. 2.9 und 2.10) in der jeweiligen Gewinnfunktion (Gl. 2.5 und Gl. 2.6):

$$\pi_M = p_M q_M = t\left(100 + \frac{a-d}{3}\right) \cdot \frac{1}{2}\left(100 + \frac{a-d}{3}\right) = \frac{t}{2}\left(100 + \frac{a-d}{3}\right)^2 \tag{2.14}$$

$$\pi_B = p_B q_B = t\left(100 - \frac{a-d}{3}\right) \cdot \frac{1}{2}\left(100 - \frac{a-d}{3}\right)$$
$$= \frac{t}{2}\left(100 - \frac{a-d}{3}\right)^2 = \frac{t}{2}\left(100 + \frac{d-a}{3}\right)^2 \tag{2.15}$$

Aus Gl. 2.14 wird ersichtlich, dass Mias Gewinn umso höher ist, je größer die Differenz a-d ist. Für sie ist es vorteilhaft, sich möglichst weit rechts am Strand zu positionieren (a ist groß), während Ben noch weiter rechts sein sollte als sie (d ist klein). Im Gegensatz dazu ist Bens Gewinn umso höher, je größer die Differenz d-a ist. Er möchte sich möglichst weit links am Strand niederlassen (d ist groß), während er Mia an den linken Rand des Strands verdrängen möchte (a ist klein). Aufgrund dessen werden beide Eisverkäufer ihren Stand immer weiter in die Mitte des Strands verlegen. Betrachten wir nochmals Abb. 2.1: Ben wird seinen Stand weiter links aufbauen, um d zu vergrößern. Gleichzeitig wird aber auch Mia weiter in die Mitte des Strands rücken und ihren Verkaufsstand weiter rechts aufbauen, um a zu vergrößern. Ein Gleichgewicht besteht erst dann, wenn beide ihren Standort in der Mitte des Strands haben. Ihre jeweiligen exklusiven Absatzgebiete a und d sind dann gleich groß ($a = d$) und die Bereiche b und c existieren nicht mehr, s. Abb. 2.2. Die Gl. 2.9 und 2.10 für die optimalen Preise verdeutlichen, dass bei $a = d$ beide Eisverkäufer den gleichen Preis verlangen: $p_M = p_B = 100\, t$. Zudem sind ihre Gewinne bei $a = d$ identisch und betragen $t/2 * 100^2$ (s. Gl. 2.14 und Gl. 2.15).

Wir haben gezeigt, dass die beiden Eisverkäufer im Gleichgewicht identische Preise verlangen und denselben Standort wählen. Zudem verkaufen sie (in diesem Modell) ein homogenes Produkt. Hotelling fasst dies zusammen mit: „[W]e find […] an undue tendency for competitors to imitate each other in quality of goods, in location, and in other essential ways." (Hotelling 1929, S. 41). Die Tatsache, dass sich die Wettbewerber auf

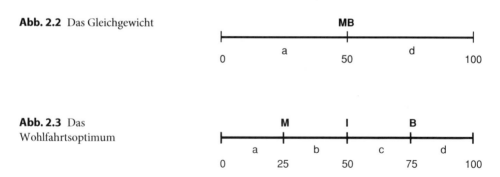

Abb. 2.2 Das Gleichgewicht

Abb. 2.3 Das Wohlfahrtsoptimum

mehreren Ebenen immer ähnlicher werden und ihre Produkte einander angleichen, wird als *Hotellings Gesetz* oder auch als *Prinzip der minimalen Differenzierung* bezeichnet.

Das in Abb. 2.2 dargestellte Gleichgewicht entspricht einem Nash-Gleichgewicht und ist folglich stabil. Würde ein Verkäufer davon abweichen und seinen Stand nicht in der Mitte des Strands aufbauen, sondern ihn zur linken oder rechten Seite hin rücken, würde er dadurch das Absatzgebiet, das er alleine bedienen kann, verkleinern. Dieses Verhalten würde seinen Gewinn schmälern und wird deshalb nicht zu beobachten sein. Das Gleichgewicht, in dem sich beide Eishändler in der Mitte des Strands befinden, ist aber nicht wohlfahrtsmaximierend. Die wohlfahrtsoptimale Konfiguration ist in Abb. 2.3. dargestellt. Dabei gehen wir zur einfacheren Darstellung davon aus, dass beide Eisverkäufer auch hier den gleichen Preis verlangen. Der Konsument *I*, der indifferent zwischen dem Kauf des Eises bei Mia oder bei Ben ist, befindet sich daher genau in der Mitte des Strands. (Die Analyse würde auch mit unterschiedlichen Preisen bei den beiden Verkäufern funktionieren. Allerdings befände sich der indifferente Konsument dann nicht genau in der Mitte des Strands.)

Im Wohlfahrtsoptimum mit identischen Preisen umfasst das Absatzgebiet von Mia die Abschnitte *a* und *b* und jenes von Ben die Bereiche *c* und *d*. Die beiden haben also jeweils ein genau so großes Absatzgebiet wie auch im Gleichgewicht und machen daher gleich hohe Gewinne wie im Gleichgewicht, was auch durch Einsetzen von $a = d$ in die Gl. 2.14 und Gl. 2.15 ersichtlich wird. Was das Wohlfahrtsoptimum vom Gleichgewicht abhebt, sind die Transportkosten des Eises, die für die Konsumenten anfallen. Bei der Standortkonfiguration im Optimum gibt es keinen Konsumenten, der sein Eis weiter als 25 Meter transportieren muss. Im Gleichgewicht dagegen gibt es Konsumenten, die ihr Eis sogar bis zu 50 Meter zu ihrem Badeplatz tragen müssen. Die gesamten Transportkosten für alle Badegäste sind somit im Gleichgewicht höher als im Optimum. Hat man die gesamte Wohlfahrt im Auge, ist deshalb das Optimum dem Gleichgewicht vorzuziehen das Gleichgewicht ist unter gesamtwirtschaftlichen Wohlfahrtsaspekten also inferior gegenüber dem Optimum.

Dieses Modell von Harold Hotelling ist in gewissem Sinne eine Weiterentwicklung der Gedanken von Bertrand. Letzterer ging davon aus, dass die Konsumenten immer bei dem Anbieter kaufen, der sein Gut am billigsten anbietet. Ein Verkäufer, der den Preis seiner Güter auch nur um wenige Cent anhebt, verliert alle Kunden an einen günstigeren

Wettbewerber. Laut dieser Annahme wäre ein Gleichgewicht in einem Duopol instabil, da eine kleine Abweichung in der Preissetzung ausreichen würde, um das Gleichgewicht zu stören. Hotelling hingegen arbeitet mit der realistischeren Annahme, dass ein Verkäufer, der seine (homogenen) Güter teurer als die der Konkurrenz macht, nicht sofort jegliche Kundschaft verliert. Stattdessen läuft dieser Prozess kontinuierlich ab und der Kundenstrom wird umso geringer, je höher ein Verkäufer seinen Güterpreis im Vergleich zu den übrigen Anbietern ansetzt. Hotelling zeigt damit, dass auch im Duopol ein stabiles Gleichgewicht existieren kann deshalb auch der Titel seines Aufsatzes: *Stability in Competition*. Der Spielraum hinsichtlich der Preissetzung ergibt sich aus Hotellings Annahme bezüglich des Markts. Wie oben beschrieben, betrachtet er den Markt nicht als einen Punkt im Raum, sondern gibt ihm eine eindimensionale Form. Ein Verkäufer hat häufig eine Art Monopol in seiner Absatzregion. Dies verschafft ihm etwas Spielraum bei der Preissetzung. Allerdings ist dieser nicht allzu groß, da ansonsten selbst die Konsumenten in seiner Nähe den Einkauf beim Konkurrenten bevorzugen (s. o.).

Darüber hinaus zeichnet sich das Modell durch seine breite Anwendbarkeit aus. Zum Einen erklärt es, weshalb sich die beiden Anbieter an einem Ort ballen und keinen Anreiz haben, ihre Standorte räumlich voneinander zu trennen ein Phänomen, das auch häufig empirisch zu beobachten ist und auf das wir in Abschn. 3.2 näher eingehen. An dieser Stelle kann der Leser schon einmal darüber nachdenken, weshalb man in einer Stadt häufig beobachten kann, dass fast alle Automobilhändler oder Baumärkte geballt entlang einer Straße oder in einem Stadtteil anzutreffen sind. Weshalb kommt nach einer Tankstelle sogleich wieder eine von einem anderen Kraftstoffanbieter und im Umkreis von mehreren Kilometern abseits dieser Ballung ist gar keine mehr aufzufinden? Das Hotelling-Gesetz beschreibt sehr anschaulich die Gründe für dieses Standortverhalten von Unternehmungen.

Zum Anderen findet das Modell von Hotelling in der Politischen Ökonomie Anwendung und ist dort als Hotelling-Downs-Modell bekannt (siehe auch Downs 1957). Es kann erklären, weshalb im Zwei-Parteien-Wettbewerb (unter Voraussetzung einer symmetrischen eingipfligen Wählerverteilung) die Programme der beiden Parteien einander immer ähnlicher werden: Beide Parteien wollen nicht nur die Wähler am linken beziehungsweise rechten politischen Rand für sich gewinnen, sondern ihre Stimmen maximieren und deshalb auch Wähler leicht links beziehungsweise rechts der Mitte für sich gewinnen. Dies erreichen sie, indem sie sich möglichst zentral positionieren.

2.1.2 Industriestandorttheorie

Auch in der Industriestandorttheorie kommt den Transportkosten eine entscheidende Rolle zu. Diese Theorie geht der Frage des optimalen Standorts für ein Industrieunternehmen nach. Dabei geht sie davon aus, dass ein Industrieunternehmen zur Produktion Rohstoffe benötigt, die nur an bestimmten Lagerstätten vorkommen. Diese müssen zur Verarbeitung an den Standort des Unternehmens transportiert werden. Anschließend ist ein Transport der Finalgüter an den Konsumort notwendig. Der optimale Standort ist nun also derjenige, an dem die gesamten Transportkosten minimiert werden können. Bereits Wilhelm Launhardt (1882) hat sich diesem Problem gewidmet, fand aber zu seiner Zeit keine allzu weit reichende Beachtung. Wesentliche Ideen Launhardts finden sich bei Alfred Weber (1909) wieder und werden dort in einem mathematischen Anhang von Georg Pick formalisiert.

Alfred Weber arbeitet in seinem Werk *Über den Standort der Industrien* eine allgemeine Theorie des Standorts aus. „Allgemein" deshalb, weil er die allgemeinen Faktoren, die individuellen Standortentscheidungen zu Grunde liegen, von spezielleren Faktoren isoliert und so generelle Aussagen hinsichtlich der Standortwahl ableiten kann. Zu den allgemeinen Standortfaktoren zählen beispielsweise die Arbeitskosten, die alle Industrien betreffen. Spezielle Standortfaktoren hingegen sind nur für bestimmte Industrien bedeutend, so zum Beispiel klimatische Bedingungen oder die Nähe zu einem schiffbaren Gewässer. Den Einfluss allgemeiner und spezieller Standortfaktoren auf die Standortwahl und deren Zusammenspiel kann man sich folgendermaßen vorstellen: Standortentscheidungen werden grundsätzlich von allgemeinen Standortfaktoren bestimmt. Aufgrund von speziellen Standortfaktoren kommt es aber zu Abweichungen von diesem System und es ergibt sich das Standortmuster, das wir in der Realität beobachten können.

Zunächst identifiziert Weber drei verschiedene generelle Standortfaktoren: die Höhe der regionalen Roh- und Kraftstoffpreise, Arbeitskosten und Transportkosten. Letztere fallen erstens beim Transport von Rohstoffen zum Unternehmensstandort an und zweitens beim Transport der fertigen Produkte zu ihrem Absatzort. Einer dieser drei Standortfaktoren kann allerdings vernachlässigt werden, denn die Höhe der regionalen Roh- und Kraftstoffpreise lässt sich durch die Transportkosten ausdrücken. Angenommen, ein Unternehmen benötigt Kohle für die Produktion und es gibt in acht Kilometern Entfernung zwei verschiedene Kohlevorkommen. An einem der beiden Orte ist die Förderung der Kohle vergleichsweise günstig, am anderen vergleichsweise teuer. Diese Preisdifferenz kann gedanklich in Transportkostenunterschiede „übersetzt" werden. Dies wirkt sich so aus, als ob sich die im Abbau billigere Lagerstätte näher am Unternehmen befände als die teurere und folglich die Transportkosten für Kohle aus der billiger abzubauenden Lagerstätte geringer wären als die für Kohle aus der teureren. So können Preisunterschiede in Transportkostenunterschieden ausgedrückt werden und wir müssen fortan nur noch zwei allgemeine Standortfaktoren betrachten: die Höhe der Arbeits- und der Transportkosten. Mit diesen beiden werden wir uns im Folgenden nacheinander beschäftigen.

Beginnen wir mit den Transportkosten und blenden dabei regionale Unterschiede in den Arbeitskosten vorläufig aus. Die Transportkosten setzen sich zusammen aus dem Gewicht der zu transportierenden Rohstoffe oder Güter und der zu überwindenden Distanz. Die Frage ist, wie die Transportkosten die Standortentscheidung eines Unternehmens beeinflussen. Um die Transportkosten möglichst gering zu halten, ist es für ein Unternehmen vorteilhaft, seinen Standort sowohl nahe an seinen Rohstoffen oder Zulieferbetrieben als auch in der Nähe seiner Abnehmer zu etablieren. Es wählt seinen Standort deshalb so, dass die Transportkosten minimiert werden. Die Lage solcher Transportkosten minimierenden Orte im Raum wollen wir nun genauer betrachten.

Abb. 2.4 Eine Standortsfigur

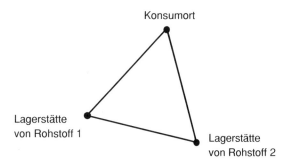

Abb. 2.5 Kostenminimaler Standort. Nach Weber (1909, S. 54)

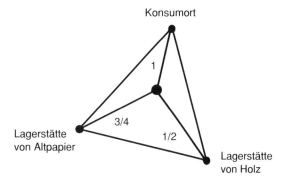

Zur Vereinfachung der Analyse wird die Lage der Orte des Konsums und der Orte, an denen Rohstoffe vorkommen, als gegeben angenommen, also als exogen betrachtet. Zudem wird angenommen, dass alle Finalgüter ohne den Einsatz von Vorprodukten gefertigt werden. Aus einem Rohstoff entsteht daher innerhalb einer einzigen Produktionsstufe ein Finalgut. Des Weiteren geht Weber (1909) in den meisten seiner Überlegungen von einem Unternehmen aus, das zur Produktion zwei verschiedene Rohstoffe benötigt und sein Gut an einem einzigen Konsumplatz absetzt. Verbindet man diese drei Orte miteinander, entsteht ein Dreieck, die so genannte *Standortsfigur*, die in Abb. 2.4 dargestellt ist.

Je nachdem, wie schwer die beiden Rohstoffe und das Finalgut sind, wird sich das Unternehmen näher an der einen oder der anderen Ecke niederlassen. Angenommen für die Produktion einer Tonne Papier werden eine ¾ Tonne Altpapier (Rohstoff 1) und ½ Tonne Holz (Rohstoff 2) benötigt. Der dann optimale Standort ist in Abb. 2.5 mit dem schwarzen Punkt innerhalb des Dreiecks gekennzeichnet. Altpapier „zieht" sozusagen diesen Punkt mit dem Gewicht ¾ an sich heran, Holz mit dem Gewicht ½ und der Konsumort mit dem Gewicht 1. Zur Minimierung der Transportkosten sollte sich das Unternehmen so ansiedeln, dass die Distanz zwischen seinem Standort und dem Konsumort am geringsten ist, während die Entfernung zur Lagerstätte von Holz am größten ist. So muss das fertige Produkt Papier, das mit einer Tonne am schwersten ist, nur eine vergleichsweise geringe Distanz transportiert werden. Der leichteste Stoff kann hingegen

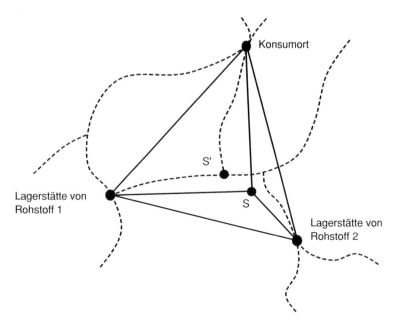

Abb. 2.6 Einfluss des Schienennetzes auf die Standortwahl. Nach Weber (1909, S. 81)

über weitere Distanzen transportiert werden. Hier ist der „leichteste" Stoff Holz, wovon nur eine halbe Tonne benötigt wird. Der Kosten minimierende Standort wird auch *tonnenkilometrischer Minimalpunkt* genannt. Unter einem *Tonnenkilometer* versteht man das Produkt der transportierten Masse (in Tonnen) und der zurückgelegten Distanz (in Kilometern). Je geringer die Tonnenkilometer, umso geringer sind auch die anfallenden Transportkosten.

Möglicherweise hat sich der eine oder andere schon gefragt, wie aus insgesamt 1,25 Tonnen Rohstoffen nur 1 Tonne Produkt entstehen kann. Dies ist zum Beispiel dann denkbar, wenn ein Teil des Altpapiers oder des Holzes nicht direkt in die Produktion eingeht, sondern dazu genutzt wird, die Produktionsstätte zu heizen oder anderweitig Energie für den Produktionsprozess zu gewinnen.

Bei der Frage der Ermittlung des optimalen Standorts sind wir davon ausgegangen, dass ein direkter Transport der Rohstoffe zum Standort und des Finalgutes zum Konsumort möglich ist und deshalb nur die Luftliniendistanz zwischen den jeweiligen Punkten relevant ist. In der Realität ist der Transport jedoch an das Straßen-, Schienen- oder Wassernetz gebunden, das nur in den seltensten Fällen der Luftlinie folgt. Die Ausgestaltung des Verkehrsnetzes kann deshalb Abweichungen von der rein theoretisch ermittelten Standortwahl bewirken. Zu Webers Zeit war das wichtigste Transportmittel über mittlere bis lange Strecken die Eisenbahn, weshalb nun das Schienennetz als Beispiel herangezogen wird. Abbildung 2.6 illustriert den Einfluss des Schienennetzes auf die Standortwahl.

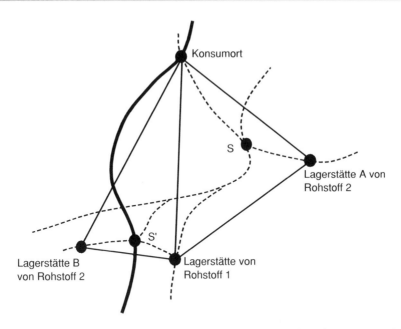

Abb. 2.7 Standortsfigur bei unterschiedlichen Transportmitteln. Nach Weber (1909, S. 84)

Dabei ist das Schienennetz durch die gestrichelten Linien gekennzeichnet, der theoretisch optimale Standort mit *S* und der – unter Berücksichtigung der Ausbildung des Schienennetzes tatsächlich optimale Standort des Unternehmens mit *S'*. Aufgrund der spezifischen Ausgestaltung des Schienennetzes weicht hier der tatsächliche Standort des Unternehmens von seinem theoretisch ermittelten optimalen Standort ab. Es gäbe schlicht keine Möglichkeit, die Rohstoffe nach *S* zu transportieren und die fertigen Produkte von dort aus zum Konsumzentrum weiter zu verschicken, da die Transportinfrastruktur fehlt oder der Transport viel teurer wäre als der Transport mit der Eisenbahn, weshalb ein anderer Standort *S'* kostengünstiger ist.

Genauso ist es möglich, dass aufgrund der Ausgestaltung des Verkehrsnetzes eine weiter entfernte Lagerstätte eines Rohstoffs einer näher gelegenen vorgezogen wird. Angenommen, es gibt zwei Transportmöglichkeiten Schiff und Eisenbahn- und der Transport per Schiff ist billiger als mit der Eisenbahn. Dann würde der Fluss in Abb. 2.7 (dargestellt durch die dicke Linie) bewirken, dass sich ein anderes Standortdreieck ergibt, als wenn nur der Schienentransport möglich wäre. Gäbe es keinen Fluss, wäre Lagerstätte *A* von Rohstoff 2 Teil des Standortdreiecks und der optimale Standort wäre *S*. Ist es jedoch möglich, die Finalgüter statt mit der Bahn billiger auf dem Fluss zum Konsumort zu transportieren, ist es nicht mehr so wichtig, dass der Standort des Unternehmens nahe am Konsumort liegt. In diesem Fall rentiert es sich, Rohstoff 2 von Lagerstätte *B* zu beziehen und sich am Ort *S'* niederzulassen. So sind die Transportwege auf der Schiene relativ kurz, da die Lagerstätten der Rohstoffe 1 und 2 recht nahe am Unternehmensstandort liegen. Der Transportweg auf dem Fluss ist relativ lange, aber diese Transportart ist auch vergleichsweise günstig, sodass der lange Weg nicht so stark ins Gewicht fällt und der nun optimale Standort S' weiter vom Konsumort entfernt ist als der ursprüngliche.

Der kostenminimale Standort liegt immer innerhalb dieses Dreiecks. Nehmen wir aber zur Verdeutlichung für einen Moment an, er würde außerhalb liegen. Dann könnte man, wenn man den Standort nur leicht in Richtung eines der drei Punkte (des Konsumorts oder einer der Rohstofflagerstätten) verlegt, die Transportkosten reduzieren. Daraus folgt, dass ein Standort außerhalb der Standortsfigur nicht Kosten minimierend sein kann. Im Extremfall kann der optimale Standort jedoch mit einem der Dreieckspunkte zusammenfallen, sich also am Konsumort oder an einer der Rohstofflagerstätten befinden. Dies wäre zum Beispiel der Fall, wenn sowohl das Gewicht des Endprodukts als auch eines Rohstoffes vernachlässigbar gering ist, das Gewicht des zweiten Rohstoffes (beispielsweise Kohle zum Antreiben der Produktionsmaschinen) aber sehr hoch ist.

Bisher haben wir herausgefunden, welchen Einfluss die Transportkosten von Rohstoffen und Endprodukten auf die Standortwahl eines Unternehmens haben. Dabei wurde jedoch der zweite Standortfaktor außer Acht gelassen: die Arbeitskosten. Deshalb wollen wir nun untersuchen, wie sich das Muster der rein auf die Transportkosten orientierten Standortwahl verändert, wenn darüber hinaus auch die Arbeitskosten berücksichtigt werden. Die entscheidende Annahme ist dabei, dass sich die Höhe der Arbeitskosten von Standort zu Standort unterscheidet. Unter den Arbeitskosten wird die Lohnhöhe, bezogen auf eine Einheit eines Produkts, verstanden. Je höher der Lohn ist, den ein Unternehmer bezahlen muss, um eine Einheit eines Produkts herzustellen, umso höher sind auch die Arbeitskosten und umgekehrt. Hohe Arbeitskosten können sich demnach aus zwei verschiedenen Gründen ergeben: Entweder das Lohnniveau ist an einem Standort hoch, oder die dortigen Arbeitskräfte sind vergleichsweise unproduktiv, sodass viel Arbeit aufgewendet werden muss, um eine Einheit eines Produkts herzustellen. Bezüglich des Transports gehen wir nun – wie auch ganz zu Anfang – davon aus, dass er nicht an das Schienennetz oder an einen Flussverlauf gebunden ist, sondern dass Güter immer auf dem kürzesten Weg, der Luftlinie folgend, transportiert werden können.

Am bereits ermittelten Standort mit den minimalen Transportkosten herrscht ein bestimmtes Niveau der Arbeitskosten vor. Möglicherweise gibt es aber Punkte im Raum, an denen zu geringeren Kosten produziert werden kann als an diesem Standort. Punkte mit niedrigeren Arbeitskosten wirken anziehend auf den Unternehmer und es stellt sich die Frage, ob er seinen Standort vom tonnenkilometrischen Minimalpunkt an solch einen Punkt mit niedrigeren Arbeitskosten verlegt. Hieraus wird die Annahme deutlich, dass Arbeitskräfte im Gegensatz zu Unternehmen räumlich immobil sind, den Unternehmen aber die Verteilung der Arbeitskräfte und der Arbeitskosten im Raum bekannt ist. Ein Unternehmer verlegt seinen Standort dann, wenn die dadurch entstehende Arbeitskostenersparnis größer ist als die zusätzlich anfallenden Transportkosten, die entstehen, weil der neue Standort nicht mehr im Transportkosten minimierenden Punkt liegt. Der Anstieg der Transportkosten bei Abweichung vom tonnenkilometrischen Minimalpunkt wird mittels so genannter *Isodapanen* grafisch dargestellt.

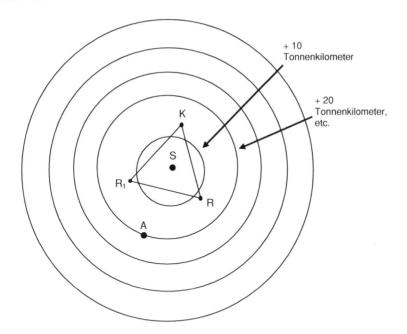

Abb. 2.8 Isodapanen. Nach Pick (1909, S. 236)

Isodapanen sind annähernd kreisförmig verlaufende Linien gleicher Transportkosten. Entlang einer Isodapane ist also die Abweichung der Transportkosten zwischen einem auf ihr liegenden Standort und dem Kosten minimierenden Standort überall gleich hoch. So lässt sich zum Beispiel eine Isodapane konstruieren, die alle Standorte miteinander verbindet, an denen die Tonnenkilometer um zehn höher sind als am tonnenkilometrischen Minimalpunkt, wie in Abb. 2.8 illustriert. Das würde bedeuten, dass die Transportkosten entlang dieser Isodapane ebenfalls höher sind als am Transportkosten minimierenden Standort, da sie mit der Höhe der Tonnenkilometer ansteigen. Gleichermaßen können beliebig viele weitere Isodapanen konstruiert werden. In Abb. 2.8 sind sie so eingezeichnet, dass jede weiter außen liegende Isodapane mit zehn zusätzlichen Tonnenkilometern einhergeht. Je weiter sie vom Transportkosten minimierenden Standort entfernt sind, umso höher sind daher die damit verbundenen Tonnenkilometer und somit die Transportkosten. K steht in dieser Grafik für den Konsumort und R_1 und R_2 bezeichnen die Rohstofflagerstätten.

Kommen wir aber zur eigentlichen Frage zurück, ob der Unternehmer seinen Standort von S an einen anderen Punkt mit niedrigeren Arbeitskosten verlagert, zum Beispiel an Punkt A in Abb. 2.8. Die Isodapane, die durch Punkt A geht, zeigt an, dass die Tonnenkilometer dort um 20 über ihrem Minimum in Punkt S liegen. Wenn die Arbeitskosten in A so gering sind, dass mit diesen Einsparungen die zusätzlich anfallenden Transportkosten aufgrund der höheren Zahl an Tonnenkilometern überkompensiert werden können, wird der Unternehmer seinen Standort verlagern. Von Umzugskosten und von eventuell an Punkt *S* versunkenen Kosten wird dabei abgesehen. Es geht deshalb einzig und alleine darum, ob die Arbeitskostenersparnis größer ist als die zusätzlichen Transportkosten bei Abweichung vom tonnenkilometrischen Minimalpunkt.

Neben den beiden allgemeinen Standortfaktoren (Transport- und Arbeitskosten) betrachtet Weber den Einfluss von Agglomerations- und Dispersionskräften auf die Standortwahl. Agglomerationsvorteile bewirken, dass die Produktionskosten sinken, wenn die Produktionsmenge an einem Standort ansteigt sei es nun, weil ein Unternehmen seine Produktion ausdehnt oder weil mehrere Unternehmen an diesem Standort produzieren. Mögliche Gründe dafür sind steigende interne Skalenerträge oder Wissensexternalitäten (auf beides gehen wir in Kap. 3 genauer ein). Dispersionskräfte hingegen bewirken einen Rückgang der Produktionskosten, wenn die Produktion dispers, also im Raum verstreut, stattfindet.

Zur Vereinfachung der Analyse werden zuerst Arbeitskostendifferenzen ausgeblendet und es wird untersucht, inwiefern Agglomerationskräfte ein Abweichen eines Standorts vom tonnenkilometrischen Minimalpunkt bewirken können. Die Analyse der Agglomerationsvorteile erfolgt dabei parallel zu jener der Arbeitskostendifferenzen: An bestimmten Punkten – nämlich an solchen, wo die Produktion geballt ist – sind die Produktionskosten geringer als anderswo. Wandert ein Unternehmer von seinem Transportkosten minimierenden Standort in eine Agglomeration ab, erfährt er einerseits einen Rückgang der Produktionskosten, andererseits aber einen Anstieg der Tonnenkilometer und somit der Transportkosten. Wie hoch der Anstieg der Tonnenkilometer und folglich der Transportkosten ist, hängt davon ab, auf welcher Isodapane die Agglomeration liegt. Von der Höhe der zusätzlichen Transportkosten hängt wiederum ab, ob es sich für den Unternehmer lohnt, seinen Standort in die Agglomeration zu verlegen. Ist der Transportkostenanstieg in der Agglomeration geringer als die Produktionskostenersparnis, wird der Unternehmer seinen Standort dorthin verlagern.

Angenommen, die Agglomeration von drei Unternehmen würde für jedes von ihnen eine Produktionskostenersparnis induzieren, die genau den Transportkosten von zehn Tonnenkilometern entspricht. Alle drei Unternehmer wären dann bereit, ihren Standort vom tonnenkilometrischen Minimalpunkt an einen anderen Punkt zu verlegen, der innerhalb einer Isodapane liegt, die ein Plus von zehn Tonnenkilometern angibt. Diese Isodapanen sind in Abb. 2.9 dargestellt. Sie werden auch *kritische* Isodapanen genannt, da sie die Grenze markieren, innerhalb derer sich eine Agglomeration befinden muss, damit die Unternehmer ihren Standort dorthin verlagern.

Überschneiden sich die kritischen Isodapanen der drei Unternehmer (wie in Abb. 2.9), so existiert ein Bereich, in dem es für alle vorteilhaft ist, sich zu ballen. Dieser Bereich ist durch die grau eingefärbte Fläche gekennzeichnet. Der genaue Ort der Agglomeration innerhalb dieser Fläche wird durch die Transportkosten bestimmt: Er befindet sich dort, wo die geringsten Gesamtproduktionskosten aller drei Unternehmer zusammen entstehen. Die Materiallager der drei Unternehmer bilden zusammen mit ihrem Standort im Agglomerationszentrum und den Konsumorten eine neue Standortsfigur. Für das Agglomerationszentrum kann nun – wie bereits oben für ein einziges Unternehmen beschrieben – der

Abb. 2.9 Standortwahl bei Agglomerationsvorteilen. Nach Weber (1909, S. 134)

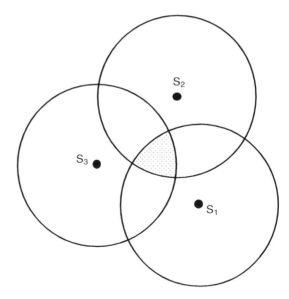

Gesamtkosten minimierende Standort bestimmt werden. Die einzige Restriktion dabei ist, dass dieser Standort innerhalb der gepunkteten Fläche liegen muss.

Als Nächstes ist zu überlegen, wie die Wahl des Standorts erfolgt, wenn sowohl Agglomerationskräfte als auch räumliche Differenzen der Arbeitskosten vorliegen. Beide Kräfte wirken gegeneinander: Die Agglomerationskräfte ziehen den Standort vom tonnenkilometrischen Minimalpunkt weg in eine Agglomeration, während die Arbeitskostendifferenzen den Standort an Orte mit niedrigen Arbeitskosten ziehen. Welche dieser Kräfte sich schließlich durchsetzt, hängt vom Ausmaß der Kosteneinsparung ab, die sie jeweils bewirken.

Somit haben wir die Grundlagen der Industriestandorttheorie dargestellt. Webers Überlegungen wurden von mehreren Autoren aufgegriffen und erweitert. Drei davon sind Andreas Predöhl (1925), Walter Isard (1956) und Leon Moses (1958). Predöhl (1925) hat das Substitutionsprinzip und die Marginalbetrachtung in die Standortlehre eingeführt. Bezogen auf die Standortlehre sagt das Substitutionsprinzip aus, dass bei optimaler Standortwahl die Grenzprodukte der eingesetzten Produktionsfaktoren einander entsprechen müssen. Wird beispielsweise mit den Faktoren Arbeit und Boden produziert, muss am optimalen Standort das Grenzprodukt der Arbeit dem des Bodens entsprechen.

Isard (1956) hat schließlich das Substitutionsprinzip explizit auf die Industriestandorttheorie angewendet und so Webers Analyse erweitert. Ein Unternehmer kann laut Isard die Transportkosten von Rohstoffen und Finalgütern durch einander substituieren: Lässt er sich nahe einem Rohstofflager nieder, sind die Transportkosten der Rohstoffe gering und die der Finalgüter hoch. Wählt er hingegen einen Standort nahe am Konsumort, ergibt sich die umgekehrte Kostenrelation. Die Transportkosten von Rohstoffen und Finalgütern stellen folglich Substitute dar. Moses (1958) geht noch einen Schritt weiter und lässt zu, dass die verwendeten Rohstoffe nicht in fixen Anteilen eingesetzt werden müssen, sondern substituierbar sind. Für jeden möglichen Standort eines Unternehmens ergibt sich so ein spezifischer Mix an Inputfaktoren – je nachdem, wie schwer diese jeweils sind und wie weit der Standort vom jeweiligen Rohstofflager entfernt ist. So könnte beispielsweise etwas weniger von einem schweren oder weit zu transportierenden Rohstoff 1 eingesetzt werden und dafür mehr von einem etwas leichteren oder über eine kürzere Strecke zu transportierenden Rohstoff 2. Daraus ergeben sich abermals Abweichungen von den von Weber hergeleiteten Entscheidungsmustern für die Standortwahl.

2.2   Standortstrukturtheorien

Standortstrukturtheorien beschäftigen sich mit der räumlichen Struktur von Städten oder Regionen. Dabei wird entweder die Struktur eines einzigen Standortes oder die Lage und Beziehung mehrerer Städte zueinander betrachtet. Die räumliche Struktur von Standorten beruht auf individuellen Entscheidungen der Wirtschaftssubjekte. Dennoch folgen die Standortstrukturtheorien einer gesamtwirtschaftlichen Herangehensweise und betrachten lediglich das Ergebnis der aggregierten Entscheidungen aller Wirtschaftssubjekte. Die wohl bedeutendsten Beiträge zu den Standortstrukturtheorien stammen von Johann Heinrich von Thünen, Walter Christaller und August Lösch. Mit den Ideen dieser Autoren wollen wir uns in diesem Kapitel nacheinander beschäftigen.

2.2.1   Theorie der Landnutzung

Johann Heinrich von Thünen hat sich intensiv sowohl mit wirtschaftswissenschaftlichen als auch mit agrarwissenschaftlichen Themen auseinandergesetzt. Er besaß und bewirtschaftete sogar ein eigenes Gut in Tellow (Mecklenburg), was wohl wesentliche Teile seiner Arbeit inspiriert hat. Die Synthese seiner wirtschafts- und agrarwissenschaftlichen Überlegungen hielt er in seinem 1826 veröffentlichten Werk *Der isolierte Staat in Beziehung auf Landwirtschaft und Nationalökonomie* fest. Darin widmete er sich der Frage nach der optimalen Anordnung der Produktion verschiedener Güter rund um eine Stadt und entwickelte seine Theorie der Landnutzung. Von Thünen kam zu dem Schluss, dass sich Produzenten leicht verderblicher Güter und solcher, die schwierig zu transportieren sind, nahe an der Stadt ansiedeln sollten. Im Gegensatz dazu sollten sich Hersteller von Gütern, deren Anbau bodenintensiv ist (zum Beispiel Getreide), weiter entfernt niederlassen. Ein besonderes Verdienst von Thünens liegt darin, den Raum explizit in seine Analyse mit einzubeziehen. Insofern kann er als einer der Pioniere – und sogar Begründer – der Regionalökonomik gelten.

Betrachten wir nun das Modell, aus dem sich diese Ergebnisse herleiten lassen, im Detail. Die betrachtete Stadt liegt im Zentrum einer Ebene, deren Land homogen ist (*featureless plain*). Das bedeutet, in der Ebene gibt es keine Gräben, Flüsse, Seen etc., der Boden ist überall gleich fruchtbar und jeder Ort der Ebene gleicht dem anderen in seinen physischen Merkmalen, wie beispielsweise dem Klima. Weit außerhalb der einzigen Stadt beginnt die Wildnis, welche die Stadt vollkommen von der Außenwelt isoliert. Daraus folgt, dass in dem Modell keine Wechselwirkungen oder Austauschbeziehungen, wie etwa Handel, mit anderen Teilen der Welt berücksichtigt werden müssen. Die Stadt muss alle in ihr konsumierten Güter selbst herstellen, da sie autark ist und deshalb weder Importe noch Exporte stattfinden. Im Stadtzentrum werden alle industriellen Güter hergestellt. Demgegenüber befinden sich die Produzenten von Agrargütern außerhalb des Stadtzentrums und liefern ihre Güter zum Verkauf in das Zentrum, das der Marktplatz für den Handel ist. Für den Transport der landwirtschaftlichen Erzeugnisse in das Stadtzentrum fallen Kosten an.

Ausgehend von diesem Modellrahmen stellte sich von Thünen die Frage, wie sich die Produzenten verschiedener Güter am besten um das Stadtzentrum herum ansiedeln sollten. Dabei untersuchte er insbesondere, wie sich die Entfernung vom Zentrum auf die Art der produzierten Güter auswirkt. In Zentrumsnähe werden Produkte angebaut, die – verglichen mit ihrem Wert – sehr schwer und daher nur mit einigem Aufwand zu transportieren sind. Für diese Güter sind die Transportkosten relativ hoch. Zudem werden in Zentrumsnähe Produkte erzeugt, die nicht lange haltbar sind und kurz nach ihrer Herstellung konsumiert werden müssen, wie es zu von Thünens Zeit etwa mit Milch der Fall war.

Im ökonomischen Sinne ist für die Ansiedlung der verschiedenen Aktivitäten um das Stadtzentrum die so genannte *Lagerente* ausschlaggebend. Die Lagerente ist der maximale Betrag, den man als Produzent für die Bodenpacht an einem bestimmten Standort ausgeben kann, sodass sich gerade noch Nullgewinne realisieren lassen. Sie entspricht der Differenz zwischen dem Ertrag und den Kosten, die durch die Bewirtschaftung pro Einheit Land und den Transport der Güter in das Zentrum anfallen. Angenommen, fünf Kilometer vom Zentrum entfernt werden Äpfel angebaut. Dann ergibt sich die Lagerente an diesem Ort aus dem Erlös aus dem Verkauf der Äpfel im Zentrum abzüglich der Produktionskosten und der Transportkosten vom Apfelbaum zum städtischen Marktplatz. Der Marktpreis der Äpfel im Zentrum ergibt sich normalerweise aus dem Wechselspiel von Angebot und Nachfrage. Wir wollen hier eine vereinfachte Version des Modells betrachten und nehmen den Marktpreis als exogen gegeben an.

Die Produktionskosten für die Äpfel sind annahmegemäß überall gleich, da der Boden an einem Ort genau dem Boden an einer anderen Stelle gleicht und überall gleich fruchtbar ist. Die Transportkosten für die Äpfel unterscheiden sich jedoch je nach Entfernung des Anbauorts zum Zentrum: Sie steigen mit der zu überwindenden Entfernung linear. Folglich sind die Transportkosten nahe am Zentrum geringer und die Lagerente ist höher als an einem entlegeneren Ort.

Lagerente *(bid rent function)*
Die von Thünen eingeführte Lagerente stellt bis heute ein wesentliches Element von stadtökonomischen Modellen dar. Eine Lagerentenfunktion kann auch als Indifferenzkurve interpretiert werden: Bezogen auf unser Beispiel ist ein Bauer entlang dieser Kurve indifferent gegenüber der Frage, in welcher Entfernung vom Stadtzentrum er Landwirtschaft betreibt. Geschieht dies zentrumsnah,

Abb. 2.10 Lagerentenfunktion

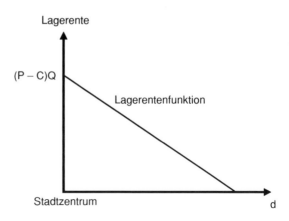

fallen geringe Transportkosten an, die aber durch die dortige hohe Lagerente wieder kompensiert werden. Baut er hingegen weit entfernt vom Zentrum an, ist die Lagerente genau um den Betrag niedriger, um den die Transportkosten höher sind.

Für eine grundlegende, aber fortgeschrittene, Abhandlung zur Lagerentenfunktion siehe Fujita (1999, insbesondere S. 14ff.). Sollte der Leser beim ersten Lesen dieses Worts an einen schnatternden Teichbewohner denken müssen, ergeht es ihm gleich wie den Autoren dieses Buchs. Allerdings handelt es sich dabei um eine Lage-Rente und nicht um eine Lager-Ente.

Formal lässt sich die Lagerente L in Abhängigkeit von der Entfernung vom Stadtzentrum d als Marktpreis P abzüglich der Produktionskosten C und der Transportkosten Td, multipliziert mit der pro Flächeneinheit Q erzeugten Gütermenge, darstellen:

$$L(d) = (P - C - Td)\,Q \qquad (2.16)$$

Abbildung 2.10 stellt die Lagerentenfunktion grafisch dar. Das Stadtzentrum befindet sich im Ursprung bei $d = 0$. Würde ein landwirtschaftliches Gut direkt im Stadtzentrum produziert, fielen keine Transportkosten an, da es am gleichen Ort produziert und auch verkauft würde ($Td = 0$). Deshalb ist der Achsenabschnitt auf der Ordinate durch ($P -$ $C)Q$ gegeben. Mit zunehmender Entfernung vom Stadtzentrum werden die Transportkosten höher, sie steigen mit der Entfernung zum Stadtzentrum linear. Folglich wird der Betrag, der einem Produzenten von seinem Erlös für die Entrichtung der Bodenpacht bleibt, geringer, je weiter wir uns vom Stadtzentrum wegbewegen. Dieser Betrag entspricht der Lagerente, die also mit steigendem d immer geringer wird.

Die bisherige Betrachtung hat sich auf ein einziges Gut beschränkt. Von Thünen hat sich jedoch damit beschäftigt, wie die Produktion mehrerer Güter rund um das Stadtzentrum, also den Handelsplatz, angeordnet ist. Deshalb wollen wir die Analyse nun ebenfalls auf mehrere Güter erweitern. Um die Vorgehensweise zu illustrieren, sie aber dennoch anschaulich zu gestalten, verwenden wir dafür nur drei verschiedene Güter: Tomaten, Holz und Äpfel. Für jedes dieser Güter kennen wir den (in unserer vereinfachten Analyse exogenen) Marktpreis sowie die Produktions- und Transportkosten. Diese Daten sind aus Tab. 2.1 zu entnehmen.

Tab. 2.1 Beispiel zu Lagerentenfunktionen

	Tomaten	Holz	Äpfel
P	1,6	0,27	1
C	0,1	0,02	0,6
T	1	0,12	0,1
Q	18	80	15
(P−C)Q	27	20	6
L(d)	27−18d	20−9,6d	6−1,5d

Quelle eigene Darstellung

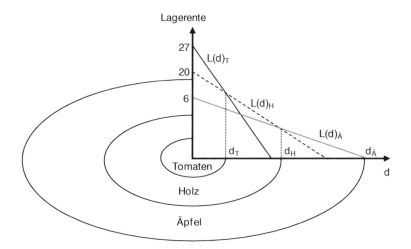

Abb. 2.11 Thünensche Kreise

Die fünfte Zeile in Tab. 2.1 zeigt die Achsenabschnitte der jeweiligen Lagerenten-funktionen und die sechste Zeile die Lagerentenfunktionen an sich. Die Steigung einer Lagerentenfunktion beträgt TQ (die Lagerentenfunktion in Gl. 2.16, abgeleitet nach d). Für Holz beispielsweise ergibt sich die Steigung aus $0{,}12 * 80 = 9{,}6$. Weiterhin ist aus Tab. 2.1 ersichtlich, dass der Achsenabschnitt (auf der Ordinate) für Tomaten am höchs-ten und für Äpfel am niedrigsten ist. Direkt im Stadtzentrum wird daher die Lagerenten-kurve von Tomatenbauern am höchsten sein, gefolgt von der Kurve der Forstwirte und schließlich jener der Apfelbauern. Dies wird in Abb. 2.11 illustriert.

Zusätzlich ist das Beispiel so konstruiert, dass die Lagerentenfunktion der Tomaten-bauern $L(d)_T$ die größte (absolute) Steigung aufweist, gefolgt von der Lagerentenfunk-tion der Holzproduzenten $L(d)_H$. Die Lagerentenfunktion der Apfelbauern $L(d)_{\ddot{A}}$ weist die geringste Steigung auf.

Das Land gehört im von Thünen-Modell Grundeigentümern, die außerhalb der Stadt wohnen (*absentee landlords*). Dies hört sich möglicherweise paradox an in Anbetracht

der Tatsache, dass es nur diese eine Stadt auf der Welt gibt und rundherum nur Wildnis ist. Allerdings ist die Idee hinter dieser Annahme, dass man so das Einkommen, das
Individuen als Grundeigentümer erhalten, in der Analyse vernachlässigen kann und es
daher nicht im Stadtzentrum nachfragewirksam wird. Die Opportunitätskosten des
Bodens sind null. Das bedeutet, dass es – abgesehen von der landwirtschaftlichen Nutzung keine alternative Verwendung für den Boden gibt. Entweder die Grundeigentümer
verpachten ihr Land an Bauern und erhalten von diesen Pachtzahlungen, oder es liegt
brach und generiert keine Einkünfte.

Vergegenwärtigen wir uns, dass die Lagerentenfunktion die maximale Zahlungsbereitschaft für die Bodenpacht angibt. Die Grundeigentümer verpachten ihr Land an die
Produzenten mit der höchsten Zahlungsbereitschaft. Vom Stadtzentrum bis zu d_T haben
die Tomatenbauern die höchste Zahlungsbereitschaft für die Bodenpacht, da ihre Lagerentenfunktion in diesem Bereich über den Funktionen der anderen Produzenten liegt.
Tomaten sind schwierig zu transportieren, da sie schnell faulig werden und leicht zer-
drückt werden können. Deshalb sind die Transportkosten hoch und die Tomatenbauern
sind bereit, eine höhere Bodenpacht zu bezahlen, um nahe am Marktplatz zu sein und
so Transportkosten einzusparen. Am Punkt d_T gleicht ihre Zahlungsbereitschaft genau
jener der Holzproduzenten, da sich dort die Lagerentenfunktionen dieser beiden Her-
stellergruppen schneiden. Zwischen d_T und d_H haben die Holzproduzenten die höchste
Lagerentenfunktion, weshalb in diesem Abstand vom Stadtzentrum Forstwirtschaft
betrieben wird. Analog ist zwischen den Punkten d_H und $d_{\ddot{A}}$ die Zahlungsbereitschaft der
Apfelbauern für die Bodenpacht am höchsten; in diesem Bereich werden folglich Apfel-
baumhaine unterhalten. Rechts von $d_{\ddot{A}}$ gibt es keine Produzenten mit positiver Zahlungsbereitschaft für Land. Daher verpachten die Grundeigentümer dieses Land nicht, es
liegt brach und von Thünen nennt es „Wildnis".

Man mag sich darüber wundern, dass die relativ flächenintensive Holzproduktion
näher am Stadtzentrum stattfindet als die Apfelzucht. Auch dies kann mit den Transportkosten begründet werden. Holz ist vergleichsweise schwer, weshalb hohe Kosten
beim Transport anfallen. Äpfel sind hingegen relativ einfach zu transportieren und auch
beim Transport nicht so leicht zu beschädigen wie etwa Tomaten.

Im nächsten Schritt bestimmen wir die Grenzen d_T und d_H zwischen den verschiedenen Anbaugebieten sowie die Stadtgrenze $d_{\ddot{A}}$. Die Grenze d_T lässt sich durch Gleich-
setzen der Lagerentenkurven (s. Gl. 2.16) der Tomatenbauern und der Forstwirte und
anschließendem Auflösen nach d ermitteln:

$$L(d)_T = L(d)_H$$

$$(P_T - C_T - T_T d)Q_T = (P_H - C_H - T_H d)Q_H$$

$$(P_T - C_T)Q_T - T_T d Q_T = (P_H - C_H)Q_H - T_H d Q_H$$

$$T_H d Q_H - T_T d Q_T = (P_H - C_H)Q_H - (P_T - C_T)Q_T$$

$$d_T = \frac{(P_H - C_H)Q_H - (P_T - C_T)Q_T}{T_H Q_H - T_T Q_T} \approx 0{,}83.$$

Durch Einsetzen der Werte aus Tab. 2.1 ergibt sich ein numerischer Wert (0,83) für die Lösung. Analog lässt sich d_H durch die Bestimmung des Schnittpunktes der Lagerentenfunktionen der Holzproduzenten und der Apfelbauern ausrechnen, weshalb hier die Umformungsschritte nicht mehr dargestellt werden:

$$L(d)_H = L(d)_Ä$$

$$d_H = \frac{(P_Ä - C_Ä)Q_Ä - (P_H - C_H)Q_H}{T_Ä Q_{Ä-} T_H Q_H} \approx 1{,}73.$$

Zur Ermittlung von $d_H \approx 1{,}73$ wurden abermals die Informationen aus Tab. 2.1 herangezogen. Die Stadtgrenze schließlich befindet sich dort, wo die Lagerentenfunktion des im äußersten Kreis produzierten Guts null ist. Hier lohnt es sich für die Grundstückseigentümer nicht mehr, ihr Land zu verpachten:

$$L(d)_Ä = 0$$

$$\left(P_Ä - C_Ä - T_Ä d\right)Q_Ä = 0$$

$$d = \frac{P_Ä - C_Ä}{T_Ä} = 4$$

Aus Abb. 2.11 werden auch die so genannten *Thünenschen Kreise* ersichtlich. Tomaten zum Beispiel werden nicht nur östlich des Stadtzentrums, sondern rund um dieses herum angebaut. So ergeben sich konzentrische, das heißt zentrumsgleiche, Kreise. Im innersten Kreis um das Zentrum werden Tomaten angebaut, im mittleren Kreis wird Holz produziert und im äußersten werden Apfelbäume kultiviert. Johann Heinrich von Thünen selbst hat insgesamt sieben Kreise identifiziert, die vom Stadtzentrum ausgehend folgendermaßen angeordnet sind: Freie Wirtschaft (Gartenbau, wie zum Beispiel der Anbau von Blumenkohl, Erdbeeren und Salat, aber auch die Milcherzeugung), Forstwirtschaft, Fruchtwechselwirtschaft (zur Verhinderung der Auslaugung des Bodens wird zwischen Getreide, Blattfrüchten und Brache abgewechselt), Koppelwirtschaft (mit Wiesen und Feldern), Dreifelderwirtschaft (dabei wird jedes Feld in drei kleinere Felder geteilt, von denen je eines ein Jahr lang brach liegt), Viehzucht, Wildnis bzw. unkultiviertes Land (zur Jagd).

Land wird immer der Verwendung zugeführt, bei der es die höchste Lagerente erhält. So maximieren die Grundeigentümer ihren Gewinn aus der Bodenpacht. Daraus lässt sich die so genannte Marktrentenfunktion (*market rent function*) bestimmen. Sie ist die äußere umschließende Funktion (*upper envelope*) der Lagerentenfunktionen und ist in Abb. 2.12, die einen Ausschnitt aus Abb. 2.11 zeigt, durch die dicke schwarze Linie

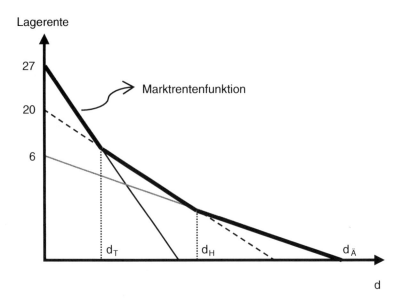

Abb. 2.12 Marktrentenfunktion

gekennzeichnet. Die Marktrentenfunktion entspricht also in jedem Kreis der dort höchst gelegenen Lagerentenkurve und gibt die maximale auf dem Markt erzielbare Rente der Grundeigentümer für alle möglichen Distanzen zum Stadtzentrum an.

Die resultierende Allokation des Landes ist unter Wohlfahrtsgesichtspunkten effizient. An jedem Ort, das heißt an jedem d, wird der Boden seiner effizientesten Nutzung zugeführt, da immer die Produzentengruppe mit der höchsten Zahlungsbereitschaft der Pächter ist. Die Tomatenzüchter zum Beispiel haben die höchste Zahlungsbereitschaft für den Boden in der Nähe des Stadtzentrums und werden aufgrund dessen zu Pächtern dieses Kreises. Es liegen keine externen Effekte vor und die Allokation ließe sich nicht verbessern, indem der erste Kreis einer anderen Produzentengruppe als den Tomatenbauern verpachtet würde. Andere Produzenten hätten nämlich eine geringere Zahlungsbereitschaft und somit eine geringere Wertschätzung für diesen Bereich von der Stadt.

Anhand des von Thünen-Modells lassen sich komparativ-statische Analysen durchführen. Wir betrachten hier beispielhaft den Effekt der Veränderung der Nachfrage nach einem bestimmten landwirtschaftlichen Produkt sowie die Auswirkungen veränderter Transportkosten. Beginnen wir mit Ersterem und gehen davon aus, dass die Nachfrage nach Tomaten ansteigt (s. Abb. 2.13).

Wenn alle anderen Parameter wie Produktions- und Transportkosten sowie die produzierte Menge gleich bleiben, hat ein Anstieg der Nachfrage nach Tomaten einen Preisanstieg dieses Guts im Stadtzentrum zur Folge. Daher verschiebt sich die Lagerentenfunktion der Tomatenbauern parallel nach außen, von $L(d)_T$ nach $L(d)_T'$. Der ursprüngliche Achsenabschnitt ist durch $(P_T - C_T)Q_T = 27$ gegeben und steigt somit bei einer Erhöhung des

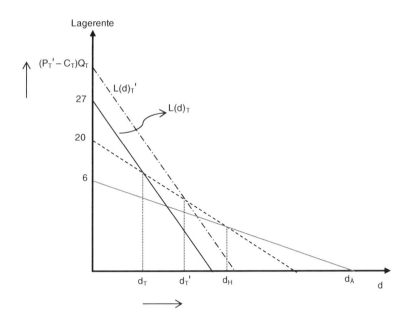

Abb. 2.13 Anstieg der Nachfrage nach Tomaten

Preises auf $(P_T' - C_T)Q_T > 27$. Die Steigung der Lagerentenfunktion beträgt $-T_T$ und ist unabhängig vom Preis. Folglich verändert sich diese Steigung bei einem Preisanstieg nicht und es kommt zur angesprochenen Parallelverschiebung der Lagerentenfunktion nach außen. Infolgedessen verschiebt sich der Schnittpunkt der Lagerentenfunktion der Tomatenbauern mit jener der Holzproduzenten ebenfalls nach rechts. Er befindet sich nun im Abstand d_T' vom Stadtzentrum. Der Preisanstieg bewirkt, dass nun eine größere Fläche für die Tomatenproduktion zur Verfügung steht und das Angebot an Tomaten steigt, da kurzfristig in dieser Sparte Gewinne zu erwirtschaften sind. Aufgrund des freien Markteintritts werden sich weitere Bauern auf die Tomatenproduktion spezialisieren und das Angebot ausweiten, bis schließlich wieder Nullgewinne erzielt werden, was bei $L(d)_T'$ der Fall ist. Weiterhin ist festzuhalten, dass die Tomatenbauern ein Stück weit die Holzproduzenten verdrängen und für die Holzproduktion nun nur noch eine geringere Fläche zur Verfügung steht. Für den Fall, dass der Preis für Tomaten exogen *sinken* würde, wäre eine Verschiebung der entsprechenden Lagerentenfunktion nach innen zu beobachten, und die weitere Analyse wäre spiegelbildlich durchzuführen.

Als Nächstes überlegen wir, welche Auswirkungen die Veränderung der Transportkosten eines Guts auf das Marktgleichgewicht hat. Angenommen, die Transportkosten für Tomaten steigen aus einem exogenen Grund, wobei wieder alle anderen Parameter konstant gehalten werden. Der Achsenabschnitt $(P_T - C_T)Q_T$ der Lagerentenfunktion ist hiervon nicht betroffen. Es ändert sich lediglich ihre Steigung $-T_T$, wie in Abb. 2.14 dargestellt. Da die Transportkosten ansteigen, wird die Lagerentenfunktion steiler, wodurch der Thünensche Kreis der Tomatenproduktion um das Zentrum enger wird.

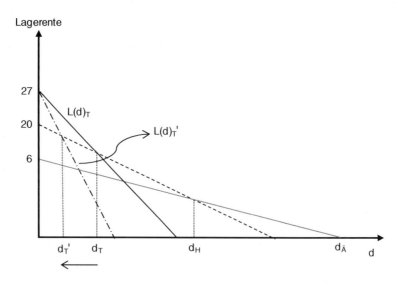

Abb. 2.14 Anstieg der Transportkosten für Tomaten

Durch die Drehung der Lagerentenkurve der Tomatenbauern von $L(d)_T$ nach $L(d)_T'$ infolge des Transportkostenanstiegs verschiebt sich der Schnittpunkt mit der Lagerentenkurve der Holzproduzenten nach links zu d_T'. Tomaten werden nun auf einer kleineren Fläche angebaut, während für die Holzproduktion mehr Platz zur Verfügung steht. Wäre stattdessen eine Reduktion der Transportkosten für Tomaten zu beobachten, würde sich die entsprechende Lagerentenkurve nach außen drehen, also flacher werden. Die restliche Analyse wäre wieder spiegelbildlich zu dem hier behandelten Fall durchzuführen.

Das von Thünen-Modell wird häufig für die Annahme kritisiert, dass die betrachtete Stadt im Zentrum einer Ebene liegt, deren Land homogen ist. Diese Kritik erfolgt allerdings zu Unrecht, da sich von Thünen sehr wohl mit der Frage auseinandergesetzt hat, wie Siedlungsstrukturen und natürliche Gegebenheiten der Ebene Lage und Form der Produktionszonen beeinflussen (vgl. von Thünen 1875, S. 268ff.). Zum Beispiel berücksichtigte er die unterschiedliche Fruchtbarkeit des Bodens rund um das Stadtzentrum und die Existenz von kleineren Städten, die in gewisser Entfernung um die „Hauptstadt" liegen. Ebenso machte sich von Thünen Gedanken über die Auswirkungen eines Flusses, der durch die Stadt fließt. Falls die Transportkosten bei Verschiffung der Güter geringer sind als beim Landtransport, verlaufen die Lagerentenfunktionen entlang des Flusses flacher. Schließlich können die am Fluss anbauenden Landwirte Transportkosten einsparen, weshalb ihre Zahlungsbereitschaft auch für weiter vom Zentrum entfernt liegende Gebiete höher ist. Folglich sinkt ihre maximale Zahlungsbereitschaft mit zunehmender Entfernung vom Zentrum langsamer, als wenn sie nicht in der Nähe des Flusses angesiedelt wären. Wegen des flacheren Verlaufs der Lagerentenfunktion entlang des Flusses sind die einzelnen Produktionszonen nicht mehr durch Kreise markiert, sondern durch Ellipsen. Dies wird in Teil b) von Abb. 2.15 illustriert, während Teil a) lediglich zum Vergleich dient.

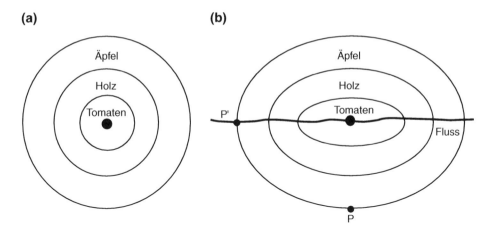

Abb. 2.15 Produktionszonen in einer homogenen und einer inhomogenen Ebene

Jede Produktionszone ist entlang des Flusses sozusagen verzerrt, also in die Länge gezogen. Ein Landwirt, dessen Hof an Punkt P dem Marktplatz (schwarzer Punkt im Zentrum) ziemlich nahe liegt, muss genau die gleichen Transportkosten für ein Kilo Äpfel auf sich nehmen, wie ein Landwirt, dessen Hof an Punkt P' zwar relativ weit vom Marktplatz entfernt ist, aber am Fluss liegt. Da sich die Transportkosten auf dem Fluss von denen über Land unterscheiden, verlaufen die einzelnen Produktionszonen ellipsenförmig. Das gleiche Ergebnis würden wir erhalten, wenn anstatt des Flusses eine Eisenbahnlinie die Stadt queren würde und der Schienentransport billiger als der Landtransport wäre.

Obwohl einzelne Annahmen des von Thünen-Modells recht abstrakt erscheinen (zum Beispiel, dass die Transportkosten mit der Entfernung vom Zentrum *linear* ansteigen), lassen sich die prognostizierten Tendenzen in abgeschwächter Form tatsächlich beobachten. Abbildung 2.16 stellt die Produktionszonen, wie sie im Jahr 1940 rund um das Ruhrgebiet angeordnet waren, schematisch dar. Dabei zeigen sich starke Parallelen zu den Thünenschen Kreisen. Zentrumsnah werden Frischmilch, Obst und Gemüse produziert, während weiter außerhalb Viehhaltung und Forstwirtschaft angesiedelt sind.

Die aktuell beobachtbaren Produktionszonen sind aber nicht alleine durch Faktoren wie den Güterpreis, die Produktions- und Transportkosten zu erklären. Vielmehr stellen für Unternehmen die Nähe zu Zulieferern und Absatzmärkten sowie Wissensexternalitäten durch die Nähe zu anderen, ähnlichen, Unternehmen bedeutende Aspekte der Standortwahl dar. Seit der Zeit von Thünens sind die Transportkosten nahezu aller Güter enorm gesunken. Einige Produkte lassen sich dank neuer Technologien nun einfacher transportieren und aufbewahren, zum Beispiel Milchprodukte aufgrund der Verfügbarkeit von Kühltransportern. All dies hat zu einer Verschiebung der einzelnen Produktionszonen beigetragen. Dennoch ist das von Thünen-Modell äußerst bedeutend, da dieser Autor die Lagerentenfunktion eingeführt hat, die in der englischsprachigen Literatur als *bid rent function* bekannt ist. Diese ist das Fundament für eine breite Palette

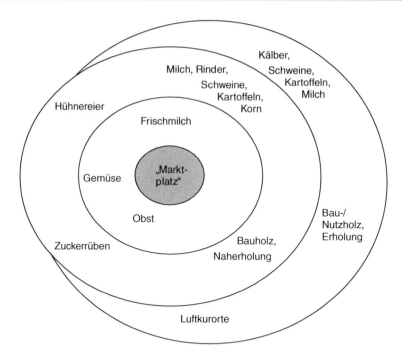

Abb. 2.16 Schematische Darstellung der Produktionszonen um das Ruhrgebiet um 1940. Nach Müller-Wille (1981, S. 261)

von Modellen der Stadtökonomik. Insofern ist der Beitrag von Thünens zur Forschung auf diesem Gebiet noch heute allgegenwärtig.

2.2.2 Theorie der zentralen Orte

Die bisher in diesem Kapitel vorgestellten Ansätze haben entweder ein Unternehmen oder eine Stadt ins Zentrum der Betrachtung gestellt. Im Gegensatz dazu verfolgt die Theorie der zentralen Orte das Ziel, zu erklären, welche Aufgaben verschiedenen Städten und Gemeinden zukommen und in welcher Beziehung sie zueinander stehen. Dabei spielt sowohl die funktionale als auch die räumliche Beziehung der Städte und Gemeinden zueinander eine Rolle. Wir gehen also einen Schritt davon weg, lediglich eine Stadt und ihre interne Struktur zu betrachten, und lenken den Fokus auf ein ganzes System von Städten. Die Theorie der zentralen Orte geht auf Walter Christaller (1933) zurück und wurde später von August Lösch (1940) aufgegriffen und erweitert.

2.2.2.1 Das System der zentralen Orte nach Christaller

Walter Christaller war ein deutscher Ökonom und Geograph. Seine Überlegungen basieren auf der Beobachtung von Städten und Gemeinden in Süddeutschland – Christaller nennt sowohl Städte unterschiedlicher Einwohnerzahl als auch Gemeinden und Siedlungen „Orte". Ihm geht es dabei erst einmal nur darum, festzuhalten, dass diese einen Platz im Raum einnehmen, also einen Ort darstellen. Die Einwohnerzahl, die das typische Charakteristikum für die Untergliederung in Städte und Gemeinden ist, wird dabei bewusst ausgeblendet. Daraus erschließt sich auch der Titel seines Werks: *Die zentralen Orte in Süddeutschland.*

Erst in einem weiteren Schritt erfolgt die Differenzierung dieser Orte nach ihrer Bedeutung, der so genannten *Zentralität.* Werden zum Beispiel mit den in einer Stadt produzierten Gütern und Dienstleistungen nicht nur die eigenen Einwohner versorgt, sondern auch die Bewohner umliegender Städte oder Gemeinden, erstreckt sich die Bedeutung dieser Stadt über ihre Stadtgrenzen hinweg. In diesem Fall ist die betrachtete Stadt ein zentraler Ort bzw. ein Ort von hoher Zentralität. Das sie umgebende Umland wird als *Ergänzungsgebiet* bezeichnet. Im Gegensatz dazu sind Orte niedriger Zentralität solche, die lediglich ihre eigenen Einwohner versorgen und für die Menschen in den umliegenden Gebieten kaum Bedeutung haben. Dabei wird – ähnlich wie bei Hotelling und von Thünen – von einer gleichmäßigen Verteilung der Bevölkerung auf homogenem Grund und Boden ausgegangen.

Als Beispiel für eine Dienstleistung, die typischerweise zentral angeboten wird, nennt Christaller die Dienste eines Arztes. Damit sich das Anbieten seiner Dienste für einen Arzt lohnt, muss er eine gewisse Anzahl an Patienten haben. Lässt er sich in einem bevölkerungsarmen Gebiet nieder, reicht die Anzahl der durchgeführten Behandlungen womöglich nicht aus, um seinen Lebensunterhalt zu finanzieren. In einer bevölkerungsreicheren Region hingegen gibt es ausreichend Patienten, sodass sich seine Praxis für den Arzt rentiert. Man beachte, dass hier eine wechselseitige Kausalität zwischen der Zentralität eines Ortes und der Zentralität eines Guts oder einer Dienstleistung besteht: Ein Arzt zum Beispiel bietet seine Dienste lediglich in einem zentralen Ort an, weil sich sein Gewerbe aufgrund der größeren Patientenanzahl nur dort trägt. Zentrale Güter und Dienstleistungen werden also an einem zentralen Ort angeboten. Ein Ort wird allerdings erst dadurch zum *zentralen* Ort, dass bestimmte Güter und Dienstleistungen ausschließlich dort feilgeboten werden. Deshalb wird er auch von Einwohnern umliegender Orte niedriger Zentralität frequentiert, wodurch sein Kundenstrom relativ groß ist. Demnach zeichnet sich ein zentraler Ort dadurch aus, dass dort zentrale Güter angeboten werden.

Allgemeiner formuliert sind solche Güter und Dienstleistungen als „zentral" zu charakterisieren, die entweder selten oder in sehr geringen Mengen nachgefragt werden oder deren Produktion bzw. Bereitstellung durch steigende Skalenerträge gekennzeichnet ist. Im ersten Fall ist – wie im Beispiel des Arztes – die Nachfrage der Konsumenten an einem Ort niedriger Zentralität zu gering, sodass es sich nicht rentiert, dort eine Praxis zu unterhalten. Im zweiten Fall ist aufgrund der Fixkostendegression ein großer Produktionsumfang vorteilhaft. Ein Beispiel hierfür könnte die Herstellung von Waschmaschinen sein.

Zur besseren Lesbarkeit sprechen wir im Weiteren nur von Gütern anstatt von Gütern und Dienstleistungen. Die folgenden Ausführungen gelten aber gleichermaßen für Dienstleistungen. In wie vielen Orten ein zentrales Gut angeboten wird, hängt entscheidend von seiner so genannten *oberen Reichweite* ab. Darunter wird die maximale Entfernung verstanden, die ein Konsument zurückzulegen bereit ist, um dieses Gut zu erwerben. Sagen wir, Norbert würde höchstens 20 Kilometer zurücklegen, um eine Waschmaschine zu einem bestimmten Preis zu kaufen. Dann beträgt die Reichweite dieses Guts 20 Kilometer. Konsumenten, die weiter als 20 Kilometer entfernt von dem zentralen Ort wohnen, an dem sich das Angebot befindet, kaufen dieses Gut entweder gar nicht oder an einem anderen zentralen Ort. Jedes Gut hat seine individuelle Reichweite. So hat etwa eine Waschmaschine eine größere Reichweite als ein Buch, da vermutlich häufiger ein neues Buch als eine Waschmaschine angeschafft wird – was die Autoren dieses Buchs jedenfalls hoffen.

Neben der oberen Reichweite existiert auch eine *untere Reichweite* von zentralen Gütern. Sie gibt an, wie groß ein Ergänzungsgebiet mindestens sein muss, damit der Absatz groß genug ist und sich das Anbieten eines bestimmten Guts rentiert. Wenn im Folgenden von der Reichweite eines Guts gesprochen wird, ist damit allerdings immer die obere Reichweite gemeint. Gemäß dem Versorgungsprinzip (s. u.) soll das gesamte Gebiet lückenlos mit allen Gütern versorgt werden. Dabei soll die Versorgung durch so wenige zentrale Orte wie möglich geschehen. Um dies zu erreichen, muss jedes Ergänzungsgebiet so groß wie möglich sein und wird daher der oberen Reichweite seiner Güter entsprechen. Christaller selbst begründet nicht näher, weshalb die Versorgung gemäß dem Versorgungsprinzip von so wenigen Orten wie möglich übernommen werden sollte. Es ist aber denkbar, dass die Produktion durch steigende Skalenerträge charakterisiert ist. Um diese bestmöglich ausnutzen zu können, sollte also die Produktion an so wenigen Orten wie möglich stattfinden.

Die Reichweite eines Guts wird von mehreren Faktoren beeinflusst. Zwei davon wollen wir hier beispielhaft nennen: Erstens hängt die Reichweite eines zentralen Guts insofern von seinem Preis ab, als sie mit dessen Zunahme sinkt. Ist ein Gut teuer, bleiben weniger Ressourcen für die Überwindung der Distanz zwischen Wohn- und Konsumort übrig und nur Konsumenten aus nahe gelegenen Gebieten werden an den zentralen Ort reisen und dieses teure Gut kaufen. Unterscheiden sich die Preise für Waschmaschinen an verschiedenen zentralen Orten, weist ein und dasselbe zentrale Gut unterschiedliche Reichweiten auf – je nachdem, wo es angeboten wird. Werden Waschmaschinen zum Beispiel in Halle günstiger angeboten als in Magdeburg, weisen sie in Halle eine größere Reichweite auf.

Zweitens spielt die Größe eines zentralen Orts, die auch seine *Ordnung* genannt wird, eine Rolle für die Reichweite der dort angebotenen Güter. An zentralen Orten höherer Ordnung, also mit vergleichsweise vielen Einwohnern, werden mehr verschiedene zentrale Güter angeboten. Bei einem Besuch eines solchen Orts können daher gleich mehrere dieser Güter erworben werden. So können die Kosten dafür eingespart werden, mehrere zentrale Orte aufsuchen zu müssen, um alle benötigten Güter zu erhalten. Deshalb hat das größere Angebot an zentralen Gütern an einem zentralen Ort höherer Ordnung den gleichen Effekt wie geringere lokale Preise. Folglich ist das Budget, das für den Erwerb eines Guts dort aufgewendet werden muss, relativ gering und es bleibt ein höherer Betrag übrig, der für die Anreise zu diesem Ort verfügbar ist. Somit ist die Reichweite der am zentralen Ort höherer Ordnung angebotenen Güter größer als in Bezug auf zentrale

Orte niedrigerer Ordnung. Wenn wir annehmen, dass Waschmaschinen in Halle und Bernburg (das zwischen Halle und Magdeburg liegt) gleich teuer sind, wird ihre Reichweite trotzdem in Halle größer sein als in Bernburg, da letzteres ein zentraler Ort niedrigerer Ordnung als Halle ist.

Die Reichweite ist ein Konzept, das auf der geographischen Entfernung zwischen dem Ort des Angebots eines zentralen Guts und dem Herkunftsort der Konsumenten beruht. Sinnvoller als von der geographischen Distanz zu sprechen ist aber die Betrachtung der Kosten, die bei der Überwindung dieser Strecke anfallen. Bei schlechter Verkehrsanbindung oder auf reparaturbedürftigen Landstraßen kann das Zurücklegen einer relativ kurzen Distanz länger dauern – und dadurch höhere Kosten verursachen – als das Überwinden einer größeren Distanz bei guter Verkehrsanbindung oder auf einer Autobahn. Die angesprochenen Kosten geben die so genannte *wirtschaftliche Entfernung* zwischen dem zentralen Ort und dem Wohnort von Konsumenten an. Christaller spricht in diesem Zusammenhang einerseits von den Opportunitätskosten der Zeit und andererseits von Faktoren wie dem Komfort und der Sicherheit des gewählten Transportmittels. Wenn die Opportunitätskosten der Zeit gering sind oder das gewählte Verkehrsmittel komfortabel oder sicher ist, übertrifft die wirtschaftliche Entfernung eines zentralen Guts seine Reichweite. In der Folge wird dieses Gut auch von Individuen aus weiter entlegenen Gegenden nachgefragt – einfach aus dem Grund, dass die Anreise zum Ort des Konsums relativ günstig ist.

Für die bisherigen Überlegungen war es ausreichend, einen einzigen zentralen Ort zu betrachten. Gehen wir nun einen Schritt weiter und betrachten ein ganzes System von zentralen Orten. Wiederholen und verdeutlichen wir dazu Christallers Typologie von Orten: Erst wird eine Unterscheidung in zentrale und nicht zentrale Orte getroffen. Unter letzteren werden disperse Wohnsiedlungen verstanden, die sich dadurch auszeichnen, dass sie kein Zentrum besitzen und die Häuser im Raum verstreut angeordnet sind. Anschließend werden die zentralen Orte anhand ihrer Einwohnerzahl in solche von niedrigerer bzw. höherer Ordnung unterteilt. Dabei sind sieben Abstufungen der Ordnung von „niedrig" bis „hoch" möglich. Stellen wir uns beispielhaft zwei zentrale Orte beliebiger Ordnung vor und überlegen, wie sie sich gegenseitig beeinflussen. Diese Orte seien Halle und Magdeburg. Bleiben wir beim obigen Beispiel und betrachten erneut das Gut „Waschmaschine". In Abhängigkeit von den jeweiligen lokalen Preisen und der jeweiligen Einwohnerzahl können die Ergänzungsgebiete der beiden Städte in Bezug auf Waschmaschinen unterschiedlich groß sein. In Abb. 2.17 werden sie zur Vereinfachung gleich groß dargestellt und durch einen Kreis um die jeweilige Stadt angedeutet. Diese Kreise zeigen die jeweiligen Ergänzungsgebiete für den Fall zweier isolierter zentraler Orte, also wenn beide Orte in einer abgeschiedenen Region liegen und keinerlei Einfluss durch andere zentrale Orte unterliegen.

Tatsächlich (wie auch in Abb. 2.17) liegen Halle und Magdeburg aber relativ nahe beieinander. Daher überschneiden sich ihre ursprünglich kreisförmigen Ergänzungsgebiete. Um das jeweilige Ergänzungsgebiet in diesem System aus zwei Städten definieren zu können, ist zu bestimmen, wie sich die innerhalb der Schnittmenge lebenden Konsumenten verhalten. Im Gebiet der Schnittmenge der beiden Ergänzungsgebiete leben Konsumenten, die Halle bevorzugen, solche, die Magdeburg vorziehen, und andere, die indifferent bei

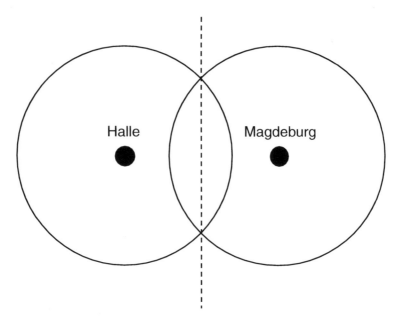

Abb. 2.17 Die Grenze zwischen zwei Ergänzungsgebieten

der Entscheidung sind, in welcher Stadt sie eine Waschmaschine kaufen. Diejenigen, die in
Abb. 2.17 links von den indifferenten Konsumenten wohnen, werden in Halle einkaufen.
Umgekehrt werden Konsumenten, die rechts von den indifferenten Konsumenten leben,
ihre Waschmaschine in Magdeburg erwerben. Somit ist die Grenze zwischen den beiden
Ergänzungsgebieten durch die Konsumenten definiert, die indifferent zwischen einem Kauf
in Halle oder Magdeburg sind. Indifferent ist ein Individuum, wenn es zu beiden zentralen
Orten die selbe wirtschaftliche Entfernung hat. Entlang der gestrichelten Linie in Abb. 2.17
liegen alle Wohnsiedlungen, welche jeweils die gleiche wirtschaftliche Entfernung zu Halle
wie auch zu Magdeburg aufweisen. Hier sind also die indifferenten Konsumenten zu finden, weshalb diese Linie die Grenze zwischen den beiden Ergänzungsgebieten darstellt.

  In einem nächsten Schritt wollen wir unsere Überlegungen von zwei auf mehrere
Städte übertragen. Es soll erreicht werden, dass der gesamte betrachtete Raum durch möglichst wenige zentrale Orte mit Waschmaschinen versorgt werden kann. Die Grenzen der
jeweiligen Ergänzungsgebiete müssen demnach so verlaufen, dass nirgends Versorgungs-
lücken auftreten – dies entspricht dem so genannten *Versorgungsprinzip*. Dies ist dann
möglich, wenn benachbarte zentrale Orte jeweils gleich weit voneinander entfernt sind,
also ein symmetrisches Muster entsteht. Befinden sich die zentralen Orte - rein geome-
trisch gesprochen – jeweils an den Ecken von gleichseitigen Dreiecken, sind sie alle von
ihren unmittelbaren Nachbarn gleich weit entfernt (s. Teil a in Abb. 2.18, die zentralen
Orte sind durch einen Punkt gekennzeichnet). Werden sechs dieser Dreiecke gruppiert,
entsteht ein Sechseck – die typische Form der grafischen Darstellung von Christallers

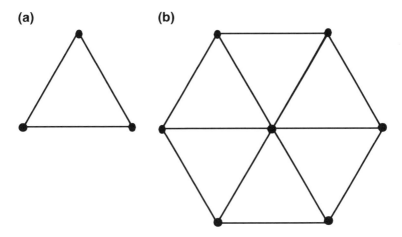

Abb. 2.18 Die Form eines Ergänzungsgebiets

Theorie, die an Bienenwaben erinnert (s. Teil b in Abb. 2.18). Somit zeigt sich, dass neben einem gleichschenkeligen Dreieck auch ein Sechseck die Anforderung erfüllt, dass alle benachbarten zentralen Orte jeweils gleich weit voneinander entfernt liegen.

Bereits in Abb. 2.17 haben wir gesehen, dass die Grenze zwischen zwei Ergänzungsgebieten durch eine Linie markiert ist, entlang der indifferente Konsumenten leben. Ergänzen wir diese Grafik nun um einige zentrale Orte, entsteht ein Bild wie in Abb. 2.19. Die Punkte kennzeichnen abermals die zentralen Orte. Die sie umgebenden gestrichelten Hexagone stellen das jeweilige Ergänzungsgebiet eines zentralen Orts dar. Die Grenze zwischen den Ergänzungsgebieten von Halle und Magdeburg wurde in Abb. 2.17 hergeleitet, die übrigen Grenzen entstehen nach analogem Muster: Aufgrund der wirtschaftlichen Entfernung wären kreisförmige Ergänzungsgebiete zu erwarten. Teile eines solchen Kreises liegen aber näher an anderen zentralen Orten, weshalb sie zu deren Ergänzungsgebieten zählen und das Ergänzungsgebiet des betrachteten Zentrums eine sechseckige Form erhält. Da jeder zentrale Ort sechs solcher benachbarten Orte hat, weist sein Ergänzungsgebiet sechs Grenzen zu anderen Ergänzungsgebieten auf – es erhält die für Christallers Modell typische Form eines Sechsecks. Aus Abb. 2.19 ist ersichtlich, dass zwischen den Ergänzungsgebieten der einzelnen zentralen Orte keine Lücken bestehen. Somit ist die Anforderung, das gesamte Gebiet mit Waschmaschinen zu versorgen, erfüllt. Die Striche am Rand der Grafik deuten an, dass hier nur ein Ausschnitt des gesamten Marktgebiets betrachtet wird und sich rund um die dargestellten zentralen Orte noch weitere befinden.

Bisher haben wir lediglich ein Gut, beispielhaft eben Waschmaschinen, betrachtet. Die Überlegungen können aber natürlich auf mehrere Güter ausgeweitet werden. Um die Analyse interessant zu machen, sehen wir uns Güter unterschiedlicher Zentralität an. Neben Waschmaschinen wollen die Konsumenten nun auch Brot kaufen und ein Theater besuchen. Die Kosten für das Theatergebäude, die Schauspieler, Intendanten etc. sind

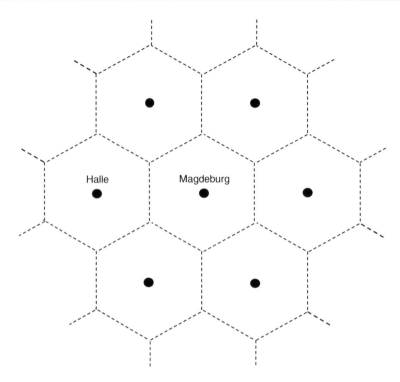

Abb. 2.19 Zentrale Orte und ihre Ergänzungsgebiete am Beispiel eines Guts. Nach Christaller (1933, S. 71)

ziemlich hoch, während die Grenzkosten der Bereitstellung eines zusätzlichen Sitzplatzes relativ gering sind. Um rentabel zu sein, muss ein Theater deshalb hohe Besucherzahlen verzeichnen. Der für den durchschnittlichen Kunden am leichtesten erreichbare zentrale Ort ist der in der Mitte gelegene, den wir in Abb. 2.19 Magdeburg genannt haben. Dort werden also zusätzlich zu Waschmaschinen auch Theateraufführungen angeboten, wodurch Magdeburg zu einem zentralen Ort höherer Ordnung wird (gekennzeichnet durch den eingekreisten Punkt in Abb. 2.20). Das Ergänzungsgebiet von Magdeburg bezüglich des Theaters ist in Abb. 2.20 durch das Sechseck mit der durchgezogenen Linie markiert. Es ist größer als das von Waschmaschinen, da wir eine größere wirtschaftliche Entfernung des Theaters als von Waschmaschinen unterstellt haben. Es ist anzumerken, dass auch Abb. 2.20 nur einen Teil des gesamten Gebiets zeigt.

In unserem Beispiel ist Brot das Gut mit der niedrigsten wirtschaftlichen Entfernung, weshalb es an allen zentralen Orten – auch an denen niedrigster Ordnung – angeboten wird. Die zentralen Orte niedrigster Ordnung sind in Abb. 2.20 durch Punkte ohne Füllung gekennzeichnet. Auch sie haben sechseckige Ergänzungsgebiete, die mit gepunkteten Linien dargestellt werden.

Fassen wir die Erkenntnisse aus Abb. 2.20 kurz zusammen: Jeder Konsument kauft Brot an dem jeweils nächstgelegenen zentralen Ort, egal welcher Ordnung. Für

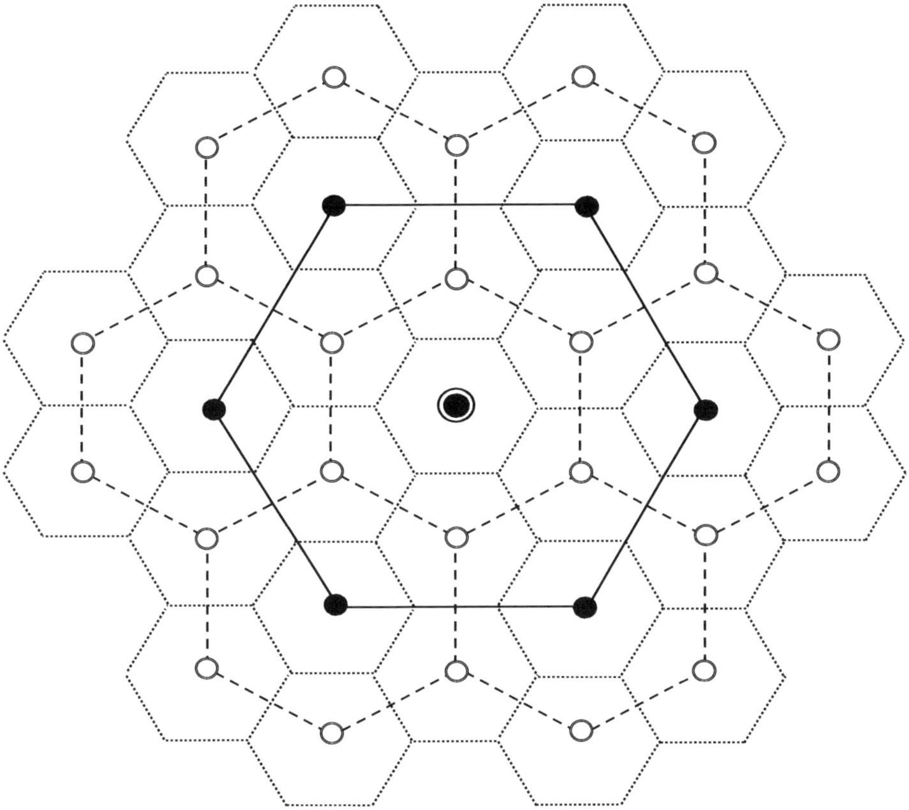

Abb. 2.20 Zentrale Orte und ihre Ergänzungsgebiete am Beispiel von drei Gütern. Nach Christaller (1933, S. 71)

den Erwerb einer Waschmaschine muss jedoch zwingend ein zentraler Ort mittlerer (schwarze Punkte) oder höherer (eingekreister Punkt) Ordnung aufgesucht werden. Ein Theaterbesuch ist nur im Ort höherer Ordnung möglich. Verallgemeinert gesagt, können die Konsumenten Güter, die häufig, und vor allem frisch, gekauft werden, meist relativ dezentral an Orten niedriger Ordnung beziehen. Für den Erwerb von Gütern, die seltener konsumiert werden, müssen sich die Konsumenten aber an einen zentralen Ort mittlerer oder höherer Ordnung begeben. Diese Orte bieten sowohl das Gut mittlerer bzw. höherer Zentralität an als auch alle anderen Güter, die ebenso in kleineren Orten gekauft werden können. Diese Eigenschaft, dass an zentralen Orten höherer Zentralität auch alle Güter niedrigerer Zentralität angeboten werden, ist als *Zentralitätsprinzip* bekannt. Die Bandbreite an angebotenen Gütern nimmt demnach mit steigender Ordnung eines Orts zu. Zentrale Orte niedriger Ordnung liegen nahe an anderen Orten der gleichen Kategorie, während die Distanzen zwischen zentralen Orten höherer Ordnung größer sind – schließlich weisen die zentralsten Güter eine hohe wirtschaftliche Entfernung, also große Ergänzungsgebiete, auf.

Die bisherige Analyse war rein statisch, wir haben also eine Momentaufnahme des Systems der zentralen Orte betrachtet. Christaller (1933) befasst sich jedoch auch mit dynamischen Vorgängen und deren Auswirkungen innerhalb des Orte-Systems. Er betrachtet zum Beispiel eine Veränderung der Bevölkerungsanzahl oder -verteilung oder der Nachfrage nach zentralen Gütern, den technischen Fortschritt und den Wandel des Verkehrs, etwa hinsichtlich der verwendeten Transportmittel und der jeweiligen Transportgeschwindigkeit. Dies sind nämlich auch mögliche Faktoren für ein Abweichen des beobachteten realen Systems der zentralen Orte von dem idealtypischen Bild, das wir gerade hergeleitet haben. So kann etwa die Lage eines zentralen Orts von seiner idealtypisch bestimmten leicht abweichen, wenn die Verteilung der Bevölkerung ungleichmäßig ist. Ein Grund für eine ungleichmäßige Ansiedlung der Konsumenten ist geographischer Natur: Zum Beispiel ist die Besiedlung von Gebirgstälern typischerweise in unteren Lagen dichter als in höheren.

Christaller (1933, S. 137ff.) wendet seine Theorie auch empirisch an, indem er das System der zentralen Orte in Süddeutschland untersucht. Konkret beschäftigt er sich damit, süddeutsche Städte in zentrale und nicht zentrale Orte einzuteilen und weiterhin die Ordnung – das heißt, die Bedeutung – der als „zentral" klassifizierten Orte zu bestimmen. Dabei stellt sich als erstes die Frage, wie die Bedeutung eines Orts eingeschätzt werden kann. Ein zentraler Ort zeichnet sich dadurch aus, dass dort zentrale Güter und Dienstleistungen gehandelt werden. Folglich macht Christaller die Bedeutung eines Orts am Vorhandensein von Einrichtungen fest, die den Austausch von Gütern und Dienstleistungen ermöglichen oder fördern. Unter den Einrichtungen des Handels und Geldverkehrs, zum Beispiel, gibt es solche, die in weniger bedeutenden Orten vorkommen (Kaufläden, Wochenmärkte), andere, die in mittelmäßig bedeutenden Orten zu finden sind (Spezialgeschäfte, Kreissparkassen, Bankfilialen), und schließlich solche, die ausschließlich in sehr bedeutenden Orten verfügbar sind (Warenhäuser, Börsen, Handelsvertretungen). Allgemein ausgedrückt geht es darum, festzustellen, ob eine Einrichtung nur eine lokale oder eine überregionale Bedeutung hat.

Daraus alleine kann aber noch nicht auf die Bedeutung eines Orts geschlossen werden. Dafür wäre noch die Quantität der Einrichtungen lokaler oder überregionaler Bedeutung zu berücksichtigen. Dies stellt sich aber in der Praxis als schwierig bis unmöglich heraus, da die Einrichtungen irgendwie gemäß ihrer Bedeutung gewichtet werden müssten und anschließend ein „Bedeutungs-Index" von Regionen zu erstellen wäre. Da eindeutige Kriterien weder für eine solche Gewichtung noch für die Konstruktion eines Index bestehen bzw. zu Christallers Zeit bestanden, suchte er nach einem anderen Weg, die Bedeutung einer Region zu quantifizieren. Schließlich zog er dafür die Anzahl an Telefonanschlüssen in einem Ort heran. Diese Variable ist eine so genannte *Proxyvariable*. Sie dient dazu, eine nicht verfügbare Variable zu approximieren. In unserem Fall gibt es kein Maß für die Bedeutung eines Orts. Deshalb wird die Anzahl der lokalen Telefonanschlüsse verwendet, um die Bedeutung eines Orts bestmöglich abzubilden.

Die Begründung für die Verwendung dieser Proxyvariable ist, dass alle Einrichtungen, die den Handel von zentralen Gütern und Dienstleistungen fördern, mit anderen Akteuren in Kontakt treten müssen, die häufig weiter entfernt sind. Damals war es üblich, eine solche

Tab. 2.2 Anzahl der Orte unterschiedlicher Zentralität

–	Zentralitätsstufe						
–	1	2	3	4	5	6	7
System München	1	1	6	18	59	81	372
System Nürnberg-Fürth	1	2	10	23	60	105	462
System Stuttgart	1	2	8	33	73	72	475
System Frankfurt	1	2	6	12	47	52	235
Theoretische Analyse	1	2	6	18	54	162	486

Quelle eigene Darstellung nach Christaller (1933, S. 72 und 181ff.)

Kontaktaufnahme per Telefon durchzuführen. Vereinfacht gesagt ist ein Ort zentral, wenn er im Vergleich zu dem Gebiet, in dem er liegt, viele Telefonanschlüsse pro Kopf aufweist. Je größer dieses Verhältnis ist, umso höher ist die Ordnung eines Orts. Somit kann anhand dieses Maßes die Quantität der Bedeutung eines Orts bestimmt werden.

Anhand dieser Vorgehensweise bestimmt Christaller vier zentrale Orte der höchsten Ordnung im Süden Deutschlands: München, Stuttgart, Frankfurt und Nürnberg (zusammen mit Fürth). Gemeinsam mit ihren jeweiligen Ergänzungsgebieten nennt Christaller diese vier Regionen „Systeme". Zudem identifiziert er zahlreiche weitere Zentren – teilweise hoher, größtenteils aber niedrigerer Ordnung. Je geringer die Bedeutung eines Orts ist, umso mehr Orte dieser Kategorie existieren. So ergibt sich ein Muster, das dem in Abb. 2.20 theoretisch hergeleiteten erstaunlich ähnlich ist. Tabelle 2.2 zeigt die Anzahl an Orten, die es von jedem der sieben Zentralitätsniveaus in einem System gibt. In seinen theoretischen Ausführungen unterscheidet Christaller sieben Zentralitätsstufen, in seiner empirischen Untersuchung jedoch acht. Zu unserem Zwecke wurden die empirisch ermittelten Daten zu Orten der Zentralitätsstufen sieben und acht zu Stufe 7 aggregiert, um eine Vergleichbarkeit mit der Theorie herzustellen. Dabei fallen die zentralsten Orte, bzw. die zentralen Orte höchster Ordnung, in die Kategorie „1", während nicht zentrale Orte in die Klasse „7" fallen. Aus der letzten Zeile kann die laut Christallers theoretischer Analyse erwartete Anzahl an Orten pro Klasse abgelesen werden. Für alle vier dargestellten Systeme zeigt sich, dass die tatsächliche Größenverteilung der Orte der theoretisch postulierten bis auf wenige Ausnahmen ziemlich exakt gleicht.

2.2.2.2 Theorie der Marktnetze nach Lösch

Nachdem wir uns mit der Theorie der zentralen Orte von Walter Christaller (1933) eingehend beschäftigt haben, wenden wir uns in diesem Abschnitt einer Erweiterung dieses Ideengebäudes zu, die auf den deutschen Volkswirt August Lösch (1940) zurückgeht. Lösch entwickelte eine Theorie der Marktnetze, die er in seinem Werk *Die räumliche Ordnung der Wirtschaft* festhielt. Mit „Marktnetzen" sind dabei Marktgebiete gemeint. Ebenso wie Christaller geht auch Lösch von hexagonalen – das heißt, sechseckigen – Marktgebieten aus (bei Christaller *Ergänzungsgebiete* genannt). Deren Größe bestimmt sich durch die Angebots- und Nachfragebedingungen sowie die Transportkosten der jeweiligen Güter. Wir werden uns im Folgenden nicht primär auf August Löschs Theorie der Marktnetze konzentrieren, sondern vielmehr einige Unterschiede zu Christallers Ansatz herausarbeiten.

Lösch geht von einer homogenen Ebene aus, auf der Bauernhöfe gleichmäßig verteilt sind. Diese Bauernhöfe stellen sowohl die Produktions- als auch die Konsumstandorte dar. Auf jedem Hof werden ausreichend Güter für den Eigenbedarf produziert. Darüber hinaus kann ein gewerbliches Gut hergestellt und an andere Höfe verkauft werden. Aufgrund der Herstellung eines solchen Guts im großen Rahmen kann der Bauer von steigenden Skalenerträgen profitieren; Lösch (1940, S. 66) nennt dies die Ersparnisse der Massenproduktion. Aufgrund der Fixkostendegression kann ein Bauer sein gewerbliches Produkt günstiger anbieten, als es jedem anderen Bauern möglich wäre, dieses Gut selbst herzustellen. Allerdings ist der Absatz eines Produkts umso geringer, je höher seine Transportkosten (bei Lösch: Versandkosten) sind. Was das für die Größe eines Marktgebiets im Gleichgewicht bedeutet, wollen wir nun herausfinden:

Ein Gleichgewicht ist im Modell von Lösch (1962, S. 64f.) dadurch gekennzeichnet, dass jedes Wirtschaftssubjekt den für sich optimalen Standort hat. Zudem muss der gesamte Raum einer Verwendung zugeführt werden, es darf keine brach liegenden Flächen geben. Zwischen den Unternehmen herrscht vollkommener Wettbewerb und somit besteht freier Markteintritt und -austritt. Aufgrund dessen muss jedes Marktgebiet so klein wie möglich sein, das heißt so klein, dass sich die Produktion für einen Unternehmer gerade noch lohnt und er Nullgewinne erwirtschaftet. Wäre das Marktgebiet etwas größer, könnte er Gewinne realisieren und weitere Unternehmer würden auf dem Markt aktiv werden – so lange, bis schließlich Nullgewinne erzielt werden und das Gleichgewicht erreicht ist. Somit muss die Größe jedes Marktgebiets der *unteren* Reichweite seiner jeweiligen Güter entsprechen (im Gegensatz zu Christaller, bei dem die Größe eines Ergänzungsgebiets von der *oberen* Reichweite der betreffenden Güter abhängt). Schließlich gilt auch bei Lösch, dass die Individuen, die auf der Grenze zwischen zwei Marktgebieten wohnen, indifferent bezüglich des Standorts sind, an dem sie ihren Erledigungen nachgehen. Die Grenzen zwischen Marktgebieten nennt er *Indifferenzlinien*.

Positive Gewinne im Modell von Lösch

Unter bestimmten Voraussetzungen können im Modell von Lösch Gewinne realisiert werden. Dies ist dann der Fall, wenn von einem zentralen Ort aus zum Beispiel 32 andere Orte versorgt werden müssten, damit sich die Produktion dieses Guts lohnt. In Löschs System gibt es aber keinen zentralen Ort mit 32 Orten in seinem Marktgebiet, sondern lediglich solche mit 30 oder 36 zu versorgenden Orten. Unter diesen Voraussetzungen würde das betrachtete Gut in einem zentralen Ort mit 36 zu versorgenden Orten angeboten und der Anbieter würde aufgrund der vier zusätzlich versorgten Orte einen Gewinn erzielen. Diese Situation entspricht trotzdem einem Gleichgewicht, da kein Anbieter auf den Markt kommen und die Nachfrage der vier „überschüssigen" Orte auf sich ziehen könnte – die Mindestgröße des Marktgebiets beträgt schließlich 32 Orte.

Güter, deren notwendige Absatzgebiete gleich groß sind, bilden zusammen eine Güterklasse und werden am selben Ort produziert. Im Gegensatz zu Christaller ist im Modell von Lösch das Zentralitätsprinzip verletzt: Die zentralen Orte höherer Ordnung stellen zwar die Grundversorgung sicher, sie bieten aber nicht mehr alle Güter niedrigerer Zentralität an. (Eine Ausnahme hiervon stellt die zentralste Stadt dar.) Somit ist es möglich, dass sich einzelne Orte (auch solche der gleichen Zentralität) auf die Produktion eines bestimmten Guts spezialisieren und von den Ersparnissen der Massenproduktion – wie Lösch es nennt – profitieren können.

In ihren Grundpfeilern sind sich die Ansätze von Christaller (1933); Lösch (1940) ziemlich ähnlich. Sie unterscheiden sich jedoch in manchen Punkten, von denen wir einige herausgegriffen und thematisiert haben. Christaller hat eine eher empirisch begründete Herangehensweise gewählt, während Lösch versucht hat, vieles theoretisch herzuleiten. Deshalb wird die Theorie der zentralen Orte meist diesen beiden Autoren zusammen zugeschrieben, obwohl die ursprüngliche Idee dazu von Christaller stammt.

2.2.2.3 Beispiel: Der Noordoostpolder

Die Überlegungen von Walter Christaller (1933); August Lösch (1940) fanden in den Niederlanden konkrete Anwendung (vgl. Brakman et al. 2009, S.47f.). Um 1940 wurde durch Eindeichung eines Gebiets beträchtlicher Größe vor der niederländischen Küste im Ijsselmeer der so genannte Noordoostpolder errichtet. In erster Linie sollte dadurch zusätzlicher Boden für die land- und gartenwirtschaftliche Produktion gewonnen werden. Die niederländischen Behörden haben aber auch eine Stadt und einige Gemeinden auf dem Noordoostpolder geplant. Abbildung 2.21 zeigt den Polder, der im Westen und Süden von Meer umgeben ist und im Norden und Osten von Land. Eine Hauptverkehrsader führt von Norden aus vorbei an Emmeloord und weiter nach Süden, über eine Brücke zurück aufs Festland. Diese Straße ist durch die durchgezogene Linie mit einem Knick gekennzeichnet. Die gestrichelten Linien markieren kleinere Straßen, welche die Gemeinden des Noordoostpolders miteinander verbinden.

Die Pläne für den Noordoostpolder waren offensichtlich von den Arbeiten von Christaller und Lösch beeinflusst: Die Stadt Emmeloord sollte 10.000 Einwohner haben und als zentraler Ort höherer Ordnung im Zentrum des Polders liegen. Die Gemeinden sollten jeweils 2.000 Einwohner haben (s. Tab. 2.3) und wurden so angelegt, dass sie Emmeloord nach dem Vorbild des Systems der zentralen Orte umgeben sollten (Abb. 2.21). In diesen Gemeinden sollten ausschließlich Güter niedrigerer Ordnung angeboten werden, während in Emmeloord auch zentrale Güter gehandelt werden sollten.

Tabelle 2.3 zeigt zusätzlich das Datum des Baubeginns und die tatsächliche Einwohneranzahl der Stadt und der Gemeinden im Jahr 2010, also mehr als ein halbes Jahrhundert später. Die Stadt Emmeloord hat das für sie vorgesehene Bevölkerungsziel von 10.000 bei Weitem übertroffen und war 2010 mehr als doppelt so groß wie ursprünglich geplant. Im Gegensatz dazu sind die umliegenden Gemeinden um einiges dünner besiedelt als vorgesehen, die meisten von ihnen haben etwa ein Drittel bis die Hälfte der angedachten Einwohneranzahl erreicht. Ausnahmen davon stellen Marknesse und Ens dar, die ihre geplante Bevölkerungsstärke übertreffen. Am Rande sei angemerkt, dass bei den Einwohnerzahlen jeweils nur die Kerne der Gemeinden berücksichtigt werden, nicht aber ihr Umland.

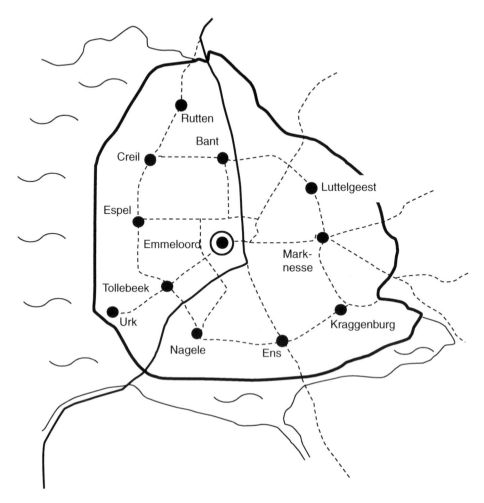

Abb. 2.21 Das System der zentralen Orte auf dem Noordoostpolder in den Niederlanden. Nach Brakman et al. (2009, S. 47)

2.2.2.4 Kritische Würdigung

Die anhaltende Bedeutung der Theorie der zentralen Orte zeigt sich unter anderem darin, dass in der deutschen Raumordnung eine Unterscheidung von Städten gemäß ihrer Position in der Städtehierarchie getroffen wird. Je nach ihrer Bedeutung für ihr Umland werden Städte in Ober-, Mittel- und Unterzentren eingeteilt. Dabei bestimmt sich die Bedeutung eines Zentrums durch seine Verwaltungs- und Bildungsfunktionen sowie seinen Stand als Konsum- und Dienstleistungsort für die umliegenden Städte und Gemeinden.

Dennoch existieren einige Kritikpunkte an dieser Theorie. Sowohl Christaller als auch Lösch gehen davon aus, dass sich die Konsumenten bzw. Nachfrager gleichmäßig im Raum verteilen, während die Produktion an vergleichsweise wenigen Standorten

Tab. 2.3 Geplante und tatsächliche Einwohnerzahlen auf dem Noordoostpolder

Gemeinde/Stadt	Start	Geplante Einwohneranzahl	Tatsächliche Einwohneranzahl 2010
Emmeloord	1946	10.000	23.505
Marknesse	1946	2.000	2.890
Ens	1948	2.000	2.145
Kraggenburg	1948	2.000	775
Luttelgeest	1950	2.000	765
Bant	1951	2.000	775
Rutten	1952	2.000	710
Creil	1953	2.000	1.045
Nagele	1954	2.000	1.100
Espel	1956	2.000	680
Tollebeek	1956	2.000	1.210

Quelle eigene Darstellung nach van der Wal 1986, S. 42ff. und Centraal Bureau voor de Statistiek 2011

konzentriert ist. Allerdings zieht Christaller zumindest in Erwägung, dass die Verteilung der Bevölkerung leicht von ihrem gleichmäßigen Muster abweichen kann (siehe das Beispiel mit dem Gebirgstal oben). Wäre die Bevölkerung ungleichmäßig über das gesamte betrachtete Gebiet verteilt, hätte dies Auswirkungen auf die Standorte der Produzenten und somit auf die Lage der zentralen Orte im Raum. Die Standorte der Produzenten würden überdies davon beeinflusst, wenn sie Vor- und/oder Nachteile aus einer gemeinsamen Standortwahl erfahren würden, zum Beispiel durch die Ersparnis an Transportkosten für Vorprodukte. Auch dies wird aber in der Theorie der zentralen Orte weitgehend vernachlässigt. Lediglich Lösch (1940, S. 81) merkt an, dass die räumliche Ballung von Standorten bzw. zentralen Orten die gesamtwirtschaftlichen Transportkosten minimiert.

Beide Autoren betrachten im Wesentlichen ein statisches System von zentralen Orten, wenn auch Christaller einige grundlegende dynamische Überlegungen anstellt. Die Frage ist, was sich am System der zentralen Orte verändert, wenn sich die Güterpreise, die Verteilung der Bevölkerung, deren Präferenzen, die Transportkosten oder die „Zentralitäts-Hierarchie" von Gütern verändern. All diese Faktoren beeinflussen die wirtschaftliche Entfernung von Gütern und somit die Größe von Ergänzungs- bzw. Marktgebieten. Christaller und Lösch bleiben eine Antwort darauf schuldig, was dann zu erwarten wäre: Würde das System dauerhaft, oder zumindest langfristig, in einer Situation verharren, die kein Gleichgewicht darstellt? Oder wären die zentralen Orte an die nun optimale Lage umzusiedeln? Wer würde im letzteren Fall für die dadurch entstehenden Kosten aufkommen?

Abschließend sind die angebrachten Kritikpunkte aber etwas zu relativieren. Stattdessen ist die Pionierleistung von Christaller und Lösch hervorzuheben, die bereits vor dem Zweiten Weltkrieg bzw. während desselben Modelle eines ganzen Systems von Städten entworfen haben.

Literatur

Bertrand, J. (1883). Besprechung von Walras „Théorie Mathématique de la Richesse Sociale" und Cournots „Recherches sur les Principes Mathématiques de la Théorie des Richesses". *Journal des Savants*, 499–508.

Brakman, S., Garretsen, H., & van Marrewijk, C. (2009). *The new introduction to geographical economics*. Cambridge: Cambridge University Press.

Centraal Bureau voor de Statistiek. (2011). *Gemeente Op Maat. Noordoostpolder*. Den Haag: Centraal Bureau voor de Statistiek.

Christaller, W. (1933). *Die zentralen Orte in Süddeutschland. Eine ökonomisch-geographische Untersuchung über die Gesetzmäßigkeit der Verbreitung und Entwicklung der Siedlungen mit städtischen Funktionen*. Jena: Gustav Fischer Verlag.

Cournot, A. (1838). *Recherches sur les Principes Mathématiques de la Théorie des Richesses*. Paris: Hachette.

Downs, A. (1957). *An economic theory of democracy*. New York: Harper & Row.

Edgeworth, F. Y. (1897). La Teoria Pura del Monopolio. *Giornale degli Economisti e Annali di Economia, 40*, 13–31.

Fujita, M. (1999). *Urban economic theory. Land use and city size*. Cambridge: Cambridge University Press.

Hotelling, H. (1929). Stability in competition. *Economic Journal, 39*(153), 41–57.

Isard, W. (1956). *Location and space-economy. A general theory relating to industrial location, market areas, land use, trade and urban structure*. Cambridge, MA: MIT Press.

Launhardt, W. (1882). Die Bestimmung des zweckmäßigsten Standortes einer gewerblichen Anlage. *Zeitschrift des Vereins Deutscher Ingenieure, 26*(3), 105–116.

Lösch, A. (1940). *Die räumliche Ordnung der Wirtschaft. Eine Untersuchung über Standort, Wirtschaftsgebiete und internationalen Handel*. Jena: Gustav Fischer Verlag.

Lösch, A. (1962). *Die räumliche Ordnung der Wirtschaft. Eine Untersuchung über Standort, Wirtschaftsgebiete und internationalen Handel* (3. Aufl.) Stuttgart: Gustav Fischer Verlag.

Moses, L. N. (1958). Location and the theory of production. *Quarterly Journal of Economics, 72*(2), 259–272.

Müller-Wille, W. (1981). *Westfalen. Landschaftliche Ordnung und Bindung eines Landes*. (2. Aufl). Münster: Aschendorffsche Verlagsbuchhandlung.

Pick, G. (1909). Mathematischer Anhang. In A. Weber (Hrsg.), *Über den Standort der Industrien. Erster Teil. Reine Theorie des Standorts* (S. 225–246). Tübingen: Mohr.

Predöhl, W. (1925). Das Standortproblem in der Wirtschaftstheorie. *Weltwirtschaftliches Archiv, 21*(2), 294–321.

Rosenhead, J., & Powell, G. (1975). The ice-cream man problem. *Transportation Research, 9*(2–3), 117–121.

van der Wal, C. (1986). *Dorpen in de IJsselmeerpolders. Von Slootdorp tot Zeewolde*. Flevobericht Nr. 250. Amsterdam: Ministerie van Verkeer en Waterstaat.

von Thünen, J. H. (1875). *Der Isolierte Staat in Beziehung auf Landwirtschaft und Nationalökonomie*. (3. Aufl). Berlin: Verlag von Wiegandt, Hempel & Parey.

Weber, A. (1909). *Über den Standort der Industrien. Erster Teil. Reine Theorie des Standorts*. Tübingen: Mohr.

Agglomerationskräfte

3

Zusammenfassung

Die ökonomische Aktivität ist im Raum äußerst ungleich verteilt und konzentriert sich auf nur wenige Regionen. Diese Ungleichmäßigkeit kommt aufgrund von Agglomerationskräften zustande, die bewirken, dass es für wirtschaftliche Akteure vorteilhaft ist, in Ballungsräumen zu leben (Arbeitskräfte, Konsumenten) bzw. zu produzieren (Unternehmen). Hierfür gibt es vielfältige Gründe: Unternehmen profitieren zum Beispiel davon, dass der Wissensaustausch durch die räumliche Nähe zu anderen Unternehmen einfacher wird und Zulieferer und Abnehmer in der selben Region angesiedelt sind. Für Konsumenten hingegen können ein breites Angebot an Gütern und Dienstleistungen sowie eine gut ausgebaute Infrastruktur (Schulen, Kitas, Museen etc.) für eine Ansiedlung in einem Ballungsraum sprechen. Gäbe es ausschließlich positive Effekte von Ballung, wäre die gesamte ökonomische Aktivität auf der Erde theoriegemäß in einer einzigen großen Stadt konzentriert. Mit zunehmender Größe eines Agglomerationsraums steigen aber auch die durch Ballung entstehenden Kosten an. Dazu gehören zum Beispiel Überfüllungskosten wie Staus und hohe Mieten und zunehmende Umweltverschmutzung. Diese Kosten verhindern, dass sich die gesamte ökonomische Aktivität der Erde tatsächlich in einem einzigen Gebiet ballt, sondern sich stattdessen auf eine Vielzahl von Agglomerationsräumen aufteilt.

Stellen wir uns für einen Moment vor, wir befänden uns am 21. Juli 1969 mit Neil Armstrong an Bord der Apollo 11 und würden gerade den Panoramablick aus dem Weltall auf die Erde genießen. Schnell würde uns auffallen, dass an einigen Stellen der Erde helle Flächen aufleuchten: Diese hellen Flächen entstehen durch künstliche Beleuchtung in der Nacht, vor allem in Städten und Industriegebieten. Diese Beleuchtung kann als ein Indikator für erhöhte wirtschaftliche Aktivität angesehen werden: Zum Einen wird in solchen Gebieten teilweise auch nachts produziert und zum Anderen verfügen private Haushalte und die öffentliche Hand zumeist über die notwendigen Mittel, um für Beleuchtung in den Häusern und im öffentlichen Raum zu sorgen. Auf den ersten

O. Farhauer und A. Kröll, *Standorttheorien*, DOI: 10.1007/978-3-658-01574-9_3,
© Springer Fachmedien Wiesbaden 2013

Blick fällt auf, dass es drei große Flächen gibt, die bei Nacht sehr viel Licht ausstrahlen: Europa, Japan und der Osten Nordamerikas. Fokussieren wir zum Beispiel Europa aus dem All, stellen wir fest, dass die hellen Flecken auch innerhalb dieses Gebiets sehr ungleich verteilt sind. Die ökonomische Aktivität in Europa konzentriert sich auf den Süden Großbritanniens, Westdeutschland, den Norden Italiens und Frankreichs sowie den Süden Skandinaviens. Diese Beobachtung wird auch von empirischen Daten, beispielsweise zum Bruttoinlandsprodukt pro Kopf, gestützt.

Oftmals wird solche eine Ballung wirtschaftlicher Aktivität im Raum auf so genannte *Agglomerationseffekte* zurückgeführt. Diese ökonomischen Kräfte bewirken, dass es für Unternehmen/Konsumenten von Vorteil ist, sich in der Nähe anderer Unternehmen und/ oder Konsumenten anzusiedeln. Eine *Agglomeration* (von lat.: *agglomerare* = sich anhäufen) bezeichnet eine Stadt zusammen mit ihrem engeren Umland. Dieses zur Agglomeration gehörende Umland wird umgangssprachlich als „Speckgürtel" bezeichnet. Der Begriff *Agglomeration* macht also nicht vor administrativen Stadtgrenzen Halt, sondern orientiert sich an der geographischen Ausdehnung einer Stadt als Wirtschaftsraum.

3.1   Vorteile erster und zweiter Art

Die Vorteile, welche Unternehmen aus der Ansiedlung in einem Ballungsraum ziehen, sind im Wesentlichen von zweierlei Art: Vorteile erster Art (*first nature*) entstehen aus spezifischen Eigenschaften eines Standorts, wie zum Beispiel reichen Rohstoffvorkommen. Vorteile zweiter Art (*second nature*) entstehen hingegen durch unternehmensinterne oder -externe Skalenerträge. Im Folgenden Abschn. 3.1.1 wollen wir kurz Vorteile erster Art, die auch *natürliche Standortvorteile* genannt werden, thematisieren. Im Anschluss daran (Abschn. 3.1.2) widmen wir uns den Vorteilen zweiter Art, also den unternehmensinternen und -externen Skalenerträgen.

3.1.1   Natürliche Standortvorteile

Natürliche Standortvorteile sind Agglomerationseffekte, die an einen bestimmten Ort gebunden sind. Ein Produzent kann von diesen regionsspezifischen natürlichen Vorteilen nur profitieren, wenn er in der betreffenden Region ansässig ist. Für Landwirte zum Beispiel stellen fruchtbare Böden und lange Vegetationszeiten natürliche Standortvorteile dar. Diese Vorteile bestehen nur in bestimmten Regionen und können von den Landwirten nicht, bzw. im Falle der Bodenqualität nur begrenzt, beeinflusst werden.

Besonders wichtig sind natürliche Standortvorteile für Branchen, die viele Rohstoffe als Zwischenprodukte benötigen. Dies betrifft hauptsächlich Unternehmen des Verarbeitenden Gewerbes, wie zum Beispiel Stahlwerke, die für die Produktion enorme Energieressourcen benötigen und sich deshalb vorwiegend in Steinkohleabbaugebieten niedergelassen haben. Solche Branchen siedeln sich typischerweise in Regionen mit reichen, für sie relevanten, Rohstoffvorkommen an. Einige weitere Branchen sind sogar auf natürliche Standortvorteile angewiesen, um überhaupt produzieren zu können. Eine Schiffswerft beispielsweise kann sich nur an einem Standort am Meer oder an einem schiffbaren Fluss niederlassen. Dieses Merkmal ist also untrennbar mit der Region verbunden.

All diese Vorteile werden als *harte Faktoren* der unternehmerischen Standortwahl bezeichnet. Sie haben einen direkten, messbaren Einfluss auf die Rentabilität von Betrieben. Im Gegensatz dazu sind so genannte *weiche Faktoren* der Standortwahl nicht messbare Faktoren, die nur einen indirekten Einfluss auf die Rentabilität von Betrieben haben. Als weiche Standortfaktoren gelten zum Beispiel die Attraktivität einer Region und ihres Umlands im Sinne umfassender Kultur- und Freizeitangebote sowie sozialer Infrastruktur wie Schulen und Kindergärten. Diese Faktoren tragen dazu bei, dass eine Region bei der Bevölkerung beliebt ist. In einer beliebten Region leben viele Menschen, wodurch es den Betrieben leichter fällt, Arbeitskräfte für die Produktion zu gewinnen. Auch fällt es den Betrieben leichter, Arbeitskräfte aus anderen Regionen anzuwerben, wenn ihr Standort für diese attraktiv ist. Ebenfalls sind das politische Klima und das Image einer Region weiche Standortfaktoren, die schwierig messbar sind und von denen lokale Betriebe profitieren, ohne dass ihre Rentabilität davon direkt beeinflusst wird.

3.1.2   Interne und externe Skalenerträge

Neben natürlichen Standortvorteilen spielen auch so genannte Vorteile zweiter Art eine Rolle für die Standortwahl von Unternehmen. Dabei wird zwischen Skalenerträgen, die innerhalb eines Unternehmens wirksam werden, und solchen, die extern für das einzelne Unternehmen sind, unterschieden.

Interne Skalenerträge treten innerhalb eines Betriebs auf. Sie sind zwar unabhängig von einem bestimmten Standort an sich, werden aber von der Produktionsmenge des Betriebs beeinflusst. Häufig treten interne Skalenerträge auf, wenn hohe Fixkosten in der Produktion bestehen. Je mehr produziert wird, umso geringer ist der Anteil der Fixkosten, der auf eine einzelne produzierte Einheit entfällt. Steigende Skalenerträge gehen daher mit sinkenden Durchschnittskosten einher. Aufgrund dieser Fixkostendegression besteht für Unternehmen ein Anreiz, alle ihre Betriebe an einem Standort anzusiedeln, um von steigenden internen Skalenerträgen und den damit verbundenen Kosteneinsparungen profitieren zu können. Steigende interne Skalenerträge können nicht nur auf der Ebene von einzelnen Betrieben auftreten, sondern auch auf der Ebene von mehrere Betriebe umfassenden Unternehmen, zum Beispiel, wenn die Managementkosten unterproportional mit der Größe des Unternehmens ansteigen.

Schiffswerften zum Beispiel haben hohe Fixkosten für Kräne, Wasserbecken, die Miete von Lagerhallen, Hafengebühren etc. Der Anteil der Fixkosten, der auf die Produktion eines einzigen Schiffs entfällt, ist umso geringer, je mehr Schiffe eine Werft herstellt, da sich die Fixkosten dann auf mehrere Schiffe aufteilen. Folglich führt ein Anstieg der Produktion innerhalb einer Schiffswerft zu fallenden Kosten pro Schiff. Dieser Effekt entspricht steigenden internen Skalenerträgen. Anstatt zwei Schiffswerften in benachbarten Städten, zum Beispiel in Rostock und in Wismar, zu betreiben, lohnt es sich für einen Unternehmer deshalb, lediglich in Rostock eine Werft zu betreiben und dort dafür die Produktion zu erhöhen.

Steigende interne Skalenerträge können auch in Form von Lerneffekten auftreten. Dabei werden Arbeitskräfte immer produktiver, je mehr sie schon produziert haben, da sie immer geschickter werden. Die Arbeitskräfte lernen im Produktionsprozess dazu und erledigen ihre Arbeit immer effizienter/präziser, je erfahrener sie sind. Deshalb steigt die Produktivität mit der Produktionsmenge. Ein klassisches Beispiel hierfür ist die Stecknadelfabrik, die Adam Smith zur Erklärung dieses Prozesses heranzog. Weiter unten (s. Abschn. 3.2.3) betrachten wir ein Modell aus der Agglomerationsökonomik, das genau diese Argumentation aufgreift, und auch das Beispiel der Stecknadelfabrik wird näher beleuchtet.

Eine dritte Quelle für interne Skalenerträge, die wir erwähnen wollen, sind technische Parameter. Wird zum Beispiel der Umfang einer Pipeline verdoppelt, so ist zur Produktion die doppelte Menge Material notwendig. Allerdings vervierfacht sich dabei das Volumen, sodass nun vier Mal so viel Flüssigkeit durchfließen kann wie zuvor. So kann der Output bzw. der *throughput* vervierfacht werden, während sich die Kosten lediglich verdoppeln.

Im Gegensatz zu natürlichen Standortvorteilen und externen Skalenerträgen hängen interne Skalenerträge lediglich vom Produktionsumfang eines Unternehmens beziehungsweise Betriebs ab. Sie können vom Unternehmen selbst beeinflusst werden, indem die produzierte Menge entsprechend angepasst wird. Bestehen hohe Fixkosten und ein Unternehmen nutzt seine Kapazität noch nicht voll aus, ist es vorteilhaft, die Produktion zu erhöhen, um von steigenden internen Skalenerträgen zu profitieren. Des Weiteren sind interne Skalenerträge nicht an einen bestimmten Standort gebunden. Wenn etwa ein Verlag seinen Standort von einer Stadt in eine andere verlegt, sich aber sein Produktionsumfang nicht verändert, so hat dies keinen Einfluss auf seine betriebsinternen Skalenerträge.

Demgegenüber ist die Stärke externer Skalenerträge nicht von Vorgängen innerhalb eines Unternehmens selbst, sondern von seinem Standort abhängig. Solche Externalitäten sind ein zentrales Element der Agglomerationsökonomik. Sie werden vom spezifischen Umfeld eines Unternehmens generiert und sind vom einzelnen Unternehmen selbst nur begrenzt beeinflussbar. Die Stärke dieser Externalitäten hängt vielfach von der Anzahl weiterer Unternehmen am selben Standort ab.

3.2   Externalitäten und Standortentscheidung

Es gibt zahlreiche verschiedene Ausprägungen von externen Skalenerträgen, die für Standortentscheidungen bedeutend sind. Mit „Standortentscheidungen" sind dabei sowohl die Entscheidungen von Unternehmen bezüglich ihres Standorts als auch jene von Arbeitskräften bzw. Konsumenten hinsichtlich ihres Wohn- und Arbeitsorts gemeint. Folglich können Externalitäten nicht nur für Unternehmen, sondern auch für Konsumenten und Arbeitskräfte wirksam werden und deren Entscheidungen beeinflussen. Die folgenden Unterkapitel befassen sich mit einer Auswahl an häufig in der Literatur diskutierten externen Effekten.

3.2.1 Öffentliche Güter in Form von Infrastruktureinrichtungen

Ein klassisches Beispiel für öffentliche Güter in Form von Infrastruktureinrichtungen sind Autobahnen und Schnellstraßen, die eine gute Anbindung von Betrieben an Zulieferer und Abnehmer ermöglichen. Diese Verkehrswege werden vom Staat durch Steuermittel finanziert bzw. bereitgestellt und stehen für gewöhnlich der Allgemeinheit zur Verfügung. Damit ist gemeint, dass eine gute Verkehrsanbindung beispielsweise nicht nur für Schiffswerften verfügbar und vorteilhaft ist, sondern auch für andere Branchen und nicht zuletzt für Privatpersonen, etwa den Vater, der seine Kinder erst zur Leichtathletik und dann zum Musikunterricht fährt. Ein grundlegender Aspekt bei der Bereitstellung von Infrastruktureinrichtungen besteht nun darin, dass die monetäre Belastung pro Kopf sinkt, je mehr Individuen ihren Beitrag zu einem derartigen öffentlichen Gut leisten. Die Kosten für den Bau von einem Kilometer Straße sind enorm hoch. Wenn die Straße mit lokalen Steuermitteln finanziert wird, dann sinkt der Beitrag des Einzelnen, je mehr Einwohner eine Stadt oder Region hat. Bevölkerungsreiche Kommunen können daher ein breiteres Angebot an öffentlichen Gütern bereitstellen, was sie aus Sicht der Individuen attraktiv erscheinen lässt und eventuell sogar zu Zuwanderung aus umliegenden Regionen führt.

Ein weiteres Standardbeispiel für staatlich bereitgestellte Infrastruktur sind öffentliche Wasserleitungen. So zeigen Burchfield et al. (2006) für die USA, dass die Bebauungsdichte in Städten höher ist, wenn die Wasserversorgung durch ein öffentliches Trinkwasserversorgungsnetz gewährleistet wird anstatt durch hauseigene Brunnen. Weil in dicht besiedelten Gebieten viele Menschen pro Kilometer Wasserrohr einen Anschluss besitzen, sind die Kosten für den Anschluss an das örtliche Wassersystem dort deutlich geringer als in spärlich bewohnten Gegenden. Dies ist ein Agglomerationsvorteil von Städten.

Infrastruktureinrichtungen müssen aber nicht immer allen Branchen einer Region zugänglich sein. In London zum Beispiel gibt es ein spezielles Breitband-Fiberoptik-Kabelsystem, das einen besonders schnellen Datentransfer zwischen den ortsansässigen Finanzinstituten ermöglicht. Diese Infrastruktureinrichtung für Finanzinstitute ist an den Standort London gebunden, außerhalb der Stadt kann nicht darauf zugegriffen werden. Alle lokalen Finanzinstitute profitieren von dieser Technik; die Kosten dafür werden aufgeteilt, sodass jedes einzelne Institut nur für einen Bruchteil der Gesamtkosten aufkommen muss (vgl. McCann 2007, S. 56f.). Der Zugang zum Glasfaseroptik-Kabelsystem ist allerdings der Finanzbranche vorbehalten.

3.2.2 Räumliche Nähe zu Zulieferbetrieben

Die räumliche Nähe zu Zulieferbetrieben stellt aus mehreren Gründen einen entscheidenden Vorteil für Unternehmen dar. Ein einleuchtender Grund dafür sind Einsparungen beim Transport zugekaufter Zwischengüter in die eigene Produktionsstätte. Je kürzer die Entfernung zu einem Zulieferbetrieb ist, umso geringer sind die Transportkosten für die jeweiligen Zwischenprodukte. Folglich sind daher auch die

Produktionskosten geringer und das betreffende Unternehmen kann sich einen Wettbewerbsvorteil verschaffen. Existieren mehrere verschiedene Zulieferbetriebe, profitiert der Abnehmer zusätzlich vom Preiswettbewerb der Zulieferer. Er kann verschiedene Angebote einholen und sich für dasjenige mit dem besten Preis-Leistungs-Verhältnis entscheiden, was wiederum zu geringeren Produktionskosten führt.

Räumliche Nähe begünstigt zudem den persönlichen Kontakt zwischen dem Zulieferbetrieb und dem Abnehmer. So können spezielle Wünsche des Abnehmers bezüglich der Produkteigenschaften leichter mit dem Zulieferbetrieb abgestimmt werden. Eine Schiffswerft profitiert beispielsweise davon, wenn an ihrem Standort Chemieunternehmen ansässig sind, welche in die Entwicklung neuer wasserabweisender Lacke, auf denen sich keine Algen absetzen, investieren. Durch die räumliche Nähe von Schiffswerft und Chemieunternehmen kann ein reger persönlicher Austausch zwischen Mitarbeitern der beiden Unternehmen stattfinden und Expertenwissen aus beiden Bereichen zur Entwicklung eines solchen neuartigen Lacks kombiniert werden. Die Schiffswerft profitiert davon, dass das Chemieunternehmen einen auf ihre Bedürfnisse zugeschnittenen Lack entwickelt, der ihr zudem früher zur Verfügung steht als Werften in anderen Städten.

3.2.3 Individuelle Spezialisierung und aggregierte Skalenerträge

Bereits Smith (1776, Buch 1, Kap. 1) hat die Vorteile betont, die durch individuelle Spezialisierung auf wenige Arbeitsschritte entstehen. Er beobachtete den Produktionsprozess von Stecknadeln in einer Zehn-Mann-Fabrik, in der einige Arbeiter immer wieder nur die gleichen zwei oder drei Arbeitsschritte ausführten. Einer zog den Draht in die Länge, ein anderer machte ihn gerade, wieder ein anderer schnitt ihn in Stücke, der Nächste spitzte eine Seite der Stecknadeln an; ein Arbeiter war damit beschäftigt, den Kopf anzubringen, und ein anderer malte die Stecknadeln weiß an, bevor sie schließlich in Papier gepackt wurden. Durch die Konzentration eines jeden Mitarbeiters auf wenige Arbeitsschritte war die Produktivität der Arbeiter um ein Vielfaches höher, als wenn jeder der Reihe nach alle Arbeitsschritte selbst ausgeführt hätte. Beim Ausführen des immer gleichen Vorgangs entwickeln die Arbeiter schnell eine besondere Fingerfertigkeit. Zudem wird der Zeitaufwand dafür eingespart, das Werkzeug oder sogar den Werktisch zu wechseln, wenn nicht von einer Aufgabe zur nächsten übergegangen werden muss, und zusätzlich steigt die Wahrscheinlichkeit für Prozessinnovationen: Wenn sich die Arbeiter permanent nur auf ihren eigenen Produktionsschritt konzentrieren, werden manche von ihnen rasch Wege finden, diesen Arbeitsschritt einfacher und schneller auszuführen.

Die genannten Mechanismen werden auch als Arbeitsmarktexternalitäten bezeichnet. Sie führen durch individuelle Spezialisierung zu steigenden internen Skalenerträgen (s. o.) für die Fabrik, da so mit der gleichen Anzahl an Arbeitern eine viel größere Gütermenge hergestellt werden kann. Weil bereits Smith (1776) von derartigen Externalitäten sprach, werden diese auch als *Smith-Externalitäten* bezeichnet. Die Produktivität von Arbeitskräften steigt durch Arbeitsteilung und Spezialisierung. Durch die größere Zahl

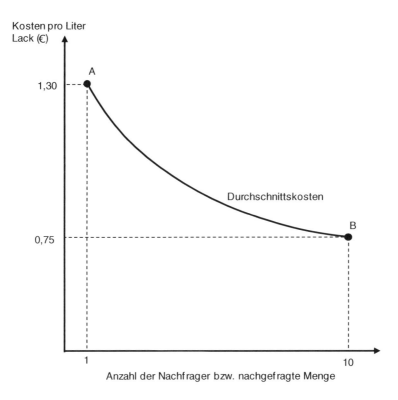

Abb. 3.1 Fallende Durchschnittskosten in der Produktion von Zwischeninputs

an verfügbaren Arbeitskräften ist in Ballungsräumen eine stärkere Arbeitsteilung und Spezialisierung möglich als in dünn besiedelten Regionen.

Smith beschrieb die individuelle Spezialisierung innerhalb eines Unternehmens. Seine Überlegungen können aber genauso auf die Spezialisierung von ganzen Unternehmen auf einen oder mehrere bestimmte Arbeitsschritte angewandt werden. Um beim obigen Beispiel zu bleiben, ist es für die Schiffswerft kostengünstiger, den neuen Lack von einem darauf spezialisierten Unternehmen zu beziehen, als selbst in dessen Entwicklung zu investieren. Dies wird in Abb. 3.1 illustriert, welche die Durchschnittskostenkurve für die Herstellung eines Lacks zeigt. Der fallende Verlauf der Kurve impliziert steigende Skalenerträge. Diese können durch hohe Fixkosten, die bei steigender Produktion auf mehr Einheiten an Output aufgeteilt werden können, entstehen, was die Durchschnittskosten sinken lässt. Alternativ sind so genannte Lernkurveneffekte vorstellbar, das heißt die Arbeitskräfte sind umso geübter und somit produktiver, je größer die bisher produzierte Gütermenge ist.

Existiert lediglich ein Nachfrager, befindet sich der Lackhersteller in Punkt A auf seiner Durchschnittskostenkurve. Die Durchschnittskosten pro Liter Lack sind mit beispielhaft angenommenen €1,30 relativ hoch, was darauf zurückzuführen ist, dass Skalenerträge schlecht ausgenutzt werden können. Zudem muss der Lackhersteller hohe Kosten auf sich nehmen, wenn er normalerweise roten Lack herstellt, die Schiffswerft aber plötzlich königs-blauen oder grünen Lack nachfragt. Gibt es in der Region allerdings mehrere Nachfrager nach Lacken (zum Beispiel Schiffswerften, Schwimmbadbesitzer, Hersteller von Treppengeländern usw.), steigt die Nachfrage und der Hersteller profitiert von steigenden Skalenerträgen. In Abb. 3.1 sinkt der Lackpreis pro Liter auf € 0,75, wenn es 10 Nachfrager gibt. Möglicherweise siedeln sich sogar mehrere Lackhersteller in der Region an, wenn die Nachfrage ausreichend hoch ist. So kann sich jeder Hersteller auf die Produktion einer bestimmten Farbe speziali-sieren und es entstehen weitere Kosteneinsparungen. Von der stärkeren Spezialisierung des Lackherstellers und den damit verbundenen Kosteneinsparungen profitiert auch die Werft in Form von geringeren Einkaufspreisen, wodurch aggregierte Skalenerträge entstehen.

Ein weiteres Beispiel dafür, wie durch individuelle Spezialisierung aggregierte Ska-lenerträge realisiert werden, stammt von Alfred Marshall. Er beschäftigte sich inten-siv mit der Stadt Sheffield in der Grafschaft South Yorkshire in England, die Ende des 19. Jahrhunderts ein Zentrum der Stahlverarbeitung war. Marshall (1890, Buch 4, Abschn. 12.4) argumentiert, dass die Hersteller von Messern beispielsweise das Schlei-fen von Messerschneiden innerhalb der Stadt auslagern können. Dadurch kann sich der Betrieb auf die Verarbeitung von Stahl zu Messern spezialisieren, während sich ein ande-rer Betrieb oder auch ein Selbständiger auf das Schleifen von Messerschneiden speziali-siert, was zu Produktivitätsvorteilen führt.

In Anlehnung an Duranton (1998) stellen Duranton und Puga (2004, S. 2078ff.) diese Argumentation in einem Modellrahmen dar. Darin gibt es einen Final- und einen Zwi-schengütersektor. Duranton und Puga (2004) sprechen hier, wie in der Literatur gebräuch-lich, nicht von Zwischengütern, sondern von Arbeitsschritten, die kombiniert werden, um ein Endprodukt herzustellen. Demnach sind die Zwischengüterproduzenten dort auch nicht Unternehmen, sondern Arbeiter. Formal besteht kein Unterschied darin, ob von Unternehmen hergestellte Zwischengüter oder von Arbeitern ausgeführte Arbeitsschritte in die Finalgüterproduktion eingehen. Wir sprechen hier von Unternehmen und Zwischengü-tern, um an die obigen Beispiele und die weiteren hier dargestellten Modelle anzuschließen.

Zur Vereinfachung wird nur ein einziger Finalgütersektor betrachtet. In diesem herrscht vollkommener Wettbewerb und die Zwischengüter gehen mit einer konstan-ten Substitutionselastizität $(\varepsilon + 1)/\varepsilon$ in die Produktion des Finalgutes ein, wobei $\varepsilon > 0$ ist. Diese Elastizität gibt an, wie einfach ein beliebiges Zwischenprodukt $h \in [0,\bar{n}]$ durch ein anderes ersetzt werden kann. Je größer die Substitutionselastizität, umso einfacher ist es, statt eines Zwischenprodukts ein anderes einzusetzen. Umgekehrt wird die Substitu-tionsfähigkeit eingeschränkt, wenn die Substitutionselastizität gering ist, die Zwischen-produkte also in höherem Maße komplementär sind. Die Anzahl der verschiedenen Zwischenprodukte ist exogen vorgegeben und beträgt $\bar{n}$. Durch diese Vorgehensweise werden zur Vereinfachung Erträge aus einer Vielfalt an Zwischenprodukten, wie sie im nächsten Abschnitt betrachtet werden, ausgeblendet, da die Anzahl der Zwischenpro-dukte exogen vorgegeben und daher fix ist.

Insgesamt gibt es L Arbeitskräfte, die jeweils eine Einheit an Arbeit anbieten, und ebenso viele Unternehmen. Jedes einzelne Unternehmen hat eine Einheit an Arbeit zur

Verfügung und stellt $\bar{n}/L$ verschiedene Zwischenprodukte her. Für die Herstellung eines Zwischenprodukts h wendet es die Zeit $l(h) = L/\bar{n}$ auf, wobei $l(h)$ als Maß der Spezialisierung interpretiert werden kann: Je mehr Zeit ein Unternehmen für die Produktion von Zwischenprodukt h aufwendet, umso weniger Zeit hat es für die Produktion anderer Zwischengüter zur Verfügung und umso stärker spezialisiert es sich auf die Produktion von h. Ein Unternehmen stellt $x(h)$ Einheiten des Guts h mit der Produktionsfunktion $x(h) = \beta[l(h)]^{1+\theta}$ her. Dabei ist β ein positiver Produktivitätsparameter und θ gibt die Stärke der Spezialisierungsvorteile an. Je größer θ ist, umso stärker sind die Vorteile aus der individuellen Spezialisierung des Unternehmens. Dies wird auch bei der Betrachtung des Grenzprodukts der Arbeit in einem Unternehmen deutlich:

$$\frac{dx(h)}{dl(h)} = \beta(1+\theta)\,[l\,(h)]^{\theta}\,.$$

Wendet ein Unternehmen marginal mehr Zeit $l(h)$ für die Produktion von h auf, so steigt seine produzierte Menge $x(h)$ umso stärker, je größer θ ist.

Insgesamt gibt es ein Kontinuum $\bar{n}$ von Zwischengütern. Annahmegemäß wird jedes davon für die Herstellung eines Finalguts benötigt. Die Produktionsfunktion von Finalgütern

$$Y = \left\{ \int_0^{\bar{n}} [x(h)]^{1/(1+\varepsilon)}\mathrm{d}h \right\}^{1+\varepsilon}$$

hat die typische Form einer CES-Funktion (*constant elasticity of substitution*). Das bedeutet, dass die Substitutionselastizität zwischen zwei beliebigen Zwischengütern konstant ist und $1/(1+\varepsilon)$ beträgt. Input a kann mit dieser Substitutionselastizität gegen Input b ausgetauscht werden, und ebenso könnte Input a mit der gleichen Substitutionselastizität auch gegen Input c oder d ausgetauscht werden. Einsetzen von $l(h) = L/\bar{n}$ in $x(h)$ ergibt $x(h) = \beta[L/\bar{n}]^{1+\theta}$, und aus dem Einsetzen dieses Ausdrucks für $x(h)$ in Y folgt

$$Y = \left\{ \int_0^{\bar{n}} \left[\beta(L/\bar{n})^{1+\theta} \right]^{1/(1+\varepsilon)}\mathrm{d}h \right\}^{1+\varepsilon}\,.$$

Das Integral enthält keine Integrationsvariable h mehr, weshalb nicht wie üblich integriert wird. Das Integral wirkt vielmehr in diesem Fall so, dass

$$\left[\beta(L/\bar{n})^{1+\theta} \right]^{1/(1+\varepsilon)}$$

genau $\bar{n} - 0$ Mal aufsummiert wird. Deshalb können wir das Integral auflösen, indem wir mit dem Integrationsbereich $\bar{n} - 0$, also mit $\bar{n}$, multiplizieren und anschließend vereinfachen:

$$Y = \left\{ \bar{n} \left[\beta(L/\bar{n})^{1+\theta} \right]^{1/(1+\varepsilon)} \right\}^{1+\varepsilon} = \bar{n}^{1+\varepsilon}\beta(L/\bar{n})^{1+\theta} = \bar{n}^{\varepsilon-\theta}\beta L^{1+\theta}\,.$$

Existieren Spezialisierungsvorteile, das heißt ist $\theta > 0$, so weist diese Produktionsfunktion steigende Skalenerträge in der bestehenden Anzahl an Unternehmen auf. Steigt L, also die Anzahl der Unternehmen im Zwischengütersektor, so steigt aufgrund von $\theta > 0$ die Produktion von Finalgütern Y überproportional stark an. Wenn nämlich $\theta > 0$ ist, dann ist der Exponent von L auf jeden Fall größer als eins und ein Anstieg von L führt zu einem überproportionalen Anstieg von Y. Der Grund dafür liegt darin, dass eine größere Anzahl an Unternehmen eine feinere Arbeitsteilung und damit eine stärkere Spezialisierung mit den damit verbundenen Produktivitätsvorteilen erlaubt.

Diesen Zusammenhang hat schon Adam Smith erkannt und pointiert als „[…] the division of labour is limited by the extent of the market." (Smith 1776, Buch 1, Kap. 3) formuliert. Mit anderen Worten: In einem dichten Markt mit vielen Unternehmen ist eine engere Spezialisierung möglich als in einem dünnen Markt mit wenigen Unternehmen, da im letzteren Fall diese wenigen Unternehmen die ganze Produktpalette $\bar{n}$ herstellen müssen ($\bar{n}$ ist fix und unabhängig von der Anzahl an Unternehmen). Zu beachten ist, dass das Ausmaß der Skalenerträge nicht von der Substitutionselastizität, mit der die Zwischenprodukte in die Herstellung des Finalguts eingehen, abhängt. Schließlich wirkt ε nur auf $\bar{n}$, das aber exogen vorgegeben ist. Wäre hingegen $\theta < 0$, dann wäre der Exponent von L kleiner als eins und ein Anstieg von L würde zu einem unterproportionalen Anstieg ($-1 < \theta < 0$) oder sogar zu einem Rückgang ($\theta < -1$) von Y führen; es würden sich also Nachteile aus einer stärkeren Spezialisierung ergeben.

Im Gleichgewicht wird jedes Zwischenprodukt von genau einem Unternehmen hergestellt. Es ist in diesem nicht möglich, dass mehrere verschiedene Unternehmen ein und dasselbe Zwischenprodukt herstellen. Die diesbezügliche Entscheidung der einzelnen Unternehmen wird in zwei Stufen modelliert und es wird lediglich das einzige symmetrische teilspielperfekte Gleichgewicht betrachtet (d. h. in jeder der beiden Stufen wird ein Nash-Gleichgewicht induziert). Im ersten Schritt entscheiden sich die Unternehmen dafür, welche Zwischenprodukte sie herstellen und im zweiten Schritt setzen sie die Preise $q(h)$ für diese Zwischenprodukte fest.

Entscheiden sich zwei Unternehmen im ersten Schritt für die Produktion ein und desselben Zwischenguts, so erzielen sie in der zweiten Runde keine Gewinne daraus. Die beiden Unternehmen würden sich dann wie Bertrand-Wettbewerber verhalten und so den Preis auf das Niveau der Produktionskosten hinunter konkurrieren. Entscheidet sich in der ersten Runde jedoch nur ein Unternehmen für die Produktion eines bestimmten Schritt die vollen Erlöse aus dessen Verkauf. Dieser Erlös ist immer positiv (s. u.). Deshalb wird im teilspielperfekten Gleichgewicht ein Zwischengut nie von mehr als einem Unternehmen produziert, solange es nicht mehr Unternehmen als Zwischengüter gibt, also $L \leq \bar{n}$ gilt

Bertrand-Wettbewerb
Im Bertrand-Wettbewerb konkurrieren die Unternehmen über den Preis, das heißt, der Preis ist ihre strategische Variable. Angenommen, zwei Unternehmen haben gleich hohe Grenzkosten und der Preis für ein Gut liegt über diesen Grenzkosten. Dann hat jedes Unternehmen einen Anreiz, etwas weniger als der Konkurrent für sein Gut zu verlangen, sodass alle Nachfrager bei

ihm einkaufen. Die Unternehmen werden beide so lange ihre Preise senken, bis sie den Grenzkosten entsprechen. Weitere Preissenkungen eines Unternehmens würden zwar dazu führen, dass
dieses die gesamte Nachfrage bedienen kann, allerdings würde es Verluste machen, da der Preis die
Grenzkosten der Produktion nicht mehr decken könnte.

Des Weiteren werden auch alle Zwischengüter tatsächlich von irgendeinem Unternehmen produziert. Der Grenzertrag steigender Spezialisierung $l(h)$ ist zwar positiv, aber mit
abnehmender Rate (s. Anhang für detailliertere Ausführungen). Für ein Unternehmen
ist es daher besser, sich nicht vollständig auf die Produktion lediglich eines Zwischenprodukts zu spezialisieren, weil die positiven Grenzerträge daraus mit steigender Spezialisierung schwächer werden. Somit ist es vorteilhaft für ein Unternehmen, sich auf zwei oder
mehrere Zwischengüter zu spezialisieren, um von höheren Grenzerträgen profitieren zu
können. Zusammengefasst ergibt sich daraus, dass jedes Zwischenprodukt von genau
einem Unternehmen hergestellt wird. Zudem stellt jedes Unternehmen $\bar{n}/L$ verschiedene Zwischenprodukte her und wendet für die Herstellung eines Zwischenprodukts h
die Zeit $l(h) = L/\bar{n}$ auf (s. o.).

Die Erlöse $q(h)\,x\,(h)$ von Zwischengüterproduzenten werden in mehreren Schritten
berechnet. Als erstes muss die konditionale Faktornachfrage $x(h)$ nach dem Zwischenprodukt h ermittelt werden, die vom Produktionsumfang Y sowie von den Preisen für
die Zwischenprodukte abhängt. Daher stellt die Entscheidung der Hersteller der Finalgüter den Ausgangspunkt dar. Diese minimieren ihre Produktionskosten

$$\int_0^{\bar{n}} q(h)\,x(h)\mathrm{d}h$$

(das Integral des Produkts aus Preis und Menge für alle eingesetzten Zwischengüter)
unter der Nebenbedingung der Produktionsfunktion

$$Y = \left\{ \int_0^{\bar{n}} [x(h)]^{1/(1+\varepsilon)}\mathrm{d}h \right\}^{1+\varepsilon}.$$

Das heißt, ein bestimmter Output Y soll kostenminimal hergestellt werden. Dieses Problem lässt sich mithilfe eines Lagrange-Ansatzes lösen. Zur Vereinfachung der nachfolgenden Rechenschritte wird die Produktionsfunktion zur Potenz $1/(1 + \varepsilon)$ genommen:

$$Y^{1/(1+\varepsilon)} = \int_0^{\bar{n}} [x(h)]^{1/(1+\varepsilon)}\,\mathrm{d}h.$$

Der Lagrange-Ansatz lautet dann

$$\mathcal{L} = \int_0^{\bar{n}} q(h)x(h)\mathrm{d}h + \lambda\left(\int_0^{\bar{n}} [x(h)]^{1/(1+\varepsilon)}\,\mathrm{d}h - Y^{1/(1+\varepsilon)} \right).$$

Die Lagrange-Gleichung wird erst nach $x(h)$, das hier von Interesse ist, abgeleitet und
umgeformt:

$$\text{I)} \quad \frac{d\mathcal{L}}{dx(h)} = q(h) + \lambda \frac{1}{1+\varepsilon} \left[x(h)\right]^{1/(1+\varepsilon)-1} = 0$$

$$q(h) = -\lambda \frac{1}{1+\varepsilon} \left[x(h)\right]^{-\varepsilon/(1+\varepsilon)}.$$

Danach wird die Lagrange-Gleichung nach der Menge eines beliebigen anderen Gutes h', also $x(h')$, abgeleitet und ebenfalls umgeformt. Diese Ableitung ist notwendig, um die konditionale Faktornachfrage $x(h)$ zu berechnen – nur so lässt sich anschließend der Lagrange-Parameter kürzen. Die Ableitung nach $x(h')$ sieht genau so aus, wie I) da alle Zwischengüter symmetrisch in die Produktionsfunktion für Finalgüter eingehen:

$$\text{II)} \quad \frac{d\mathcal{L}}{dx(h')} = q(h') + \lambda \frac{1}{1+\varepsilon} \left[x(h')\right]^{1/(1+\varepsilon)-1} = 0$$

$$q(h') = -\lambda \frac{1}{1+\varepsilon} \left[x(h')\right]^{-\varepsilon/(1+\varepsilon)}.$$

Nun fehlt noch die Ableitung der Lagrange-Gleichung nach dem Lagrange-Parameter, diese Ableitung entspricht der Nebenbedingung, also der umgeformten Produktionsfunktion:

$$\text{III)} \quad \frac{d\mathcal{L}}{d\lambda} = \int_0^{\bar{n}} \left[x(h)\right]^{1/(1+\varepsilon)} dh - Y^{1/(1+\varepsilon)} = 0$$

$$Y^{1/(1+\varepsilon)} = \int_0^{\bar{n}} \left[x(h)\right]^{1/(1+\varepsilon)} dh.$$

In Ableitung III) ist die Integrationsvariable h. Die Gleichung kann allerdings genauso gut mit (h') als Integrationsvariable geschrieben werden. Hierdurch ändert sich nichts an der Gleichung, da die Integrationsgrenzen null und $\bar{n}$ unverändert bleiben. Unabhängig davon, ob die Integrationsvariable h oder h' lautet, wird über alle $\bar{n}$ Güter integriert und das Ergebnis ist jeweils identisch. Damit ein nachfolgender Rechenschritt intuitiver dargestellt werden kann, wird Ableitung III) wie erläutert abgeändert, woraus Ableitung III') folgt:

$$\text{III')} \quad Y^{1/(1+\varepsilon)} = \int_0^{\bar{n}} \left[x(h')\right]^{1/(1+\varepsilon)} dh'$$

Die Optimalitätsbedingung für ein kostenminimales Einsatzverhältnis der beiden Zwischenprodukte h und (h') ergibt sich durch Division von I) durch II) und anschließende Vereinfachung:

$$\frac{q(h)}{q(h')} = \frac{-\lambda \frac{1}{1+\varepsilon} \left[x(h)\right]^{-\varepsilon/(1+\varepsilon)}}{-\lambda \frac{1}{1+\varepsilon} \left[x(h')\right]^{-\varepsilon/(1+\varepsilon)}} = \frac{\left[x(h)\right]^{-\varepsilon/(1+\varepsilon)}}{\left[x(h')\right]^{-\varepsilon/(1+\varepsilon)}} \tag{3.1}$$

Das Ziel ist die Ermittlung der konditionalen Faktornachfrage $x(h)$. Wir interessieren uns in diesem Fall nicht für $x(h')$, also die konditionale Faktornachfrage nach dem Gut (h'). Deshalb wird Gl. 3.1 nach $\left[x(h')\right]^{1/(1+\varepsilon)}$ umgeformt, sodass wir den daraus resultierenden Ausdruck gleich in die Nebenbedingung einsetzen können und $x(h')$ nicht weiter in den Berechnungen aufscheint:

$$\left[x\left(h'\right)\right]^{-\varepsilon/(1+\varepsilon)} = \frac{[x(h)]^{-\varepsilon/(1+\varepsilon)}\, q\left(h'\right)}{q(h)} \leftrightarrow \left[x\left(h'\right)\right]^{1/(1+\varepsilon)} = \frac{[x(h)]^{1/(1+\varepsilon)}\left[q\left(h'\right)\right]^{-1/\varepsilon}}{[q(h)]^{-1/\varepsilon}}$$

(3.2)

Einsetzen von Gl. 3.2 in die umgeformte Nebenbedingung in III') ergibt

$$Y^{1/(1+\varepsilon)} = \int_0^{\bar{n}} \frac{[x(h)]^{1/(1+\varepsilon)}\left[q\left(h'\right)\right]^{-1/\varepsilon}}{[q(h)]^{-1/\varepsilon}}\, dh'.$$

Die Integrationsvariable ist hier h'. Alle Variablen ohne den Index h' verhalten sich bei der Integration als Konstanten und können deshalb vor das Integral geschrieben werden:

$$Y^{1/(1+\varepsilon)} = \frac{[x(h)]^{1/(1+\varepsilon)}}{[q(h)]^{-1/\varepsilon}} \int_0^{\bar{n}} \left[q\left(h'\right)\right]^{-1/\varepsilon} dh'.$$

Weitere Umformungen ergeben

$$\left[x(h)^{1/(1+\varepsilon)}\right] = \frac{[q(h)]^{-1/\varepsilon}\, Y^{1/(1+\varepsilon)}}{\int_0^{\bar{n}} [q(h')]^{-1/\varepsilon}\, dh'},$$

und schließlich

$$x(h) = \frac{[q(h)]^{-(1+\varepsilon)/\varepsilon}\, Y}{\left\{\int_0^{\bar{n}} [q(h')]^{-1/\varepsilon}\, dh'\right\}^{1+\varepsilon}}.$$

(3.3)

Gleichung 3.3 stellt die konditionale Faktornachfrage nach dem Zwischenprodukt h dar. Diese hängt negativ von seinem eigenen Preis $q(h)$ ab (erkennbar am negativen Exponenten von $q(h)$ bzw. an der ersten Ableitung von $x(h)$ nach $q(h)$). Je höher der Preis eines Zwischenprodukts ist, umso weniger davon fragt ein Finalgüterproduzent nach. Demgegenüber steigt die Nachfrage nach dem Zwischenprodukt h, wenn die anderen Zwischengüter teurer werden, also der im Nenner stehende Preisindex aller Zwischengüter steigt. Ebenso nimmt die Nachfrage nach Zwischenprodukt h zu, wenn die Produktionsmenge Y des Finalguts steigt.

Auf die Herleitung der konditionalen Faktornachfrage wird im nächsten Abschnitt, in dem Agglomerationsvorteile aus einem breiten Angebot an Zwischenprodukten betrachtet werden, noch einmal zurückgegriffen. Im aktuellen Abschnitt sollen aber noch die Erträge eines Zwischengüterproduzenten bestimmt werden. Die Erlöse eines Zwischengüterproduzenten werden mit

$$q(h)x(h)$$

(3.4)

notiert und hängen vom Preis seines Zwischenguts und der konditionalen Faktornachfrage des Finalgütersektors ab. Bevor der Ausdruck für die konditionale Faktornachfrage allerdings in die Ertragsfunktion eingesetzt wird, soll dieser vereinfacht werden. Den Ausgangspunkt dafür stellt abermals der Finalgütersektor dar. Die Produktionskosten für eine Einheit Finalgut entsprechen dem Integral über das Produkt aus dem Preis und der Menge jedes eingesetzten Zwischenprodukts (per Annahme werden alle $\bar{n}$ Zwischengüter zur Finalgüterproduktion benötigt):

$$\int_0^{\bar{n}} q(h)x(h)\,dh$$

Einsetzen der konditionalen Faktornachfrage nach $x(h)$ aus Gl. 3.3 führt zu

$$\int_0^{\bar{n}} q(h)\frac{[q(h)]^{-(1+\varepsilon)/\varepsilon}\,Y}{\left\{\int_0^{\bar{n}}[q(h')]^{-1/\varepsilon}\,dh'\right\}^{1+\varepsilon}}\,dh.$$

Das innere Integral (das im Nenner der eingesetzten konditionalen Faktornachfrage steht) verhält sich wie eine Konstante und kann deswegen aus dem äußeren Integral ausgeklammert werden. Dies ist vielleicht nicht auf den ersten Blick ersichtlich, aber folgendermaßen nachvollziehbar: Die Integrationsvariable des äußeren Integrals ist h. Das innere Integral enthält die Variable h aber nicht, sondern stattdessen die Variable h'. Aus diesem Grund verhält sich das innere Integral in Bezug auf das äußere wie eine Konstante und kann deshalb vor dieses gezogen werden (s. u.).

Im zweiten Schritt wird der Zähler vereinfacht und für Y wird eins eingesetzt, da die Produktionskosten für *eine* Einheit des Finalgutes berechnet werden, also $Y = 1$ ist. Im dritten Schritt können sowohl der Zähler als auch der Nenner durch

$$\int_0^{\bar{n}}[q(h)]^{-1/\varepsilon}\,dh \text{ bzw. } \int_0^{\bar{n}}[q(h')]^{-1/\varepsilon}\,dh'$$

dividiert werden. Es spielt dabei keine Rolle, dass die Integrationsvariable einmal h und einmal h' ist.

Das Ergebnis der Integration ist jeweils dasselbe, da beide Male über alle $\bar{n}$ Zwischengüter integriert wird. So ergeben sich die Produktionskosten einer Einheit Finalgut als:

$$\frac{\int_0^{\bar{n}} q(h)\,[q(h)]^{-(1+\varepsilon)/\varepsilon}\,Y\,dh}{\left\{\int_0^{\bar{n}}[q(h')]^{-1/\varepsilon}\,dh'\right\}^{1+\varepsilon}} = \frac{\int_0^{\bar{n}}[q(h)]^{-1/\varepsilon}\,dh}{\left\{\int_0^{\bar{n}}[q(h')]^{-1/\varepsilon}\,dh'\right\}^{1+\varepsilon}} = \frac{1}{\left\{\int_0^{\bar{n}}[q(h')]^{-1/\varepsilon}\,dh'\right\}^{\varepsilon}}$$

Das Finalprodukt wird als Numéraire gewählt, weshalb sein Preis pro Einheit eins beträgt. Weil auf dem Markt für Finalgüter vollkommener Wettbewerb herrscht, entspricht der Preis den Grenzkosten der Produktion – diese betragen daher ebenfalls eins. Somit gilt für die Produktionskosten pro Einheit des Finalgutes:

$$\frac{1}{\left\{\int_0^{\bar{n}}[q(h')]^{-1/\varepsilon}\,dh'\right\}^{\varepsilon}} = 1 \leftrightarrow \left\{\int_0^{\bar{n}}[q(h')]^{-1/\varepsilon}\,dh'\right\}^{\varepsilon} = 1 \leftrightarrow \int_0^{\bar{n}}[q(h')]^{-1/\varepsilon}\,dh' = 1^{1/\varepsilon} = 1.$$

$$(3.5)$$

Numéraire

In der ökonomischen Theorie wird häufig ein Gut als Numéraire gewählt, um die Analyse zu vereinfachen, da so eine Variable wegfällt (im obigen Beispiel muss der Preis des Finalguts bei multiplikativen Verknüpfungen nicht berücksichtigt werden, da er eins gesetzt wurde). Hintergrund dieser Vorgehensweise ist, dass die anderen Variablen dann relativ zum Numéraire skaliert werden. Dies ist dann möglich, wenn nicht die absoluten Werte von Variablen ausschlaggebend sind, sondern nur ihr relatives Verhältnis zueinander. Ein Beispiel soll dies verdeutlichen: Eine Kugel Vanilleeis kostet 0,60 €, eine Kugel Cookie-Eis kostet 0,70 € und für eine Kugel Pistazieneis müssen 0,80 € bezahlt werden. Nun soll Vanilleeis als Numéraire gewählt werden und sein Preis wird auf einen Euro normiert. Diese Normierung führt dazu, dass der Preis von Cookie-Eis nun mit $0{,}70/0{,}60 \approx 1{,}17$ und der von Pistazieneis mit $0{,}80/0{,}60 \approx 1{,}33$ angegeben wird. Die relativen Preise der verschiedenen Eissorten zueinander verändern sich dabei nicht! Der Preis von Cookie-Eis zum Beispiel liegt noch immer 17 % über dem von Vanilleeis: $(0.7-0{,}6)/0{,}6 \approx (1{,}17-1)/1 \approx 17\,\%$.

Mithilfe des Ergebnisses in Gl. 3.5 lässt sich nun der Nenner für die konditionale Faktornachfrage in Gl. 3.3 durch Einsetzen von $\int_0^{\bar{n}} \left[q\left(h'\right)\right]^{-1/\varepsilon} dh' = 1$ vereinfachen:

$$x(h) = \frac{[q(h)]^{-(1+\varepsilon)/\varepsilon}\, Y}{\left\{\int_0^{\bar{n}} [q(h')]^{-1/\varepsilon} dh'\right\}^{1+\varepsilon}} = \frac{[q(h)]^{-(1+\varepsilon)/\varepsilon}\, Y}{1^{1+\varepsilon}} = [q(h)]^{-(1+\varepsilon)/\varepsilon}\, Y, \text{da } 1^{1+\varepsilon} = 1.$$

Umformen nach $q(h)$ resultiert schließlich in

$$q(h) = [x(h)]^{-\varepsilon/(1+\varepsilon)}\, Y^{\varepsilon/(1+\varepsilon)}.$$

Diese Gleichung wird in den Ausdruck für die Erlöse eines Zwischengüterproduzenten in Gl. 3.4 eingesetzt:

$$q(h)\, x(h) = [x(h)]^{-\varepsilon/(1+\varepsilon)}\, Y^{\varepsilon/(1+\varepsilon)} x(h) = [x(h)]^{1-\varepsilon/(1+\varepsilon)}\, Y^{\varepsilon/(1+\varepsilon)}$$

$$= [x(h)]^{1/(1+\varepsilon)}\, Y^{\varepsilon/(1+\varepsilon)}.$$

Die vorangegangenen Umformungen haben einerseits den Zweck, den Ausdruck zu vereinfachen, andererseits ermöglichen sie es, $q(h)$ aus der Gleichung zu eliminieren. Abschließend wird die Produktionsfunktion $x(h) = \beta\, [l\,(h)]^{1+\theta}$ eines Zwischenguterstellers eingesetzt:

$$q(h)\, x(h) = \beta^{1/(1+\varepsilon)}\, [l\,(h)]^{(1+\theta)/(1+\varepsilon)}\, Y^{\varepsilon/(1+\varepsilon)}. \tag{3.6}$$

Die Erlöse eines Zwischengutherstellers hängen demnach positiv vom Produktivitätsparameter β, dem Grad seiner Spezialisierung $l(h)$ und dem Produktionsumfang im Finalgütersektor Y ab. Je höher die Produktion im Finalgütersektor ist, umso mehr Zwischengüter werden nachgefragt, was die Erträge eines Zwischengutherstellers in die Höhe treibt. Für das in diesem Abschnitt diskutierte Argument der Vorteilhaftigkeit individueller Spezialisierung ist der Einfluss von θ auf die Erträge eines Zwischengutherstellers besonders relevant. θ gibt die Stärke der Vorteile aus der individuellen Spezialisierung eines Unternehmens an. Gleichung 3.6 zeigt, dass die Erträge im Zwischengutsektor umso höher sind, je stärker die Vorteile aus der individuellen Spezialisierung θ sind.

Dies kann auch formal gezeigt werden. Zur Vereinfachung des Ableitens empfiehlt es sich, Gl. 3.6 zu logarithmieren und erst dann nach θ abzuleiten:

$$\ln[q(h)x(h)] = \frac{1}{1+\varepsilon}\ln\beta + \frac{1+\theta}{1+\varepsilon}\ln l\,(h) + \frac{\varepsilon}{1+\varepsilon}\ln Y$$

$$\frac{\partial\ln[q(h)\,x(h)]}{\partial\theta} = \frac{1}{1+\varepsilon}\ln l\,(h) > 0.$$

Die Ableitung ist größer als null, da ε und $l(h)$ größer als null sind. Je höher die Vorteile aus der individuellen Spezialisierung sind (je höher θ), umso höher ist der Erlös $q(h)x(h)$ eines Zwischengutproduzenten.

3.2.4   Vielfalt an Zwischen- und Endprodukten

In Ballungsgebieten kommen Konsumenten häufig in den Genuss, beim Kauf von Endprodukten aus einem breiten Angebot wählen zu können. Beispielhaft hierfür ist etwa die – auch „Brautmeile" genannte – Weseler Straße in Duisburg. Auf wenigen Metern gibt es in dieser Straße etwa fünfzig Geschäfte, deren Angebot sich rund um Produkte und Dienstleistungen für Hochzeiten gruppiert. So sind hier Hochzeitsfotografen, Brautmodenläden, Änderungsschneidereien, Friseure, Schmuckhändler usw. geballt. Deshalb ist die Weseler Straße ein wichtiger Anlaufpunkt für Menschen aus dem ganzen Ruhrgebiet, da hier an einem Ort eine breite Auswahl an Hochzeitsutensilien geboten wird und die Konsumenten sehr große Wahlmöglichkeiten haben. Eine Formalisierung dieses Agglomerationsvorteils für Konsumenten findet sich in Krugman (1991b).

Wir konzentrieren uns im Folgenden allerdings auf einen weiteren Agglomerationsvorteil nicht für Konsumenten, sondern für Finalgüterproduzenten. Dieser entsteht durch eine breite Auswahl an Zwischenprodukten. Dadurch ist es einfacher, Zugang zu passgenauen Zwischenprodukten zu bekommen, was die Produktivität bei der Herstellung von Finalgütern erhöht. Ein klassisches Beispiel dafür ist die Ballung von Betrieben der Modebranche (vgl. Vernon 1972, S. 69 und 74 und O'Sullivan 2009, S. 45f.). Dabei siedeln sich Schneider in der unmittelbaren Nähe von Knopfherstellern an. Schneider benötigen Knöpfe als Zwischeninput und profitieren davon, mehrere Knopfhersteller in ihrer Nähe zu haben, um unter einer großen Anzahl verschiedener Knöpfe die am besten passenden auswählen zu können. Insbesondere in der Modebranche, die sich durch eine ständige Veränderung der Nachfrage auszeichnet, ist es für Schneider von Vorteil, die Knöpfe nicht selbst herzustellen, sondern diese von spezialisierten Betrieben, die interne Skalenerträge bei der Knopfproduktion ausnutzen können, zu beziehen. Befinden sich diese Knopfhersteller in derselben Region, ist persönlicher Kontakt einfacher herzustellen und die Schneider bekommen leichter genau die Art von Knöpfen, die sie brauchen.

Auch in der Filmindustrie entstehen starke positive externe Effekte durch die Verfügbarkeit einer Vielfalt an Zwischengütern. Für jeden Film werden ein Kamerateam, ein

Orchester für die Hintergrundmusik, Drehbuchautoren usw. gebraucht. Diese Anbieter von Zwischenprodukten ballen sich unter anderem in Hollywood. Daher ballen sich auch Filmstudios in dieser Region, zumal sie so diese Zwischengüter mit anderen Filmstudios teilen können und eine große Auswahl haben. Für jeden Film werden zudem Requisiten benötigt. Bei einer dispersen Ansiedlung, das heißt, weit weg von anderen Filmstudios, ist es schwieriger, passgenaue Requisiten aufzutreiben. In Hollywood gibt es jedoch viele Requisitenverleihe, wodurch die Auswahl vergrößert wird und die Passgenauigkeit der Requisiten zunimmt (vgl. O'Sullivan 2009, S. 47f.).

Der diesen Beispielen zugrunde liegende Mechanismus wird von Duranton und Puga (2004, S. 2069ff.) in einem einfachen Modell dargestellt. Dabei gehen sie von mehreren Branchen aus, die verschiedene Finalgüter herstellen. Vorliegend wird allerdings nur eine Finalgüter produzierende Branche betrachtet, da dies zum gleichen Ergebnis führt und zudem die Notation vereinfacht. Es gibt bei uns also ein Endprodukt, das unter vollkommenem Wettbewerb, mit konstanten Skalenerträgen und unter Verwendung von Zwischengütern hergestellt wird. Die Zwischengüter gehen mit konstanter Substitutionselastizität $(1 + \varepsilon)/\varepsilon$ in die Produktion des Endprodukts ein, wobei $\varepsilon > 0$ ist. Die aggregierte Produktionsfunktion der Endprodukthersteller ist demnach gegeben mit

$$Y = \left\{ \int_0^n [x(h)]^{1/(1+\varepsilon)} \, \mathrm{d}h \right\}^{1+\varepsilon} .$$

Dabei gibt $x(h)$ den aggregierten Einsatz von Zwischengut h an und n ist die Anzahl der im Gleichgewicht produzierten Zwischengüter, die sich nun – im Gegensatz zum vorigen Abschnitt – endogen bestimmen.

Die Hersteller von Zwischengütern haben Fixkosten in Höhe von α zu tragen und stehen im monopolistischen Wettbewerb miteinander. Arbeit ist ihr einziger Produktionsfaktor – der Arbeitseinsatz wird mit $l(h)$ notiert und das Grenzprodukt der Arbeit mit β. Die Produktionsfunktion für Zwischengut h lautet daher $x(h) = \beta l(h) - \alpha$. Aufgrund der Fixkosten weist diese Produktionsfunktion steigende Skalenerträge auf: Steigt die produzierte Menge, kommt es zur Fixkostendegression und die Produktionskosten pro Stück fallen. Daraus folgt, dass jedes Unternehmen genau ein Zwischengut herstellt und umgekehrt auch kein Zwischengut von mehr als einem Unternehmen produziert wird, solange keine Verbundvorteile existieren und es unbegrenzt viele Zwischenprodukte gibt, die potenziell hergestellt werden können.

Würden Verbundvorteile existieren, wäre es für ein Unternehmen vorteilhaft, mehr als ein Zwischenprodukt herzustellen, um die Verbundvorteile (fallende Durchschnittskosten) nutzen zu können. Gleichermaßen müsste ein Zwischengut von mehreren Unternehmen hergestellt werden, wenn es mehr Unternehmen als produzierbare Zwischengüter gäbe. Beide Fälle werden hier ausgeschlossen.

Im nächsten Schritt ist die konditionale Nachfrage (d. h. die Nachfrage in Abhängigkeit von Preis und Produktionsniveau) nach dem Zwischenprodukt h, dessen Preis mit $q(h)$ notiert wird, zu bestimmen. Die Produktionskosten für die Hersteller des

Endprodukts setzen sich aus der Summe der Kosten für die n verschiedenen zugekauften Zwischenprodukte zusammen (jeweils Preis mal zugekaufte Menge). Die Hersteller des Endprodukts minimieren ihre Produktionskosten

$$\int_0^n q(h)x(h)dh$$

unter der Nebenbedingung der Produktionsfunktion

$$Y = \left\{ \int_0^n [x(h)]^{1/(1+\varepsilon)}dh \right\}^{1+\varepsilon}.$$

Daraus ergibt sich die konditionale Nachfrage nach einem Zwischenprodukt:

$$x(h) = \frac{[q(h)]^{-(1+\varepsilon)/\varepsilon}\, Y}{\left\{ \int_0^n [q(h')]^{-1/\varepsilon}dh' \right\}^{1+\varepsilon}}. \tag{3.7}$$

Die Herleitung erfolgt analog wie im vorigen Abschnitt (s. Abschn. 3.2.3) nur dass jetzt n statt $\bar{n}$ geschrieben wird, da n nun endogen ist. Aus dem Zähler wird ersichtlich, dass ein das Zwischenprodukt h herstellendes Unternehmen mit der Nachfrageelastizität $-(1+\varepsilon)/\varepsilon$ bezogen auf seinen eigenen Preis $q(h)$ konfrontiert wird, das heißt

$$\frac{dx(h)}{dq(h)}\frac{q(h)}{x(h)} = -\frac{(1+\varepsilon)}{\varepsilon}.$$

Herleitung der Preiselastizität der Nachfrage
Die Preiselastizität der Nachfrage ist definiert als $\frac{dx(h)}{dq(h)}\frac{q(h)}{x(h)}$.
　　Ableiten von Gl. 3.7 nach $q(h)$ ergibt

$$\frac{dx(h)}{dq(h)} = -\frac{(1+\varepsilon)}{\varepsilon} \frac{[q(h)]^{-(1+\varepsilon)/\varepsilon-1}\, Y}{\left\{ \int_0^n [q(h')]^{-1/\varepsilon}\, dh' \right\}^{1+\varepsilon}}.$$

und Multiplikation beider Seiten der Gleichung mit $q(h)/x(h)$ führt zur Elastizität

$$\frac{dx(h)}{dq(h)}\frac{q(h)}{x(h)} = -\frac{(1+\varepsilon)}{\varepsilon} \frac{[q(h)]^{-(1+\varepsilon)/\varepsilon-1}\, Y}{\left\{ \int_0^n [q(h')]^{-1/\varepsilon}\, dh' \right\}^{1+\varepsilon}}\frac{q(h)}{x(h)}.$$

Der zweite Bruchterm kann auch als

$$\frac{[q(h)]^{-(1+\varepsilon)/\varepsilon}\, Y}{\left\{ \int_0^n [q(h')]^{-1/\varepsilon}\, dh' \right\}^{1+\varepsilon}} [q(h)]^{-1}$$

geschrieben werden, wobei der erste Teil genau der konditionalen Faktornachfrage $x(h)$ entspricht und deshalb zu

$$x(h) \left[q(h)\right]^{-1} = \frac{x(h)}{q(h)}$$

vereinfacht werden kann. Einsetzen dieses Ausdrucks für den zweiten Bruchterm in der obigen Elastizität ergibt

$$\frac{\mathrm{d}x(h)}{\mathrm{d}q(h)} \frac{q(h)}{x(h)} = -\frac{(1+\varepsilon)}{\varepsilon} \frac{x(h)}{q(h)} \frac{q(h)}{x(h)}, \text{was sich zu}$$

$$\frac{\mathrm{d}x(h)}{\mathrm{d}q(h)} \frac{q(h)}{x(h)} = -\frac{(1+\varepsilon)}{\varepsilon} \text{ reduziert.}$$

Zur Ermittlung des optimalen Preises für ein Zwischenprodukt maximiert das Unternehmen seinen Gewinn über die Wahl von $q(h)$, also

$$\max_{q(h)} \pi(h) = q(h)\,x(h) - w(h)\,l(h).$$

Der Gewinn ergibt sich als Differenz zwischen dem Erlös aus dem Verkauf von Zwischenprodukten und den Produktionskosten, die dem Lohn $w(h)$, multipliziert mit dem Arbeitseinsatz $l(h)$, entsprechen. Dabei ist zu beachten, dass $l(h)$ eine Funktion von $x(h)$ ist, das wiederum von $q(h)$ abhängig ist. Daher wird die Produktionsfunktion eines Zwischengüterproduzenten $x(h) = \beta l(h) - \alpha$ umgeformt zu

$$l(h) = \frac{x(h) + \alpha}{\beta}$$

und in die Gewinnfunktion eingesetzt:

$$\max_{q(h)} \pi(h) = q(h)\,x(h) - w(h)\,\frac{x(h) + \alpha}{\beta}.$$

Die Bedingung erster Ordnung $\frac{\mathrm{d}\pi(h)}{\mathrm{d}q(h)}$ lautet

$$x(h) + q(h)\,\frac{\mathrm{d}x(h)}{\mathrm{d}q(h)} - w(h)\,\frac{1}{\beta}\frac{\mathrm{d}x(h)}{\mathrm{d}q(h)} = 0.$$

Nun wird der zweite Term mit $\frac{x(h)}{x(h)}$ erweitert und der dritte Term mit $\frac{q(h)}{x(h)}\frac{x(h)}{q(h)}$; es folgt

$$x(h) + \frac{q(h)}{x(h)}\frac{\mathrm{d}x(h)}{\mathrm{d}q(h)}x(h) - w(h)\,\frac{1}{\beta}\frac{\mathrm{d}x(h)}{\mathrm{d}q(h)}\frac{q(h)}{x(h)}\frac{x(h)}{q(h)} = 0.$$

So kann im nächsten Schritt im zweiten und dritten Term die Elastizität unter Ausnutzung von

$$\frac{\mathrm{d}x(h)}{\mathrm{d}q(h)}\frac{q(h)}{x(h)} = -\frac{(1+\varepsilon)}{\varepsilon} \text{ (s.o.)}$$

unter Beachtung der Vorzeichen eingeführt und anschließend $x(h)$ gekürzt und weiter vereinfacht werden:

$$x\,(h) - \frac{(1+\varepsilon)}{\varepsilon} x\,(h) + w\,(h)\,\frac{1}{\beta}\,\frac{(1+\varepsilon)}{\varepsilon}\,\frac{x\,(h)}{q\,(h)} = 0$$

$$1 - \frac{(1+\varepsilon)}{\varepsilon} + w\,(h)\,\frac{1}{\beta}\,\frac{(1+\varepsilon)}{\varepsilon}\,\frac{1}{q\,(h)} = 0$$

$$-\frac{1}{\varepsilon} + w\,(h)\,\frac{1}{\beta}\,\frac{(1+\varepsilon)}{\varepsilon}\,\frac{1}{q\,(h)} = 0.$$

Nun kann auf beiden Seiten mit ε multipliziert werden, wodurch dieser Parameter wegfällt:

$$-1 + w\,(h)\,\frac{1}{\beta}(1+\varepsilon)\frac{1}{q\,(h)} = 0.$$

Umformen dieses Ausdrucks nach $q(h)$ resultiert schließlich im gewinnmaximalen Preis für ein Zwischenprodukt

$$q\,(h) = w\,(h)\,\frac{1}{\beta}\,(1+\varepsilon)\,. \tag{3.8}$$

Dieses Ergebnis zeigt, dass die Hersteller von Zwischenprodukten einen Preisaufschlag $\varepsilon\frac{w(h)}{\beta}$ auf die Grenzkosten $\frac{w(h)}{\beta}$ verlangen.

Dieser Preisaufschlag ist umso höher, je größer ε, je geringer also die Substitutionselastizität $(1+\varepsilon)/\varepsilon$ ist (diese sinkt mit steigendem ε). Wenn es schwierig ist, ein Zwischenprodukt durch ein anderes zu substituieren, ist die Marktmacht von Zwischenproduktherstellern größer und somit der Preisaufschlag auf die Grenzkosten höher. Alle Zwischenprodukte gehen mit der gleichen Substitutionselastizität in die Produktion des Finalguts ein. Deswegen treffen die angestellten Überlegungen auf alle Hersteller von Zwischenprodukten gleichermaßen zu und es kann auf den Index h verzichtet werden.

Freier Markteintritt im Zwischengütersektor führt zu Nullgewinnen: $\pi = qx - wl = 0$. Erweitern mithilfe des gewinnmaximalen Preises im Zwischengütersektor (s. Gl. 3.8) ergibt

$$\left[w\,\frac{1}{\beta}\,(1+\varepsilon) \right] x - wl = 0.$$

Einsetzen der Produktionsfunktion des Zwischengütersektors, umgeformt nach $l = (x + \alpha)\big/\beta$, führt zu

$$\left[w\,\frac{1}{\beta}\,(1+\varepsilon) \right] x - w\,\frac{(x+\alpha)}{\beta} = 0, \tag{3.9}$$

woraus durch weitere Vereinfachung und Umformung die Produktionsmenge eines Zwischengutherstellers $x = \alpha/\varepsilon$ folgt, die mit Nullgewinnen einhergeht. Zur Ermittlung der Anzahl der Arbeitskräfte, die ein Zwischengüterproduzent einstellt, wird die eben ermittelte Produktionsmenge in die umgeformte Produktionsfunktion eingesetzt:

$$l = \left[\left(\frac{\alpha}{\varepsilon}\right) + \alpha\right]/\beta. \tag{3.10}$$

Herleitung von $x = \alpha/\varepsilon$
Ausgangspunkt ist folgende Umformung von Gl. 3.9: $\frac{w(1+\varepsilon)}{\beta}x = \frac{w(x+\alpha)}{\beta}$.
  Division durch w und Multiplikation mit β ergeben

$$(1+\varepsilon)x = (x+\alpha)$$
$$x + \varepsilon x = x + \alpha$$
$$\varepsilon x = \alpha$$
$$x = \alpha/\varepsilon.$$

Durch Vereinfachung von Gl. 3.10 ergibt sich die Anzahl der von einem Zwischengüterproduzenten eingesetzten Arbeitskräfte

$$l = \left(\frac{\alpha + \alpha\varepsilon}{\varepsilon}\right)\bigg/\beta = \frac{\alpha(1+\varepsilon)}{\beta\varepsilon}. \tag{3.11}$$

Daraus kann wiederum die Anzahl der im Gleichgewicht auf dem Markt aktiven Zwischengüterproduzenten ermittelt werden. Insgesamt gibt es L Arbeitskräfte und jedes einzelne Unternehmen im Zwischengütersektor stellt l davon ein. Also ist die Gesamtzahl der Unternehmen dieses Sektors

$$n = L/l = \frac{\beta\varepsilon}{\alpha(1+\varepsilon)}L, \tag{3.12}$$

wobei die gleichgewichtige Anzahl an Arbeitskräften pro Unternehmen aus Gl. 3.11 eingesetzt wurde.

  Zur Vereinfachung der Schreibweise wird $\beta = (1+\varepsilon)(\alpha/\varepsilon)^{\varepsilon/(1+\varepsilon)}$ gesetzt. Dies verändert das Ergebnis nicht, erleichtert allerdings die Interpretation erheblich. Da per Annahme alle Zwischengüter zu gleichen Anteilen in die Produktion des Finalguts eingehen (von Zwischenprodukt h wird die gleiche Menge benötigt, wie auch von allen anderen Zwischengütern h', h'' etc.), kann das Integral in der aggregierten Produktionsfunktion des Finalgütersektors folgendermaßen aufgelöst werden:

$$Y = \left\{\int_0^n [x(h)]^{1/(1+\varepsilon)}dh\right\}^{1+\varepsilon} = \left[nx^{1/(1+\varepsilon)}\right]^{1+\varepsilon} = n^{1+\varepsilon}x. \tag{3.13}$$

Durch Einsetzen von x und n und unter Berücksichtigung der Definition von β folgt

$$Y = L^{1+\varepsilon}. \tag{3.14}$$

Herleitung von Gl. 3.14

Ausgangspunkt ist Gl. 3.13: $Y = n^{1+\varepsilon} x$

Einsetzen von n aus Gl. 3.12 und $x = \frac{\alpha}{\varepsilon}$: $Y = \left[\frac{\beta\varepsilon}{\alpha(1+\varepsilon)} L\right]^{1+\varepsilon} \frac{\alpha}{\varepsilon}$

Auflösen der Klammer: $Y = \beta^{1+\varepsilon} \varepsilon^{1+\varepsilon} \left(\frac{1}{\alpha}\right)^{1+\varepsilon} \left(\frac{1}{1+\varepsilon}\right)^{1+\varepsilon} L^{1+\varepsilon} \frac{\alpha}{\varepsilon}$

Kürzen von α und ε: $Y = \beta^{1+\varepsilon} \varepsilon^{\varepsilon} \left(\frac{1}{\alpha}\right)^{\varepsilon} \left(\frac{1}{1+\varepsilon}\right)^{1+\varepsilon} L^{1+\varepsilon}$

Einsetzen von β gemäß der Definition im Fließtext:

$$\left[Y = (1+\varepsilon)\left(\frac{\alpha}{\varepsilon}\right)^{\varepsilon/(1+\varepsilon)}\right]^{1+\varepsilon} \varepsilon^{\varepsilon} \left(\frac{1}{\alpha}\right)^{\varepsilon} \left(\frac{1}{1+\varepsilon}\right)^{1+\varepsilon} L^{1+\varepsilon}$$

Auflösen der eckigen Klammer: $Y = (1+\varepsilon)^{1+\varepsilon} \alpha^{\varepsilon} \left(\frac{1}{\varepsilon}\right)^{\varepsilon} \varepsilon^{\varepsilon} \left(\frac{1}{\alpha}\right)^{\varepsilon} \left(\frac{1}{1+\varepsilon}\right)^{1+\varepsilon} L^{1+\varepsilon}$

Kürzen: $Y = L^{1+\varepsilon}$.

Aufgrund von $\varepsilon > 0$ zeichnet sich diese Funktion in Gl. 3.14 durch steigende Skalenerträge in L aus. Ein Anstieg des Arbeitskräftepotentials führt zu einem überproportionalen Anstieg der Finalgutproduktion: Steigt L, so steigt die Anzahl der
Zwischengüterproduzenten ebenfalls an

$$\left(n = \frac{\beta\varepsilon}{\alpha(1+\varepsilon)} L; \frac{\mathrm{d}n}{\mathrm{d}L} = \frac{\beta\varepsilon}{\alpha(1+\varepsilon)} > 0\right).$$

Somit steht den Finalgüterproduzenten eine breitere Vielfalt an Zwischengütern zur
Verfügung, was ihre Produktivität erhöht. Kurz gesagt ziehen Produzenten des Finalguts
Produktivitätsvorteile daraus, sich dort anzusiedeln, wo ein breites Angebot an unter-
schiedlichen Zwischengütern besteht.

Die empirische Evidenz bezüglich der Relevanz dieses Agglomerationsfaktors ist nicht
eindeutig: Rosenthal und Strange (2001) untersuchen die Bedeutung der Verfügbarkeit von
Industriezwischengütern für die räumliche Konzentration von Sektoren relativ zu anderen
Agglomerationsvorteilen. Ihre geschätzten Koeffizienten sind aber vergleichsweise gering und
in vielen Modellspezifikationen statistisch insignifikant, was auf eine untergeordnete Rolle des
Teilens einer breiten Palette an Zulieferbetrieben als Agglomerationsexternalität hindeutet.

Overman und Puga (2010) finden sogar einen negativen Zusammenhang zwischen
dem Anteil von Industriegütern und Dienstleistungen an allen Zwischengütern und der
räumlichen Konzentration einer Branche. Dies würde bedeuten, dass eine Branche umso
stärker im Raum verteilt ist, je höher der Anteil der Industriegüter und der Anteil der
Dienstleistungen an allen von dieser Branche eingesetzten Zwischengütern ist. Overman und Puga erklären dieses Ergebnis damit, dass die Konzentration einer Branche,
die viele dieser Zwischenprodukte einsetzt, wesentlich von der Konzentration der vorgelagerten Branche(n) abhängt: ist/sind diese dispers angesiedelt, so ist auch die betrachtete Branche nicht im Raum geballt. Als Beispiel führen sie die Fleischverarbeitung an,
die ihre Inputs von Bauern und der Plastikfolien-Industrie bezieht, die (jedenfalls in
Großbritannien) dispers im Raum angesiedelt sind. Daher besteht auch für die Fleisch

verarbeitenden Betriebe kein Grund, sich zu ballen, da sie ihre Zwischengüter praktisch von überall beziehen können. So ließe sich der negative Zusammenhang zwischen dem Anteil an Industriegütern und Dienstleistungen an allen eingesetzten Zwischengütern und der räumlichen Konzentration einer Branche erklären: Damit es zur Ballung einer Branche aufgrund der Nähe zu den Zulieferbetrieben kommt, müssen letztere selbst räumlich konzentriert sein. Wird die Konzentration der Zulieferer berücksichtigt, finden die Autoren schließlich einen signifikant positiven Zusammenhang zwischen dem Anteil an eingesetzten Zwischengütern und der räumlichen Konzentration einer Branche.

Laut Ellison et al. (2010) zeigen diejenigen Branchen, welche ähnliche Zwischengüter kaufen, die stärkste Tendenz zur Koagglomeration, also dazu, sich in den gleichen Regionen zu ballen. Holmes (1999) zeigt für die USA, dass Betriebe in Regionen, in denen ihre Branche geballt ist, für gewöhnlich mehr Inputs zukaufen als solche, die keine oder wenige andere Betriebe der gleichen Branche in ihrer unmittelbaren Nähe haben. Erstere weisen einen geringeren Grad an vertikaler Integration auf, weil sie leichter aus benachbarten Betrieben Inputs zukaufen können als Betriebe an einem isolierten Standort. Die Herstellung von Strumpfhosen beispielsweise ist sehr stark im Bundesstaat North Carolina konzentriert, der für 62 % der nationalen Gesamtbeschäftigung in dieser Branche steht. In diesem Bundesstaat beträgt der Anteil aller zugekauften Inputs am Outputwert 53 %. Demgegenüber beläuft sich der Anteil extern erworbener Inputs am Outputwert von Betrieben außerhalb der Ballung der Strumpfhosenindustrie in North Carolina auf nur 40 %, da diese Betriebe einen größeren Anteil ihrer benötigten Zwischengüter selbst herstellen und folglich einen höheren Grad an vertikaler Integration aufweisen. Diese empirischen Ergebnisse wiederum bestätigen die Relevanz des Vorhandenseins einer Vielzahl von Zwischengüterproduzenten in der Region als Agglomerationskraft.

3.2.5 Arbeitskräftepooling bei Nachfrageschwankungen

Häufig sind externe Skaleneffekte eng mit der Größe einer Stadt verbunden. Je größer eine Stadt, umso vielseitigere Formen können Externalitäten annehmen, da mehr ökonomische Akteure vorhanden sind, welche externe Effekte generieren, und mehr potentielle Kooperationspartner existieren. Die Such- und Informationskosten sind sowohl für Arbeitgeber als auch für Arbeitnehmer in großen Städten geringer, da der Arbeitskräftepool größer ist und sich mehr potentielle Arbeitgeber in der Region befinden.

Insbesondere Unternehmen, die starken Nachfrageschwankungen ausgesetzt sind, tendieren dazu, sich in Ballungsräumen anzusiedeln. Nehmen wir an, die Güter- und Arbeitsnachfrage im Schiffbau ist branchenweit relativ konstant, schwankt aber erheblich zwischen den einzelnen Betrieben. Der Erfolg eines Unternehmens ist gleichzeitig der Misserfolg eines anderen, aber die Summe der Nachfrageschwankungen über alle Unternehmen der Branche geht gegen null. Die Betriebe können sich jeweils auf die Herstellung verschiedener Schiffe, wie zum Beispiel Frachtschiffe, Passagierschiffe, Yachten, U-Boote oder Ruderboote spezialisiert haben. In einem Jahr ist die Nachfrage nach Yachten hoch und die nach anderen Schiffstypen gering, im darauf folgenden Jahr

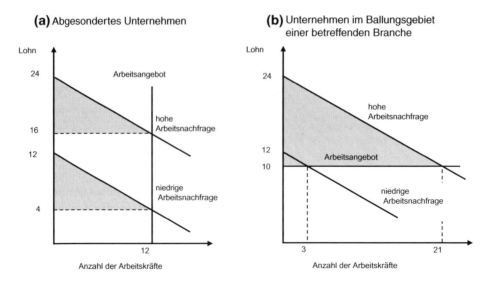

Abb. 3.2 Die Vorteilhaftigkeit von Arbeitskräftepooling. Nach O'Sullivan (2009, S. 51)

könnte die Nachfrage nach Ruderbooten hoch sein, während sie für Yachten gering ist. Ein großer Arbeitskräftepool bietet Unternehmen Flexibilität, da sie in Zeiten hoher Nachfrage nach ihren Produkten relativ einfach qualifizierte Arbeitskräfte anwerben können, die von Unternehmen mit schwacher Nachfrage freigesetzt wurden.

Auch Arbeitnehmer erfahren Agglomerationsvorteile aus der räumlichen Konzentration einer Branche. Wenn Arbeitskräfte einer bestimmten Firma entlassen werden, finden sie leichter in einer anderen Firma einen neuen Arbeitsplatz, an dem sie ihr Spezialwissen einsetzen können. So erfolgt ein reger Austausch von Arbeitskräften zum beiderseitigen Vorteil: Die Arbeitnehmer werden nicht arbeitslos und die Unternehmen können ihre Mitarbeiterzahl einfacher an die momentane Nachfragesituation anpassen. Daher besteht ein Anreiz für Betriebe gleicher oder verwandter Branchen, sich zu ballen und einen spezialisierten Arbeitskräftepool zu „teilen". Daraus leitet sich ein gebräuchlicher Begriff für diese Art von Agglomerationseffekten ab: *economies of massed reserves*. Je größer der lokale spezialisierte Arbeitskräftepool ist, umso stärker sind die steigenden Skalenerträge einer Ballung ausgeprägt. Eine weitere Bezeichnung dafür ist „statistische Skalenerträge", da Nachfrageschwankungen häufig stochastisch auftreten.

Teil a) in Abb. 3.2 zeigt ein einzelnes Unternehmen, dessen Standort außerhalb eines Ballungsraums seiner Branche liegt, also zum Beispiel eine Werft auf Sylt. Diese ist mit einem vollkommen unelastischen (d. h. fixen) Arbeitsangebot konfrontiert. Zwölf Arbeitskräfte sind bereit, dem Unternehmen ihre Arbeitskraft zu jedem beliebigen Lohn anzubieten. Ist die Güternachfrage – und damit auch die Arbeitsnachfrage – hoch, beschäftigt die Werft 12 Arbeitskräfte zu einem Stundenlohn von € 16. Ist die Nachfrage allerdings gering, erhalten diese 12 Arbeitskräfte lediglich einen Stundenlohn von € 4. Annahmegemäß ist eine hohe Arbeitsnachfrage gleich wahrscheinlich wie eine niedrige.

Der erwartete Lohn, den die Arbeitskräfte von dem Unternehmen in der abgeschiedenen Lage erhalten, entspricht deshalb € 10 (=0,5 * 16 + 0,5 * 4)

Teil b) in Abb. 3.2 stellt ein Unternehmen in einem Ballungsraum seiner Branche dar, also etwa eine Werft in Hamburg. Damit Arbeitskräfte zwischen dem abgesonderten Unternehmen auf Sylt und den Unternehmen, die sich im Ballungsraum Hamburg angesiedelt haben, indifferent sind, beträgt der (tatsächliche) Stundenlohn im Ballungsraum € 10. Bei diesem Lohn ist das Arbeitsangebot, mit dem eine einzelne Werft konfrontiert ist, vollkommen elastisch. Wenn ein Unternehmen einen geringeren Stundenlohn als € 10 bezahlt, werden die Arbeitskräfte zu einer anderen Werft in der Region oder gar zum abgesonderten Unternehmen auf Sylt wechseln. Gleichzeitig würde – in diesem einfachen Modell – kein Unternehmen einen höheren Stundenlohn als € 10 bezahlen, da die Arbeitskräfte bereits ab € 10 pro Stunde zu arbeiten bereit sind. Der Stundenlohn ist unabhängig von der Höhe der Arbeitsnachfrage; sowohl bei hoher als auch bei niedriger Arbeitsnachfrage beträgt er € 10. Allerdings werden bei hoher Arbeitsnachfrage 21 Arbeitskräfte beschäftigt und bei niedriger Arbeitsnachfrage nur 3.

Während Nachfrageschwankungen bei einem abgeschiedenen Unternehmen zu variierenden Löhnen bei gleich bleibender Beschäftigung führen, ändert sich für Unternehmen in einem Ballungsgebiet der betreffenden Branche lediglich die Anzahl der Beschäftigten bei gleich bleibendem Lohn. Die grau gefärbten Dreiecke in Abb. 3.2 geben die von den Unternehmen erzielten Renten an. Die erwartete Rente der abgesonderten Werft auf Sylt ergibt sich aus der Summe der Rente bei hoher Nachfrage, multipliziert mit der Wahrscheinlichkeit der hohen Nachfrage, und der Rente bei niedriger Nachfrage, multipliziert mit der Wahrscheinlichkeit der niedrigen Nachfrage: $0,5 * [(24 − 16) * 12 * 0,5] + 0,5 * [(12 − 4) * 12 * 0,5] = €48$. Analog lässt sich die erwartete Rente des Unternehmens in Hamburg berechnen: $0,5 * [(24 − 10) * 21 * 0,5] + 0,5 * [(12 − 10) * 3 * 0,5] = €75$. Die erwartete Rente des Unternehmens im Ballungsgebiet der Branche ist höher (€75) als die des Unternehmens am abgeschiedenen Standort (€ 48). Folglich profitieren Unternehmen von dem Arbeitskräftepooling, das aber nur in Ballungsräumen der Branche möglich ist (vgl. O'Sullivan 2009, S. 51ff.).

Etwas formaler wird diese Argumentation von Duranton und Puga (2004, S. 2081ff.) in Anlehnung an das Modell von Krugman (1991a, S. 123ff.) präsentiert. Im betrachteten Sektor gibt es eine diskrete Anzahl an Unternehmen n; jedes Unternehmen kann nur an einem einzigen Standort produzieren und die Produktion nicht auf mehrere Orte aufteilen. Diese Annahme schließt aus, dass ein Unternehmen die Produktion aufteilen und sich in allen Arbeitsmärkten niederlassen kann. Dadurch würde nämlich die räumliche Verteilung der Arbeitskräfte auf verschiedene Orte irrelevant. Die Unternehmen produzieren mit Arbeit als einzigem Produktionsfaktor (es gibt ein Kontinuum an Arbeitskräften) ein homogenes Gut, das als Numéraire verwendet wird. Das Modell ließe sich ebenso für heterogene Güter formulieren. Allerdings würde dann auch die Produktvielfalt als Agglomerationskraft eine Rolle spielen. Um diesen Effekt, der im vorigen Abschnitt beleuchtet wurde, hier auszublenden, werden homogene Güter betrachtet.

Die Unternehmen im vorliegenden Modell stehen im vollkommenen Wettbewerb miteinander. Die Technologie eines jeden Unternehmens $h = 1, \ldots, n$ lässt sich durch die Produktionsfunktion

$$y(h) = [\beta + \varepsilon(h)] l(h) - \frac{1}{2} \gamma [l(h)]^2 \tag{3.15}$$

abbilden. Dabei ist y der Output, β ein unternehmensunabhängiger Produktivitätsparameter und $\varepsilon(h)$ ein so genannter unternehmensspezifischer Produktivitätsschock. Solche unternehmensspezifischen Produktivitätsschocks sind voneinander unabhängige Zufallsvariablen, die alle der gleichen Verteilung über das Intervall $[-\varepsilon, \varepsilon]$ mit dem Mittelwert 0 und der Varianz σ^2 folgen. Der Arbeitseinsatz wird mit $l(h)$ notiert und γ ist ein Maß für die Stärke des abnehmenden Grenzprodukts der Arbeit – je mehr Beschäftigte bereits in einem Unternehmen arbeiten, umso geringer ist das Grenzprodukt einer weiteren Arbeitskraft.

Die Unternehmen sind Lohnnehmer, das heißt, sie betrachten den Marktlohn als gegeben, weshalb $w(h) = w$ gilt – alle Unternehmen zahlen den gleichen Lohn. Das Ziel der Unternehmen ist Gewinnmaximierung durch die Wahl ihres optimalen Beschäftigungsvolumens. Da das homogene Gut als Numéraire gewählt wurde, wird sein Preis auf eins normiert. Durch Einsetzen der Produktionsfunktion für $y(h)$ (s. Gl. 3.15) lässt sich das Problem eines Unternehmens darstellen als:

$$\max\nolimits_{l(h)} \pi(h) = y(h) - w l(h),$$

$$\max\nolimits_{l(h)} \pi(h) = [\beta + \varepsilon(h)] l(h) - \frac{1}{2} \gamma [l(h)]^2 - w l(h).$$

Die Bedingung erster Ordnung für ein Gewinnmaximum lautet

$$\frac{d\pi}{dl(h)} = \beta + \varepsilon(h) - \gamma l(h) - w = 0 \leftrightarrow w = \beta + \varepsilon(h) - \gamma l(h). \tag{3.16}$$

Die Unternehmen stellen also genau so viele Arbeitskräfte ein, bis deren Grenzprodukt $\beta + \varepsilon(h) - \gamma l(h)$ dem zu zahlenden Lohn entspricht. Das Grenzprodukt der Arbeitskräfte lässt sich aber erst bestimmen, nachdem ein Unternehmen seinen Produktivitätsschock erfahren hat. Deshalb entscheidet sich in diesem Modell ein Unternehmen für die Anzahl an Arbeitskräften, die es einstellen möchte, erst, nachdem es seinen Produktivitätsschock kennt.

Damit in einem weiteren Schritt der erwartete Lohn sinnvoll interpretiert werden kann, wird zunächst die Bedingung erster Ordnung für ein Gewinnmaximum (s. Gl. 3.16) über alle n Unternehmen aufsummiert:

$$\sum\nolimits_{h=1}^{n} w = \sum\nolimits_{h=1}^{n} \beta + \sum\nolimits_{h=1}^{n} \varepsilon(h) - \sum\nolimits_{h=1}^{n} \gamma l(h).$$

Der Lohn w wird von jedem einzelnen Unternehmen als exogen gegeben betrachtet und ist für alle Unternehmen gleich. Zusätzlich sind β und γ Konstanten, weshalb die Gleichung folgendermaßen umgeformt werden kann:

$$nw = n\beta + \sum_{h=1}^{n} \varepsilon(h) - \gamma \sum_{h=1}^{n} l(h).$$

Damit auf dem Arbeitsmarkt ein Gleichgewicht herrscht, muss die aggregierte Arbeitsnachfrage (d. h. die Arbeitsnachfrage aller Unternehmen zusammen) gleich dem Arbeitsangebot, also dem Arbeitskräftepotential L, sein: $\sum_{h=1}^{n} l(h) = L$. Im Gegensatz zur obigen schematischen Darstellung des Arbeitskräftepoolings als Agglomerationseffekt wird in diesem Modell nun von einem vollkommen unelastischen Arbeitsangebot im Ballungsraum ausgegangen. Durch Einsetzen der Gleichgewichtsbedingung auf dem Arbeitsmarkt folgt

$$nw = n\beta + \sum_{h=1}^{n} \varepsilon(h) - \gamma L.$$

Um diese Bedingung wieder nach w aufzulösen, wird durch n dividiert:

$$w = \beta + \frac{1}{n} \sum_{h=1}^{n} \varepsilon(h) - \gamma \frac{L}{n}. \tag{3.17}$$

Von diesem Ausdruck wird nun der Erwartungswert gebildet. Der Lohn hängt von den Beschäftigungsentscheidungen aller Unternehmen ab. Das einzelne Unternehmen kennt aber *ex ante* die Produktivitätsschocks seiner Wettbewerber und deren daraus resultierende Entscheidungen bezüglich ihres Beschäftigungsvolumens nicht. Somit kennt das einzelne Unternehmen auch den Marktlohn nicht von vornherein, sondern es lässt sich lediglich ein Erwartungswert des Marktlohns bestimmen. Der Erwartungswert einer Konstanten entspricht der Konstanten selbst – dies lässt sich auf den ersten und den letzten Term auf der rechten Seite von Gl. 3.17 anwenden. Der Erwartungswert des unternehmensspezifischen Produktivitätsschocks entspricht seinem Mittelwert, der null ist. Daher fällt bei der Bildung des Erwartungswertes der Term $\frac{1}{n} \sum_{h=1}^{n} \varepsilon(h)$ weg und der erwartete Lohn lautet

$$\mathrm{E}(w) = \beta - \gamma \frac{L}{n}. \tag{3.18}$$

Dieser erwartete Lohn steigt, wenn die Zahl der Unternehmen n steigt, weil der negativ in den Erwartungswert des Lohns eingehende Term $\gamma \frac{L}{n}$ kleiner wird.

   Wenn die Anzahl der Unternehmen steigt, teilt sich das Arbeitskräftepotenzial L auf mehrere Unternehmen auf und jedes einzelne Unternehmen beschäftigt weniger Arbeitskräfte. Erinnern wir uns daran, dass der Faktor Arbeit ein fallendes Grenzprodukt aufweist: Sinkt der Arbeitseinsatz in jedem Unternehmen, so steigt das Grenzprodukt der Arbeit. Dies wird in Teil a) von Abb. 3.3 illustriert. Wenn die Anzahl der Unternehmen zunimmt, sinkt die Beschäftigung in einem repräsentativen Unternehmen

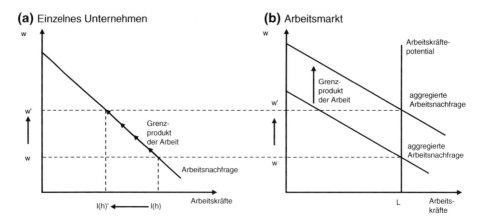

Abb. 3.3 Das Grenzprodukt der Arbeit

von $l(h)$ auf $l(h)'$ und das Grenzprodukt der Arbeit steigt, wie durch die Pfeile entlang der Arbeitsnachfragekurve angedeutet wird. Dieser Vorgang tritt in jedem Unternehmen auf. Daher steigt das aggregierte Grenzprodukt der Arbeit und deshalb verschiebt sich, wie in Teil b) von Abb. 3.3 dargestellt, die aggregierte Arbeitsnachfrage auf Arbeitsnachfrage'. Die aggregierte Arbeitsnachfrage' muss genau so hoch liegen, dass der daraus resultierende Marktgleichgewichtslohn dem Grenzprodukt der Arbeit bei der Beschäftigung von $l\,h'$ Arbeitskräften in einem einzelnen Unternehmen entspricht. Dann ist der Arbeitsmarkt im Gleichgewicht und zusätzlich hat keines der Unternehmen einen Anreiz, sein Beschäftigungsvolumen zu verändern. Aufgrund der Entlohnung gemäß dem Wertgrenzprodukt steigt somit auch der Lohn von w auf w'. Dabei ist zu beachten, dass die Unternehmen noch immer Lohnnehmer sind und nun den gestiegenen Marktlohn bezahlen, der dem neuen, höheren Grenzprodukt der Arbeit entspricht.

Zum Wertgrenzprodukt der Arbeit ist anzumerken, dass dieses dem Grenzprodukt der Arbeit, multipliziert mit dem Preis des hergestellten Guts, entspricht (da vollkommener Wettbewerb auf dem Gütermarkt herrscht). Hier wurde der Güterpreis auf eins normiert, weshalb in diesem Fall das Wertgrenzprodukt und das Grenzprodukt der Arbeit einander entsprechen.

Analog lässt sich zeigen, dass der Erwartungswert des Lohns $E(w) = \beta - \gamma L/n$ sinkt, wenn das Arbeitskräftepotential L steigt. In jedem Unternehmen würden dann mehr Beschäftigte arbeiten. Aufgrund des fallenden Grenzprodukts der Arbeit wäre dieses hierbei niedriger und somit auch der Lohn geringer. In Teil b) von Abb. 3.3 würde ein Anstieg des Arbeitskräftepotentials eine Rechtsverschiebung des Arbeitsangebots bewirken und die neue Lage des Schnittpunkts der aggregierten Arbeitsnachfrage mit dem Arbeitsangebot würde einen niedrigeren Lohn implizieren. Der erwartete Lohn sinkt auch, wenn das Grenzprodukt der Arbeit stärker abnimmt, also γ größer wird. Je geringer das Grenzprodukt der Arbeit, umso niedriger ist wegen der Entlohnung des Faktors Arbeit entsprechend seinem Wertgrenzprodukt auch der Lohn.

Im Folgenden soll der erwartete Gewinn eines Unternehmens berechnet werden. Die Gewinnfunktion $\pi(h) = y(h) - wl(h)$ lässt sich durch Einsetzen der Produktionsfunktion $y(h) = [\beta + \varepsilon(h)]l(h) - \frac{1}{2}\gamma[l(h)]^2$ schreiben als

$$\pi(h) = [\beta + \varepsilon(h)]l(h) - \frac{1}{2}\gamma[l(h)]^2 - wl(h).$$

Ausklammern von $l(h)$ führt zu

$$\pi(h) = \left[\beta + \varepsilon(h) - \frac{1}{2}\gamma l(h) - w\right]l(h). \tag{3.19}$$

Im nächsten Schritt wird die Bedingung für ein Gewinnmaximum in Gl. 3.16 nach $l(h)$ umgeformt, woraus $l(h) = [\beta + \varepsilon(h) - w]/\gamma$ folgt. Einsetzen von $l(h)$ in die Gewinnfunktion in Gl. 3.19 und anschließendes Vereinfachen ergibt

$$\pi(h) = \left[\beta + \varepsilon(h) - \frac{1}{2}\gamma\frac{\beta + \varepsilon(h) - w}{\gamma} - w\right]\frac{\beta + \varepsilon(h) - w}{\gamma},$$

$$\pi(h) = \left[\beta + \varepsilon(h) - w - \frac{1}{2}[\beta + \varepsilon(h) - w]\right]\frac{\beta + \varepsilon(h) - w}{\gamma},$$

$$\pi(h) = \frac{1}{2}[\beta + \varepsilon(h) - w]\frac{\beta + \varepsilon(h) - w}{\gamma},$$

$$\pi(h) = \frac{[\beta + \varepsilon(h) - w]^2}{2\gamma}.$$

Nun wird der Erwartungswert dieses Ausdrucks gebildet. Dabei ist zu beachten, dass der Erwartungswert einer quadrierten Zufallsvariable (hier im Zähler der Gewinnfunktion) ihrem quadrierten Mittelwert plus ihrer Varianz entspricht:

$$E(\pi) = \frac{[E(\beta) + E[\varepsilon(h)] - E(w)]^2 + var[\beta + \varepsilon(h) - w]}{E(2\gamma)}.$$

Der Erwartungswert einer Konstanten entspricht, wie bereits gesagt, der Konstanten selbst – dies trifft auf $E(\beta) = \beta$ und auf $E(2\gamma) = 2\gamma$ zu; der Erwartungswert des unternehmensspezifischen Produktivitätsschocks entspricht seinem Mittelwert, der null ist: $E[\varepsilon(h)] = 0$. Zudem ist die Varianz einer Konstanten null, es gilt also $var(\beta) = 0$, wodurch folgende Vereinfachung möglich wird:

$$E(\pi) = \frac{[\beta - E(w)]^2 + var[\varepsilon(h) - w]}{2\gamma}.$$

Für die im Zähler stehende Varianz gilt $var[\varepsilon(h) - w] \equiv var[\varepsilon(h)] + var[w] - 2cov[\varepsilon(h), w]$. (Die Rechenregeln für Erwartungswerte, Varianzen und Kovarianzen können in den meisten gängigen Formelsammlungen nachgelesen werden.) Somit lautet der Erwartungswert des Unternehmensgewinns

$$E(\pi) = \frac{[\beta - E(w)]^2 + \text{var}\,[\varepsilon(h)] + \text{var}\,[w] - 2\text{cov}\,[\varepsilon(h)\,,w]}{2\gamma}. \tag{3.20}$$

Zur weiteren Vereinfachung dieses Ausdrucks sind einige Zwischenschritte notwendig.

- Aus Gl. 3.17 kann die Varianz des Lohns bestimmt werden:

$$\text{var}\,(w) = \text{var}\,(\beta) + \text{var}\left[\frac{1}{n}\sum\nolimits_{h=1}^{n}\varepsilon(h)\right] + \text{var}\left(\gamma\frac{L}{n}\right)$$

Die Varianz von β ist null, da β eine Konstante ist. Gleiches gilt für die Varianz von $\gamma L/n$. Daraus wird ersichtlich, dass die Varianz des Lohns gleich der Varianz des mittleren Terms ist, die folgendermaßen (durch die Anwendung von Varianz-Rechenregeln) vereinfacht werden kann:

$$\text{var}\,(w) = \text{var}\left[\frac{1}{n}\sum\nolimits_{h=1}^{n}\varepsilon(h)\right] = \frac{1}{n^2}\text{var}\left[\sum\nolimits_{h=1}^{n}\varepsilon(h)\right] = \frac{1}{n^2}\sum\nolimits_{h=1}^{n}\text{var}\,[\varepsilon(h)]$$

$$\text{var}\,(w) = \frac{1}{n^2}n.\text{var}\,[\varepsilon(h)] = \frac{1}{n}\text{var}\,[\varepsilon(h)] = \frac{\sigma^2}{n},$$

weil die Varianz $\text{var}\,[\varepsilon(h)]$ des unternehmensspezifischen Produktivitätsschocks σ^2 ist. Zudem lässt sich zeigen, dass die Varianz des Lohns w der Kovarianz des Produktivitätsschocks und des Lohns entspricht.

$$\text{var}\,(w) = \text{cov}\,[\varepsilon(h)\,,w] = \frac{\sigma^2}{n} \tag{3.21}$$

Der interessierte Leser kann diese Herleitung im Anhang nachvollziehen.

- Wegen $\text{var}\,(w) = \text{cov}\,[\varepsilon(h)\,,w]$ kann der Zähler von Gl. 3.20 vereinfacht werden:

$$E\,(\pi) = \frac{[\beta - E(w)]^2 + \text{var}\,[\varepsilon(h)] + \text{var}\,[w] - 2\text{cov}\,[\varepsilon(h)\,,w]}{2\gamma}$$

$$E(\pi) = \frac{[\beta - E(w)]^2 + \text{var}\,[\varepsilon(h)] + \text{var}\,[w] - 2\text{var}\,(w)}{2\gamma}$$

$$E(\pi) = \frac{[\beta - E(w)]^2 + \text{var}\,[\varepsilon(h)] - \text{var}\,[w]}{2\gamma}. \tag{3.22}$$

- Für den Erwartungswert des Lohns in Gl. 3.22 wird die Gl. 3.18 eingesetzt. Zugleich werden $\text{var}\,[\varepsilon(h)]$, die per Annahme gleich σ^2 ist, und $\text{var}\,(w) = \sigma^2/n$ aus Gl. 3.21 eingesetzt und der resultierende Ausdruck weiter vereinfacht. Daraus folgt schließlich das Ergebnis in Gl. 3.23.

$$E(\pi) = \frac{[\beta - \beta + \gamma \frac{L}{n}]^2 + \sigma^2 - \frac{\sigma^2}{n}}{2\gamma} = \frac{(\gamma \frac{L}{n})^2 + \sigma^2 - \frac{\sigma^2}{n}}{2\gamma} = \frac{\gamma^2 (\frac{L}{n})^2}{2\gamma} + \frac{\sigma^2 (1 - \frac{1}{n})}{2\gamma}$$

$$E(\pi) = \frac{\gamma}{2} \left(\frac{L}{n}\right)^2 + \frac{n-1}{n} \frac{\sigma^2}{2\gamma} \tag{3.23}$$

Der erste Term auf der rechten Seite in Gl. 3.23 gibt den Gewinn für den Fall an, dass es keine unternehmensspezifischen Schocks gibt. In diesem Fall ist σ^2 gleich null, weshalb der zweite Term der Gleichung null wird und entfällt. Übrig bleibt der erste Term, der sowohl mit der Intensität des Fallens des Grenzprodukts der Arbeit γ als auch mit dem wachsenden Beschäftigungsvolumen in einem Unternehmen L/n steigt. Das heißt, der Gewinn ist umso höher, je stärker das Grenzprodukt der Arbeit fällt und je mehr Arbeitskräfte in einem Unternehmen beschäftigt sind. Der Grund dafür ist, dass beides bei einer Entlohnung der Arbeitskräfte zu ihrem Wertgrenzprodukt zu geringeren Löhnen und folglich zu geringeren Lohnkosten führt. Dadurch steigt der Gewinn.

Der zweite Term auf der rechten Seite in Gl. 3.23 erfasst den Effekt des Arbeitskräftepoolings: Der erwartete Gewinn eines Unternehmens steigt mit der Gesamtzahl an Unternehmen n in der Region und mit der Varianz σ^2 der unternehmensspezifischen Produktivitätsschocks. Je mehr Unternehmen in einer Region tätig sind, umso größer ist die Varianz der unternehmensspezifischen Produktivitätsschocks. Dadurch erhöht sich der erwartete Gewinn, weil Unternehmen in Regionen mit einem großen Arbeitsmarkt ihre Beschäftigung flexibler an den momentanen Bedarf anpassen können. Wenn ein Unternehmen dringend Arbeitskräfte braucht, ist die Wahrscheinlichkeit hoch, dass gerade ein anderes Unternehmen in Schwierigkeiten ist und Arbeitskräfte entlässt. Diese können dann vom einen Unternehmen zum anderen wechseln.

Je größer die Unsicherheit bezüglich der Produktivitätsschocks ist, also je größer σ^2, umso wichtiger ist der Agglomerationsvorteil des Arbeitskräftepoolings für die Unternehmen. Dieser Vorteil nimmt jedoch mit der Stärke des fallenden Grenzprodukts der Arbeit γ ab (siehe den zweiten Term in Gl. 3.23). Je größer γ, umso steiler, das heißt unelastischer, ist die Arbeitsnachfragekurve. Ein Unternehmen möchte dann nur geringe Änderungen seines Beschäftigungsvolumens vornehmen, wenn es einen Produktivitätsschock erfährt, weil damit starke Änderungen des Grenzprodukts der Arbeit einhergehen. Deshalb zieht es in diesem Fall nur geringe Vorteile aus einem großen gemeinsamen Arbeitsmarkt. Die mathematische Erklärung hierfür ist wie folgt: Gemäß Gl. 3.16 ($w = \beta + \varepsilon(h) - \gamma l(h)$) lautet die Steigung der Arbeitsnachfragekurve in einer Lohn-Beschäftigungs-Grafik mit $-\gamma$ (Ableitung der Arbeitsnachfragefunktion nach dem Arbeitseinsatz). Folglich wird die Arbeitsnachfragekurve steiler, wenn γ steigt.

Es ist hervorzuheben, dass Risikoaversion im vorgestellten Modell keine Agglomerationskraft darstellt. Unternehmen ballen sich einzig und alleine deshalb räumlich, um einen Arbeitskräftepool zu teilen, da sie vor Eintreten ihres unternehmensspezifischen Produktivitätsschocks noch nicht wissen, wie viele Arbeitskräfte sie brauchen werden.

Ein großer Arbeitskräftepool ermöglicht den Unternehmen, flexibel auf Produktivitätsschocks zu reagieren und die Beschäftigung entsprechend anzupassen. Die Arbeitskräfte profitieren ebenfalls davon, in eine Region mit einem großen Arbeitsmarkt zu ziehen. Je mehr Unternehmen vor Ort ansässig sind, umso geringer ist die Varianz des Lohns. Würde Risikoaversion im Modell zugelassen, würde dies nur den Agglomerationseffekt für Arbeitskräfte verstärken, da diese dann einer geringen Varianz des Lohns eine höhere Bedeutung zuschreiben würden als bei Risikoneutralität.

Ebenso ließen sich auch rigide Löhne und Arbeitslosigkeit anstatt von vollkommenem Wettbewerb auf dem Arbeitsmarkt in das Modell integrieren. Der einzige Effekt daraus wäre jedoch eine Verstärkung der Agglomerationstendenz sowohl für die Unternehmen als auch für die Arbeitskräfte. Die Unternehmen würden Vorteile aus der Ballung erfahren, weil sie einen abrupt durch einen positiven Produktivitätsschock steigenden Bedarf an Arbeitskräften leichter decken könnten. Die Arbeitnehmer hingegen könnten durch eine Ansiedlung im Ballungsraum die Wahrscheinlichkeit, arbeitslos zu werden, senken. Würden sie von einem Unternehmen entlassen, gäbe es im Ballungsgebiet mehr potentielle neue Arbeitgeber als an einem abgeschiedenen Ort mit nur einem oder wenigen Unternehmen.

3.2.6 Chancen für Stellenbesetzungen auf dem Arbeitsmarkt

Neben höheren erwarteten Löhnen für die Arbeitskräfte und höheren erwarteten Gewinnen für die Unternehmen können darüber hinaus beide Gruppen von Akteuren in Ballungsräumen von einer höheren Wahrscheinlichkeit für Stellenbesetzungen auf dem Arbeitsmarkt profitieren. Arbeitslose sehen sich vielen potentiellen Arbeitgebern gegenüber, während sich Unternehmen gleichermaßen vielen potentiellen Arbeitskräften gegenüber sehen. Wenn viele Arbeitslose auf viele freie Stellen treffen, ist auch die Wahrscheinlichkeit für eine erfolgreiche Bewerbung bzw. für eine Stellenbesetzung hoch. Dieser Zusammenhang kann durch eine aggregierte *Matching*-Funktion abgebildet werden. Als *Match* wird dabei eine erfolgreiche neue Arbeitnehmer-Arbeitgeber-Kombination bezeichnet. Die folgenden Ausführungen orientieren sich an Duranton und Puga (2004, S. 2094), die ein auf Coles (1994) und Coles und Smith (1998) zurückgehendes Modell vorstellen.

Die *Matching*-Funktion M lässt sich darstellen als

$$M = v\left(1 - \psi^{U}\right) + u\left(1 - \psi^{V}\right).$$

Dabei gibt v den Zufluss an offenen Stellen und u den Zufluss an arbeitsuchenden Personen an. Demgegenüber spiegeln die beiden Großbuchstaben U und V Bestandsgrößen wider – U steht für die Anzahl an Arbeitslosen und V für die Anzahl an offenen Stellen. Die Wahrscheinlichkeit dafür, dass eine Bewerbung nicht erfolgreich ist, sei exogen gegeben und betrage ψ. Eine gerade frei gewordene Stelle erhält Bewerbungen vom gesamten Bestand an Arbeitslosen U. Mit der Wahrscheinlichkeit ψ^U ist keine der Bewerbungen erfolgreich und die Stelle bleibt vorerst unbesetzt. Von da an besteht nur dann die Möglichkeit für eine erfolgreiche Stellenbesetzung, wenn sich frisch arbeitslos gewordene Arbeitskräfte u für diese offene Stelle bewerben. Analog kann sich eine gerade arbeitslos gewordene Person gleichzeitig für alle bestehenden V freien Stellen bewerben. Mit der Wahrscheinlichkeit ψ^V ist keine dieser Bewerbungen erfolgreich und sie bleibt arbeitslos. Fortan besteht die einzige Chance des Arbeitslosen auf eine neue Beschäftigung darin, sich für im Zeitverlauf frei werdende Stellen v zu bewerben.

Da der oben beschriebene Zusammenhang in der Tat nicht ganz einfach ist, wollen wir ihn anhand eines einfachen Zahlenbeispiels noch einmal illustrieren und wiederholen dabei die obige Argumentation anhand konkreter Zahlen. Die *Matching*-Funktion ist die Summe M aus allen erfolgreichen Bewerber-Stellenangebot-Kombinationen. Der erste Term auf der rechten Seite gibt die Anzahl an erfolgreichen Bewerbungen an, wenn der Zustrom an frei gewordenen Stellen v beträgt. Alle v frei gewordenen Stellen erhalten Bewerbungen aus dem gesamten Bestand an Arbeitslosen. Mit der Wahrscheinlichkeit ψ^U lehnt ein Arbeitgeber alle U Bewerbungen ab und die Stelle bleibt unbesetzt. Im Gegenzug folgt daraus, dass mit der Wahrscheinlichkeit $1 - \psi^U$ mindestens eine (bzw. genau eine, denn dann ist die Stelle vergeben) Bewerbung erfolgreich ist und die Stelle besetzt wird. Das heißt, eine einzige frei gewordene Stelle wird mit der Wahrscheinlichkeit $1 - \psi^U$ gleich wieder neu besetzt. Statt einer einzigen Stelle werden aber gleichzeitig v Stellen frei, die alle mit der Wahrscheinlichkeit $1 - \psi^U$ gleich wieder neu besetzt werden. Die Anzahl aus erfolgreichen Bewerber-Stellenangebot-Kombinationen, die durch den Zufluss an frei gewordenen Stellen entsteht, ist daher $v(1 - \psi^U)$. Wenn $v = 21$ Stellen frei werden, der Bestand an Arbeitslosen $U = 29$ ist und die Wahrscheinlichkeit für eine erfolglose Bewerbung $\psi = 0,9003$ beträgt, werden also 20 der frei gewordenen Stellen sogleich wieder besetzt: $v(1 - \psi^U) = 21(1 - 0,9003^{29}) = 20$.

Es gibt jedoch noch eine zweite Quelle für erfolgreiche Stellenbesetzungen: Der zweite Term auf der rechten Seite der *Matching*-Funktion gibt die Anzahl an erfolgreichen Bewerbungen an, wenn der Zustrom an Arbeitslosen u beträgt. Diese neuen Arbeitslosen werden sich für den gesamten Bestand V an offenen Stellen bewerben. Mit der Wahrscheinlichkeit ψ^V werden alle Bewerbungen eines Arbeitslosen abgelehnt, das heißt mit der Gegenwahrscheinlichkeit $1 - \psi^V$ ist (mindestens) eine seiner Bewerbungen erfolgreich. Die Gesamtzahl erfolgreicher Bewerbungen aus dem Zustrom von Arbeitslosen ergibt sich aus der Multiplikation dieses Zustroms an Arbeitslosen mit der Wahrscheinlichkeit, dass (mindestens) eine Bewerbung eines Arbeitslosen erfolgreich ist: $u(1 - \psi^V)$.

Kurz gesagt gibt die *Matching*-Funktion alle erfolgreichen Bewerber-Stellenangebot-Kombinationen an, die entweder durch einen Zustrom an offenen Stellen oder einen Zustrom an Arbeitslosen zustande kommen. Diese Funktion weist sowohl in den Zuflüssen v und u als auch in den Beständen V und U steigende Skalenerträge auf. Das bedeutet, dass ein proportionaler Anstieg der Anzahl der Arbeitslosen und der offenen Stellen zu einem überproportionalen Anstieg der neu geschlossenen Arbeitsverhältnisse führt. So würde beispielsweise ein 10 %-iger Anstieg sowohl des Bestands an Arbeitslosen als auch an offenen Stellen zu einem mehr als 10 %-igen Anstieg der *Matching*-Rate führen. Der Mechanismus dahinter wurde bereits weiter oben eingehend erläutert: In einem großen Markt mit vielen potenziellen Arbeitnehmern und Stellenangeboten ist es aufgrund der größeren Wahlmöglichkeiten wahrscheinlicher, dass eine passende Kombination gefunden wird und ein Beschäftigungsverhältnis zustande kommt.

Empirische Untersuchungen deuten jedoch nicht auf deutlich, sondern nur leicht steigende (vgl. Blanchard und Diamond 1990 für die Vereinigten Staaten von Amerika) oder sogar auf konstante Skalenerträge der *Matching*-Funktion hin (vgl. Coles und Smith 1996 für England und Wales und van Ours 1991 für die Niederlande). Weist die *Matching*-Funktion konstante Skalenerträge auf, bedeutet dies zugleich, dass die Chancen für erfolgreiche Stellenbesetzungen in Ballungsräumen nicht größer sind als außerhalb. Bessere Chancen für erfolgreiche Stellenbesetzungen stellen daher laut den genannten empirischen Ergebnissen eine sehr schwache bis keine Agglomerationskraft dar.

3.2.7   Die Qualität von Stellenbesetzungen auf dem Arbeitsmarkt

In einem dichten Arbeitsmarkt, das heißt, wenn viele Anbieter und Nachfrager auf diesem Arbeitsmarkt aktiv sind, sind auch bessere, passgenaue Stellenbesetzungen möglich. In der Folge sinken die Trainings- und Einarbeitungskosten für Neuzugänge und die Produktivität steigt. In einer großen Küstenstadt, in der es mehrere Schiffswerften gibt, sind die Arbeitnehmer besser über alternative Arbeitgeber, also die Arbeitsbedingungen in anderen lokalen Schiffswerften, informiert. So wissen Beschäftigte einer Schiffswerft in Rostock besser über andere Schiffswerften als alternative Arbeitgeber in Rostock Bescheid, als Beschäftigte einer Kieler Werft über die Rostocker Verhältnisse informiert sind. Gleiches gilt für die Arbeitgeber – auch für sie ist es einfacher, Informationen über Fachkräfte in der eigenen Stadt zu erlangen. Dies führt zu besseren *Job matches* zwischen Arbeitskräften und Werftbetreibern. Neue Arbeitnehmer besitzen bereits einen Großteil der erforderlichen Fähigkeiten und Kenntnisse, wodurch, wie gesagt, die Einarbeitungs- und Trainingskosten sinken und die Produktivität steigt.

Helsley und Strange (1990) betten eine Mikrofundierung dieses Agglomerationsvorteils in ein Stadtmodell ein. Die treibende Agglomerationskraft in ihrem Modell ist die Passgenauigkeit – also sozusagen die Güte – von Stellenbesetzungen. Dieser Aspekt des Modells wird nun eingehender betrachtet. Um einen Anknüpfungspunkt an die Modelle in den vorhergehenden Unterkapiteln zu bieten, verwenden wir hier ebenfalls die Notation von Duranton und Puga (2004, S. 2086ff.).

Zur Vereinfachung betrachten wir nur einen einzigen Sektor. Das Modell könnte ebenso mit mehreren Sektoren dargestellt werden, allerdings würde damit lediglich das Ergebnis des Abschn. 3.2.4 repliziert. In diesem einen betrachteten Sektor gibt es eine sich endogen bestimmende Anzahl an Firmen n. Alle Firmen produzieren mit der gleichen Produktionsfunktion: $y(h) = \beta l(h) - \alpha$. Dabei ist h eine beliebige Firma ($h = 1, \ldots, n$), y ist ihre Produktionsmenge, β gibt das Grenzprodukt der Arbeit an, l ist der Arbeitseinsatz

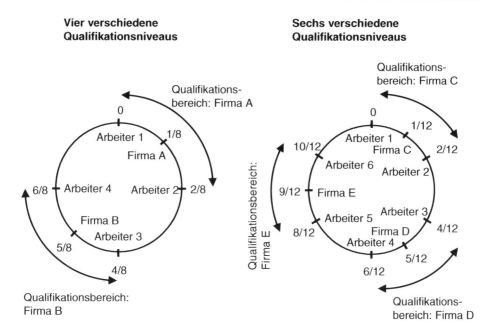

Abb. 3.4 Qualität von Stellenbesetzungen auf dem Arbeitsmarkt. Nach Helsley und Strange (1990) und O'Sullivan (2009, S. 54)

und α stellt die Fixkosten dar (s. Abschn. 3.2.4 für eine genauere Abhandlung der Produktionsfunktion). Die Firmen in diesem Modell stellen ein homogenes Endprodukt her, das als Numéraire gewählt wird. Zur Produktion können die Firmen verschiedene Technologien anwenden, weshalb sie unterschiedliche Anforderungen an ihre Arbeitskräfte stellen.

Es gibt ein Kontinuum an Arbeitskräften; jede Arbeitskraft bietet genau eine Einheit Arbeit an. Dies ist nur eine Normierung zur Vereinfachung des Modells. Sinngemäß könnte das individuelle Arbeitsangebot genauso gut zum Beispiel auf zwei normiert werden. Alle Arbeitskräfte weisen unterschiedliche Qualifikationen auf. Eine Arbeitskraft kann zum Beispiel besonders gut Knopflöcher nähen, eine andere Arbeitskraft hingegen Knöpfe annähen oder Schnitte zeichnen. In diesem Zusammenhang wird von horizontal differenzierter Qualifikation gesprochen: Alle Arbeitskräfte sind gleich gut ausgebildet und produktiv, haben aber ihre persönlichen Stärken in unterschiedlichen Bereichen. Man kann sich vorstellen, dass sie nach ihrer Qualifikation geordnet gleichmäßig (d. h. mit gleich großen Abständen zwischen jeweils benachbarten Arbeitskräften) auf einem Einheitskreis angeordnet sind. Ein Einheitskreis ist ein Kreis mit dem Umfang eins. Dies stellt ebenfalls lediglich eine Normierung (und eine Vereinfachung) dar – die gleiche Analyse könnte ebenso mit einem Kreis mit anderem Umfang durchgeführt werden, da nur die relativen Entfernungen der Arbeitskräfte zueinander auf diesem Kreis relevant sind. Abbildung 3.4 zeigt einen solchen Einheitskreis. Die Dichte der Verteilung der Arbeitskräfte auf dem Kreis entspricht dem gesamten Arbeitskräftepotential L.

Auch die Firmen sind entsprechend ihren Anforderungen an die Arbeitskräfte gleichmä
ßig über den Einheitskreis angesiedelt und bezahlen einen Lohn, der ihre Gewinne maximiert.
Wenn eine Firma eine Arbeitskraft einstellt, deren Qualifikation nicht genau zum Anforderungsprofil des Unternehmens passt, fallen so genannte *Mismatch*-Kosten an. *Mismatch*-Kosten, wie etwa die Weiterbildungskosten zur Erreichung der vom Unternehmen nachgefragten
Qualifikation, müssen in diesem Modell von den Arbeitskräften selbst getragen werden. Jede
Arbeitskraft ist bei der Firma beschäftigt, die ihr den höchsten Nettolohn, also den höchsten
Bruttolohn abzüglich der *Mismatch*-Kosten, bietet. Bei der analytischen Betrachtung weiter
unten zeigt sich, dass dies die der Arbeitskraft nächstgelegene Firma auf dem Einheitskreis ist.

Abbildung 3.4 erklärt die Grundaussage des Modells auf grafisch anschauliche Weise. Zur
Vereinfachung betrachten wir eine diskrete Anzahl an Arbeitskräften. Die linke Grafik zeigt
den Fall von vier verschiedenen Qualifikationen der Arbeitskräfte, die gleichmäßig über den
Einheitskreis verteilt sind. Jede Firma stellt andere Anforderungen an die Qualifikation der
gesuchten Arbeitskräfte. Um sich voneinander zu differenzieren, wählen die Firmen Produktionsprozesse, die sich möglichst stark voneinander unterscheiden. Treten lediglich zwei
Firmen den Markt ein, siedeln sie sich einander gegenüber auf dem Kreis an. Ihre Technologien unterscheiden sich stark – Firma *A* braucht Arbeitskräfte mit der Qualifikation 1/8,
während Firma *B* Arbeitskräfte mit der Qualifikation 5/8 benötigt. In den Qualifikationsbereich von Firma *A* fallen Arbeiter 1 und Arbeiter 2, da sie am ehesten die gestellten Anforderungen erfüllen. In den Qualifikationsbereich von Firma *B* hingegen fallen Arbeiter 3 und
Arbeiter 4. Hierbei besteht allerdings zwischen angebotener und nachgefragter Qualifikation
in jedem Fall eine Differenz in Höhe von 1/8. Dies ist der Betrag, um den die Qualifikationsanforderungen der Firmen von den Qualifikationsprofilen der Arbeitskräfte abweichen.

Ist der Arbeitskräftepool größer, also gibt es beispielsweise statt vier nun sechs verschiedene Qualifikationen wie in der rechten Grafik von Abb. 3.4, treten drei Firmen
(C, D und *E)* in den Markt ein, da nun alle drei ihre Arbeitsnachfrage befriedigen können. Weil die Arbeitskräfte unterschiedliche Kenntnisse/Ausbildungsniveaus aufweisen,
beschäftigt jede Firma diejenigen Arbeitskräfte, welche am ehesten ihrem Anforderungsprofil entsprechen. In diesem Beispiel beträgt der *Mismatch* bei sechs Arbeitskräften und
drei Firmen nur mehr 1/12. Wenn die Stadtgröße zunimmt, befinden sich immer mehr
Arbeitskräfte und Firmen auf dem Qualifikationskreis (= Einheitskreis). Die Differenz
zwischen dem Anforderungsprofil der Firmen und dem Qualifikationsprofil ihrer Arbeiternehmer wird somit geringer und die Passgenauigkeit bei Stellenbesetzungen steigt.

Im Folgenden wird diese Argumentation formal dargestellt. Ausgehend von einer Situation der Vollbeschäftigung konkurrieren n Firmen um L Arbeitskräfte. Im ersten Schritt soll
nun ermittelt werden, wie viele Arbeitskräfte eine repräsentative Firma im Gleichgewicht
beschäftigt. Eine beliebige Firma h bezahlt den Bruttolohn $w(h)$. Ein Arbeiternehmer in der
Entfernung z von Firma h auf dem Einheitskreis ist indifferent zwischen Firma h als Arbeitgeber und ihrem nächstgelegenen Wettbewerber, der den Bruttolohn w zahlt, wenn gilt:

$$w(h) - \mu z = w - \mu \left(\frac{1}{n} - z \right). \tag{3.24}$$

Abb. 3.5 Konstellation mit einem beliebigen Arbeiter und zwei Firmen auf dem Einheitskreis

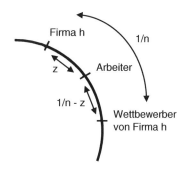

Dabei steht μ für die *Mismatch*-Kosten, die für die Arbeitskraft anfallen, wenn sie sich die für ihren Arbeitgeber relevanten Qualifikationen erst aneignen muss. Die Position der repräsentativen Arbeitskraft und der beiden Firmen auf dem Einheitskreis ist in Abb. 3.5 dargestellt. Diese zeigt einen Ausschnitt des Einheitskreises, anhand dessen die Aussage von Gl. 3.24 deutlich wird. Die linke Seite der Gleichung spiegelt den Nettolohn wider, den der Arbeiter von Firma h erhält, und die rechte Seite den Lohn, den er vom nächstgelegenen Wettbewerber von Firma h erhalten würde. Der Nettolohn entspricht dem Bruttolohn $w(h)$ bzw. w abzüglich der *Mismatch*-Kosten

$$\mu z \text{ bzw. } \mu\left(\frac{1}{n} - z\right).$$

Hier gibt μz die *Mismatch*-Kosten für die Arbeitskraft in Einheiten des Numéraire-Gutes an, wenn sie die Distanz z von Firma h entfernt ist. Insgesamt gibt es n Firmen, das heißt, der Abstand zwischen zwei beliebigen benachbarten Firmen auf dem Einheitskreis beträgt $1/n$. Daraus folgt der Abstand zwischen der betrachteten Arbeitskraft und dem nächstgelegenen Wettbewerber der Firma h mit $1/n - z$, woraus sich *Mismatch*-Kosten in Höhe von $\mu(1/n - z)$ ergeben, wenn die Arbeitskraft beim Wettbewerber von Firma h beschäftigt ist. Die Arbeitskraft entscheidet sich für diejenige Firma, von der sie den höchsten Nettolohn erhält. Gleichen einander die Nettolöhne in beiden Fällen, ist sie indifferent zwischen diesen beiden Firmen. Dieser Fall wird von Gl. 3.24 zum Ausdruck gebracht.

Die kritische Distanz, bei der eine Arbeitskraft gerade indifferent zwischen Firma h und ihrem nächsten Wettbewerber ist, beträgt daher z. Diese Distanz kann durch Umformung der Indifferenz-Bedingung in Gl. 3.24 ermittelt werden:

$$w(h) - \mu z = w - \mu\left(\frac{1}{n} - z\right)$$

$$w(h) - \mu z = w - \frac{\mu}{n} + \mu z$$

$$2\mu z = w(h) - w + \frac{\mu}{n}$$

$$z = \frac{w(h) - w}{2\mu} + \frac{1}{2n}. \tag{3.25}$$

Die kritische Distanz z hängt von der Differenz zwischen dem Lohn $w(h)$, den Firma h zahlt, und dem Alternativlohn w ab. Je größer diese Differenz ist, umso größer ist der „Einzugsbereich" der Arbeitskräfte für Firma h, also z. Ein hohes Lohndifferential lässt Firma h gegenüber anderen Arbeitgebern attraktiv für eine Arbeitskraft erscheinen. Im Gegensatz dazu ist die kritische Distanz umso geringer, je höher die *Mismatch*-Kosten μ sind und je höher die Anzahl der Firmen n ist. Steigende *Mismatch*-Kosten führen wegen zusätzlicher Ausbildungskosten zu einem geringeren Nettolohn, weshalb es sich für Arbeitskräfte, die weiter von Firma h entfernt sind, nicht mehr lohnt, bei dieser Firma zu arbeiten. Der Einzugsbereich von Firma h wird kleiner (z sinkt). Ein Anstieg der Anzahl an Firmen bewirkt, dass sich das Arbeitskräftepotential auf mehr Firmen aufteilt und jede einzelne Firma weniger Arbeitskräfte beschäftigt; z fällt. Erinnern wir uns daran, dass die Dichte der Arbeitskräfte auf dem Einheitskreis dem Arbeitskräftepotential L entspricht. Der Umfang des Einheitskreises beträgt eins, also gibt es von jeder beliebigen Qualifikation $L/1 = L$ Arbeitskräfte. Firma h wird alle Arbeitskräfte, die höchstens die Distanz z von ihr entfernt sind, beschäftigen:

$$l\,(h) = 2zL. \tag{3.26}$$

Der Beschäftigtenstand einer Firma beträgt $l(h)$. Diese Firma beschäftigt alle Arbeitskräfte, die höchstens in der Entfernung z vor oder nach ihr auf dem Einheitskreis liegen – daher die Komponente $2z$. Die Arbeitskräftedichte an einem Punkt des Einheitskreises beträgt L. Die Anzahl der Arbeitskräfte, die im Bereich z vor oder nach Firma h liegen, beträgt demzufolge $2zL$. Die kritische Distanz aus Gl. 3.25 kann nun in Gl. 3.26 eingesetzt werden:

$$l(h) = 2 \left(\frac{w(h) - w}{2\mu} + \frac{1}{2n} \right) L$$
$$l\,(h) = \frac{[w(h) - w]\,L}{\mu} + \frac{L}{n}. \tag{3.27}$$

Der rechte Term der rechten Seite von Gl. 3.27 gibt den proportionalen Anteil von Firma h am Arbeitskräftepotential an. Würden alle Firmen den gleichen Lohn zahlen, würde jede Firma L/n Arbeitskräfte beschäftigen. Der linke Term der rechten Gleichungsseite zeigt, dass eine Firma ihre Beschäftigung über ihren proportionalen Anteil an Arbeitskräften erhöhen kann, indem sie höhere Löhne als ihre Wettbewerber bezahlt. Mathematisch ausgedrückt bedeutet dies, dass $l(h) > L/n$ ist, falls $w(h) > w$ ist. Wenn Firma h ihre Löhne erhöht, kann sie Arbeitskräfte von ihren Wettbewerbern abwerben. Dieser Effekt ist allerdings umso geringer, je höher die *Mismatch*-Kosten μ sind, welche die Arbeitnehmer tragen müssen. Hohe *Mismatch*-Kosten verringern den Nettolohn, den die Arbeitskräfte von Firma h erhalten, und machen Firma h zu einem schlechteren Substitut für ihren aktuellen Arbeitgeber. Zudem hat es Firma h umso schwerer, die Beschäftigung über ihren proportionalen Anteil hinaus zu erhöhen, je weniger Arbeitskräfte es insgesamt gibt. Zum Einen verstärkt sich dann der Wettbewerb um Arbeitskräfte. Zum Anderen gibt es dann weniger Arbeitskräfte mit einem Qualifikationsprofil, das dem Anforderungsprofil der Firma entspricht, und es fallen höhere *Mismatch*-Kosten an.

Ziel der Firmen ist es, ihre Gewinne durch die Wahl des Lohns (und somit indirekt auch durch die Wahl des Beschäftigungsniveaus, das vom Lohn abhängt) zu maximieren. Deshalb bestimmen wir im nächsten Schritt den gewinnmaximierenden Lohn. Die Produktionsfunktion einer Firma lautet $y(h) = \beta l(h) - \alpha$, wobei β das Grenzprodukt der Arbeit und $l(h)$ der Arbeitseinsatz ist und α die Fixkosten darstellt. Unter Berücksichtigung der Produktionsfunktion und der Tatsache, dass das betrachtete Endprodukt als Numéraire gewählt wurde (s. o., dritter Absatz dieses Abschnitts), lautet die Gewinnfunktion von Firma h:

$$\pi(h) = \beta l(h) - \alpha - w(h)\, l(h) \text{ bzw. vereinfacht}$$
$$\pi(h) = [\beta - w(h)]\, l(h) - \alpha.$$

Nach Einsetzen von Gl. 3.27 für $l(h)$ lautet das Maximierungsproblem von Firma h

$$\max_{w(h)} \pi(h) = [\beta - w(h)] \left[\frac{[w(h) - w]\, L}{\mu} + \frac{L}{n} \right] - \alpha. \tag{3.28}$$

Die Bedingung erster Ordnung folgt mit

$$\frac{\mathrm{d}\pi(h)}{\mathrm{d}w(h)} = -\left[\frac{[w(h) - w]\, L}{\mu} + \frac{L}{n} \right] + [\beta - w(h)] \frac{L}{\mu} = 0. \tag{3.29}$$

Herleitung von Gl. 3.29

In Gl. 3.28 wird zunächst der erste Faktor des Produkts

$[\beta - w(h)] \left[\frac{[w(h) - w]L}{\mu} + \frac{L}{n} \right]$, also $[\beta - w(h)]$, abgeleitet, übrig bleibt

$-1 * \left[\frac{[w(h) - w]L}{\mu} + \frac{L}{n} \right]$.

Danach wird der zweite Faktor, der $\left[\frac{[w(h) - w]L}{\mu} + \frac{L}{n} \right]$ entspricht, abgeleitet.

Dabei bleibt $[\beta - w(h)] * 1 * L/\mu$ stehen; der Term L/n enthält kein $w(h)$ und fällt daher bei der Ableitung (wie auch α) weg.

Im symmetrischen Gleichgewicht wird von allen Firmen der gleiche Lohn bezahlt und es gilt $w(h) = w$. Der Hintergrund dieser Tatsache ist, dass alle Firmen die gleiche Produktions- und Gewinnfunktion haben (obwohl sie für die Produktion unterschiedliche Anforderungen an die Qualifikation ihrer Arbeitskräfte stellen). Daher entspricht der Gewinn maximierende Lohn den Firma h bezahlt, dem Gewinn maximierenden Lohn, den auch ihre Wettbewerber bezahlen. Einsetzen von $w(h) = w$ in die Bedingung erster Ordnung für ein Gewinnmaximum in Gl. 3.29 und anschließendes Umformen nach w ergibt den Gleichgewichtslohn:

$$-\frac{L}{n} + [\beta - w] \frac{L}{\mu} = 0,$$

$[\beta - w] \frac{L}{\mu} = \frac{L}{n}$; aus dem Kürzen von L und Multiplizieren mit μ folgt

$$\beta - w = \frac{\mu}{n},$$

$$w = \beta - \frac{\mu}{n},$$

(3.30)

wobei für $w(h)$ gleich w geschrieben werden kann. Der Lohn w entspricht hier dem Real-lohn w/p, da der Preis p des Endproduktes auf eins normiert wurde (dieses Gut wurde als Numéraire gewählt). Für den Fall positiver *Mismatch*-Kosten $\mu > 0$ ist der zweite Term von Gl. 3.30 ungleich null und der (Real-) Lohn folglich geringer als das (Wert-) Grenzprodukt der Arbeit β. Dieser Unterschied zwischen dem Lohn und dem Grenzpro-dukt der Arbeit besteht, da die Firmen Monopsonmacht haben und deshalb geringere Löhne als das Grenzprodukt der Arbeit bezahlen. Gleichzeitig konkurrieren die Firmen aber um Arbeitskräfte. Je mehr Firmen es gibt (je größer n), umso stärker ist der Wett-bewerb um die Arbeitskräfte und umso höher ist daher auch der Lohn, den die Firmen bezahlen. Hohe *Mismatch*-Kosten μ wirken dem entgegen, da alternative Firmen dann aus Sicht einer Arbeitskraft schlechtere Substitute für den aktuellen Arbeitgeber sind, wodurch der Wettbewerb der Firmen um die Arbeitskräfte schwächer ist und die Firmen nur geringere Löhne bezahlen müssen.

Bei freiem Markteintritt machen die Firmen im Gleichgewicht Nullgewinne. Aus dieser Bedingung kann die gleichgewichtige Anzahl an Firmen auf dem Markt bestimmt werden. Dazu werden erst die Gl. 3.27 und 3.30 in die Gewinnfunktion $\pi = [\beta - w] l - \alpha$ eingesetzt und der resultierende Ausdruck wird vereinfacht:

$$\pi = \left(\beta - \beta + \frac{\mu}{n}\right)\left[\frac{(w - w) L}{\mu} + \frac{L}{n}\right] - \alpha$$

$$\pi = \frac{\mu}{n} * \frac{L}{n} - \alpha$$

Da im Gleichgewicht Nullgewinne gemacht werden, bezahlt eine Firma ihren L/n Arbeitskräften einen Lohn, der um μ/n unter dem Grenzprodukt dieser Arbeitskräfte liegt (s. Gl. 3.30), und kann so genau ihre Fixkosten α decken:

$$\pi = \frac{\mu}{n} * \frac{L}{n} - \alpha = 0 \quad \leftrightarrow \quad \frac{\mu}{n} * \frac{L}{n} = \alpha.$$

Durch Umformen dieser Nullgewinnbedingung lässt sich die gleichgewichtige Anzahl an Firmen im Markt ermitteln:

$$\frac{\mu L}{\alpha} = n^2$$

$$n = \sqrt{\frac{\mu L}{\alpha}}.$$

(3.31)

Die Anzahl an Firmen ist umso größer, je höher die *Mismatch*-Kosten sind, je größer der Arbeitskräftepool ist und je niedriger die Fixkosten der Produktion sind. Mit Hilfe von

Gl. 3.31 kann die aggregierte Produktion Y in der betrachteten Stadt oder Region ermittelt werden, indem die Produktionsfunktion einer Firma ($y = \beta l - \alpha$) mit der Anzahl der konkurrierenden Firmen multipliziert wird: $Y = y * n = (\beta l - \alpha) n$. Im symmetrischen Gleichgewicht beschäftigt jede Firma $l = L/n$ Arbeitskräfte. Das Einsetzen dieser Gleichung in die aggregierte Produktionsfunktion, Auflösen der Klammer und anschließende Verwendung von Gl. 3.31 führt zu

$$Y = \left(\beta L / n - \alpha\right) n = \beta L - \alpha n = \beta L - \alpha \sqrt{\frac{\mu L}{\alpha}}.$$

Zur Vereinfachung kann noch L ausgeklammert und α zusammengefasst werden:

$$Y = \left(\beta - \alpha \sqrt{\frac{\mu}{\alpha L}}\right) L = \left(\beta - \sqrt{\frac{\alpha \mu}{L}}\right) L. \tag{3.32}$$

Diese aggregierte Produktionsfunktion weist steigende Skalenerträge in L aus. Die mathematische Begründung dafür ist, dass ein Anwachsen des Arbeitskräftepools zwar beide Elemente des Klammerterms in Gl. 3.32 vergrößert (durch die Multiplikation mit L), gleichzeitig aber den Subtrahenden $\sqrt{(\alpha \mu) / L}$ verringert. Insgesamt wird der Minuend β im Vergleich zum Subtrahenden daher größer. In der Folge wird auch der Klammerterm größer, was eine Erhöhung der Gesamtproduktion Y bewirkt. Etwas weniger mathematisch lassen sich die steigenden Skalenerträge in der Produktionsfunktion folgendermaßen erklären: Wenn die Anzahl der Arbeitskräfte steigt, nimmt die Anzahl der Firmen nur unterproportional zu. Dies wird aus Gl. 3.31 deutlich: Da L unter der Wurzel steht, hat eine Änderung des Arbeitskräftepotentials nur eine unterproportionale Änderung der Firmenanzahl zur Folge.

Eine Veränderung von L beeinflusst n unterproportional stark
Mathematisch lässt sich dies folgendermaßen zeigen: Durch Logarithmieren von Gl. 3.31 ist die Bedingung erster Ordnung leichter zu bestimmen.

$$\ln n = \frac{1}{2} \ln \mu + \frac{1}{2} \ln L - \frac{1}{2} \ln \alpha$$

$$\frac{d (\ln n)}{d (\ln L)} = \frac{1}{2}$$

Die Bedingung erster Ordnung ist kleiner als eins, weshalb ein Anstieg von L bzw. $\ln L$ nur einen unterproportionalen Anstieg von n bzw. $\ln n$ zur Folge hat.

Dies bedeutet wiederum, dass das Verhältnis L/n ansteigt und jede Firma mehr Arbeitskräfte beschäftigt. Somit steigt der Produktionswert pro Arbeitskraft y/l, da bei der Produktion Fixkosten anfallen. Ein Blick auf die Produktion pro Kopf verdeutlicht diesen Mechanismus:

$$\frac{y}{l} = \beta - \frac{\alpha}{l}.$$

Abb. 3.6 Entfernung eines
durchschnittlichen Arbeiters
von seinem Arbeitgeber

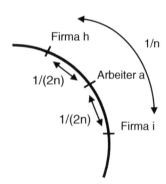

Werden mehr Arbeitskräfte beschäftigt, so erwirtschaftet jede zusätzliche Arbeitskraft das Grenzprodukt β, die Fixkosten der Produktion werden jedoch auf mehr Arbeitskräfte aufgeteilt. α/l fällt, das heißt, der Anteil der Fixkosten, der auf eine Arbeitskraft entfällt, wird geringer, wodurch y/l steigt. Folglich steigt der Produktionswert pro Kopf, wenn das Arbeitskräftepotential L zunimmt. Deshalb weist die aggregierte Produktionsfunktion in Gl. 3.32 steigende Skalenerträge im Arbeitskräftepotential aus.

Die aggregierte Produktionsfunktion zeigt neben steigenden Skalenerträgen beim Arbeitskräftepotenzial auch eine *Matching*-Externalität. In diesem Modell müssen die Arbeitskräfte die Mismatch-Kosten vollständig selbst tragen. Daher sind auch sie – und nicht die Firmen – diejenigen, die von einer Reduktion der Mismatch-Kosten profitieren können. Alle Firmen sind im Abstand $1/n$ voneinander auf dem Einheitskreis angeordnet. Abbildung 3.6 illustriert dies abermals anhand eines Ausschnitts des Einheitskreises.

Beispielhaft sind hier die beiden benachbarten Firmen h und i dargestellt, die $1/n$ voneinander entfernt sind. Arbeiter a liegt genau in der Mitte dieser Distanz, also $1/(2n)$ von Firma h und $1/(2n)$ von Firma i entfernt. Deshalb finden alle Arbeitskräfte oberhalb von Arbeiter a bei Firma h Beschäftigung und alle darunter bei Firma i. Der durchschnittliche „Bildungsweg" einer Arbeitskraft, die bei Firma h beschäftigt ist, beträgt demnach $1/(4n)$, da sich die durchschnittliche Arbeitskraft von Firma h genau zwischen der Firma h und dem Arbeiter a befindet. Diese Herleitung gilt analog für Firma i und auch für alle anderen Firmen. Die Entfernung $1/(4n)$ ist in der Abb. 3.6 aber nicht dargestellt, um diese nicht zu überfrachten.

Aus der durchschnittlichen Entfernung zwischen einer Arbeitskraft und ihrem Arbeitgeber lassen sich die durchschnittlichen Mismatch-Kosten ermitteln. Die Mismatch-Kosten betragen μ pro Entfernungseinheit auf dem Einheitskreis. Somit betragen die Mismatch-Kosten einer durchschnittlichen Arbeitskraft, die auf dem Einheitskreis $1/(4n)$ weit von ihrer Firma entfernt ist, $\mu/(4n)$. Der Bruttolohn wurde bereits in Gl. 3.30 mit $w = \beta - \mu/n$ bestimmt. Der durchschnittliche Nettolohn ρ entspricht dem Bruttolohn abzüglich der Qualifikationskosten, welche die durchschnittliche Arbeitskraft in diesem Modell selbst tragen muss:

$$\rho = w - \mu/(4n) \tag{3.33}$$

Zunächst wird w durch Gl. 3.30 ersetzt und der resultierende Ausdruck vereinfacht:

$$\rho = \beta - \frac{\mu}{n} - \mu/(4n) = \beta - \frac{4\mu}{4n} - \frac{\mu}{4n} = \beta - \frac{5\mu}{4n}.$$

Danach wird n durch Gl. 3.31 ersetzt und der resultierende Ausdruck abermals vereinfacht:

$$\rho = \beta - \frac{5\mu}{4\sqrt{\frac{\mu L}{\alpha}}} = \beta - \frac{5\mu}{4}\sqrt{\frac{\alpha}{\mu L}} = \beta - \frac{5\mu}{4}\mu^{-\frac{1}{2}} \cdot \sqrt{\frac{\alpha}{L}} = \beta - \frac{5}{4}\mu^{\frac{1}{2}} \cdot \sqrt{\frac{\alpha}{L}}$$

$$\rho = \beta - \frac{5}{4}\sqrt{\frac{\alpha\mu}{L}}. \tag{3.34}$$

Gleichung 3.34 gibt den Nettolohn einer repräsentativen Arbeitskraft an. Hieraus wird die *Matching*-Externalität deutlich. Steigt die Anzahl der Arbeitskräfte L, steigt auch die Anzahl der Firmen im Markt (s. Gl. 3.31). Daher sinkt die Distanz der durchschnittlichen Arbeitskraft zu ihrer Firma 1/(4n) (der Nenner des Bruchs steigt, also sinkt der Wert des Bruchs), wodurch auch die durchschnittlichen *Mismatch*-Kosten $\mu/(4n)$ fallen und der Nettolohn steigt (ersichtlich aus Gl. 3.33). Die durchschnittliche Arbeitskraft findet bei einer gestiegenen Firmenanzahl einen Arbeitgeber, dessen Anforderungsprofil besser zu ihrem Qualifikationsniveau passt. Deshalb muss sie auch nur geringere *Mismatch*-Kosten tragen und erhält einen höheren Nettolohn. Wäre der Arbeitskräftepool unendlich groß, würde der Subtrahend $5/4\sqrt{(\alpha\mu)/L}$ gegen null gehen und der Nettolohn würde wie in einem vollkommenen Wettbewerbsmarkt dem Grenzprodukt der Arbeit entsprechen. Für gewöhnlich ist dies jedoch nicht der Fall und der Nettolohn unterscheidet sich aufgrund der Existenz von *Mismatch*-Kosten vom Grenzprodukt der Arbeit.

Wie bereits betont, tragen in diesem Modell ausschließlich die Arbeitskräfte die *Mismatch*-Kosten. Aus diesem Grund erfahren die Firmen keine *Matching*-Externalität. Es wäre aber auch denkbar, dass die Kosten der Weiterbildung zwischen Arbeitnehmern und Arbeitgebern aufgeteilt werden. In solch einem Modellrahmen würden dann sowohl die Arbeitskräfte als auch die Firmen eine *Matching*-Externalität erfahren.

Die empirischen Ergebnisse von Andersson et al. (2007) unterstreichen die Bedeutung der Qualität von Stellenbesetzungen auf dem Arbeitsmarkt als Agglomerationsvorteil. Die Autoren finden empirische Evidenz für ein komplementäres Verhältnis der Qualität von Unternehmen und ihren Arbeitskräften. Die Qualität einer Arbeitskraft ist ihr aktueller Marktwert auf dem Arbeitsmarkt und die Qualität eines Unternehmens bestimmt sich durch den Lohn-*Markup*, den es bezahlt. Ein komplementäres Verhältnis zwischen der Qualität von Arbeitskräften und Unternehmen führt zu einem *assortative matching*. Das bedeutet, Arbeitskräfte mit hoher Qualität arbeiten bei Unternehmen hoher Qualität und umgekehrt, nach dem Motto „Gleich und Gleich gesellt sich gern". Passgenaue Stellenbesetzungen erhöhen wiederum die Produktivität. Zudem zeigen Andersson et al. (2007) dass es in Städten (im Vergleich zu ländlicheren Regionen) verstärkt zu assortative matching kommt, da in dichten Märkten mit vielen Arbeitskräften und Unternehmen die

Suchfriktionen geringer sind und passgenaue Stellenbesetzungen einfacher realisiert werden können. Aufgrund dieses *Matching*-Mechanismus ist die Produktivität in Städten höher.

3.2.8 Wissensdiffusion

In diesem Abschnitt widmen wir uns der Weiterbildung von Individuen. Für den Lernprozess ist die räumliche Nähe von Lehrenden und Lernenden äußerst wichtig, wie zahlreiche empirische Studien bestätigen. Beispielhaft sei der Beitrag von Jaffe et al. (1993) genannt, in dem gezeigt wird, dass sich Patentzitationen in einer Region besonders häufig auf Patente beziehen, die ebenfalls in dieser Region angemeldet wurden. Demgemäß ist die Weitergabe des Wissens vor Ort leichter als über eine gewisse Entfernung hinweg. Das hier vorgestellte Modell ist von Duranton und Puga (2004, S. 2100) übernommen und enthält wesentliche Elemente aus Jovanovic und Rob (1989), Jovanovic und Nyarko (1995) und Glaeser (1999). Der zentrale Mechanismus der Wissensdiffusion besteht darin, dass räumliche Nähe und persönliche Interaktion von Individuen den Informationsaustausch und das Lernen erleichtern.

Zur Darstellung dieses Prozesses wird ein Modell *überlappender Generationen* verwendet. Die jeweiligen Individuen leben darin zwei Perioden lang, in der ersten Periode sind sie „jung", in der zweiten Periode „alt". Überlappende Generationen bedeutet, dass es in jeder Periode sowohl junge als auch alte Personen gibt. Die Struktur dieses überlappenden Generationenmodells wird in Abb. 3.7 dargestellt, in der eine Generation immer in einem Kästchen zusammengefasst ist.

Zur Vereinfachung gibt es keine Zeitdiskontierung. Der Nutzen der Individuen in der zweiten Periode wird demzufolge gleich stark gewichtet wie der in der ersten Periode. Zudem gibt es kein Bevölkerungswachstum und keinen Altruismus zwischen den Generationen. Das bedeutet, jeder maximiert seinen eigenen Nutzen über den Konsum des einzigen homogenen Guts (das als Numéraire gewählt wird), das Wohlergehen seiner Nachfahren stiftet ihm aber keinen Nutzen und wird daher bei seiner Nutzenmaximierung außen vor gelassen.

Es gibt gelernte Arbeitskräfte und ungelernte Arbeitskräfte. Eine gelernte Arbeitskraft produziert die Menge $\bar{\beta}$, während eine ungelernte Arbeitskraft nur die Menge β herstellt. Gelernte Arbeitskräfte sind produktiver als ungelernte, weshalb $\bar{\beta} > \beta$ gilt. Diese Parameter reflektieren gleichzeitig den Lohn von gelernten bzw. ungelernten Arbeitskräften, da die Arbeitskräfte in Höhe ihres Wertgrenzprodukts (das hier dem Grenzprodukt entspricht, da der Preis des einzigen Konsumgutes auf eins normiert wurde und wir von vollkommenem Wettbewerb ausgehen) entlohnt werden.

In ihrer Jugend sind alle Arbeitskräfte ungelernt, sie können sich aber qualifizieren, um in der zweiten Periode gelernte Arbeitskräfte zu sein. Folglich gibt es modellgemäß ausschließlich ungebildete junge Arbeitskräfte, aber sowohl ungebildete als auch gebildete ältere Arbeitskräfte. Nehmen wir an, die Welt bestünde nur aus zwei Regionen – der Stadt Gelsenkirchen (Subskript S) und ihrem Umland (Subskript U), also der Peripherie um Lüdenscheid. Das Modell kann auch mit mehreren Städten dargestellt werden. Im

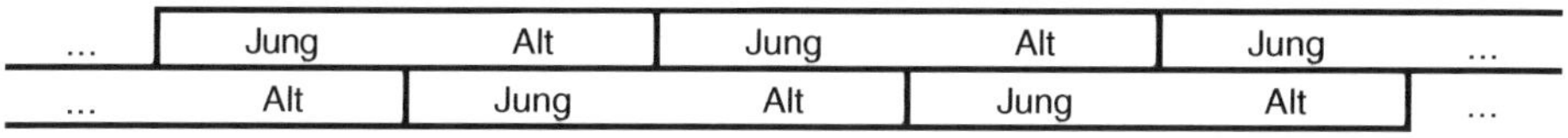

...	Jung	Alt	Jung	Alt	Jung	...
...	Alt	Jung	Alt	Jung	Alt	...

Abb. 3.7 Modell der überlappenden Generationen

weiter unten hergeleiteten Gleichgewicht sind jedoch alle Städte identisch, weshalb wir lediglich eine repräsentative Stadt betrachten.

In der Jugend und im Alter können die Individuen auswählen, wo sie leben. Wie weiter unten gezeigt wird, leben ältere qualifizierte Arbeitskräfte in der Stadt, da dies ihren (Konsum-)Nutzen maximiert. Per Annahme ist für die Weiterbildung persönlicher Kontakt mit gelernten Arbeitskräften notwendig, deshalb können sich unqualifizierte Arbeitskräfte nur in der Stadt weiterbilden. Ihre Interaktion mit qualifizierten Arbeitskräften führt aber nicht per se, sondern nur entsprechend der Wahrscheinlichkeitsverteilungsfunktion $f\left(N_S^e\right)$ zur erfolgreichen Weiterbildung (gekennzeichnet mit dem Superskript e). Dabei ist N_S^e die Anzahl der qualifizierten Arbeitskräfte in der Stadt. Bildet sich eine ungelernte Arbeitskraft erfolgreich weiter, so erhält sie einen Ertrag V_S. Damit eine qualifizierte Arbeitskraft bereit ist, ihr Wissen weiterzugeben, muss sie von einer ungelernten Arbeitskraft dafür bezahlt werden. Zur Vereinfachung entspricht dieser Betrag genau der Hälfte des Ertrags der erfolgreichen Weiterbildung, den der Schüler erhält, also $V_S/2$.

Daher besteht sowohl für junge Arbeitskräfte ein Anreiz, in Gelsenkirchen zu wohnen, um sich weiterzubilden, als auch für ältere qualifizierte Arbeitskräfte, um junge auszubilden. Bei erfolgreicher Weiterbildung erhalten beide einen Ertrag in Höhe von $V_S/2$. Das Leben in der Stadt ist jedoch aufgrund von Überfüllungskosten teurer als das Leben im Umland. Die Kosten des Stadtlebens τN_S werden als Pendelkosten (in Höhe von τ pro Zeit- oder Entfernungseinheit) modelliert und nehmen mit steigender Stadtgröße N_S zu. Im Umland hingegen fallen annahmegemäß keine Pendelkosten an, weshalb die Kosten des Landlebens auf null normiert werden.

Der jeweilige Nutzen der Individuen entspricht ihrem Nutzen aus dem Konsum des homogenen (einzigen) Guts. In jeder Periode erhalten sie in Abhängigkeit von ihrem Bildungsgrad einen hohen $(\bar{\beta})$ oder niedrigen $(\underline{\beta})$ Lohn, und in Abhängigkeit von ihrem Wohnort fallen ebenfalls pro Periode Kosten (τN_S) an oder nicht. Zudem bezahlen junge Arbeitskräfte, die sich erfolgreich weiterbilden, $V_S/2$ an eine ältere qualifizierte Arbeitskraft – also ihren Lehrer. Diese Komponenten bestimmen den Konsumnutzen c. Im Folgenden stellen wir den Konsumnutzen eines Individuums bei verschiedenen Kombinationen des Qualifikationsniveaus und des Wohnortes dar. Dabei gibt der erste Index von c den Wohnort in der Jugend an und der zweite den Wohnort im Alter.

- Ein Individuum, das in der ersten Periode im Umland lebt, hat keine Möglichkeit, sich zu qualifizieren, da im Umland keine Weiterbildung möglich ist. Es erhält in beiden Perioden den Lohn $\underline{\beta}$ für unqualifizierte Arbeit. Das Landleben in der ersten Periode verursacht keine Kosten.

- Wohnt das Individuum auch im Alter auf dem Land, fallen auch dann keine Kosten an; der Konsumnutzen lautet folglich

$$c_{U,U} = 2\,\underline{\beta}. \qquad (3.35)$$

- Zieht dieses Individuum allerdings im Alter in die Stadt, fallen in der zweiten Periode die Kosten des Stadtlebens an; sein Konsumnutzen ist gegeben durch

$$c_{U,S} = 2\,\underline{\beta} - \tau N_S.$$

Für eine Arbeitskraft, die in der Jugend im Umland lebt, ist es also optimal, auch im Alter dort zu bleiben: In diesem Fall ist der Konsumnutzen höher, als wenn sie in der zweiten Periode in der Stadt lebt, weil ihr das Stadtleben keinen zusätzlichen (Konsum-)Nutzen stiften, wohl aber Kosten verursachen würde.

• Betrachten wir als nächstes ein Individuum, das seine Jugend in der Stadt verbringt, sich aber nicht erfolgreich weiterbilden kann (gekennzeichnet mit dem Superskript n). Da es in beiden Perioden unqualifiziert ist, erhält es in Jugend und Alter einen Lohn, der unqualifizierter Arbeit entspricht. Darüber hinaus muss es in der ersten Periode die Kosten für das Stadtleben tragen.

- Bleibt das Individuum im Alter in der Stadt, fallen auch in der zweiten Periode die Kosten des Stadtlebens an, der gesamte Konsumnutzen beträgt daher

$$c_{S,S}^{n} = 2\,\underline{\beta} - 2\tau N_S.$$

- Zieht die Arbeitskraft hingegen im Alter in das Umland, fallen nur in der ersten Periode, nicht aber in der zweiten, Kosten an und der Konsumnutzen lautet

$$c_{S,U}^{n} = 2\,\underline{\beta} - \tau N_S. \qquad (3.36)$$

Der Konsumnutzen dieser Arbeitskraft, die sich nicht erfolgreich weiterbilden kann, ist höher, wenn sie in der zweiten Periode im Umland lebt.

Bislang lässt sich festhalten, dass Arbeitskräfte, die im Alter ungelernt sind (entweder weil sie in der Jugend im Umland gelebt haben und sich nicht qualifizieren konnten, oder weil sie zwar in der Stadt gelebt haben, das Lernen aber nicht erfolgreich war), einen höheren Konsumnutzen erhalten, wenn sie in der zweiten Periode im Umland leben. Das Stadtleben stiftet ihnen keinen Nutzen, da sie kein Wissen erworben haben, das sie an Junge weitergeben und dafür von diesen bezahlt werden könnten. Das Stadtleben würde lediglich Kosten verursachen, weshalb sie sich besser stellen, wenn sie die zweite Periode im Umland verbringen.

• Noch ausständig ist die Analyse des Falls eines Individuums, das in der Jugend in der Stadt lebt und sich erfolgreich weiterbildet (Superskript e). Da es in der Jugend noch unqualifiziert ist, erhält es in der ersten Periode den Lohn für unqualifizierte Arbeit und es fallen Kosten für das Leben in der Stadt an. In der zweiten Periode erhält das Individuum unabhängig von seinem Wohnort den Lohn für qualifizierte Arbeit. Aufgrund der erfolgreichen Weiterbildung muss der Betrag $V_S/2$ an den Lehrenden bezahlt und deshalb vom Konsumnutzen abgezogen werden.

- Zieht diese Person im Alter in das Umland, so fallen dann zwar keine Kosten für das Stadtleben an, das erworbene Wissen kann aber auch nicht an Junge weitergegeben werden, da dies nur in der Stadt möglich ist. Der Konsumnutzen folgt mit

$$c_{S,U}^e = \underline{\beta} - \tau N_S + \overline{\beta} - V_S/2. \tag{3.37}$$

- Wenn das Individuum im Alter in der Stadt bleibt, fallen auch dann die Kosten des Stadtlebens an. Zusätzlich erhält es einen Ertrag für jede unqualifizierte junge Arbeitskraft, die es erfolgreich weiterbildet. In der Stadt gibt es N_S^U unqualifizierte Junge (Superskript U), die sich entsprechend der Wahrscheinlichkeitsverteilungsfunktion $f\left(N_S^e\right)$ erfolgreich weiterbilden, N_S^e alte qualifizierte Arbeitskräfte. Folglich ist die erwartete Gesamtzahl der Jungen, die erfolgreich lernen, durch $N_S^U f\left(N_S^e\right)$ gegeben. Ein einzelner Lehrender bildet daher erwartungsweise $N_S^U f\left(N_S^e\right)/N_S^e$ junge Arbeitskräfte erfolgreich aus und erhält von jedem eine Bezahlung in Höhe von $V_S/2$. Der erwartete Ertrag durch das Lehren lautet somit $N_S^U f\left(N_S^e\right)/N_S^e * V_S/2$ und der erwartete Konsumnutzen ist gegeben durch

$$E\left(c_{S,S}^e\right) = \underline{\beta} - \tau N_S + \overline{\beta} - V_S/2 - \tau N_S + N_S^U f\left(N_S^e\right)/N_S^e * V_S/2. \tag{3.38}$$

Im Gegensatz zu oben wird hier vom „erwarteten" Konsumnutzen gesprochen. Die Weiterbildung einer jungen Arbeitskraft gelingt mit einer gewissen Wahrscheinlichkeit. Mit eben dieser Wahrscheinlichkeit erhält der Lehrende einen Lohn für seine Anstrengungen. Diese Auszahlung ist aber nicht sicher. Es kann lediglich ihre erwartete Höhe angegeben werden, die auch in den Konsumnutzen einfließt, der aufgrund dessen zum erwarteten Konsumnutzen wird.

Eine qualifizierte Arbeitskraft muss also abwägen, ob sie im Alter in das Umland zieht und so die Kosten für das Stadtleben einspart, oder aber in der Stadt bleibt, die damit verbundenen Kosten auf sich nimmt und zusätzlich einen Ertrag für die Weitergabe ihres Wissens erhält. Welche Region den Konsumnutzen maximiert, hängt von der Höhe der Kosten des Stadtlebens relativ zu den Erträgen des Lehrens ab.

Im nächsten Schritt werden die Bedingungen für die Existenz und Stabilität eines Gleichgewichts aufgestellt. Im Gleichgewicht bleibt die Anzahl der gelernten Arbeitskräfte konstant, es muss $N_S^U f\left(N_S^e\right) = N_S^e$ gelten. Das heißt in jeder Periode müssen sich so viele junge Arbeitskräfte erfolgreich weiterbilden, wie es alte qualifizierte Arbeitskräfte gibt, damit die Anzahl der alten qualifizierten Arbeitskräfte auch in der nächsten Periode gleich hoch bleibt. Jeder Lehrende erwartet also, dass er eine junge Arbeitskraft erfolgreich ausbildet. Daher gilt $N_S^U f\left(N_S^e\right)/N_S^e = 1$.

Damit die Weitergabe von Wissen in der Stadt überhaupt möglich ist, müssen es die Jungen in unserem Beispiel vorziehen, in Gelsenkirchen zu wohnen und versuchen, sich zu bilden. Ihr erwarteter Konsumnutzen daraus, in der Jugend in der Stadt zu leben und sich möglicherweise erfolgreich weiterzubilden, muss größer sein als der Konsumnutzen des fortwährenden Landlebens:

$$f\left(N_S^e\right) E\left(c_{S,S}^e\right) + \left[1 - f\left(N_S^e\right)\right] c_{S,U}^n > c_{U,U}. \tag{3.39}$$

Mit der Wahrscheinlichkeit $f\left(N_S^e\right)$ ist die Bildungsanstrengung von Erfolg gekrönt, die Arbeitskraft bleibt auch im Alter in der Stadt und erhält einen erwarteten Konsumnutzen in Höhe von $E\left(c_{S,S}^e\right)$. Mit der Wahrscheinlichkeit $\left[1 - f\left(N_S^e\right)\right]$ ist die Bildungsinvestition erfolglos und für die Arbeitskraft ist es optimal, im Alter in das Umland zu ziehen. In diesem Fall beträgt ihr Konsumnutzen $c_{S,U}^n$. Die Summe dieser beiden Terme gibt den erwarteten Konsumnutzen aus dem Stadtleben in der Jugend an (gewichtet mit der Wahrscheinlichkeit für eine erfolgreiche bzw. erfolglose Weiterbildung). Damit für die jungen Arbeitskräfte ein Anreiz besteht, in der Stadt zu wohnen, muss diese Summe größer sein als der Konsumnutzen, den sie erreichen, falls sie beide Perioden im Umland verbringen. Diese Summe ist auch größer als der Konsumnutzen, wenn in der Jugend im Umland und im Alter in der Stadt gelebt wird. Da aber

$$c_{U,U} > c_{U,s}$$

gilt (s. o.), ist die in Gl. 3.39 dargestellte Bedingung restriktiver und impliziert daher auch

$$f\left(N_S^e\right) E\left(c_{S,S}^e\right) + \left[1 - f\left(N_S^e\right)\right] c_{S,U}^n > c_{U,s}.$$

Ausklammern von $f\left(N_S^e\right)$ in Gl. 3.39 führt zu

$$f\left(N_S^e\right) \left[E\left(c_{S,S}^e\right) - c_{S,U}^n\right] + c_{S,U}^n > c_{U,U}. \tag{3.40}$$

Die Differenz zwischen dem erwarteten Konsumnutzen bei erfolgreicher Weiterbildung $E\left(c_{S,S}^e\right)$ und dem Konsumnutzen bei erfolglosen Bildungsanstrengungen $c_{S,U}^n$ entspricht dem Bildungsertrag V_S:

$$V_S \equiv E\left(c_{S,S}^e\right) - c_{S,U}^n = \underline{\beta} - \tau N_S + \overline{\beta} - V_S/2 - \tau N_S + N_S^U f\left(N_S^e\right)/N_S^e * V_S/2 - 2\underline{\beta} + \tau N_S,$$

wobei $E\left(c_{S,S}^e\right)$ und $\left(c_{S,U}^n\right)$ aus Gl. 3.38 bzw. Gl. 3.36 eingesetzt wurden. Unter Berücksichtigung von $N_S^U f\left(N_S^e\right)/N_S^e = 1$ (s. o.) folgt

$$V_S = \underline{\beta} - \tau N_S + \overline{\beta} - V_S/2 - \tau N_S + V_S/2 - 2\underline{\beta} + \tau N_S.$$

Die beiden Terme $+V_S/2$ und $-V_S/2$ heben einander auf. Anschließendes Zusammenfassen der übrigen Terme führt zu dem Ergebnis in Gl. 3.41:

$$V_S = \overline{\beta} - \underline{\beta} - \tau N_S. \tag{3.41}$$

Einsetzen der Definition des Bildungsertrags $V_s \equiv E\left(c_{S,S}^e\right) - c_{S,U}^n$ und von $c_{S,U}^n$ und $c_{U,U}$ aus Gl. 3.36 bzw. Gl. 3.35 in Gl. 3.40 ergibt

$$f\left(N_S^e\right) V_S + 2\underline{\beta} - \tau N_S > 2\underline{\beta}$$

und Kürzen von $2\underline{\beta}$ sowie Umformen führt zu

$$f\left(N_S^e\right) V_S > \tau N_S.$$

Dies entspricht der Bedingung dafür, dass es für junge Arbeitskräfte vorteilhaft ist, in der Stadt zu leben und zu versuchen, sich weiterzubilden. Auf der linken Seite der Ungleichung steht die Wahrscheinlichkeit für erfolgreiches Lernen, multipliziert mit dem Ertrag daraus. Diese Ungleichung besagt, dass der erwartete Ertrag einer erfolgreichen Bildungsinvestition größer sein muss als die Kosten des Stadtlebens während dieser Zeit.

Zusätzlich zur eben hergeleiteten Bedingung, dass die Jungen es vorziehen müssen, in der Stadt zu leben, müssen die qualifizierten Alten bevorzugen, in der Stadt zu bleiben, um dort lehren zu können. Dies ist dann der Fall, wenn im Alter ihr erwarteter (Konsum-)Nutzen des Stadtlebens größer ist als im Umland, also $E\left(c_{S,S}^e\right) > c_{S,U}^e$ erfüllt ist. Aus dem Einsetzen von $E\left(c_{S,S}^e\right)$ und $c_{S,U}^e$ aus Gl. 3.38 bzw. Gl. 3.37 folgt

$$\underline{\beta} - \tau N_S + \overline{\beta} - V_S/2 - \tau N_S + N_S^U f\left(N_S^e\right)/N_S^e * V_S/2 > \underline{\beta} - \tau N_S + \overline{\beta} - V_S/2.$$

Vereinfachen ergibt

$$-\tau N_S + N_S^U f\left(N_S^e\right) \Big/ N_S^e \cdot V_S/2 > 0$$

und Berücksichtigen von $N_S^U f\left(N_S^e\right) \big/ N_S^e = 1$ und Umformen führt zu

$$V_S > 2\tau N_S.$$

Damit die qualifizierten Alten in der Stadt bleiben, muss der Ertrag des Lernens und Lehrens also größer sein als die Kosten dafür, beide Perioden in der Stadt zu verbringen. Alternativ kann die Ungleichung als $V_S/2 > \tau N_S$ geschrieben und so interpretiert werden, dass der Ertrag eines Lehrers größer sein muss als die Kosten des Stadtlebens im Alter. Durch Einsetzen von V_S aus Gl. 3.41 kann der Ausdruck umgeformt werden zu

$$\overline{\beta} - \underline{\beta} > 3\tau N_S.$$

Wenn der Lohnunterschied zwischen gelernten und ungelernten Arbeitskräften groß genug ist, gibt es eine Einwohnerzahl N_S der Stadt, welche beide der obigen Bedingungen erfüllt: Alle Jungen wohnen in Gelsenkirchen und alle qualifizierten Alten bleiben dort (während die unqualifizierten Alten in das Umland ziehen).

3.2.9   Weitere externe Skalenerträge

Externe Skaleneffekte können ebenso in vielerlei anderen Formen auftreten, so zum Bei-spiel in Form von durch die Stadtgröße bedingten Produktivitätssteigerungen. In grö-ßeren Städten ist die Produktivität meist höher, da Inputs effizienter genutzt werden können. Nakamura (1985) stellt fest, dass die Produktivität bei einer Verdoppelung der Stadtgröße im Mittel um 3 % ansteigt. Sveikauskas (1975) schätzt diesen Effekt auf 6,39 %, Segal (1976) auf etwa 8 % und Shefer (1973) sogar auf 14 bis 27 %. Sveikauskas (1975, S. 406f.) merkt aber an, dass die diesbezügliche Kausalität nicht geklärt ist. So bleibt offen, ob Städte durch ihre Größe produktiver werden oder einfach produktivere Städte größer werden, da sie aufgrund ihrer höheren Produktivität einen attraktiveren Standort darstel-len. In einer neueren Studie stellen Farhauer und Kröll (2012) eine signifikant positive Korrelation zwischen der Stadtgröße und der Anzahl an Patentanmeldungen pro Beschäf-tigtem fest. Da in großen Städten mehr Patente pro Beschäftigtem angemeldet werden als in kleinen, ist das Produktivitätswachstum in ersteren vermutlich höher.

Neben den bereits diskutierten externen Skaleneffekten gibt es noch viele weitere sol-cher Effekte, die mit zunehmender Stadtgröße stärker werden. Für Unternehmen können zum Beispiel die Größe des Absatzmarktes sowie die Nähe zu Kapitalmärkten und politi-schen Entscheidungsträgern eine bedeutende Rolle spielen. Daneben erfahren auch Privat-personen externe Vorteile aus der Ansiedlung in Agglomerationen. So ist es beispielsweise für erwerbstätige Paare dort einfacher, für beide einen passenden Arbeitsplatz zu finden (vgl. Costa und Kahn 2000). Schon traditionell haben sich metallverarbeitende Betriebe, die Männer beschäftigten, in der Nachbarschaft von Nähereien, die Frauen beschäftigten, niedergelassen. In großen Städten gibt es darüber hinaus mehr kulturelle und soziale Mög-lichkeiten der Freizeitgestaltung zum Beispiel durch Theater, Opern, Museen etc.

Glaeser et al. (2001) zeigen für die USA, dass die Mieten in Städten im Zeitverlauf stär-ker angestiegen sind als die Löhne. Trotz dieser Diskrepanz, die das Stadtleben teurer macht, verzeichnen die meisten Städte Bevölkerungszuwächse. Dies wird darauf zurück-geführt, dass Städte gegenüber ländlichen Regionen andere Vorzüge haben, aufgrund derer Menschen bereit sind, einen „Überschuss" für das Leben in der Stadt zu bezahlen. Städte, die viele Annehmlichkeiten zu bieten haben, verzeichnen ein höheres Bevölkerungswachs-tum als Städte mit wenigen Vorzügen. Für die USA zählen ein mildes Klima, geringe Nie-derschlagsmengen, Küstennähe, die Anzahl der Restaurants pro Kopf sowie die Anzahl der Veranstaltungsorte für Liveauftritte pro Kopf zu den wichtigsten Annehmlichkeiten. In einer Studie über Deutschland stellt Borck (2007) fest, dass Einwohner großer Städte signi-fikant mehr Annehmlichkeiten (Restaurant-, Kino- und Konzertbesuche) konsumieren als solche in kleinen Städten. Zudem weisen Einwohner größerer Städte eine höhere Konsum-zufriedenheit auf. Tabuchi und Yoshida (2000) betrachten Japan und kommen zu qualita-tiv ähnlichen Ergebnissen: Eine Verdoppelung der Stadtgröße bewirkt einen Rückgang des Reallohns um 7–12 %, der aber durch die Nettoagglomerationsexternalitäten, von denen die Einwohner profitieren, kompensiert wird. Unter den Nettoagglomerationsexternalitä-ten werden die Vorteile der Produktvielfalt abzüglich der Überfüllungskosten verstanden.

3.2.10 Negative Externalitäten der Ballung

Neben positiven externen Skalenerträgen existieren jedoch auch negative externe Skaleneffekte, die mit zunehmender Stadtgröße stärker werden. So kann für Privatpersonen der Konkurrenzdruck auf dem Arbeitsmarkt sehr hoch und der Freizeitnutzen durch überfüllte Kinos, Parks etc. gemindert werden, was unter dem Oberbegriff Stau- und Überfüllungskosten zusammengefasst werden kann.

Kahn (2010) untersucht, wie sich öffentliche Schadensgüter (*public bads*) in US-amerikanischen Städten im Zeitverlauf verändert haben. Die Elastizität zwischen der Pendelzeit vom Wohn- zum Arbeitsort und der Stadtgröße beträgt 0,1379 und blieb von 1980 bis 2000 etwa konstant. Ein Anwachsen der Stadtbevölkerung führt somit zu einer negativen Externalität: Im Durchschnitt steigt die Pendelzeit bei einer Verdopplung der Stadtgröße um 13,79 % an. Häufig wird auch die stärkere Umweltbelastung in großen Städten als Dispersionskraft angeführt. Kahn zeigt allerdings, dass die Verschmutzung im Untersuchungszeitraum in Städten unterschiedlicher Größe etwa im selben Umfang abgenommen hat. Kleine und große Städte folgen demselben Trend. Zudem hängt die Verschmutzung einer Stadt nicht alleine von ihrer Größe ab, sondern wesentlich von den dort ansässigen Branchen und den von diesen verwendeten Produktionstechnologien.

Als dritten Agglomerationsnachteil untersucht er die Entwicklung der Kriminalitätsraten, gemessen an der Anzahl von Morden und Gewaltverbrechen pro Stadtbewohner von 1994 bis 2002. Die Kriminalitätsraten sind zwar in großen Städten höher, jedoch gingen sie im untersuchten Zeitraum dort stärker zurück als in kleinen Städten. Der diesbezügliche negative Effekt der Ballung scheint über die Jahre allmählich an Bedeutung zu verlieren, da sich eine Konvergenz der Kriminalitätsraten in großen und kleinen Städten abzeichnet.

Mit den Gründen dafür, dass die Kriminalitätsraten in großen Städten höher sind, beschäftigen sich Glaeser und Sacerdote (1999): Zum einen steigen die Erträge aus Verbrechen mit der Stadtgröße an. Kriminelle sehen sich einer größeren Dichte an Opfern gegenüber und haben leichteren Zugang zu Reichen, die lukrativere Opfer für sie darstellen. Nachdem ein Verbrechen begangen wurde, muss der Verbrecher sich selbst und seine Beute in Sicherheit bringen, was in stark verdichteten Städten mit einem gut ausgebauten Verkehrsnetz leichter ist. Auch der Verkauf der gestohlenen Ware ist in einem großen Markt leichter, da es weniger wahrscheinlich ist, dass der Bestohlene selbst das Diebesgut auf einem Markt wiederfindet und den Kriminellen identifiziert. Die Wahrscheinlichkeit verhaftet zu werden ist in größeren Städten geringer, da es eine breitere Masse potentiell Verdächtiger gibt und die Polizei nicht so gut über die einzelnen Bewohner informiert ist wie in kleinen Städten und ihr deshalb die Verbrechersuche schwerer fällt. Zudem ist denkbar, dass kriminelle Individuen von Städten angezogen werden (aufgrund der höheren Rentabilität von Verbrechen und der geringeren Wahrscheinlichkeit des Erwischtwerdens, s. o.) oder Städte die Herausbildung kriminellen Verhaltens fördern – etwa weil dieses Umfeld die Vorlieben und Eigenschaften von Menschen beeinflusst.

Auch für Unternehmen können aus einer Ballung Nachteile entstehen. So können sie zum Beispiel in Ballungsgebieten einem hohen Konkurrenzdruck ausgesetzt sein, der sie dazu zwingt, höhere Löhne zu bezahlen, um Arbeitskräfte anwerben zu können. Arbeitskräfte sind aber nicht die einzige Ressource, die knapp werden kann: Intensiver Wettbewerb um Boden für Büroräume, Fabrikgelände, Lagerhallen etc. kann auch deren Preise in die Höhe treiben. Mit der Größe der Ballung gehen somit steigende Kosten für begrenzte Ressourcen einher, während intensiver Wettbewerb auf dem Gütermarkt die Güterpreise drückt.

Des Weiteren sind Unternehmen mit dem Problem des so genannten *labour poaching* konfrontiert, das heißt Fachkräfte können von Konkurrenten abgeworben werden. Combes und Duranton (2006) entwickeln ein Modell mit zwei konkurrierenden Firmen, die differenzierte Güter produzieren. Im ersten Schritt wählen die Firmen ihren Standort. Falls beide Firmen den gleichen Standort (beispielsweise die gleiche Stadt) wählen, konkurrieren sie in der zweiten Phase um Arbeitskräfte. Die Firmen sind bestrebt, ihre eigenen Arbeitskräfte zu halten, indem sie insbesondere strategisch wichtigen Arbeitskräften höhere Löhne bezahlen; gleichzeitig versuchen sie, vom jeweiligen Konkurrenten Arbeitskräfte abzuwerben. Die Kosten der gemeinsamen Standortwahl steigen für beide Firmen, da sie die Löhne – speziell für strategisch wichtige Arbeitskräfte – erhöhen müssen. Gleichzeitig ist der Nutzen der Ballung aber relativ gering: Weil die Firmen versuchen, die Mobilität der Arbeitskräfte zwischen der eigenen Firma und dem Konkurrenten einzudämmen, kommt es nur zu relativ geringem Wissensaustausch zwischen den beiden Wettbewerbern. Ist der Nutzen aus dem Wissensaustausch geringer als die Kosten des *labour poaching* bzw. seiner Verhinderung, entscheiden sich die Firmen für getrennte Standorte.

Auch diese Beispiele für negative Externalitäten stellen selbstverständlich keine erschöpfende Auflistung dar. Sie dienen aber dazu, einen Eindruck von den verschiedenartigen Quellen negativer externer Effekte in Ballungsräumen zu vermitteln.

3.2.11 Optimale Stadtgröße

Das Konzept der optimalen Stadtgröße hat bereits viele Autoren beschäftigt. Auch Henderson (1974) widmet sich diesem Thema in seinem bahnbrechenden und häufig zitierten Aufsatz *The Sizes and Types of Cities*. Wir wollen hier die Grundpfeiler seiner Überlegungen darstellen und aufzeigen, was diesen Aufsatz populär gemacht hat. Die folgenden Ausführungen beschreiben plakativ die zugrunde liegende Idee des Modells. Diese Überlegungen basieren jedoch auf einem formalen Modell, das in Henderson (1974) nachzulesen ist.

Unter der optimalen Größe einer Stadt wird die Einwohnerzahl verstanden, die den Nutzen eines repräsentativen Einwohners maximiert. Um die optimale Stadtgröße zu bestimmen, muss daher die Nutzenfunktion eines repräsentativen Individuums betrachtet werden. Diese Nutzenfunktion bestimmt sich laut dem Modell aus zwei einander

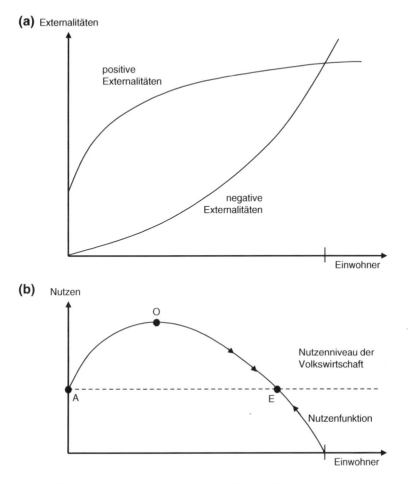

Abb. 3.8 Externalitäten und Ermittlung der optimalen Stadtgröße

entgegenwirkenden Kräften: Zum einen existieren positive Externalitäten in der Produktion, wie zum Beispiel steigende externe Skalenerträge. Diese positiven Externalitäten bewirken, dass die Produktivität des Faktors Arbeit mit zunehmender (arbeitender)
Bevölkerung ansteigt, was in einem Lohnanstieg resultiert. Zum anderen herrschen
negative Externalitäten vor, zum Beispiel steigen die Wohnkosten mit zunehmender
Stadtgröße, da die verfügbare Wohnfläche knapp wird. Diese beiden Kräfte sind in Teil
a) von Abb. 3.8 dargestellt, die den Zusammenhang zwischen der Stadtgröße und den
Externalitäten aufzeigt.

Wir folgen in der grafischen Darstellung einer weit verbreiteten Konvention und
nehmen an, dass die positiven Externalitäten zwar mit der Stadtgröße ansteigen, jedoch
mit abnehmender Rate. Die negativen Externalitäten – hingegen steigen mit zunehmender Einwohnerzahl exponentiell an. Aus den Externalitäten-Kurven kann die

Nutzenfunktion eines repräsentativen Individuums in der betrachteten Stadt abgeleitet werden. In Teil a) von Abb. 3.8 sind beide Kurven so dargestellt, dass schon bei einer sehr geringen Einwohnerzahl die positiven Externalitäten höher sind als die negativen, weshalb dort die Differenz zwischen den Kurven positiv ist. Aus diesem Grund ist auch der Nutzen positiv, wie aus Teil b) von Abb. 3.8 ersichtlich ist. Die Höhe der Nutzenfunktion entspricht dabei der vertikalen Differenz zwischen den positiven und negativen Externalitäten. Die beiden Externalitäten-Kurven schneiden sich schließlich bei einer positiven Einwohnerzahl, die an der Einwohner-Achse mit einem kleinen Strich gekennzeichnet ist. Hier ist die Differenz zwischen den positiven und negativen Externalitäten – und folglich der Nutzen – null. Ein positiver Nutzen wird nur in dem Bereich realisiert, in dem die positiven Externalitäten die negativen überkompensieren. Dieser Bereich liegt zwischen dem Ursprung und dem Schnittpunkt der beiden Externalitäten-Kurven. Teil b) von Abb. 3.8 zeigt, dass die Nutzenfunktion hier positive Werte annimmt.

Des Weiteren wird in diesem Teil der Grafik das Nutzenniveau, das in der Volkswirtschaft herrscht, dargestellt. Wir betrachten nur eine Stadt, sagen wir Berlin, und die Nutzenfunktion bezieht sich auch auf diese eine Stadt. Neben Berlin gibt es allerdings noch viele andere Städte in der Volkswirtschaft. Das dort vorherrschende Nutzenniveau wird durch die gestrichelte Linie markiert. Das Nutzenniveau ist in allen Städten der Volkswirtschaft gleich, da Individuen in einer Stadt mit geringerem Nutzenniveau einen Anreiz haben, (kostenlos) in eine Stadt mit höherem Nutzenniveau umzuziehen. Dieser Prozess hält so lange an, bis das Gleichgewicht erreicht ist, in dem die Nutzenniveaus aller Städte einander gleichen.

Kehren wir nun zurück zu unserer Stadt. Im Gleichgewicht muss dort das Nutzenniveau gleich hoch sein, wie in der übrigen Volkswirtschaft. Nur dann gibt es keine Migrationsbewegungen mehr und die Situation ist tatsächlich ein Gleichgewicht. Der in Berlin entstehende Nutzen entspricht bei zwei Bevölkerungsniveaus dem Nutzen der Volkswirtschaft: bei einer Einwohnerzahl von null, also in Punkt A, und bei einer positiven Einwohnerzahl in Punkt E. Die Situation in A ist jedoch instabil, denn wenn ausgehend von A eine Person nach Berlin zieht, ist laut der Nutzenfunktion der in der Stadt erzielbare Nutzen bereits höher als der Nutzen in der übrigen Volkswirtschaft. Es werden also immer mehr Individuen in die Stadt ziehen, bis die mit Punkt E korrespondierende Bevölkerungsgröße erreicht ist, denn so lange erzielen die Einwohner dieser Stadt ein höheres Nutzenniveau als anderswo. Das Gleichgewicht in E ist stabil, denn eine Abweichung der Bevölkerungsgröße nach unten führt zu dem eben beschriebenen Anreiz für weitere Individuen, in diese Stadt zu ziehen, bis wieder E erreicht ist. Eine Abweichung der Bevölkerungsgröße nach oben führt ebenso zu einer Rückbewegung zu E, denn rechts von E ist der Nutzen in der Stadt geringer als in der Volkswirtschaft, weshalb eine Migrationsbewegung von Berlin in andere Städte mit dem höheren gleichgewichtigen Nutzenniveau stattfinden würde. Auch dieser Prozess würde so lange anhalten, bis sich die Bevölkerungsgröße unserer Stadt wieder auf dem Niveau von Punkt E eingependelt hätte. Das Gleichgewicht ergibt sich also durch das Nutzen maximierende Verhalten jedes einzelnen Individuums. Die Stabilität des Gleichgewichts wird durch die Pfeile angedeutet. Sie zeigen, dass sich die Stadt auch nach einer temporären Abweichung vom stabilen Gleichgewicht wieder auf dieses zubewegt.

Die optimale Stadtgröße ist allerdings geringer als die gleichgewichtige. Die optimale Stadtgröße ist erreicht, wenn die Nutzenfunktion des repräsentativen Individuums maximiert wird. Dies ist in Punkt O der Fall. Im freien Gleichgewicht ist die Stadt also zu groß. Nun stellt sich die Frage ob bzw. wie das Optimum erreicht werden kann, wenn der freie Markt nicht O, sondern E zustande bringt.

Überlegen wir uns zuerst, ob durch die Migrationsentscheidungen einzelner Individuen das Optimum implementiert werden kann. Nehmen wir an, die Größe von Berlin liegt zwischen der optimalen und der gleichgewichtigen Größe, der Nutzen liegt dann zwischen den Punkten O und E. Ein Individuum aus dieser Stadt könnte in einer anderen Stadt, welche die optimale Einwohnerzahl aufweist, einen höheren Nutzen erzielen. Wenn dieses Individuum aber Berlin verlässt, um eine neue Stadt zu gründen, würde es nur einen Nutzen in Höhe von A erzielen, da die neue Stadt anfangs noch ganz klein ist. Der Nutzen in Punkt A ist geringer als der Nutzen, den die Person in ihrer Heimatstadt hat. Aufgrund dessen hat sie keinen Anreiz, die Heimatstadt zu verlassen, um eine neue Stadt zu gründen. Das Gleiche gilt für alle anderen Individuen. Durch einen dezentralen Mechanismus (also den freien Markt) kann das Optimum somit nicht erreicht werden, da ein Koordinationsversagen vorliegt. Wenn sich mehrere Individuen absprechen und zusammen eine neue Stadt gründen könnten, wäre es möglich, dass sie in der neuen Stadt kurzzeitig einen höheren Nutzen erzielten als in ihren ehemaligen Heimatstädten. Aber selbst wenn eine Stadt kurzfristig die optimale Größe hätte, bestünde ein Anreiz für Individuen aus der restlichen Volkswirtschaft, in genau diese Stadt zu ziehen, weshalb ihre Bevölkerung rasch auf das Gleichgewichtsniveau E anwachsen würde.

Hendersons grandiose Idee war, zur Lösung des Koordinationsproblems eine Art sozialen Planer in das Modell einzuführen. Er spricht dabei von gewinnmaximierenden, vorausschauenden, großen Akteuren. Diese gründen eine Stadtverwaltung und errichten Städte mit der optimalen Bevölkerungsgröße, indem sie entweder Einwohner in der Stadt ansiedeln oder sie in eine andere Stadt umsiedeln. Die Einwohner erzielen dabei einen Nutzen in der Höhe entsprechend Punkt O und realisieren im Vergleich zur übrigen Volkswirtschaft einen Überschuss in Höhe der vertikalen Differenz zwischen O und der gestrichelten Linie. Die Stadtverwaltung beansprucht den Überschuss, das heißt die Rente, eines jeden Einwohners für sich und erzielt so einen Gewinn daraus, die optimale Stadtgröße zu implementieren.

Die Stadtverwaltungen sind wettbewerblich organisiert und es besteht freier Eintritt in diesen Markt, es können sich also ohne Kosten beliebig viele Stadtverwaltungen bilden. Solange in einer Stadt ein höherer Nutzen erzielt wird als in der übrigen Volkswirtschaft, besteht ein Anreiz, eine neue Stadtverwaltung zu gründen und mit dieser die optimale Stadtgröße zu implementieren, um von der Bevölkerung die Rente abschöpfen zu können. Im langfristigen zentralen (durch den Planer, d. h., die Stadtverwaltung implementierten) Gleichgewicht wird daher jede Stadt von einer Stadtverwaltung „kontrolliert" und alle Städte haben ihre optimale Größe erreicht. Da die Bewohner jegliche erzielte Rente an die Stadtverwaltung abführen müssen, ist das Nutzenniveau im langfristigen Gleichgewicht in allen Städten gleich hoch.

Bisher haben wir keine weiteren Annahmen darüber getroffen, ob sich die Städte irgendwie voneinander unterscheiden, und sind einfach davon ausgegangen, dass sie alle identisch sind. In der Empirie sind allerdings sehr unterschiedlich große Städte zu beobachten. Mit einer kleinen Erweiterung ist Hendersons Modell in der Lage, das Zustandekommen von Städten mit verschiedenen Einwohnerzahlen zu erklären. Die negativen Externalitäten hängen alleine von der Stadtgröße ab. Je mehr Einwohner eine Stadt hat, umso stärker sind die negativen Externalitäten. Die positiven Externalitäten hängen ebenfalls von der Stadtgröße ab. Allerdings lassen wir nun zu, dass sich die positiven Externalitäten zudem zwischen verschiedenen Industrien unterscheiden. So können sie beispielsweise in der Finanzbranche sehr stark ausgeprägt sein, während sie für die Textilverarbeitung ziemlich gering sind.

Daraus ergeben sich zwei bedeutende Implikationen. Zum Einen werden sich alle Städte auf eine Branche spezialisieren. Die negativen Externalitäten sind unabhängig von der Branchenstruktur, sind also bei der Spezialisierung der Stadt auf eine Branche gleich hoch, wie wenn mehrere Branchen dort vertreten sind. Die (branchenspezifischen) positiven Externalitäten werden allerdings stärker, je mehr Arbeitskräfte und Unternehmer einer bestimmten Branche vor Ort sind. Wären zum Beispiel zwei verschiedene Branchen in einer Stadt ansässig, würden sie für einander keine positiven Externalitäten generieren, aber negative Externalitäten für einander auslösen, wie etwa in Form von steigenden Bodenpreisen etc. Deshalb ist es optimal, wenn jede Stadt nur eine einzige Branche beheimatet. Zum anderen sind Städte unterschiedlich groß, in Abhängigkeit davon, welche Branche sie beheimaten. Eine Stadt, die auf die Finanzbranche spezialisiert ist, profitiert von stärkeren positiven Externalitäten als eine andere Stadt, die auf die Textilverarbeitung spezialisiert ist. Somit ist die erstere Stadt größer als die letztere.

Im langfristigen Gleichgewicht ist der Nutzen in allen Städten gleich hoch und es gibt ausschließlich spezialisierte Städte, die sich je nach der beheimateten Branche in ihren Einwohnerzahlen unterscheiden. Wenn der Nutzen in allen Städten gleich hoch ist, besteht kein Migrationsanreiz für die Bevölkerung, sie befindet sich im Gleichgewicht. Zudem machen die Stadtverwaltungen Nullgewinne, weshalb kein Anreiz für weitere Stadtverwaltungen besteht, in den Markt einzutreten oder ihn zu verlassen. Somit herrscht auch hierbei ein Gleichgewicht vor. Die gleichgewichtige Situation ist am Beispiel von zwei Städten, die sich auf die Finanzbranche bzw. Textilverarbeitung spezialisiert haben, in Abb. 3.9 dargestellt.

Aufgrund der stärkeren positiven Externalitäten in der Finanzbranche sind darauf spezialisierte Städte größer als solche, die sich auf die Textilverarbeitung spezialisiert haben. Dies ist dadurch ersichtlich,dass das Optimum – also das Maximum der Nutzenfunktion – in einer auf die Finanzbranche spezialisierten Stadt bei einer höheren Einwohnerzahl eintritt als in einer auf die Textilverarbeitung spezialisierten Stadt. Laut der Analyse anhand von Abb. 3.9 könnten die Bewohner der Stadt mit der Finanzbranche ein höheres Nutzenniveau erzielen als die Einwohner der Stadt mit der Textilverarbeitung. Unsere Überlegungen haben aber gezeigt, dass ein Gleichgewicht nur dann ein Gleichgewicht sein

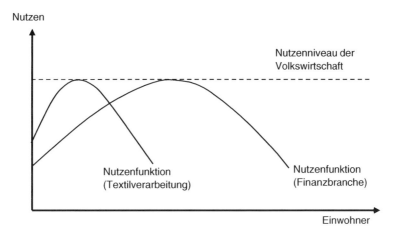

Abb. 3.9 Langfristiges Gleichgewicht mit unterschiedlichen Stadtgrößen. Nach Fujita et al. (2001, S. 21)

kann, wenn das Nutzenniveau in allen Städten gleich hoch ist, wie in Abb. 3.9 dargestellt. Der Grund dafür liegt im Verhalten der Stadtverwaltung. Wenn der Nutzen der Einwohner einer auf die Finanzbranche spezialisierten Stadt höher ist als in anderen Städten, hat die Stadtverwaltung einen Anreiz, zusätzliche Städte dieses Typs zu errichten, um die Renten der Bewohner abzuschöpfen. Wenn die Anzahl der Städte, die sich auf die Finanzbranche spezialisieren, ansteigt, nimmt auch die Produktionsmenge dieser Branche zu und der Preis für das Gut sinkt im Vergleich zu den Preisen anderer Güter. In der Folge sinken die Löhne in der Finanzbranche, was wiederum zu einem sinkenden Nutzen für die Einwohner führt. Dieser Prozess setzt sich so lange fort, bis der Nutzen in Städten mit der Finanzbranche gleich hoch ist wie in Städten, die sich auf andere Branchen spezialisiert haben.

Das wesentliche Verdienst dieses Modells liegt im Aufzeigen eines Mechanismus, mit dem das Koordinationsversagen der individuellen Akteure überwunden und eine Stadt mit optimaler Bevölkerungsgröße errichtet werden kann. Dieser Mechanismus verläuft über die Einführung einer mit umfassenden Befugnissen ausgestatteten Stadtverwaltung. Dennoch hat auch dieses Modell seine Schwachstellen. Beispielsweise ist darin jede Stadt auf eine einzige Branche spezialisiert. In der Realität sind aber keine vollkommen spezialisierten Städte zu beobachten, sondern solche, die mehrere verschiedene Branchen beheimaten. Des Weiteren basiert das Modell auf der Idee von diktatorisch agierenden Stadtverwaltungen, welche Bürger und Branchen beliebig von einer Stadt in eine andere umsiedeln und die Einwohnerzahl einer Stadt beschränken können. Obwohl zum Beispiel in den Vereinigten Staaten von Amerika Stadtplaner in vielen Regionen eine große Rolle spielen, erscheint diese Annahme etwas zu harsch und trifft vermutlich auf die meisten westeuropäischen Länder nicht zu. Deshalb stellt sich die Frage, ob in einer alternativen Modellierung die optimale Stadtgröße auch durch einen dezentralen Mechanismus – den Markt – erreicht werden kann.

Das Konzept der optimalen Stadtgröße wurde auch von der empirischen Forschung aufgegriffen. Beispielhaft genannt sei die Studie von Kanemoto et al. (1996). Die Autoren schätzen aggregierte Produktionsfunktionen für japanische Großstädte und setzen diese geschätzten Agglomerationskräfte in Relation zu diversen Deglomerationskräften, wie Überfüllung und Pendelkosten. In einem weiteren Schritt testen sie, ob die untersuchten Städte möglicherweise zu groß sind. Dabei stellen Kanemoto et al. fest, dass die untersuchten Städte, inklusive Tokio, ihre jeweilige optimale Größe nicht überschreiten – ein Ergebnis, das dem Modell von Henderson widerspricht. Dies kann allerdings mehrere Gründe haben. So hatten die Autoren Schwierigkeiten mit der Datenverfügbarkeit und mussten einige Größen durch andere annähern. Zudem basiert die Aussage, dass die untersuchten Städte nicht zu groß sind, auf der Auswertung des Verhältnisses von Agglomerationskräften zum Grundstückswert in der jeweiligen Großstadt. Sind jedoch die Agglomerationskräfte sehr stark und gleichzeitig die Grundstückswerte sehr hoch, kann es sein, dass das Verhältnis der beiden Werte nicht eine unter Gesichtspunkten der Wohlfahrt zu große Stadt indiziert. Dennoch kann die Stadt, absolut betrachtet, zu groß sein. Dieses Fazit schränkt die Aussagekraft der Ergebnisse erheblich ein.

3.3   Klassische Typologie von Agglomerationseffekten

In den folgenden Abschnitten wird die klassische Kategorisierung externer Skalenerträge besprochen. Dabei erfolgt eine Unterteilung in statische und dynamische Agglomerationseffekte. Statische Effekte erklären das Niveau der Produktivität in Städten bzw. warum Agglomerationen für Unternehmen attraktive Standorte sind. Dynamische Effekte hingegen beeinflussen das Produktivitäts*wachstum* in Städten. Das durch Externalitäten induzierte Produktivitätswachstum in Ballungsräumen führt zu steigender Attraktivität von Städten für Unternehmen. In der Theorie gibt es zwei verschiedene Sichtweisen: Die eine davon betont die Vorteilhaftigkeit der Konzentration von Betrieben ein und derselben Branche für die Produktivität und Attraktivität einer Stadt bzw. deren Wachstum, während die andere den positiven Effekten der Ballung von Betrieben verschiedener Branchen eine größere Bedeutung zuschreibt. Die Konzentration von Betrieben ein und derselben Branche generiert Lokalisationseffekte und Marshall-Arrow-Romer(MAR)-Externalitäten, während die Ballung von Betrieben verschiedener Branchen zu Urbanisierungseffekten und Jacobs-Externalitäten führt. Auf diese Effekte wird nun genauer eingegangen. Ferner werden auch (dynamische) Porter-Externalitäten dargestellt, die im Zuge neuerer Standorttheorien thematisiert werden und auf die in Kap. 5 ausführlicher eingegangen wird.

3.3.1   Statische Agglomerationseffekte

Häufig erfolgt eine Einteilung der Agglomerationseffekte nach der Klassifikation von Hoover (1937) und Hoover (1948). Danach gibt es betriebsspezifische interne

Skalenerträge (s. o.), branchenspezifische Lokalisationseffekte und stadtspezifische Urbanisierungseffekte. Die beiden Letzteren wollen wir hier aufgreifen.

3.3.1.1 Lokalisationseffekte

Lokalisationseffekte sind statisch und entstehen aus der Ballung von Betrieben ein und derselben Branche. Sie sind zwar für ein Unternehmen/einen Betrieb extern, treten aber nur branchenintern in Form von Produktivitäts- bzw. Kostenvorteilen auf. Es ist also günstig für Betriebe, sich in der Nähe von Betrieben der gleichen Branche niederzulassen. Lokalisationseffekte sind umso stärker, je mehr Betriebe einer Branche in ihrer Region konzentriert sind. Es gibt viele verschiedene Ausprägungen von Lokalisationseffekten. Im Weiteren werden die häufigsten unter ihnen genannt und anhand von Beispielen verdeutlicht.

Marshall (1890) und Marshall (1919) leisteten wesentliche Beiträge zur Agglomerationstheorie. Es besteht weitgehender Konsens darüber, dass Marshalls Agglomerationstheorie durch seine Studien in Sheffield inspiriert wurde. Ende des 19. Jahrhunderts war die Stadt Sheffield in der Grafschaft South Yorkshire ein Zentrum der Stahlverarbeitung. Die Konzentration dieser Branche in Sheffield konnte jedoch nicht durch natürliche Standortvorteile, wie zum Beispiel reiche Eisenvorkommen, erklärt werden. Um die Ursachen der Ballung von Betrieben der Stahlverarbeitung zu identifizieren, führte Marshall persönliche Interviews mit Geschäftsführern von stahlverarbeitenden Unternehmen und insbesondere mit Herstellern von Messerwaren und Essbesteck durch. Er stellte fest, dass diese Unternehmen von drei verschiedenen Agglomerationseffekten profitierten: der räumlichen Nähe zu Zulieferbetrieben, einem spezialisierten Arbeitskräftepool und von Wissensexternalitäten zwischen Metall verarbeitenden Betrieben. Dabei werden allerdings nur die ersten beiden Faktoren, also die Nähe zu Zulieferbetrieben und ein spezialisierter Arbeitskräftepool, statischen Lokalisationseffekten zugerechnet. Wissensexternalitäten generieren Wachstum und sind daher dynamische Agglomerationseffekte, die wir im nächsten Unterkapitel betrachten.

Marshall (1890) spricht auch Lokalisationseffekte an, die den Konsumenten zu Gute kommen. Eine hohe Konzentration von Spezialanbietern ermöglicht Preis- und Produktvergleiche. „[The consumer] will go to the nearest shop for a trifling purchase; but for an important purchase he will take the trouble of visiting any part of the town where he knows that there are specially good shops for his purpose." (Marshall 1890, Buch 4, Abschn. 10.3). Auf heute übertragen: Bei Puderzucker zum Beispiel gibt es kaum Unterschiede zwischen verschiedenen Marken, daher wird er einfach im nächstgelegenen Supermarkt gekauft. Beim Kauf von Schuhen oder Autos gibt es erhebliche Unterschiede sowohl im Preis als auch in der Qualität der Güter. Die Konsumenten werden sich umfassend informieren, bevor sie eines dieser Güter kaufen. Die Informationsbeschaffung fällt ihnen leichter und die Kosten dafür sind geringer, wenn in unmittelbarer Nähe mehrere Schuhgeschäfte bzw. Autohändler ansässig sind. Im Folgenden werden aber die Konsumenten vernachlässigt und der Fokus auf die Vorteile gelegt, die Unternehmen aus der Ansiedlung in der Nähe anderer Unternehmen der gleichen Branche erfahren.

Mehrere Studien untersuchen, welche der drei von Marshall identifizierten Agglomerationskräfte (Nähe zu Zulieferbetrieben, spezialisierter Arbeitskräftepool und Wissensexternalitäten) am bedeutendsten ist. Generell zeigt sich, dass alle drei Faktoren die räumliche Ballung von Betrieben ein und derselben Branche begünstigen. Rosenthal und Strange (2001) identifizieren einen spezialisierten Arbeitskräftepool als wichtigsten Grund für die gemeinsame Standortwahl. Dumais et al. (1997) kommen zu dem gleichen Ergebnis: Branchen, die Arbeitskräfte mit ähnlichen Charakteristika – also Qualifikation und Wissen – beschäftigen, erfahren die größten Vorteile aus räumlicher Nähe zueinander. Auf diese Weise können sie von einem gemeinsamen spezialisierten Arbeitskräftepool profitieren. Auch bei Jofre-Monseny et al. (2011) zeigt sich, dass Arbeitskräftepooling, gefolgt von *input sharing*, der bedeutendste Agglomerationsvorteil ist.

An dieser Stelle sei erwähnt, dass es häufig von der Größe eines Unternehmens abhängt, ob externe Lokalisationsvorteile oder interne Skalenerträge vorherrschen. Für kleine Unternehmen sind die Vorteile etwa aus der Nähe zu Zulieferbetrieben und einem spezialisierten Arbeitskräftepool meist externer Natur und werden daher Lokalisationseffekte genannt. Für große Unternehmen können diese Effekte jedoch in Form von internen Skalenerträgen auftreten. Wenn ein Unternehmen mehrere verschiedene Güter produziert, können beispielsweise bei schwankender Nachfrage nach einzelnen Produkten Arbeitskräfte, die bereits mit den Abläufen im Betrieb vertraut sind und nicht extra eingearbeitet werden müssen, je nach Bedarf an der Produktion verschiedener Güter mitwirken. Im Gegensatz zu Lokalisationseffekten haben interne Skalenerträge den Vorteil, dass sie vom Unternehmen beeinflussbar sind. Daher besteht für Unternehmen in wirtschaftlich stabilen Zeiten ein Anreiz, Betriebe, welche für sie Lokalisationsvorteile generieren, zu übernehmen und die Skalenerträge zu internalisieren. Einige Theorien konzentrieren sich sogar auf genau diesen Wirkungsmechanismus. Dabei werden beispielsweise Veränderungen der Fertigungstiefe in Unternehmen durch exogene Ursachen – wie zum Beispiel die Globalisierung oder Wirtschaftskrisen – analysiert und erklärt (s. Abschn. 5.2.3).

Ein weiterer häufig genannter Lokalisationsvorteil ist eine branchenspezifische Infrastruktur. Dazu zählt beispielsweise das oben (s. Abschn. 3.2.1) erwähnte Breitband-Fiberoptik-Kabelsystem in London, das einen schnellen, reibungslosen Datentransfer zwischen den örtlichen Finanzinstituten erlaubt. Diese Infrastruktureinrichtung ist der Finanzbranche vorbehalten, anderen Branchen wird der Zugang verwehrt. Somit handelt es sich hierbei um einen Lokalisationsvorteil. Es ist jedoch festzuhalten, dass dies nur aufgrund der politischen Entscheidung, den Zugang zum Breitband-Fiberoptik-Kabelsystem ausschließlich der Finanzbranche zu gewähren, ein Lokalisationsvorteil ist. Andernfalls könnten auch weitere Branchen von der schnelleren Datenübertragung profitieren und das Kabelsystem wäre ein Urbanisierungsvorteil.

3.3.1.2 Urbanisierungseffekte

Wenn an einem Standort mehrere Betriebe verschiedener Branchen ansässig sind, entstehen (statische) Urbanisierungseffekte. Unternehmen profitieren also davon, wenn an ihrem Standort Betriebe unterschiedlicher Branchen angesiedelt sind. Solche Agglomerationseffekte sind für das einzelne Unternehmen extern, treten aber im Gegensatz zu Lokalisationseffekten branchenübergreifend auf. Unternehmen ziehen – branchenunabhängig – Vorteile aus der Nähe zu Zulieferbetrieben und Abnehmern, aus einem großen Angebot an qualifizierten Arbeitskräften und guten Infrastruktureinrichtungen.

Um die Vorteilhaftigkeit der Nähe von Zulieferbetrieben aufzuzeigen, greifen wir nochmals auf das Beispiel mit der Schiffswerft zurück. Befinden sich in der Nähe einer Schiffswerft mehrere Betriebe, welche zum Beispiel Inneneinrichtungen für Schiffe herstellen, können die Tische, Bänke, Klappbetten etc. kostengünstig vom Hersteller zur Schiffswerft transportiert werden. Zudem können die Betreiber der Werft beim Hersteller der Inneneinrichtung persönlich die am besten passenden Möbel aussuchen. Die Hersteller der Inneneinrichtung wiederum können vor Ort das Schiff besichtigen, das ausgestattet werden soll, und eventuell Änderungen an den Standardmaßen ihrer Möbel vornehmen und diese sozusagen maßschneidern. Befinden sich in der Nähe der Schiffswerft mehrere Hersteller von Inneneinrichtung für Schiffe, so kann die Werft verschiedene Angebote einholen und sich für das beste entscheiden. Des Weiteren kann leicht Ersatz gefunden werden, falls ein Lieferant ausfallen sollte.

Sofern die Arbeitsnachfrage in den einzelnen Branchen schwankt, erzeugt ein großer Pool an Arbeitskräften Urbanisierungsvorteile. Gewöhnlich gibt es Branchen, die expandieren und daher eine erhöhte Arbeitsnachfrage haben, während andere schrumpfen und Arbeitskräfte freisetzen. Bis zu einem gewissen Grad sind Arbeitskräfte in verschiedenen Branchen einsetzbar. Unternehmen in expandierenden Branchen haben die Möglichkeit, Arbeitskräfte aus schrumpfenden Branchen abzuwerben. Wenn etwa in der Automobilbranche Schweißer entlassen werden, können diese von einem expandierenden Unternehmen, das Fahrräder herstellt, eingestellt werden.

In der Literatur ist die Definition von Urbanisierungseffekten häufig nicht eindeutig. Manche Autoren schreiben ihre Entstehung nicht der Ballung von Betrieben unterschiedlicher Branchen zu, sondern der Größe der jeweiligen Stadt, gemessen an der Einwohnerzahl. Demnach werden Urbanisierungseffekte durch die hohe Dichte an ökonomischen Akteuren generiert. Die hohe Dichte an Wirtschaftssubjekten geht mit steigender Produktion und steigendem Konsum einher und Unternehmen profitieren in solchen Regionen von einem hohen Marktpotential.

Die meisten Studien folgen jedoch der Definition, die auch hier angewandt wird, und der zufolge Urbanisierungseffekte aus der Ballung von Betrieben unterschiedlicher Branchen entstehen. Die Stadtgröße an sich führt zu Agglomerationsvorteilen, die in Abhängigkeit von der jeweiligen Branchenstruktur entweder Lokalisations- oder Urbanisierungseffekte sind. So gesehen ist der Ausdruck „Urbanisierungseffekte" präziser als „Agglomerationseffekte", da Urbanisierungseffekte eine spezifische Ausprägung von Agglomerationseffekten sind. Für die empirische Betrachtung ist es von geringer Bedeutung, ob davon ausgegangen wird, dass Urbanisierungseffekte durch Ballung an sich oder durch Ballung von Betrieben unterschiedlicher Branchen entstehen. In großen Städten sind zumeist sehr viele verschiedene Branchen ansässig. Das heißt, in großen Städten liegen Urbanisierungsvorteile vor – ganz gleich, ob davon ausgegangen wird, dass sie durch die Stadtgröße oder durch die Ballung verschiedener Branchen entstehen.

3.3.2 Dynamische Agglomerationseffekte

Theorien zu statischen Agglomerationseffekten beschränken sich darauf, die Existenz von Städten zu erklären, vernachlässigen dabei aber deren Wachstum. Diesen Mangel zu beheben ist das Ziel der dynamischen Agglomerationstheorien. Diese versuchen gleichzeitig zu erklären, weshalb Städte entstehen und warum sie wachsen.

Für gewöhnlich wird zwischen drei verschiedenen Formen dynamischer Agglomerationseffekte unterschieden: Marshall-Arrow-Romer(MAR)-Externalitäten, Jacobs-Externalitäten und Porter-Externalitäten. Auffällig ist, dass bei allen Theorien technologische Wissensübertragungen, die so genannten *Wissensexternalitäten*, (s. auch Abschn. 5.4), eine essentielle Rolle spielen. Die im Folgenden erläuterten Konzepte unterscheiden sich nur in zwei Dimensionen: einerseits in der Sichtweise dazu, ob Wissensexternalitäten innerhalb eines Industriezwigs stattfinden oder innerhalb mehrerer unterschiedlicher Industriezweige. Darüber hinaus unterscheiden sie sich darin, ob sich ein Konkurrenzmarkt oder ein Monopol positiv auf Frequenz und Intensität von Wissensexternalitäten und somit auf das Wachstum auswirkt.

3.3.2.1 Marshall-Arrow-Romer(MAR)-Externalitäten

Marshall-Arrow-Romer(MAR)-Externalitäten (vgl. Marshall 1890, Arrow 1962 und Romer 1986) sind das dynamische Analogon zu Lokalisationseffekten. Sie entstehen aus der Ballung von Betrieben ein und derselben Branche. Die Faktoren, welche zu den Lokalisationseffekten zählen (Nähe zu Zulieferbetrieben, spezialisierter Arbeitskräftepool, branchenspezifische Infrastruktur), sind ebenso den MAR-Externalitäten zuzurechnen. Hinzu kommt jedoch noch eine weitere Komponente, die entscheidend für den technologischen Fortschritt und damit für das Wachstum ist, nämlich Wissensexternalitäten. Da dieser Transfer von Wissen entsteht, ohne dass die Firmen einander dafür gegenseitig bezahlen, sind MAR-Externalitäten für das einzelne Unternehmen extern, ereignen sich aber nur branchenintern.

Wissensexternalitäten beschreiben den Austausch von Informationen zwischen Betrieben. Dieser Wissenstransfer geschieht aber nicht zwingend gezielt. Wissen muss also nicht unbedingt aktiv vom Mitarbeiter eines Betriebs an den eines anderen Betriebs weitergegeben werden. Stattdessen lernen Betriebe auch durch gegenseitiges Beobachten und Imitieren, sowie durch informelle Gespräche. Laut Marshall (1919, Buch 2, Abschn. 5.2) herrschte in Sheffield eine besondere industrielle Atmosphäre, die für die dort ansässigen Messerproduzenten kostenlos erhebliche Vorteile generiert hat. Wissen zwischen Unternehmen kann umso schneller und effektiver transferiert werden, je stärker eine Branche konzentriert ist. Die räumliche Nähe bietet einfachere Kommunikationswege zwischen den Unternehmen, die den Austausch von Wissen und Informationen begünstigen und so wechselseitige Lerneffekte ermöglichen. Je mehr Wissen in der Vergangenheit bereits angehäuft wurde, umso produktiver ist ein Unternehmen in der Gegenwart. Marshall wandte diese Theorie auf Städte an und kam zu dem Ergebnis, dass Spezialisierung und räumliche Konzentration das Wachstum der angesiedelten Unternehmen und auch das Wachstum der jeweiligen Region begünstigen. Als Beispiel hierfür kann die Computerchip-Industrie in Silicon Valley angeführt werden: Ihr wirtschaftliches Wachstum basiert wesentlich auf der schnellen Übertragung von Wissen aufgrund der Nachahmung von technologischen Ideen und Neuerungen der Nachbarfirmen sowie auf dem Austausch von hochqualifiziertem Personal zwischen den dort ansässigen Unternehmen.

Wissensexternalitäten begünstigen Prozessinnovationen und technologischen Fortschritt. Unternehmen werden dadurch produktiver, es werden höhere Renten erwirtschaftet und die Attraktivität des Standorts steigt. Somit besteht ein Anreiz für weitere Unternehmen der gleichen Branche, sich in der Region niederzulassen. Bezogen auf das obige Beispiel bedeutet dies, dass es etwa für eine Schiffswerft günstig ist, sich in der Nähe anderer Werften anzusiedeln. So können Konkurrenz-Unternehmen, deren Produktionsprozesse und deren fertige Produkte leichter beobachtet werden und es besteht die Möglichkeit, voneinander zu lernen. Angenommen, eine Werft stellt Teile, welche bisher aus leichtem Holz gefertigt wurden, nun aus länger haltbarem und wetterbeständigem Carbon her. Die anderen Werften der Region werden diese Neuerung bald bemerken und imitieren, um ebenfalls ihre Schiffe zu verbessern. Expertenwissen innerhalb eines Betriebs manifestiert sich in seinen Produkten. Diese Produkte sind aber von anderen Unternehmen beobachtbar und können imitiert werden. So werden vermutlich innerhalb kürzester Zeit alle Werften der Region dazu übergehen, bestimmte Teile aus Carbon anstatt aus Holz zu fertigen.

Auch wenn ein innovatives Unternehmen versucht, Prozessinnovationen geheim zu halten, ist dies nur eine Strategie, die Wissensdiffusion hinauszuzögern, nicht aber zu verhindern. Durch die räumliche Nähe werden Mitarbeiter konkurrierender Unternehmen die neue Technologie rasch aufnehmen – entweder durch genaue Inspektion der Güter des innovierenden Unternehmens oder durch informelle Beziehungen (möglicherweise ist der beste Freund oder der Mannschaftskollege im Fußballverein Mitarbeiter im innovierenden Unternehmen). In MAR-Modellen sind sich innovierende Unternehmen aber des Umstands bewusst, dass ihre Innovationen von Konkurrenten nachgemacht oder verbessert werden können. Die fehlenden Eigentumsrechte an Innovationen (etwa in Form von Patenten) führen dazu, dass Aktivitäten, die positive Externalitäten auslösen, hinter ihrem sozial optimalen Niveau zurückbleiben. Die Forschungs- und Entwicklungsaktivität sowie die Innovationsrate sind dann ineffizient gering.

Demzufolge sind nach der MAR-Theorie lokale Monopole besser für das Wirtschaftswachstum als Konkurrenzmärkte, weil sie den Übergang von technologischem Wissen auf andere Unternehmen verhindern, damit Externalitäten nur vom jeweiligen Innovator internalisiert werden können. Wenn innovierende Unternehmen ein Monopol auf ihre Ideen hätten, oder zumindest weniger Nachbarn, die ihre Ideen nachahmen könnten, würden die Innovationen und das Wachstum steigen. Würde die innovative Schiffswerft, die dazu übergeht, bestimmte Teile nicht mehr aus Holz, sondern aus Carbon herzustellen, weit weg von konkurrierenden Werften produzieren, würde es eine Weile dauern, bis diese die Innovation bemerkten. Noch länger würde es dauern, bis sie selbst ihre Produktion umgestellt hätten und ihrerseits Carbon statt Holz verwendeten. In der Zwischenzeit hätte die innovierende Schiffswerft ein Monopol auf ihre Innovation und würde durch das Erwirtschaften von Monopolrenten für ihre Innovationstätigkeit belohnt. Kurz gesagt ist laut der MAR-Theorie Monopolmacht vorteilhaft für Wachstum, weil Unternehmen ihre Innovationserträge internalisieren können und somit einen Anreiz haben, zu innovieren.

3.3.2.2 Jacobs-Externalitäten

Das dynamische Gegenstück zu statischen Urbanisierungseffekten sind so genannte Jacobs-Externalitäten (vgl. Jacobs 1969). Auch hierbei liegt das Hauptaugenmerk auf technologischen Externalitäten in Form von Wissensexternalitäten. Allerdings finden diese Wissensexternalitäten zwischen Betrieben verschiedener Branchen statt. Die Kernaussage besteht also darin, dass der Transfer von Wissen umso intensiver ist, je mehr verschiedene Branchen in einer Region vertreten sind. In solch einem Umfeld können viele unterschiedliche Kenntnisse und Informationen über Branchen hinweg ausgetauscht werden. Dadurch steigen die Innovationsrate, die Produktivität und das Wachstum in solchen Regionen.

Regionale Branchenvielfalt ermöglicht die Kombination von Wissen aus verschiedenen Branchen. Häufig sind unterschiedliche Branchen mit ähnlichen Problemen konfrontiert und eine Lösung, die in einem Industriezweig angewendet wird, kann auf einen anderen übertragen werden. Eine Schiffswerft benötigt beispielsweise spezielle Filter für die Schornsteine der Schiffe. Ähnliche Filter werden gleichzeitig von vielen Fabriken benötigt. Nehmen wir nun an, es werden strengere Richtlinien für die Emissionswerte erlassen, die Schiffe und Fabriken gleichermaßen betreffen. Wenn eine Fabrik daraufhin neue, kostengünstige und effektivere Filter entwickelt, die den verschärften Anforderungen entsprechen, und diese in ihre Fabrikschlote einbaut, erleichtert es die räumliche Nähe der Schiffswerft, diese Innovation überhaupt wahrzunehmen. Zudem erleichtert diese räumliche Nähe die Kontaktaufnahme mit der Fabrik, um die Möglichkeit zu schaffen, selbst auch die neuen Filter in die Schiffsschornsteine einbauen zu können. Durch Jacobs-Externalitäten generierte externe Effekte von Wissen können auch zur Entstehung völlig neuer Produkte führen, wenn Technologien verschiedener Sektoren miteinander kombiniert werden. Verknüpfen zum Beispiel Verlage ihr Wissen mit dem von Netbook-Herstellern, entsteht ein neues Produkt, nämlich der E-Book Reader.

Somit fördert laut Jacobs (1969) lokale Konkurrenz Innovationen (insbesondere Produktinnovationen). Unternehmen sind gewissermaßen gezwungen, zu innovieren, um nicht von anderen Unternehmen vom Markt verdrängt zu werden. Eine hohe Innovationsrate führt zu technologischem Fortschritt und regionalem Wachstum. Nach diesem Ansatz hemmen Monopole – bzw. Regionen, in denen wenige Betriebe und Branchen vertreten sind – die Innovationsfähigkeit von Unternehmen, da diese gerade durch das Vorhandensein von vielen Betrieben vieler verschiedener Branchen gefördert wird.

3.3.2.3 Porter-Externalitäten

Die dynamischen Externalitäten nach Porter (1990) stellen gewissermaßen eine Kombination von MAR-Externalitäten und Jacobs-Externalitäten dar. In Bezug auf Wissensexternalitäten ist diese Theorie an MAR angelehnt, während sie sich im Hinblick auf die optimale Wettbewerbsintensität einer Region an Jacobs orientiert. Der „Neuigkeitswert" der Porter-Externalitäten ist somit eher gering.

Auch in Porters Überlegungen nimmt der Transfer von Wissen eine wichtige Position ein. Porter argumentiert, dass Wirtschaftswachstum in Regionen, in denen sich Betriebe der gleichen Industrie ballen, entsteht. Dies entspricht dem Mechanismus von MAR-Externalitäten. Eine solche Ballung von Unternehmen, die innerhalb einer oder mehrerer Wertschöpfungsketten miteinander agieren, bezeichnet Porter als so genannten *Cluster* (s. Kap. 5). Die Bildung eines Clusters bringt sowohl für die Unternehmen als auch für die Region Vorteile mit sich. Die Unternehmen profitieren nicht nur durch die Nutzung einer gut ausgebauten Infrastruktur, sondern auch von der Nähe zu hochspezialisierten Zulieferern und Dienstleistungsunternehmen. Ebenso kommt dem Wissenstransfer innerhalb des Clusters eine zentrale Bedeutung zu. Die regionale Nähe und die Zusammenarbeit ermöglichen den Austausch von fachspezifischem Wissen und Informationen bezüglich neuester Technologien, Qualifikationen, Markt und Managementpraktiken – also Wissensexternalitäten. Dieser gezielte und innovationsstimulierende Transfer von Wissen und Informationen fördert die Produktivität und die Wettbewerbsfähigkeit der einzelnen Cluster-Partner. Je mehr die Mitglieder des Clusters voneinander profitieren und sich mit dem Standort identifizieren können, umso mehr gewinnt ihre Region an Bekanntheit und Attraktivität.

Porter (1990) zufolge wachsen ebenso wie nach Jacobs (1969) jedoch Industrien schneller, die in einem Konkurrenzmarkt tätig sind, da dieser sie dazu zwingt, innovativ zu sein, um auf dem Markt bestehen zu können. Ein Monopol (wie bei MAR) hingegen würde ihre Innovationsbereitschaft hemmen, da keine Konkurrenten auf dem Markt aktiv wären. Somit werden die Marktteilnehmer auf einem Konkurrenzmarkt zu mehr Aktivität angehalten, um weiterhin auf dem Markt bestehen zu können, weil sie ansonsten von den innovativeren Unternehmen vom Markt verdrängt würden. Durch diesen Mechanismus wird eine Region innovativer und weist höhere Wachstumsraten auf.

3.4   Resümee und weiterführende Überlegungen

Agglomerationseffekte entstehen aus den Vorteilen, die ökonomische Akteure aus einer räumlichen Ballung erfahren. Interne Effekte entstehen innerhalb eines Unternehmens und intensivieren sich mit zunehmender Unternehmensgröße – so können steigende Skalenerträge besser ausgenutzt werden. Demgegenüber entstehen externe Effekte außerhalb eines Unternehmens und können daher vom einzelnen Unternehmen nicht, oder nur begrenzt, beeinflusst werden. Es lassen sich mehrere verschiedene externe Effekte unterscheiden; Abb. 3.10 gibt einen Überblick.

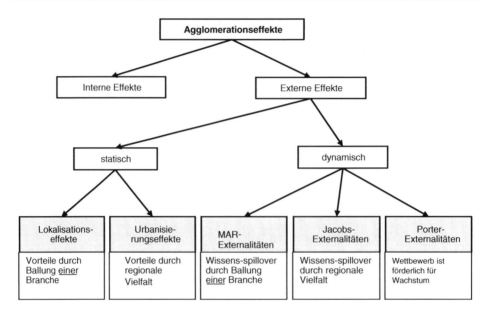

Abb. 3.10 Klassische Typologie von Agglomerationseffekten

Lokalisationseffekte werden durch die Ballung von Betrieben ein und derselben Branche generiert, während ein ausgewogener regionaler Branchenmix zu Urbanisierungseffekten führt. Beide sind statische Effekte, das heißt sie erklären lediglich die Entstehung bzw. die Existenz von Städten, aber nicht deren Wachstum. Das Wachstum von Regionen kann durch dynamische externe Effekte erklärt werden. Dabei lassen sich MAR-, Jacobs- und Porter-Externalitäten unterscheiden. Wissensexternalitäten in Regionen, in denen eine Branche konzentriert ist, werden MAR-Externalitäten genannt, während Wissensexternalitäten in Städten mit einer vielfältigen Branchenstruktur Jacobs-Externalitäten darstellen. Zusätzlich sind die dynamischen Externalitäten nach Porter zu erwähnen, die jedoch im Wesentlichen eine Kombination aus MAR- und Jacobs-Externalitäten sind: Porter betont wie MAR die Vorteilhaftigkeit der Ballung für Betriebe der gleichen Branche, geht aber wie Jacobs davon aus, dass regionaler Wettbewerb die Unternehmen zwingt, innovativ zu sein, um sich auf dem Markt halten zu können.

Je nach Branche ist es für Unternehmen vorteilhafter, wenn viele Betriebe des eigenen Sektors vor Ort sind, oder wenn sich Betriebe vieler unterschiedlicher Sektoren in der eigenen Region ansiedeln. Daraus ergeben sich verschiedene regionale Branchenstrukturen, die im nächsten Kapitel näher betrachtet werden.

Diese klassische Kategorisierung der Agglomerationsvorteile lässt aber nicht erkennen, welche Mechanismen hinter einem einzelnen Vorteil stecken, bzw. wie dieser Vorteil wirkt. Aus diesem Grund stellen wir eine weitere Einteilung von Agglomerationseffekten anhand der dahinter stehenden Agglomerations*mechanismen* vor, nämlich in *sharing, matching und learning* (vgl. Duranton und Puga 2004). So können die treibenden Kräfte hinter den einzelnen Agglomerationsvorteilen präziser ausgemacht werden.

Diese Einteilung in Agglomerationsmechanismen ist präziser als eine Einteilung in diverse Unterkategorien von statischen und dynamischen Agglomerationseffekten. Oft wird ein großer Arbeitsmarkt als Anziehungskraft (Lokalisationskraft bzw. MAR-Externalität und Urbanisierungskraft bzw. Jacobs-Externalität) hervorgehoben, wobei allerdings nicht klar ist, welcher Mechanismus jeweils dahinter steckt: Ist ein großer Arbeitsmarkt eine Agglomerationskraft, weil er Firmen und Arbeitskräften ermöglicht, asymmetrische (Nachfrage-)Schocks leichter abzufedern (*sharing*)? Oder deshalb, weil er bessere *Matches* auf dem Arbeitsmarkt ermöglicht? Oder weil der Wissensaustausch zwischen den Arbeitskräften durch die räumliche Nähe forciert wird und sich die Arbeitskräfte in einem größeren Markt stärker auf ihre Kernkompetenzen spezialisieren können (*learning*) und so produktiver werden (vgl. Puga 2010, S. 204)? Die Einteilung nach Agglomerationsmechanismen lässt erkennen, dass hinter einem statischen und/oder dynamischen Agglomerationsvorteil mehrere verschiedene Mechanismen stehen können und dieser Mechanismus sowohl auf der Ebene einer einzelnen Branche als auch branchenübergreifend wirksam werden kann. Insofern ist es analytisch präziser, Ballungskräfte nach ihren Wirkungsmechanismen zu kategorisieren.

Literatur

Andersson, F., Burgess, S., & Lane, J. I. (2007). Cities, matching and the productivity gains of agglomeration. *Journal of Urban Economics, 61*(1), 112–128.

Arrow, K. (1962). The economic implications of learning by doing. *Review of Economic Studies, 29*(3), 155–173.

Blanchard, O. J., & Diamond, P. (1990). The aggregate matching function. In P. Diamond (Hrsg.), *Growth, productivity, unemployment* (S. 159–201). Cambridge, MA: MIT Press.

Borck, R. (2007). Consumption and social life in cities: Evidence from Germany. *Urban Studies, 44*(11), 2105–2121.

Burchfield, M., Overman, H. G., Puga, D., & Turner, M. A. (2006). Causes of sprawl: A portrait from space. *Quarterly Journal of Economics, 121*(2), S. 587–633.

Coles, M. G. (1994). Understanding the matching function: The role of newspapers and job agencies. CEPR Discussion Paper, 939.

Coles, M. G., & Smith, E. (1996). Cross-section estimation of the matching function: evidence from England and Wales. *Economica, 63*(252), 589–597.

Coles, M. G., & Smith, E. (1998). Marketplaces and matching. *International Economic Review, 39*(1), 239–255.

Combes, P.-P., & Duranton, G. (2006). Labour pooling, labour poaching, and spatial clustering. *Regional Science and Urban Economics, 36*(1), 1–28.

Costa, D. L., & Kahn, M. E. (2000). Changes in the locational choice of the college educated, 1940–1990. *Quarterly Journal of Economics, 115*(4), 1287–1315.

Dumais, G., Ellison, G., & Glaeser, E. (1997). Geographic concentration as a dynamic process. NBER Working Paper, 6270.

Duranton, G. (1998). Labor specialization, transport costs and city size. *Journal of Regional Science, 38*(4), 553–573.

Duranton, G., & Puga, D. (2004). Micro-foundations of urban agglomeration economies. In J. V. Henderson & J.-F. Thisse (Hrsg.), *Handbook of Regional and Urban Economics* 4 (2063–2117). Amsterdam: North-Holland.

Ellison, G., Glaeser, E. L., & Kerr, W. R. (2010). What causes industry agglomeration? Evidence from coagglomeration patterns. *American Economic Review, 100*(3), 1195–1213.

Farhauer, O., & Kröll, A. (2012). Diversified specialisation – Going one step beyond regional economics' specialisation-diversification concept. *Jahrbuch für Regionalwissenschaft, 32*(1), 63–84.

Fujita, M., Krugman, P., & Venables, A. J. (2001). *The spatial economy: Cities, regions, and international trade.* Cambridge, MA: MIT Press.

Glaeser, E. L. (1999). Learning in cities. *Journal of Urban Economics, 46*(2), 254–277.

Glaeser, E. L., Kolko, J., & Saiz, A. (2001). Consumer city. *Journal of Economic Geography, 1*(1), 27–50.

Glaeser, E. L., & Sacerdote, B. (1999). Why is there more crime in cities?. *Journal of Political Economy, 107*(6), 225–258.

Helsley, R. W., & Strange, W. C. (1990). Matching and agglomeration economies in a system of cities. *Regional Science and Urban Economics, 20*(2), 189–212.

Henderson, J. V. (1974). The sizes and types of cities. *American Economic Review, 64*(4), 640–656.

Holmes, T. J. (1999). Localization of industry and vertical disintegration. *Review of Economics and Statistics, 81*(2), 314–325.

Hoover, E. M. (1937). *Location theory and the shoe and leather industries.* Cambridge, MA: Harvard University Press.

Hoover, E. M. (1948). *The location of economic activity.* New York: McGraw-Hill.

Jacobs, J. (1969). *The economy of cities.* New York: Vintage.

Jaffe, A. B., Trajtenberg, M., & Henderson, R. (1993). Geographic localization of knowledge spillovers as evidenced by patent citations. *Quarterly Journal of Economics, 108*(3), 577–598.

Jofre-Monseny, J., Marín-López, R., & Viladecans-Marsal, E. (2011). The mechanisms of agglomeration: Evidence from the effect of inter-industry relations on the location of new firms. *Journal of Urban Economics, 70*(2–3), 61–74.

Jovanovic, B., & Nyarko, Y. (1995). The transfer of human capital. *Journal of Economic Dynamics and Control, 19*(5–7), 1033–1064.

Jovanovic, B., & Rob, R. (1989). The growth and diffusion of knowledge. *Review of Economic Studies, 56*(4), 569–582.

Kahn, M. E. (2010). New evidence on trends in the cost of urban agglomeration. In E. L. Glaeser (Hrsg.), *Agglomeration Economics* (S. 339–354). Chicago: The University of Chicago Press.

Kanemoto, Y., Ohkawara, T., & Suzuki, T. (1996). Agglomeration economies and a test for optimal city sizes in Japan. *Journal of the Japanese and International Economies, 10*(4), 379–398.

Krugman, P. R. (1991a). *Geography and trade.* Cambridge, MA: MIT Press.

Krugman, P. R. (1991b). Increasing returns and economic geography. *Journal of Political Economy, 99*(3), 483–499.

Marshall, A. (1890). *Principles of Economics.* London: Macmillan.

Marshall, A. (1919). *Industry and trade.* London: Macmillan.

McCann, P. (2007). *Urban and regional economics* (7. Aufl.). New York: Oxford University Press.

Nakamura, R. (1985). Agglomeration economies in urban manufacturing industries: A case of japanese cities. *Journal of Urban Economics, 17*(1), 108–124.

O'Sullivan, A. (2009). *Urban Economics* (7. Aufl.). Boston: McGraw-Hill.

Overman, H. G., & Puga, D. (2010). Labor pooling as a source of agglomeration: An empirical investigation. In E. L. Glaeser (Hrsg.), *Agglomeration Economics* (S. 133–150). Chicago: The University of Chicago Press.

Porter, M. E. (1990). *The competitive advantage of nations.* London: Macmillan.

Puga, D. (2010). The magnitude and causes of agglomeration economies. *Journal of Regional Science, 50*(1), 203–219.

Romer, P. M. (1986). Increasing returns and long run growth. *Journal of Political Economy, 94*(5), 1002–1037.

Rosenthal, S. S., & Strange, W. C. (2001). The determinants of agglomeration. *Journal of Urban Economics, 50*(2), 191–229.

Segal, D. (1976). Are there returns to scale in city size?. *Review of Economics and Statistics, 58*(3), 339–350.

Shefer, D. (1973). Localization economies in SMSAs: A production function analysis. *Journal of Regional Science, 13*(1), 55–64.

Smith, A. (1776). *An inquiry into the nature and causes of the wealth of nations.* London: gedruckt für W. Strahan und T. Cadell.

Sveikauskas, L. (1975). The productivity of cities. *Quarterly Journal of Economics, 89*(3), 393–413.

Tabuchi, T., & Yoshida, A. (2000). Separating urban agglomeration economies in consumption and production. *Journal of Urban Economics, 48*(1), 70–84.

van Ours, J. C. (1991). The efficiency of the Dutch labour market in matching unemployment and vacancies. *De Economist, 139*(3), 358–378.

Vernon, R. (1972). Metropolis 1985. *An interpretation of the findings of the New York metropolitan region study.* Cambridge, MA: Harvard University Press.

Effekte von Branchenstrukturen auf Städte

4

Zusammenfassung

Grundsätzlich lassen sich Städte mit einer spezialisierten und solche mit einer diversifizierten Branchenstruktur unterscheiden. Von einer Spezialisierung wird gesprochen, wenn die Branchenstruktur einer Stadt von einem Sektor dominiert wird. Für Unternehmen dieses dominanten Sektors hat dies den Vorteil, dass sie von brancheninternen Agglomerationskräften profitieren können, die im Normalfall ihre Produktivität erhöhen. Ist die Branchenstruktur einer Stadt durch einen vielfältigen Mix an Branchen gekennzeichnet, wird sie als diversifiziert bezeichnet. Solch ein Umfeld ist besonders für Unternehmen anziehend, deren Produkte noch nicht ganz ausgereift sind und die noch auf der Suche nach ihrem optimalen Produktionsprozess sind. Das diversifizierte Umfeld ermöglicht ihnen, Impulse aus den verschiedensten Branchen zu erhalten und so ihr Produkt und ihre Produktionstechnologie zu optimieren. Ist diese Optimierung vollzogen, rentiert sich der Umzug in eine stärker spezialisierte Stadt, um von Produktivitätseffekten durch die dortigen brancheninternen Agglomerationskräfte profitieren zu können. Die Beschäftigungswirkungen der Branchenstruktur hängen in beiden Fällen von der Elastizität der Güternachfrage ab und bedürfen einer detaillierteren Analyse, die in diesem Kapitel erfolgt.

Durch die gemeinsame Standortwahl von Unternehmen bilden sich unterschiedliche Branchenstrukturen heraus, die Auswirkungen auf die Wirtschaftskraft von Städten und Regionen haben. Je nachdem, wie der spezifische Branchenmix einer Stadt ausgestaltet ist, können sich Effekte ergeben, die entweder das Beschäftigungs- oder aber das Produktivitätswachstum begünstigen. In der Empirie zeigt sich ein Nebeneinander von spezialisierten und diversifizierten Städten. Folglich stellt sich die Frage, wann welches Branchenumfeld für ein Unternehmen vorteilhaft ist. Je nach Reifegrad ihrer Güter erweist sich die eine oder die andere Branchenstruktur als günstiger. Während junge Branchen eher ein diversifiziertes Umfeld bevorzugen, verhält es sich mit älteren Branchen umgekehrt – diese sind hauptsächlich in spezialisierten Städten anzutreffen.

O. Farhauer und A. Kröll, *Standorttheorien*, DOI: 10.1007/978-3-658-01574-9_4,
© Springer Fachmedien Wiesbaden 2013

4.1   Spezialisierung und Diversifizierung

Für gewöhnlich werden zwei Ausprägungen von Branchenstrukturen, nämlich spezialisiert und diversifiziert, unterschieden. Entfällt ein hoher Anteil der Beschäftigung/der Wirtschaftsleistung in einer Stadt auf eine einzige Branche, so ist diese Stadt spezialisiert. Teilt sich die Beschäftigung/die Produktion hingegen relativ gleichmäßig auf mehrere verschiedene Branchen auf, wird eine Stadt als diversifiziert angesehen.

In spezialisierten Städten herrschen vergleichsweise starke Lokalisationseffekte bzw. MAR-Externalitäten vor (s. Abschn. 3.3), welche von der Ballung von Unternehmen ein und derselben Branche ausgehen. So gibt es in diesen Städten einen spezialisierten Arbeitskräftepool, eine branchenspezifische Infrastruktur, die Nähe zu vor- und nachgelagerten Betrieben und intra-industrielle Wissensexternalitäten. Während in spezialisierten Städten durch die Fokussierung auf eine Branche starke Lokalisationseffekte bzw. MAR-Externalitäten entstehen, werden diese in diversifizierten Städten aufgrund kleinerer Branchen nur begrenzt wirksam. In diversifizierten Regionen dominieren Urbanisierungseffekte bzw. Jacobs-Externalitäten, welche aus einer vielfältigen Branchenstruktur entstehen und interindustrielle Wissensexternalitäten erzeugen. Dabei profitieren Unternehmen von einer so genannten *cross-fertilisation*. Durch die Interaktion mit Unternehmen anderer Branchen kommt es via Wissensexternalitäten häufig zur Kombination von Ideen, wodurch Produktinnovationen entstehen (vgl. Feldman und Audretsch 1999, S. 421ff.).

Duranton und Puga (2005) zeigen, dass ein Trend weg von industrieller Spezialisierung hin zu funktionaler Spezialisierung von Städten zu beobachten ist. Dieser Wandel ist auf Veränderungen in der Organisationsstruktur von Unternehmen, genauer gesagt die zunehmende Trennung von Management und Produktion, zurückzuführen. Diese räumliche Trennung ermöglicht es Unternehmen, ihren Hauptsitz in einer auf unternehmensorientierte Dienstleistungen spezialisierten Stadt zu haben und von Lokalisationseffekten/MAR-Externalitäten für das Management zu profitieren. Beispielsweise kann das Management aus einer großen Auswahl an Werbefirmen, Steuerberatern, Rechtsanwälten etc. in der Region Nutzen ziehen. Währenddessen können Fabrikationsbetriebe des gleichen Unternehmens in einer auf das jeweilige Gut spezialisierten Stadt produzieren und so ebenfalls Lokalisationseffekte/MAR-Externalitäten ausnutzen.

Tabelle 4.1 zeigt den Grad der funktionalen Spezialisierung als Verhältnis von Führungskräften und Managern zu Arbeitern in der Produktion (Wie viele Führungskräfte und Manager pro Arbeiter in der Produktion gibt es an einem Standort?) für verschiedene Größenklassen US-amerikanischer Städte. Ist dieses Verhältnis groß, so gibt es vergleichsweise viele Führungskräfte und Manager. Umgekehrt gibt es wenige Führungskräfte und Manager, dafür aber viele Arbeiter in der Produktion, wenn der Quotient gering ist.

Kleine Städte sind demnach auf die Produktion spezialisiert, während Managementaktivitäten hauptsächlich in großen Städten stattfinden. Im Jahr 1950 war der Quotient in den größten Städten um 10,2 % höher als im nationalen Durchschnitt, während er in den kleinsten Städten um 4,0 % geringer als im nationalen Durchschnitt war. Im Laufe der Zeit hat sich dieser Trend stark verschärft: 1990 war der Quotient in den größten

Tab. 4.1 Von sektoraler zu funktionaler Spezialisierung

Einwohner	Funktionale Spezialisierung (Führungskräfte und Manager pro Arbeiter in der Produktion, in %)			
	1950	1970	1980	1990
5.000.000–19.397.717	+10,2	+22,1	+30,8	+39,0
1.500.000–4.999.999	+0,3	+11,0	+21,6	+25,7
500.000–1.499.999	−10,9	−7,8	−5,0	−2,1
250.000–499.999	−9,2	−9,5	−10,9	−14,2
75.000–249.999	−2,1	−7,9	−12,7	−20,7
67–75.000	−4,0	−31,7	−40,4	−49,5

Quelle eigene Darstellung nach Duranton und Puga (2005, S. 344)

Städten bereits 39 % höher als im nationalen Durchschnitt, der Quotient der kleinsten Städte war hingegen 49,5 % niedriger als der Durchschnitt der Vereinigten Staaten.

Zu einem ähnlichen Ergebnis kommen Fujita und Ishii (1998). Sie analysieren Daten von neun großen japanischen Elektronikherstellern und zeigen, dass deren Forschungs- und Entwicklungsaktivitäten ausschließlich in den Metropolregionen Tokio, Kyoto und Boston stattfinden. In Bezug auf Fabrikationsbetriebe unterscheiden die Autoren zwischen Betrieben, die Güter in Massenproduktion herstellen, und solchen, die Prototypen anfertigen. Letztere sind überwiegend in Metropolregionen anzutreffen, während Betriebe, die Güter in Massenproduktion herstellen, fast ausschließlich in kleineren Städten oder ländlichen Regionen angesiedelt sind.

4.2 Agglomerationsvorteile im Produktlebenszyklus

In der Empirie ist ein Nebeneinander von diversifizierten und spezialisierten Städten zu beobachten (vgl. z. B. Duranton und Puga 2000, 2001; Neffke et al. 2011). Folglich ist anzunehmen, dass beide Branchenstrukturen für bestimmte Akteure – also Unternehmen einer bestimmten Branche, Arbeitskräfte oder auch Konsumenten – positive Rahmenbedingungen bieten. Duranton und Puga (2000, 2001) zeigen, dass es vom Reifegrad einer Branche, das heißt von ihrer Position im Branchen-/Produktlebenszyklus abhängt, ob sie von einem spezialisierten oder einem diversifizierten Umfeld profitiert. Im Folgenden wird nur vom Produktlebenszyklus der Güter einer Branche gesprochen. Die Argumentation ist jedoch eins zu eins auf den Branchenlebenszyklus übertragbar. Abbildung 4.1 stellt den Produktlebenszyklus schematisch dar.

Die Produktlebenszyklustheorie wurde Mitte der 1960er-Jahre von Vernon (1966); Hirsch (1967) an der Harvard Business School begründet und konstatiert für Güter bzw. ganze Branchen eine begrenzte Lebensdauer. Die erste Phase des Zyklus ist die Entwicklungs- und Markteinführungsphase, in der ein Produkt neu auf den Markt gebracht wird. In dieser Phase werden von den Unternehmen viele Produktinnovationen vorgenommen,

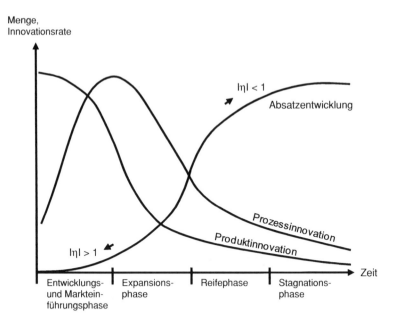

Abb. 4.1 Produktlebenszyklus, Innovationen und Absatzentwicklung. Nach Abernathy und Utterback (1978); Schettkat (1997, S. 725)

weil ein neues Produkt erst an die Bedürfnisse der Nachfrager angepasst werden muss, da hinsichtlich der Käuferpräferenzen noch große Unsicherheit herrscht und kleine Fehler bzw. Bedienungsmängel bestehen können. Diese fortwährende Forschungs- und Entwicklungstätigkeit setzt den Einsatz von hochqualifizierten Arbeitskräften voraus. Deshalb ist die Produktion zu diesem Zeitpunkt noch sehr humankapitalintensiv. In dieser Phase besteht für die Unternehmen noch nicht die Möglichkeit, einen kostenminimalen Standort zu suchen, da noch nicht sicher ist, welche Inputfaktoren für den schlussendlich optimalen Produktionsprozesses benötigt werden (vgl. Vernon 1966).

In der daran anschließenden Expansionsphase findet eine Durchdringung des Marktes statt, das heißt, der Kreis der Konsumenten weitet sich aus. Da das Produkt immer besser den Bedürfnissen der Kunden entspricht, nehmen die Produktinnovationen langsam ab. Es sind nun nur noch einige Optimierungstätigkeiten am Produkt durchzuführen. Mittlerweile streben die Unternehmen erste Produktionsstandardisierungen an, um die gestiegene Kundennachfrage durch eine größere Produktion zu bedienen. Deshalb legen sie nun mehr Wert auf Prozessinnovationen, die Produktivitätsverbesserungen versprechen. Die Produktion wird dadurch langsam kapitalintensiver.

In der Reifephase werden nur noch geringfügige Veränderungen am Produkt vorgenommen, der Markt ist beinahe gesättigt. Die Produkte sind mittlerweile ausgereift und eine Massenproduktion fällt durch die gesammelten Produktionserfahrungen und die Produktstandardisierung immer leichter. Der Marktsättigung und dem steigenden

Konkurrenzdruck durch auf den Markt drängende Wettbewerber versuchen die Unternehmen durch arbeitssparende Rationalisierungsinvestitionen zu begegnen.

In der Stagnationsphase finden schließlich kaum noch Erstkäufe, sondern hauptsächlich Ersatzkäufe statt. In dieser Phase bleiben den Unternehmen nur noch wenige Maßnahmen, um auf die Umsatz- und Gewinneinbußen zu reagieren. Es wird versucht, durch Verbesserungen der Produktionstechnologie die Produktivität zu erhöhen, um über niedrige Preise Marktanteile beizubehalten oder auf Kosten der Konkurrenten auszudehnen. Teilweise versuchen Unternehmen, sich durch Produktmodifikationen oder neue Produkte der gleichen Güterkategorie (vom Grammophon zum Schallplattenspieler) von den Wettbewerbern abzuheben und den Lebenszyklus ihres Produkts zu verlängern. So finden möglicherweise noch geringfügige Produktinnovationen statt.

Insgesamt vollzieht sich im Laufe des Produkt-/Branchenlebenszyklus jedoch ein Wandel. Es kommt zu einer Schwerpunktverschiebung von humankapitalintensiver zu kapitalintensiver Produktion, von Produktinnovationen zu Prozessinnovationen, von Forschungs- und Entwicklungsinvestitionen zu Rationalisierungsinvestitionen, von Einzelfertigung bzw. kleinen Losgrößen zu Massenproduktion. Beim Übergang von einer Phase zur nächsten verändern sich beständig die Produktions- und Absatzbedingungen, woraus man bereits jetzt folgern kann, dass sich die Standortanforderungen von Unternehmen im Laufe des Zyklus verändern können.

4.2.1   Preiselastizität der Güternachfrage

Zu Beginn des Produktlebenszyklus ist die Güternachfrage relativ elastisch $|\eta| > 1$. Aufgrund von noch nicht standardisierten Produktionsprozessen sind die Güterpreise hoch, geringfügige Preissenkungen führen zu einer erheblichen Steigerung der Nachfrage. In dieser Phase gibt es viele Produktinnovationen, die erst mit der Zeit weniger zahlreich werden. Als beispielsweise Mobiltelefone auf den Markt kamen, gab es viele innovative Unternehmen, die damit begannen, solche Geräte herzustellen; die Produktinnovationsrate war in dieser Zeit ziemlich hoch. Im Laufe der Zeit nahmen die Produktinnovationen ab und die Prozessinnovationen zu. Es werden heute kaum mehr neue Mobiltelefone auf den Markt gebracht, sondern überwiegend Verbesserungen an bereits existierenden Produkten vorgenommen. Geräte, mit denen man früher nur telefonieren konnte, werden verbessert, um damit auch Musik hören oder fotografieren zu können. Prozessinnovationen führen zu sinkenden Produktionskosten, die Güter werden standardisiert und in Massenproduktion hergestellt. Dadurch sinken die Güterpreise, mehrere Nachfrager kommen zum Zug und der Markt wird gesättigt. Die zunehmende Marktsättigung drückt sich in einer unelastischer werdenden Güternachfrage aus $|\eta| < 1$. In der Stagnationsphase werden schließlich kaum noch Erstkäufe, sondern hauptsächlich Ersatzkäufe getätigt. Durch geringe Produkt- und Prozessinnovationen verändern sich die Güter kaum mehr und der Bedarf an einem neuen Mobiltelefon entsteht nur, wenn das alte kaputt geht.

4.2.2 „Kita-Städte"

Duranton und Puga (2000, 2001) zeigen, dass Branchen in Abhängigkeit von ihrer Position im Lebenszyklus von einer diversifizierten bzw. spezialisierten Branchenstruktur profitieren. Ein diversifiziertes Umfeld wird meist von jungen Branchen bzw. von Branchen, die Güter herstellen, welche sich in einer frühen Phase ihres Lebenszyklus befinden, bevorzugt. Daher lassen sich hauptsächlich junge, innovative Branchen auf der Suche nach dem optimalen Produktionsprozess in diversifizierten Städten nieder (vgl. Duranton und Puga 2001, S. 1455 und 1463ff.). In einer vielseitigen Region können Betriebe leichter mit verschiedenen Produktionstechnologien experimentieren und sich dabei von Betrieben anderer Branchen inspirieren lassen. Die Güternachfrage dieser Branchen ist meist elastisch, da sich die Produkte noch nicht in der Reifephase befinden. Somit führt ein Produktivitätsanstieg zu einer starken Absatzsteigerung. Diversifizierte Städte weisen allerdings den Nachteil auf, dass sie meist größer sind als spezialisierte (vgl. Duranton und Puga 2000, S. 536; Einig und Zaspel 2008, S. 409) und somit die Produktionskosten dort höher sind.

Spezialisierte Städte sind hingegen für gewöhnlich kleiner und weisen deshalb geringere Überfüllungskosten auf. Wegen der niedrigeren Lebenshaltungskosten sind auch die Löhne in kleinen Städten niedriger. Sobald Betriebe ihren optimalen Produktionsprozess gefunden haben und zur Massenproduktion übergehen, lohnt sich deshalb eine Standortverlagerung in eine spezialisierte Stadt, um von den dortigen geringeren Produktionskosten profitieren zu können. Des Weiteren können Betriebe Lokalisationseffekte und MAR-Externalitäten ausnutzen, was wiederum ihre Produktivität erhöht. Allerdings ist die Güternachfrage von reifen Branchen eher unelastisch, da der Markt in diesem Stadium bereits nahezu gesättigt ist. Dies impliziert, dass Produktivitätsverbesserungen nur zu einem geringen Anstieg der abgesetzten Menge führen.

Basierend auf dem Modell von Duranton und Puga (2001) finden die meisten Standortverlagerungen von diversifizierten in spezialisierte Städte statt. Diese These wird von den Autoren auch empirisch verifiziert. Dazu untersuchen sie Standortverlagerungen von Betrieben in Frankreich zwischen 1993 und 1996, bei denen eine Grenze von Arbeitsmarktregionen überschritten wurde. Es zeigt sich, dass 72 % aller die Grenzen von Arbeitsmarktregionen überschreitenden Standortverlagerungen von diversifizierten in spezialisierte Regionen stattfanden. Innovative und räumlich geballte Branchen profitieren stärker von den Vorteilen, die Diversifizierung einerseits und Spezialisierung andererseits in unterschiedlichen Phasen des Lebenszyklus bieten, da diese Branchen offenbar stärker auf Agglomerationsvorteile angewiesen sind. Zu diesen Branchen gehören etwa Forschung & Entwicklung, Pharmazie & Kosmetik, IT & Unternehmensberatung sowie unternehmensorientierte Dienstleistungen. Diese Branchen weisen, relativ betrachtet, besonders viele Standortverlagerungen auf. Zudem zeigt sich eine verstärkte Tendenz zur Verlagerung des Standorts von diversifizierten in spezialisierte Regionen: Je nach Branche wandern zwischen 75,8 und 93 % der Betriebe von diversifizierten in spezialisierte Regionen. Traditionellere Sektoren mit Produkten wie Lebensmitteln,

Einrichtungsgegenständen, Holz, Zellstoff & Papier, Hüttenmetallen und nicht-metallischen mineralischen Erzeugnissen hingegen weisen, ebenfalls relativ betrachtet, weniger Standortverlagerungen auf. Außerdem finden in diesen traditionelleren Branchen weniger als 35 % der Wanderungen von diversifizierten in spezialisierte Regionen statt.

Duranton und Puga (2001) nennen diversifizierte Städte *Nursery Cities*, also etwa „Kita-Städte". In diesen Städten profitieren junge Branchen auf der Suche nach dem optimalen Produktionsprozess von der regionalen Vielfalt und von inter-sektoralen Wissensexternalitäten. Sobald der optimale Produktionsprozess gefunden ist, werden Spezialisierungsvorteile und intra-sektorale externe Effekte von Wissen bedeutender und die Branchen wandern von der „Kita" ab in spezialisierte Städte.

4.3   Das Konzept der diversifizierten Spezialisierung

Die Dichotomie zwischen Spezialisierung und Diversifizierung besitzt eine wesentliche Schwäche: Städte werden nur in *spezialisiert* und *diversifiziert* eingeteilt und andere mögliche Branchenstrukturen werden dabei komplett vernachlässigt. Viele Städte haben mehrere Branchenschwerpunkte, aber abgesehen von dieser Spezialisierung auf wenige Branchen gleichzeitig eine diversifizierte Sektorenstruktur. Ob diese Städte nun als spezialisiert oder diversifiziert zu betrachten sind, ist häufig subjektivem Ermessen oder den verwendeten Maßzahlen geschuldet. Gerade eine derartig geprägte Branchenstruktur ist jedoch in diesem Abschnitt von besonderem Interesse. Im Folgenden werden Städte, die einige wenige Branchenschwerpunkte aufweisen, abgesehen davon aber diversifiziert sind, als *diversifiziert spezialisiert* bezeichnet.

Dieses Konzept wurde bereits in einigen Studien aufgegriffen, jedoch wurde erst in Farhauer und Kröll (2012) eine eigene Maßzahl dafür entwickelt und der Zusammenhang zwischen diversifizierter Spezialisierung und Wirtschaftswachstum explizit untersucht. Vorherige Untersuchungen leiten lediglich aus den Ergebnissen bezüglich Diversifizierung und Spezialisierung Folgerungen für eine „günstige" Branchenstruktur ab.

Dissart (2003) untersucht den Zusammenhang zwischen Diversifizierung und einer stabilen regionalen Wirtschaft. Dabei argumentiert er für die Förderung mehrerer Cluster in einer Region, um die mit einer Monostruktur verbundenen Risiken zu mindern. Mehrere Cluster bilden trotz ihrer individuellen Spezialisierung als Ganzes betrachtet eine diversifizierte Struktur. Diese vereint die Produktivitätsvorteile, die in Clustern entstehen, mit einer geringeren Schockanfälligkeit der Region. Einig und Zaspel (2008) stellen fest, dass es für eine Stadt positiv ist, wenn die Branchenstruktur nicht zu sehr diversifiziert ist, sondern gewisse Branchenschwerpunkte bestehen. Branchen, die in etwa gleich groß sind, steigern sowohl die durchschnittliche Betriebsgröße als auch die Anzahl an Betrieben.

Für Regionen ist es vorteilhaft, sich auf wenige etwa gleich große Branchen zu spezialisieren, da Wissensexternalitäten zwar häufig branchenübergreifend sind, sich aber nicht auf alle Branchen ausbreiten (vgl. Combes et al. 2004, S. 219 und 237; Ellison und Glaeser 1997, S. 897ff.) zeigen mithilfe des Koagglomerationsindex, dass sich insbesondere einander vor- bzw. nachgelagerte Industrien am gleichen Ort ballen. Dies deutet darauf hin, dass Branchen Vorteile daraus ziehen, wenn eine Stadt nicht nur auf ihre angestammte, sondern auch auf verwandte Branchen spezialisiert ist. Eine Region, die sich auf eine bestimmte Branchenkombination spezialisiert, wird höhere Wachstumsraten erzielen als eine Region, die sich auf voneinander unabhängige Branchen oder gar nur eine Branche spezialisiert (vgl. Frenken et al. 2007, S. 686).

Da Unternehmen in diversifiziert spezialisierten Städten sowohl von Lokalisationseffekten/MAR-Externalitäten als auch von Urbanisierungseffekten/Jacobs-Externalitäten profitieren, sind Produktivität und Produktivitätswachstum höher als in diversifizierten und sogar höher als in spezialisierten Städten (vgl. Farhauer und Kröll 2012): Unternehmen erfahren Vorteile durch die Nähe von vor- und nachgelagerten Betrieben, einer branchenspezifischen Infrastruktur und einem qualifizierten, spezialisierten Arbeitskräftepool. Zudem führt die (begrenzte) Branchenvielfalt zu *cross-fertilisation*, also inter-industriellen Wissensexternalitäten, und einer höheren Innovationsrate als in spezialisierten Städten. In diversifiziert spezialisierten Städten kommt es sozusagen zu „koordinierten" Wissensexternalitäten zwischen verwandten Branchen, was seinen Ausdruck in einer erhöhten Produktivität bzw. einem erhöhten Produktivitätswachstum findet. Zudem wird in Farhauer und Kröll (2012) gezeigt, dass die Anzahl der angemeldeten Patente pro sozialversicherungspflichtig Beschäftigtem in diversifiziert spezialisierten Städten am höchsten ist, gefolgt von spezialisierten und diversifizierten Städten.

Ein Beispiel für eine diversifiziert spezialisierte Stadt ist Jena. Im Jahr 2008 waren dort fast 14 % der sozialversicherungspflichtig Beschäftigten im Gesundheitswesen tätig. Daneben weist die Stadt jedoch noch weitere Schwerpunkte auf, wie zum Beispiel im Bereich der Hochschulen und der Forschung und Entwicklung auf dem Gebiet der Naturwissenschaften (insgesamt etwa 12 % der Beschäftigung). Ein weiterer Schwerpunkt ist die Herstellung von Messinstrumenten und optischen Geräten (insgesamt knapp 9 % der Beschäftigung); Jena ist bekannt für seine Ballung der optischen Industrie.

4.4   Auswirkungen der Branchenstruktur auf den Arbeitsmarkt

Der Zusammenhang zwischen Branchenstruktur und Arbeitsmarktentwicklung ist Gegenstand vieler theoretischer und empirischer Untersuchungen in der Regionalökonomik (z. B. Blien et al. 2006; Combes et al. 2004; Dauth 2012). Häufig wird eine gestiegene regionale Arbeitsnachfrage als Folge von Produktivitätsvorteilen, die durch Agglomerationseffekte generiert werden, interpretiert. Dies ist jedoch problematisch, da Agglomerationseffekte in erster Linie die regionale Produktivität beeinflussen. Zwischen Produktivitätsänderungen und der Arbeitsnachfrage besteht allerdings nur ein indirekter Zusammenhang: Ob die Arbeitsnachfrage bei einer Steigerung der Produktivität ebenfalls steigt, gleich bleibt oder sogar sinkt, hängt von der Preiselastizität der Güternachfrage der betreffenden Branche ab (vgl. Schettkat 1997, S. 725). Diese Beziehung zwischen der Preiselastizität der Güternachfrage und der Arbeitsnachfrage steht im Zentrum des Appelbaum-Schettkat-Modells.

4.4.1   Das Appelbaum-Schettkat-Modell

Das Modell beruht auf der Annahme linearer Funktionen – sowohl die Preis-, Güternachfrage-, Arbeitsnachfrage- als auch die Produktionsfunktion verlaufen linear. Jede dieser Funktionen wird in einem Quadranten abgebildet (vgl. Schettkat 1997, S. 727).

Die Preisfunktion im ersten Quadranten stellt die Beziehung zwischen Güterpreisen und Löhnen dar. Die Preisfunktion ist linear, das heißt sie hat eine konstante Steigung, was konstante Reallöhne impliziert. Bei steigenden Güterpreisen P werden Arbeitskräfte durch höhere Löhne W kompensiert. Der zweite Quadrant zeigt die ebenfalls lineare Güternachfragefunktion der Menge Q in Abhängigkeit von den Güterpreisen. Oberhalb der Linie $|\eta| = 1$ ist der Betrag der Elastizität der Güternachfrage größer als eins, unterhalb ist die Güternachfrage unelastisch. Im oberen elastischen Bereich führen geringe Preisänderungen zu einer starken Veränderung der nachgefragten Menge, während Preisänderungen im unteren – unelastischen – Bereich nur zu geringen Veränderungen der nachgefragten Menge führen. Der dritte Quadrant stellt die Produktionsfunktion dar. Wird die Belegschaft von 20 auf 21 Arbeitskräfte aufgestockt, steigt die Produktion ebenfalls um zehn Einheiten. Der vierte Quadrant der Grafik zeigt schließlich die Arbeitsnachfragefunktion in Abhängigkeit vom Lohn.

Im Appelbaum-Schettkat-Modell wird aus der Produktnachfrage in Quadrant II über die Produktionsfunktion in Quadrant III die Arbeitsnachfrage in Quadrant IV abgeleitet. Löhne und Gewinne (die aber in der Grafik nicht dargestellt werden) bestimmen zusammen die Preise (siehe Preisfunktion in Quadrant I), welche ihrerseits die Güternachfragefunktion in Quadrant II bestimmen.

In Abb. 4.2 werden zwei verschiedene Ausgangssituationen dargestellt. Einmal liegt das Preisniveau im elastischen Teil der Güternachfrage *(P₁)* und im anderen Fall im unelastischen Bereich *(P₂)*; die jeweils nachgefragten Mengen betragen Q_1 bzw. Q_2. Über die Produktivitätsfunktion kann die Arbeitsnachfrage L_1 bzw. L_2 abgeleitet werden und daraus wiederum das Lohnniveau w_1 bzw. w_2. Kommt es zu Prozessinnovationen und damit zu einer Steigerung der Produktivität, kann eine beliebige Menge Q mit einem geringeren Arbeitseinsatz hergestellt werden. Dies findet Ausdruck in einer Drehung der Produktionsfunktion: Diese verläuft nun flacher, wie in Abb. 4.3 dargestellt.

Interessant ist, welchen Effekt eine Produktivitätssteigerung auf die Arbeitsnachfrage hat. Einerseits führt eine steigende Produktivität zu einem *Freisetzungseffekt*. Für die Produktion einer bestimmten Gütermenge werden nun weniger Arbeitskräfte benötigt. Dem entgegen wirkt der *Kompensationseffekt*. Durch Produktivitätssteigerungen sinken die Produktionskosten. Wenn zumindest ein Teil dieser Einsparungen in Form geringerer Güterpreise an die Verbraucher weitergegeben wird, steigt die Güternachfrage. Dies hat wiederum zur Folge, dass die Arbeitsnachfrage steigt, da zusätzliche Arbeitskräfte benötigt werden, um die steigende Güternachfrage zu befriedigen.

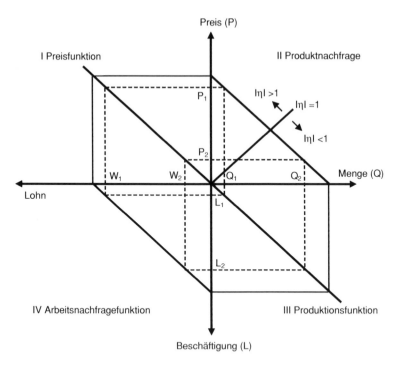

Abb. 4.2 Appelbaum-Schettkat-Modell-Grundschema. Nach Schettkat (1997, S. 727)

Je nachdem, ob der Freisetzungseffekt oder der Kompensationseffekt dominiert, fällt oder steigt die Beschäftigung. Ist die absolute Preiselastizität der Güternachfrage gleich eins, so heben der Freisetzungs- und der Kompensationseffekt einander auf und ein Produktivitätsanstieg hat keine Auswirkungen auf den Arbeitsmarkt. Auch wenn es nach dem Appelbaum-Schettkat-Modell in diesem Fall zu keiner Änderung des Beschäftigungsniveaus kommt, kann es in der Realität durchaus Beschäftigungsverluste geben. Falls die freigesetzten Arbeitskräfte nicht die Qualifikationen besitzen, welche die expandierenden Unternehmen nachfragen, entsteht strukturelle Arbeitslosigkeit in Form eines qualifikatorischen *Mismatch*: Das Qualifikationsprofil der Arbeitnehmer passt nicht zum Anforderungsprofil der Arbeitgeber.

Befindet sich das Marktgleichgewicht im elastischen Bereich der Güternachfrage, führen Preissenkungen (ausgelöst durch den Produktivitätsanstieg) zu einer starken Ausweitung der Güter- und somit auch der Arbeitsnachfrage und der Kompensationseffekt ist stärker als der Freisetzungseffekt. Befindet sich das Marktgleichgewicht allerdings im unelastischen Bereich der Güternachfrage, führen Preissenkungen nur zu einem marginalen Anstieg der Güter- und damit der Arbeitsnachfrage und der Freisetzungseffekt dominiert; es kommt zu Arbeitslosigkeit. Dieser Mechanismus wird in Abb. 4.3 veranschaulicht.

Die nunmehr relevanten Funktionen und Hilfslinien sind hier schwarz und jene aus der vorigen Abb. 4.2 (die das Grundschema des Appelbaum-Schettkat-Modells zeigt)

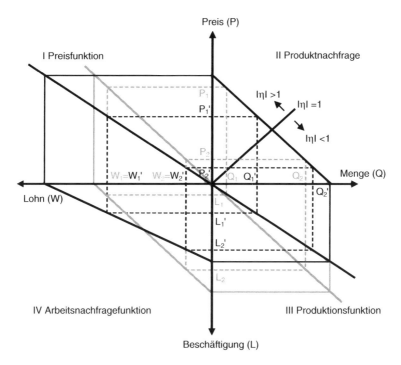

Abb. 4.3 Appelbaum-Schettkat-Modell-Produktivitätssteigerung. Nach Schettkat (1997, S. 727)

grau. Annahmegemäß geben Unternehmen (bei gleich bleibenden Löhnen etwa aufgrund von Tarifverträgen) zumindest einen Teil ihrer Produktivitätsgewinne in Form von niedrigeren Güterpreisen an die Konsumenten weiter. Befindet sich das Marktgleichgewicht im elastischen Bereich der Güternachfrage, so führt eine Preissenkung von P_1 auf P_1' zu einem starken Anstieg der nachgefragten Menge von Q_1 auf Q_1'. Dies führt dazu, dass der Kompensationseffekt (ausgelöst durch den Anstieg der nachgefragten Menge) stärker ist als der Freisetzungseffekt (ausgelöst durch den Produktivitätsanstieg). Somit steigt insgesamt die Beschäftigung von L_1 auf L_1'.

Liegt das Marktgleichgewicht jedoch im unelastischen Bereich der Güternachfrage, so führt eine Preissenkung zum Beispiel von P_2 auf P_2' nur zu einer sehr geringen Erhöhung der nachgefragten Menge von Q_2 auf Q_2'. In diesem Fall ist der Freisetzungseffekt stärker als der Kompensationseffekt, da durch die Produktivitätsgewinne mehr Arbeitskräfte freigesetzt werden als benötigt werden, um die zusätzlich nachgefragten Güter herzustellen. Deshalb sinkt die Beschäftigung insgesamt von L_2 auf L_2'.

Die in Abb. 4.2 und 4.3 dargestellten Funktionen haben folgende Form:

$$\text{Preisfunktion: } P = \frac{W}{\pi}k$$

k ist ein konstanter Markup auf die Grenzkosten der Produktion W/π, wobei π die Arbeitsproduktivität angibt.

$$\text{Produktnachfrage: } Q = a - bP$$

a und b sind konstante Parameter.

$$\text{Produktionsfunktion: } Q = L\pi \,; \text{ Produktivität: } \pi = \frac{Q}{L}$$

Die Arbeit L ist der einzige Produktionsfaktor, der von diesem Modell berücksichtigt wird; die Produktionsfunktion weist positive, konstante Grenzerträge auf ($dQ/dL = \pi$). Dies bedeutet, der Output steigt pro eingestellter Arbeitskraft um π Einheiten, unabhängig davon, wie viele Arbeitskräfte bereits beschäftigt werden. Wird die Belegschaft von fünf auf sechs Arbeitskräfte aufgestockt, steigt die Produktion beispielsweise um zehn Einheiten.

Arbeitsnachfragefunktion: $L = \frac{a}{\pi} - \frac{bk}{\pi^2} w$

Damit lässt sich die Reaktion des Beschäftigungsvolumens auf eine Produktivitätsverbesserung nicht nur intuitiv und grafisch, sondern auch formal in Abhängigkeit von der Elastizität der Güternachfrage zeigen. Dazu wird zuerst die Arbeitsnachfragefunktion $L = a/\pi - bk/\pi^2 w$ nach der Produktivität abgeleitet, um zu erkennen, wie sie auf Produktivitätsveränderungen reagiert:

$$\frac{dL}{d\pi} = -\frac{a}{\pi^2} + 2\frac{bk}{\pi^3}w = 2\frac{\frac{bk}{\pi^2}w}{\pi} - \frac{a}{\pi^2}, \tag{4.1}$$

wobei der zweite Schritt lediglich eine Umformung darstellt, um die Arbeitsnachfragefunktion im Weiteren zu vereinfachen.

Die Arbeitsnachfragefunktion kann zu $bk/\pi^2 w = a/\pi - L$ umgeformt und in den Zähler des linken Terms ihrer Ableitung in Gl. 4.1 eingesetzt werden; anschließend wird der Ausdruck vereinfacht:

$$\frac{dL}{d\pi} = 2\frac{\frac{a}{\pi} - L}{\pi} - \frac{a}{\pi^2} = \frac{2a}{\pi^2} - \frac{2L}{\pi} - \frac{a}{\pi^2} = \frac{a}{\pi^2} - \frac{2L}{\pi}$$

Nun wird die Produktionsfunktion $Q = L\pi$ umgeformt zu $L = Q/\pi$ und eingesetzt:

$$\frac{dL}{d\pi} = \frac{a}{\pi^2} - \frac{2Q}{\pi^2} \tag{4.2}$$

Anschließend wird die Preiselastizität der Güternachfrage berechnet, um die Interdependenz von Güter- und Arbeitsmärkten zu zeigen. Dazu wird die Preiselastizität der Güternachfrage in Gl. 4.2 eingesetzt. So kann die Entwicklung des Arbeitsmarkts in Abhängigkeit von jener des Gütermarkts untersucht werden. Die Preiselastizität der Güternachfrage ist definiert als $\eta = dQ/dP * P/Q$. Ableiten der Produktnachfrage nach dem Preis ergibt $dQ/dP = -b$, und Einsetzen dieser Ableitung in die Preiselastizität der

Güternachfrage führt zu $\eta = -b * P/Q$. Wird in diesem Ausdruck der Preis durch die nach $P = a/b - Q/b$ umgeformte Güternachfrage ersetzt und b gekürzt, folgt daraus:

$$\eta = -b\frac{\dfrac{a}{b} - \dfrac{Q}{b}}{Q} = \frac{-(a-Q)}{Q} = \frac{-a+Q}{Q}.$$

Sowohl dieser Ausdruck als auch Gl. 4.2 enthalten a und Q. Die Preiselastizität der Güternachfrage kann daher entweder nach a oder nach Q umgeformt und in die erste Ableitung der Arbeitsnachfragefunktion eingesetzt werden. Hier wird sie nach a umgestellt, da die Interpretation des Ergebnisses dabei besser ersichtlich wird: $\eta Q = -a + Q \leftrightarrow a = Q(1 - \eta)$. Durch Einsetzen in Gl. 4.2 und anschließendes Vereinfachen folgt:

$$\frac{dL}{d\pi} = \frac{Q(1-\eta) - 2Q}{\pi^2} = \frac{Q - Q\eta - 2Q}{\pi^2} = \frac{-Q - Q\eta}{\pi^2} \text{ und schließlich}$$

$$\frac{dL}{d\pi} = -\frac{Q(1+\eta)}{\pi^2} \tag{4.3}$$

In dieser Form kann jetzt die Beschäftigungsreaktion auf eine Produktivitätsverbesserung in Abhängigkeit von der Preiselastizität der Güternachfrage ermittelt werden. Ausgehend von einer positiven konsumierten Menge $Q > 0$ und einem positiven Produktivitätsniveau $\pi > 0$ ist einzig und allein die Preiselastizität der Güternachfrage dafür ausschlaggebend, ob die Beschäftigung bei einer Produktivitätsverbesserung (also einer Erhöhung von π) zu- oder abnimmt. Ist die Produktnachfrage preiselastisch, so ist $|\eta| > 1$ bzw. $\eta < -1$. Infolge dessen wird der Zähler von Gl. 4.3 negativ und der gesamte Bruch wird damit aufgrund seines negativen Vorzeichens positiv: $dL/d\pi > 0$. In diesem Fall der preiselastischen Güternachfrage führt ein Produktivitätsanstieg somit zu einem Anstieg der Beschäftigung, der Kompensationseffekt überwiegt also den Freisetzungseffekt der technologischen Innovation.

Der umgekehrte Fall tritt ein, wenn es bei einer preisunelastischen Produktnachfrage $|\eta| < 1$ bzw. $\eta > -1$ zu Prozessverbesserungen kommt. Dabei wird der Zähler von Gl. 4.3 positiv, der gesamte Bruch wird damit aufgrund seines negativen Vorzeichens aber negativ: $dL/d\pi < 0$. Technologischer Fortschritt führt dann zu einem Rückgang der Beschäftigung, da der Freisetzungseffekt bei einer preisunelastischen Güternachfrage den Kompensationseffekt dominiert. Ist hingegen $|\eta| = 1$ bzw. $\eta = -1$, so wird der Zähler in Gl. 4.3 null, wodurch auch $dL/d\pi = 0$ gilt. Eine Produktivitätserhöhung hat dann keine Auswirkungen auf die Beschäftigung, da der Freisetzungseffekt vom Kompensationseffekt exakt ausgeglichen wird.

Junge Branchen sind mit einer relativ elastischen Güternachfrage konfrontiert. Werden in einer jungen Branche aufgrund von Produktivitätsfortschritten weniger Arbeitskräfte für die Produktion benötigt, kommt es zu keinem Rückgang der Arbeitsnachfrage: Da die Güternachfrage elastisch ist, steigt der Absatz stark an, wenn Produktivitätsfortschritte zu sinkenden Güterpreisen führen. Somit steigt auch die Arbeitsnachfrage an, da Arbeitskräfte benötigt werden, um die zusätzliche Güternachfrage befriedigen zu können. Der Kompensationseffekt überwiegt also in jungen Branchen den

Freisetzungseffekt. Im Gegensatz dazu sehen sich reife Branchen einer unelastischen Güternachfrage gegenüber. Kommt es in reifen Branchen zu Produktivitätsgewinnen, führen diese zu einem Rückgang der Beschäftigung.

4.4.2   Branchenstruktur und Beschäftigungswachstum

Nach der Argumentation von Duranton und Puga (2001) ziehen viele Betriebe und Branchen in den frühen Phasen des Produktlebenszyklus Vorteile aus der Ansiedlung in diversifizierten Städten. Im Laufe der Zeit altern diese Branchen und erfahren dann stärkere Vorteile aus der Ansiedlung in spezialisierten Städten (s.o.). Verbindet man die Argumentation von Duranton und Puga (2001) mit dem Appelbaum-Schettkat-Modell, lässt sich folgern, dass eine diversifizierte Branchenstruktur für die Arbeitsmarktlage förderlich ist, da in diversifizierten Regionen hauptsächlich Betriebe und Branchen ansässig sind, deren Güternachfrage elastisch ist. Demgegenüber führt ein spezialisiertes Umfeld zu Beschäftigungsrückgängen, da dort hauptsächlich Betriebe und Branchen am Ende ihres Produktlebenszyklus, das heißt mit unelastischer Güternachfrage, ansässig sind. Diese Folgerungen sind aber mit Vorsicht zu interpretieren, da sie auf einer Reihe restriktiver Annahmen beruhen. Sie hängen sowohl von den Annahmen des Modells von Duranton und Puga (2001) als auch derer von Schettkat (1997) ab, wodurch sie auf äußerst wackeligen Beinen stehen und einer empirischen Überprüfung bedürfen.

Neben der Preiselastizität der Güternachfrage wird die Arbeitsnachfrage von unzähligen weiteren Faktoren beeinflusst, wie beispielsweise der Stoßrichtung exogener Konjunkturschocks, dem Wirtschaftswachstum und der fortschreitenden Globalisierung, zum Beispiel in Form der Auslagerung arbeitsintensiver Tätigkeiten in Niedriglohnländer. Fasst man die Studien, die den Zusammenhang zwischen Branchenstruktur und Beschäftigungsentwicklung untersuchen, knapp zusammen, stellt man fest, dass in der Regel einer diversifizierten Branchenstruktur eine bessere Arbeitsmarktperformance nachgesagt wird als spezialisierten Regionen (vgl. z. B. Glaeser et al. 1992; Blien et al. 2006; Haug 2004). Als Hintergrund für diese Ergebnisse können mehrere theoretische Ansätze herangezogen werden. So geht beispielsweise die Neue Wachstumstheorie davon aus, dass neben Wissensexternalitäten zwischen Betrieben der gleichen Branche auch externe Effekte von Wissen zwischen unterschiedlichen Branchen auftreten und eine der wichtigsten Quellen für Wirtschaftswachstum und damit Beschäftigungswachstum sind. Auch Jacobs (1969) stellt die Diffusion von Wissen zwischen Unternehmen verschiedener Branchen in den Vordergrund und schreibt ihr positive Wachstums- und Beschäftigungswirkungen zu.

4.4.2.1 Die Portfolio-Theorie

Ein weiterer theoretischer Strang, der die positiven Wirkungen einer diversifizierten Sektorenstruktur auf die Beschäftigungsentwicklung betont, ist der sogenannte Portfolio-Ansatz (vgl. z. B. Attaran 1986; Haug 2004). Demnach schützt eine Portfolio-Strategie in der

Branchenstruktur eine Region vor branchenspezifischen exogenen Schocks. Ein exogener Schock für Schweinezuchtbetriebe wäre zum Beispiel ein rapider Anstieg der Futterpreise, etwa von Mais, nach einer schlechten Ernte. Der Portfolio-Mechanismus wirkt einerseits dadurch, dass der Beschäftigungsanteil einer einzelnen Branche an der regionalen Gesamtbeschäftigung in diversifizierten Regionen geringer ist. Somit sind, relativ betrachtet, weniger Betriebe und Beschäftigte von einem branchenspezifischen Nachfrageschock betroffen. Andererseits existieren mehrere verschiedene Branchen, welche zumindest begrenzt alternative Beschäftigungsmöglichkeiten für freigesetzte Arbeitskräfte bieten können. In diesem Kontext ist eine diversifizierte Branchenstruktur mit einer betrieblichen Anlagestrategie, welche die Risiken über verschiedene Investitionsaktivitäten streut, zu vergleichen.

4.4.2.2 Evolutorische Ansätze

Auch die sogenannten evolutorischen Ansätze, zum Beispiel von Pasinetti (1981); Saviotti (1996), betonen die Vorteilhaftigkeit von diversifizierten Raumstrukturen auf die Beschäftigung. Diese gehen davon aus, dass eine Region, die keine neuen Sektoren attrahiert und damit eine zunehmend spezialisierte Branchenstruktur aufweist, im Laufe der Zeit an struktureller Arbeitslosigkeit leiden und stagnieren wird. Diese Sichtweise begründen die Autoren in Anlehnung an die Theorie des Produktlebenszyklus. Neue Arbeitsplätze und regionale Wachstumsimpulse gehen überwiegend von Betrieben junger Branchen aus. Diese jungen Branchen altern jedoch im Laufe der Zeit und die Nachfrage nach ihren Gütern wird unelastischer. Aufgrund von Produktivitätseffekten infolge von Prozessinnovationen geht das Beschäftigungsvolumen in diesen Branchen zurück und die strukturelle Arbeitslosigkeit in den betreffenden Regionen nimmt zu.

Strukturelle Arbeitslosigkeit
Strukturelle Arbeitslosigkeit entsteht durch den technologischen Wandel. Prozessinnovationen führen zu Produktivitätssteigerungen, da viele einfache Tätigkeiten automatisiert werden. Folglich sinkt insbesondere die Nachfrage nach einfacher Arbeit und die Nachfrage nach qualifizierten Arbeitskräften steigt, denn diese werden benötigt, um eine Technik erst zu entwickeln und die Maschinen danach zu überwachen oder zu reparieren. Daraus resultiert, dass das Qualifikationsprofil der arbeitslos gewordenen gering Qualifizierten nicht zum Anforderungsprofil der Arbeitgeber passt, die nach hoch qualifizierten Arbeitnehmern suchen, und es entsteht strukturelle Arbeitslosigkeit. Kurz gesagt, strukturelle Arbeitslosigkeit entsteht nicht durch mangelnde Arbeitsnachfrage, sondern dadurch, dass Arbeitsangebot und -nachfrage von der Struktur her nicht zueinander passen.

4.4.2.3 Schlussfolgerungen

Nun stellt sich die Frage, welche Rückschlüsse sich daraus auf die Beschäftigungsentwicklung in spezialisierten Regionen ziehen lassen. In jüngerer Zeit wurde die Spezialisierung von Regionen insbesondere durch die gezielte politische Förderung von regionalen Clustern vorangetrieben. Es existiert zwar reichlich Evidenz dafür, dass regionale Spezialisierung einen positiven Einfluss auf die Produktivität hat (vgl. z. B. Cingano und Schivardi 2004; Mukkala 2004; Capello 2002), allerdings gibt es kaum Studien, welche die Vorteilhaftigkeit von Spezialisierung für das Beschäftigungswachstum betonen.

Die meisten empirischen Untersuchungen kommen zu dem Ergebnis, dass sich eine spezialisierte Branchenstruktur negativ auf die Arbeitsmarktentwicklung auswirkt (vgl. z. B. Glaeser et al. 1992). Tritt ein negativer branchenspezifischer Schock auf, wird er sich in einer spezialisierten Region allein vom Volumen her stärker negativ auf den Arbeitsmarkt in der Region auswirken. Eine Risikostreuung wie bei einer diversifizierten Portfoliostruktur ist in diesem Fall nicht möglich.

Auch wenn man wiederum der Argumentationskette der sogenannten Produktlebenszyklustheorie folgt, stehen negative Beschäftigungswirkungen einer spezialisierten Branchenstruktur im Vordergrund. Ältere Branchen ballen sich in kleinen und mittelgroßen Städten, die vergleichsweise stark spezialisiert sind; so können sie die dort vorhandenen MAR-Externalitäten ausnutzen (vgl. Duranton und Puga 2000, 2001). Infolge einer zunehmend unelastischeren Güternachfrage bei älteren Branchen wird dann über Produktivitätsverbesserungen eine negative Beschäftigungsentwicklung abgeleitet (vgl. Schettkat 1997, S. 725).

In der Literatur werden Auswirkungen auf die Beschäftigung von positiven exogenen Nachfrageschocks kaum diskutiert. Dies liegt vermutlich daran, dass deren Wirkungen eindeutig sind. Ist eine Region auf eine Branche spezialisiert, so wird sich ein positiver Schock in aller Regel auch positiv auf die regionale Arbeitsmarktsituation auswirken. Insofern werden in spezialisierten Regionen Beschäftigungsschwankungen durch exogene Schocks größer ausfallen. Bei positiven Schocks steigt die Beschäftigung stärker und bei konjunkturellen Abschwüngen geht sie stärker zurück als in Regionen mit einer diversifizierten Branchenstruktur.

Berücksichtigt man jedoch alle Faktoren, die Einfluss auf die regionale Beschäftigungsentwicklung haben, muss festgehalten werden, dass es schwierig vorherzusagen ist, wie sich die Branchenstruktur auf das Beschäftigungsniveau auswirkt, da der Zusammenhang, wie bereits oben diskutiert, nur indirekt besteht. Letztlich hängt es sowohl von der Richtung des exogenen Schocks als auch von Produktivitätsveränderungen und dem Reifegrad einer Branche, also der Elastizität der Güternachfrage, ab (vgl. Schettkat 1997, S. 725).

4.5   Fazit

In spezialisierten Städten dominieren Lokalisationseffekte und MAR-Externalitäten, während in diversifizierten Städten hauptsächlich Urbanisierungseffekte und Jacobs-Externalitäten wirksam werden. Viele Branchen profitieren in frühen Phasen ihres Lebenszyklus von einem diversifizierten Umfeld, das ihnen ermöglicht, Produktionstechnologien aus verschiedenen Branchen zu beobachten und zu kombinieren und so den optimalen Produktionsprozess zu finden. Sobald dieser gefunden wurde, wandern Betriebe häufig in spezialisierte Städte ab. Zum Einen können so branchenspezifische Lokalisationseffekte und MAR-Externalitäten ausgenutzt werden und zum Anderen sind spezialisierte Städte meist kleiner. Dies führt zu niedrigeren Produktionskosten, da die Lebenshaltungskosten der Arbeitskräfte geringer sind und daher die Löhne niedriger sein können. Stau- und Überfüllungskosten sind im Regelfall in kleinen Städten ebenfalls wesentlich geringer, wodurch die Produktionskosten sinken.

Neben spezialisierten und diversifizierten Städten gibt es auch so genannte diversifiziert spezialisierte Städte, die – im Gegensatz zu spezialisierten Städten – nicht nur auf eine, sondern auf mehrere Branchen spezialisiert sind, also mehrere Branchenschwerpunkte aufweisen. Diversifiziert spezialisierte Städte ermöglichen den ansässigen Betrieben, sowohl von Lokalisationseffekten und MAR-Externalitäten als auch von Urbanisierungseffekten und Jacobs-Externalitäten zu profitieren, wodurch sie meist produktiver sind als spezialisierte und diversifizierte Städte.

Viele Studien untersuchen die Auswirkungen der Branchenstruktur auf die Arbeitsmarktsituation. Diese Untersuchungen sind indes kritisch zu betrachten, da sich Externalitäten in erster Linie auf die Produktionskosten und die Produktivität, nicht aber direkt auf die Arbeitsnachfrage auswirken. Die Arbeitsnachfrage leitet sich von der Güternachfrage ab. Ist die Güternachfrage elastisch, führt ein Produktivitätsanstieg netto zu einem Wachstum der Beschäftigung, da die Arbeitsnachfrage aufgrund der gestiegenen Güternachfrage stärker ansteigt, als sie durch den Produktivitätsanstieg fällt. Der Kompensationseffekt dominiert in diesem Fall den Freisetzungseffekt. Umgekehrt sinkt die Arbeitsnachfrage, wenn es bei einer unelastischen Güternachfrage zu Produktivitätsgewinnen kommt.

Branchen, deren Güter am Anfang ihres Produktlebenszyklus stehen, sind meist mit einer elastischen Nachfrage konfrontiert; Produktivitätsanstiege würden somit zu einem Anstieg der Beschäftigung führen. Duranton und Puga (2001) zeigen, dass viele junge Branchen ihren Standort in diversifizierten Städten haben. Reife Branchen hingegen sehen sich einer unelastischen Güternachfrage gegenüber; Produktivitätsgewinne führen zu einem Rückgang der Beschäftigung. Vor allem Branchen, die am Ende ihres Lebenszyklus stehen, siedeln sich in spezialisierten Städten an. Daraus lässt sich folgern, dass diversifizierte Städte mit ihren jungen Branchen und elastischer Güternachfrage ein besseres Umfeld für eine günstige Arbeitsmarktentwicklung darstellen als spezialisierte. Einige empirische Studien kommen auch genau zu diesem Ergebnis. Dieses ist allerdings mit Vorsicht zu interpretieren, da in der Analyse korrekterweise die Position einer Branche in ihrem jeweiligen Produktlebenszyklus berücksichtigt werden muss (wie z. B. in Neffke et al. 2011), um unverzerrte Ergebnisse zu erhalten.

Literatur

Abernathy, W. J., & Utterback, J. M. (1978). Patterns of industrial innovation. *Technology Review, 80*(7), 40–47.

Attaran, M. (1986). Industrial diversity and economic performance in U.S. areas. *Annals of Regional Science, 20*(2), 44–54.

Blien, U., Südekum, J., & Wolf, K. (2006). Local employment growth in West Germany: A dynamic panel approach. *Labour Economics, 13*(4), 445–458.

Capello, R. (2002). Entrepreneurship and spatial externalities: Theory and measurement. *Annals of Regional Science, 36*(3), 387–402.

Cingano, F., & Schivardi, F. (2004). Identifying the sources of local productivity growth. *Journal of the European Economic Association, 2*(4), 720–742.

Combes, P.-P., Magnac, T., & Robin, J.-M. (2004). The dynamics of local employment in France. *Journal of Urban Economics, 56*(2), 217–243.

Dauth, W. (2012). Agglomeration and regional employment dynamics. *Papers in Regional Science.* doi:10.1111/j.1435-5957.2012.00447.x.

Dissart, J. C. (2003). Regional economic diversity and regional economic stability: Research results and agenda. *International Regional Science Review, 26*(4), 423–446.

Duranton, G., & Puga, D. (2000). Diversity and specialisation in cities: Why, where and when does it matter? *Urban Studies, 37*(3), 533–555.

Duranton, G., & Puga, D. (2001). Nursery cities: Urban diversity, process innovation, and the life cycle of products. *American Economic Review, 91*(5), 1454–1477.

Duranton, G., & Puga, D. (2005). From sectoral to functional urban specialisation. *Journal of Urban Economics, 57*(2), 343–370.

Einig, K., & Zaspel, B. (2008). Wirtschaftliche Renaissance der Städte? Zum Einfluss der Branchenstruktur auf die Beschäftigung. *Wirtschaftsdienst, 88*(6), 404–412.

Ellison, G., & Glaeser, E. L. (1997). Geographic concentration in U.S. manufacturing industries: A dartboard approach. *Journal of Political Economy, 105*(5), 889–927.

Farhauer, O., & Kröll, A. (2012). Diversified specialisation – going one step beyond regional economics' specialisation-diversification concept. *Jahrbuch für Regionalwissenschaft, 32*(1), 63–84.

Feldman, M. P., & Audretsch, D. B. (1999). Innovation in cities: Science-based diversity, specialization and localized competition. *European Economic Review, 43*(2), 409–429.

Frenken, K., van Oort, F. G., & Verburg, T. (2007). Related variety, unrelated variety and regional economic growth. *Regional Studies, 41*(5), 685–697.

Fujita, M., & Ishii, R. (1998). Global location behavior and organizational dynamics of Japanese electronics firms and their impact on regional economies. In A. Chandler, P. Hagström O. Sölvell (Hrsg.), *The dynamic firm: The role of technology, strategy, organization and regions.* (S. 343–383). Oxford: Oxford University Press.

Glaeser, E. L., Kallal, H. D., Scheinkman, J. A., & Shleifer, A. (1992). Growth in cities. *Journal of Political Economy, 100*(6), 1126–1152.

Haug, P. (2004). Diversifikation und regionale Wirtschafts- und Beschäftigungsentwicklung – Eine empirische Analyse für ausgewählte deutsche Gebiete. *Jahrbuch für Regionalwissenschaft, 24*(2), 177–195.

Hirsch, S. (1967). *Location of industry and international competitiveness.* Oxford: Clarendon Press.

Jacobs, J. (1969). *The economy of cities.* New York: Vintage.

Mukkala, K. (2004). Agglomeration economies in the finnish manufacturing sector. *Applied Economics, 36*(21), 2419–2427.

Neffke, F., Henning, M. S., Boschma, R., Lundquist, K.-J., & Olander, L.-O. (2011). The dynamics of agglomeration externalities along the life cycle of industries. *Regional Studies, 45*(1), 49–65.

Pasinetti, L. L. (1981). *Structural change and economic growth.* Cambridge: Cambridge University Press.

Saviotti, P. P. (1996). *Technological evolution, variety and the economy.* Cheltenham: Edward Elgar.

Schettkat, R. (1997). Die Interdependenz von Produkt- und Arbeitsmärkten. Die Wirtschafts- und Beschäftigungsentwicklung der Industrieländer aus der Produktmarktperspektive. *Mitteilungen aus der Arbeitsmarkt- und Berufsforschung (MittAB)* 30(4), 721—731.

Vernon, R. (1966). International investment and international trade in the product cycle. *Quarterly Journal of Economics, 80*(2), 190–207.

Teil III

Neuere Standorttheorien

Neuere Standorttheorien gehen im Wesentlichen auf das von Michael Porter formulierte Cluster- und Netzwerkkonzept zurück, das dieser vom Jahr 1990 an in mehreren Publikationen bekannt gemacht hat. Bereits kurz nach deren Erscheinen erfreute sich Porters Ansatz sowohl unter Wissenschaftlern als auch unter Politikern großer Beliebtheit und die Grundzüge seiner Überlegungen verbreiteten sich rasant. Daraufhin rückten regionalwissenschaftliche Fragestellungen wieder verstärkt in den Fokus der Volkswirtschaftslehre und teilweise sogar der betriebswirtschaftlichen Managementtheorie. Auch im Bereich der Wirtschaftsgeographie wurde dieser Ansatz rege aufgegriffen. Ein wesentlicher Aspekt, der dem Cluster- und Netzwerkkonzept zu seiner Bekanntheit verholfen hat, besteht in seiner leichten Nachvollziehbarkeit und seiner Anpassungsfähigkeit, die es auf nahezu alle Regionen anwendbar machen. Schon vor dem Aufkommen des Cluster- und Netzwerkkonzepts existierten in der Regionalwissenschaft Modelle der endogenen Regionalentwicklung, die jedoch allesamt von der Porterschen Theorie mehr oder weniger abgelöst wurden: Dazu gehören die Konzepte der *industriellen Distrikte* und der *innovativen Milieus*. Bereits diese stellten die Bedeutung der Vernetzung von Unternehmen für deren wirtschaftlichen Erfolg, von dem letztlich auch die betreffenden Regionen profitieren, in den Vordergrund der Betrachtung. Porter hat diesen zentralen Aspekt für sein Konzept adaptiert und weiterentwickelt, indem er ihn – unter anderem – mit den Austauschbeziehungen der Unternehmen entlang ihrer Wertschöpfungskette (also Austausch mit ihren Zulieferern und Abnehmern) in Verbindung brachte.

Wir stellen das Cluster- und Netzwerkkonzept in diesem Teil wegen seiner Popularität als Standorttheorie dar und ordnen es aufgrund des Zeitpunktes seines Erscheinens als neuere Standorttheorie ein. Im Anschluss daran widmen wir uns einer ausführlichen Kritik an diesem Konzept und diskutieren auch seine Implikationen für eine clusterorientierte Regionalpolitik.

Das Cluster- und Netzwerkkonzept

5

Zusammenfassung

In der jüngeren Vergangenheit hat sich in der Regional- und Wirtschaftspolitik ein neues Konzept etabliert, das sowohl das regionale als auch das nationale Wirtschaftswachstum enorm fördern sollte. Mittlerweile sind auch viele wirtschaftspolitische Programme auf die Umsetzung dieses Konzepts ausgerichtet: Die neue Wunderwaffe der Wachstumspolitik nennt sich *Cluster*. Grob gesagt wird darunter die regionale Ballung von Unternehmen verstanden. Von solchen räumlichen Konzentrationen gehen bestimmte, das Wirtschaftswachstum fördernde, Wirkungen aus. Für die Innovationsfähigkeit von Clustern ist es von zentraler Bedeutung, dass sich die beteiligten Unternehmen miteinander vernetzen und strategisch wichtiges Wissen untereinander austauschen. Zudem ist es förderlich, wenn unterstützende Institutionen – wie etwa Hochschulen, Forschungseinrichtungen, Kammern etc. – ebenfalls Bestandteile eines derartigen regionalen Netzwerks sind. Durch den Austausch des vielschichtigen vorhandenen Wissens wird das Innovationspotential in der Region bzw. innerhalb des Clusters gesteigert. Das Cluster- und Netzwerkkonzept geht im Wesentlichen auf das Diamantmodell von Michael Porter zurück.

Damit sich positive Wirkungen einer Ballung von Unternehmen einstellen können, müssen diese Cluster-Unternehmen entweder vertikal oder horizontal miteinander verflochten sein. Als vertikaler Cluster oder Produktionscluster wird die räumliche Ballung von Unternehmen einer Branche entlang einer Wertschöpfungskette bezeichnet. Von einer solchen räumlichen Konzentration gehen bestimmte, das Wirtschaftswachstum fördernde, Wirkungen aus, die im Weiteren noch detailliert aufgezeigt werden. Horizontale Cluster oder Wissenscluster zeichnet ebenfalls eine räumliche Ballung von Unternehmen aus, allerdings nicht zwangsläufig entlang einer Wertschöpfungskette, also in einer Zulieferer- und Abnehmerbeziehung. Ein horizontaler Cluster wird von Unternehmen gebildet, die identische oder ähnliche Technologien verwenden.

O. Farhauer und A. Kröll, *Standorttheorien*, DOI: 10.1007/978-3-658-01574-9_5,
© Springer Fachmedien Wiesbaden 2013

5.1   Voraussetzungen für die Entstehung neuerer Standorttheorien – Die Rolle von Regionen in einer globalisierten Welt

Erst in jüngerer Zeit hat sich die Rolle von Regionen bzw. der Regionalpolitik durch Faktoren wie die Globalisierung, die weltweit vernetzte Produktion, die Clusterbildung und die damit einhergehenden strukturellen Neujustierungen radikal geändert. Ein Verständnis für diese Veränderungsprozesse zu entwickeln ist wichtig, um die veränderte Sichtweise auf die Bedeutung von Regionen und die neueren Standorttheorien zu erfassen.

Unter „Globalisierung" wird ein Prozess verstanden, der in einer zunehmenden Verflechtung nationaler Volkswirtschaften hinsichtlich des Handels, der Produktion und der Finanzmärkte besteht. Als zentraler Indikator für diesen Vorgang kann der globale Warenhandel gelten, der seit 1950 mit über 6 % pro Jahr um zwei Drittel schneller gewachsen ist als die weltweite Warenproduktion (vgl. Bundeszentrale für Politische Bildung 2012). Die engere internationale Verflechtung der Volkswirtschaften hat unter anderem Auswirkungen auf die Fertigungstiefe in Unternehmen, die sich durch *Outsourcing* und *Offshoring* verändert. Diese neue optimale Produktionstiefe gilt nach der neueren Standorttheorie als Voraussetzung für die Entstehung von Clustern.

Es können zwei grundlegende Faktoren beschrieben werden, welche die weltweite Zunahme der Verflechtung voran getrieben haben. Einer davon liegt im institutionellen Bereich begründet und der andere im technischen. Im Zuge von politischen Abkommen hat seit dem 2. Weltkrieg eine Liberalisierung des Welthandels stattgefunden. Diese Neuerungen auf institutioneller Ebene haben dazu geführt, dass die Transaktionskosten des Handels mit anderen Ländern drastisch gesunken sind. Die Abschaffung von Zöllen und anderen (nicht-tarifären) Handelshemmnissen hat dazu beigetragen, dass Unternehmen heute zu wesentlich geringeren Kosten Handel mit Unternehmen anderer Länder betreiben können. Weiterhin leben die Menschen beispielsweise in Europa dank politischer Abkommen (Europäische Gründungsverträge von Rom etc.) schon über einen langen Zeitraum ohne kriegerische Auseinandersetzungen zusammen, sodass sich ein intensiver Handel zwischen den Staaten entwickeln konnte. Aus ökonomischer Sicht wurden durch diese institutionellen Neuerungen die Transaktionskosten der Marktnutzung stark gesenkt, wodurch der Handel mit Gütern, aber auch die vernetzte Güterproduktion und der Kapitalverkehr zwischen Nationen gestärkt wurden.

Die zweite wesentliche Triebkraft der Globalisierung besteht in den drastisch gesunkenen Transportkosten und der stark erhöhten Transportgeschwindigkeit infolge von technologischen Neuerungen. Die geringeren Transport- und Kommunikationskosten, die hauptsächlich auf die Erfindung des Mikrochips zurückzuführen sind, haben dazu geführt, dass Güter und Informationen nun einfacher und zu geringeren Kosten um die Welt transportiert werden können. Ferner hat die Einführung eines Containerstandards im Transportwesen die Transportkosten gesenkt, indem sie die Versendung von Gütern wesentlich vereinfacht hat. Unter *Containern* werden Großraumbehälter genormter Größe zur Lagerung und zum Transport von Gütern verstanden. Fracht- oder

Abb. 5.1 Entwicklung
der Transport- und
Kommunikationskosten. Nach
Hufbauer (1991, S. 26)

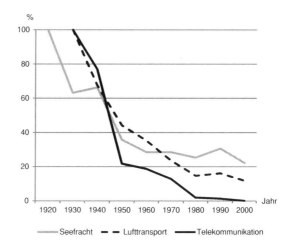

Schiffcontainer wurden im Jahr 1956 eingeführt. Mittlerweile werden etwa zwei Drittel des grenzüberschreitenden Warenverkehrs mit Containern abgewickelt. Container können dank ihrer genormten Abmessungen mit den verschiedensten Transportmitteln (Seeschiffe, Binnenschiffe, Eisenbahn und LKW) befördert und schnell umgeschlagen werden.

Insofern kann die Globalisierung des Wirtschaftens als Zusammenspiel von institutionellen und technologischen Innovationen gelten und ist das Ergebnis aus stark gesunkenen Transaktions- und Transportkosten. Durch den Globalisierungsprozess entstanden nun erstmals die technologischen und ökonomischen Möglichkeiten, die bis dahin dominierende hierarchische Produktionsstruktur aufzubrechen.

Abbildung 5.1 illustriert das drastische Sinken der Transport- und Kommunikationskosten und kann auch als annähernde Darstellung der Abnahme der Transaktionskosten dienen. Infolge der geringeren Kommunikationskosten können Handelspartner nun zu geringeren Kosten kontaktiert werden. Dadurch sind die grenzüberschreitende Produktion und der Handel rentabler geworden, was ein Aufbrechen von hierarchischen Produktionsstrukturen ausgelöst hat. Die Kosten für die Seefracht entsprechen den durchschnittlichen Transportkosten auf dem Seeweg inklusive Hafengebühren, während die Linie für den Lufttransport in Abb. 5.1 den durchschnittlichen Umsatz durch den Lufttransport von Passagieren wiedergibt. Die Kosten für die Telekommunikation werden an den Kosten eines dreiminütigen Telefongesprächs zwischen London und New York gemessen.

Neben dem Sinken der Transportkosten ist auch ein beständiger Anstieg der Transportgeschwindigkeiten zu beobachten. Bis etwa 1840 waren aufgrund der technisch begrenzten Möglichkeiten die Transportgeschwindigkeiten sehr gering. Der Transport von Personen und Gütern erfolgte auf Pferdekarren und Segelschiffen und die durchschnittliche Geschwindigkeit dieser Fortbewegungsarten betrug etwa 16 Kilometer pro Stunde. Als die Pferdekarren und Segelschiffe Mitte des 19. bis Anfang des 20. Jahrhunderts nach und nach von den ersten Dampfeisenbahnen und Dampfschiffen abgelöst wurden, erhöhten sich die Transportgeschwindigkeiten deutlich. Verglichen mit den heute üblichen

Tab. 5.1 Entwicklung der Transportgeschwindigkeiten

Jahr	Erforderliche Zeit zur Umrundung der Erde	Transportmittel	Täglich überwindbare Distanz über Land (in km)	Täglich überwindbare Distanz auf dem See- oder Luftweg (in km)
500.000 v. Chr.	Einige hundert tausend Jahre	Zu Fuß	24	–
20.000 v. Chr.	Einige tausend Jahre	Zu Fuß und mit dem Kanu	24–32	32 (Seeweg)
300 v. Chr.	Einige hundert Jahre	Kanu mit kleinem Segel oder Paddel	32	65 (Seeweg)
500	Einige Jahrzehnte	Große Segelboote mit Rudern, Packtiere, von Pferden gezogene Streitwagen	24–40	220 (Seeweg)
1500	Einige Jahre	Große Segelschiffe, Pferdegespanne, Kutschen	32–40	280 (Seeweg)
1900	Einige Monate	Dampfboote, Eisenbahnen	480–1.450	400 (Seeweg)
1925	Einige Wochen	Dampfschiffe, transkontinentale Eisenbahnen, Autos, Flugzeuge	640–1.450	4.830–9.660 (Flugzeug)
1950	Einige Tage	Dampfschiffe, Eisenbahnen, Autos, Raumschiff	800–2.410	9.660–15.290 (Raumschiff)
1965	Einige Stunden	Dampfschiffe, Hochgeschwindigkeitszüge, Autos, Raumschiff	1.610–3.220	656.470 (Raumschiff)

Quelle eigene Darstellung nach McHale (1969, S. 58).

Geschwindigkeiten von Flugzeugen war die Geschwindigkeit der Raumüberwindung damals allerdings noch immer sehr gering. Einen detaillierteren Überblick gibt Tab. 5.1, welche die zunehmenden Transportgeschwindigkeiten eindrucksvoll verdeutlicht.

5.2   Das Aufbrechen von Wertschöpfungsketten

Einen theoretischen Rahmen für die Beschreibung des Aufbrechens von Wertschöpfungsketten infolge gesunkener Transaktions- und Transportkosten liefern beispielsweise die volkswirtschaftlichen Unternehmungstheorien. Diese haben zum Ziel, die Existenz von Unternehmungen theoretisch zu fundieren, das heißt, Erklärungsansätze dafür zu finden, weshalb es in Volkswirtschaften Unternehmen gibt und welche Ziele Unternehmer verfolgen. Zudem liefern manche Theorien auch Anhaltspunkte für die optimale Fertigungstiefe einer Unternehmung, die aus Sicht der Clustertheorie zentral ist. Bevor auf den für das Clusterkonzept äußerst bedeutenden Ansatz von Ronald Coase eingegangen wird, werden zunächst zwei andere „artverwandte" Theorieansätze kurz dargestellt, um den Leser in die fachspezifische Denkweise einzuführen.

5.2.1   Teamtheorie

Die Teamtheorie nach Alchian und Demsetz (1972) begründet die Existenz von Unternehmungen mit folgender These: Mehrere Personen, die gemeinsam in einem Team produzieren, erwirtschaften einen höheren Ertrag, als wenn jede dieser Personen für sich alleine produzieren würde. Michael Porter argumentiert in seiner Clustertheorie (s.u.) sehr ähnlich: Er sieht die Vorteile der Clusterbildung für eine Unternehmung in eben diesem Mehrertrag, der durch die Produktion im Team entsteht. Durch die Möglichkeit der Vernetzung im Cluster ist der Ertrag größer als die Summe der Erträge der Unternehmen, wenn sie dispers produzieren. Porter (1998, S. 81) drückt diesen teaminternen Vorteil im Cluster folgendermaßen aus: *„A host of linkages among cluster members results in a whole greater than the sum of its parts."* Formal lautet dieser Zusammenhang:

$$E\,(T) > E\,(P_1) + E\,(P_2) + E\,(P_3) + \ldots + E\,(P_n)\,,$$

wobei E für den Ertrag steht. Wenn jede Person P_1 bis P_n für sich alleine etwas produziert, dann kann man ihr dieses Gut zurechnen, und sie kann es auf dem Markt verkaufen. Wenn aber mehrere Personen in einem Team T etwas arbeitsteilig herstellen, kann keiner einzelnen Person ein verkaufsfähiges Einzelprodukt zugerechnet werden. Falls es schwierig oder sogar unmöglich ist, den Effekt der Arbeit jeder einzelnen Person an der Gesamtproduktion des Teams festzustellen, hat jedes Teammitglied einen Anreiz, sich vor zu großer Anstrengung zu drücken. Jedes Teammitglied wird bummeln und sich für den Feierabend schonen, in der Hoffnung, dass die anderen intensiv arbeiten. Die Vorteile der Teambildung entfallen jedoch, wenn jedes Mitglied so denkt. Aus dieser Anreizproblematik resultiert ein so genanntes Gefangenendilemma-Spiel mit den Alternativen „Bummeln" und „hart Arbeiten", wie in Abb. 5.2 illustriert. Die Grafik zeigt dabei die Situation in einem Team, das aus zwei Personen besteht. Die Auszahlungsmatrix macht deutlich, dass die dominante Strategie der beiden Arbeiter nicht mit der maximalen (Team-)Auszahlung übereinstimmt. Beide Arbeiter haben einen Anreiz zu bummeln, um auf Kosten des Kollegen eine höhere Auszahlung zu realisieren. Dies führt jedoch dazu, dass beide Akteure anfangen zu bummeln und die Teamauszahlung suboptimal wird.

Die kollektiv-rationale Lösung ist harte Arbeit für alle. Um sicherzustellen, dass auch tatsächlich alle produktiv arbeiten, muss es „Aufpasser" geben, die das gesamte Team im Interesse aller beaufsichtigen, den Arbeitern die individuellen Leistungen zurechnen und diese letztlich davon abhalten, zu bummeln und der harten Arbeit aus dem Weg zu gehen (vgl. Weise et al. 2002, S. 272). In Abb. 5.2 wird dies durch den Pfeil gekennzeichnet: Der Aufpasser bewirkt, dass von der dominanten Strategie abgewichen und die kollektiv optimale Strategie des harten Arbeitens realisiert wird. Solange die Überwachungskosten geringer sind als der Vorteil der Teamproduktion gegenüber der

Abb. 5.2 Das Gefangenendilemma in der Teamtheorie. Nach Weise et al. (2002, S. 279)

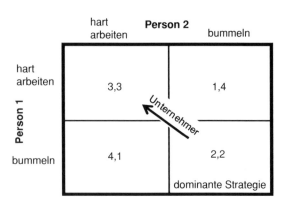

Einzelproduktion, stellt sich ein kollektives Interesse an der Teamproduktion ein und Arbeiter und Unternehmer schließen sich freiwillig zu einem Team zusammen, da alle davon profitieren. So werden nach der Teamtheorie von Alchian und Demsetz die Existenz der Unternehmung und die Aufgaben des Managers/Unternehmers begründet.

Demnach kann die Unternehmung als ein Zusammenschluss von Arbeitern und einem Kontrolleur verstanden werden. Der Kontrolleur, also der Unternehmer, ist hierbei dafür zuständig, die Teammitglieder auszuwählen sowie die Teamarbeit zu organisieren, durchzuführen und zu überwachen. Der Unternehmer versucht, die Auswahl der Mitarbeiter so gut wie möglich zu treffen und die Überwachung auf die bestmögliche Art zu organisieren, weil er Anspruch auf den Gewinn aus der (Team-)Produktion hat. Da die Aufgabe, ein Team auszuwählen und zu überwachen, Transaktionskosten in Form von so genannten Managementkosten verursacht, ist davon auszugehen, dass die Höhe dieser Kosten von der Größe der Unternehmung abhängig ist: Je größer die Unternehmung, desto intransparenter wird die Produktion, und die Überwachung wird aufwendiger, je mehr Mitarbeiter zu kontrollieren sind. In Abwägung dieser Kosten kann man sich vorstellen, dass ab einer bestimmten Größe des Unternehmens die Managementtransaktionskosten so hoch sind, dass es besser ist, die Produktion in zwei Unternehmen zu organisieren. Die Größe des Unternehmens wird somit durch die Höhe der Transaktionskosten der Organisationsform Unternehmung und die Vorteile aus der Teamproduktion bestimmt.

5.2.2   Unternehmertum und Unsicherheit

Einen anderen Ansatz für die Erklärung der Existenz von Unternehmen und die Aufgaben der Unternehmer liefert Frank Knight (1921). Knight, der auch als Begründer der berühmten Chicago School gilt, erklärt die Existenz von Unternehmen anhand der Überlegung, dass aufgrund des Vorherrschens von Unsicherheit bestimmte, nicht versicherbare, Aktivitäten in einer Marktwirtschaft nicht ausgeführt werden. Um diese Tätigkeiten aber dennoch zu realisieren, werden risikofreudige Marktakteure benötigt. Diese weisen – ähnlich wie Schumpeters Pionierunternehmer – bestimmte Charaktermerkmale auf, aufgrund derer sie risikoreiche Aktivitäten dennoch umsetzen. Knight differenziert dabei strikt zwischen den Begriffen *Risiko* und *Unsicherheit*.

Chicago School

Als *Chicago School* wird eine bestimmte Denkrichtung in der Wirtschaftswissenschaft bezeichnet, die von einer Gruppe Ökonomen an der Universität von Chicago begründet wurde. Ihre Vertreter haben sich trotz unterschiedlicher Sichtweisen auf einige Grundpfeiler ihres Theoriegebäudes geeinigt, wie zum Beispiel auf die Gültigkeit der neoklassischen Preistheorie und darauf, dass freie Märkte das effizienteste Mittel für Ressourcenallokation und Einkommensverteilung darstellen. Aus wirtschaftspolitischer Sicht ist festzuhalten, dass der Staat lediglich die Rahmenbedingungen für das Funktionieren freier Märkte gestalten sollte. Der US-amerikanische Präsident Ronald Reagan zum Beispiel schloss sich dieser Sichtweise an und verfolgte eine liberale Wirtschaftspolitik.

Gegen riskante Ereignisse kann man sich versichern, da der Ereignisraum abgeschlossen ist und die Wahrscheinlichkeiten bekannt sind, wie etwa bei einer Risikolebensversicherung. Die Zustände „tot" und „lebendig" sind relativ einfach zu unterscheiden, wodurch der Ereignisraum abgeschlossen ist. Ferner ist anhand ziemlich stabiler Sterbetafeln die Wahrscheinlichkeit für den Tod zum Beispiel eines 41-jährigen Mannes recht einfach zu bestimmen. Deshalb kann man sich gegen das Ereignis „Sterben" versichern. Anders ist es bei einem unsicheren Ereignis. Dabei sind entweder (noch) keine Wahrscheinlichkeiten zu bestimmen und/oder Zustände sind nicht eindeutig voneinander abzutrennen bzw. unterscheidbar. Aus diesem Grund kann man sich gegen ein unsicheres Ereignis nicht versichern. So geht etwa die Produktion von Gütern und deren Verkauf auf den Märkten mit einem gewissen Risiko einher, da es beispielsweise zu unerwarteten Nachfrageschocks und Präferenzänderungen bei den Konsumenten kommen kann. Nur risikofreudige Individuen werden diese Tätigkeiten – Güter zu produzieren und zu verkaufen – durchführen. Knights Unternehmen ist somit geboren. Personen, die risikobewusst unsichere Aktivitäten durchführen, nennt Knight *Unternehmer*. Die Aufgabe eines Unternehmers ist es zum Einen, die Nachfrage nach und das Angebot an Gütern abzuschätzen sowie die Rentabilität der verschiedenen Produktionsprozesse zu kalkulieren. Zum Anderen obliegt es dem Unternehmer, den gewählten Produktionsprozess zu lenken und zu kontrollieren. Sein Anreiz für diese Tätigkeit liegt in der Möglichkeit, einen Gewinn zu erzielen, seine „Strafe" für das Eingehen zu waghalsiger Aktivitäten liegt in der Möglichkeit, einen Verlust zu erleiden.

5.2.3 Transaktionskostentheorie und optimale Fertigungstiefe in Unternehmen

Nachdem mithilfe der Theorien von Alchian, Demsetz und Knight die Existenz von Unternehmungen und deren Aufgaben begründet wurden, wenden wir uns nun der Frage einer optimalen Fertigungstiefe in Unternehmungen zu und bekommen eine Idee davon, wie diese von der Globalisierung beeinflusst wird. Die Unternehmenstheorie nach Ronald Coase, die durch einen bedeutenden Aufsatz aus dem Jahr 1937, *The*

Nature of the Firm, begründet wurde, ist ein wichtiger Ansatz, mit dem das Aufbrechen der Wertschöpfungsketten – und damit die Voraussetzung der Clusterbildung – erklärt werden kann. Die sogenannte *Transaktionskostentheorie* nach Coase erklärt die Existenz von Unternehmungen mit der bis dahin völlig neuen These, dass die Nutzung des Marktmechanismus zum Austausch von Gütern, Wissen und Dienstleistungen zwischen Unternehmen nicht kostenlos erfolgt. Auch durch die Nutzung des Koordinierungsmechanismus „Markt" entstehen Kosten, und zwar Transaktionskosten. Dabei werden zwei Arten von Transaktionskosten als bedeutsam erkannt: Suchkosten und Kosten des Vertragsabschlusses. Suchkosten umfassen die Kosten der Eruierung der relevanten Preise und der Vertragspartner, während unter die Kosten des Vertragsabschlusses die Kosten für Verhandlungen, den Abschluss eines gesonderten Vertrags für jede Transaktion, die auf dem Markt stattfindet, sowie die Kosten für die Überprüfung der ordnungsgemäßen Vertragserfüllung fallen (vgl. Coase 1937, S. 390f.).

Durch die Einrichtung einer Unternehmung können diese Kosten vermieden werden. Wenn ein Unternehmen gegründet wird, verringert sich die Anzahl der Verträge, die zwischen zwei Parteien abzuschließen sind. Einem Unternehmer wird nun die Macht übertragen, die Produktionsschritte zu koordinieren. Jeder Beschäftigte schließt mit dem Unternehmer einen Vertrag ab, in dem er sich verpflichtet, den Vorgaben des Unternehmers Folge zu leisten und in dem der Unternehmer sich verpflichtet, im Gegenzug einen Lohn zu bezahlen. Typischerweise ist der Vertrag zwischen dem Arbeiter und dem Unternehmer eher allgemein gehalten und zwar deshalb, weil die Zukunft nicht vollkommen vorhersehbar ist und ein Spielraum für eine gewisse Flexibilität in den Vertragsbedingungen günstig für die Produktivität des Unternehmens und somit für beide Parteien ist (vgl. Richter und Furubotn 1999, S. 358). Das charakteristische Merkmal einer Unternehmung liegt für Coase darin, dass Über- und Unterordnungsverhältnisse bestehen und die einzelnen Aktivitäten innerhalb der Unternehmung hierarchisch, also durch Befehl und Gehorsam, koordiniert werden.

Aus dem Coaseschen Ansatz lassen sich Hinweise für die optimale Unternehmensgröße und damit auch die optimale Produktionstiefe gewinnen. Bis zu einer bestimmten Unternehmensgröße verursacht es geringere Kosten, Transaktionen durch das Hierarchiesystem innerhalb der Unternehmung zu organisieren, als über den Markt. Es werden also die Kosten der Nutzung des Markt- und Preismechanismus mit den Kosten der Koordination innerhalb einer Unternehmung verglichen. Eine optimale Unternehmensgröße bzw. Fertigungstiefe (das heißt, ein optimales Verhältnis von Markt zu Hierarchie) ist dann erreicht, wenn die Kosten der Organisation einer zusätzlichen Transaktion innerhalb der Unternehmung den Kosten einer zusätzlichen Markttransaktion entsprechen.

Während in der Theorie von Alchian und Demsetz alle Transaktionen letztlich Markt- und Vertragstransaktionen sind, unterscheidet Coase zwischen Markt und Hierarchie. Insofern stellt sich bei Coase auch die Frage, was die Transaktionskosten minimiert. Verursacht es geringere Kosten, die Produkte über den Markt zu beziehen und eine geringere Fertigungstiefe im Unternehmen zu haben, oder ist es umgekehrt besser, die Güter im Unternehmen und evtl. entlang einer Wertschöpfungskette zu

Abb. 5.3 Globalisierung und das Aufbrechen von Wertschöpfungsketten

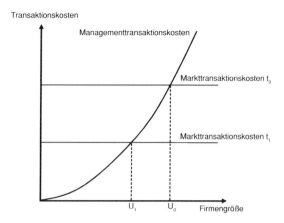

produzieren? Somit thematisiert bereits die Transaktionskostentheorie von Coase Phänomene, die in jüngerer Zeit im Clusterzusammenhang der Globalisierung zugeschrieben werden, wie etwa *Make or Buy* und *Outsourcing* oder *Offshoring*. Unter einer *Make or Buy*-Entscheidung versteht man die Frage, ob ein Vorprodukt im Unternehmen selbst hergestellt werden oder besser von spezialisierten Produzenten bezogen und in das Endprodukt integriert werden soll, beispielsweise ein Radio in ein Auto. Bei *Outsourcing* geht es darum, ob ein Unternehmen bestimmte Aufgaben aus dem Unternehmen auslagern soll, um sie dann wieder von Dritten zu beziehen. Der Begriff *Offshoring* bzw. Auslandsverlagerung bezeichnet eine Form der Verlagerung unternehmerischer Funktionen und Prozesse ins Ausland. Der Einfluss der Globalisierung auf die Fertigungstiefe bzw. das Aufbrechen von Wertschöpfungsketten kann anhand von Abb. 5.3 verdeutlicht werden.

Auf der Abszisse der Abb. 5.3 ist die Unternehmungsgröße aufgetragen und auf der Ordinate die entsprechende Höhe der Transaktionskosten. Diese umfassen die Kosten der Nutzung des Marktmechanismus (die Markttransaktionskosten) und die Kosten der Nutzung der Institution Unternehmung (die Hierarchie- oder Managementtransaktionskosten). Coase liefert mehrere Gründe dafür, weshalb die Hierarchiekosten mit zunehmender Firmengröße ansteigen. Mit zunehmender Firmengröße wird es schwierig, die Ressourcen optimal zu nutzen und zu koordinieren; das Management ist überfordert, sodass sich Fehleinschätzungen häufen. Darüber hinaus werden mit zunehmender Unternehmensgröße die Personalkosten der Unternehmung steigen. Dies begründet er damit, dass es aufgrund des übersichtlicheren Tätigkeitsbereichs viele Manager vorziehen, in kleinen Unternehmen zu arbeiten, anstatt eine leitende Tätigkeit in einem Großunternehmen auszuüben. Zum Ausgleich erhalten die Manager in Großunternehmen höhere Gehälter. Im Gegensatz zu den Hierarchiekosten sind die Markttransaktionskosten unabhängig von der Unternehmensgröße und somit konstant.

Je größer daher die Unternehmung, desto geringer ist ihr Kostenvorteil gegenüber dem Koordinationsmechanismus „Markt". Steigen die Kosten der Organisation über die Transaktionskosten des Marktes, wird das Unternehmen schrumpfen, da es ökonomisch effizienter ist, die Koordination der Ressourcen dem Markt zu überlassen. Umgekehrt nimmt die Unternehmensgröße zu, wenn die Hierarchiekosten geringer sind als die Markttransaktionskosten (vgl. Dunn 1998, S. 144). In Abb. 5.3 wird zum Zeitpunkt t_0 die Unternehmensgröße U_0 mit der entsprechenden Produktionstiefe dargestellt. Mit der Globalisierung und den damit verbundenen technischen Innovationen sind im Laufe der Zeit (von t_0 bis t_1) die Markttransaktionskosten gesunken und weiterhin unabhängig von der Unternehmensgröße.

Aufgrund dieser Entwicklung liegt die optimale Produktionstiefe nun auf einem niedrigeren Niveau, weil es sich für Unternehmen lohnt, Teile aus ihrer Wertschöpfungskette auszulagern und im Anschluss daran wieder über den Markt zu beziehen. Die Unternehmensgröße verringert sich auf U_1. Dadurch kann erklärt werden, weshalb Wertschöpfungsketten aufbrechen und Produktionsschritte aus Unternehmen ausgelagert werden, um dann anschließend über den Markt wieder als Vorprodukte oder Dienstleistungen eingekauft zu werden. Die räumliche Nähe der kleineren Unternehmen hat aber – wie noch gezeigt werden wird – Vorteile für diese. Sie ballen sich nun entlang der vormals in einem Unternehmen organisierten Wertschöpfungskette in einer Region und realisieren so positive Effekte aus der neuen Fertigungstiefe und den Vorteilen der räumlichen Ballung. Die Aufspaltung der Wertschöpfungskette ist somit als wesentliche Grundlage der Entstehung von sog. *Clustern* zu verstehen. Diese sind Gegenstand des nächsten Kapitels.

5.3 Das Cluster- und Netzwerkkonzept

5.3.1 Das Portersche Diamantmodell

Mit der Publikation des Buchs *The Competitive Advantage of Nations* von Michael Porter Anfang der 1990er Jahre etablierte sich die Cluster- und Netzwerktheorie. Schnell entstand ein regelrechter Hype um die Überlegungen von Porter, die innerhalb kürzester Zeit Einzug in viele politische Strategien erhielten. Porter, der jahrelang als Professor für Betriebswirtschaftslehre an der Havard-Universität tätig war, arbeitete überwiegend auf dem Gebiet des Strategischen Managements. Ein Verdienst Porters liegt darin, Wettbewerbsgedanken und strategische Entscheidungen nicht auf Prozesse innerhalb eines Unternehmens zu beschränken, sondern auch Überlegungen betreffend die Wahl eines optimalen Standorts zu berücksichtigen. „The presence of clusters suggests that *much of competitive advantage lies outside a given company or even outside its industry*, residing instead in the locations of its business units". (Porter 2000, S. 254). Wenn vor der Popularisierung des Clusterkonzepts in der Betriebswirtschaft über Standorte debattiert wurde, dann wurde in der Regel die Ebene von Nationalstaaten betrachtet. Dabei waren die Steuerhöhe, die Qualifikation der Bevölkerung und auch die politische Sicherheit wichtige strategische Größen, die für oder gegen eine Ansiedlung in einem bestimmten Land sprachen. Spezifische Gegebenheiten eines lokalen Standorts spielten dabei eine eher untergeordnete Rolle.

Abb. 5.4 Porters
Diamantmodell. Nach Porter
(1991, S. 151)

Bei Porters Überlegungen sind hingegen auch lokale Produktionsbedingungen wichtig. Demnach kann ein Standort für eine Unternehmung strategische Wettbewerbsvorteile bieten, die zwar außerhalb der Unternehmung selbst liegen, aber über alle Unternehmen des Standorts und auch über Industrien hinweg wirken. Alleine an dieser Formulierung wird bereits deutlich, dass die Porterschen Überlegungen zumindest in Teilaspekten an die Theorien von Marshall und Jacobs angelehnt sind (s. Abschn. 3.3.2). Nur werden die strategischen Wettbewerbsvorteile bei Porter anders bezeichnet und die Kostenaspekte der Standortwahl treten in den Hintergrund, während die Produktivitätsaspekte der Standortwahl ins Zentrum gerückt werden. Auf die ökonomische Sinnhaftigkeit dieser Vorgehensweise wird in Abschn. 6.2.2 zur normativen Clusterpolitik näher eingegangen.

Die im vorhergehenden Unterkapitel beschriebene neue optimale Fertigungstiefe als Ergebnis des Aufbrechens von Wertschöpfungsketten macht es für Unternehmungen vorteilhaft, sich auf ihre Kernkompetenzen in der Produktion zu beschränken und gleichzeitig die Vorteile einer ortsnahen Herstellung vor- bzw. nachgelagerter Produkte zu realisieren. In der Clustertheorie wird diese Kombination als *strategischer Wettbewerbsvorteil* bezeichnet. Strategische Wettbewerbsvorteile können demnach realisiert werden, wenn Unternehmen sich auf die Produktion ihrer angestammten Güter konzentrieren, sich aber an einem Ort niederlassen, an dem auch in der Wertschöpfungskette vor- und nachgelagerte Unternehmen ansässig sind. So können sie gleichzeitig leicht die Vorleistungen anderer Hersteller beziehen und dadurch Kostenvorteile realisieren und ihre Produkte einfacher absetzen, da die Nachfrager der Güter vor Ort sind. Diese Vorteilhaftigkeit der Ballung von Unternehmen entlang einer Wertschöpfungskette an einem Ort beschreibt Porter mithilfe seines berühmten Diamantmodells, dessen Name auf seine grafische Darstellung in Form eines Diamanten zurückgeht (vgl. Porter 1991, S. 95ff.).

Abbildung 5.4 illustriert das Diamantmodell schematisch. Porter nennt vier Erfolgsbedingungen für die regionale Wirtschaft. Wenn es gelingt, diese vier Bedingungen zu realisieren, verstärken sie sich gegenseitig und die Region erzielt einen strategischen Wettbewerbsvorteil gegenüber anderen Regionen. Zunächst werden die Faktorbedingungen hervorgehoben, welche Quantität und Qualität der vorhandenen

Produktionsfaktoren umfassen, wie beispielsweise die Infrastruktur, einen qualifizierten Arbeitskräftepool, das Ausbildungssystem und die Verfügbarkeit von Kapital. Diese Faktorbedingungen können als Grundvoraussetzung für die Entstehung eines nachhaltigen Wettbewerbsvorteils angesehen werden. So können in einer Region, in der keine Produktionsfaktoren vorhanden sind, bzw. diese nicht die erforderliche Qualität aufweisen, auch keine Wettbewerbsvorteile für Unternehmen entstehen.

Ferner haben nach Porter auch die Nachfragebedingungen an einem Standort Einfluss auf die Wettbewerbsvorteile. Den Einfluss der Nachfragebedingungen kann man sich wie folgt vorstellen: Besteht vor Ort Nachfrage nach den produzierten Gütern, dann ist es für Unternehmen leichter, ein Feedback für ihre Güter zu bekommen. Aus diesem Feedback entstehen dann Neuerungen und Verbesserungen der Güter, was deren Wettbewerbsfähigkeit steigert. Insofern wirkt sich eine vorhandene regionale Nachfrage nach den hergestellten Gütern positiv auf die Wettbewerbsfähigkeit der Unternehmen aus. An diesem Mechanismus kann man erkennen, wie diese Faktoren einander gegenseitig bedingen können. Ein rasches und kritisches Feedback über Qualität und Verbesserungsmöglichkeiten der Güter wirkt sich im Gegenzug positiv auf die Humankapitalbasis der Beschäftigten aus, was in einer Verbesserung der Produktionsfaktoren resultiert. Je größer der regionale Markt für die Güter ist, desto umfangreicher ist zudem der Pool an verwertbaren Signalen der Verbraucher an die Unternehmen. Insofern sind die Signale, welche die Verbraucher an die ortsansässigen Unternehmen senden, wichtig für die Weiterentwicklung der Produkte und somit ein strategischer Wettbewerbsvorteil für die regionalen Unternehmen.

Eine weitere Ecke des Diamanten repräsentiert die Existenz von Unternehmen artverwandter und unterstützender Branchen vor Ort. Befinden sich Unternehmen solcher Branchen in der Nähe, dann ist es entweder möglich, bestimmte, in der Wertschöpfungskette vorgelagerte, Produkte branchenübergreifend gemeinsam zu nutzen, oder Erkenntnisse artverwandter Branchen auf die eigene zu übertragen. Durch die enge Zusammenarbeit mit Zulieferern von Vorprodukten können Probleme schneller gelöst werden, wodurch ein Innovations- und Verbesserungsprozess entsteht. Über die Zunahme des eigenen Wissens durch die Erkenntnisse anderer Unternehmen kann das einzelne Unternehmen innovativer und folglich wettbewerbsfähiger werden als bei der Produktion an einem Standort ohne Verbindung zu anderen Produzenten, die ähnliche Güter produzieren. Als Beispiel für verwandte Branchen nennt Porter die Herstellung von Pkws, Kleinlastern und Gabelstaplern, bei denen sich Produktionsprozesse oder technologisches Wissen relativ einfach übertragen lassen. Dem Leser wird sicherlich die Nähe der hier beschriebenen Zusammenhänge zu den Agglomerationseffekten in Abschn. 3.2 auffallen. Obwohl Porter sie nicht als solche benennt, ist es hilfreich, sich diese gegebenenfalls im Detail noch einmal zu vergegenwärtigen.

Die vierte und letzte Ecke des Diamanten ergibt sich aus der Unternehmensstrategie selbst und dem vorherrschenden Wettbewerbsdruck. Dabei ist häufig nicht klar, ob die Unternehmensstrategie Einfluss auf den Wettbewerbsdruck hat, oder ob ein zunehmender Wettbewerbsdruck die Unternehmensphilosophie verändert. Insofern erinnert diese

Argumentation ein wenig an die Diskussion um Henne und Ei und der Mechanismus kann theoretisch nicht sauber zerlegt werden. Aber klären wir zunächst, was man unter den einzelnen Begriffen versteht und welche Wirkung sie jeweils entfachen. Unter der Unternehmensstrategie oder Unternehmensphilosophie wird häufig verstanden, welche Ziele die Eigentümer, Manager und Beschäftigten im Unternehmen verfolgen, aber auch, wie die Unternehmen organisiert und strukturiert sind. Verfolgen Unternehmen eine innovative – und damit auch vermutlich riskantere – Strategie, wonach sie ständig auf der Suche nach Verbesserungen sind? Oder halten sie lieber am Bewährten fest und entwickeln somit eine Art des Besitzstanddenkens? Für die Erlangung von nachhaltigen Wettbewerbsvorteilen sollten Unternehmen vornehmlich auf der Suche nach Verbesserungen und auch häufigem Wandel gegenüber aufgeschlossen sein.

Einfluss auf die jeweils zu wählende Haltung kann der ebenfalls genannte Wettbewerbsdruck haben. Wenn die Konkurrenz auf einem Markt stark ist, sind viele Unternehmen geradezu gezwungen, immer die neuartigsten Trends und Veränderungen zu berücksichtigen und sich stark auf Innovationen auszurichten. Ist der Wettbewerbsdruck in einer Region hingegen eher schwach, scheut man in der Regel die – teilweise auch kostspielige und riskante – Neuerung und bleibt bei der bewährten Güterpalette bzw. den bekannten Produktionsmethoden. Insofern ist nach Porter ein gewisser Wettbewerbsdruck, dem Unternehmen ausgesetzt sind, vorteilhaft für ihre Entwicklung und damit auch für die Region. Selbst auf die Frage, wie viel Druck für ein Unternehmen denn gut sei, findet Porter eine Antwort. Seiner Meinung nach sollte eine lebhafte, im Sinne von anregenden Konkurrenzsituation zwischen den regionalen Akteuren vorherrschen, um einen besonders wirksamen Einfluss auszuüben. Diese besondere lokale Atmosphäre sei geeignet, die Unternehmen zu einem kontinuierlichen *benchmarking* anzuleiten. Dabei beobachten sie die Konkurrenten ständig, um bei ihnen ein eventuelles Neuerungspotential zu erkennen und zu adaptieren. Man könnte diese Philosophie auch als ein lokales Weiter, Höher und Schneller bezeichnen.

Zudem kann ein intensiver Wettbewerb auch zu einem wünschenswerten Wandel in der Unternehmensphilosophie führen. Sind Unternehmen aufgrund von fehlendem Wettbewerbsdruck träge und scheuen sie Neuerungen aus Gründen der Bequemlichkeit, kann ein beschleunigter Wandel dazu führen, mehr Wert auf Innovationen zu legen. Weitere Faktoren an dieser Ecke des Diamanten können die Organisationsformen und der Führungsstil einer Unternehmung sein, wobei bei Porter im Detail keine Hinweise darauf zu finden sind, welche Form die vorteilhafteste ist. Vielmehr wird auf eine Vielfalt von Unternehmenskulturen verwiesen und betont, dass an verschiedenen Standorten unterschiedliche Kulturen vorherrschen und man sich auf die jeweiligen lokalen Besonderheiten einstellen muss. Porter (1991, S. 132) bringt ein Beispiel für den Zusammenhang von Branchenerfolg und Managementstrategie: „In Deutschland [...] fördert die technische Ausbildung vieler leitender Manager einen starken Hang zur methodischen Produkt- und Verfahrensverbesserung. Nicht greifbaren Grundlagen des Wettbewerbsvorteils wird selten nachgegangen. Diese Eigenschaften wirken sich äußerst erfolgreich aus in Branchen mit starker technischer Ausrichtung, vor

allem dort, wo hochkomplizierte und komplexe Produkte bei der Herstellung Präzisi-
onsarbeit verlangen und wo ein durchdachter Entwicklungsprozess, Kundendienst und
somit eine äußerst disziplinierte Führungsstruktur gefragt sind. Die Deutschen haben
weit seltener Erfolg bei Konsumgütern und Dienstleistungen, wo es auf Imagemarke-
ting, schnelle Änderung des Aussehens und Modellwechsel ankommt." Weiterhin ver-
weist Porter auf empirische Untersuchungen, die verdeutlicht haben, dass der Erfolg
bestimmter Branchen in verschiedenen Regionen auch von den unterschiedlichen
Führungsstilen in den dortigen Unternehmen beeinflusst wird, wie das obige Beispiel
andeuten soll.

Die vier Ecken des Diamanten ergeben ein System sich wechselseitig verstärkender
Einflussfaktoren. Die Wirkung, die von einer Ecke auf die anderen ausgeht, hängt in ent-
scheidendem Maße vom Zustand bzw. von der Ausstattung der anderen Ecken ab. Somit
ergeben beispielsweise günstige Nachfragebedingungen keinen Wettbewerbsvorteil,
wenn der Wettbewerbsdruck nicht ausreicht, um die Unternehmen zu Innovationen zu
veranlassen (vgl. Porter 1991, S. 96). Bei einer günstigen Konstellation können aber Vorteile an einer Ecke auch Vorteile an den anderen Ecken des Diamanten auslösen. Somit
kann ein selbstverstärkendes System entstehen, in dem die Unternehmen und schließlich
auch die Region nachhaltige Wettbewerbsvorteile gewinnen.

Wir erweitern das Diamantmodell nun um zwei Faktoren, die zwar keine direkten
Bestandteile des Diamanten sind, allerdings ebenfalls als Ursprungsfaktoren auf diesen
wirken können. Darunter werden einerseits Wirkungen des Staats bzw. der Politik und
andererseits der Zufall subsumiert. Demnach kann der Staat mit geeigneten wirtschaftspolitischen Maßnahmen, wie beispielsweise einer Wettbewerbspolitik, aber auch einer
speziellen Clusterpolitik (s. Abschn. 6.2), die Ecken des Diamanten stärken. Auch der
Zufall kann über die beschriebenen Selbstverstärkungsmechanismen zur Stärkung des
Diamanten führen. Dazu gehören zum Beispiel politisch-historische Ereignisse wie Han-
delsbarrieren und Kriege oder auch herausragende regionale Einzelpersönlichkeiten, wie
besonders innovative Unternehmerpersönlichkeiten oder Erfinder, die den Impuls für
eine Clusterbildung in einer Region geben.

Fassen wir die Vorteile, die mithilfe des Diamantmodells beschrieben wurden, noch
einmal systematisch zusammen. Porter erwartet durch eine Clusterbildung bedeutende
Synergieeffekte für lokale Unternehmen. *Clusterbildung* meint dabei die Ballung von
Unternehmen entlang einer Wertschöpfungskette, die sich auf ihre Kernkompetenzen
der Produktion konzentrieren und andere Bestandteile der Produktion auslagern und
fortan von spezialisierten lokalen Anbietern beziehen. Die angesprochenen Synergien
werden beispielsweise durch die gemeinsame Nutzung von Infrastruktureinrichtungen realisiert. Außerdem können durch die Auslagerung einzelner Produktionsschritte
an spezialisierte Anbieter Kostenersparnisse erzielt werden. Einen weiteren Vorteil der
Clusterbildung sehen die Befürworter des Ansatzes darin, dass zwischen den beteiligten
Unternehmen ein Transfer von Technologien, Qualifikationen, Marktinformationen und
Managementpraktiken erfolgt. In der ökonomischen Theorie werden derartige Effekte in
der Regel als Wissensexternalitäten (*knowledge spillover*) bezeichnet.

Die genannten Vorteile, also die Synergien und der Transfer von Wissen, haben Auswirkungen für die Unternehmen im Cluster und aufgrund der dominanten Stellung des Clusters auch für die Region. Einerseits erreichen die Unternehmen des Clusters dadurch eine höhere *Fitness* – dieser Begriff wird in der Literatur häufig verwendet, weshalb auch wir ihn hier zur besseren Wiedererkennung verwenden. Dadurch erhöht sich die Produktivität und damit auch die Wettbewerbsfähigkeit der Unternehmen. Andererseits wird eine größere Überlebensfähigkeit für Neugründungen daraus abgeleitet (wobei allerdings auch Produktivitätssteigerungen alleine die Überlebenswahrscheinlichkeit erhöhen). Aber auch für die gesamte Region resultiert daraus eine größere „Fitness", was durch eine Stärkung der Identifizierung mit dem lokalen Standort, ein einfacheres Standortmarketing und einen qualifizierten, spezialisierten lokalen Arbeitskräftepool erklärt wird.

5.3.2   Präzisierung des Clusterbegriffs

Mittlerweile existieren fast so viele unterschiedliche Definitionen des Terminus „Cluster" wie Clusterinitiativen. Es fehlt aber nach wie vor eine klare, funktionale, räumliche wie sektorale Abgrenzung des Clusterbegriffs, wodurch das Konzept eine große Unschärfe aufweist und breiten Raum für Interpretationen lässt. Einige Autoren kritisieren diese Unschärfe harsch, andere hingegen sehen sie als einen bedeutenden Faktor für den großen Erfolg des Konzepts. So merkt Perry (1999, S. 150) an: „The prominence of clusters is helped by definitional vagueness." Und Steiner (1998, S. 1) ergänzt: „Clusters have the discreet charm of obscure objects of desire." Weitreichende Ähnlichkeiten finden sich bei den verschiedenen Definitionen immer hinsichtlich der Ballung von Unternehmen einer Branche entlang einer Wertschöpfungskette. Somit gehören neben den Produzenten der Finalgüter auch immer die regional ansässigen Zulieferer und Dienstleister zum Cluster im engeren Sinne. Andere Autoren sprechen von einer gemeinsamen Technologie bzw. einander ähnelnden Aktivitätsfeldern, in denen die Unternehmen tätig sind. Letztlich geht es bei allen Ansätzen um sehr ähnliche Zusammenhänge, die nur durch unterschiedliche Begrifflichkeiten voneinander getrennt sind.

Um den Begriff des Clusters weiter einzugrenzen, ist eine Abgrenzung gegenüber den herkömmlichen Vorteilen einer Agglomeration (wie in Kap. 14 beschrieben) sinnvoll. Diese Abgrenzung kann nur in der Betonung der Wertschöpfungskette liegen, da die Vorteile aus der Vielfalt an Zwischen- und Endprodukten in der Agglomerationsökonomik bereits seit langer Zeit bekannt sind. Somit wäre eine alleinige Definition von Clustern über die Vorteile aus der lokal verfügbaren Vielfalt an Zwischen- und Endprodukten redundant. Vielmehr muss bei der Eingrenzung des Clusterbegriffs auf eine räumliche Ballung von einander in der Wertschöpfungskette vor- und nachgelagerten Unternehmen abgestellt werden. Eine zusätzliche Erweiterung des Clusterbegriffs kann darin gesehen werden, dass nunmehr die Vorteile des Wissensaustauschs zwischen Unternehmen und in der Region ansässigen Institutionen (wie Universitäten, Forschungseinrichtungen, Industrieverbänden oder Kammern) explizit betont werden.

Zudem wird in der Clustertheorie hervorgehoben, dass spezielle Regelwerke herausgearbeitet werden müssen, nach denen ein koordinierter Austausch von Wissen zwischen unabhängigen Entscheidungseinheiten erfolgen kann. Die Entstehung von horizontalen Clustern kann nicht als Neuerung im wissenschaftlichen Diskurs anerkannt werden, da schon Jacobs (1969) die Wirkung von Wissensexternalitäten zwischen Unternehmen unterschiedlicher Branchen und damit von *cross-sectoral spillover* herausgearbeitet hat.

Fernab einer ermüdenden Aufzählung von verschiedenen Bestandteilen unzähliger Definitionen rund um den Begriff *Cluster* haben diese neueren Konzepte zumeist eines gemeinsam: Sie betrachten die reine Ballung von Unternehmen – also die Clusterformation – nur als *einen* Bestandteil des gesamten Bilds bzw. als Voraussetzung für die Entstehung von Wachstumspotential. Damit die im Zusammenhang mit dem Diamantmodell genannten Vorteile entstehen können, ist es zwingend notwendig, dass über eine Vernetzung der Unternehmen entlang der Wertschöpfungskette auch ein koordinierter Wissensaustausch stattfindet. Der Unterschied zwischen einer reinen Ballung mit den automatisch daraus resultierenden Wissensexternalitäten und einer zielgerichteten, aktiven Wissensgenerierung in einem Cluster soll nun herausgearbeitet werden. In vielen Arbeiten wird der Begriff des *Clusters* beinahe synonym mit dem des *Netzwerks* verwendet. Dies wird jedoch von vielen Vertretern des Clusterzusammenhangs kritisiert. Auch wir wollen hier eine differenzierte Sichtweise verfolgen. Wir sehen folgende Definition des Clusterbegriffs, die als Portersche Clustertheorie im weiteren Sinne zu bezeichnen ist, als geeignet an, um die am häufigsten genannten Bestandteile zusammenzufassen:

Demnach wird eine regionale Ballung von Wirtschaftsakteuren dann als *Cluster* bezeichnet, wenn Unternehmen entlang einer Wertschöpfungskette oder Unternehmen, die eine artverwandte Produktionstechnologie verwenden, zudem funktional miteinander verbunden sind. Diese funktionale Verbindung bedeutet, dass die Akteure auf einer marktmäßigen Ebene Beziehungen zueinander haben. Dies kann beispielsweise in Form einer Zulieferer- oder Dienstleisterbeziehung geschehen, bei der die Zulieferer mit dem Abnehmer Verträge über die Lieferung bestimmter Vorprodukte abschließen. Dabei ist die marktmäßige Beziehung der Akteure sehr wichtig. Sie handeln entweder Vorprodukte oder Dienstleistungen miteinander und sind in irgendeiner Form vertikal (d. h. entlang der Wertschöpfungskette) oder horizontal (d. h. sie nutzen ein und dieselbe Technologie) miteinander verbunden.

Das Netzwerk baut auf dieser funktionalen, also marktmäßigen, Clusterformation auf. Die Netzwerk-Komponente wird als eine strategische und nicht marktmäßige Verbindung von Unternehmen untereinander angesehen. Die lokalen Akteure kooperieren dabei auf einer strategischen Ebene. Sie treffen Absprachen hinsichtlich der gemeinsamen Nutzung der spezifischen Infrastruktureinrichtungen oder führen gemeinsame Forschungsprojekte durch, deren konkrete Inhalte oder Ergebnisse nicht über Verträge, also in einer marktmäßigen Verbindung, fixiert werden können. Dabei ist aus Sicht der Clustertheorie wichtig, dass diese strategische Komponente von den Clusterakteuren zielgerichtet realisiert – ja sogar initiiert – wird, wodurch wieder die Nähe zu Managementkonzepten augenscheinlich wird. Ein gutes Beispiel für eine derartige Kooperation findet

Abb. 5.5 Der Zusammenhang
zwischen Region, Cluster und
Netzwerk

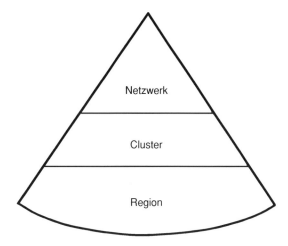

sich in Abschn. 3.2.1, wo beschrieben wird, wie von einem speziellen Breitband-Fiberoptik-Kabelsystem in London eine gesamte Branche profitiert. Dies ist ein Beispiel dafür,
dass eine Kooperation nicht einfach entsteht, sondern zielgerichtet initiiert wird. Dabei
sind den Bereichen der Kooperation keine Grenzen gesetzt, sie kann von der kollektiven
Nutzung von Infrastruktureinrichtungen bis zu einem gemeinsamen Marketing reichen.

Noch einmal kurz zusammengefasst: Unter einer *Clusterformation* ist die Ballung von
Unternehmen entlang einer Wertschöpfungskette oder von Unternehmen mit ähnlicher
Produktionstechnologie zu verstehen, die marktmäßig (funktional) miteinander verbunden sind. Die Netzwerkformation setzt an der Clusterformation an und sieht strategische
und eher informelle (nicht über Verträge fixierte) Absprachen der Akteure untereinander
in allen vorstellbaren Kooperationsbereichen vor. Partner solcher Kooperationen müssen
dabei aber nicht unbedingt nur Unternehmen sein, die untereinander Lieferbeziehungen
haben, sondern auch anderen Institutionen kann dabei eine besondere Rolle zukommen.
So ist die Kooperation zwischen Kammern, Unternehmen, Normierungsinstituten, Universitäten u. a. sehr wichtig für eine funktionierende Netzwerkformation. Eine Kooperation dieser Einrichtungen miteinander führt zu einer höheren Innovationskraft und diese
wiederum zu bedeutenden Wettbewerbsvorteilen für die jeweilige Region.

Die OECD definiert Cluster als eine vertikale Kooperation von interdependen-
ten Akteuren entlang der unternehmensübergreifenden Wertschöpfungskette einer
bestimmten Branche, die auf Handelsbeziehungen, Innovationsnetzwerken, Wissens-
flüssen und/oder einer gemeinsamen Wissensbasis beruht (vgl. OECD 2007). In diesem
Zusammenhang wird häufig die Existenz von informellen Regelwerken betont, die zur
Erleichterung der Wissensverbreitung beziehungsweise der Nutzung und Erweiterung
einer gemeinsamen Wissensbasis führen, und so die Effizienz der Netzwerkformation
erhöhen. Somit ist die Existenz einer Clusterformation immer Voraussetzung für die
Entstehung eines Netzwerks. Der Kegel in Abb. 5.5 soll diesen Zusammenhang grafisch
verdeutlichen.

5.3.3   Die Entstehung von regionalen Cluster- und Netzwerkformationen

Historisch betrachtet stellt das Aufbrechen der Wertschöpfungsketten die Basis für eine Clusterbildung dar. Jedoch muss jede Region, die ein Clusterpotenzial hat, weitere Faktoren generieren, sodass daraus auch ein funktionsfähiger Cluster entstehen kann. Dieser Abschnitt hat das Ziel, einige Grundvoraussetzungen zu beschreiben, damit Wettbewerbsvorteile durch Clusterbildung im Porterschen Sinne überhaupt erst entstehen können.

5.3.3.1 Region

Mittlerweile besteht in der Wissenschaft die allgemeine Auffassung, dass ein Cluster bzw. Netzwerk eine fundierte Basis benötigt, um sich zu etablieren und sozusagen nicht aus dem Nichts entstehen kann. Dennoch wird von einzelnen Befürwortern der Clustertheorie und vielen Praktikern häufig gefordert, dass die regionalen Akteure in Politik und Wirtschaft aktiv auf die Etablierung eines Clusters hinarbeiten sollten – unabhängig von einer Analyse der vorhandenen wirtschaftlichen Basis in der jeweiligen Region. Stattdessen muss eine Region aber zunächst eine nennenswerte Branchenkonzentration entlang einer Wertschöpfungskette aufweisen, damit sich aus dieser Ballung eine Clusterformation entwickeln kann.

Kapitel 14 beschreibt anhand von einfachen Beispielen in der Forschung gängige Maßzahlen der räumlichen Konzentration und regionalen Spezialisierung. Aber auch wenn man anhand dieser Maßzahlen feststellen kann, ob eine Branche konzentriert ist bzw. ob eine Region spezialisiert ist, kann man daraus noch keine Aussagen darüber ableiten, ob eine kritische Masse an ökonomischer Aktivität in einer Region vorhanden ist. Je stärker die regionale Spezialisierung auf eine Branche ist, desto größer ist allerdings die Wahrscheinlichkeit, dass daraus Wettbewerbsvorteile für die betreffende Region entstehen können.

Der Versuch, einen Cluster ohne vorhandene starke regionale Ballung zu etablieren, ist zumeist aussichtslos. Dabei gibt es jedoch kein zuverlässiges Messkonzept, nach dem davon ausgegangen werden kann, wann die für die Etablierung eines Clusters notwendige Anzahl an Akteuren erreicht ist. In der Theorie regionaler Cluster wird davon ausgegangen, dass eine bestimmte kritische Masse bzw. Dichte an Akteuren entlang der Wertschöpfungskette erreicht sein muss, um ein clustertypisches Wachstum herbeiführen zu können. Zudem ist eine Mindestanzahl an Akteuren notwendig, damit sich ein Cluster eigendynamisch weiterentwickelt (vgl. Döring 2004, S. 18).

5.3.3.2 Cluster

Erfolgreiche Clusterformationen entstehen immer aus einem Ursprungsimpuls, der sich im Laufe der Zeit derart verstärkt, dass letztlich stabile Cluster daraus entstehen können. Diese Ursprungsimpulse können sehr unterschiedliche Quellen haben. Wichtig ist dabei, dass der Impuls stark genug ist, um die Selbstverstärkungskräfte des „Diamanten" zu aktivieren, wenn man es im Porterschen Sinne ausdrücken möchte. Beispiele für solch einen Ursprungsimpuls können historisch gewachsene regionale Standortvorteile (so genannte Vorteile erster Art, s. Abschn. 3.1) sein. Darunter kann man sich zum Beispiel regionale Rohstoffvorkommen vorstellen. So konnte sich der Steinkohle- und Stahlcluster im Ruhrgebiet Anfang des letzten Jahrhunderts nur deshalb etablieren, weil es in der Region erhebliche Mengen an Steinkohle gab. Die Stahlindustrie benötigt für die Produktion sehr viel Energie, sodass für sie der Standort, an dem der Energie spendende Rohstoff Kohle vorrätig war, eindeutige Vorteile hatte. Aber auch die Lage an einem Fluss oder der Zugang zum Meer können entscheidende Ursprungsimpulse für die Ansiedlung bestimmter Branchen sein. So wurde bereits in Kap. 3 beschrieben, dass für eine Werft der Zugang zum Wasser für die Produktion essentiell ist. Dieser Ursprungsimpuls kann verstärkt werden, wenn in einer Region über den Zugang zum Wasser hinaus noch weitere Impulse existieren, wie zum Beispiel eine spezialisierte Infrastruktur in Form eines Hafens.

Andere Quellen für einen Ursprungimpuls können auch ein besonders innovativer Unternehmer oder eine besonders innovative Institution sein, der oder die in der Region ansässig ist und durch die Entwicklung oder Produktion eines Guts dafür sorgt, dass sich Clusterstrukturen etablieren können. Der seit vielen Jahrzehnten erfolgreiche Cluster für optische Geräte in Jena beispielsweise fand seinen Ursprung in der damals sehr innovativen Zusammenarbeit des Unternehmers Carl Zeiss und des Physikers Ernst Abbe in dieser Stadt. Dort wurde auch der Industriebetrieb der beiden Akteure gegründet und gemeinsam entwickelten sie innovative Mikroskope, wodurch viele Geräte im optischen Bereich weiterentwickelt bzw. überhaupt erst entwickelt wurden. Dieses Unternehmen war für die Entwicklung des Clusters in Jena die zentrale Kraft, denn es war der Motor für die optische Industrie in ganz Deutschland. Auch zeigt sich hier das Gewinnbringende an einer Zusammenarbeit zwischen Unternehmen und Universitäten. So stellte der Physiker Ernst Abbe bereits als junger wissenschaftlicher Mitarbeiter dem Unternehmer Carl Zeiss wichtige Erkenntnisse auf dem Gebiet der wissenschaftlichen Optik zur Verfügung, woraus die Unternehmung einen wichtigen technologischen Vorsprung vor anderen erlangen konnte und als Leitbetrieb den regionalen Cluster geprägt hat.

Ein Ursprungsimpuls verliert zwar häufig im Laufe der Zeit an Bedeutung, woraus für die Clusterformation jedoch kein Nachteil entstehen muss, insbesondere dann nicht, wenn sich der Cluster durch das Zusammenwirken mehrerer Faktoren bereits gefestigt hat. Auf der Basis anderer, nach und nach entstandener, lokaler Wettbewerbsvorteile hat der Ursprungsimpuls oft ohnehin nur noch geringe Bedeutung und der Cluster ist aufgrund der weiteren Faktoren immer noch erfolgreich. Ein Beispiel dafür kann der amerikanische Automobilcluster in Detroit darstellen. Die Stadt liegt am Detroit River und ist bekannt als *der* US-amerikanische Automobilcluster, wenn er in letzter Zeit auch große Krisen zu überstehen hatte. Vier große amerikanische Automobilhersteller haben ihren Sitz und ihre Produktionsanlagen in Detroit. Wie kam es nun dazu, dass sich dieser Cluster ausgerechnet in Detroit gebildet hat? Der Ursprungsimpuls kam von einem natürlichen Standortvorteil, nämlich der Lage der Stadt an einem Fluss, dem Detroit River. Dieser Fluss ist eine wichtige Verbindung zwischen dem Lake St. Clair und dem Eriesee und diese Wasserverbindung war schon immer eine häufig frequentierte Schifffahrtsroute.

Im Laufe der Zeit wandelte sich jedoch die Schifffahrt. Mit der Erfindung der Dampf-maschinen wurden erstmals maschinell angetriebene Schiffe gebaut, die Segelschiffe als Transportmittel abgelöst haben. Im weiteren Verlauf dominierten motorbetriebene Schiffe. Da die Motoren gewartet und gelegentlich auch repariert werden mussten, sie-delten sich die ersten Reparaturwerkstätten für Schiffsmotoren vornehmlich am Fluss in der Stadt Detroit an, weil sie erstens dort Zugang zu den Schiffen hatten und es zwei-tens in der Stadt Wohnraum gab und Material bezogen werden konnte. Damit war Det-roit schon als Wissensquelle für Motoren bekannt. Mit der Zeit entstand dort eine gute Humankapitalbasis für die Reparatur und die Herstellung von Motoren. Henry Ford, der aus der Nähe von Detroit stammte und sich intensiv mit Verbrennungsmotoren beschäf-tigte, sah diesen Standort dann auch als geeignet an, um dort seine Automobile zu pro-duzieren, und gründete 1903 die *Ford Motor Company*.

Ähnlich wie bei dem Beispiel Jena war Ford der zentrale Leitbetrieb, der die Cluster-bildung in Detroit im Laufe der Zeit stark beeinflusste. Dieser Fall soll verdeutlichen, dass der vormals gewichtige natürliche Standortvorteil, also die Lage der Stadt am Det-roit River, mit der Zeit an Bedeutung verlor, ohne dass dies negative Auswirkungen auf die Clusterformation hatte. Dennoch war der Fluss als Ursprungsimpuls wichtig dafür, dass sich der Cluster genau dort etablieren konnte. Sicher kam mit dem innovativen Erfinder und Unternehmer Ford ein weiterer, eher zufälliger, Impuls hinzu. Andere wichtige Gegebenheiten, wie zum Beispiel die vorhandenen Produktionsfaktoren und vor allem der vorhandene Branchenkern mit der bis dahin schon gebildeten Humanka-pitalbasis, lösten in der Folge den Ursprungsimpuls ab und waren nun bedeutend für den weiteren Erfolg der Clusterformation.

Dies soll zudem zeigen, dass das Vorhandensein einer gewissen Humankapitalbasis bzw. eines gewissen *Know-hows* in einer Region eine Voraussetzung dafür ist, dass sich ein funktionsfähiger Cluster bilden kann, also eine Bündelung der Aktivitäten und der (qualifizierten) Akteure in der Region möglich wird. Nach dem Clustergedanken sollten diese Aktivitäten dann innerhalb einer Wertschöpfungskette organisiert sein. Damit spä-ter gewinnbringende Netzverbindungen zwischen den Akteuren der Clusterformation entstehen können, ist es außerdem wichtig, dass die Unternehmen und die Institutio-nen auf einer funktionalen Ebene Verflechtungsbeziehungen über marktmäßige Trans-aktionen unterhalten. Viele Vertreter des Clustergedankens sind der Überzeugung, dass Beziehungen zwischen den Unternehmen auf einer funktionalen Ebene sogar eine unab-dingbare Voraussetzung dafür sind, dass eine – die Innovationsleistung der Unterneh-men stimulierende – Netzwerkbeziehung überhaupt entstehen kann. Im Weiteren soll nun herausgearbeitet werden, wieso diese funktionale Verflechtung für die Etablierung einer innovationsfördernden Netzwerkformation so bedeutend ist.

5.3.3.3 Netzwerk

Netzwerkverbindungen sollen das Zustandekommen von strategischen Kooperationen in sensiblen Bereichen, wie etwa der Forschungs- und Entwicklungstätigkeit, ermögli-chen. Wenn diese Kooperationen für die teilnehmenden Unternehmen erfolgreich sein sollen, dann ist es häufig notwendig, dass sie strategisch bedeutendes Wissen untereinander austauschen. Dieser Austausch kann aber sehr heikel sein und wirkt für die Kooperation abschreckend, wenn einem der Partner nicht vertraut wird. Opportunistisches Verhalten eines Kooperationspartners kann dazu führen, dass dem anderen Partner durch die Kooperation Verluste entstehen oder sie keine Vorteile bringt, sondern nur Ressourcen verbraucht. Kooperationsvereinbarungen haben normalerweise keine marktmäßigen Austauschbeziehungen zum Inhalt. Das bedeutet, sie sind nicht über Preise definiert und können häufig auch nicht in Form von Verträgen fixiert werden, weil etwa die Ergebnisse von gemeinsamen Forschungsanstrengungen nicht vorhersehbar sind oder Probleme bei der Realisierung nicht antizipiert werden können.

Sichtet man die Literatur zur neuen Institutionenökonomik, die sich intensiv mit dem Verhalten von Vertragspartnern beschäftigt, zeigt sich, dass selbst formale Verträge in der Realität häufig nur unvollkommen spezifiziert sind. Zurückgeführt werden solche Unvollkommenheiten zum Beispiel darauf, dass nicht alle in einer komplexen Umwelt möglichen zukünftigen Szenarien in Verträgen spezifizierbar sind und der Umgang mit ihnen letztlich auch nicht vertraglich geregelt werden kann. Anders – ökonomisch – formuliert, könnte auch davon gesprochen werden, dass es schlicht zu hohe Kosten verursachen würde, sich bereits im Vorfeld einer Vereinbarung mit allen möglichen Eventualitäten auseinanderzusetzen. Die Resultate von strategischen Kooperationsbemühungen zwischen Unternehmen sind noch viel schwieriger abzusehen. Deshalb sind derartige Vereinbarungen noch wesentlich schwieriger zu präzisieren, bzw. können sie aufgrund der weitreichenden Unwägbarkeiten gar nicht Vertragsbestandteil werden. So werden bei solchen Kooperationen, wenn überhaupt, nur sehr allgemeine Richtlinien bezüglich des Vertragsgegenstands formuliert, da eine spezifischere Ausgestaltung der Inhalte aufgrund der fehlenden Vorhersehbarkeit der Zukunft nahezu unmöglich ist oder schlicht zu hohe Kosten verursachen würde.

Wenn Verträge nicht die strikte Einhaltung von Absprachen durchsetzen können und eine Partei möglicherweise Gefahr läuft, durch opportunistisches Verhalten ihres Gegenübers ausgebeutet zu werden, verringert das den Anreiz, Kooperationsbeziehungen einzugehen. Selbst wenn aus der informellen Zusammenarbeit große Gewinne für beide Parteien entstehen können, wirkt ein mit einer bestimmten Wahrscheinlichkeit eintretendes Ausbeutungsverhalten des Kooperationspartners abschreckend. Für die Innovationskraft eines Clusters bzw. einer Region sind solche opportunistischen Verhaltensweisen, die aus der Unmöglichkeit resultieren, vollkommene Verträge im Bereich strategischer Kooperationen zu formulieren, hinderlich.

Nun stellt sich jedoch die Frage, wie es Unternehmen gelingt, dennoch miteinander zu kooperieren. Damit Unternehmen trotz der vorhandenen Risiken eine Kooperation eingehen, müssen sie sich gegenseitig vertrauen. Somit stellt Vertrauen zueinander eine besonders wichtige Voraussetzung für die Entstehung langfristiger strategischer Kooperationsbeziehungen dar. Vertrauen kann sich im Laufe der Zeit durch das Unterhalten marktmäßiger Beziehungen zwischen zwei Parteien entwickeln. Dieses über die marktmäßige Verflechtung von Unternehmungen entstandene Vertrauen ist für die Etablierung eines Netzwerks bedeutend. Marktmäßige Beziehungen sind Geschäftsbeziehungen und ein Vertragsabschluss ist meist obligatorisch. Dabei entsprechen einander Leistung und Gegenleistung und das Äquivalenzprinzip wird angewendet. Im Laufe der Zeit durchläuft die Beziehung mehrere Phasen und die Verhaltensweisen des Partners werden zunächst berechenbar, dann verlässlich und enden schließlich in einem Stadium, das als vertrauensvoll bezeichnet werden kann. Folglich entsteht Vertrauen im Clusterkontext durch marktmäßige Verflechtungen zwischen den Unternehmen. Fischer und Gensior (2002) stellen diese Beziehung an Beispielen der Regionalentwicklung dar.

Wechselseitiges Vertrauen in die Verhaltensweisen des jeweils anderen Kooperationspartners ist somit eine Grundvoraussetzung für das Eingehen nicht-marktmäßiger Transaktionsbeziehungen, worunter in der Regel strategische Kooperationsbeziehungen verstanden werden. Die Austauschbeziehung zwischen den Partnern erfolgt dann nach dem so genannten Reziprozitätsprinzip. Dieses ist dadurch gekennzeichnet, dass auf eine Leistung (eine Gefälligkeit im privaten Sinne oder eine Vorleistung innerhalb einer Kooperation) nicht sofort eine Gegenleistung erfolgen muss, wie es etwa nach dem Äquivalenzprinzip bei vielen marktmäßigen Beziehungen der Fall ist. Wenn jemand in einem Supermarkt eine Tüte Chips und ein paar Flaschen Bier für einen Europapokalabend in den Einkaufswagen legt, wird er an der Kasse sogleich eine Gegenleistung in Form einer entsprechenden Geldleistung erbringen müssen. Hingegen kann eine Gegenleistung nach dem Reziprozitätsprinzip durchaus später erfolgen und muss nicht einem exakten Gegenwert entsprechen. Vielmehr müssen auf die Dauer und im Durchschnitt eine Leistung und die ihr entsprechende Gegenleistung nach Art und Qualität nur in angemessener Relation zueinander stehen. Wenn man für den Nachbarn einmal den Rasen mäht, weil er im Urlaub ist, erwartet man in der Regel nicht, dass er nach dem Urlaub seinerseits zum Rasen mähen kommt, sondern dass er sich im Laufe der Zeit mit dieser oder einer anderen Gefälligkeit (Paket in Abwesenheit annehmen oder Ähnliches) revanchiert.

Wenn die Beziehung zwischen den Unternehmen als vertrauensvoll bezeichnet werden kann, wirkt eine langfristige strategische Kooperationsbeziehung nicht mehr abschreckend, da man einem vertrauensvollen Partner ein opportunistisches Verhalten nicht unterstellt. Sollte das entgegengebrachte Vertrauen wider Erwarten doch von einem Partner missbraucht werden, dann werden private Regelungen im Netzwerk – über so genannte *moral contracts* – wirksam. Der sich opportunistisch verhaltende Kooperationspartner verliert seine Reputation unwiderruflich und wird dauerhaft aus dem Netzwerk ausgeschlossen. Dieser Ausschluss wirkt sich negativ auf seine Innovationstätigkeit und den langfristigen Erfolg seines Unternehmens aus. So wird verdeutlicht, dass private Regelungen über *moral contracts* als Abschreckung gegen opportunistisches Verhalten innerhalb einer Netzwerkformation wirken können. Einem Nachbarn leiht man im Urlaub auch nur dann den Haustürschlüssel, um nach dem Rechten zu sehen oder den Briefkasten zu leeren, wenn man ihm vertraut. Bemerkt man nach der Rückkehr, dass er darüber hinaus den Kühlschrank und den Sparstrumpf geleert hat, wird man ihm das Vertrauen entziehen und ihn zudem in der gesamten Nachbarschaft als Schmarotzer brandmarken. Dadurch wird er aus dem nachbarschaftlichen Netzwerk ausgeschlossen und findet niemanden mehr, der ihm hier und da gefällig ist.

Um diese Diskussion über das Vertrauen, das Reziprozitätsprinzip und die *moral contracts* noch einmal zu verdeutlichen und zu rekapitulieren, zeichnen wir die Kausalkette grob nach. Zunächst bauen die Netzwerkpartner über funktionale Beziehungen (Geschäftsbeziehungen untereinander) Vertrauen zueinander auf. In der Folge kann das Reziprozitätsprinzip angewendet werden. Reziprozität ist in Kooperationen sehr wichtig, da sie Flexibilität und Handlungsspielräume der einzelnen Akteure erhöht. Die Wahrnehmung der Notwendigkeit eines mindestens langfristigen Ausgleichs kanalisiert dabei egoistische Motive und fördert kooperatives Handeln. Darauf aufbauend kann sich ein Netzwerk bilden und die weiter unten zu beschreibenden Wettbewerbsvorteile können entstehen. Sollte das Vertrauen dennoch missbraucht werden, führen *moral contracts* dazu, dass die Opportunisten aus dem Netzwerk und somit auch von den dort entstehenden Wissensexternalitäten ausgeschlossen werden. Durch die Etablierung eines Netzwerks mit vertrauensvollen Partnern können dann nach der Clustertheorie weitere entscheidende Wettbewerbsvorteile generiert werden.

Die Etablierung einer Netzwerkformation in der Region, die auf einem Clusterfundament aufbaut, kann für die beteiligten Unternehmen weitere ganz entscheidende Wettbewerbsvorteile generieren, die im beschleunigten internationalen Wettbewerb für ihren erfolgreichen Fortbestand zentral sind. Dazu zählen Zeit- und Kostenvorteile sowie ein verbesserter Zugriff auf (materielle) Ressourcen und Märkte. Zudem können die Unternehmen Synergieeffekte realisieren, wenn sie Ressourcen gemeinsam nutzen. Des Weiteren liegen die Vorteile insbesondere in einer beschleunigten Wissensbildung, initiiert durch einen verstärkten Austausch von Wissen und die sich daraus ergebende Innovationskraft. Letztendlich setzen Cluster- und Netzwerkformationen eine Wirkungskette von Wettbewerbsvorteilen in Gang, die – im besten Fall – die Formation und damit die Region langfristig innovations- und wettbewerbsfähig sein lassen.

5.4 Wissensexternalitäten – Definition, Transferkanäle und Reichweite

Eine *Wissensexternalität* entsteht, wenn von dem Wissen, das eine Person A sich angeeignet hat, auch eine Person B profitiert. Die vorhergehenden Unterkapitel haben gezeigt, dass die Wissensübertragung zwischen Unternehmen große Bedeutung für die Netzwerkstruktur und damit auch für die Regionalentwicklung hat. Auch in der ökonomischen Theorie, wie beispielsweise der Theorie des endogenen Wachstums (Kap. 11) oder der Agglomerationsökonomik (Kap. 3), wird die Bedeutung von Innovationen und Wissen für die wirtschaftliche Entwicklung als sehr groß eingeschätzt. Häufig wirken die Begriffe *Wissen* und *Wissensübertragung* etwas abstrakt, weshalb wir sie in diesem Kapitel mit Leben füllen wollen.

Wissen ist im ökonomischen Sinne eine Bestandsgröße, die aus kontextgebundenen Informationen entsteht. Informationen, die eine Stromgröße darstellen, setzen sich wiederum aus Daten zusammen. So stellen beispielsweise Buchstaben Daten dar und über die daraus entstehenden Wörter und Sätze werden aus Daten Informationen. Aus den Zusammenhängen zwischen Informationen und ihrem Verstehen und Behalten entsteht schließlich Wissen. Durch den Prozess des Lernens, also des Verstehens und des Merkens von kontextgebundenen Informationen, wird die Bestandsgröße beeinflusst. Das heißt, durch Lernen entsteht auf der Grundlage der vorhandenen Wissensbasis neues Wissen und der Wissensbestand wird erweitert. Somit bewirkt Lernen, dass sich eine Humankapitalbasis vergrößert und dadurch wieder mehr und schneller gelernt werden kann. In der Synergetik wird dies als ein sich selbst verstärkender Prozess bezeichnet.

5.4.1 Der Mechanismus der Wissensübertragung

Um das für die Regionalökonomik bedeutende Wissen herauszuarbeiten, muss der Wissensbegriff in mindestens zwei Wissensarten unterteilt werden. Diese beiden Wissensarten unterscheiden sich wesentlich in ihrer Form und der Einfachheit ihrer Übertragung. Bei der Klassifizierung des ungarisch-britischen Chemikers und Philosophen Michael Polányi (1966) wird zwischen explizitem (*disembodied* oder *codified knowledge*) und implizitem (*embodied* oder *tacit knowledge*) Wissen unterschieden. Unter explizitem Wissen wird jener Teil des Wissens verstanden, der leicht artikulierbar und transferierbar ist und gespeichert werden kann. Dieses Wissen kann in Patenten, Texten, Formeln, Blaupausen und Anleitungen festgehalten werden, sodass es auch als kodifizierbares Wissen bekannt ist. Weiterhin ist dieses Wissen nicht an Personen gebunden (*disembodied*) und kann damit leicht mit neuen Kommunikationsmöglichkeiten (zum Beispiel E-Mail) über große räumliche Distanzen transferiert werden. Beispielsweise kann das Rezept für die Herstellung eines Brots problemlos schriftlich festgehalten werden. Es werden die einzelnen Zutaten, deren zu verwendende Mengen und die Verarbeitung aufgeschrieben und dieses kodifizierte Wissen ist dann einfach transferierbar. Deshalb ist es mittlerweile selbst in Deutschland für Backlaien kein Problem mehr, etwa selbst indisches Naan-Brot herzustellen und damit seine Liebsten zu verkösigen.

Dem gegenüber steht das implizite Wissen, welches nicht formal dargestellt werden kann und deshalb hauptsächlich durch persönliche Interaktionen übermittelt werden muss. Für dieses implizite Wissen benötigt man nach der Klassifizierung von Polányi vor allem formale Bildung, Intuition, Empathie und Erfahrung. Da es in den Fähigkeiten der Menschen verkörpert oder in den Routinen von Unternehmen eingebettet ist, wird es häufig auch *embodied knowledge* genannt. Dieses implizite Wissen ist oft eine entscheidende Komponente bei Lern- und Problemlösungsprozessen von Unternehmen und ihrer Fähigkeit, externes technologisches Wissen, zum Beispiel bei strategischen Kooperationen, zu absorbieren. Es ist jene Art von Wissen, das nicht vollständig verbalisierbar ist: „*We can know more than we can tell.*" (vgl. Polányi 1966, S. 4). Somit erfolgt der Austausch von komplexem Wissen durch sehr engen persönlichen Kontakt (*face-to-face*), welcher über längere Distanzen zeit- und kostenaufwendig ist. Da das *tacit knowledge* nicht leicht transferierbar ist und sozusagen an der Person, die darüber verfügt, klebt, wird es auch als *sticky knowledge* bezeichnet. Deshalb kann die Erscheinungsform des impliziten Wissens auch als Ursache dafür angesehen werden, dass seine Übertragung eine räumliche Komponente aufweist, denn dieses Wissen ist nicht über große Distanzen transferierbar, sondern an die Mobilität der Menschen gekoppelt. Es ist an den Menschen gebunden und kann häufig nur durch den Kontakt zwischen Personen übertragen werden.

Als Beispiel kann das Fahrradfahren dienen. Dem Menschen gelingt es weder, das Radfahren mithilfe einer Bedienungsanleitung zu erlernen, noch so eine Anleitung zu formulieren. Kinder, die das Radfahren erlernen, greifen in der Regel auf das implizite Wissen eines Erwachsenen zurück, der ihnen am Rad zeigt, wie man das Gleichgewicht hält, wohin man beim Fahren schaut (Blick geradeaus gerichtet und nicht direkt auf den Boden) und wie man bremst. Dies ist sehr wichtig, wenn man den Prozess zeitnah mit Kindern wiederholen möchte. Ein Autor dieses Buchs hatte nicht daran gedacht, einem seiner Kinder die Funktion des Bremsens beim Erlernen des Radfahrens zu vermitteln, was in einem Sturz und monatelanger Verweigerung der Wiederholung des Versuchs endete. Beim Üben des Radfahrens spielen das Erfahrungswissen des Lehrenden und das wachsende Erfahrungswissen des Kindes eine große Rolle, denn den Wenigsten ist das Radfahren im ersten Versuch geglückt, sondern endete meist rasch mit einer mehr oder minder schmerzhaften Bruchlandung. Schwimmen und Schlittschuh laufen können als weitere Beispiele für Aktivitäten dienen, bei denen es schwierig ist, beim Lernen einer Anleitung zu folgen und der Anteil des impliziten Wissens sehr hoch ist.

In der Praxis sind häufig beide Wissenskategorien relevant. So ist der explizite Anteil des Wissens beim Brot backen vermutlich groß, allerdings misslingt die Zubereitung bei den ersten Versuchen auch gelegentlich, weil das Erfahrungswissen beim Backlaien fehlt. Wenn dem Backanfänger eine erfahrene Person im Backen von Naanbrot zur Seite steht, stellt sich der Backerfolg vermutlich schneller ein, weil beim Backen auch implizites Wissen benötigt wird, wie zum Beispiel die richtige Knettechnik bzw. das Gefühl für die Konsistenz des Teigs. Jedoch ist das benötigte implizite Wissen beim Rad fahren wesentlich größer. Genauso kann man die Grundhaltung beim Rad fahren auch anhand von Skizzen festhalten. Auch hierbei sind also explizite Wissensbestandteile vorhanden, allerdings wird zudem noch ein großer Anteil von implizitem Wissen benötigt, um das Rad fahren zu erlernen. Hat man das Rad fahren erst einmal gelernt und damit seine Humankapitalbasis erweitert, erfolgt das Erlernen weiterer Tätigkeiten schneller, wie beispielsweise das Mofa fahren. Dies veranschaulicht den sich selbst verstärkenden Prozess der Wissensakkumulation.

5.4.2 Transferkanäle des Wissens und räumliche Komponente der Wissensübertragung

Der Transferkanal der Wissensübertragung (der Wissensexternalitäten) ist in der Clustertheorie die strategische Kooperation zwischen Clusterunternehmen, die das für den Innovationserfolg wichtige implizite Wissen teilen, da sie im Laufe der Zeit eine vertrauensvolle Basis erlangt haben. Die gesamte Argumentationslinie wird in der

Clustertheorie wie folgt wiedergegeben: Innovationen sind für die Unternehmen des Clusters die Triebfeder ihrer Wettbewerbsfähigkeit und ihrer Entwicklung. Die durch Innovationen erlangte höhere betriebliche Wettbewerbsfähigkeit wirkt sich auf die Wettbewerbsfähigkeit des gesamten Clusters und der Region positiv aus. Die Innovationen entstehen aus zwischenbetrieblichen Lernprozessen, das heißt, aus dem Austausch und der Neukombination insbesondere von implizitem Wissen zwischen Unternehmen. Häufig wird betont, dass besonders radikale Innovationen einer breiten Basis heterogenen Wissens bedürfen und dass ein Unternehmen dieses interdisziplinäre Wissensspektrum alleine nicht aufbieten kann. Auch aus diesem Grund gewinnen (strategische) Kooperationen, die in Cluster- und Netzwerkformationen aus den bereits genannten Gründen besonders erfolgversprechend sind, für die Unternehmen mehr und mehr an Bedeutung. Im Clusterzusammenhang kommt auch dem impliziten Wissen große Relevanz zu, weil alle Akteure Teil der gleichen Wertschöpfungskette sind und somit im selben oder ähnlichen Kontext arbeiten und forschen. So können Unternehmen direkt über eine aktive Teilnahme am Netzwerk und indirekt über weitere Wissenstransferkanäle am regionsspezifischen Wissenspool partizipieren.

In der ökonomischen Theorie werden noch einige weitere Kanäle des Wissenstransfers erwähnt. Einer davon, der auch eine deutliche räumliche Komponente aufweist, ist die Fachkräftemobilität. Dadurch können die Arbeitskräfte ihre nicht-kodifizierbaren Wissenskomponenten auf andere übertragen. Die Mobilität der Fachkräfte kann dabei als Dienstreise und damit als kurzfristiger Austausch beispielsweise im Rahmen von Kooperationsprojekten erfolgen, oder aber langfristig geschehen, etwa durch den Wechsel eines Mitarbeiters in ein anderes Unternehmen. Eine weitere Möglichkeit besteht darin, dass sich ein Arbeitnehmer mit dem im Unternehmen angeeigneten Wissen selbständig macht und dann als Konkurrent des bisherigen Arbeitgebers auftritt. Bei räumlicher Nähe der Unternehmen kann es häufiger und schneller zu einem Austausch über diesen Transferkanal der Fachkräftemobilität kommen.

Dass der räumlichen Nähe auch in Zeiten moderner Kommunikationstechnologien eine bedeutende Rolle bei der Wissensübermittlung zukommt, ist in der Regionalforschung unumstritten. Kritiker der räumlichen Dimension der Wissensübertragung werfen die Frage auf, ob steigende Reisekostenbelastungen auf der einen und deutliche Qualitätsverbesserungen der Kommunikation durch den Einsatz von E-Mail, Internet, Web- und Videokonferenzen auf der anderen Seite das persönliche Gespräch in einer globalisierten Welt von heute nicht ersetzen können. Diese Vermutung kann allerdings bei implizitem Wissen nicht bestätigt werden, da diese Art von Wissen personengebunden ist und daher ein *Face-to-Face*-Kontakt für den Wissensaustausch dringend erforderlich ist. Um ein persönliches Treffen zu arrangieren, müssen zum Teil große Strecken zurückgelegt werden, wodurch die Kosten der Wissensübertragung mit der Entfernung zwischen Wissenssender und Wissensempfänger rapide ansteigen. Daraus resultiert die Annahme, dass Wissensexternalitäten überproportional stark zur Entfernung abnehmen (vgl. Keller 2001, S. 11).

Dies wird in verschiedenen Untersuchungen bestätigt. So hat eine weltweite Studie unter 2.300 Beziehern der Harvard Business Review diese These untersucht (vgl.

Harvard Business Review 2009). Dabei waren 90 % der Befragten der Auffassung, dass zur Überwindung sprachlicher und kultureller Barrieren persönliche Kontakte hilfreich sind. Ebenso gaben mehr Befragte an, eher in den Erhalt gegenwärtiger Geschäftsbeziehungen zu investieren als in Zukunftstechnologien. Auf ähnliche Ergebnisse kam eine Studie von Forbes (2009) unter 750 Führungskräften. Hierbei bevorzugten 8 von 10 das persönliche Gespräch gegenüber allen anderen Kommunikationsformen. Als Hauptgründe dafür wurden die Bildung von stärkeren und bedeutenderen Geschäftsbeziehungen (85 %), die Möglichkeit, Körpersprache und Gesichtsausdruck zu lesen (77 %), und das verstärkte soziale Miteinander (75 %) angegeben. Demgegenüber waren 59 % der Auffassung, dass seit der Wirtschaftskrise 2008 die Anzahl der technologiebasierten Treffen gestiegen ist. Zeit- und Kostenersparnis sowie eine größere Flexibilität in Ort und Zeit waren die ausschlaggebenden Argumente. Jedoch gaben auch 58 % der Befragten an, während digitaler Treffen regelmäßig im Internet zu surfen, E-Mails zu lesen etc. Neben dem Aufmerksamkeitsdefizit können bei technologiebasierter Kommunikation Erwartungen hinsichtlich Moral, Anerkennung und Vertrauen nicht erfüllt werden, sodass diese insbesondere bei wichtigen Geschäftsentscheidungen, wie strategischen Kooperationsbeziehungen, keinen Ersatz für das persönliche Gespräch darstellen.

Andere Transferkanäle zeigen eine geringere oder gar keine Bedeutung der räumlichen Komponente beim Transfer von Wissen. Als ein weiterer Wissenstransferkanal wird das *reverse engineering* genannt. *Reverse engineering* oder auch die Rückwärtsentwicklung von Produkten stellt eine beliebte Vorgehensweise zur Erlangung von Wissen dar. Dabei werden aktuelle Produkte der Konkurrenz erworben, auseinandergebaut und ihre Bestandteile analysiert, um neue Erkenntnisse für die eigene Produktion zu erlangen. Mit einer nur kurzen zeitlichen Verzögerung ist es dann möglich, mit dem extern erworbenen Wissen ein ähnliches und eventuell qualitativ besseres oder preisgünstigeres Produkt auf den Markt zu bringen. Hierdurch kann für den Imitator sogar ein Vorteil entstehen, da es möglich ist, aus den Fehlern des Pioniers zu lernen und das Produkt zu perfektionieren. Die Mobiltelefonindustrie ist ein gutes Beispiel für dieses Vorgehen. Nach der Integrierung von Kameras in Mobiltelefonen zogen konkurrierende Unternehmen umgehend nach und bauten teilweise qualitativ hochwertigere Kameras in ihre Mobiltelefone ein. Ähnliches konnte auch beobachtet werden, als Apple das erste iPhone auf den Markt brachte. Es dauerte nicht lange, bis auch die Konkurrenz mit neuen Touchscreen-Mobiltelefonen warb, die eine verblüffende Ähnlichkeit mit dem Apple-Produkt aufwiesen. Es ist offensichtlich, dass für diese Form des Wissenstransfers die räumlich begrenzte Übertragung von Wissen nur eine geringe Bedeutung hat.

In einigen Studien (vgl. z. B. Keller 2002) wird als zusätzlicher Transferkanal von Wissensexternalitäten auch der internationale Handel genannt. Mit Hilfe von Importen ist es Unternehmen möglich, Zugang zu im Ausland generiertem Wissen zu erlangen. Dieser Kanal der Wissensakkumulation kann zu dem oben genannten *reverse engineering* gezählt werden, da auch hier Güter anderer Unternehmen gekauft werden, um sie analysieren und dann kopieren zu können. In diesem speziellen Fall handelt es sich allerdings um Güter aus dem Ausland, das heißt, es fließt Wissen ausländischer Unternehmen in das jeweilige Inland. Auch ausländische Direktinvestitionen (FDI) sind ein möglicher Diffusionskanal. Es besteht die Möglichkeit, dass technologisches Wissen von Investoren bei der Übergabe an ausländische Tochtergesellschaften auch zu deren Nachbarunternehmen „überschwappt".

Darüber hinaus ermöglichen Patente die Akkumulation von externem Wissen. Jedem steht es frei, Einsicht in Patentdatenbanken zu nehmen und anhand von Patenten wichtige Informationen für die eigenen Produkte zu erhalten. Die Existenz dieses Wissenstransferkanals machen sich unter anderen Jaffe et al. (1993) in einer bedeutenden Arbeit zu Nutze, indem sie die externen Effekte von Wissen anhand von Patentzitationen analysieren und empirische Evidenz für die räumliche Dimension der Wissensübertragung finden.

Lizenznahme

Die Lizenznahme, bei der ein Unternehmer von einem anderen das Recht kauft, von seinem Wissen Gebrauch zu machen, ist eine weitere Art, an externes Wissen zu gelangen. Hierbei handelt es sich allerdings nicht um eine ungewollte Wissensdiffusion, sondern um den Handel mit Wissen. Da im Falle des Erwerbs einer Lizenz jedoch Kosten anfallen, muss vorher untersucht werden, ob diese Form der Wissensakquise auch rentabel ist.

Beim Innovationsprozess in Unternehmungen stellt der explizite Wissensanteil häufig nur die „Spitze des Eisbergs" der Wissensbestandteile dar. Nicht vollständig kodifizierbares und dem Handelnden unbewusstes Wissen sowie subjektives Können, Erfahrung und Routine machen einen sehr großen Anteil an den eigentlichen Kernkompetenzen einer Unternehmung aus. Somit ist das in den Abläufen, Arbeits- oder Projektgruppen und Strukturen eines Unternehmens verborgene (*tacit*) Wissen von besonderem Wert. Dadurch wird auch deutlich, weshalb die räumliche Komponente bei vielen regional-ökonomischen Theorien so zentral ist. Durch die räumliche Nähe der Akteure kann das für den Innovationserfolg von Unternehmen wichtige implizite Wissen, das an den Menschen gebunden ist, wesentlich schneller zirkulieren und Wachstumsprozesse auslösen. Ökonomisch ausgedrückt erfolgt die Diffusion von Wissen leichter und schneller zwischen räumlich geballten Akteuren, wodurch sich der Innovationserfolg schneller einstellt und die Region auf einen höheren Wachstumspfad gelangen kann. Mit der Einteilung des Wissens in die Kategorien *implizit* und *explizit* kann daher gut erklärt werden, aus welchen Gründen die räumliche Nähe von Akteuren für den Innovationserfolg von zentraler Bedeutung ist.

5.4.3 Räumliche Reichweite von Wissensexternalitäten – empirische Evidenz

Im wissenschaftlichen Diskurs wird die Reichweite dieser Wissensexternalitäten immer wieder kontrovers debattiert. Einige Autoren sind der Meinung, dass Wissen hauptsächlich über *Face-to-Face*-Kontakte übertragen wird und schreiben den Externalitäten eine starke räumliche Komponente zu. Andere Autoren halten diese große räumliche

Abhängigkeit für übertrieben und meinen, dass die Reichweite der Wissensübertragungen viel größer zu fassen ist, zumal Informationen mit modernen Kommunikationsmöglichkeiten in Sekundenschnelle bis in den letzten Winkel der Erde übertagen werden können. Aus diesem Grund wollen wir die wichtigsten Meinungen und Forschungsergebnisse zur Reichweite von Wissensexternalitäten festhalten.

Laut dem Nobelpreisträger für Wirtschaftswissenschaften aus dem Jahr 2008, Paul Krugman (1991, S. 53), ist die räumliche Dimension der Diffusion des Wissens nicht sichtbar und somit auch nicht nachvollziehbar. Seiner Aussage zufolge ist es nicht möglich, die räumliche Dimension von Wissensexternalitäten zu analysieren: *„Knowledge flows [...] are invisible; they leave no paper trail by which they may be measured and tracked."* Die erste Studie, die dennoch Spuren von externen Effekten von Wissen in den Daten fand, ist die bereits genannte Arbeit von Jaffe et al. (1993). Die Autoren argumentieren, dass die Spuren von Externalitäten durch Patentanmeldungen indirekt nachvollziehbar seien. Aus diesem Grund analysieren sie Patentanmeldungen, um den Einfluss räumlicher Nähe auf Wissensexternalitäten zu untersuchen. Dieser Ansatz ist in der empirischen Forschung zur Darstellung der räumlichen Reichweite von Externalitäten mittlerweile weit verbreitet.

Jaffe et al. (1993) betrachten die Vereinigten Staaten von Amerika und kommen zu dem Ergebnis, dass externe Effekte von Wissen örtlich begrenzt sind. Patentzitationen sind demnach primär in der gleichen Gebietskörperschaft vorzufinden, in der auch das Originalpatent angemeldet wurde. Dieser Effekt ist umso stärker ausgeprägt, je kürzer die Zeitspanne zwischen der Anmeldung des ursprünglichen Patents und seiner Zitation ist. Das heißt, die räumliche Gebundenheit externer Effekte nimmt mit der Zeit ab, da das Wissen im Zeitverlauf auch über die jeweiligen Regionsgrenzen hinweg diffundiert. Außerdem wird festgestellt, dass Zitationen von Patenten aus dem Jahr 1980 stärker lokal gebunden waren als jene aus dem Jahr 1975. Dies kann wiederum auf die zwischen der Anmeldung des Originalpatents und seiner Zitation verstrichene Zeitspanne zurückgeführt werden. Diese Zeitspanne war im Durchschnitt 1975 länger als 1980. Deshalb gehen die Autoren davon aus, dass sich das Wissen 1975 schon weiter ausgebreitet hatte, bevor es zu einer Patentzitation kam, weshalb die räumliche Distanz zwischen dem Anmeldeort des Originalpatents und seiner Zitation durchschnittlich größer war als 1980.

An der Studie von Jaffe et al. (1993) wurde häufig kritisiert, dass aufgrund des zu großen Untersuchungsraums lokale Wissensexternalitäten vernachlässigt wurden. Anselin et al. (1997) haben diesen Kritikpunkt in ihrer Studie aus dem Jahr 1997 aufgenommen. Die Autoren verwenden eine breite Datenbasis, die 43 US-amerikanische Bundesstaaten mit 125 *metropolitan statistical areas* (MSAs) umfasst, um eine detaillierte Analyse lokaler externer Effekte zu erhalten. Eine *metropolitan statistical area* besteht im Wesentlichen aus einer Großstadt und deren so genannten *Speckgürtel*, das heißt ihren dicht besiedelten Ausläufern. Die Autoren stellen in ihrer Analyse einen statistisch signifikanten, positiven Einfluss von universitär induzierten Wissensexternalitäten auf die Innovationsaktivität in *metropolitan statistical areas* innerhalb eines Umkreises von 50 Meilen fest. Dies gilt allerdings nicht für private F&E-Aktivitäten. Demgegenüber verbreiten sich Wissensexternalitäten zwischen Metropolen über eine Entfernung von bis zu 75 Meilen.

Die wesentlich größere Distanz, die Wissensexternalitäten zwischen Metropolen zurücklegen, weist darauf hin, dass räumliche Nähe nicht in Entfernung, sondern in Erreichbarkeit zu messen ist. Da man davon ausgehen kann, dass Metropolen untereinander gut angebunden sind, sind sie einander vermutlich „näher" als eine Metropole und ein kleiner angrenzender Ort mit schlechter Verkehrsanbindung. Die Ermittlung der Bedeutung verschiedener geographischer Ebenen (Land, Bundesland, Stadt) für Wissensexternalitäten ist in der empirischen Forschung immer wieder Gegenstand der Diskussion. Häufig unterscheiden sich die Ergebnisse der Studien je nach dem Aggregationslevel der Untersuchungsregion.

Während manche Effekte jeweils für Kreise, Regierungsbezirke, Bundesländer etc. berechnet werden, verzichten andere Autoren dagegen völlig auf eine Unterteilung in kleinere Regionen und betrachten den gesamten Untersuchungsraum, also etwa ein ganzes Land (vgl. z. B. Duranton und Overman 2005). Dadurch werden Probleme mit den Werten des Maßes bei der Aggregation von Raumeinheiten und bei der Änderung administrativer Regionsgrenzen vermieden. Dieses Problem ist als *Modifiable Areal Unit Problem* (MAUP) bekannt. Bei einer Unterteilung des Untersuchungsgebiets in verschiedene Regionen werden zum Beispiel angrenzende Kreise gleich behandelt wie solche, die weit voneinander entfernt liegen. Dies kann zu einer Untererfassung der räumlichen Effekte führen, da insbesondere Cluster häufig Kreisgrenzen übergreifend sind und durch eine separate Erfassung der Kreise eventuell nicht erkannt werden. In Kap. 14 werden anhand von einfachen Zahlenbeispielen Indizes der räumlichen Konzentration vorgestellt, wie etwa das Lokalisationsmaß von Duranton und Overmann oder der Marcon-Puech-Index, die dieses Problem berücksichtigen.

Außerdem stellt es nach wie vor ein Problem dar, die Grenzeffekte von den reinen Reichweiteeffekten zu trennen. So ist bei der Interpretation der Effekte häufig nicht eindeutig klar, ob sich die Kräfte aufgrund der Überschreitung von Regions- und Ländergrenzen verringern, oder ob die räumliche Distanz als Ursache für das Abnehmen der Kräfte angesehen werden muss (vgl. Belenzon und Schankerman 2010). Einige empirische Studien haben sich dieses Problems angenommen und weisen nach, dass nationale Grenzeffekte eine größere Barriere für Wissensexternalitäten darstellen als räumliche Distanzeffekte. So zeigen Fischer et al. (2009a, S. 851), dass sich Wissen innerhalb von europäischen Ländern schneller verbreitet als über Ländergrenzen hinweg. Auffällig ist jedoch, dass die Ergebnisse der Untersuchung unterschiedlich starke geographische Abhängigkeiten der positiven Effekte in den betrachteten Regionen aufweisen. Vergleicht man die Île-de-France (Paris und der umliegende Zentralraum), Oberbayern und die Schweiz miteinander, so kann man in allen drei Regionen eine lokale Gebundenheit der Wissensexternalitäten nachweisen. In der Île-de-France wird jedoch eine viel geringere räumliche Reichweite der Wissensexternalitäten festgestellt als in den beiden anderen Regionen. Aus diesem Grund betonen die Autoren, dass Wissensexternalitäten zwar stark räumlich gebunden sind, das Ausmaß dieser lokalen Gebundenheit allerdings von Region zu Region unterschiedlich ist (vgl. Fischer et al. 2009b, S. 341f.).

Auch die Ergebnisse einer Studie von Adams (2002) lassen auf die Immobilität von Wissen schließen. Dazu untersucht er die räumliche Reichweite von akademischen und industriellen externen Effekten in den USA zwischen 1991 und 1996. Er stellt dabei fest, dass Wissensexternalitäten zwischen Unternehmen und Universitäten eine stärkere lokale Gebundenheit aufweisen als solche zwischen zwei Unternehmen. Verspagen und Schoenmakers (2000) untersuchen anhand von Patentzitationen die räumliche Ausbreitung von Wissensexternalitäten. Dazu werden Patentzitationen von 27 großen multinationalen Unternehmen in Europa untersucht. Sie stellen ebenfalls eine im großen Maße lokal begrenzte Reichweite dieser externen Effekte fest, was ihrer Meinung nach auf die Existenz von implizitem Wissen zurückzuführen ist. Weil ein Großteil des Wissens an Personen gebunden ist, begrenzt sich auch die Übertragung dieses Wissens regional.

In gleicher Weise stellt Orlando (2004) fest, dass das Ausmaß von Wissensexternalitäten signifikant von der geographischen und technologischen Nähe zur Wissensquelle abhängig ist. Bei der Analyse des räumlichen Einflusses muss nämlich zwischen intra- und interindustriellen Externalitäten unterschieden werden. Handelt es sich um externe Effekte zwischen technologisch ähnlichen Unternehmen, ist kein negativer Einfluss der geographischen Distanz auf die Intensität der positiven Effekte erkennbar. Dies hat vermutlich den Grund, dass die Wissensbasen von Unternehmen einander sehr ähnlich sind, weshalb es auch weiter entfernten Unternehmen relativ leicht fällt, eine Innovation zu verstehen und selbst umzusetzen. Wird jedoch die Wissensdiffusion zwischen technologisch unterschiedlichen Unternehmen untersucht, zeigen sich stark ausgeprägte Externalitäten in einem Radius von 50 Meilen um ihren Entstehungsort, die mit zunehmender Distanz schwächer werden. Des Weiteren lassen die Ergebnisse von Orlando darauf schließen, dass Wissensexternalitäten zwischen Lowtech-Unternehmen stärker räumlich gebunden sind als solche zwischen Hightech-Unternehmen.

Eine Arbeit von Maurseth und Verspagen (2002) thematisiert sowohl die technologische Nähe von Unternehmen als auch das Ausmaß der grenzüberschreitenden Wissensexternalitäten. Die beiden Autoren nutzen das von Jaffe et al. (1993) verwendete Verfahren als Fundament ihrer Untersuchung und schätzen die Effekte anhand von Daten zu Patenten, die zwischen 1979 und 1996 in Europa angemeldet wurden. Dabei arbeiten sie heraus, dass Patentzitationen häufig aus demselben Land wie das Originalpatent stammen. Als Argument hierfür könnte zum Beispiel die Erleichterung aufgrund des gleichen kulturellen Hintergrunds oder der gemeinsamen Sprache angeführt werden. Eine gemeinsame Sprache kann den Wissensfluss zwischen zwei Regionen um bis zu 28 % erhöhen. Neben dem Nachweis, dass in Europa räumliche Distanz erhebliche negative Auswirkungen auf den Wissenstransfer hat, stellen Maurseth und Verspagen zudem heraus, dass diese externen Effekte primär zwischen branchen-/technologieähnlichen Unternehmen beobachtet werden können.

Auch Greunz (2005) stellt einen statistisch signifikanten, negativen Zusammenhang zwischen der räumlichen Entfernung von Unternehmen und der Stärke positiver Externalitäten zwischen ihnen fest. Wissensexternalitäten verlaufen zwar interregional, nehmen aber dennoch mit zunehmender Distanz zwischen den Unternehmen ab. Allerdings muss dies nicht alleine an der räumlichen Distanz zwischen den Unternehmen liegen, sondern kann auch darauf zurückzuführen sein, dass sich räumlich nahe Unternehmen oft auch technologisch nahe stehen. Die technologische Nähe von Unternehmen hat wiederum einen signifikanten, positiven Einfluss auf die Verbreitung von Wissensexternalitäten zwischen Akteuren.

Eine weitere Studie, die von Daten aus Patentstatistiken Gebrauch macht, um die räumliche Reichweite von externen Effekten von Wissen zu untersuchen, stammt von Paci und Usai (2009). Dabei kommen die Autoren, die für den Zeitraum zwischen 1978 und 2004 die Patentdatenbanken von 17 europäischen Ländern untersucht haben, zu dem Ergebnis, dass positive externe Effekte mit zunehmender Entfernung zum Entstehungsort abnehmen. Die Tatsache, dass ein beträchtlicher Anteil der Wissensdiffusion in Nachbarregionen und Regionen innerhalb eines Landes stattfindet, wird darauf zurückgeführt, dass es für den Wissensaustausch vorteilhaft ist, wenn Sender und Empfänger dieselbe Sprache sprechen und im gleichen Kulturkreis leben.

Auch für Deutschland ist die räumliche Abhängigkeit der Wissensverbreitung untersucht worden. Dabei sind insbesondere die Arbeiten von Niebuhr (2000) sowie Funke und Niebuhr (2005) zu nennen. Auf der Grundlage von Daten für deutsche Raumordnungsregionen zwischen 1976 und 1996 stellen die Autoren fest, dass Wissensexternalitäten einen wesentlichen Einfluss auf das Produktivitätswachstum haben, aber starken geographischen Beschränkungen unterliegen. Dies wird auch durch die Angabe einer Halbwertdistanz determiniert, die bei Niebuhr (2000) sowie bei Funke und Niebuhr (2005) 23 Kilometer beträgt. Diese Werte geben an, ab welcher Distanz zur Quelle der Einfluss von Wissensexternalitäten um 50 % abnimmt. Die Halbwertdistanz deutet darauf hin, dass die positiven Effekte zwar die Grenzen von Agglomerationsräumen überschreiten, jedoch hauptsächlich auf die jeweiligen Nachbarregionen beschränkt sind.

Bode (2004) untersucht westdeutsche Regionen auf interregionale Wissensexternalitäten. Hierfür bedient sich der Autor eines Produktionsfunktions-Ansatzes mit Daten aus den 1990er Jahren. In diesem Zusammenhang stellt Bode fest, dass zwar ein signifikanter Einfluss der Wissensexternalitäten in den jeweiligen Nachbarregionen existiert, dieser allerdings durch hohe Transaktionskosten stark regional begrenzt wird. Interessant ist dabei, dass Wissensexternalitäten für weniger innovative Regionen eine größere Rolle spielen und ihre Bedeutung mit zunehmender Innovationsfähigkeit einer Region abnimmt. In ausgesprochen innovativen Regionen sind positive Externalitäten von Nachbarregionen sogar vernachlässigbar gering. Der Anteil an Patenten, der durch interregionale Wissensexternalitäten beeinflusst wurde, stellt laut Bode nur 2 % aller angemeldeten Patente dar, was wiederum bedeutet, dass selbst in weniger innovativen Regionen nur ein sehr geringer Einfluss von Wissensexternalitäten beobachtbar ist.

Die hier dargestellten Studien geben alle Hinweise darauf, dass Wissensdiffusion räumlich begrenzt ist, auch wenn es keine einheitlichen Werte für die relevanten Distanzen gibt. Allerdings war damit auch nicht zu rechnen, da, wie bereits gezeigt, der Anteil des impliziten Wissens bei verschiedenen Tätigkeiten unterschiedlich groß ist. Deshalb variiert die Bedeutung dieser Wissensart bei der Innovationstätigkeit und dadurch wiederum die Reichweite der damit verbundenen Wissensexternalitäten. Letztlich kann man festhalten, dass räumliche Nähe eine erhebliche Bedeutung im Zusammenhang mit der Weitergabe von Wissen und mit kollektiven Lernprozessen hat.

5.5   Weitere Aspekte der Wissensübertragung im Clusterkontext

Die räumliche Nähe ist zwar äußerst bedeutend, jedoch nur eine der Voraussetzungen für die erfolgreiche Übermittlung von implizitem Wissen. So wird etwa neben der Bedingung, dass ein direkter Kontakt zwischen Sender und Empfänger bestehen muss, auch betont, dass diese beiden eine gemeinsame „Sprache" sprechen müssen, um einen Grundstein für die gegenseitige Absorptionsfähigkeit zu legen. Sie müssen darüber hinaus auch grundlegende Fertigkeiten (*basics*) teilen und Kenntnis von neuesten technischen und wissenschaftlichen Errungenschaften haben, und ihr bislang akkumulierter Wissensstand sollte ähnlich sein.

Der niederländische Regionalforscher Ron Boschma (2005) formulierte in einem viel beachteten Aufsatz einige weitere, ergänzende Formen des Nähekonzepts. Demnach sind nicht nur die räumliche Nähe und ein ähnlicher Wissensstand der Wirtschaftssubjekte wichtig, damit es zu einem Wissensaustausch und zu einer intensivierten Innovationsaktivität der Akteure in einer Region kommt. Vielmehr spielen für Boschma weitere Nähe- bzw. Ähnlichkeitskategorien für kooperierende Akteure eine wesentliche Rolle. Diese benennt er wie folgt: kognitive Nähe, organisatorische Nähe, soziale Nähe und institutionelle Nähe.

5.5.1   Kognitive Nähe

Unter der kognitiven Nähe wird die Ähnlichkeit des jeweiligen Wissensbestands der Akteure verstanden. Sofern die Wissenslücke, also die Unterschiedlichkeit der Kenntnisse, zwischen Unternehmen zu groß ist, führt dies zu Missverständnissen und der Innovationserfolg ist gefährdet. So wird vermutlich ein Kernphysiker von einem Gespräch mit dem Fußballbundestrainer kaum fachlich profitieren können und umgekehrt wird der Kernphysiker dem Bundestrainer kaum Impulse für eine neue Spielidee geben können. Derartige Missverständnisse hängen dann nicht vom Sachverstand bzw. der Humankapitalbasis der beiden Fachleute ab, sondern vielmehr von der Unterschiedlichkeit ihres Wissens. Beide Experten müssten sich erst intensiv in die Materie des anderen einarbeiten und so die zwischen ihnen bestehende Wissenslücke verkleinern, bevor beide von einem Gespräch bzw. einer Kooperation profitieren könnten. Wenn ein Unternehmen die Technologie des anderen zu wenig kennt, wird sich vermutlich auch kein Kooperationsverhältnis etablieren können, da die Wissenslücken zwischen ihnen schlicht zu groß sind.

Andererseits ist auch eine zu große kognitive Nähe für einen Innovationserfolg hinderlich. In diesem Fall ähneln einander die Produkte bzw. die Produktionsprozesse so stark, dass durch die Kooperation keine neuen Impulse entstehen können. Diese wären aber für einen Innovationserfolg notwendig. Zur Verdeutlichung ziehen wir wieder das obige Beispiel heran. Unterhalten sich zwei Fußballtrainer, die beide eine defensive Ausrichtung – ähnlich dem italienischen „Catenaccio" (Sperrkette/Riegel) – favorisieren, wird der Austausch dieser beiden Defensivspezialisten vermutlich keine neuen Impulse hervorbringen, da sich die Wissensbasen der beiden zu ähnlich sind. Erst wenn jemand mit neuen Ideen an dem Gespräch teilnimmt, können auch neue Impulse entstehen und unter Umständen ist dann eine neue Spielidee geboren, zum Beispiel ein 3 – 5 – 2-System, um ein Übergewicht im Mittelfeld zu erlangen.

5.5.2   Organisatorische Nähe

Zudem müssen die Kooperationspartner auch übereinstimmende Vorstellungen über die Organisation des Kooperationsverhältnisses haben. Sofern die Vorstellungen darüber so stark auseinander klaffen, dass die gegenseitige Kontrolle zu groß ist, wird dies vermutlich zu einem bürokratischen Kooperationsverhältnis führen. Von diesem können aber keine oder kaum Innovationsimpulse ausgehen, da die notwendigen Wissensbestandteile nur mit sehr großem Aufwand zwischen den Akteuren zirkulieren können. Besteht ein Vertragspartner darauf, dass jeder Forschungsfortschritt, so klein er auch sein mag, vertraglich fixiert, bewertet und monetär eingeordnet wird, wird der Aufwand eines Forschungsprojekts vermutlich extrem ansteigen und der Ertrag der Kooperation geht verloren. Der Leser mag sich vorstellen, wie groß der bürokratische Aufwand wäre, wenn jede noch so kleine Absprache in einer Wohngemeinschaft oder unter Kommilitonen in der Prüfungsphase per Aktennotiz dokumentiert werden müsste.

Eine zu geringe Nähe der Organisationsformen auf beiden Seiten und damit eine zu geringe Kontrolle der Akteure endet hingegen vermutlich in Opportunismus und einer schnellen Beendigung des Kooperationsverhältnisses. Wenn zum Beispiel hinsichtlich der Dokumentation der Forschungsfortschritte keine geeignete Vorgehensweise zwischen den Unternehmen existiert, dann besteht die Gefahr, dass einer den anderen ausnutzt. Man stelle sich etwa vor, dass in einer Wohngemeinschaft keinerlei Dokumentation hinsichtlich des Abwaschs oder der Toilettenreinigung besteht. Mit an Sicherheit grenzender Wahrscheinlichkeit wird in dieser Wohngemeinschaft ein opportunistisches Verhalten auftreten und die Reinigungslast wird etwa dem Mitbewohner überlassen, der das größte Reinlichkeitsbedürfnis hat. Vermutlich wird es nicht lange dauern, bis sich dieser ausgenutzte Kommilitone eine neue Wohngemeinschaft sucht. Einfache Dokumentationsmöglichkeiten und die Einigung, sich die Arbeiten zu teilen, verhindern aber dieses opportunistische Verhalten und verringern die Organisationslücke. Zudem kann man sich vorstellen, dass eine Kooperation zwischen einem Unternehmen mit einer sehr flachen Hierarchie und einem sehr hierarchisch organisierten Unternehmen schwieriger zu realisieren ist, da Unsicherheiten über die Kompetenzen der Gesprächspartner zwischen den Unternehmen bestehen: Dürfen Ergebnisse auf der Mitarbeiterebene ausgetauscht werden, oder muss jeder Fortschritt dem Vorgesetzten mitgeteilt werden, und so weiter.

5.5.3   Soziale Nähe

Als einen weiteren Aspekt der Wissensübertragung nennt Boschma die soziale Nähe. Zwischen den Akteuren muss eine Ähnlichkeit hinsichtlich des Sozialgefüges und der sozialen Handlungsweisen vorherrschen, um ein Umfeld zu generieren, in dem der größtmögliche Innovationserfolg entstehen kann. Als Schlüsselgrößen der sozialen Nähe werden häufig Begriffe wie Vertrauen und Rationalität verwendet. Eine zu große soziale Nähe zwischen den Akteuren ist für den Innovationserfolg genauso hinderlich wie eine zu geringe Nähe. Eine zu große Nähe bedeutet dabei, dass sich die Akteure aus sozialen Gesichtspunkten so nahe stehen, dass eine ökonomische Rationalität hinsichtlich des Projekts fehlt. So würde beispielsweise ein Projekt auch weiterbetrieben, obwohl die Beteiligten schon wissen, dass es nicht zum Erfolg führen kann. Sofern die Ressourcen der Akteure nicht erfolgversprechenden Projekten zugeführt, sondern immer noch aus rein freundschaftlichen Gefühlen in ein wenig erfolgversprechendes Projekt gesteckt werden, würde es sich um Ressourcenverschwendung handeln.

Ist die soziale Nähe jedoch zu gering, kann die Kooperation schnell in Opportunismus enden. Besteht gar keine soziale Nähe zwischen den Forschungsakteuren, misstraut man dem Gegenüber und wird wertvolles Wissen nicht mit ihm teilen. So hat die Zuneigung bzw. Abneigung zwischen Menschen in sehr vielen Bereichen des Lebens einen Einfluss auf das Miteinander. Traut man dem Gegenüber nicht, bzw. kann man den Partner vielleicht nicht gut leiden, dann sind gemeinsame Projekte meist nicht zu realisieren, auch wenn sich die Wissensbasen der beiden Akteure gut ergänzen würden. So ist es in einer Fußballmannschaft wichtig, dass der defensive Mittelfeldspieler mit seiner auf Verteidigung ausgelegten Fertigkeit viel Laufarbeit verrichtet, um die Räume auf dem Feld eng zu machen. Er muss beispielsweise einem Gegenspieler nachsprinten, der infolge eines Fehlpasses des eigenen Mitspielers in den Ballbesitz gekommen ist. Dabei darf es für den Erfolg der Mannschaft keine Rolle spielen, dass der Verteidiger den Stürmer nicht leiden kann, weil ihm dieser den neuen Sportwagen vor der Nase weggeschnappt hat. Oder würden Sie gerne bei der Gruppenarbeit mit jemandem zusammenarbeiten, den Sie nicht leiden können? In vielen Fällen lautet die Antwort wohl nein!

5.5.4   Institutionelle Nähe

Meist ist es auch notwendig, dass eine Ähnlichkeit der institutionellen Gegebenheiten, also der übergeordneten (teilweise von staatlicher Seite und teilweise aus der Gesellschaft hervorgebrachten) Rahmenbedingungen, besteht. Dazu gehören unter anderem gemeinsame

Verhaltensweisen, Routinen, Regeln und Gesetze, welche die Interaktionen von Individuen und Gruppen regeln, die auch von kulturellen Gewohnheiten und Normen geprägt sind.

Eine zu geringe Nähe der institutionellen Rahmenbedingungen führt nicht zu einem Umfeld, in dem der Innovationserfolg optimal gefördert wird. Sind die staatlichen Reglementierungen zu unterschiedlich bzw. sind sie zu instabil, fehlt gegenüber dem Partner häufig das Vertrauen in eine langfristige produktive Zusammenarbeit. Ist man sich nicht sicher, ob beispielsweise in einem Land auch nächstes Jahr noch marktwirtschaftliche Bedingungen bestehen, oder ob das Partner-Unternehmen inzwischen verstaatlicht wurde, kann dies die Kooperationsbereitschaft hemmen und eine inhaltlich erfolgversprechende Kooperation verhindern.

Das dargelegte Problem ist kein rein akademisches, sondern hat durchaus praktische Relevanz. So investierte beispielsweise der Betreiber des Frankfurter Flughafens einen dreistelligen Millionenbetrag in ein Terminal des Flughafens in Manila auf den Philippinen. Kurz darauf wurde jedoch von der nachfolgenden Regierung der Flughafen enteignet, ohne das Frankfurter Unternehmen für seine Investitionssumme zu entschädigen. Dieser Vertrauensbruch führte beinahe zu einer erheblichen Störung der wirschaftlichen Beziehungen zwischen Deutschland und den Philippinen (vgl. Fähnders 2013). In diesem Fall ist das Vertrauen in die institutionellen Rahmenbedingungen zu gering und man fürchtet Opportunismus, obwohl dies im eigentlichen Sinne nichts mit dem Forschungspartner selbst zu tun hat.

Eine zu geringe institutionelle Nähe am Beispiel von kulturellen Gewohnheiten zeigt etwa folgender Fall: Zwei Kooperationsakteure aus unterschiedlichen Kulturkreisen treffen sich zum Geschäftsessen. Nach einer Weile ist ein Partner verunsichert über das Essverhalten des anderen. Der geräuschlos essende Westeuropäer beunruhigt den Partner, weil man in seinem Kulturkreis durch lautes Aufstoßen kundtut, dass es einem geschmeckt hat. Sogar im selben Sprachraum kann es zu Missverständnissen kommen: Begrüßt ein Deutscher aus dem Ruhrgebiet einen Österreicher mit der im Ruhrgebiet üblichen Grußformel „Glück auf!", ist der Österreicher zunächst verwirrt und fragt sich spontan, ob denn Neujahr sei. Umgekehrt stößt der Österreicher mit seinem Gruß „Grüß Gott" im Ruhrgebiet auf Unverständnis und bekommt bestenfalls die Antwort: „Klar, mach' ich, wenn ich ihn denn mal treffe."

Ebenfalls wird eine zu große Nähe hinsichtlich der institutionellen Rahmenbedingungen als nicht optimal für den Innovationserfolg angesehen. Eine solche würde die Handlungsfreiheit der Akteure einschränken und die Kooperation könnte in Trägheits- und Lock-in-Effekten enden. Sind die Routinen und die Verhaltensweisen der Akteure einander zu ähnlich, fehlt der für den Erfolg der Innovation benötigte neue Impuls oder die neue Idee, wodurch Technologien, Produkte oder Produktvariationen erst entstehen. Die immer wiederkehrenden Verhaltensweisen der Akteure führen dazu, dass ihnen der Blick für neue Ideen und Impulse fehlt, womit der Innovationsprozess nur sehr stockend in Gang kommt und die Kooperation in einem lock-in, also sozusagen in einer Sackgasse, endet.

Letztlich spielt auch – wie bereits ausführlich dargestellt – die räumliche Nähe eine Rolle im Innovationsprozess. Eine zu geringe Nähe verhindert eine Übertragung räumlicher

Externalitäten und eine zu große Nähe führt zu einer mangelnden räumlichen Offenheit, um neue Impulse zu generieren. Auf den letzten Punkt wird in der Folge noch genauer eingegangen.

5.5.5   Optimales Umfeld für den Innovationserfolg

Unter all diesen Bedingungen kann ein ganzheitliches Umfeld der optimalen Nähe definiert werden, das dafür sorgt, dass ein Innovationsprojekt den größtmöglichen, aber keinen gesicherten, Erfolg verspricht. Hinsichtlich der kognitiven Nähe sollten die Akteure eine gemeinsame Wissensbasis mit unterschiedlichen, aber dennoch komplementären, Kompetenzen haben. Der Fußballtrainer einer eher defensiv ausgerichteten Kontermannschaft trifft sich mit dem Trainer des offensiv agierenden FC Barcelona. Eine lose gekoppelte Vernetzung beschreibt die beste organisatorische Nähe. Die beiden Trainer treffen sich je nach Bedarf und vereinbaren telefonisch weitere Treffen, sofern es Ideen für neue Spielsysteme gibt. Die soziale Nähe sollte eine Mixtur aus persönlichem Vertrauen und Geschäftsbeziehung widerspiegeln. Die Trainer können einander gut leiden und haben Vertrauen darin, dass eine neu entwickelte Spielidee nicht gleich weitergegeben wird (z. B. an Real Madrid). Die beiden müssen sich aber nicht zwangsläufig gegenseitig zum Geburtstag einladen. Eine feste institutionelle Basis besteht, wird aber regelmäßig hinsichtlich der teilweisen Öffnung überprüft. Die beiden Trainer haben bestimmte Verhaltensregeln und unterhalten sich unter vier Augen, aber gelegentlich werden die Assistenztrainer oder ausgewählte vertrauenerweckende Trainer anderer Vereine (z. B. des sympathischen FC Schalke 04) hinzugebeten, um neue Ideen zu kreieren und ein *lock-in* zu vermeiden. Zudem soll hinsichtlich der räumlichen Nähe eine stark spezialisierte lokale Basis mit Offenheit für interregionale Ideen und Anregungen bestehen.

5.6   Wissensübertragung als Voraussetzung für funktionierende Cluster

In der Porterschen Clustertheorie werden Wissensexternalitäten ebenso wie in der Regionalökonomik anhand ihrer räumlichen Reichweite kategorisiert. Die Clustertheorie unterscheidet sich dabei jedoch in einigen wesentlichen Aspekten von der Regionalökonomik. So verwendet die Clustertheorie meist andere Begrifflichkeiten und stellt Verbindungen zwischen den aus der Regionalökonomik bekannten Klassifikationen dar. Die spezielle regionale Atmosphäre in der Clusterregion, welche den bewussten Austausch von Wissen begünstigt, wird als *local buzz* bezeichnet. Die konkrete Reichweite des *local buzz* wird jedoch sehr heterogen definiert. So nennt etwa Porter den Autoradius als gutes Richtmaß einer geeigneten Abgrenzung. Demnach umfasst der *local buzz* das Gebiet, welches innerhalb eines Tages mit dem Auto (inklusive Rückfahrt) erreicht werden kann. In diesem Sinne kann beispielsweise vom europäischen Chemie-Cluster gesprochen werden, welches von Rotterdam bis nach Basel reicht. Auf der anderen Seite herrscht laut der Clustertheorie beispielsweise im geographisch kleinen Sauerland in Nordrhein-Westfalen ebenso ein *local buzz* vor, nämlich in Bezug auf den dort ansässigen Steckdosencluster. Folglich kann nach der Clustertheorie der *local buzz* unterschiedliche Ausbreitungsgrade haben. Im Vordergrund des *local buzz* steht daher nicht die geographische Ausdehnung einer Region, sondern eher eine spezielle Definition des diffundierenden Wissens. Die Clusterakteure verfügen über jeweils ähnliche Wissensbasen, die im Wesentlichen die Kenntnisse einer spezialisierten Branche sind.

So umfasst der *local buzz* die innovative Atmosphäre innerhalb eines Clusters. Hingegen werden strategische Kooperationsbeziehungen mit Akteuren außerhalb der Clusterregion als *global pipelines* bezeichnet. Hierbei geht es um den bewussten Austausch von Wissen mit Akteuren außerhalb des Clusters. Diese strategischen Beziehungen dienen überwiegend dem Zweck, den Cluster mit neuen Ideen zu versorgen und ihn damit langfristig innovativ zu halten. Genauer gesagt: *Global pipelines* beleben und erneuern den *local buzz* und beugen so einer zunehmenden Homogenisierung des Wissenspools innerhalb einer Cluster-/Netzwerkformation vor. Wenn sich das Wissen der Akteure im Cluster zu stark ähnelt, können aus dem Wissenspool kaum noch neue Ideen generiert werden, die aber für den Fortbestand der Innovationskraft des Clusters wichtig sind. Durch Außenbeziehungen wird es regional eingebetteten Akteuren ermöglicht, veraltetes Wissen abzuschreiben und durch neue Impulse von außen zu erweitern.

Ein funktionierender Cluster ist einer großen Gefahr ausgesetzt, nämlich der Verkrustung der vorhandenen Strukturen und der Überalterung des Wissens. Je erfolgreicher ein Cluster arbeitet, desto größer ist die Gefahr, dass sich seine Akteure zu sehr auf den Erhalt der bestehenden Strukturen und Institutionen innerhalb der Clusterformation konzentrieren. Diese Abschottung hat zur Folge, dass der Cluster keine neuen Impulse von außen bekommt. Somit kann der Zerfall einer erfolgreichen regionalen Clusterformation durch ihre eigentliche Stärke entstehen, nämlich die zu starke Konzentration auf sich selbst und eine immer weiter voranschreitende Spezialisierung. Nach der Clustertheorie führen fehlende *global pipelines* zu sklerotischen, das heißt verhärteten, ökonomischen und institutionellen Strukturen. Dadurch besteht die Gefahr eines *lock-in* der Clusterstrukturen. Unter einem *lock-in* wird das Festlegen auf einen bestimmten Pfad verstanden, der nur schwerlich wieder verlassen werden kann. Der Zeitpunkt des Einrastens auf einen Pfad ist *ex ante* nicht bekannt und hängt häufig von stochastischen Prozessen ab. Somit sind oft Zufälle dafür verantwortlich, in welches Gleichgewicht ein System bei multiplen Gleichgewichten einmündet. Ist ein *lock-in* erst vollzogen und die weitere Entwicklung für einen Pfad vorgezeichnet, werden die Erträge aufgrund der Alterung des Clusters und der dort produzierten Güter langfristig sinken.

Ein Beispiel für das Festlegen auf einen Pfad ist die amerikanische Anordnung der Tasten auf Schreibmaschinen- und Computer-Tastaturen (QWERTY; auf deutschen Tastaturen QWERTZ bzw. AZERTY in Ländern mit französischem Sprachgebrauch). Als Schreibmaschinen noch manuell über Typenhebel betätigt wurden, war diese Anordnung der Buchstaben auf den Tastaturen sinnvoll. Dadurch war ein schnelles Tippen

möglich und häufig verwendete Buchstaben waren auf der Tastatur nicht zu nahe bei-
sammen angeordnet. Durch diese spezielle Anordnung wurde sichergestellt, dass sich
die Typenhebel nicht mechanisch verhaken konnten und längere Unterbrechungen des
Schreibflusses vermieden wurden. Mittlerweile existieren keine mechanischen Typenhebel bei Computertastaturen mehr und es gibt Buchstabenkombinationen abseits
von QWERTY, die nachgewiesenermaßen ein schnelleres Schreiben auf einer Tastatur
ermöglichen. Allerdings ist eine Reform der Buchstabenbelegung auf den Tastaturen
unmöglich, da die Benutzer die Kosten, sich auf eine neue Tastaturenbelegung einzustel-
len, als zu hoch empfinden und Tastaturen mit einer anderen Buchstabenkombination
ablehnen. Dies ist ein Beispiel für eine Pfadabhängigkeit, die ein *lock-in* einer besonderen
Form beschreibt (vgl. David 1985).

Der Grund für ein *lock-in* im Clusterzusammenhang wird in der Bindungsintensität
gesehen, und zwar liegt er in zu starken Bindungen zwischen den Akteuren des Clusters.
Diese starken Bindungen haben eine zentrale Schwäche: Eine zu starke Konzentration
der Beziehungen innerhalb des Clusters führt dazu, dass keine neuen Impulse von außen
in den Cluster getragen werden und dadurch das Hinzukommen neuer Akteure und
Ideen blockiert wird. Diese engen Beziehungen werden in der Literatur auch als *strong
ties, tight coupling, embedded ties* oder *bounding ties* bezeichnet. Starke Beziehungen
haben aber auch Vorteile, da sie einen schnelleren Austausch von Informationen und ein
schnelleres Herbeiführen von Entscheidungen ermöglichen. Man weiß, was der andere
denkt und wie er in bestimmten Situationen handelt.

Lose Kopplungen (*weak ties*) hingegen verhindern eine Verhärtung der institutionellen Struktur innerhalb eines Clusters. In schwachen Beziehungen bewahren die Akteure
ein hohes Maß an Autonomie und Autarkie. Anstatt einer verkrusteten Konsens-Kultur
etabliert sich vielmehr eine Diskurs-Kultur, die durch Diskussionen und Widerspruch
gekennzeichnet ist. Diese Diskurs-Kultur fördert gemeinsame Lernprozesse und hält den
Cluster durch strategische Verbindungen zu Akteuren außerhalb des Clusters offen für
neue Impulse. Um die Entwicklung zu einer langsamen aber stetigen Abschottung nach
außen zu vermeiden, gilt es, in die Netzwerkstruktur neben engen Kopplungen auch
lose Kopplungen einzubinden. Akteure, die zwei Cluster miteinander verbinden und
so gegenseitig mit neuen Ideen versorgen, werden als *gatekeeper* bezeichnet. *Gatekeeper*
sind Schlüsselpersonen in Netzwerken, da sie Kenntnisse von mehreren oder übergeordneten Technologien besitzen und gemeinsame Anknüpfungspunkte zwischen unterschiedlichen Branchen erkennen.

In der Clustertheorie wird davon gesprochen, dass *gatekeeper* mehrere Kodierungs-
schemata beherrschen und dadurch verschiedene Cluster miteinander kommunizieren
können. Ein *gatekeeper* übersetzt das Wissen für den jeweils anderen in eine gemeinsame
Sprache. In der Literatur werden sie häufig auch als *borderline agents* oder *boundary
spanners* bezeichnet. Mithilfe der *gatekeeper* können zwei Unternehmen miteinander in
Austausch treten, auch wenn ihre Standorte räumlich weit auseinander liegen. Dadurch
können sie vom jeweiligen regionsgebundenen impliziten Wissen des Kooperationspartners profitieren. Voraussetzung hierfür ist, dass die beiden Unternehmen an ihrem

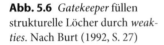

Abb. 5.6 *Gatekeeper* füllen strukturelle Löcher durch *weak-ties*. Nach Burt (1992, S. 27)

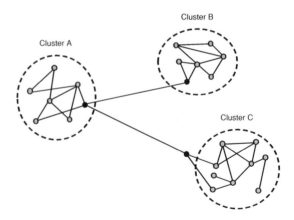

jeweiligen Standort in das regionale Netzwerk eingebunden sind und ihre jeweiligen *gatekeeper* eine kognitive, organisatorische, institutionelle und/oder soziale Nähe zueinander aufweisen.

Abbildung 5.6 zeigt die für den Fortbestand von Clustern wichtige Aufgabe der *gatekeeper*. Die Clusterakteure sind durch hellgraue Punkte gekennzeichnet, die *gatekeeper* durch schwarze. Dabei kann der *gatekeeper* sowohl Bestandteil eines funktionierenden Clusters (wie in den Clustern A und B) als auch ein vertrauensvoller Akteur von außerhalb sein (wie in Cluster C). Der *gatekeeper* sieht seine Hauptaufgabe darin, als Berater einen oder mehrere Cluster mit neuen Impulsen und Ideen zu versorgen.

Die Diskussion um starke und schwache Beziehungen, verhärtete Strukturen und *lock-in* ähnelt der bereits in Abschn. 4.2 geführten Diskussion über die Produktlebenszyklustheorie. Gatekeeper verhindern letztlich die Überalterung von Produkten und Clustern. Sie sorgen für die nötigen Impulse und somit für eine Wiederbelebung im Produktlebenszyklus. Abbildung 5.7, eine leicht veränderte Darstellung der Abb. 4.1 in Abschn. 4.2, verdeutlicht den Zusammenhang erneut.

Die Einführungsphase von Produkten ist dadurch gekennzeichnet, dass die Produktion noch sehr humankapitalintensiv ist, da die Produkte selbst und die Produktionsverfahren noch nicht ganz ausgereift sind und noch relativ häufig optimiert werden müssen. Dazu findet die Produktion überwiegend in Einzelanfertigung oder Kleinserien statt. Zu dieser Zeit werden aufgrund der vielen Weiterentwicklungsarbeiten überwiegend hoch qualifizierte Ingenieure und Facharbeiter benötigt. Die Unternehmen wählen große, diversifizierte Städte als Produktionsstandort aus, um mit Hilfe von Jacobs-Externalitäten (s. Abschn. 3.3.2) die benötigten Produktinnovationen bewältigen zu können. In den weiteren Phasen des Lebenszyklus werden die Produktionsmengen immer größer und die Weiterentwicklung der Produkte nimmt ab. Hingegen steigen die Prozessinnovationen stark an, weil die Produkte der jeweiligen Branche zwischen den Clustern immer homogener werden und die Produktion immer

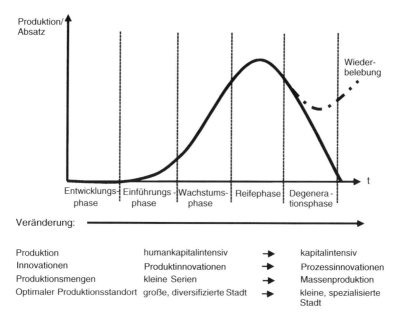

Abb. 5.7 Clusterlebenszyklus, Gatekeeper und Wiederbelebung. Nach Schätzl (2003, S. 213)

kapitalintensiver wird. Dies führt dazu, dass Kostenüberlegungen für den Produktionsstandort an Bedeutung gewinnen. Die Unternehmen ziehen dann in kleinere, spezialisierte Städte um, wo sie von geringeren Bodenpreisen und Löhnen sowie von den für Prozessinnovationen wichtigen MAR-Externalitäten profitieren. Spätestens wenn sich eine Branche – bzw. ein Cluster – in der Degenerationsphase befindet, werden die Umsätze und die Gewinne des Clusters zurück gehen und er gerät mitsamt der spezialisierten Region in eine Krise. Die *gatekeeper* sorgen jetzt nach der Clustertheorie dafür, dass neue Impulse für die Clusterakteure generiert werden und der Cluster wiederbelebt werden kann.

Neben der Betrachtung des Lebenszyklus von Produkten bzw. Branchen kann man auch die Entwicklungsstufen eines Clusters darstellen. Dabei unterscheidet man zwischen einem latenten, einem potentiellen, einem semi-stabilen und einem stabilen Cluster. Abbildung 5.8 verdeutlicht diese Stufen. Jedes der vier Rechtecke stellt eine Region dar. Jede Region beheimatet einen unterschiedlich weit entwickelten Cluster, der durch einen schattierten Kreis dargestellt wird. Die Großbuchstaben von A bis E kennzeichnen jeweils einen Akteur – das kann ein Unternehmen, eine Forschungseinrichtung oder eine koordinierende Institution, wie zum Beispiel eine Kammer, sein. Akteur A ist das unterste Glied in der Wertschöpfungskette des Clusters und Akteur E das oberste. Zum Beispiel könnte Akteur A eine Forschungseinrichtung sein. Das dort generierte Wissen wird von Akteur B für seinen Produktionsprozess benötigt. Die von B hergestellten

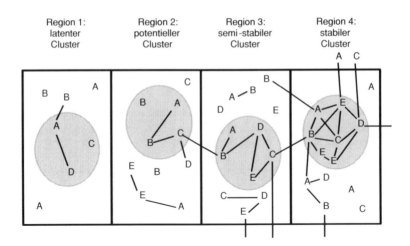

Abb. 5.8 Entwicklungsstufen von Clustern. Nach Krätke und Scheuplein (2001, S. 59)

Zwischenprodukte werden wiederum von C und D weiterverarbeitet und schließlich als Endprodukte von E an die Konsumenten verkauft. Die Vernetzung dieser Akteure untereinander wird durch die Verbindungslinien zwischen ihnen zum Ausdruck gebracht. Zwei Akteure, die in der grafischen Darstellung nicht durch Linien miteinander verbunden sind, unterhalten keinerlei Kooperationsbeziehungen mit dem jeweils anderen.

In diesem Beispiel weist Region 1 eine latente Clusterstruktur auf. Damit ist gemeint, dass bereits einige wesentliche Elemente der Wertschöpfungskette in der Region vorhanden sind, allerdings noch weitere Elemente dieser Kette fehlen und noch ein zu hohes Vernetzungsdefizit besteht. Um in der Clustersprache zu bleiben, müssen die Akteure versuchen, die fehlenden Elemente der Wertschöpfungskette anzuwerben und das Kooperationspotential zwischen den Akteuren durch Vertrauen schaffende Maßnahmen zu stärken. In Region 2 sieht man schon einen deutlichen Fortschritt in der Entwicklungsstufe: Mittlerweile sind alle Teile der Wertschöpfungskette in der Region vorhanden und auch die Vernetzung hat bereits zugenommen, ist jedoch immer noch unterentwickelt. Diese Stufe der Entwicklung wird als potentieller Cluster bezeichnet, da sich der Cluster auf einem guten Weg befindet, funktionsfähig zu werden und nur noch die Vernetzung verdichtet werden muss. In Region 3 hat sich bereits ein semi-stabiler Cluster etabliert: wesentliche Clusterstrukturen sind vorhanden. Dabei unterhält der Cluster sowohl Innen- als auch Außenbeziehungen. In der Entwicklung ist dieser Cluster schon weit vorangeschritten, einzig die Vernetzung – insbesondere nach außen – muss noch weiter verstärkt werden. Die vierte Region stellt das Idealbild eines Clusters dar. Es existieren ausgeprägte Beziehungen nach innen und auch nach außen, die dafür sorgen, dass sich der Wissenspool erneuert, wodurch einer Homogenisierung des Wissens vorgebeugt werden kann. Der Sonderfall eines *lock-in* ist in diesem Bild nicht dargestellt,

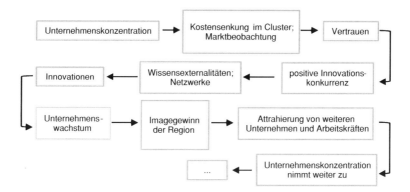

Abb. 5.9 Der idealtypische zirkuläre Selbstverstärkungsprozess in Cluster- und Netzwerkformationen

allerdings kann man sich diesen wie einen stabilen Cluster vorstellen, in dem Außenbeziehungen fehlen und eine Veralterung des Wissens bevorsteht.

5.7   Zusammenfassung

Anhand von Abb. 5.9 kann der Leser die zentralen Mechanismen der Porterschen Clustertheorie nochmals nachvollziehen. Zunächst muss eine Konzentration von Unternehmen einer Branche in einer Region vorhanden sein. Die Ballung der Unternehmen an einem Ort führt unter anderem dazu, dass die Unternehmen durch das Teilen eines gemeinsamen Arbeitsmarkts ihre Kosten senken können. Nach der Porterschen Theorie entsteht zudem ein weiterer Vorteil der Ballung: Der Markt kann durch die räumliche Nähe besser beobachtet werden und so kann ein für den Wettbewerb wichtiges *benchmarking* erfolgen: Man beobachtet den Markt und die Konkurrenten intensiver und kann so leichter erkennen, was die anderen allenfalls besser machen als man selbst. Dadurch können eigene Defizite schneller erkannt und Profit versprechende Marktlücken ausgemacht werden.

Durch die marktmäßigen Beziehungen der Clusterakteure untereinander entsteht Vertrauen zueinander, was die Voraussetzung für das Entstehen strategischer Kooperationsbeziehungen zwischen den Unternehmen des Clusters ist. Diese bewusst übertragenen Wissenskomponenten führen zu einer größeren Innovationsaktivität des Clusters. Mehr Innovationen führen wiederum dazu, dass die Unternehmen schneller wachsen und die Regionen neben einem stärkeren regionalen Wirtschaftswachstum auch Imagegewinne realisieren können. Dies hat zur Folge, dass sich weitere Unternehmen in der Region ansiedeln, um von dem innovativen *local buzz* zu profitieren. Dieser Prozess kann im besten Fall darin enden, dass die eben beschriebenen Effekte weiter verstärkt werden und diese Entwicklung in einem sich selbst verstärkenden Kreislauf gipfelt.

Literatur

Adams, J. D. (2002). Comparative localization of academic and industrial spillovers. *Journal of Economic Geography, 2*(3), 253–278.

Alchian, A. A., & Demsetz, H. (1972). Production, information costs, and economic organization. *American Economic Review, 62*(5), 777–795.

Anselin, L., Varga, A., & Acs, Z. (1997). Local geographic spillovers between university research and high technology innovations. *Journal of Urban Economics, 42*(3), 422–448.

Belenzon, S., & Schankerman, M. (2010). Spreading the word: Geography, policy and knowledge spillovers. *CEPR Discussion Paper* 1005

Bode, E. (2004). The spatial pattern of localized R&D spillovers: An empirical investigation for Germany. *Journal of Economic Geography, 4*(1), 43–64.

Boschma, R. A. (2005). Proximity and innovation. A critical assessment. *Regional Studies, 39*(1), 61–74.

Bundeszentrale für Politische Bildung .(2012). Entwicklung des Grenzüberschreitenden Warenhandels. Bundeszentrale für Politische Bildung. http://www.bpb.de/nachschlagen/zahlen-und-fakten/globalisierung/52543/entwicklung-des-warenhandels. Zugegriffen: 06. Dez 2012.

Burt, R. S. (1992). *Structural holes. The social structure of competition*. Cambridge, MA: Harvard University Press.

Coase, R. H. (1937). The nature of the firm. *Economica, 4*(16), 386–405.

David, P. A. (1985). Clio and the economics of QWERTY. *American Economic Review, 75*(2), 332–337.

Döring, T. (2004). Räumliche Wissens-Spillovers und Regionales Wirtschaftswachstum – Stand der Forschung und Wirtschaftspolitische Implikationen. *Schmollers Jahrbuch – Zeitschrift für Wirtschafts- und Sozialwissenschaften 124*(1), 95–137.

Dunn, M. H. (1998). *Die Unternehmung als ein soziales System. Ein sozialwissenschaftlicher Beitrag zur Neuen Mikroökonomie*. Berlin: Duncker und Humblot.

Duranton, G., & Overman, H. G. (2005). Testing for localization using micro-geographic data. *The Review of Economic Studies, 72*(253), 1077–1106.

Fischer, J., & Gensior, S. (2002). Einleitung. In J. Fischer & S. Gensior (Hrsg.), *Sprungbrett Region? Strukturen und Voraussetzungen vernetzter Geschäftsbeziehungen* (S. 950). Berlin: sigma.

Fischer, M. M., Scherngell, T., & Jansenberger, E. (2009a). Geographic localisation of knowledge spillovers: Evidence from high-tech patent citations in Europe. *Annals of Regional Science, 43*(4), 839–859.

Fischer, M. M., Scherngell, T., & Jansenberger, E. (2009b). Patents, patent citations and the geography of knowledge spillovers in Europe. In C. Karlsson, A. E. Andersson, P. C. Cheshire, & R. R. Stough (Hrsg.), *New directions in regional economic development* (S. 331–342). Berlin: Springer.

Forbes (2009). Business meetings: The case for face-to-face. forbes. http://images.forbes.com/forbesinsights/StudyPDFs/Business_Meetings_FaceToFace.pdf. Zugegriffen: 28. Feb 2013

Fähnders, T. (2013). Westerwelle in Manila. Der Minister und ein „delikates" Problem von einst. Frankfurter Allgemeine Zeitung. http://www.faz.net/aktuell/politik/ausland/asien/westerwelle-in-manila-der-minister-und-ein-delikates-problem-von-einst-12054540.html. Zugegriffen: 08. Feb 2013

Funke, M., & Niebuhr, A. (2005). Regional geographic research and development spillovers and economic growth: Evidence from West Germany. *Regional Studies, 39*(1), 143–153.

Greunz, L. (2005). Intra- and inter-regional knowledge spillovers: Evidence from European regions. *European Planning Studies, 13*(3), 449–473.

Harvard Business Review. (2009). Managing across distance in today's economic climate: The value of face-to-face communication. Harvard Business Review. http://hbr.org/hbr-main/resources/pdfs/marketing/15426_HBRAS_BA_Report.pdf. Zugegriffen: 01. Apr 2013.

Hufbauer, G. C. (1991). World economic integration: The long view. *International Economic Insights, 2*(3), 26–27.

Jacobs, J. (1969). *The economy of cities*. New York: Vintage.

Jaffe, A. B., Trajtenberg, M., & Henderson, R. (1993). Geographic localization of knowledge spillovers as evidenced by patent citations. *The Quarterly Journal of Economics, 108*(3), 577–598.

Keller, W. (2001). International technology diffusion. *NBER Working Paper* 8573.

Keller, W. (2002). Geographic localization of international technology diffusion. *American Economic Review, 92*(1), 120–142.

Knight, F. H. (1921). *Risk, uncertainty and profit*. Boston: Houghton Mifflin.

Krätke, S., & Scheuplein, C. (2001). *Produktionscluster in Ostdeutschland. Methoden der Identifizierung und Analyse*. Hamburg: VSA.

Krugman, P. (1991). *Geography and trade*. London: MIT Press.

Maurseth, P. B., & Verspagen, B. (2002). Knowledge spillovers in Europe: A patent citations analysis. *Scandinavian Journal of Economics, 104*(4), 531–545.

McHale, J. (1969). *The future of the future*. New York: George Braziller.

Niebuhr, A. (2000). Räumliche Wachstumszusammenhänge Empirische Befunde für Deutschland. *HWWA Discussion Paper* 84.

Organisation for Economic Co-operation and Development (OECD). (2007). Competitive regional clusters: national policy approaches. oecd policy brief. http://www.oecd.org/gov/regionaldevelopment/38653705.pdf. Zugegriffen: 04. Jan.2013.

Orlando, M. (2004). Measuring spillovers from industrial R&D: On the importance of geographic and technological proximity. *RAND Journal of Economics, 35*(4), 777–786.

Paci, R., & Usai, S. (2009). Knowledge flows across European regions. *Annals of Regional Science, 43*(3), 669–690.

Perry, M. (1999). Clusters' last stand. *Planning Practice & Research, 14*(2), 149–152.

Polányi, M. (1966). *The tacit dimension*. London: Routledge.

Porter, M. E. (1991). *Nationale Wettbewerbsvorteile. Erfolgreich konkurrieren auf dem Weltmarkt*. München: Droemer Knaur.

Porter, M. E. (1998). Clusters and the new economics of competition. *Harvard Business Review, 76*(6), 77–90.

Porter, M. E. (2000). Locations, clusters, and company strategy. In G. L. Clark, M. P. Feldman, & M. S. Gertler (Hrsg.), *The Oxford handbook of economic geography* (S. 253–274). Oxford: Oxford University Press.

Richter, R., & Furubotn, E. G. (1999). *Neue Institutionenökonomik* (2. Aufl.). Tübingen: Mohr Siebeck.

Schätzl, L. (2003). *Wirtschaftsgeographie Teil 1. Theorie* (9. Aufl.). Paderborn: Ferdinand Schöningh.

Steiner, M. (1998). The discrete charm of clusters: An introduction. In M. Steiner (Hrsg.), *Clusters and regional specialisation: On geography, technology and networks* (S. 1–17). London: Pion.

Verspagen, B., & Schoenmakers, W. (2000). The spatial dimension of knowledge spillovers in Europe: Evidence from firm patenting data. *MERIT – Maastricht Economic Research Institute on Innovation and Technology Research Memoranda* 016.

Weise, P., Brandes, W., Eger, T.,& Kraft, M. L. (2002). *Neue Mikroökonomie* (4. Aufl.). Heidelberg: Physica.

Kritik am Clusterkonzept und Clusterpolitik

6

Zusammenfassung

Trotz seiner Popularität in Wissenschaft und Politik werden sowohl das Clusterkonzept an sich als auch daraus abgeleitete regionalpolitische Maßnahmen häufig kritisiert. Fasst man die Kritikpunkte an der Porterschen Clustertheorie zusammen, lassen sich diese in zwei unterschiedliche Kategorien einteilen: Einerseits wird der Ansatz als solcher aufgrund seiner konzeptionellen Unschärfe kritisiert. Andererseits werden speziell die wirtschaftspolitischen Empfehlungen, die häufig aus dem Porterschen Konzept abgeleitet werden, hinterfragt. Im Folgenden fassen wir zunächst die konzeptionelle Clusterkritik zusammen, um im Anschluss daran die ökonomische Sinnhaftigkeit von Clusterpolitik zu hinterfragen. Dabei wird zwischen positiver und normativer Clusterpolitik unterschieden. Zunächst wird die positive – also in der Realität verfolgte – Clusterpolitik betrachtet, um daraufhin den Fokus auf deren normative Seite zu richten. Bei Letzterer geht es um die Frage, wie eine Clusterpolitik unter ökonomischen Gesichtspunkten am besten ausgestaltet sein sollte.

Interessanterweise wird die konzeptionelle Unschärfe des Cluster- und Netzwerkkonzepts überwiegend aus wirtschaftsgeographischer und soziologischer Sicht kritisiert. Demgegenüber finden sich die prominentesten Kritiker einer auf Clusterförderung ausgerichteten Wirtschaftspolitik unter den Ökonomen. In diesem Kapitel werden wir uns den Argumenten beider Lager widmen.

6.1 Konzeptionelle Clusterkritik

Die Kritik am Konzept des Clusters, also an dem Theoriegebäude an sich, wird als konzeptionelle Clusterkritik bezeichnet. Einer der größten Kritikpunkte ist, dass es bislang noch immer keine eindeutige Definition für einen *Cluster* gibt. Bestehende Definitionen heben Cluster nicht deutlich von anderen Agglomerationen von Betrieben ab und sind äußerst unpräzise

O. Farhauer und A. Kröll, *Standorttheorien*, DOI: 10.1007/978-3-658-01574-9_6,
© Springer Fachmedien Wiesbaden 2013

im Hinblick auf die industriellen und geographischen Grenzen von Clustern. Daher kann
nicht beurteilt werden, auf welcher räumlichen Aggregationsebene Cluster am besten untersucht werden sollten. Laut Porter (1998, S. 202) bestimmen sich die Grenzen eines Clusters
durch die Stärke der dort wirkenden Wissensexternalitäten. Bestandteil eines Clusters sind
alle Betriebe, auch unterschiedlicher Branchen, die miteinander in intensivem Austausch stehen. Wie stark genau die externen Effekte des Wissens und die Intensität der Beziehungen
zwischen den Unternehmen sein müssen und wie dies gemessen werden kann, wird jedoch
offen gelassen. Diese unscharfe Abgrenzung führt dazu, dass es häufig im Auge des Betrach-
ters liegt, ob ein Cluster besteht oder nicht (vgl. Martin und Sunley 2003, S. 10f.). Porter selbst
gibt unzählige weitere Definitionen eines Clusters. So zum Beispiel: "A cluster's boundaries
are defined by the linkages and complementarities across industries and institutions that are
most important to competition." (Porter 1998, S. 79), oder: "Clusters: critical masses – in one
place – of unusual competitive success in particular fields." (Porter 1998, S. 78).

Wird in einer Region ein Cluster identifiziert, wird er häufig als separate Einheit, also
unabhängig von der umgebenden Umwelt, betrachtet. Tatsächlich stehen jedoch Akteure
eines Clusters nicht nur mit Wirtschaftssubjekten innerhalb, sondern auch mit solchen
außerhalb jener Formation in Kontakt. Dieser Aspekt wurde von der Clustertheorie bislang weitgehend vernachlässigt, ist aber zentral für das langfristige Fortbestehen eines
Clusters. Es wird zwar angesprochen, dass in einem Cluster neben dem *local buzz* auch
global pipelines aufrecht erhalten und *gatekeeper* existieren sollten, um ein *lock-in* zu vermeiden. Allerdings fehlen Hinweise auf die konkrete Ausgestaltung der Außenbeziehungen eines Clusters und darauf, wie diese den „Alterungsprozess" einer Clusterformation
konkret verlangsamen oder gar abwenden können.

Auch auf anderen Ebenen ist Porters Modell nicht vollständig spezifiziert. So wird etwa
die Rolle von örtlichen sozialen Netzwerken betont, aber im Modell nicht hinreichend
theoretisch fundiert (vgl. Martin und Sunley 2003, S. 16f.). Ebenso verhält es sich mit
der Rolle des impliziten Wissens, des an Personen gebundenen Wissens, das nicht kodi-
fizierbar ist und in erster Linie durch persönliche Kontakte weitergegeben wird. Martin
und Sunley (2003, S. 17) kritisieren, dass eine eindeutige Definition des Begriffs *implizites
Wissen*, und damit seine Konzeptualisierung, fehlt. Zudem ist die Weitergabe dieser Art
von Wissen nicht an die Existenz eines Clusters oder die darin bestehenden sozialen Netz-
werke gebunden. Auch Unternehmen, deren Standorte weit voneinander entfernt liegen,
können durch die Weitergabe des jeweiligen regionsgebundenen Wissens profitieren.

Ein weiteres Beispiel ist das Fehlen von Annahmen über die Mobilität von Arbeitskräften. Diese sind jedoch zentral für das Modell, da laut Porter eine Strategie der Clus-
terpolitik darin bestehen sollte, Arbeitskräfte aus anderen Regionen anzuziehen, um den
Cluster zu vergrößern. Wären Arbeitskräfte aber gänzlich immobil, so wäre diese Politik
eine Ressourcenverschwendung, da der Cluster dann naturgemäß nicht wachsen könnte.
Einige weitere Aspekte, die in Porters Modell nicht näher bestimmt werden, sind der
Grundstücksmarkt, die Produktionsstruktur in Clustern und die Art und Weise, wie
Unternehmen miteinander konkurrieren.

Laut Porter müssen bereits bestehende, funktionierende Cluster gepflegt und ausgebaut werden. Befindet sich in einer Region ein latenter bzw. potentieller Cluster, ist es Aufgabe der Regionalpolitik, das Clusterbewusstsein zu fördern, den Informationsaustausch zwischen den lokalen Akteuren zu verbessern und unterstützende Institutionen aufzubauen, wie beispielsweise die Einsetzung eines Clustermanagers. Weist eine Region jedoch keinerlei Clusteransätze auf, sollte die Politik versuchen, eine kritische Masse an Unternehmen und Arbeitskräften in die Region zu ziehen, um die Etablierung eines Clusters zu ermöglichen.

In der Literatur besteht weitgehender Konsens darüber, dass Initiativen der Clusterinitiierung meist wirkungslos sind (vgl. Schmitz und Nadvi 1999). Michael Porter betont die Bedeutung von Vertrauen und Kooperation für die Entstehung eines erfolgreichen Clusters. Diese sozialen Beziehungen müssen sich jedoch langfristig aufbauen und können nicht *ad hoc* durch politische Maßnahmen hergestellt werden. Vor diesem Hintergrund erscheint es schwierig, einen Cluster durch eine zielgerichtete Politik zu initiieren. Demzufolge sollte sich die Politik eher auf die Förderung von Regionen beschränken, die bereits zumindest Ansätze eines Clusters aufweisen, anstatt einen neuen Cluster zu schaffen.

Es gibt jedoch Studien, welche Zweifel an der Relevanz von langjährigen, Vertrauen schaffenden Beziehungen für strategische Kooperationsbeziehungen aufkommen lassen. In einer empirischen Studie untersuchen etwa Giuliani und Bell (2005) den Prozess der Wissensdiffusion in einem Wein-Cluster in Chile. Sie zeigen, dass sich der Wissensaustausch zwischen den Betrieben dieses Clusters unregelmäßiger vollzieht als zu erwarten wäre, wenn dafür langfristige Transaktionsbeziehungen zwischen den betreffenden Betrieben nötig wären. Laut Giuliani und Bell (2005) spielt die fachliche Reputation und damit die Wahrscheinlichkeit einer profitablen Zusammenarbeit bei der Auswahl von Kooperationspartnern eine bedeutendere Rolle als eine langjährig aufgebaute Vertrauensbasis. Levin et al. (1987) befragten Industriebetriebe in den Vereinigten Staaten nach den wichtigsten Wegen, unternehmensexternes Wissen zu internalisieren. Sie kommen zu dem Ergebnis, dass Gespräche mit Mitarbeitern von innovativen Unternehmen als Quelle neuen Wissens als hilfreich angesehen werden. Sehr bedeutend sind jedoch unternehmensinterne Forschungs- und Entwicklungsaktivitäten und das *reverse engineering*, also die Zerlegung und Rekonstruktion von Produkten der Konkurrenten. Durch politische Maßnahmen kann kaum Einfluss auf das *reverse engineering* genommen werden, es können jedoch (z. B. finanzielle oder patentrechtliche) Anreize zur Intensivierung der unternehmensinternen Forschungs- und Entwicklungsaktivität gesetzt werden.

Ein weiterer Kritikpunkt am Konzept des Clusters ist seine Fokussierung auf die positiven Effekte der Ballung von Unternehmen. Die Bausteine des Diamantmodells (s. Abschn. 5.3.1) beeinflussen einander ausschließlich positiv. Porter versäumt es, auf mögliche Schwierigkeiten einzugehen, die durch einen negativen Einfluss zweier Elemente aufeinander entstehen können (vgl. Duranton et al. 2010, S. 25). Die Agglomeration von Wirtschaftssubjekten geht jedoch üblicher Weise mit adversen Effekten einher. Zum Beispiel können die Faktorpreise (Löhne, Mieten, Zinsen) ansteigen und die Produktion in einem Cluster verteuern. Des Weiteren kann ein Unternehmen in einem Cluster damit konfrontiert sein, dass ein weiteres dort ansässiges Unternehmen seine (hoch qualifizierten) Arbeitskräfte abwirbt, also dem so genannten Problem des *labour poaching*. Dies wiederum führt zu einem Lohnanstieg, da das erste Unternehmen versucht, seine Arbeitskräfte durch einen höheren Lohn an sich zu binden, während das zweite Unternehmen versucht, diese Arbeitskräfte mittels eines höheren Lohnangebots abzuwerben. Stellen die Unternehmen im Cluster ähnliche Produkte her, besteht zudem die Möglichkeit eines verstärkten Preiswettbewerbs auf dem Gütermarkt, der ihre Gewinne schmälert. All diese Nachteile einer Clusterbildung werden von den Befürwortern dieses Konzepts häufig verschwiegen, sind jedoch für seine sachliche Beurteilung unerlässlich.

6.2 Clusterpolitik

Die Clustertheorie mit ihrer Betonung der Wettbewerbsvorteile durch Vernetzung der Akteure hat bedeutenden Einfluss auf wirtschaftspolitische Empfehlungen. Im traditionellen Sinne der Theorie der Wirtschaftspolitik sollte der Staat immer dann in Marktprozesse eingreifen, wenn ein Marktversagen bzw. eine Marktschwäche identifiziert wird. Die Clustertheorie hingegen betont sogar, dass der Staat aktiv in den Markt eingreifen und nicht erst auf eine vermeintliche Fehlentwicklung des Marktes warten soll. Die regionale Wirtschaftspolitik soll den neuen clusterspezifischen Gegebenheiten Rechnung tragen und fortan als strategisches Regionalmanagement agieren. Neben einem gemeinsamen Standortmarketing für eine Region gibt es eine Art Blaupause für die Stärkung eines Standorts. Verfügt der Standort bereits über einen funktionsfähigen Cluster, dann soll dieser gepflegt und insbesondere nach außen ausgebaut werden, um weiterhin Wettbewerbsvorteile generieren zu können. Verfügt die Region noch nicht über eine Cluster- und Netzwerkformation, aber das Potenzial für eine solche ist vorhanden, soll zwischen den Beteiligten das Clusterbewusstsein gestärkt werden. Ansonsten ist ein Aufbau bzw. Ausbau der für den Cluster wichtigen Institutionen, wie beispielsweise entsprechenden Dienstleistern oder Forschungseinrichtungen, anzustreben. Außerdem soll der Informationsaustausch der regionalen Akteure über runde Tische, Fachmessen oder gemeinsame Tagungen verbessert werden. Dadurch werden bestimmte Ecken des „Diamanten" verstärkt und der Cluster kann sich in der Region etablieren.

Aber auch für Regionen, die noch nicht einmal über Ansätze eines Clusters verfügen, existieren geeignete strategische Maßnahmen. So kann über politische Initiativen versucht werden, einen Cluster zu kreieren. Durch regionalpolitische Maßnahmen kann das Clusterpotential so weit ausgebaut werden, dass die kritische Masse, die zur Etablierung einer funktionierenden Clusterformation nötig ist, erreicht wird. Die Politik kann auch Cluster, deren Wettbewerbsvorteile aufgrund einer Homogenisierung des Wissens bedroht sind, unterstützen. Über das Setzen von neuen Impulsen durch gezielt angeworbene *gatekeeper* kann diesen „alten" Clustern neues Leben eingehaucht werden und die Verjüngungskur bringt die alten Wettbewerbsvorteile wieder zur Geltung. Als Beispiel wird immer wieder genannt, die Clusterbeteiligten für neue Trends auf dem Weltmarkt sensibel zu machen und durch das Aufnehmen dieser neuen Trends das Ableben einer Clusterformation aufzuschieben oder gar zu verhindern. Befürworter dieser neuen wirtschaftspolitischen Idee der Clusterförderung betonen explizit das proaktive Handeln des Staats als besonderen Vorteil, da nun – so die Meinung der Vertreter dieser Denkrichtung – der Staat nicht mehr auf Fehlentwicklungen warten muss, um einzugreifen, sondern quasi *ex ante* diesen Störungen entgegenwirken kann.

6.2.1 Positive Clusterpolitik

Oftmals wird das Bild vermittelt, Cluster wären ein Allheilmittel für strukturschwache Regionen. Daher folgt die Politik häufig Porters Ansichten und stellt darauf ab, in strukturschwachen Regionen Cluster zu etablieren und dadurch deren wirtschaftliches Wachstum zu fördern. Weisen diese Regionen allerdings von sich aus keine Branchenschwerpunkte auf, die gefördert werden können, werden die Versuche, einen Cluster zu kreieren, vermutlich scheitern. Ebenso könnte man keine Sonnenblume züchten, ohne über einen Sonnenblumenkern zu verfügen.

Da dem Konzept des Clusters eine allgemeingültige theoretische Fundierung fehlt, mangelt es der Clusterpolitik an den dringend benötigten theoretischen Grundlagen zur Bewertung der in der Literatur vorgeschlagenen politischen Maßnahmen. Es ist unklar, welche Marktschwächen in Clustern existieren, die mit Hilfe von Clusterinitiativen zu beheben wären. Dennoch werden Clusterpolitik und Clusterentwicklung häufig als grundlegende Elemente von Regionalpolitik betrachtet. Insgesamt ist in der Regionalpolitik ein Strategiewechsel zu beobachten. Wurde in der Vergangenheit noch das Ausgleichsziel nach Art. 106, Abs. 3, Nr. 2 des Grundgesetzes als Kalkül in der Regionalpolitik verfolgt, zielt die „neue" Regionalpolitik eher darauf ab, Metropolregionen, also ökonomisch starke Regionen, zu fördern. Bei dieser Art der Regionalpolitik wird davon ausgegangen, dass durch eine Förderung der wachstumsstarken „Clusterregionen" auch die schwächeren, üblicherweise eher ländlich geprägten, Regionen Wachstumsimpulse erhalten und so ebenfalls höhere Wachstumsraten verzeichnen können. Bildlich gesprochen stellen die Wachstumsregionen Lokomotiven dar, welche die schwächeren Regionen als Waggons auf einem Gleis des Wachstums mitziehen.

Oft wird das Argument vorgebracht, das Ziel von Clusterpolitik sei die Verbesserung der regionalen Wettbewerbsfähigkeit. Ein Mangel an lokaler Wettbewerbsfähigkeit ist allerdings nicht die Ursache, sondern lediglich die Folge eines Problems (vgl. z. B. Sölvell et al. 2003). Die Bekämpfung der *Folge* eines Problems rechtfertigt aber keine politische Maßnahme. Stattdessen sollte das Ziel von Politik die Maximierung der gesellschaftlichen Wohlfahrt durch die Korrektur von bestehenden Ineffizienzen sein. Wenn zum Beispiel Unternehmen auf einem effizienten Niveau investieren, sollte die Politik nicht eingreifen. Investieren sie jedoch zu wenig, ist es unzureichend, lediglich Investitionsanreize zu setzen. Vielmehr müssen die Gründe für die gesamtwirtschaftlich suboptimale

Investitionsneigung gesucht werden. Besteht ein Grund etwa darin, dass die Erträge aus Innovationen gering sind, da diese schnell von Konkurrenten imitiert werden, muss die Politik den Patentschutz ausweiten (vgl. Farhauer 2001 S. 231ff. und Duranton et al. 2010, S. 22). Ein Problem ergibt sich auch, wenn die Clusterpolitik nicht die Maximierung der sozialen Wohlfahrt im Cluster zum Ziel hat oder im Konflikt mit anderen politischen Maßnahmen steht (vgl. Duranton et al. 2010, S. 53f. und 59f.). So kann beispielsweise die Förderung von Clustern in strukturstarken Regionen dem Ausgleichsziel des Grundgesetzes entgegenwirken.

Porter (2000) sieht die Aufgabe lokaler Behörden darin, die einzelnen Bausteine des Diamantmodells (Faktorangebots- und Nachfragekonditionen, lokaler Wettbewerb und verwandte Branchen) zu stärken und die Bindungen zwischen diesen Teilen zu festigen. Wird durch politische Maßnahmen ein Baustein des Diamanten positiv beeinflusst, ergibt sich ein Verstärkungseffekt (*magnification effect*). Durch die Interaktion der verschiedenen Teile des Diamanten kommt es zu einer Verstärkung des Impulses und dieser breitet sich auch auf die weiteren Bausteine aus. Führen zum Beispiel Steuersenkungen zu einer Erhöhung der Nachfrage, so werden auch das Faktorangebot und der lokale Wettbewerb positiv beeinflusst. Eine Nachfrageerhöhung führt zu steigenden Preisen, wodurch die Vielfalt des Faktorangebots und die Anzahl der Anbieter steigen. Porter (2000) unterscheidet zwischen Strategien, welche die Vergrößerung eines Clusters zum Ziel haben und solchen, die Cluster wettbewerbsfähiger machen. Die Größe eines Clusters kann zum Beispiel durch Bemühungen, Unternehmen von anderen Standorten in den Cluster zu holen, und diverse Subventionen, welche die Beschäftigung im Cluster erhöhen, beeinflusst werden. Die Wettbewerbsfähigkeit lässt sich beispielsweise durch die Einrichtung spezieller Weiterbildungsprogramme oder Innovationssubventionen erhöhen. Laut Porter soll Clusterpolitik daher zu größeren, wettbewerbsfähigeren Clustern führen.

Regionale Wirtschaftspolitik wird nicht erst seit der Hochphase des Clusterkonzepts betrieben. Viele regionale Entscheidungsträger nennen ihre Netzwerkförderinitiativen nun Clusterinitiativen, was aber an deren Inhalt nichts ändert. Aufgrund der schwammigen Definition eines Clusters ergibt sich für Politiker das Problem zu determinieren, welche Unternehmen zentral für einen Cluster sind und Förderungen erhalten sollten (vgl. Martin und Sunley 2003, S. 24). Ein weiterer Aspekt betrifft die Frage, was mit lokal ansässigen Branchen, die nicht in den Kernbereich eines Clusters fallen, geschieht, wenn der Cluster Förderungen erhält. Das Clusterkonzept hat hierauf keine direkte Antwort. Laut Porter (1998, S. 245) sind steigende Löhne und Gewinne ein Zeichen von wirtschaftlichem Erfolg, das heißt, weniger produktive Branchen sollten aus der Region abwandern. Sind diese Branchen zwar weniger produktiv, aber sehr arbeitsintensiv, so führt dies zu starken Beschäftigungsrückgängen in der betreffenden Region. In diesem Fall würde Clusterförderung genau das Gegenteil von wirtschaftlicher Prosperität für eine Region bewirken. Also sollte Regionalpolitik nicht nur Cluster fördern, sondern eine ganzheitlichere Herangehensweise verfolgen (vgl. Martin und Sunley 2003, S. 27f.).

Wird Clusterförderung betrieben, fördert dies die Spezialisierung einer Region auf die im Cluster vertretenen Branchen. Dadurch entsteht allerdings ein Risiko-Ertrags-*Trade-off* (vgl. Fritz et al. 1998): Steigende Spezialisierung kann die Produktivität erhöhen, zugleich ist eine Monostruktur aber krisenanfälliger. Wird die Branche, auf die eine Region spezialisiert ist, von einem negativen Nachfrageschock getroffen, so wirkt sich dies in stärkerem Maße negativ auf die Region aus, als wenn sie eine diversifizierte Branchenstruktur hätte, die einen branchenspezifischen Nachfrageschock besser abfedern könnte.

6.2.2 Normative Clusterpolitik

Duranton et al. (2010, S. 26) kritisieren, dass Porter regionale Clusterpolitik befürwortet, obwohl das Diamantmodell keine triftigen Interventionsgründe für die Politik bietet, da es in diesem Modell keine Ineffizienzen gibt. Existieren keine Ineffizienzen, besteht auch kein Anlass für die Politik, in das Marktgeschehen einzugreifen. Bevor die Politik aktiv wird, muss Klarheit über die eventuell bestehenden Ineffizienzen in einem Cluster herrschen. Dies kann mit Hilfe eines einfachen Modells erreicht werden.

In Anlehnung an Combes et al. (2005) stellen Duranton et al. (2010, S. 27ff.) die Beziehung zwischen der Größe eines Clusters, der regionalen Produktivität und den Kosten der Ballung grafisch dar. Das 2010 erschienene Buch von Duranton et al. basiert in weiten Teilen auf einem Arbeitspapier, das von Duranton (2011) schließlich als Aufsatz publiziert wurde. Als Anekdote am Rande sei erwähnt, dass dieses Arbeitspapier von einer Institution finanziell unterstützt wurde, der Gilles Duranton aber nicht öffentlich für ihre Förderung danken konnte: Seine Ergebnisse und Schlussfolgerungen standen in starkem Gegensatz zu den Ansichten dieser Institution, weshalb sie mit Durantons Aufsatz nicht in Zusammenhang gebracht werden, sondern anonym bleiben wollte.

Abbildung 6.1 zeigt eine schematische Darstellung dieses Modells in seiner einfachsten Form. In Teil (a) der Grafik ist die Produktivitätskurve in Abhängigkeit von der Anzahl der Beschäftigten N in einem Cluster abgebildet. Im Gegensatz zu neoklassischen Produktionskurven, die abnehmende Grenzerträge aufweisen, zeichnet sich diese Produktivitätskurve durch steigende Grenzerträge aus. Die Produktivität $A(N)$ steigt aufgrund von lokalen steigenden Skalenerträgen und Wissensexternalitäten mit der Clustergröße an. Je steiler die Kurve verläuft, umso stärker sind die Skalenerträge und positiven Externalitäten ausgeprägt. Der Kurvenverlauf hängt jedoch auch von produktivitätssteigernden natürlichen Standortvorteilen einer Region ab. Für die Schiffbaubranche wäre beispielsweise die Lage an einem Gewässer ein produktivitätssteigernder natürlicher Standortvorteil. Zudem wird der Kurvenverlauf von der Art der Aktivität im Cluster beeinflusst. So weisen Cluster aus verschiedenen Branchen für gewöhnlich verschiedene Produktivitätskurven auf. Ein Cluster wird sich aber typischerweise nur auf eine Branche beschränken, nämlich auf die, in der seine Produktivität am höchsten ist (vgl. Duranton et al. 2010, S. 40f.).

Teil (b) der Abb. 6.1 zeigt den Zusammenhang zwischen den (marginalen) Produktionskosten $K(N)$, also den Grenzkosten der Produktion, und der Größe eines Clusters N. Die Kosten sind eine steigende Funktion der Clustergröße. Nimmt die Anzahl der

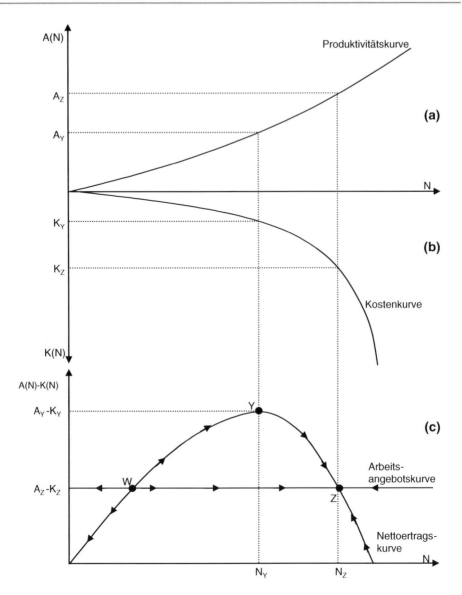

Abb. 6.1 Cluster – das Grundmodell. Nach Duranton (2011, S. 12)

Unternehmen und Beschäftigten in einem Cluster zu, steigt auch die Nachfrage nach Betriebs- und Wohnfläche, wodurch wiederum die Grundstückspreise steigen. Zusätzlich erhöhen sich Überfüllungskosten, wie etwa Pendel- und Staukosten, mit zunehmender Größe des Clusters. Folglich besteht ein positiver Zusammenhang zwischen der Produktivitäts- und der Kostenkurve: Ein Produktivitätsanstieg bewirkt, dass die Löhne im Cluster steigen, was zu einer steigenden Nachfrage nach Grundstücken führt.

Dadurch steigt auch der Bodenpreis, was die Produktionskosten erhöht. Die Kostenkurve ist wie die Produktivitätskurve clusterspezifisch und kann sich auch zwischen zwei Clustern der gleichen Branche unterscheiden.

Abschnitt (c) der Abb. 6.1 zeigt die Nettoertragskurve, welche die Differenz zwischen Produktivitäts- und Kostenkurve darstellt. Die Nettoerträge sind in Punkt Y mit N_Y Beschäftigten im Cluster am höchsten. Y ist aber lediglich ein bedingtes Optimum, da auch in diesem Punkt Ineffizienzen in der Produktion bestehen. Würden diese Ineffizienzen beseitigt, könnte das tatsächliche Optimum, das auf einer höheren Nettoertragskurve liegt, erreicht werden (s. Erläuterungen zu Abb. 6.3). In Abb. 6.1 wird der Fall einer glockenförmig verlaufenden Nettoertragskurve präsentiert. Bis zum Punkt Y steigt die Produktivität stärker an als die marginalen Produktionskosten. Rechts von Y ist die Steigung der Kostenkurve steiler als die der Produktivitätskurve und die Nettoertragskurve hat einen fallenden Verlauf. Im Falle einer glockenförmigen Nettoertragskurve überwiegen in kleinen Clustern (Beschäftigung $< N_Y$) lokale steigende Skalenerträge die zunehmenden Produktionskosten, während in großen Clustern (Beschäftigung $> N_Y$) der Kostenanstieg den Produktivitätsanstieg dominiert. Zusätzlich wird in Teil (c) der Abb. 6.1 die Arbeitsangebotskurve abgebildet. Zur Vereinfachung wird zunächst von einer vollkommen elastischen Arbeitsangebotskurve ausgegangen, das heißt, minimale Lohnänderungen führen zu extrem starker Arbeitskräftemigration. Die Annahme eines vollkommen elastischen Arbeitsangebots wird später aufgegeben.

Das Gleichgewicht stellt sich im Schnittpunkt der Nettoertragskurve mit der Arbeitsangebotskurve ein, da sich hier Lohn und Nettoertrag entsprechen, die Unternehmen also Nullgewinne machen. In Abb. 6.1 (c) gibt es zwei Schnittpunkte der beiden Kurven: W und Z. Wie durch die Pfeile angedeutet, entspricht aber nur Z einem stabilen Gleichgewicht. In Punkt W hingegen besteht ein instabiles Gleichgewicht. Kommt es ausgehend von W zu einem kleinen negativen Arbeitsangebotsschock (beispielsweise weil Arbeitskräfte aus dem Cluster von anderen Regionen abgeworben werden), sinkt die Produktivität und damit auch die Arbeitsnachfrage so lange, bis der Cluster in sich zusammenbricht. Befindet sich der Cluster im instabilen Gleichgewicht in W und kommt es zu einem kleinen positiven Arbeitsangebotsschock, steigt die Produktivität, es kommen mehr Unternehmen in den Cluster und daher steigt auch die Nachfrage nach Arbeitskräften. Die Produktivitätsgewinne sind so lange höher als die zusätzlichen Kosten, bis das stabile Gleichgewicht in Z erreicht wird, in dem sich diese beiden Größen wieder entsprechen. In Punkt Z werden N_Z Arbeitskräfte beschäftigt, die Produktivität ist A_Z und die Kosten betragen K_Z.

Anhand des vorgestellten Modells kann nun analysiert werden, ob ein ineffizientes Ergebnis vorliegt. Ist dies der Fall, kann es sinnvoll sein, das Ergebnis durch politische Maßnahmen zu verbessern.

Aus Teil (c) in Abb. 6.1 ist ersichtlich, dass die Nettoerträge im Cluster im Punkt Y mit $A_Y - K_Y$ maximiert werden. Die korrespondierende Anzahl an Beschäftigten ist N_Y. Das Gleichgewicht wird sich jedoch in Z einstellen. An diesem Punkt sind die Nettoerträge $A_Z - K_Z$ allerdings geringer als in Punkt Y. Zudem arbeiten im Gleichgewicht N_Z Beschäftigte im Cluster und dieser ist zu groß. Diese Situation ist ineffizient, stellt aber nichtsdestotrotz ein stabiles Gleichgewicht dar. Die Situation wäre effizient, wenn die überschüssigen $N_Z - N_Y$ Akteure den Cluster verlassen und an einem anderen Ort einen neuen Cluster gründen würden. Dies wird jedoch nur dann geschehen, wenn sich genügend Beschäftigte und Unternehmen dazu entscheiden, ihren Umzug zu koordinieren. Keiner der Akteure würde alleine aus dem bestehenden Cluster wegziehen und einen neuen gründen, da dieser sehr klein und daher unproduktiv wäre. Ohne „Hilfe" von außen werden die Arbeitskräfte und Unternehmen ihre Entscheidungen jedoch kaum koordinieren und den Cluster verlassen, da dies mit Umzugskosten sowie einem gewissen Risiko bei der Frage, ob die anderen ihr Versprechen einhalten und mitziehen, verbunden ist. Somit kommt es zu einem Koordinationsversagen. Hier sollte die Politik eingreifen und die Größe von Clustern auf das effiziente Niveau N_Y beschränken.

Abgesehen davon, dass Cluster aufgrund von steigenden Skalenerträgen laut dem Modell zu groß sind, entstehen weitere Ineffizienzen durch Externalitäten. So berücksichtigen Unternehmen zum Beispiel nicht, dass ihre unbesetzten Arbeitsplätze positive Effekte auf Arbeit suchende Individuen haben (deren Wahlmöglichkeiten werden erweitert). Zudem entstehen Ineffizienzen im Zusammenhang mit Wissensexternalitäten: Einerseits besteht die Gefahr, dass Unternehmen zu wenig in Forschung und Entwicklung investieren, wenn ihre Eigentumsrechte an Innovationen nicht geschützt sind. Ein zu lockeres Patentrecht führt dazu, dass Innovationen schnell von Konkurrenten imitiert werden und innovierende Unternehmen nicht die erwarteten Erträge realisieren können (vgl. Farhauer 2001, S. 231ff.). Andererseits könnten Unternehmen zu wenig in die Weiterbildung ihrer Beschäftigten investieren, da das Risiko besteht, dass diese nach der Trainingsmaßnahme von anderen Unternehmen im Cluster abgeworben werden. Faktorspezifitäten führen immer wieder zu Fehlanreizen. Besonders bei Trainingsmaßnahmen ist häufig eine Dilemmasituation zu beobachten. Für eine ausführliche Darstellung dieser Dilemmastrukturen der Qualifizierung vgl. Farhauer (2003, S. 100ff.).

Des Weiteren führen Unteilbarkeiten im Produktionsprozess dazu, dass aufgrund von hohen Fixkosten nur eine begrenzte Anzahl an Unternehmen auf dem Markt ist. Folglich stehen die Unternehmen in einem Cluster nur in unvollkommenem Wettbewerb zueinander und können ihre Marktmacht ausnutzen. Diese Ineffizienzen könnten durch politische Maßnahmen, wie etwa ein restriktiveres Patentrecht oder die Möglichkeit, Teilnehmer an Weiterbildungsprogrammen nach deren Absolvierung für eine bestimmte Zeit vertraglich an das aktuelle Unternehmen zu binden, minimiert werden.

Eine Clusterpolitik, die sowohl die effiziente Größe eines Clusters durchsetzt als auch die Ineffizienzen in der Produktion reduziert, kann zu einer steigenden Produktivität im Cluster führen. In Abb. 6.2 wird dies durch eine Drehung der Produktivitätskurve nach oben (auf Produktivitätskurve′) dargestellt. Bei jeder gegebenen Größe des Clusters kann die Produktivität durch die richtigen politischen Maßnahmen erhöht werden. Die Drehung der Produktivitätskurve bewirkt eine Änderung der Nettoertragskurve. Für jede gegebene Clustergröße sind die Nettoerträge nun höher als zuvor. Dadurch steigt die effiziente Größe des Clusters auf N_X an, die Nettoerträge werden im Punkt X maximiert. Beseitigte die Politik nur die in der Produktion durch Externalitäten auftretenden

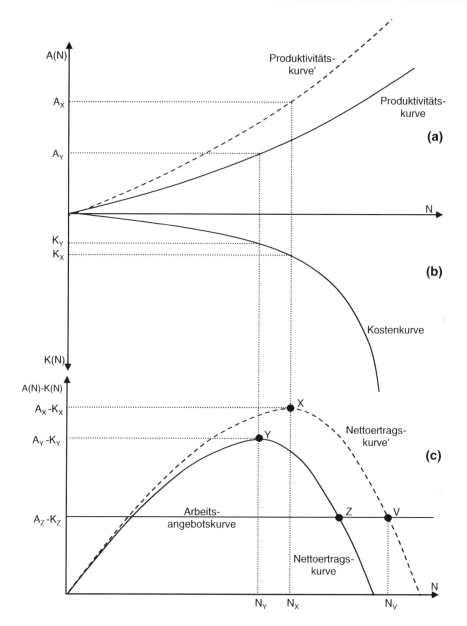

Abb. 6.2 Produktivitätsanstieg im Cluster. Nach Duranton (2011, S. 17)

Ineffizienzen ohne die Größe des Clusters zu beschränken, würden durch die gestiegene Produktivität noch mehr Unternehmen und Arbeitskräfte angezogen. Das (ineffiziente, aber stabile) Gleichgewicht würde sich in V mit N_V Beschäftigten einstellen.

Eine Schwierigkeit für die Politik besteht darin, Ineffizienzen aufzudecken. Nur wenn diese bekannt sind, kann gezielt gegen sie vorgegangen werden. Ein weiteres Problem stellt die exakte Position von Punkt X zur Bestimmung der effizienten Clustergröße dar. Punkt X liegt im Maximum der Nettoertragskurve', die sich aus der Differenz zwischen der Produktivitätskurve' und der Kostenkurve ergibt. Die neue Produktivitätskurve' ist jedoch im Voraus nicht bekannt. Die Kostenkurve ist ebenfalls unbekannt und muss geschätzt werden. Deshalb ist der eindeutige Verlauf der Nettoertragskurve' nicht bekannt und die Position von X sowie die effiziente Clustergröße können nicht exakt ermittelt werden. Einige Cluster, so etwa in der City of London und im Silicon Valley, sind "zu groß" und die Wohlfahrt der dortigen Akteure würde ansteigen, wenn die Cluster kleiner würden (vgl. Duranton 2011, S. 18).

Duranton et al. (2010) kritisieren nicht Clusterpolitik an sich, sondern eine Clusterpolitik, die ineffiziente oder nicht präzise definierte Ziele verfolgt. Porter (2000) empfiehlt clusterpolitische Maßnahmen wie etwa spezielles Training der Arbeitskräfte, intensive universitäre Forschung und den Ausbau von spezialisierter Transportinfrastruktur. Derartige Maßnahmen sind aber äußerst kostspielig und kein Mittel, um falsch identifizierte Ineffizienzen in einem Cluster auszumerzen (vgl. Duranton et al. 2010, S. 50f.). Die Förderung von Aus- und Weiterbildung sowie von universitärer Forschung durch die Politik wird allerdings nicht *per se*, sondern nur als Instrument der Clusterpolitik kritisiert (vgl. Duranton 2011, S. 19). Zudem ist es laut Porter ein Ziel, sowohl die Größe als auch die Produktivität (bzw. die Größe und damit auch die Produktivität) von Clustern zu erhöhen. Dies ist jedoch keine wirksame Strategie, da eine Vergrößerung des Clusters auch zu höheren Kosten führt, die ab einer bestimmten Größe nicht mehr von den Produktivitätszuwächsen kompensiert werden können (s. Teil (c) in Abb. 6.2).

Um das Modell der Realität anzupassen, wird die Annahme einer vollkommen elastischen Arbeitsangebotskurve in einem Cluster gelockert. Eine horizontale Arbeitsangebotskurve existiert nur, wenn die Arbeitnehmer ohne Kosten zwischen Clustern und Unternehmen wechseln können. Tatsächlich bestehen jedoch Mobilitätskosten, weshalb die Kurve wie in Abb. 6.3 steigend verläuft. Je höher der Lohn im Cluster, umso mehr Arbeitskräfte sind bereit, Mobilitätskosten auf sich zu nehmen und ihre Arbeit im Cluster anzubieten. Für eine allgemeine Darstellung des Einflusses von positiven Mobilitätskosten auf den Verlauf der Angebotskurve vgl. z. B. Ehrenberg und Smith (2009, S. 128ff.) oder – für eine fortgeschrittene Sichtweise – Manning (2003).

Wird zugelassen, dass die Arbeitsangebotskurve steigend verläuft, bringt dies weitere Probleme im Hinblick auf die Clusterpolitik mit sich. In Abb. 6.3 schneidet die Arbeitsangebotskurve die Nettoertragskurven links von deren Maximum Y bzw. X. Dies führt dazu, dass der Cluster auch ohne korrigierende Eingriffe der Politik nicht zu groß ist und kein Koordinationsversagen existiert. Die Unsicherheit darüber, ob der Schnittpunkt der beiden Kurven links oder rechts vom Maximum der Nettoertragskurve liegt, stellt eine zentrale Schwierigkeit für die Clusterpolitik dar, da es unsicher ist, ob die Clustergröße begrenzt werden sollte (Schnittpunkt rechts vom Maximum) oder nicht (Schnittpunkt links vom Maximum).

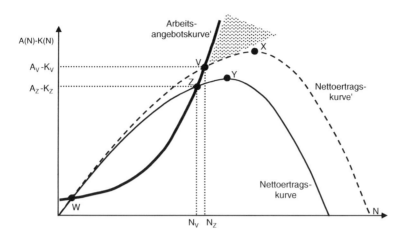

Abb. 6.3 Cluster mit imperfekter Arbeitskräftemobilität. Nach Duranton (2011, S. 21)

Werden alle Ineffizienzen korrigiert, liegt der Cluster auf der Nettoertragskurve′ und *V* ist der beste Punkt, der bei der gegebenen Arbeitsangebotskurve erreicht werden kann. Würde die Politik versuchen, durch Subventionen mehr Arbeitskräfte oder Unternehmen in den Cluster zu holen, würden die Kosten dafür über den Nettoerträgen liegen. Folglich würden unnötig Ressourcen verschwendet und es entstünde ein Nettowohlfahrtsverlust, welchen die punktierte Fläche unterhalb der Arbeitsangebotskurve, aber oberhalb der Nettoertragskurve′, andeutet. Zudem ist zu beachten, dass eine Politik, welche die Kosten eines Umzugs in den Cluster senkt, auch dazu führen kann, dass die Kosten, den Cluster wieder zu verlassen, ebenso sinken. Eine weitere Schwierigkeit ist, dass auch die Arbeitsangebotskurve Ineffizienzen unterliegen kann. So könnten beispielsweise imperfekte Informationen über die Löhne und die Lebenshaltungskosten im Cluster dazu führen, dass risikoaverse Individuen nicht in den Cluster ziehen (vgl. Duranton et al. 2010, S. 47ff.).

Im nächsten Schritt werden die Annahmen bezüglich der Kostenkurve gelockert. In Clustern entsprechen die privaten Grenzkosten nur dann den sozialen, wenn es keine Friktionen am Grundstücksmarkt und keine Überbevölkerung gibt. Tatsächlich ist der Grundstücksmarkt jedoch durch die gezielte Aufteilung des Lands in Zonen je nach deren Nutzung gekennzeichnet und daher nicht effizient. Ebenso existieren Stau- und Überfüllungskosten. Einzelne Akteure generieren aber nicht nur negative, sondern auch positive Externalitäten, wie etwa externe Effekte von Wissen. Die Individuen werden nicht dafür kompensiert, dass sie positive externe Effekte für andere erzeugen. Anderseits müssen sie aber auch die anderen nicht dafür entschädigen, um von den von ihnen generierten Externalitäten zu profitieren. Aufgrund dieser wechselseitigen Beeinflussung der Akteure durch Externalitäten ist nicht eindeutig, ob die Differenz zwischen privaten und sozialen Erträgen im Cluster positiv oder negativ ist. Somit ist auch nicht klar, ob bzw. wie die Politik eingreifen sollte. Durch zielgerichtete politische Maßnahmen könnten aber die Kosten gesenkt werden, wodurch die Nettoertragskurve steigen würde (vgl. Duranton et al. 2010, S. 52f.).

Zusammenfassend gesagt existieren in Clustern zwar positive Ballungseffekte, aber es ist eine extrem hohe Zunahme der Spezialisierung nötig, um mehr als marginale Effekte auf die lokale Produktivität und die lokalen Löhne zu erzielen. Zudem profitieren von der Ballung zumeist lediglich Arbeitskräfte innerhalb ein und derselben Branche. Die nur geringen positiven Effekte auf Produktivität und Löhne innerhalb von Clustern können umfangreiche, teure Maßnahmen der Regionalpolitik nicht rechtfertigen (vgl. Duranton et al.2010, S. 94ff.).

Dennoch geben Duranton et al. (2010, S. 62ff.) einige Empfehlungen für regionale Entwicklungspolitik. Erstens sollte der Fokus weg von der Produktivitätskurve hin auf die Kostenkurve gelegt werden. Um die Produktivität zu verbessern, müssen nämlich erst Ineffizienzen in der Produktion aufgedeckt werden. Dies ist äußerst komplex und schwierig, da hier viele verschiedene Mechanismen ineinander greifen. Höhere Effizienzgewinne können durch Maßnahmen, die auf die Kostenkurve Einfluss nehmen, erreicht werden. Derartige Maßnahmen, wie etwa effiziente Planung der Grundstücksnutzung und Bereitstellung von öffentlicher Infrastruktur, lassen sich leichter identifizieren und implementieren als andere. Überdies ist es für die Öffentlichkeit und die Akteure in einem Cluster einfacher, zum Beispiel eine schlechte Transportpolitik zu erkennen, als schlechte Clusterpolitik.

Zweitens kann regionale Clusterpolitik die Arbeitsangebotskurve beeinflussen. Verlaufen Arbeitsangebotskurven steigend, ist es möglich, dass sich Cluster als zu klein erweisen. Empirische Studien zeigen, dass die Clustergröße einen viel höheren Einfluss auf die regionale Produktivität und die Löhne hat als der Grad der Spezialisierung im Cluster (vgl. z. B. Ciccone und Hall 1996 und Combes et al. 2008). Einerseits ist es einfacher, die allgemeine Beschäftigung zu erhöhen (etwa durch niedrige Lebenshaltungskosten und eine hohe Lebensqualität, welche das regionale Arbeitsangebot steigen lassen), als die Beschäftigung innerhalb eines Sektors. Zudem macht eine diversifizierte Branchenstruktur eine Region weniger anfällig gegenüber branchenspezifischen Nachfrageschocks (vgl. Frenken et al. 2007 insb. S. 686 und 696). Andererseits muss aber zwischen der Clustergröße bzw. der Produktivität und den Überfüllungskosten abgewogen werden. Daher wäre eine nur auf Expansion ausgerichtete Regionalpolitik fehl am Platz.

Drittens befürworten Duranton et al. (2010, S. 68ff.) den Wettbewerb von Regionen untereinander. Häufig wird das Argument vorgebracht, regionaler Wettbewerb sei ein Nullsummenspiel (vgl. Porter 1996), da sich ohnehin jedes Unternehmen *irgendwo* niederlassen müsse und somit durch die Wahl eines bestimmten Standortes kein gesellschaftlicher Gewinn entstünde. Letztlich fördert Clusterpolitik allerdings genau diesen umstrittenen Wettbewerb der Regionen (vgl. Martin und Sunley 2003, S. 26). Unternehmen erzeugen Externalitäten, die in Abhängigkeit von ihrem Standort stärker oder schwächer sein können. So gehen etwa von einer Unternehmensberatung, die sich in einer Universitätsstadt niederlässt, positive Externalitäten für die Studenten aus, die dort eventuell Praktika absolvieren können. Würde sich die Unternehmensberatung in einer Stadt ohne Universität niederlassen, wären die positiven externen Effekte wesentlich geringer. Somit hat die Standortwahl von Unternehmen über den Mechanismus externer Effekte sehr wohl einen Einfluss auf die gesellschaftliche Wohlfahrt. Ein zweites

Argument, das häufig gegen einen Wettbewerb der Regionen um Unternehmen vorgebracht wird, ist, dass dabei eine Umverteilung von Mitteln von Regionen an Unternehmen stattfinde. Gemeint ist damit, dass Regionen Unternehmen zum Beispiel durch Subventionen hohe Anreize bieten, sich anzusiedeln. Duranton et al. kontern darauf, dass diejenigen Regionen am meisten bieten, welche sich die höchsten Gewinne aus einer Ansiedlung eines Unternehmens versprechen. Folglich profitieren sowohl Unternehmen als auch Regionen vom Wettbewerb der Standorte.

Die Aussage von Duranton et al. kann dahingehend resümiert werden, dass sich regionale Politik auf die Kosten- anstatt auf die Produktivitätskurve konzentrieren sollte, da die damit verbundenen politischen Maßnahmen einfacher zu implementieren sind. Erfolgreiche Clusterpolitik muss aber in erster Linie das Koordinationsproblem im Zusammenhang mit der Clustergröße lösen. Allerdings sind, selbst wenn eine Region eine gute Clusterpolitik verfolgt, die Gewinne aus der Spezialisierung geringer als der Aufwand, um diese zu realisieren.

Clusterpolitik kann einen wichtigen Beitrag zur Prosperität von Regionen leisten. Sie kann beispielsweise dazu beitragen, die optimale Größe eines Clusters zu erreichen und die notwendige Infrastruktur bereitstellen. Clusterpolitik kann aber erst dann sinnvoll eingesetzt werden, wenn die angesprochenen Defizite der Theorie weitgehend beseitigt sind und eine eindeutige Definition von *Cluster* vorliegt.

Literatur

Ciccone, A., & Hall, R. (1996). Productivity and the density of economic activity. *American Economic Review, 86*(1), 54–70.

Combes, P.-P., Duranton, G., & Gobillon, L. (2008). Spatial wage disparities: Sorting matters! *Journal of Urban Economics, 63*(2), 723–742.

Combes, P.-P., Duranton, G., & Overman, G. (2005). Agglomeration and the adjustment of the spatial economy. *Papers in Regional Science, 84*(3), 311–349.

Duranton, G. (2011). California dreamin': The feeble case for cluster policies. *Review of Economic Analysis, 3*(1), 3–45.

Duranton, G., Martin, P., Mayer, T., & Mayneris, F. (2010). *The economics of clusters*. Oxford: Oxford University Press.

Ehrenberg, R. G., & Smith, R. S. (2009). *Modern Labor Economics*. (10. Aufl). Boston: Pearson.

Farhauer, O. (2001). Folgt aus der Theorie des Endogenen Wachstums eine Neue Wirtschaftspolitik? Wirtschaftspolitische Relevanz und ihre Empirische Bedeutung. *Konjunkturpolitik – Zeitschrift für angewandte Wirtschaftsforschung 47*(3), 214–250.

Farhauer, O. (2003). *Qualifizierung, Betriebsspezifität und Arbeitslosigkeit. Wirkungen der Globalisierung, Neuen Ökonomie und Europäisierung auf den Faktor Arbeit*. Baden-Baden: Nomos.

Frenken, K., van Oort, F. G., & Verburg, T. (2007). Related variety, unrelated variety and regional economic growth. *Regional Studies, 41*(5), 685–697.

Fritz, O., Mahringer, H., & Valdenama, M. (1998). A risk-oriented analysis of regional clusters. In M. Steiner (Hrsg.), *Clusters and regional specialisation: On geography, technology and networks* (S. 181–191). London: Pion.

Giuliani, E., & Bell, M. (2005). The micro-determinants of meso-level learning and innovation: Evidence from a chilean wine cluster. *Research Policy, 34*(1), 47–68.

Levin, R. C., Klevorick, A. K., Nelson, R. R., Winter, S. G., Gilbert, R., & Griliches, Z. (1987). Appropriating the returns from industrial research and development. *Brookings Papers on Economic Activity, 1987*(3), 783–831.

Manning, A. (2003). *Monopsony in motion. Imperfect competition in labor markets.* Princeton, NJ: Princeton University Press.

Martin, R., & Sunley, P. (2003). Deconstructing clusters: Chaotic concept or policy panacea? *Journal of Economic Geography, 3*(1), 5–35.

Porter, M. E. (1996). Competitive advantage, agglomeration economies, and regional policy. *International Regional Science Review, 19*(1), 85–94.

Porter, M. E. (1998). *On Competition.* Boston: Harvard Business School Press.

Porter, M. E. (2000). Location, competition, and economic development: Local clusters in a global economy. *Economic Development Quarterly, 14*(1), 15–34.

Schmitz, H., & Nadvi, K. (1999). Clustering and industrialization: Introduction. *World Development, 27*(9), 1503–1514.

Sölvell, Ö., Lindqvist, G., & Ketels, C. (2003). *The cluster initiative greenbook.* Stockholm: Bromma tryck AB.

Teil IV

Neueste Standorttheorien

Nachdem Michael Porter Anfang der 1990er Jahre mit seinem sehr bekannt gewordenen Werk *The Competitive Advantage of Nations* eine regelrechte Euphorie für regionalwissenschaftliche Fragestellungen entfacht hatte, entstand bereits kurz danach ein weiteres äußerst bedeutendes Werk, das den räumlichen Aspekt wirtschaftlicher Interaktionen betont. Paul Krugman publizierte im Jahr 1991 ein Buch und einen Aufsatz in einer renommierten wissenschaftlichen Zeitschrift – dem *Journal of Political Economy* – die den Startschuss für eine neue theoretische Richtung in der Regionalwissenschaft markierten. Dabei handelt es sich um die so genannte *Neue Ökonomische Geographie*. Aufgrund ihres hohen analytischen Anspruchs und der Mikrofundierung von Standortentscheidungen von Konsumenten bzw. Arbeitskräften und Unternehmen und somit letztlich der Mikrofundierung der gesamtwirtschaftlichen Regionalentwicklung – zählen wir die Neue Ökonomische Geographie zu den Neuesten Standorttheorien. Mithilfe der Neuen Ökonomischen Geographie können reale Phänomene wie das Entstehen und vor allem auch das Bestehen bleiben räumlicher wirtschaftlicher Ungleichgewichte erklärt werden. Damit ist eine Koexistenz von großen und kleinen bzw. von wirtschaftlich stärkeren und schwächeren Städten oder Regionen gemeint. Für diese Erklärung wird in der Neuen Ökonomischen Geographie auf Agglomerations- und Deglomerationskräfte zurückgegriffen, die wir in Kap. 3 dieses Buchs beschreiben.

Bereits elf Jahre später (2002) wurde ein neues Konzept vorgestellt – diesmal von Richard Florida, der dieses in einem populärwissenschaftlichen Buch publizierte. Florida thematisiert ebenfalls das Standortverhalten von Unternehmen und Arbeitskräften. Er erkennt das eigentliche Wachstumspotential einer Gesellschaft in besonders kreativen Personen, die in weltoffenen, toleranten Städten wohnen möchten. Florida nennt sein Konzept die *Theorie der Kreativen Klasse*. Im Gegensatz zur Neuen Ökonomischen Geographie ist dieser Ansatz nicht analytisch, sondern rein verbal-deskriptiv ausgerichtet. Wir zählen ihn dennoch zu den neuesten Standorttheorien, da er der jüngste der im vorliegenden Buch beschriebenen Ansätze ist. Die beiden im Folgenden genauer vorgestellten neuesten Standorttheorien haben gemeinsam, dass sie die Standortwahl von Unternehmen und Arbeitskräften betrachten. In der Art und Weise der Analyse unterscheiden sie sich jedoch fundamental, wie sogleich deutlich werden wird.

Die Neue Ökonomische Geographie

7

Zusammenfassung

Die Neue Ökonomische Geographie ist ein relativ junger Bereich der Volkswirtschaftslehre. Sie zeichnet sich dadurch aus, die Standortentscheidungen von Unternehmen und Konsumenten ins Zentrum ihrer Betrachtungen zu stellen und damit zu illustrieren, wie eine ungleichmäßige Verteilung der wirtschaftlichen Aktivität im Raum zustande kommt. Besonders hervorzuheben ist bei diesem Ansatz, dass die Standortentscheidungen der einzelnen Individuen endogen, also aus einem Modell heraus, bestimmt werden. Der wohl bekannteste Vertreter der Neuen Ökonomischen Geographie, der für seine Pionierarbeit auf diesem Gebiet im Jahr 2008 den Nobelpreis für Wirtschaftswissenschaften erhielt, ist der US-amerikanische Ökonom Paul Krugman. Er forschte insbesondere auf dem Gebiet der internationalen Ökonomik und durch deren Verbindung mit Überlegungen der klassischen Standortlehre etablierte er den neuen Theoriezweig. Die Neue Ökonomische Geographie strebt gewissermaßen eine Synthese der Außenhandelstheorie und der traditionellen Standorttheorien an, welche die Vorzüge beider Theorien miteinander kombiniert.

Die Neue Ökonomische Geographie vereint Erkenntnisse der Traditionellen Standortlehre und der Neuen Außenhandelstheorie. Wie auf fast allen Gebieten der Volkswirtschaftslehre werden auch in der Außenhandelstheorie vereinfachende Annahmen getroffen, um die komplexe Realität mithilfe eines Modells abbilden zu können. Eine dieser Annahmen ist die Nichtberücksichtigung des Raums, in dem die ökonomischen Aktivitäten – zum Beispiel internationale Handelsbeziehungen – stattfinden. Handel und weitere Transaktionen spielen sich daher in diesen Modellen in einer dimensionslosen Sphäre ab. So hat etwa die Entfernung zweier Länder voneinander keinen Einfluss auf ihr bilaterales Handelsvolumen. Damit geht einher, dass in der traditionellen Außenhandelstheorie die Handelskosten in Form von Transportkosten, Zöllen etc. für gewöhnlich vernachlässigt werden. Hinzu kommt, dass die Unternehmen sich (zumindest in der traditionellen Außenhandelstheorie) im vollkommenen Wettbewerb miteinander befinden und unter konstanten Skalenerträgen produzieren. Allerdings hat die

O. Farhauer und A. Kröll, *Standorttheorien*, DOI: 10.1007/978-3-658-01574-9_7,
© Springer Fachmedien Wiesbaden 2013

Außenwirtschaftstheorie durchaus ihren Reiz, da ihre Modelle für gewöhnlich allgemeine Gleichgewichtsmodelle sind. Das bedeutet, dass nicht bloß eine einzige Branche betrachtet wird, sondern alle Branchen der Volkswirtschaft gemeinsam. Das Gleichgewicht eines solchen Modells meint folglich alle Branchen, und somit die Volkswirtschaft als Ganzes. Diese Form der Analyse ist hilfreich, um die Auswirkungen von partiellen (d.h. einen einzelnen Sektor betreffenden) wirtschaftlichen Störungen auf die gesamte Volkswirtschaft analysieren zu können.

Im Gegensatz zur Außenwirtschaftstheorie spielt in den traditionellen Standorttheorien die räumliche Komponente für gewöhnlich eine große Rolle (s. Kap. 2). Zum Beispiel berücksichtigen Unternehmer bei ihrer Standortwahl die Entfernung zu ihren Konsumenten, während die Konsumenten bei der Wahl ihres Wohnorts sowohl die Entfernung zu Einkaufsmöglichkeiten als auch zu ihrem jeweiligen Arbeitgeber berücksichtigen. Die Entfernungen zwischen den einzelnen Akteuren beeinflussen wiederum die Transport- und Pendelkosten, die bei der Überwindung dieser Distanzen anfallen. Somit fließen sowohl der räumliche Aspekt an sich als auch die damit verbundenen Transportkosten in die Entscheidungen der Akteure mit ein. Dies impliziert auch, dass sich in der traditionellen Standortlehre und der Stadtökonomik die interne Struktur von Regionen (sei es eine Stadt oder ein System von Städten) analysieren bzw. modellieren lässt. Ein weiterer Pluspunkt der Standortlehre ist ihre Berücksichtigung von steigenden Skalenerträgen, die auf Unternehmensebene ebenso wie unternehmensextern in Form von positiven Externalitäten auftreten können. Diese Annahme ist für viele Branchen realistisch, da in der Produktion oftmals Fixkosten anfallen, weshalb bei steigendem Output eine Fixkostendegression zu beobachten ist, also die Kosten pro Stück sinken. Diese Annahme bedingt auch, dass auf den Märkten unvollkommene Konkurrenz zwischen Marktakteuren herrscht. Zwei Schwächen der traditionellen Standorttheorien liegen darin, dass das Verhalten der einzelnen Akteure nicht mikrofundiert ist und dass ihre Modelle kein allgemeines Gleichgewicht hervorbringen, sondern entweder gar kein oder nur ein partielles Gleichgewicht beschreiben.

Wie bereits angesprochen, gelingt es der Neuen Ökonomischen Geographie, die Stärken der traditionellen Außenhandelstheorie und der traditionellen Standorttheorien zu vereinen. Einige der wichtigsten Besonderheiten von Modellen der Neuen Ökonomischen Geographie betrachten wir im Folgenden genauer. Zumeist werden in der Neuen Ökonomischen Geographie lediglich zwei Regionen betrachtet, um die Analyse möglichst einfach zu halten. In diesen Modellen kommt den Transportkosten für die Güter typischerweise eine zentrale Rolle zu.

Modellierung von Transportkosten in der Neuen Ökonomischen Geographie
Die Transportkosten werden als so genannte *Eisberg-Transportkosten* modelliert. Bildlich gesprochen wird dabei ein Eisberg von einer Region in die andere geschickt; wenn er dort ankommt, fehlt allerdings schon seine Spitze. Das bedeutet, dass ein Teil der verschickten Güter auf dem Weg „schmilzt". So entstehen beispielsweise Produktionskosten für 100 Güter, die exportiert werden. Ein Erlös kann aber nur auf 100 − x Güter, die tatsächlich in der anderen Region ankommen, erzielt werden. Die Transportkosten drücken sich bei dieser Modellierungsweise also in Form von

Güterschwund aus. Diese Idee tauchte schon im Jahr 1826 bei Johann Heinrich von Thünen auf. Er nahm an, dass beim Transport von Getreide von einem Hof in die Stadt mit einkalkuliert werden muss, dass die Pferde, die den Wagen ziehen, Futter brauchen (vgl. von Thünen 1875, insbesondere S. 7). Sollen beispielsweise 100 Scheffel Getreide in der Stadt ankommen, müssen 100 Scheffel plus die Menge, welche die Pferde auf dem Weg als Futter brauchen, auf den Pferdewagen geladen werden. Seit Paul Samuelson (1952, 1954) findet dieses Konzept breite Anwendung in der Ökonomik.

Transportkosten fallen an, wenn ein Gut in der einen Region hergestellt, aber in der anderen verkauft wird. Die Transportkosten werden von den Konsumenten getragen, denn es herrscht so genanntes *mill pricing* vor. Das bedeutet, die Unternehmen erhalten für ihre Güter immer den gleichen Preis. Daher ist es unerheblich, ob die Nachfrage aus der eigenen oder aus der anderen Region kommt. Für die Konsumenten sind aber Güter, die in ihrer Heimatregion produziert werden, billiger, da sie diese ohne Transportkosten beziehen können. Deshalb ist ihre Nachfrage nach lokalen Gütern höher als nach Produkten aus der anderen Region. Modelle der Neuen Ökonomischen Geographie zeichnen sich auch dadurch aus, dass sie allgemeine Gleichgewichtsmodelle sind. Darüber hinaus ist die Mikrofundierung der Standortentscheidungen besonders reizvoll: Das Gleichgewicht in den Modellen ergibt sich aus den Standortentscheidungen von Unternehmen und teilweise auch der mobilen Arbeitskräfte, welche Nutzen maximierend handeln.

7.1   Der *Home market*-Effekt

Zu Anfang gehen wir davon aus, dass die Konsumenten räumlich immobil sind, also nicht von einer in die andere Region umziehen können. Die Unternehmen hingegen sind zwischen den beiden Regionen mobil. Sie können entweder in nur einer oder in beiden Regionen einen Standort haben. Sind sie in beiden Regionen vertreten, fallen aber auch die Fixkosten der Produktion doppelt an. Mithilfe der Fixkosten werden unternehmensinterne Skalenerträge modelliert, sodass bei steigender Produktionsmenge eine Fixkostendegression entsteht. Jedes Unternehmen produziert genau ein Gut und dieses Gut wird von keinem anderen Unternehmen hergestellt, sodass jedes Unternehmen eine Monopolstellung für „sein" Gut inne hat. Dennoch gibt es viele Unternehmen auf dem Markt, die alle eine ganz bestimmte Variante des Guts produzieren, die sich von den Gütervarianten der anderen leicht unterscheidet. Ihre Marktmacht ist aufgrund der großen Anzahl an Anbietern relativ gering und sie stehen im monopolistischen Wettbewerb miteinander, in dem es viele unterschiedliche, aber hochgradig substituierbare Gütervariationen gibt. Des Weiteren ist freier Marktein- und -austritt möglich, weshalb die Unternehmen im langfristigen Gleichgewicht Nullgewinne erzielen.

Mit der Annahme von monopolistischem Wettbewerb auf dem Gütermarkt wird zugleich einer weiteren Annahme Rechnung getragen, nämlich der Vorliebe der Konsumenten für Produktvielfalt (*love of variety*). Sie möchten nicht nur ein und dasselbe (homogene) Gut konsumieren, sondern mehrere verschiedene Varianten dieses Guts. So

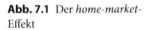
Abb. 7.1 Der *home-market-*
Effekt

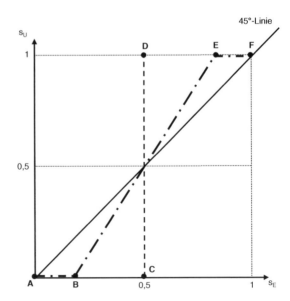

möchte man beispielsweise nicht täglich den gleichen Käse zum Abendbrot essen, sondern zwischen unterschiedlichen Sorten wählen können. Als anderes Beispiel könnte man anführen, dass Sportler nicht immer die gleichen Fußballschuhe tragen, sondern je nach Einsatzbedingungen eine Präferenz für viele verschiedene Arten (Schraubstollen, Nockenstollen oder Gumminoppen) und Farben haben. So kann man auch das Phänomen erklären, dass manche Menschen es schaffen, sich stundenlang mit Freude im Sport- oder Modegeschäft aufzuhalten.

Die Annahme einer Vorliebe für Produktvielfalt impliziert, dass die Konsumenten (außer im Grenzfall von prohibitiv hohen Handelskosten, den wir weiter unten betrachten wollen) nicht nur heimische Güter, sondern auch solche aus der anderen Region konsumieren wollen, um möglichst viele Produktvarietäten zu erhalten. Wie bereits beschrieben, ist aber ihre Nachfrage nach lokalen Gütern höher als die nach importierten Gütern, da beim Kauf der ersteren keine Handelskosten anfallen. (Eine Ausnahme besteht, falls keine Handelskosten existieren – auch diesen Grenzfall betrachten wir weiter unten.) Deshalb ziehen es Unternehmen vor, sich überproportional in der größeren der beiden Regionen anzusiedeln, um von der dortigen hohen Nachfrage nach lokalen Gütern zu profitieren. Dieses Ergebnis ist als *home market*-Effekt bzw. als Marktgrößeneffekt bekannt und damit wollen wir uns nun näher beschäftigen.

In Abb. 7.1 wird der *home market*-Effekt für eine der beiden Regionen dargestellt. Nennen wir die Regionen – wie dies in der Literatur auch oftmals geschieht – Norden und Süden. Auf der Abszisse ist der Anteil der Einwohner, die im Norden leben, an allen Einwohnern abgetragen. Dieser Anteil wird mit s_E notiert und muss definitionsgemäß zwischen null und eins liegen. Auf der Ordinate hingegen wird der Anteil der Unternehmen, die einen Standort im Norden haben, an allen Unternehmen abgetragen und mit

s_U notiert. Auch dieser Anteil muss natürlich zwischen null und eins liegen. In diesem Diagramm soll nun der Zusammenhang zwischen der relativen Größe einer Region – gemessen an ihrem Einwohneranteil – und dem Anteil der Unternehmen, den diese Region anziehen kann, dargestellt werden.

Rufen wir uns in Erinnerung, dass die Bevölkerung in diesem einfachen Modell immobil ist, die Unternehmen aber sehr wohl interregional mobil sind. Deshalb sind die in Abb. 7.1 dargestellten Kurven als Reaktion der Unternehmen auf eine gegebene Marktgröße zu verstehen. Die Unternehmen beobachten eine bestimmte Marktgröße des Nordens s_E, woraufhin sich ein bestimmter Anteil der Unternehmer s_U dafür entscheidet, im Norden einen Standort aufzubauen.

Für den Fall, dass sich die Unternehmen direkt proportional zur Bevölkerung auf die beiden Regionen aufteilen, gilt die eingezeichnete 45°-Linie. Leben beispielsweise 20 % der Bevölkerung im Norden (d.h. $s_E = 0{,}2$), siedeln sich auch 20 % der Unternehmen im Norden an ($s_U = 0{,}2$). Die übrigen 80 % der Bevölkerung und der Unternehmen befinden sich im Süden. Diese Situation, in der sich die Unternehmen direkt proportional zur Bevölkerung auf die beiden Märkte aufteilen, tritt dann ein, wenn die Handelskosten prohibitiv hoch sind und somit kein Handel zwischen den Regionen stattfindet. Hätten im obigen Beispiel nur 10 % der Unternehmen ihren Sitz im Norden (und 90 % im Süden), so hätten Unternehmer aus dem Süden einen Anreiz, in den Norden zu wandern, da die Unternehmen des Nordens jeweils hohe Marktanteile hätten. Unternehmen aus dem Süden können den nördlichen Markt aber wegen der prohibitiv hohen Handelskosten nicht bedienen. Der Anreiz in den Norden zu wandern bestünde für die Unternehmer so lange, bis die Marktanteile, und somit die Gewinne, der Unternehmen im Norden und im Süden gleich sind. Das Resultat wäre eine zur jeweiligen Marktgröße direkt proportionale Aufteilung der Unternehmer auf Norden und Süden, wie sie von der 45°-Linie zwischen den Punkten A und F dargestellt wird.

Prohibitiv hohe Handelskosten stellen einen Grenzfall dar. Ein weiterer Grenzfall ergibt sich, wenn gar keine Handelskosten bestehen. In diesem Fall ist es für die Unternehmen nicht von Bedeutung, wo ihr Standort ist, da sie die Konsumenten beider Märkte ohne Handelskosten bedienen können und deshalb aus beiden Regionen mit einer hohen Nachfrage zu rechnen ist. Wenn wir davon ausgehen, dass Norden und Süden gleich viele Einwohner haben, gilt $s_E = 0{,}5$. Die Linie zwischen C und D gibt dann die „Standortentscheidung" der Unternehmen an. Standortentscheidung ist unter Anführungsstriche gesetzt, da der Standort nicht bestimmt werden kann. Die Linie von C nach D verdeutlicht, dass bei $s_E = 0{,}5$ jeder beliebige Wert von s_U möglich ist. Bestehen keine Handelskosten, lässt sich bei gegebenem s_E nicht ermitteln, welcher Anteil der Unternehmen sich im Norden ansiedelt. Die Standortfrage wird für die Unternehmen dann obsolet. Wäre der Anteil der Bevölkerung im Norden geringer, zum Beispiel 40 %, würde die Linie von C nach D bei $s_E = 0{,}4$ vertikal verlaufen, aber die restliche Argumentation bliebe gleich.

In der Realität liegen die Handelskosten jedoch meist zwischen den beiden bisher diskutierten Extremen. Bei mittleren Handelskosten ergeben sich interessante Implikationen. Abb. 7.1 zeigt dieses etwas komplexere Bild: Sinken die Handelskosten ausgehend von einem prohibitiv hohen Niveau sukzessive, so dreht sich die Linie von A nach F gegen den Uhrzeigersinn. Dadurch entsteht die strichpunktierte Kurve, die wir Kapitalkurve nennen, da sie angibt, wie sich das Kapital (also die Unternehmen) in Abhängigkeit von s_E auf Norden und Süden verteilt. Würden die Handelskosten immer weiter gesenkt, würde sich die Linie immer weiter gegen den Uhrzeigersinn drehen, bis die Vertikale von C nach D erreicht würde. Wir betrachten jetzt allerdings die Situation mit mittleren Handelskosten, in der die strichpunktierte Kapitalkurve zwischen den beiden Grenzfällen liegt.

Die Kapitalkurve geht durch die Punkte A, B, E und F. Zwischen den Punkten B und E gilt die gleiche Interpretation wie bisher: Für einen gegebenen Anteil der Bevölkerung im Norden s_E, teilen sich die Unternehmen so auf die beiden Regionen auf, dass der Anteil s_U an Unternehmen einen Standort im Norden hat. Das Besondere daran ist, dass dieser Zusammenhang zwischen s_E und s_U bei mittleren Handelskosten nun nicht mehr direkt proportional ist. Die kleinere der beiden Regionen kann nur einen unterproportionalen Anteil an Unternehmen anziehen, während sich in der größeren Region ein überproportional hoher Anteil an Unternehmen ansiedelt. In dem Bereich von B bis 0,5 auf der Abszisse (genau genommen von 0 bis 0,5, aber wir fokussieren uns gerade auf den Bereich, in dem die Kapitalkurve eine positive Steigung hat) ist der Norden kleiner als der Süden, denn er hat anteilsmäßig eine geringere Einwohnerzahl aufzuweisen. Die Kapitalkurve liegt in diesem Bereich unter der 45°-Linie, die als Referenzstandard dient. Daraus ist ersichtlich, dass der kleine Norden nur einen unterproportional hohen Anteil an Unternehmen anziehen kann. Lebten beispielsweise 40 % der Einwohner im Norden, könnte dieser trotzdem nur einen geringeren Prozentsatz der Unternehmen attrahieren, also vielleicht 30 %. Für mehr Unternehmen lohnt es sich schlicht nicht, in den kleinen Norden zu gehen, um diesen Markt zu bedienen. Der kleine nördliche Markt wird dann hauptsächlich vom großen Süden aus versorgt.

Da Handelskosten existieren, ziehen überproportional viele Unternehmen einen Standort im großen Markt, das heißt im Süden, vor. Die Konsumenten fragen mehr lokale als importierte Güter nach, da sie die Handelskosten für Importgüter tragen müssen und somit lokale Güter für sie vergleichsweise billiger sind. Unternehmen im Süden profitieren folglich von der hohen lokalen Nachfrage und bedienen den kleineren nördlichen Markt durch Exporte. Dennoch werden – solange Handelskosten existieren – einige Unternehmen im Norden bleiben. Die Konkurrenz im nördlichen Markt ist relativ schwach und die einzelnen Unternehmen haben, verglichen mit den Unternehmen im Süden, höhere Marktanteile.

Spiegelbildlich kann der Norden, wenn er die größere Region ist, einen überproportional hohen Anteil an Unternehmen anziehen. In dem Bereich von 0,5 bis E (genauer gesagt von 0,5 bis 1, s.o.) ist der Norden die größere Region. Hier liegt die Kapitalkurve oberhalb der 45°-Linie, was den überproportionalen Zusammenhang zwischen s_E und s_U darstellt. Wohnen zum Beispiel 70 % der Bevölkerung im Norden, so gelingt es diesem, mehr als 70 % der Firmen anzuziehen – sagen wir zum Beispiel 80 %.

Die Tatsache, dass im Bereich von B bis E auf der s_E-Achse die größere Region einen überproportional hohen Anteil an Unternehmen attrahieren kann, wird *home market*-Effekt genannt. Wie stark der Zusammenhang zwischen s_E und s_U ist, hängt von der Steigung der Kapitalkurve zwischen B und E ab. Je steiler sie ist, umso stärker ist der *home market*-Effekt. Der Marktgrößeneffekt verstärkt sich also bei sinkenden Handelskosten, welche die Kapitalkurve steiler werden lassen. Dieses Ergebnis ist als *home market magnification*-Effekt bekannt. Einzig im Punkt ($s_E = 0,5$; $s_U = 0,5$) ist der *home market*-Effekt nicht zu beobachten. Das liegt daran, dass hier beide Regionen gleich groß sind (und sich annahmegemäß auch in anderen Merkmalen nicht unterscheiden). Bei gleicher Regionsgröße teilen sich auch die Unternehmen direkt proportional auf Norden und Süden auf.

Gleichgewichte, in denen beide Regionen sowohl Einwohner als auch ansässige Unternehmen haben ($0 < s_E < 1$ und $0 < s_U < 1$), werden *innere Gleichgewichte* genannt. Als Nächstes beschäftigen wir uns mit den Abschnitten zwischen A und B und zwischen E und F und werden dabei sehen, dass in diesen Bereichen so genannte *Randgleichgewichte* vorliegen. Zwischen A und B ist der nördliche Markt ziemlich klein. Die Kapitalkurve gibt an, dass sich bei einer derart geringen Marktgröße kein Unternehmen im Norden ansiedelt. Der Nachteil, den großen südlichen Markt nur mit Handelskosten bedienen zu können, überwiegt den Vorteil, die wenigen Konsumenten im Norden ohne Handelskosten bedienen zu können und schwächerem Wettbewerb ausgesetzt zu sein. Erst in Punkt B erreicht der Norden eine kritische Marktgröße, ab der es ihm möglich ist, Unternehmen anzuziehen. Punkt B wird Peripheriepunkt genannt, da bis zu dieser kritischen Marktgröße der Norden die Peripherie bildet, während sich alle Unternehmen im Süden ballen. Analoges gilt für den Süden: Er ist in dem Bereich zwischen E und F die Peripherie, denn hier ist der nördliche Markt so groß und der südliche folglich so klein, dass der Süden keine Unternehmen anziehen kann. Dies gelingt ihm erst ab dem Punkt E, weshalb dieser Punkt der Peripheriepunkt des Südens ist. Dabei ist zu beachten, dass der Anteil der Bevölkerung im Süden im Diagramm von rechts nach links gelesen werden muss (ebenso muss der Anteil der südlichen Unternehmen von oben nach unten gelesen werden).

In diesem Modell lassen sich zwar der *home market*-Effekt und verschiedene Agglomerationsmuster erklären. Allerdings ist die Agglomeration in diesem Modell nur exogen erklärbar. Die Unternehmen ballen sich in der Region, die anteilsmäßig mehr Einwohner hat. Der Einwohneranteil einer Region ist aber exogen, weshalb auch die daraus resultierende Ballung der Unternehmen in der größeren Region nicht modellendogen erklärt werden kann. Zudem ist zu erwähnen, dass der *home market*-Effekt nicht nur eine Eigenheit von Modellen der Neuen Ökonomischen Geographie ist, sondern auch Modelle der Neuen Außenhandelstheorie einen *home market*-Effekt hervorbringen und Agglomeration exogen erklären können.

Ein einfaches Zahlenbeispiel soll die eben angestellten Überlegungen noch einmal anschaulich auf den Punkt bringen. Dazu erweitern wir den bisherigen theoretischen Rahmen um eine weitere Annahme: Es gibt zwei Sektoren – die Landwirtschaft und die Industrie, wobei die interregional mobilen Unternehmen nur aus dem industriellen Sektor stammen. Weiter oben wurde bereits gesagt, dass die Einwohner (die zugleich alle Arbeitskräfte sind) nicht von Nord nach Süd oder umgekehrt wandern können. Kommen wir nun zu dem Zahlenbeispiel zurück, das auf Krugman (1991a, S. 16ff.) basiert.

Angenommen, 40 % aller Arbeitskräfte arbeiten in der Industrie und die übrigen 60 % sind Landwirte. Des Weiteren sind die Landwirte hälftig auf die beiden Regionen aufgeteilt. Setzen wir nun die Kosten für den Transport einer Outputeinheit von einer Region in die andere gleich eins und die Fixkosten eines Unternehmens gleich vier. Von jeder Varietät des Industrieguts werden insgesamt 10 Einheiten nachgefragt. Die Individuen haben alle die gleichen Präferenzen, deshalb werden 4 Einheiten dieses Guts von den Industriearbeitern und 6 Einheiten von den Landwirten nachgefragt. Da die Landwirte gleichmäßig auf die zwei Regionen verteilt sind, fragen die Landwirte in Nord und Süd jeweils 3 Einheiten dieser Varietät nach. Damit ist der Rahmen des Beispiels beschrieben.

Als Nächstes betrachten wir die Standortentscheidung eines einzelnen Unternehmens bei einer gegebenen Standortwahl aller anderen Unternehmen, das heißt, bei gegebener Verteilung der Industriearbeiter auf die beiden Regionen. Die Standortwahl aller übrigen Unternehmen wird in Tab. 7.1 dargestellt. Hier werden drei Fälle betrachtet: Entweder alle anderen Unternehmen sind im Norden, oder sie teilen sich hälftig auf Norden und Süden auf, oder sie sind alle im Süden. In allen drei Fällen sind die Fixkosten der Produktion 4, falls nur in einer Region produziert wird, und 8, wenn das betrachtete Unternehmen in beiden Regionen einen Standort hat. Was sich jedoch unterscheidet, sind die Opportunitäts- und folglich auch die Gesamtkosten. Aufgrund von *mill pricing* werden die Transportkosten von den Konsumenten getragen und die Konsumenten fragen mehr lokale als Importgüter nach. Lässt sich ein Unternehmen beispielsweise im Norden nieder, ist die südliche Nachfrage nach seinen Gütern geringer, als wenn es sich im Süden ansiedeln würde. Folglich entstehen dem Unternehmen Opportunitätskosten aus der Ansiedlung im Norden. Die Opportunitätskosten in Tab. 7.1 sind daher Kosten, verursacht durch eine niedrigere Nachfrage aus der anderen Region. Diese Kosten betragen im vorliegenden Beispiel 1 pro Outputeinheit.

Befinden sich alle anderen Unternehmen (und somit alle Industriearbeiter) im Norden und unser Unternehmen siedelt sich ebenfalls im Norden an, entstehen ihm Opportunitätskosten in Höhe von 3 durch die Belieferung der Landwirte im Süden. Wenn es sich jedoch im Süden niederlässt, fallen Opportunitätskosten von 7 (3 für die Landwirte und 4 für die Industriearbeiter) für die Belieferung der Bevölkerung im Norden an. Hat das Unternehmen hingegen sowohl im Norden als auch im Süden einen Standort, ist die Nachfrage aus keinem der Märkte abgeschwächt und dem Unternehmen entstehen somit keine Opportunitätskosten. Die Gesamtkosten für unser Unternehmen ergeben sich durch Addition der Fixkosten und der Opportunitätskosten. Vor dem Hintergrund, dass alle anderen Unternehmen ihren Standort im Norden haben, betragen sie 7 für den nördlichen Standort, 11 für den südlichen Standort und 8, falls das Unternehmen sowohl im Norden als auch im Süden einen Standort unterhält. Der Gewinn des Unternehmens wird dann maximiert, wenn es seine Gesamtkosten minimiert. Dies ist der Fall, wenn es sich, wie alle anderen Unternehmen bzw. Industriearbeiter auch, im großen nördlichen Markt niederlässt. Das Beispiel verdeutlicht, dass eine Konzentration aller Unternehmen im Norden einem stabilen Gleichgewicht entspricht. Wie wir gesehen haben, besteht für kein Unternehmen ein Anreiz, im Süden zu produzieren, wenn sich alle anderen Unternehmen im Norden befinden.

Tab. 7.1 Zahlenbeispiel

Verteilung der Industriearbeiter	Kosten eines Unternehmens für die Produktion	im Norden	in beiden Regionen	im Süden
100 % im Norden	Fixkosten	4	8	4
	Opportunitätskosten	3	0	7
	Gesamtkosten	7	8	11
je 50 % im Norden und im Süden	Fixkosten	4	8	4
	Opportunitätskosten	5	0	5
	Gesamtkosten	9	8	9
100 % im Süden	Fixkosten	4	8	4
	Opportunitätskosten	7	0	3
	Gesamtkosten	11	8	7

Quelle eigene Darstellung nach Krugman (1991a, S. 17.)

Eine andere Situation ergibt sich, falls sich die Industriearbeiter – und somit auch die Unternehmen – gleichmäßig auf die beiden Märkte aufteilen. Dies ist in der zweiten Zeile von Tab. 7.1 dargestellt. Die Fixkosten betragen wieder 4, falls in nur einer Region produziert wird, und insgesamt 8, falls zwei Standorte – in jeder Region einer – unterhalten werden. Die Opportunitätskosten unterscheiden sich jedoch im Vergleich zu vorhin. Produziert das Unternehmen im Norden, entstehen Opportunitätskosten in Höhe von 5 für die Belieferung des Südens: 3 für die Landwirte und 2 für die Hälfte der Industriearbeiter, die im Süden ansässig ist. Befindet sich das Unternehmen stattdessen im Süden, fallen ebenso Opportunitätskosten von 5 für die Belieferung des anderen – des nördlichen – Markts an: 3 für die Landwirte und 2 für die Hälfte der Industriearbeiter, die sich im Norden befindet. Falls unser Unternehmen in beiden Regionen einen Standort hat, sind die Opportunitätskosten wiederum null, da beide Märkte ohne Handelskosten beliefert werden können und das Unternehmen daher in den vollen Genuss der Nachfrage beider Märkte kommt. Eine Addition der Fix- und der Opportunitätskosten ergibt die Gesamtkosten, die bei Produktion in Nord oder Süd jeweils 9 betragen. Am geringsten sind die Gesamtkosten, wenn das Unternehmen zwei Standorte unterhält; in diesem Fall betragen sie 8. Im Gleichgewicht entscheidet sich das Unternehmen für die Kosten minimierende Strategie, und die besteht darin, in beiden Regionen zu produzieren. Somit stellt auch diese Situation ein stabiles Gleichgewicht dar: Wenn 50 % der Unternehmen im Norden und die restlichen 50 % im Süden produzieren, ist es für unser Unternehmen vorteilhaft, seine Produktion ebenfalls auf die beiden Regionen aufzuteilen. Kein Unternehmen hat einen Anreiz, von dieser Situation abzuweichen, weshalb sie ein stabiles Gleichgewicht darstellt.

Zuletzt betrachten wir den Fall, in dem alle übrigen Unternehmen im Süden ansässig sind. Entscheidet sich unser Unternehmen für einen Standort im Norden, fallen Opportunitätskosten in Höhe von 7 für die Belieferung des südlichen Markts an. Bei einer Ansiedlung im Süden sind diese wesentlich geringer und betragen nur 3. Deshalb sind die Gesamtkosten bei einer Produktion ausschließlich im Süden am geringsten und das Unternehmen wird sich für einen Standort im Süden entscheiden. Abermals ergibt sich ein stabiles Gleichgewicht, in dem alle Unternehmen nun im Süden geballt sind.

Dieses Beispiel soll zum Einen das Kalkül der Standortwahl von Unternehmern aufzeigen. Die Unternehmer wählen den Standort, der ihren Gewinn maximiert bzw. ihre Kosten minimiert. Dabei ist relevant, welchen Standort die Wettbewerber wählen, da von der Standortwahl der konkurrierenden Unternehmen Marktgrößeneffekte ausgehen, die wiederum die Opportunitätskosten unseres repräsentativen Unternehmens beeinflussen. Zum Anderen zeigt dieses Beispiel, dass es (bei der gewählten Konfiguration von Fix- und Opportunitätskosten) drei stabile Gleichgewichte gibt. Die Existenz von mehreren stabilen Gleichgewichten ist eine charakteristische Eigenschaft von Modellen der Neuen Ökonomischen Geographie.

7.2   Agglomerations- und Dispersionskräfte

Fassen wir nun die Annahmen, die wir für das obige Zahlenbeispiel getroffen haben, noch einmal etwas allgemeiner formuliert zusammen. Zumeist werden in Modellen der Neuen Ökonomischen Geographie zwei Produktionsfaktoren betrachtet. In vielen Modellen sind das qualifizierte und unqualifizierte Arbeitskräfte. Der Begriff „qualifizierte Arbeitskräfte" wird oft synonym zu „Unternehmen" gebraucht, da Unternehmen qualifizierte Arbeitskräfte zur Produktion benötigen. Sind zum Beispiel alle Unternehmen im Süden angesiedelt, impliziert dies, dass sich alle qualifizierten Arbeitskräfte ebenso im Süden befinden. Um Agglomeration endogen erklären zu können, wird die Mobilität eines der beiden Produktionsfaktoren zugelassen, nämlich der Qualifizierten. Empirische Untersuchungen bestätigen, dass qualifizierte Arbeitskräfte wesentlich mobiler sind als unqualifizierte (vgl. z. B. Zimmermann 2005).

Die hoch qualifizierten Arbeitskräfte sind im Industriesektor beschäftigt, die unqualifizierten Arbeitskräfte sind hingegen Landwirte. Letztere sind gleichmäßig auf die beiden Regionen verteilt und stellen eine immobile Quelle der lokalen Nachfrage dar. So wird verhindert, dass sich im Laufe eines Agglomerationsprozesses alle Arbeitskräfte in einer Region niederlassen und die andere der beiden Regionen völlig leer wird. Ein weiterer Grund für die Berücksichtigung des Landwirtschaftssektors in Modellen der Neuen Ökonomischen Geographie ist, dass dadurch die Modellierung vereinfacht wird. Darüber hinaus werden die Modelle durch die Betrachtung zweier Sektoren (statt eines einzigen) zu allgemeinen (statt partiellen) Gleichgewichtsmodellen.

Die Qualifizierten wandern in die Region, in der sie den höchsten Reallohn erzielen können. Sobald sich die Reallöhne in den beiden Regionen durch die Migration der mobilen Arbeitskräfte angeglichen haben, besteht kein weiterer Wanderungsanreiz mehr und die Situation ist ein Gleichgewicht. Ein Gleichgewicht kann aber in zwei Sonderfällen auch dann vorliegen, wenn noch ein Reallohndifferential vorherrscht. Im ersten Fall ist der Reallohn im Süden höher als im Norden, es sind aber bereits alle Qualifizierten im Süden, sodass es zu keiner weiteren Migration kommt. Im zweiten Fall übersteigt der Reallohn im Norden denjenigen des Südens, aber alle mobilen Arbeitskräfte befinden sich schon im Norden. Auch dann kann es zu keiner weiteren Migration kommen und es liegt trotz Reallohndifferential ein Gleichgewicht vor. In beiden Fällen wäre dann ein Randgleichgewicht realisiert. Da der Reallohn das Gleichgewicht beeinflusst, stellt sich nun die Frage, wovon wiederum der Reallohn abhängt.

Der Reallohn ist definiert als Nominallohn, relativiert am lokalen Preisindex. Der Nominallohn ist der Lohn, den ein repräsentatives Unternehmen im Nullgewinn-Gleichgewicht bezahlt. Der jeweilige lokale Preisindex setzt sich zusammen aus den Konsumpreisen aller Güter, wobei alle Güter gleich stark gewichtet werden. Je mehr Güter in einer Region selbst produziert werden, umso geringer ist der lokale Preisindex, da die Konsumenten für die heimischen Güter keine Transportkosten aufbringen müssen. Umgekehrt ist der Preisindex umso höher, je mehr Güter in der anderen Region produziert werden und erst mit Transportkosten in die Heimatregion importiert werden müssen, wodurch wieder die Logik des *mill-pricing* verdeutlicht wird.

Die Wanderung von qualifizierten Arbeitskräften von einer in die andere Region – sagen wir von Norden nach Süden – führt einerseits zu einem höheren Arbeitsangebot von Qualifizierten im Süden. Andererseits entstehen durch die Zuwanderung im Süden sowohl Agglomerations- als auch Deglomerationskräfte, wie sie in Kap. 3 besprochen werden. In der Neuen Ökonomischen Geographie werden die Agglomerations- und Deglomerationskräfte häufig *zentripetale* beziehungsweise *zentrifugale Kräfte* genannt. Zentripetalkräfte wirken anziehend, das heißt, sie bewirken eine Ballung der wirtschaftlichen Aktivität. Im Gegensatz dazu wirken Zentrifugalkräfte abstoßend – sie führen zur Dispersion der wirtschaftlichen Aktivität. Zur verbesserten Darstellung konzentrieren wir uns bei der weiteren Argumentation auf den Süden, wobei für den Norden die jeweils gegenteiligen Aussagen gelten.

Zu den zentripetalen Kräften gehören sogenannte Nachfrage- und Angebotsbeziehungen, die beide Externalitäten darstellen. Eine qualifizierte Arbeitskraft, die von Nord nach Süd migriert, löst dort Nachfragebeziehungen – auch *demand linkages* oder *backward linkages* genannt – aus, welche die Attraktivität der Region erhöhen. Aufgrund dessen werden sich weitere Qualifizierte dazu entschließen, in den Süden zu wandern. Der genaue Mechanismus geht folgendermaßen: Ein Qualifizierter migriert in den Süden und erhält daher sein Einkommen von nun an im Süden. Somit steigt das lokale Einkommen in dieser Region. Das erhöhte Einkommen wird überproportional für regionale, also südliche, Güter ausgegeben. Dadurch erzielen die Unternehmen im Süden höhere Gewinne, die es ihnen erlauben, im Nullgewinn-Gleichgewicht höhere Nominallöhne zu bezahlen. Wenn wir für den Moment den regionalen Preisindex konstant halten, bedeutet dies einen Anstieg des Reallohns. Dieser Anstieg des Reallohns stellt für weitere Qualifizierte aus dem Norden einen Anreiz dar, in den Süden zu migrieren, und so weiter. Es entsteht ein sich selbst verstärkender Effekt, durch den der Süden immer mehr qualifizierte Arbeitskräfte aus dem Norden attrahiert. Dieser sich selbst verstärkende Effekt wird auch *zirkuläre Kausalität* genannt.

Eine qualifizierte Arbeitskraft, die von Norden nach Süden migriert, löst in der Ziel-region zudem Angebotsbeziehungen – auch *supply linkages* oder *cost linkages* genannt – aus. Es lässt sich formal zeigen, dass die Anzahl der Unternehmen in einer Region steigt, wenn der regionale Anteil an qualifizierten Arbeitskräften zunimmt. Da jedes Unter-nehmen eine Produktvarietät herstellt, erweitert sich mit zunehmender Unternehmens-anzahl in einer Region auch die Palette an lokal produzierten Gütervarietäten. Folglich müssen weniger Varietäten importiert werden, der Preisindex im Süden (da in unserem Beispiel eine Arbeitskraft von Norden nach Süden wandert) sinkt und der dortige Real-lohn steigt. Der Reallohnanstieg hat auch hier wieder einen sich selbst verstärkenden Agglomerationsprozess zur Folge und führt über zirkuläre Kausalität zu weiterer Migra-tion von Qualifizierten in den Süden.

Zugleich entsteht durch die Wanderung einer qualifizierten Arbeitskraft von Nord nach Süd aber auch ein Deglomerationseffekt im Süden, welcher der Ballung entgegen-wirkt. Die Rede ist vom Wettbewerbseffekt. Der (einen Absatz weiter) oben beschrie-bene Mechanismus führt dazu, dass infolge der Migration der Preisindex im Süden sinkt. Wenn der Preisindex, der das allgemeine Preisniveau der Region widerspiegelt, sinkt, bedeutet das für ein einzelnes Unternehmen, dass sein Produkt relativ zu den anderen Varietäten teurer wird, der Preiswettbewerb der Unternehmen verschärft sich. Folglich ist ein einzelnes Unternehmen mit einem Rückgang der Nachfrage nach seinem Pro-dukt konfrontiert. Um dennoch keine Verluste zu realisieren, sondern Nullgewinne zu erzielen, muss der Lohn, den das Unternehmen bezahlt, sinken. Für die Arbeitskräfte im Industriesektor bedeutet dies sinkende Nominallöhne. Bei gegebenem Preisindex resul-tieren daraus sinkende Reallöhne für die qualifizierten Arbeitskräfte. Sinkende Reallöhne erscheinen vielleicht auf den ersten Blick paradox, da tatsächlich nicht nur der Nomi-nallohn, sondern auch der Preisindex sinkt. Der Preisindex sinkt jedoch nicht aufgrund des Wettbewerbseffekts, sondern wegen der oben beschriebenen Angebotsverflechtun-gen. Will man daher den Wettbewerbseffekt auf die Reallöhne isolieren, ist keine Ver-änderung des Preisindex zu berücksichtigen, dieser ist vielmehr gedanklich konstant zu halten. Aufgrund dessen sinken mit fallenden Nominallöhnen auch die Reallöhne und vermindern den Anreiz für weitere qualifizierte Arbeitskräfte aus dem Norden, in den Süden zu wandern. Daher wirkt der Wettbewerbseffekt den beiden Agglomerationskräf-ten (Nachfrage- und Angebotsverflechtungen) entgegen.

7.3   Agglomerationsmuster

Je nachdem, wie stark die beiden Agglomerationskräfte, Nachfrage- und Angebots-beziehungen, relativ zum Wettbewerbseffekt sind, können wir verschiedene Agglo-merationsmuster beobachten. Für die Stärke dieser Effekte sind die Handelskosten ausschlaggebend. In der Literatur wird jedoch häufig statt von den Handelskosten von der Handelsfreiheit gesprochen, deshalb übernehmen auch wir im Folgenden diese Konvention. Dabei gilt: Je geringer die Handelskosten werden, umso höher ist die

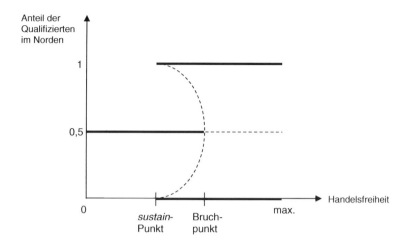

Abb. 7.2 Bifurkationsmuster im Modell von Krugman

Handelsfreiheit, und umgekehrt. In Abhängigkeit von der verwendeten Modellspezifika-
tion ergeben sich unterschiedliche Agglomerationsmuster. Als erstes betrachten wir das
Agglomerationsmuster, das aus dem „ursprünglichen" Modell von Krugman (1991a,
1991b) hervorgeht. Das Agglomerationsmuster wird auch *Bifurkationsmuster* genannt
und ist in Abb. 7.2 dargestellt. Die Abszisse zeigt den Grad der Handelsfreiheit, der von
links nach rechts zunimmt, während die Ordinate den Anteil der qualifizierten Arbeitskräfte im Norden abbildet.

Bei sehr geringer Handelsfreiheit (d. h. bei sehr hohen Handelskosten) ist der Wettbewerbseffekt die dominierende Kraft. In dieser Situation ist es für die Unternehmen
schwierig, neben dem eigenen auch noch den anderen Markt zu bedienen, da dies nur
zu hohen Handelskosten möglich ist. Angenommen, alle qualifizierten Arbeiter und –
somit auch alle Unternehmen – wären im Süden. Dann würden für den Transport all
ihrer Varietäten von Industriegütern in den Norden hohe Handelskosten anfallen, die
Nachfrage der nördlichen Konsumenten nach den südlichen Industriegütern wäre entsprechend gering. Hinzu kommt, dass der südliche Preisindex aufgrund des großen
Angebots an regionalen Produktvarietäten sehr niedrig wäre, weshalb starker Preiswettbewerb zwischen den Unternehmen vorherrschen würde. Falls ein Unternehmen
aus dem Süden in den Norden abwandern würde, könnte es dem Wettbewerbsdruck im
Süden weitgehend entkommen. Die nördliche Industriegüternachfrage nach im Norden
produzierten Gütern wäre höher (da diese aufgrund der nicht anfallenden Transportkosten billiger sind), weshalb das migrierte Unternehmen einen großen Teil der nördlichen
Industriegüternachfrage auf sich ziehen könnte.

Bei geringer Handelsfreiheit bietet folglich die Distanz zwischen den beiden Regionen einen Schutz vor zu starkem Wettbewerb. In unserem Beispiel kann sich das eine
Unternehmen im Norden bis zu einem gewissen Grad vor dem starken Wettbewerb im

Süden alleine durch die Distanz zwischen den beiden Regionen schützen. Die Distanz und die damit einhergehenden Handelskosten verhindern, dass die südlichen Unternehmen in direkte Konkurrenz zu dem Unternehmen im Norden treten können. Die Konkurrenz im Süden ist so lange stärker als die im Norden, wie mehr Unternehmen bzw. qualifizierte Arbeitskräfte im Süden sind. Erst wenn der Anteil an Qualifizierten in beiden Regionen gleich hoch ist, besteht für dieselben kein Wanderungsanreiz mehr. Bei geringer Handelsfreiheit bedeutet diese Situation ein Gleichgewicht, es wird *symmetrisches Gleichgewicht* genannt.

Dieses Gleichgewicht ist in der Bifurkationsgrafik in Abb. 7.2 gekennzeichnet. Es entspricht der durchgezogenen Linie, die von null bis zu dem Grad der Handelsfreiheit, der mit „Bruchpunkt" bezeichnet ist, auf der Höhe von 0,5 verläuft. Durchgezogene Linien markieren ein stabiles Gleichgewicht. Nehmen wir nun an, bei geringer Handelsfreiheit wird vom Gleichgewicht mit jeweils 50 % der Qualifizierten im Norden und im Süden abgewichen, indem ein Unternehmen aus dem Norden in den Süden migriert. Dadurch wird im Süden der lokale Preisindex sinken und der Wettbewerb ansteigen, während im Norden der Preisindex steigt und der Wettbewerbsdruck abnimmt. Das Unternehmen hat folglich einen Anreiz, wieder zurück in den Norden zu wandern. Deshalb wird es von vornherein gar nicht erst in den Süden wandern – kein Qualifizierter hat einen Wanderungsanreiz, daher ist das Gleichgewicht stabil.

Diese Stabilität des Gleichgewichts währt allerdings nur bis zu dem so genannten Bruchpunkt. An diesem Punkt erreicht die Handelsfreiheit eine kritische Schwelle, ab der das eben beschriebene Gleichgewicht instabil wird, sozusagen „bricht". Anders gesagt ist bei einem Grad der Handelsfreiheit zwischen dem Bruchpunkt und der vollkommenen Handelsfreiheit das Gleichgewicht mit der einen Hälfte der Qualifizierten im Norden und der anderen Hälfte im Süden nicht mehr stabil. Instabile Gleichgewichte werden durch gestrichelte Linien gekennzeichnet. Sobald ein Unternehmen bzw. eine qualifizierte Arbeitskraft vom instabilen Gleichgewicht abweicht, also zum Beispiel von Nord nach Süd wandert, ist der südliche Markt größer als der nördliche. Ab dem Bruchpunkt ist der Wettbewerbseffekt nicht mehr die dominierende Kraft, sondern wird von den beiden Agglomerationskräften – Angebots- und Nachfragebeziehungen – dominiert. Sobald, bei hoher Handelsfreiheit, eine Region größer ist als die andere, wird durch die Angebots- und Nachfragebeziehungen ein sich selbst verstärkender zirkulärer Effekt in Gang gesetzt. Aufgrund der Agglomerationskräfte wird die größere Region immer noch größer. Es gelingt ihr schließlich, alle mobilen Arbeitskräfte anzuziehen, wodurch in der kleineren Region (hier im Norden) am Ende gar keine Unternehmen mehr ansässig sind.

Bei hoher Handelsfreiheit bietet die Distanz zwischen den beiden Regionen unzureichenden Schutz vor dem Wettbewerb in der jeweils anderen Region, weshalb es sich für die Unternehmen nicht mehr lohnt, sich auf die beiden Regionen aufzuteilen. Selbst wenn alle Unternehmen im Süden sind und nur eines im Norden ist, hat dieses eine Unternehmen im Norden den Nachteil, dass es nur den kleinen nördlichen Markt ohne Handelskosten beliefern kann. Hinzu kommt, dass der Wettbewerb auch auf dem nördlichen Markt intensiv ist, da südliche Firmen den Norden zu geringen Handelskosten beliefern können. Bei hoher Handelsfreiheit ist es für dieses nördliche Unternehmen also profitabler, sich auch im großen südlichen Markt niederzulassen. Dieser kann dann ohne und der kleinere nördliche Markt zu geringen Handelskosten beliefert werden. Unser beispielhaftes Unternehmen würde also vom Norden in den Süden wandern – kein Unternehmen im großen südlichen Markt hätte einen Anreiz, in den kleineren nördlichen Markt zu migrieren. Somit ist das Gleichgewicht, in dem alle Unternehmen im Süden sind, stabil.

Umgekehrtes gilt, falls durch einen zufälligen Impuls der Norden bei hoher Handelsfreiheit (rechts vom Bruchpunkt) die größere Region ist. In diesem Fall gelingt es dem Norden, die gesamte Industrie anzuziehen. Auch dieses Gleichgewicht ist stabil. Diese beiden Gleichgewichte, in denen eine Region alle Unternehmen anzieht und zum Zentrum wird, während die andere keine Industrie aufweist und zur Peripherie wird, ist durch die durchgezogenen Linien vom „*sustain*-Punkt" bis hin zur maximalen Handelsfreiheit gekennzeichnet. Falls der Süden der Kern ist, gilt die Linie in der Höhe von null. Ist hingegen der Norden das Zentrum, ist die Linie in der Höhe von eins relevant.

Dem aufmerksamen Leser ist vermutlich nicht entgangen, dass die eben beschriebenen Kern-Peripherie-Gleichgewichte nicht erst ab dem Bruchpunkt, sondern bereits ab dem *sustain*-Punkt existieren und stabil sind. Der *sustain*-Punkt bezieht seinen Namen daher, dass ab dieser Höhe der Handelsfreiheit ein Kern-Peripherie-Gleichgewicht aufrecht erhalten werden kann. Somit gibt es einen Bereich, in dem sogar drei verschiedene stabile Gleichgewichte existieren, nämlich den Bereich zwischen dem *sustain*- und dem Bruchpunkt. Welches dieser drei Gleichgewichte tatsächlich zu beobachten ist, hängt vom Zufall ab und kann mithilfe dieses Modells nicht bestimmt werden.

Neben dem Gleichgewicht, in dem beide Regionen den gleichen Anteil an qualifizierten Arbeitskräften haben, und den beiden Kern-Peripherie-Gleichgewichten gibt es auch noch Gleichgewichte mit partieller Agglomeration. Dabei arbeiten beispielsweise 60 oder 70 % aller Qualifizierten im Norden. Diese Gleichgewichte mit partieller Agglomeration werden in Abb. 7.2 durch den gestrichelten Bogen zwischen *sustain*- und Bruchpunkt dargestellt. Sie sind allerdings nicht stabil, weil hierbei immer eine Region größer ist als die andere. Aus diesem Grund haben die Unternehmen in der kleineren Region einen Anreiz, in den großen Markt zu wandern (da in diesem Bereich der Handelsfreiheit die Agglomerationskräfte gegenüber dem Wettbewerbseffekt bereits stark genug sind, um vollständige Agglomeration in einer Region zu induzieren). Dieser Anreiz besteht so lange, bis alle qualifizierten Arbeitskräfte in der ursprünglich größeren Region sind und diese dadurch zum Kern geworden ist. Somit hat ein Gleichgewicht mit zwei unterschiedlich großen Regionen in diesem Modell keinen Bestand, es ist instabil. Aufgrund seiner Form wird das Bifurkationsmuster des Krugman-Kern-Peripherie-Modells manchmal als „Tomahawk", wie die Streitaxt indianischer Stämme, bezeichnet.

Nun, da das Bifurkationsmuster im so genannten Kern-Peripherie-Modell von Paul Krugman besprochen wurde, wollen wir noch einige Eigenheiten dieses Modells hervorheben. Eben haben wir festgestellt, dass Gleichgewichte mit partieller Agglomeration, also mit unterschiedlich großen Regionen oder Städten, instabil sind. Die einzigen stabilen

Gleichgewichte sind ein symmetrisches Gleichgewicht bei geringer Handelsfreiheit und ein Kern-Peripherie-Muster bei hoher Handelsfreiheit. Es gibt also nur „ganz oder gar nicht"-Gleichgewichte, in denen es entweder zu einer vollkommenen oder zu gar keiner Agglomeration der Qualifizierten bzw. der Unternehmen kommt. Ausgehend von einem symmetrischen Gleichgewicht führt eine marginale Reduktion der Handelskosten am Bruchpunkt dazu, dass sich die Unternehmen entweder alle im Süden oder alle im Norden ansiedeln. Eine marginale Reduktion der Handelskosten am Bruchpunkt führt somit zu einer drastischen Veränderung des Agglomerationsmusters. Ob sich die Unternehmen im Norden oder im Süden ballen, hängt von den Erwartungen der mobilen Arbeitskräfte ab. Wenn eine erwartet, dass alle anderen im Süden sind, wird sie auch in den Süden gehen usw.

Eine weitere Eigenschaft des Bifurkationsmusters im Krugman-Modell ist, dass der *sustain*-Punkt bei einem geringeren Ausmaß der Handelsfreiheit liegt als der Bruchpunkt (s. Abb. 7.2). Folglich gibt es einen Bereich zwischen diesen beiden Punkten, in dem es drei stabile Gleichgewichte gibt (s.o.): Gleichverteilung, vollkommene Agglomeration im Norden, vollständige Ballung im Süden. Eben ließen wir die Handelsfreiheit am Bruchpunkt ansteigen, ausgehend vom symmetrischen Gleichgewicht. Das Ergebnis war die vollkommene Agglomeration der Unternehmen im Norden oder Süden. Lassen wir nun ausgehend hiervon die Handelsfreiheit wieder ein wenig sinken, also die Handelskosten ansteigen, wird das ursprüngliche Gleichgewicht mit 50 % der Qualifizierten im Norden und 50 % im Süden nicht mehr erreicht. Stattdessen bleibt es bei dem Kern-Peripherie-Muster. Diese Eigenschaft des Modells wird *Standorthysterese* genannt. Obwohl der ursprüngliche Impuls, der Anstieg der Handelsfreiheit, rückgängig gemacht wird, stellt sich nicht wieder das alte Gleichgewicht ein. Das Ergebnis des ursprünglichen Impulses – die Agglomeration in Nord oder Süd – bleibt bestehen, auch wenn der Impuls bereits wieder neutralisiert wurde. Die vollkommene Agglomeration in einer Region bleibt so lange bestehen, bis die Handelsfreiheit unter das Niveau des *sustain*-Punkts sinkt.

Ein wesentlicher Verdienst dieses Modells ist, dass es die Asymmetrie zwischen Nord und Süd endogen erklären kann. Ausgehend von zwei identischen Regionen bei sehr geringer Handelsfreiheit wird sukzessive die Handelsfreiheit erhöht. Sobald der Bruchpunkt erreicht ist, entwickelt sich eine der Regionen zum Kern, während die andere zur Peripherie wird. Diese Asymmetrie ist endogen, da sie durch die Veränderung des Niveaus der Handelsfreiheit entsteht.

Das Kern-Peripherie-Modell von Krugman wurde von vielen Autoren erweitert, sodass es zum Beispiel nicht nur zwei, sondern mehrere Regionen berücksichtigt. Ein weiteres Modell der Neuen Ökonomischen Geographie stammt von Pflüger (2004) und Pflüger und Südekum (2008). Dieses Modell hat den Vorteil, dass es analytisch relativ einfach zu lösen ist und vor allem ein realistischeres Bifurkationsmuster hervorbringt als das Modell von Krugman. Aus diesem Grund soll das Bifurkationsmuster von Pflüger und Südekum (2008) hier ebenfalls vorgestellt werden.

Die zentrale Annahme von Pflüger und Südekum (2008) besteht darin, dass neben dem landwirtschaftlichen Gut und den Industriegütern noch ein weiteres Gut produziert wird. Dabei handelt es sich um das Gut „Wohnen". Pflüger und Südekum führen

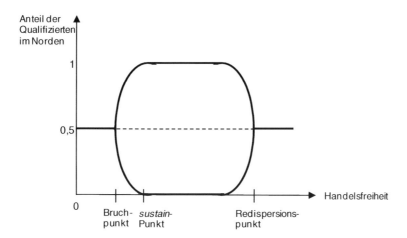

Abb. 7.3 Alternatives Bifurkationsmuster. Nach Pflüger und Südekum (2008, S. 552)

also einen dritten Sektor, den Wohnungssektor ein. Das Angebot an Wohnraum ist exogen und somit fix und Wohnraum kann nicht interregional gehandelt werden. Das bedeutet, dass es eine bestimmte Anzahl an Wohnungen gibt und keine weiteren Häuser gebaut werden, etwa weil der Platz dafür nicht ausreicht. Somit kann das Angebot nicht auf Nachfrageänderungen reagieren, wodurch es nur reine Preiseffekte gibt. Wenn der Anteil und daher auch die Anzahl der qualifizierten Arbeitskräfte in einer Region ansteigt, steigt auch die Nachfrage nach Wohnraum. Aufgrund des limitierten Angebots an Wohnraum steigt der Preis für dieses Gut und macht die betreffende Region unattraktiver für die Qualifizierten. Der Wohnungssektor stellt somit neben dem Wettbewerbseffekt eine zweite Deglomerationskraft dar, die den Agglomerationskräften entgegenwirkt. Löst man das Modell analytisch, wie in Pflüger und Südekum (2008), so ergibt sich das in Abb. 7.3 dargestellte Bifurkationsmuster.

Wie auch bei Krugman, zeigt das Bifurkationsdiagramm von Pflüger und Südekum (2008) bei sehr geringer Handelsfreiheit ein symmetrisches Gleichgewicht an. Bis zum Bruchpunkt ist dieses auch stabil. Am Bruchpunkt wird eine kritische Schwelle der Handelsfreiheit erreicht, ab welcher das symmetrische Gleichgewicht instabil wird. Die Agglomerationskräfte (Angebots- und Nachfragebeziehungen) werden stärker als die Deglomerationskräfte (Wettbewerbseffekt und begrenztes Angebot an Wohnraum). Die Handelsfreiheit erreicht ein Niveau, ab dem Unternehmen der einen Region auch die andere Region gewinnbringend beliefern können. Vollkommene Agglomeration der Qualifizierten in einer Region ist jedoch erst ab dem *sustain*-Punkt ein stabiler Gleichgewichtszustand, bei geringerer Handelsfreiheit existiert kein Kern-Peripherie-Gleichgewicht.

Der interessante Bereich aber liegt zwischen dem Bruch- und dem *sustain*-Punkt. Im Modell von Pflüger und Südekum (2008) gibt es bei diesem Grad der Handelsfreiheit stabile Gleichgewichte mit partieller Agglomeration. Darin liegt ein wesentlicher

Unterschied zum Bifurkationsmuster von Krugman, bei dem partielle Agglomeration nur einem instabilen Gleichgewicht entspricht. Zudem ist zu beobachten, dass im Modell von Krugman der *sustain*-Punkt bei geringerer Handelsfreiheit liegt als der Bruchpunkt (s. nochmals Abb. 7.2). Aus diesem Grund kommt es im Krugman-Modell zur weiter oben angesprochenen Standorthysterese. Im Modell von Pflüger und Südekum (2008) hingegen (s. Abb. 7.3) liegt der *sustain*-Punkt bei höherer Handelsfreiheit als der Bruchpunkt. Daher gibt es keinen Bereich der Handelsfreiheit, in dem sowohl ein symmetrisches Gleichgewicht als auch ein Kern-Peripherie-Muster stabil ist. Daraus folgt wiederum, dass in diesem Modell keine Standorthysterese auftritt.

Das Kern-Peripherie-Muster ist ein stabiles Gleichgewicht. Im Bereich des Kern-Peripherie-Gleichgewichts dominieren die Agglomerations- die Deglomerationskräfte. Auch hier wird wieder vom Zufall bzw. von sich selbst erfüllenden Erwartungen bezüglich des Verhaltens der anderen Akteure bestimmt, ob sich die Unternehmen im Norden oder im Süden ballen. Steigt die Handelsfreiheit weiter an, so entsteht ein partielles Agglomerationsmuster und ab dem Redispersionspunkt ist sogar wieder ein symmetrisches Gleichgewicht zu beobachten. Diese Eigenschaft steht in starkem Gegensatz zu dem Modell von Krugman und ergibt sich aus folgendem Grund: Pflüger und Südekum betrachten, wie bereits gesagt, einen zusätzlichen Deglomerationsfaktor, die Knappheit von Wohnraum. Sind alle Qualifizierten entweder im Norden oder im Süden, ist in der jeweiligen Region die Nachfrage nach Wohnraum sehr hoch, und der Preis für Wohnraum steigt an. Dieser Preisanstieg verringert das Nutzenniveau der Individuen in der betreffenden Region. Ist die Handelsfreiheit nun relativ hoch, spielt es für die Unternehmen im Wesentlichen keine Rolle, in welcher Region sie sich ansiedeln, da sie beide Märkte sowohl vom Süden als auch vom Norden aus relativ einfach bedienen können. Aufgrund von Angebots- und Nachfragebeziehungen würden sie grundsätzlich den größeren Markt präferieren. Die Deglomerationskräfte bewirken aber, dass sich die Unternehmen, bzw. die qualifizierten Arbeitskräfte, bei hoher Handelsfreiheit symmetrisch auf die beiden Regionen verteilen. Dies geschieht, da sich so die Nachfrage der Qualifizierten nach Wohnraum gleichmäßig auf beide Regionen verteilt und so einem starken Anstieg der Kosten für Wohnraum entgegenwirkt.

Insgesamt lässt sich festhalten, dass das Modell von Pflüger und Südekum gegenüber jenem von Krugman ein realistischeres Bifurkationsmuster hervorbringt. So weist das Modell von Pflüger und Südekum Bereiche der partiellen Agglomeration auf, also ein Nebeneinander von größeren und kleineren Städten oder Regionen, wie es in der Realität für gewöhnlich zu beobachten ist.

Literatur

Krugman, P. (1991a). *Geography and trade*. Cambridge, MA: MIT Press.

Krugman, P. (1991b). Increasing returns and economic geography. *Journal of Political Economy, 99*(3), 483–499.

Pflüger, M. (2004). A simple, analytically solvable, chamberlinian agglomeration model. *Regional Science and Urban Economics, 34*(5), 565–573.

Pflüger, M., & Südekum, J. (2008). Integration, agglomeration and welfare. *Journal of Urban Economics, 63*(2), 544–566.

Samuelson, P. (1952). The transfer problem and transport costs: The terms of trade when impediments are absent. *The Economic Journal, 62*(246), 278–304.

Samuelson, P. (1954). The transfer problem and transport costs, II: Analysis of effects of trade impediments. *The Economic Journal, 64*(254), 264–289.

von Thünen, J. H. (1875). *Der isolierte Staat in Beziehung auf Landwirtschaft und Nationalökonomie* (3. Aufl.). Berlin: Verlag von Wiegandt, Hempel & Parey.

Zimmermann, K. F. (2005). European labour mobility: Challenges and potentials. *De Economist, 153*(4), 425–450.

Die Theorie der Kreativen Klasse

8

Zusammenfassung

In jüngerer Zeit wurde ein weiteres Konzept populär, das sich mit den Standortentscheidungen von Arbeitnehmern und Unternehmen beschäftigt und sich bei Stadtplanern und Wirtschaftsgeographen vor allem in den USA großer Beliebtheit erfreut. Dieser neue Ansatz wird als *Theorie der Kreativen Klasse* oder die *3 Ts* bezeichnet und geht auf Richard Florida zurück, der in besonders kreativen Menschen und den von ihnen initiierten Innovationen die zentralen Faktoren für Wirtschaftswachstum sieht. Florida beschreibt ein ganz bestimmtes Umfeld, das kreative Menschen in ihrem Schaffen stimuliert und somit eine beschleunigte Innovationstätigkeit erzeugt. Kurz gesagt bevorzugen Künstler ein tolerantes Umfeld, das offen für neue Ideen und alternative Lebensweisen ist. Hochkreative Menschen wiederum schätzen die Nähe zu Künstlern, weshalb sie sich in deren Nähe ansiedeln und dort ihre Kreativität ausleben können. Folglich prosperieren laut diesem Ansatz solche Städte, denen es gelingt, für Künstler attraktiv zu sein und so kreative Köpfe anzuziehen. Darüber hinaus leitet Florida Implikationen für die Stadtentwicklung ab und beschreibt, wie ein kreatives Umfeld geschaffen und aufrecht erhalten werden kann, um dadurch dauerhafte wirtschaftliche Prosperität zu generieren.

Floridas (2002) Ansatz wurde in seinem viel beachteten Buch *The Rise of the Creative Class* publiziert, das während seiner Zeit als Professor für Regionale Wirtschaftsentwicklung an der Carnegie-Universität in Pittsburgh entstand und zu einem Bestseller wurde. Darin beschreibt er, dass Städte ein ganz bestimmtes Umfeld bieten, das kreative Menschen inspiriert und ein angenehmes Arbeitsklima schafft. Zudem leitet Florida in diesem Werk Implikationen für die Stadtentwicklung ab und beschreibt, wie ein kreatives Umfeld geschaffen und aufrecht erhalten werden kann, um dadurch dauerhafte wirtschaftliche Prosperität zu generieren. Mittlerweile haben Florida und sein Team sogar eine reklameartige Internetpräsenz zur Vermarktung seiner Theorie, in der Organisationen, Regionen und Einzelpersonen Handlungsempfehlungen

O. Farhauer und A. Kröll, *Standorttheorien*, DOI: 10.1007/978-3-658-01574-9_8,
© Springer Fachmedien Wiesbaden 2013

erhalten können, um ihre Kreativität zu steigern und dadurch erfolgreicher zu agieren (http://www.creativeclass.com).

8.1   Die Grundpfeiler der Theorie der Kreativen Klasse

Der Kern von Floridas Konzept liegt im Wandel der Arbeitswelt. Durch den Übergang von der Industrie- zur Wissensgesellschaft haben sich einerseits die Arbeitsverhältnisse verändert und andererseits wird der Bildung der Arbeitnehmer ein noch größerer Wert beigemessen. Inzwischen bildet der Kenntnisstand der Beschäftigten die Basis für den wirtschaftlichen Erfolg ganzer Volkswirtschaften. In Zeiten immer kürzer werdender Produktlebenszyklen und des daraus resultierenden großen Innovationsdrucks ist die Generierung und Aneignung neuen Wissens zur entscheidenden Komponente für den wirtschaftlichen Erfolg geworden. Für die Erlangung neuen Wissens ist jedoch ein bestimmtes Arbeitsumfeld für besonders innovative Talente notwendig. Um immer schneller Ideen zu generieren, müssen die Menschen einen bestehenden hohen Wissensstand mit neuen Impulsen stimulieren, was einer bedeutenden Kreativität des Einzelnen bedarf. Für Florida ist demnach in der Wissensgesellschaft die Ressource „Kreativität", durch die Innovationen auf Märkten erzeugt werden, die entscheidende Komponente, um auf Dauer wirtschaftlich erfolgreich zu sein.

Um seiner Kreativität freien Lauf lassen zu können, benötigt man ein ganz besonderes Umfeld. Dieses kreative Umfeld beginnt für Florida beim Arbeitsplatz: Die meisten kreativen Talente finden feste Arbeitszeiten hinderlich und einschränkend für den Kreativitätsprozess. Kreative Menschen wechseln immer wieder zwischen Arbeitszeit und Freizeit, um so den nötigen Freiraum zu bekommen, damit sich ihre Kreativität frei entfalten kann. In einem starren Arbeitsumfeld mit festen Anwesenheitszeiten an bestimmten Orten können innovative Menschen ihre Talente nicht frei entwickeln und ihre Kreativität wird stark beeinträchtigt. Vielmehr erfolgt bei besonders kreativen Menschen ein mehr oder weniger fließender Übergang zwischen Arbeitszeit und Freizeit (vgl. Florida 2002, S. 165ff.).

So gehen beispielsweise manche Kreative morgens erst einmal ins Sportstudio, um zu trainieren und ihre Kreativität zu stimulieren, um anschließend zu Hause oder im Büro innovativ arbeiten zu können. Nach einiger Zeit ist man aber durch die intellektuell anstrengende kreative Tätigkeit erschöpft und eine kurze Regenerationsphase ermöglicht dann wieder einen verbesserten kreativen Arbeitseinsatz. Diese Zeit nutzen die Kreativen, um dann in ein Café, Kino, einen Zoo oder ein Theater zu gehen. Anschließend fällt es dann leichter, wieder bis in die frühen Morgenstunden seiner kreativen Tätigkeit nachzugehen. Geregelte und unflexible Arbeitszeiten sind für die Produktivität kreativer Talente hinderlich, denn diese können sich nur in einem flexiblen Umfeld voll integrieren und ausleben.

Um ein optimales Umfeld für kreatives Handeln herbeizuführen, muss ein Klima der Offenheit für neue Ideen vorherrschen. Dieses Klima zeichnet sich dadurch aus, dass Einflüsse von Vertretern anderer Disziplinen existieren sowie ein positiver und produktiver Umgang mit unterschiedlichen Sichtweisen und Fähigkeiten gegeben ist. Kreative arbeiten dann am besten, wenn an ihrem Standort ein Milieu der Vielfalt unterschiedlicher Ethnien, Kulturen sowie Lebens- und Arbeitsformen existiert. Wechselseitige Anerkennung, Respekt und Toleranz sind vonnöten, um einem kreativen Menschen das bestmögliche Arbeitsumfeld zu bieten. Nur so können neue Ideen aufgegriffen und durch die Kombination mit vorhandenem Wissen Innovationen erzeugt werden. Den notwendigen Freiraum für die kreative Arbeit erhalten solche Menschen dabei bestenfalls in Städten, in denen es viele Impulse für neue Ideen gibt und zudem eine Offenheit für Fremdes vorhanden ist.

Dem aufmerksamen Leser mag die Ähnlichkeit der grundsätzlichen Ideen der Theorie von Florida zu bereits behandelten Theorien aufgefallen sein. So wird die Theorie der kreativen Klasse als eine Mischung aus Cluster-Ansätzen und der Humankapitaltheorie bezeichnet (vgl. Gottschalk et al. 2010). Auch in der Clustertheorie wird ein ganz bestimmtes optimales Umfeld für innovative Unternehmen in einer Region beschrieben und in der Humankapitaltheorie ist der Zusammenhang zwischen Bildungsinvestitionen, Innovationstätigkeit und Wirtschaftswachstum schon seit langem bekannt (s. Kap. 11). Für Florida ist das Bemerkenswerte an seinem Ansatz die neue Kombination von vorhandenem theoretischem Wissen. Diese Neukombination stellt für ihn den entscheidenden Faktor für Wirtschaftswachstum dar: Bei ihm wird das Humankapital einer Person durch die Kreativität ihrer beruflichen Tätigkeit abgebildet. Damit grenzt Florida seine Theorie von der Humankapitaltheorie ab, die das Humankapital eines Menschen anhand seines höchsten formalen Bildungsabschlusses bemisst.

8.2 Abgrenzung kreativer Tätigkeiten

Kreative Personen zeichnen sich laut Florida nicht allein durch ihren formalen Bildungsstand aus. Vielmehr werden sie erst über die Tätigkeiten, die sie ausüben, zu kreativen Personen. Insofern wird die kreative Klasse einer Gesellschaft nicht qualifikationsbezogen abgegrenzt, sondern vielmehr tätigkeitsbezogen. So würde eine Person mit Hochschulabschluss in der theoretischen Betrachtung nicht als Kreativer gelten, wenn sie überwiegend eine einfache routinemäßige Tätigkeit ausübte, hingegen würde ein Hochschulabbrecher, der als Erfinder tätig ist, als Hochkreativer gelten.

Florida zufolge kann jeder Mensch kreative Tätigkeiten ausüben. Die kreative Klasse wird sogar dazu aufgefordert, denjenigen, die noch nicht kreativ tätig sind, Mittel und Wege aufzuzeigen, in Zukunft ebenfalls kreativ zu werden. Die von Kreativen ausgeführten Tätigkeiten weisen ganz bestimmte Charakteristika auf: Die Arbeiten folgen zum Beispiel keinerlei Routinen, sondern bestehen in erster Linie darin, Probleme zu erkennen und anschließend Lösungen dafür zu finden. Dazu muss häufig gänzlich neues Wissen erlangt oder aber vorhandenes Wissen neu kombiniert werden, weshalb den Kreativen gemeinsam ist, dass sie eine große Problemlösungskompetenz kennzeichnet. Diese Kreativen kombinieren vorhandenes Wissen auf neue Art und Weise und erkennen dadurch häufig erst Probleme, die sie im Anschluss lösen. Insofern ist die Abgrenzung zu unkreativer Arbeit theoretisch relativ einfach: Letztere ist dadurch gekennzeichnet, dass die physische Präsenz der Arbeitskräfte am Arbeitsplatz notwendig ist und die Tätigkeiten immer nach den gleichen Schemata ablaufen.

Es existieren drei verschiedene Formen von Kreativität, die sich zwar jeweils voneinander unterscheiden, aber dennoch gegenseitig beeinflussen, stimulieren und verstärken. Letztendlich müssen allerdings alle drei Arten von Kreativität in einer Region vorhanden sein, damit ihr Zusammenspiel die wirtschaftliche Entwicklung dieser Region positiv beeinflusst:

- Technologische Kreativität: Darunter werden in erster Linie Tätigkeiten verstanden, die neue Technologien hervorbringen oder vorhandene Technologien weiter entwickeln. Solche Arbeiten werden häufig von Naturwissenschaftlern und Ingenieuren durchgeführt.
- Ökonomische Kreativität: Diese Form der Tätigkeit thematisiert die ökonomische Seite des Innovierens. Die oben genannten Erfindungen müssen zur Marktreife gebracht und patentiert werden. Außerdem müssen für die entsprechenden Güter neue Märkte erschlossen werden. Des Weiteren können auch neue Führungsstile in Unternehmen eine (Prozess-)Innovation darstellen, die für wirtschaftlichen Erfolg sorgt.
- Künstlerische und kulturelle Kreativität: Diese Form der Kreativität resultiert in der Regel nicht in Patenten und führt auch nicht unmittelbar zum wirtschaftlichen Erfolg. Dennoch ist ihr Vorhandensein außerordentlich wichtig für das kreative Umfeld in einer Stadt, da sie einen Stimulus für die innovativen Akteure darstellt. Auf diesen Punkt werden wir im Weiteren noch detaillierter eingehen.

Das kreative Potential einer Gesellschaft ist bei Florida der eigentliche Wachstumsmotor. Dabei ist es vor allem vorteilhaft, wenn Menschen zueinander finden, die aus sehr unterschiedlichen Bereichen kommen, denn die Unterschiedlichkeit der Wissensbasen ist besonders fruchtbar. Auch in diesem Punkt wird dem Leser wahrscheinlich die Nähe der Überlegungen zu bereits aufgezeigten älteren Theorien aufgefallen sein, wodurch deutlich wird, dass sich die Ideen Floridas nicht auf gänzlich neue Überlegungen stützen. So hat bereits Jacobs (1969) dem Aufeinandertreffen von unterschiedlichem Wissen besonders stimulierende Effekte auf das Wirtschaftswachstum zugeschrieben und nach der Cluster- und Netzwerktheorie sorgt die Öffnung eines Clusters nach außen über *global pipelines* dafür, dass dieser langfristig mit neuen Impulsen versorgt und vor dem Alterungsprozess geschützt wird.

Arbeitskräfte, die gewohnt sind, vorhandenes Wissen durch neue (innovative) Handlungen oder Denkweisen zu kombinieren, machen letztlich die kreative Klasse aus. Florida unterteilt diese in drei Kategorien: Hochkreative, kreative Fachleute und Bohemien. Die sogenannten *Hochkreativen* bilden dabei den Kern der kreativen Klasse. Florida unterscheidet die Tätigkeit der Kreativen nach den jeweils ausgeübten Berufen und versteht unter Hochkreativen solche Menschen, die sowohl technisch als auch ökonomisch innovativ tätig sind. Dazu zählen:

- Ingenieure
- Natur-, Wirtschafts-, Sozial- und Geisteswissenschaftler
- Ärzte
- Universitäts- und Hochschullehrer sowie anderweitig Lehrende.

Daneben gibt es die Unterkategorie der kreativen Fachleute (*professionals*). Diese sind zwar zumeist nicht innovativ tätig, doch unterstützen und fördern sie die wirtschaftliche Entwicklung und arbeiten überwiegend in wissensintensiven Berufen. Sie interagieren in den meisten Fällen mit anderen Menschen, zum Beispiel Kunden, Mitarbeitern und Kollegen, und müssen dazu ihr vorhandenes Wissen in immer neuen Zusammenhängen anwenden. Zu dieser Gruppe gehören:

- Anwälte
- Manager, Finanz- und Verkaufsfachkräfte
- Leitende Verwaltungsfachkräfte und Beamte im höheren Dienst
- Techniker und wissenschaftliche medizinische Angestellte

Die dritte Unterkategorie bilden die so genannten *Bohemiens*. Darunter werden künstlerisch tätige Menschen verstanden. Diese sind nur indirekt für den wirtschaftlichen Erfolg einer Gesellschaft verantwortlich: Florida geht davon aus, dass die Hochkreativen und die kreativen Fachleute die Nähe zu diesen Bohemiens suchen, um sich zum Einen in dem durch sie geprägten Umfeld von ihren anstrengenden intellektuellen Arbeiten zu erholen und zum Anderen wichtige künstlerische Impulse für ihre innovative Tätigkeit zu erfahren. Insofern wird man dort, wo viele Künstler sind, auch viele andere kreative Menschen finden, die ihrerseits das Wachstumspotential der jeweiligen Region ausmachen. Deshalb sind die Bohemiens einerseits nur sehr indirekt für den wirtschaftlichen Erfolg verantwortlich, andererseits kann sich aber in einer Region ohne Künstler kein wirtschaftlicher Erfolg einstellen, weil dort auch keine anderen Kreativen leben möchten. Zu der Gruppe der Bohemiens zählen

- Schriftsteller und Regisseure,
- Designer,
- Schauspieler, Tänzer und Musiker,
- Maler, Bildhauer und Fotografen.

Die drei genannten Unterkategorien (Hochkreative, kreative Fachleute und Bohemiens) machen nach Florida die gesamte kreative Klasse aus. Von dieser Gruppe gehen über ihre Innovationskraft bzw. Anziehungskraft für weitere innovative Individuen bedeutende wirtschaftliche Wachstumspotentiale aus.

8.3   Das favorisierte Wohnumfeld der Kreativen

Damit die kreativen Köpfe das eingangs beschriebene optimale Umfeld für ihre innovativen Tätigkeiten vorfinden, bevorzugen sie Städte als Wohnorte. Diese zeichnen sich sowohl durch große kulturelle Vielfalt als auch durch große unterschiedliche Wissensbasen aus, welche die Kreativität fördern. Nach Floridas Überzeugung wählen kreative Arbeitskräfte, die eine überdurchschnittliche Mobilität aufweisen, ihren Wohnort nicht danach aus, wo sie einen Arbeitsplatz finden können, sondern sie wählen attraktive Städte als Wohnort aus. Sofern ein Arbeitgeber Interesse an der Beschäftigung von kreativen Arbeitskräften hat, muss er seine Standortentscheidung an den Wohnortpräferenzen der kreativen Klasse ausrichten. Somit sind gemäß Florida die natürlichen Standortfaktoren in der neuen Wissensgesellschaft für die Standortentscheidung von Unternehmen kaum noch relevant. Er formuliert diesen Zusammenhang folgendermaßen: „Access to talented and creative people is to modern business what access to coal and iron ore was to steelmaking. It determines where companies will choose to locate and grow, and this in turn changes the ways cities must compete." (Florida 2002, S. 6).

Zudem erhärtet er seine Annahme mit dem Zitat eines Managers eines großen Unternehmens aus der Computerindustrie, der gegenüber amerikanischen Politikern meinte, dass diese sich bei der Ansiedlungspolitik von Unternehmen nicht auf Infrastruktur oder Steuererleichterungen konzentrieren sollten. Schließlich siedelten sich die Unternehmen ohnehin dort an, wo die hochqualifizierten Arbeitskräfte wohnten.

Bei ihrer Wohnortwahl, die im Sinne dieses Buchs als „Standorttheorie der kreativen Arbeitskräfte" bezeichnet werden kann, hat die kreative Klasse ganz eindeutige Vorstellungen: Wie bereits mehrfach angedeutet, präferiert sie ein Wohnumfeld, das eine vielfältige kulturelle Infrastruktur aufzuweisen hat. Dazu zählen beispielsweise eine große Anzahl und Vielfalt an Cafés, Kneipen, Galerien, Museen und Theatern. Hier finden die Talente Zeit, sich von der Arbeit zu erholen und erhalten Impulse für neue Ideen, da sie in diesem Umfeld die Möglichkeit haben, neue Erfahrungen und Eindrücke zu sammeln, die häufig als Inspiration für innovative Tätigkeiten dienen (vgl. Fritsch und Stützer 2007, S. 2). Zudem soll der Wohnort von Kreativen durch Toleranz und Offenheit gegenüber neuen Ideen, Menschen anderer ethnischer Herkunft, anderer sexueller Orientierung oder auch mit einem anderen Kleidungsstil gekennzeichnet sein. Nur in einem solchen Umfeld kann sich die Kreativität des Einzelnen frei entfalten, was sich positiv auf die Produktivität der leistungsfähigsten Arbeitskräfte der Stadt auswirkt. Demnach haben Florida zufolge weiche Standortfaktoren mittlerweile den größten Einfluss auf die Standortwahl von Leistungsträgern und Unternehmen. Auch wenn die besondere Bedeutung künstlerischer Kreativität noch nicht deutlich geworden ist, weil die Bohemiens selbst keine Innovationen hervorbringen, sind sie für den Erfolg der Region zentral. Die Hochkreativen und die kreativen Fachleute ziehen nämlich aus zweierlei, bereits genannten, Gründen in die Städte, in denen die Bohemiens bereits leben: Zum Einen schätzen sie die künstlerische Kreativität, um sich in ihrer Freizeit von ihrer anstrengenden Arbeit zu erholen, und zum Anderen nutzen sie Anregungen aus dem künstlerischen Milieu, um neue Lösungen für ihre technischen und ökonomischen Probleme zu finden.

Die Verschiedenartigkeit der Wissensbasen in toleranten Städten schafft ein Klima, das durch Offenheit für neue Ideen geprägt ist und dadurch für einen positiven und produktiven Umgang mit unterschiedlichen Sichtweisen und Fähigkeiten sorgt, der für kreatives und innovatives Denken notwendig ist. Insofern kommt den Bohemiens, die im wirtschaftlichen Sinne nicht innovativ tätig sind, eine Schlüsselrolle in diesem Konzept zu, weil sich die talentiertesten Köpfe dort ansiedeln, wo die Künstler bereits sind.

Maler, Musiker, Schauspieler etc. versuchen sich ihrerseits in einem Umfeld der Toleranz und Offenheit gegenüber Andersdenkenden zu verwirklichen. Dabei geht es den Bohemiens nicht nur schlicht um gesellschaftliche Toleranz für Menschen, die anders sind, sondern auch um Aufgeschlossenheit gegenüber neuen Ideen. Insofern spielt in diesem Konzept auch ethnische Vielfalt eine besondere Rolle. Die Unterschiedlichkeit der Menschen spiegelt sich auf den ersten Blick häufig in der Herkunft von Personen wider. Sofern die jeweilige Gesellschaft auch Menschen anderer ethnischer Herkunft oder einer nicht konformen sexuellen Orientierung gegenüber tolerant ist, wirkt dieses Klima anziehend auf künstlerisch Kreative, die häufig auch anders leben und denken als die breite Masse.

Aufgrund der Bedeutung der Bohemiens für die Wohn- und Arbeitsortwahl von Arbeitskräften muss es nach dem Ansatz von Florida für Städte und Regionen das Ziel sein, die kreative Klasse – und insbesondere die Bohemiens mit ihren kulturellen Vorlieben – zu attrahieren. Nur dadurch kann es einer Stadt und einer gesamten Region gelingen, dauerhafte Prosperität zu erlangen. Eine Vielzahl an kreativen Talenten jeglicher Art schafft eine innovationsfreudige Stimmung und zieht Unternehmen aus wissensintensiven Dienstleistungssektoren und Branchen mit Wachstumstechnologien an. Dies führt zu gesteigerter Attraktivität einer weltoffenen und toleranten Stadt, aufgrund derer weitere hochqualifizierte Talente angezogen werden.

8.4   Die drei Ts: Technologie, Talent und Toleranz

Florida geht davon aus, dass die kreative Klasse an wenigen Standorten geballt vorzufinden ist, was dazu führt, dass auch die ökonomische Aktivität im Raum konzentriert ist. Somit weisen Städte, denen es gelingt, die kreative Klasse anzuziehen, hohe Wachstumsraten auf und solche, die weniger attraktiv für die kreative Klasse sind, geraten in eine wirtschaftliche Krise. Obwohl damit die Existenz von Städten nicht ökonomisch oder historisch begründet werden kann, finden wir in diesem Ansatz zumindest einen Erklärungsversuch für real beobachtbare regionale Disparitäten. Einer Region, die dauerhaft wirtschaftlich erfolgreich sein will, muss es gelingen, die so genannten drei Ts (Technologie, Talent und Toleranz) in einem ganz bestimmten Verhältnis zu beherbergen. Dabei reicht es nicht aus, nur ein oder zwei Ts in der Region zu beheimaten. Das gesamte vorhandene Innovationspotential kann eine Region nur dann ausschöpfen, wenn sowohl eine zukunftsträchtige Technologie und kreative Talente sowie zugleich ein tolerantes

Umfeld in der Region vorhanden sind. Regionen, denen es gelingt, die drei Ts auf sich vereinigen, weisen demnach hohe Wachstumsraten auf.

Betrachten wir die einzelnen „Erfolgs-Komponenten" genauer: Das erste T steht für *Technologie*. Darunter werden so genannte Zukunftstechnologien verstanden, wie sie beispielsweise im IT-Bereich, in der Biochemie oder den Medien zur Anwendung kommen. Der zweite Begriff *Talent* steht für Arbeitskräfte, die in kreativen Bereichen tätig sind, und das letzte T steht für ein tolerantes Umfeld, dem eine Schlüsselrolle für die wirtschaftliche Entwicklung zukommt. Nur eine tolerante Stadt ist für Kreative als Wohn- und Arbeitsort attraktiv.

Die Toleranz in einer Stadt oder Region bemisst Florida anhand von vier verschiedenen, recht einfachen, Indizes: *Melting Pot*-Index, Homosexuellen-Index, Bohemiens-Index und *Composite Diversity*-Index. Mithilfe des *Melting Pot*-Index möchte er die ethnische Vielfalt in einer Stadt abbilden und bemisst ihn als Anteil der Personen mit Migrationshintergrund, die nicht in der Stadt oder im Zielland geboren sind, an der städtischen Gesamtbevölkerung. Somit gehen nur Zuwanderer der ersten Generation als Menschen mit Migrationshintergrund in den Index ein. Kinder der ersten Generation, die bereits im Zielland geborgen wurden, gelten demnach als Inländer. Demgegenüber soll der Homosexuellen-Index den Grad der Toleranz gegenüber alternativen Lebensformen in einer Stadt darstellen. Er wird aus dem Anteil der Homosexuellen an der Gesamtbevölkerung in einer Stadt gebildet. Der Bohemiens-Index schließlich ergibt sich aus dem Anteil der künstlerisch Tätigen an der Gesamtbevölkerung der Stadt.

Diese drei Indizes werden in dem so genannten *Composite Diversity*-Index zusammengefasst. Zu dessen Ermittlung werden zuerst alle untersuchten Städte oder Regionen nach den drei oben genannten Indizes gereiht, wobei die am besten abschneidende Stadt auf Platz eins steht usw. Anschließend werden die jeweiligen Ränge, die eine Stadt bei jedem der Indizes einnimmt, addiert. Daraus ergibt sich eine neue Rangreihenfolge, die sich aus allen drei Indizes zusammen bestimmt und den *Composite Diversity*-Index darstellt. So erhält man vier verschiedene Indizes, die allesamt die Toleranz einer Stadt abbilden. Je nach Betrachtungsweise wählt Florida für die empirischen Tests seiner Hypothesen einen der vier Indizes aus.

Zur Untermauerung seiner theoretischen Überlegungen beabsichtigt Florida, einen Zusammenhang zwischen Toleranz und Kreativität in einer Stadt nachzuweisen. Um Städte gemäß ihrer Kreativität reihen zu können, bildet er wiederum diverse Indizes. Der Kreativitäts-Index setzt sich aus vier verschiedenen Maßzahlen zusammen: Innovations-, Talent-, Homosexuellen- und Hightech-Index. Der Innovations-Index misst anhand der Patentanmeldungen pro Kopf die Innovationstätigkeit in einer Stadt. Der Anteil der Bevölkerung mit einem Hochschulabschluss an der gesamten städtischen Bevölkerung bemisst den Talent-Index. Um die Offenheit und Toleranz einer Stadt zu berücksichtigen, verwendet Florida wiederum den Homosexuellen-Index (dieser Index geht also in den Toleranz- und in den Kreativitäts-Index gleichermaßen ein, wir kommen unten nochmals darauf zu sprechen). Schließlich berücksichtigt er als vierte Komponente des Kreativitätsmaßes noch den Hightech-Index. Der Hightech-Index entspricht dem *Tech*

Pole-Index des *Milken Instituts*, einer großen, unabhängigen ökonomischen Experten-
kommission in den USA. Dieser Index bildet die Konzentration von wissensintensiven
Branchen in US-amerikanischen Städten ab. Alle vier genannten Maßzahlen gehen mit
dem gleichen Gewicht in den Kreativitäts-Index ein.

Im Zuge seiner empirischen Untersuchung findet Florida für die Vereinigten Staaten von Amerika einen Zusammenhang zwischen der Kreativität einer Stadt und der
Toleranz ihres Umfelds. Städte, die im Ranking der Toleranz obere Ränge einnehmen,
sind auch beim Kreativitätsindex weit vorne zu finden. Ein positiver Zusammenhang
zwischen dem Toleranz- und dem Kreativitätsindex ist aus empirischer Sicht allerdings
keine Überraschung: Da der Homosexuellen-Index sowohl in die Konstruktion des Tole-
ranz- als auch des Kreativitäts-Index eingeht, liegt hier ein klassisches Endogenitäts-
problem vor. Ist der Homosexuellen-Index in einer Stadt hoch, treibt dies den Wert des
Toleranzindex in die Höhe. Gleichzeitig bewirkt dies aber auch einen Anstieg des Kreativitätsindex. Somit ist es nicht verwunderlich, dass die beiden Indizes stark miteinander
korrelieren – schließlich werden sie beide von der selben Variablen beeinflusst.

Aus der gefundenen positiven Korrelation zwischen Kreativität und Toleranz schließt
Florida, dass sich die drei Ts gegenseitig bedingen. Ein tolerantes, vielschichtiges Umfeld
in einer Stadt macht diese für kreative Talente attraktiv. Letztere schaffen eine innovationsfreudige Stimmung, was wieder andere Unternehmen aus wissensintensiven Branchen
anzieht. Dies führt erneut zu einer größeren Attraktivität der Stadt und sie zieht mit einem
entsprechend toleranten Umfeld weitere kreative Köpfe an. Zudem zeigt die empirische
Untersuchung, dass die wirtschaftlich stärksten Regionen in den USA auch hohe Werte
beim Kreativitäts-Index aufweisen. Die Wachstumsregionen in den USA sind demnach
San Francisco, Austin, San Diego, Boston und Seattle. Ein optimales Mischungsverhältnis
der drei Ts hat in diesen Regionen den wirtschaftlichen Erfolg gebracht.

Regionen, die nicht sämtliche der drei Ts aufbieten können, weisen eine schlechtere
wirtschaftliche Entwicklung auf. Florida nennt auch die Gründe für deren fehlende Prosperität. So mangelt es den Metropolen Miami und New Orleans, die zwar ein kulturell
vielfältiges Umfeld besitzen, an der technologischen Basis. Diese technologische Basis ist
hingegen in Baltimore, St. Louis und Pittsburgh vorhanden, zumal an diesen Standorten
erstklassige Universitäten ansässig sind, allerdings haben sie Defizite bezüglich ihres toleranten Umfelds. Bei den Toleranzindizes belegen diese Städte eher die unteren Ränge,
weshalb sich dort kein wirtschaftlicher Erfolg einstellen kann (vgl. Florida 2002, S. 250).

8.5   Die kreative Klasse in Deutschland

Mittlerweile existieren auch einige Studien, die sich der Erforschung der kreativen Klasse
in Deutschland widmen. Dazu zählt unter anderem die Arbeit von Fritsch und Stützer
(2007). Die beiden Autoren untersuchen, wo die kreativen Köpfe in Deutschland überwiegend leben, und überprüfen zudem die Thesen von Richard Florida. Dazu grenzen sie
erst die verschiedenen Kategorien von kreativen Personen (gemessen an den kreativen

sozialversicherungspflichtigen Beschäftigten) nach ihrer Zugehörigkeit zu bestimmten Berufsgruppen ab und bestimmen anschließend deren Anteil an der sozialversicherungspflichtigen Beschäftigung der entsprechenden Region. Dabei kommen sie zu dem Ergebnis, dass sich der Anteil der Kreativen in Deutschland von 1987 bis 2004 von 29,9 % auf 36,8 % erhöht hat. Die größte Steigerung wies dabei die Kategorie der Hochkreativen auf, die einen Zuwachs von 5,7 auf 9,9 % aufzuweisen hatte.

Um beurteilen zu können, in welchen Regionen sich die Kreativen konzentrieren, bilden Fritsch und Stützer (2007) den Standortquotienten (s. Abschn. 14.1), der misst, ob Kreative im Vergleich zu einer übergeordneten Region über- oder unterdurchschnittlich stark vertreten sind. Ergibt sich für den Standortquotienten ein Wert <1, so sind die krea­tiven Arbeitnehmer in der betreffenden Region im Vergleich zu ganz Deutschland unter­durchschnittlich stark vertreten. Nimmt das Maß im Gegensatz dazu Werte >1 an, sind die Kreativen in der jeweiligen Region überdurchschnittlich stark konzentriert. Bei einem Standortquotienten von 1 entspricht die Konzentration der Leistungsträger in der Region der durchschnittlichen Konzentration in Deutschland insgesamt. Die Autoren der Studie finden heraus, dass in Deutschland nur die Agglomerationsräume Werte über 1 aufweisen, während der Index für ländliche Räume durchgängig Werte unter 1 annimmt. Somit ballen sich die kreativen Köpfe in Deutschland in den Agglomerationsräumen, wobei auch eine Reihe von eher kleinen Städten — wie zum Beispiel Coburg, Ulm, Regensburg und Schweinfurt — überdurchschnittlich viele Kreative beheimatet. Diese Beobachtung wird damit erklärt, dass diese Städte sowohl Standorte von sehr bedeutenden Unternehmen als auch von Hochschulen sind. Weiterhin zeigt sich in der Analyse, dass in Ostdeutschland weniger kreative Köpfe leben als in Westdeutschland, wodurch man einen Faktor erkannt haben könnte, um die Wachstumsschwäche des Ostens zu erklären.

Im zweiten Teil ihrer empirischen Untersuchung überprüfen Fritsch und Stützer (2007) drei Thesen aus Floridas Arbeit für Deutschland: Erstens hat gemäß Floridas Überlegungen die Lebensqualität einer Stadt insofern wesentlichen Einfluss auf die Standortwahl der Kreativen, als eine hohe Lebensqualität eine Stadt für sie attraktiv erscheinen lässt. Die Lebensqualität einer Stadt nähern die Autoren mit dem Anteil der dort lebenden Bohemiens und dem Niveau der öffentlichen Versorgung an (gemessen als Anteil der Beschäftigten im Bildungs- und Gesundheitswesen an der Gesamtbeschäftigung). Zweitens testen die Forscher, ob kreative Menschen ein tolerantes und offenes Umfeld in einer Stadt wertschätzen. Als Maß für die in einer Stadt vorherrschende Toleranz und Offenheit verwenden sie in Anlehnung an Florida den Anteil der ausländischen Bevölkerung an der städtischen Gesamtbevölkerung. Drittens wird überprüft, ob die Ergiebigkeit des regionalen Arbeitsmarkts tatsächlich keinen Einfluss auf die Wohnort- und Arbeitsplatzwahl der Leistungsträger hat: Florida geht schließlich explizit davon aus, dass die Arbeitsplätze — und damit die Unternehmen — dorthin „wandern", wo kreative Arbeitskräfte verfügbar sind, und verneint, dass Arbeitskräfte dorthin ziehen, wo es die aus ihrer Sicht besten Arbeitsplätze gibt. Die Ergiebigkeit des Arbeitsmarkts bilden Fritsch und Stützer (2007) mit der Wachstumsrate der sozialversicherungspflichtigen Beschäftigung in den letzten drei bzw. sieben Jahren ab, um sowohl die kurzfristige als auch die langfristige Arbeitsmarktentwicklung zu berücksichtigen.

Die Ergebnisse diverser Regressionsanalysen zeigen, dass die Lebensqualität einer Region einen deutlich positiven Einfluss auf die Standortwahl von Kreativen hat: Je höher die Lebensqualität einer Stadt ist, umso mehr Kreative siedeln sich dort an. Zudem leben Kreative bevorzugt in offenen und toleranten Regionen. Des Weiteren zeigt die längerfristige Arbeitsmarktentwicklung (Wachstumsrate der sozialversicherungspflichtigen Beschäftigung in den letzten sieben Jahren) einen statistisch signifikanten, positiven Einfluss auf die Anzahl der Kreativen. Allerdings fällt dieser Effekt, verglichen mit den beiden bisher beschriebenen (Lebensqualität und Toleranz), gering aus. Deshalb und auch weil die kurzfristige Arbeitsmarktentwicklung keinen Einfluss auf die Standortentscheidung kreativer Personen hat − gehen die Autoren davon aus, dass sich auch diese These Floridas bestätigt. Hierbei ist aber kritisch anzumerken, dass möglicherweise ein Kausalitätsproblem vorliegt: Es ist nicht geklärt, ob beispielsweise die hohe Lebensqualität einer Region Kreative anzieht, oder ob umgekehrt ein großer Anteil an Kreativen in einer Stadt eine hohe Lebensqualität erzeugt (etwa über höhere Steuereinnahmen). Die Frage ist, welcher Faktor den anderen beeinflusst, oder ob sie einander sogar gegenseitig beeinflussen.

Auch wenn Fritsch und Stützer (2007) die Thesen von Richard Florida für Deutschland als weitestgehend belegt ansehen, schätzen sie es als problematisch ein, einen Schritt weiter zu gehen und die Auswirkungen der Präsenz von Kreativen auf die wirtschaftliche Entwicklung einer Region empirisch zu überprüfen. Für eine Analyse des Zusammenhangs zwischen dem Vorhandensein kreativer Köpfe in einer Region und dem dadurch induzierten Wirtschaftswachstum sind ihrer Meinung zufolge noch detailliertere Untersuchungen notwendig.

Die Studie von Gottschalk et al. (2010) untersucht die Bedeutung der kreativen Klasse für die wirtschaftliche Entwicklung von nordrhein-westfälischen Regionen. Im Rahmen dessen analysieren sie ebenfalls, in welchen Regionen sich kreative Menschen in Deutschland ballen. Dabei werden die gerade vorgestellten Ergebnisse der Studie von Fritsch und Stützer (2007) bestätigt: Auch Gottschalk et al. (2010) finden eine räumliche Konzentration von Leistungsträgern überwiegend in Agglomerationsräumen. Sofern auch kleinere Städte überdurchschnittlich viele Kreative aufweisen, gehen die Autoren ebenso davon aus, dass es sich dabei um industriell geprägte Städte sowie um bekannte Hochschulstandorte handelt. Zudem kann man erkennen, dass in Nordrhein-Westfalen der Anteil der kreativen Menschen zwischen 1999 und 2008 zugenommen hat, was auf einen Wandel von der Industrie- zur Wissensgesellschaft hindeutet. Der Zusammenhang zwischen der Präsenz der kreativen Klasse und der wirtschaftlichen Entwicklung wird in dieser Studie mithilfe von ökonometrischen Analyseinstrumenten untersucht. Dabei stellen die Autoren anhand von Regressionsanalysen fest, dass der Anteil der kreativen Klasse an der regionalen (sozialversicherungspflichtigen) Gesamtbeschäftigung sowohl die lokale Erwerbstätigenproduktivität als auch das Pro-Kopf-Einkommen positiv beeinflusst. Da die Theorie der kreativen Klasse (wie schon angedeutet) häufig in Konkurrenz zur Humankapitaltheorie gesehen wird, wird der Einfluss des regionalen Humankapitals auf die wirtschaftliche Entwicklung analysiert. Das Ausmaß des Humankapitals wird am Anteil der Hochqualifizierten an der Gesamtbeschäftigung in einer Region festgemacht. Dabei ist beachtenswert, dass die humankapitalbasierten Schätzungen generell einen höheren Erklärungsgehalt aufweisen als die Modelle der kreativen Klasse.

8.6   Kritische Würdigung

Ein prominenter Kritiker der Gedanken von Florida ist der berühmte Stadtökonom Edward Glaeser. Glaeser (2005) bemängelt insbesondere den Neuigkeitswert des Buchs bzw. der Theorie von Florida. Er argumentiert, dass ihn der von Florida gefundene positive Zusammenhang zwischen Kreativität und Wirtschaftswachstum nicht überrascht hat, da Florida letztlich nur den von Glaeser selbst schon lange gefundenen Zusammenhang zwischen dem regionalen Humankapital und der regionalwirtschaftlichen Entwicklung untersucht hat. Floridas Ideen hinsichtlich der Wissensgenerierung sind sinngemäß schon in Publikationen von Adam Smith (1776); Marshall (1890, 1919); Jane Jacobs (1969) und Paul Romer (1986) zu finden. Auch seine Erkenntnis, dass Leistungsträger das Wachstum einer Stadt beschleunigen, ist nichts Neues. Florida grenzt die Untergruppen der kreativen Klasse nach Berufsgruppen ab. Bei genauerer Betrachtung dieser Gruppen stellt man fest, dass die der Hochkreativen und der kreativen Fachleute überwiegend aus hochqualifizierten Personen bestehen. Insofern ist auch kein anderer Zusammenhang zwischen dem Wirken von kreativen – und damit hochqualifizierten – Menschen und Effekten auf das Wirtschaftswachstum zu erwarten, als der bereits von Glaeser (1994) durch eine seiner ersten Regressionsanalysen herausgearbeitete.

Zudem stellt Glaeser (2005) in seiner sehr amüsant geschriebenen Buchbesprechung, die in der renommierten Zeitschrift *Regional Science and Urban Economics* erschienen ist, fest, dass die von Florida verwendete Methodik und die Schätzergebnisse, die er anhand einiger eigener Regressionsanalysen überprüft hat, aus wissenschaftlicher Sicht äußerst fragwürdig sind. Bei fast allen von Glaeser (2005) durchgeführten Regressionsanalysen zeigt sich, dass formale Bildung die Wirtschaftsentwicklung besser erklärt als die von Florida verwendeten Kreativitäts- oder Toleranz-Indizes. Dadurch wird deutlich, dass die in der Volkswirtschaftslehre bereits seit einiger Zeit populäre Humankapitaltheorie die Auswirkungen von Bildung auf das Wirtschaftswachstum besser abbildet als die von Florida als neu dargestellten Kreativitätseffekte. Auch findet sich bei Glaeser (2005) kein Hinweis darauf, dass die sogenannten Bohemiens einen besonderen Einfluss auf die Innovationstätigkeit ausüben. Vermutlich leben Künstler genauso wie kreative, hochqualifizierte Menschen gerne in attraktiven Städten.

Ferner zweifelt Glaeser (2005) stark an, dass eine Stadt zur Attrahierung besonders kreativer Köpfe darauf bedacht sein sollte, ein Umfeld mit angesagten Kneipen und Bars und eine durch hohen Freizeitwert charakterisierte sowie von Lebenskünstlern geprägte Innenstadt zu schaffen, in der die Mehrheit der Bevölkerung offen und aufgeschlossen gegenüber alternativen Lebenshaltungen ist. Laut Florida schafft eben solch ein Umfeld ein Klima, das die Bohemiens — und damit alle Kreativen — besonders anziehend finden. Glaeser (2005) zufolge haben aber die meisten Kreativen bei der Wohnortwahl dieselben Vorlieben wie fast alle ökonomisch besser gestellten Schichten: Sie möchten in einem ruhigen, sicheren Vorort mit guten Schulen und geringen Steuern leben, von dem man zu geringen Pendelkosten ins Stadtzentrum gelangt. So ist Plano in Texas in den 1990er Jahren die Stadt mit den meisten hochqualifizierten Menschen in den USA gewesen, kann aber bei Weitem nicht als das verrückte Künstlerparadies mit einem äußerst toleranten Umfeld gelten, wie es Florida für nötig hält. Grundsätzlich teilt Glaeser allerdings Floridas Auffassung, dass Städte eine bedeutende Rolle in einer Volkswirtschaft einnehmen, da sie attraktive Standorte für hochqualifizierte Arbeitnehmer sind (vgl. Glaeser und Saiz 2004, Glaeser et al. 2001).

In eine ähnliche Richtung gehen auch andere Autoren mit ihrer Kritik an Floridas Thesen. So kritisieren Lang und Danielsen (2005) und Markusen (2006) die besondere Rolle der Bohemiens für eine offene und tolerante Gesellschaft in einer Stadt, die wiederum die Kreativen anziehen würde. Zum Einen ziehen sie einen kausalen Zusammenhang zwischen einem hohen Anteil an Künstlern in einer Stadt und der Stadtentwicklung stark in Zweifel. Zum Anderen sind sie dahingehend skeptisch, dass die Anwesenheit von Bohemiens in einer Stadt ein Attraktionsfaktor für Kreative wäre. Auch diese Wissenschaftler sehen in Anlehnung an Glaeser eher traditionelle Gründe als für die Ansiedlung von Leistungsträgern in einer Stadt verantwortlich an.

Reese und Sands (2008) kritisieren ebenfalls den Ansatz von Florida. Viele ihrer Kritikpunkte sind denen von Glaeser sehr ähnlich. Auch sie bemängeln den Neuigkeitswert der Aussagen des Konzepts der kreativen Klasse. Ferner kritisieren sie die mehr als vage Abgrenzung der kreativen Klasse und vor allem die Messung von Toleranz in einer Stadt anhand der von Florida verwendeten Toleranz-Indizes. Außerdem ist völlig unklar, welche Bestandteile eines offenen Umfelds Florida wirklich meint. Um ernst zu nehmende wirtschaftspolitische Empfehlungen abgeben zu können, müsste zu allererst geklärt werden, welche konkreten Charakteristika ein offenes Umfeld aufweist. Fundierte wissenschaftliche Empfehlungen an wirtschaftspolitische Akteure in Städten setzen voraus, diese Effekte vorab genau zu bestimmen. Dazu wäre es allerdings notwendig, Variablen zu bestimmen, mithilfe derer ein Umfeld als innovationsstimulierend identifiziert werden kann. Erst dann wäre es möglich, geeignete ökonometrische Schätzungen durchzuführen und im Anschluss daran ernst zu nehmende wirtschaftspolitische Empfehlungen abzugeben. Ansonsten besteht die Gefahr, dass von einem sehr vagen Konzept ausgehend falsche politische Schlussfolgerungen gezogen und wissenschaftlich nicht fundierte Maßnahmen gesetzt werden.

Literatur

Florida, R. (2002). *The rise of the creative class and how it's transforming work, leisure, community and everyday life*. New York: Basic Books.

Fritsch, M., & Stützer, M. (2007). Die Geographie der Kreativen Klasse in Deutschland. *Raumordnung und Raumforschung, 65*(1), 15–29.

Glaeser, E. L. (1994). Cities information and economic growth. *Cityscape, 1*(1), 9–47.

Glaeser, E. L. (2005). Review of Richard Florida's 'The rise of the creative class'. *Regional Science and Urban Economics, 35*(5), 593–596.

Glaeser, E. L., Kolko, J., & Saiz, A. (2001). Consumer city. *Journal of Economic Geography, 1*(1), 27–50.

Glaeser, E. L., & Saiz, A. (2004). The rise of the skilled city. *Brookings-Wharton Papers on Urban Affairs, 5*, 47–94.

Gottschalk, C., Hamm, R., & Imöhl, I. (2010). Die Bedeutung der Kreativen Klasse für die Wirtschaftliche Entwicklung der Nordrhein-Westfälischen Regionen. Abschlussbericht. Niederrhein Institut für Regional- und Strukturforschung, Hochschule Niederrhein. http://assets.creativenrw.de/fileadmin/files/downloads/Publikationen/Kreative-Klasse.Abschlussbericht-Endversion.pdf. Zugegriffen: 29. Jan 2013

Jacobs, J. (1969). *The economy of cities.* New York: Vintage.

Lang, R., & Danielsen, K. (2005). Review roundtable: Cities and the creative class. *Journal of the American Planning Association, 71*(2), 203–220.

Markusen, A. (2006). Urban development and the politics of a creative class: Evidence from the study of artists. *Environment and Planning A, 38*(10), 1921–1940.

Marshall, A. (1890). *Principles of economics.* London: Macmillan.

Marshall, A. (1919). *Industry and trade.* London: Macmillan.

Reese, L. A., & Sands, G. (2008). Creative class and economic prosperity: Old nostrums, better packaging? *Economic Development Quarterly, 22*(1), 3–7.

Romer, P. (1986). Increasing returns and long-run growth. *Journal of Political Economy, 94*(5), 1002–1037.

Smith, A. (1776). *An inquiry into the nature and causes of the wealth of nations.* London: gedruckt für W. Strahan und T. Cadell.

Teil V

Regionale Entwicklungstheorien

Die in den vorangehenden Teilen dargestellten Theorien machen die Gründe für die Ballung wirtschaftlicher Aktivität im Raum anschaulich. Im Folgenden stellen wir verschiedene theoretische Ansätze vor, die sich mit der Entwicklung von Regionen und Ballungsgebieten beschäftigen. Bei diesen Ansätzen hat der Standort von Unternehmen, ganzen Branchen und Arbeitskräften für den wirtschaftlichen Aufstieg und Niedergang von Regionen einen besonderen Erklärungsgehalt. Wir konzentrieren uns dabei auf Theorien, welche die Existenz von längerfristigen räumlichen Ungleichgewichten zu erklären versuchen, die sich im Zeitverlauf durch ökonomische und soziale Prozesse weiterhin verstärken oder abschwächen können. So ist beispielsweise in Italien seit Jahrzehnten eine wachsende, oder zumindest gleichbleibende, Divergenz in der regionalen Entwicklung zu beobachten. Während der Norden (vor allem die Lombardei), wo das Einkommensniveau vergleichsweise hoch ist, den Wirtschaftsmotor des gesamten Landes darstellt, verbleibt der Süden dauerhaft auf einem wirtschaftlich unterentwickelten Niveau. Auch staatliche Transfers aus dem prosperierenden Norden für die schwächelnde südliche Region Italiens konnten bislang keine signifikante Verringerung des Unterschieds in der Wirtschaftskraft von Nord und Süd bewirken. Alle der im Folgenden dargestellten Theorien haben eines gemeinsam: Sie zeigen Wirkungsmechanismen auf, welche die unterschiedliche Entwicklung von Regionen erklären können.

Polarisationstheorien

9

Zusammenfassung

Die sektorale und die regionale Polarisationstheorie werden unter dem Oberbegriff der Polarisationstheorien zusammengefasst. Ein wesentlicher Anstoß zur Entwicklung dieser Theorien ging davon aus, dass einige von der ökonomischen Theorie postulierten Ergebnisse und Entwicklungen in der Empirie nicht zu beobachten waren: Die Neoklassische Theorie zum Beispiel beschreibt eine Konvergenztendenz zwischen Regionen. Danach würden arme Regionen schneller wachsen als reiche, wodurch es langfristig zu einer Angleichung der Wirtschaftskraft zwischen ihnen käme. Tatsächlich ist aber zu beobachten, dass sich die Divergenz zwischen reichen und armen Regionen oder Staaten verstärkt, anstatt auf null zu sinken. Vertreter der Polarisationstheorien betonen die Bedeutung von Wachstumspolen für die regionale Entwicklung, die durch ihre überdurchschnittliche Dynamik ein dauerhaftes Auseinanderklaffen zwischen armen und reichen Regionen bewirken.

Der neoklassischen Sichtweise zufolge werden sich bestehende Differenzen in der Wirtschaftskraft von Regionen im Zeitverlauf selbst ausgleichen. Genau hier setzt die Polarisationstheorie an und beschreibt, wie es möglich ist, dass kein Angleichungsprozess einsetzt, sondern sich bestehende Unterschiede sogar noch verstärken. Eine Annahme, welche die Polarisationstheorien von der Neoklassik unterscheidet und ihre Ergebnisse wesentlich beeinflusst, betrifft die Mobilität der Produktionsfaktoren: Im Gegensatz zur neoklassischen Theorie postulieren die Polarisationstheorien, dass die Produktionsfaktoren, insbesondere die Arbeitskräfte, räumlich immobil sind. Diese räumliche Immobilität der Produktionsfaktoren wirkt einem Ausgleich regionaler Disparitäten durch Faktorwanderungen entgegen.

O. Farhauer und A. Kröll, *Standorttheorien*, DOI: 10.1007/978-3-658-01574-9_9,
© Springer Fachmedien Wiesbaden 2013

9.1   Sektorale Polarisation

Der französische Ökonom François Perroux (1955) formulierte mit seiner sektoralen Polarisationstheorie erstmals einen Ansatz, der eine divergierende wirtschaftliche Entwicklung beschreibt. Die sektorale Polarisationstheorie wird gelegentlich auch als *Wachstumspoltheorie* bezeichnet. Unter einem Wachstumspol werden in der Regel wirtschaftlich starke Städte verstanden, von denen über verschiedene Kanäle bedeutende Wachstumseffekte auf die gesamte Wirtschaft ausgehen. Ihren Ursprung finden diese Wachstumspole in einer so genannten „motorischen Einheit". Das kann etwa ein besonders bedeutendes Unternehmen oder eine Gruppe von Unternehmen sein, die eine gesamte Branche und oft sogar eine ganze Stadt dominieren. Zudem ist häufig die Bedeutung der betreffenden Branche für die Wirtschaftskraft eines gesamten Landes groß.

Als Beispiel für ein bedeutendes Unternehmen als motorische Einheit einer Stadt kann die Firma Krupp in Essen gelten. Der von einer deutschen Unternehmerdynastie gegründete Krupp-Konzern war einst das größte Unternehmen in Europa und prägte das Stadtbild von Essen auf imposante Art und Weise. Das ehemalige Firmengelände, vor allem die Fabriken für die Herstellung von Lkws und Eisenbahnequipment, erstreckte sich in seiner Blütezeit auf fast ein Drittel der gesamten Stadtfläche (vgl. Stadt Essen 2012). Daraus wird deutlich, dass die wirtschaftliche Entwicklung der Stadt Essen eng mit der des Krupp-Konzerns als bedeutendstem Arbeitgeber zusammenhing. Seinen Durchbruch erlangte Krupp mit der Entwicklung des schweißnahtlosen Rads, das im Ruhrgebiet zunächst bei den Eisenbahnen im Steinkohlebergbau eingesetzt wurde und sich dort bewährte. Im Anschluss wurden diese Räder von Krupp für Eisenbahnen weltweit exportiert. Später stellte das Unternehmen verschiedenste Produkte aus nicht rostendem Stahl her und fertigte während des Ersten und Zweiten Weltkriegs auch Güter für die Rüstungsindustrie. Noch heute kann man den Einfluss des Konzerns im Stadtbild von Essen erkennen, obwohl weite Teile der Produktionsstätten während des Zweiten Weltkriegs zerstört wurden.

Ausgangspunkte für die dominante Stellung einer motorischen Einheit werden vor allem in drei Effekten gesehen (vgl. Maier et al. 2006, S. 79), und zwar in internen Skaleneffekten, externen Skaleneffekten und der Wachstumswirkung von Innovationen. Erstere entstehen hauptsächlich bei hohen Fixkosten der Produktion, da sich diese bei steigender Produktionsmenge auf eine größere Anzahl an Gütern verteilen und sinkende Durchschnittskosten bewirken (s. hierzu ausführlicher Abschn. 3.1.2). Dadurch ist es für ein Unternehmen lohnend, seine gesamte Produktionsmenge an nur einem Standort herzustellen – in unserem Beispiel eben in der Stadt Essen. Auch externe Skalenerträge, welche Anziehungskräfte auf weitere Unternehmen zur Produktion an diesem Standort ausüben (wie bereits in Abschn. 3.1.2 und insbesondere in Abschn. 3.2 ausführlich dargelegt), führen dazu, dass die Produktion einer gesamten Branche an einem Ort geballt erfolgt.

Zudem greift Perroux auf Überlegungen von Schumpeter zurück, wonach die Monopolstellung einer motorischen Einheit ihre Innovationsfähigkeit stärkt. Diese Monopolstellung verhindert den Übergang von technologischem Wissen auf andere Unternehmen mit dem Ergebnis, dass die gesamte Monopolrente internalisiert wird.

Wenn innovierende Unternehmen ein Monopol auf ihre Ideen haben und zudem eine hohe Monopolrente erzielen, intensiviert sich ihre Innovationstätigkeit und somit letztlich ihr Wachstum. Dieser Prozess wird noch stärker, wenn es sich um Basisinnovationen, also ganz neue Technologien, handelt, weil diese Folgeinnovationen und zusätzliche Investitionen hervor bringen. Somit kann eine motorische Einheit ihre Bedeutung für die lokale Wirtschaftsentwicklung weiter ausbauen. Kurz zusammengefasst bedeutet dies, dass sich durch die Dominanz einer motorischen Einheit deren Innovationstätigkeit erhöht und durch die steigende Innovationstätigkeit wiederum die Dominanz der motorischen Einheit zunimmt.

Der Vollständigkeit halber muss an dieser Stelle angemerkt werden, dass bei einer Innovationstätigkeit nicht ausschließlich positive Effekte auftreten. Der *business-steal*-Effekt zum Beispiel bewirkt, dass die auftretenden Verluste, wenn die Innovation einer Unternehmung durch eine Folgeinnovation veraltet, berücksichtigt werden müssen. Demnach werden die sozialen Erträge der vorherigen Innovation durch die neue Innovation zerstört. Die Berücksichtigung dieser Effekte kann dazu führen, dass das Marktgleichgewicht dynamisch ineffizient ist, weil die Wachstumsrate zu hoch ausfällt (vgl. Farhauer 2001, S. 219).

Aufgrund der Bedeutung einer motorischen Einheit gehen von ihr wesentliche Einflüsse auf die übrige Wirtschaft aus. So genannte *Anstoßeffekte* bewirken positive Einflüsse auf andere Sektoren, während negative Wirkungen der motorischen Einheiten als *Bremseffekte* bezeichnet werden. Zu den Anstoßeffekten zählt die Diffusion von Innovationen einer motorischen Einheit auf andere Branchen durch intersektorale Verbindungen. Zudem benötigt eine wachsende motorische Einheit eine steigende Anzahl an Zulieferungen, wodurch die vorgelagerten Unternehmen und Branchen direkt profitieren. Zu den Bremseffekten zählt die Tatsache, dass durch die Dominanz eines Sektors anderen Sektoren wichtige Produktionsfaktoren entzogen bzw. vorenthalten werden, was diese in ihrem Wachstum bremst. Außerdem kann die Marktmacht einer motorischen Einheit dazu eingesetzt werden, die Innovationskraft anderer Branchen zu hemmen, um die eigene Monopolstellung auf lange Sicht beizubehalten.

Die von Innovationstätigkeit ausgehenden Anstoßeffekte sowie die Bremseffekte laut der Polarisationstheorie können in vier aus der Ökonomik bekannte Effekte unterschieden werden (vgl. Capello 2007, S. 162). Wir konzentrieren uns hier auf positive Effekte, also auf die Anstoßeffekte. Die Ausführungen gelten aber spiegelbildlich auch für die Bremseffekte:

- Keynesianischer Einkommensmultiplikatoreffekt: Die Zunahme der Produktion in einer dominanten Einheit führt zu steigender Beschäftigung in ihr selbst, aber auch in den vor- und nachgelagerten Betrieben. Dadurch wird das regionale Einkommen erhöht und letztlich auch der Konsum, wodurch wieder die Nachfrage angeregt wird.
- Multiplikatoreffekt nach Leontief: Steigt die Nachfrage nach Gütern des dominanten Sektors, so steigt auch dessen Nachfrage nach Zwischenprodukten aus anderen Sektoren, damit er mehr herstellen kann. Über diesen Prozess ist für gewöhnlich der gesamtwirtschaftliche Produktionsanstieg höher als der sektorspezifische.

- Akzeleratoreffekt der Investitionstätigkeit: Die sich aus dem oben genannten keynesianischen Multiplikatoreffekt ergebende erhöhte Nachfrage nach Gütern der dominanten Einheit führt zu Kapazitätsauslastungen in den Zulieferbetrieben. Um Engpässe zu vermeiden, investieren diese Unternehmen in den Ausbau ihrer Produktionsstätten. Dieser Effekt der Erhöhung des Volkseinkommens auf steigende Investitionen wird als Akzeleratoreffekt bezeichnet. Im Gegensatz zu den beiden Multiplikatoreffekten stellt er eine langfristige Verbesserung dar, da durch die Erweiterung der Produktionskapazitäten das Produktionspotential einer Region insgesamt steigt.
- Polarisationseffekt: Durch die Dominanz einer motorischen Einheit entsteht ein Anreiz für vor- und nachgelagerte Unternehmen entlang der Wertschöpfungskette, sich ebenfalls am Standort der dominierenden Unternehmen anzusiedeln, um beispielsweise Transportkosten einzusparen oder von der spezialisierten örtlichen Infrastruktur oder dem großen Arbeitskräftepool zu profitieren. Dies entzieht anderen Regionen Produktionsfaktoren und führt zu einer steigenden Polarisation der ökonomischen Aktivität im Raum. Das heißt, es kommt zum Wachstum des betreffenden Ballungsraums.

Die genannten Mechanismen beschreiben die Wachstumswirkung eines Pols sehr anschaulich. Ebenfalls kann aus dem Ansatz eine räumliche Wachstumskomponente abgeleitet werden, auch wenn Perroux im eigentlichen Sinne keine Aussagen über die räumliche Wirtschaftsentwicklung tätigt, sondern nur über die unterschiedliche Entwicklung von Sektoren spricht. Da die motorischen Einheiten ihren Standort aber in einer bestimmten Stadt haben, werden sich diese Wachstumspole dynamischer entwickeln als die übrigen Regionen des jeweiligen Landes. So lassen sich relativ einfach unterschiedliche Wachstumsdynamiken von Räumen erklären. In der Literatur gelten Boudeville (1966) und Lasuén (1969) als die Wissenschaftler, welche die Überlegungen der sektoralen Wachstumspoltheorie auf die räumliche Entwicklung von Regionen übertragen haben.

Die Wachstumsdynamik einer Region hängt speziell von der Innovationsfähigkeit ihrer dominanten Branchen ab. Wachstumspole können aufgrund ihres bereits bestehenden Entwicklungsvorsprungs Innovationen leichter aufnehmen als die übrigen Regionen. Dadurch empfangen sie stärkere Entwicklungsimpulse und können ihren Vorsprung weiter ausbauen. Nach Lasuén (1969) sind die Entwicklung der Wirtschaft und die Muster der städtischen Siedlungen eines Landes als zeitliche und räumliche Spuren eines Prozesses der Adaption von Innovationen zu sehen. Weniger dominante bzw. innovative Branchen lassen sich dann in kleineren Städten nieder, um den Bremseffekten der motorischen Einheiten aus dem Weg zu gehen, oder wachsen schlicht langsamer und bleiben deshalb kleiner.

Sowohl Lasuén als auch Boudeville greifen in ihren Polarisationsansätzen auf die Theorie der zentralen Orte von Christaller und Lösch zurück (s. Abschn. 2.2.2). Um sich als Wachstumspol etablieren zu können, benötigt eine motorische Einheit verschiedene Vorteile, die nur in Städten generiert werden können. Damit der Pol seine Wachstumsdynamik auf die gesamte Volkswirtschaft übertragen kann, müssen die von ihm generierten Wachstumsimpulse in die Peripherie diffundieren. Um dies zu gewährleisten, muss eine Stadt in ein funktional verflochtenes Siedlungssystem eingebettet sein. So können sich die

Wachstumsimpulse nach zentralörtlicher Hierarchie im Raum ausbreiten. Sie springen dann von Städten mit höherer Zentralität zu solchen der nächstniedrigeren Zentralitäts-stufe (vgl. Maier und Tödtling 2006, S. 139ff.). Die hierarchische Ordnung des Städtesys-tems ist demnach dadurch entstanden, dass eine Stadt als Innovationszentrum sehr stark gewachsen ist und sich in ihrem Umland durch die Diffusion von Wachstumsimpulsen mehrere kleinere Städte herausgebildet haben. Die nächste radikale (also bahnbrechende) Innovation wurde in einer anderen Stadt umgesetzt, durch die Wissensdiffusion wuchsen auch Städte in deren Umland usw. So kann man sagen, dass die jeweiligen Innovations-zentren Städte höherer Zentralität sind, während die Städte in ihrem Umland, die im Sog des Zentrums entstanden bzw. gewachsen sind, Städte niedrigerer Zentralität darstellen.

9.2 Regionale Polarisation

Die regionale Polarisationstheorie stellt eine Erweiterung des sektoralen Polarisations-konzepts dar. Die Vertreter der sektoralen Polarisationstheorie haben das Hauptau-genmerk auf die branchenbezogene Entwicklung gelegt, während Rückschlüsse auf die regionale Entwicklung nur am Rande thematisiert wurden. Demgegenüber ist das Ziel der regionalen Polarisationstheorie, explizit die Entwicklung verschiedener Regionen zu erklären. Dazu thematisiert sie die räumliche Wirkungsweise von interregionalen Pola-risationseffekten und beschreibt damit Mechanismen, die zu einer unterschiedlichen Entwicklung von Regionen führen. Als Begründer dieses Ansatzes gelten Gunnar Myrdal und Alfred O. Hirschman. Ebenso wie Perroux gehen Myrdal (1957) und Hirschman (1958) davon aus, dass das Wachstum von Sektoren ungleichmäßig erfolgt und die Gleichgewichtsvorstellungen der Neoklassik somit unzutreffend sind.

Ausgangspunkt der Überlegungen ist, dass durch einen zufälligen Wachstumsimpuls ein sich selbst verstärkender zirkulär-kausaler Prozess ausgelöst wird, der die Ungleichheit zwischen Regionen vergrößert und längerfristige räumliche Ungleichgewichte aufrecht erhält. Die „Stellschrauben" eines Systems zirkulärer Verursachung sind so miteinander verbunden, dass die Veränderung der Stellung einer Schraube die Verstellung einer ande-ren Schraube in der gleichen Richtung bewirkt. Diese wiederum verstärkt aufgrund der Rückkopplung die Intensität der Wirkung der ersten und bewirkt einen kumulativen Pro-zess. Die bei der Behandlung der sektoralen Polarisationstheorie weiter oben beschriebe-nen vier ökonomischen Effekte verdeutlichen diesen Selbstverstärkungsprozess:

Durch die steigende Produktion eines Betriebs oder einer Branche in einer Region steigt auch die Arbeitsnachfrage, was zu Lohnerhöhungen führt. So erzielen die Arbeitskräfte, und vor allem die zusätzlich eingestellten Arbeitskräfte, in der Region ein höheres Einkom-men (keynesianischer Einkommenseffekt), wodurch sie nun mehr regionale Güter konsu-mieren, was Produktionssteigerungen und damit Wachstumseffekte in anderen Branchen (z. B. beim örtlichen Bäcker oder der Gastwirtschaft) generiert. Für ihre höhere Produktion benötigen die Unternehmen nun aber nicht nur Arbeitskräfte, sondern auch Vorprodukte. Dadurch steigt auch die Nachfrage nach Gütern anderer Unternehmen und Branchen.

Wenn eine Schiffswerft mehr Schiffe produziert, dann benötigt sie mehr Stahl, wovon auch die Stahlindustrie profitiert (Multiplikator nach Leontief). Stoßen die Unternehmen durch die zusätzliche Produktion nun an ihre Kapazitätsgrenzen und entschließen sich dazu, diese zu erweitern, löst die gesteigerte Güternachfrage zusätzliche Investitionen der vorgelagerten Firmen aus, wodurch ein Akzeleratorprozess in Gang gesetzt wird. Schließlich ist es für entlang der Wertschöpfungskette vor- und nachgelagerte Unternehmen sinnvoll, in räumlicher Nähe zu wachsenden Unternehmen zu produzieren. Folglich ziehen weitere Betriebe in die Region und beschäftigen noch mehr Arbeitskräfte, die über den Einkommenseffekt mehr regionale Güter konsumieren. Dieser Prozess setzt sich fort und das Wachstum in der Region wird weiter verstärkt. Einfach ausgedrückt könnte gesagt werden, dass es einer prosperierenden Region über diese Selbstverstärkungseffekte in Zukunft noch besser gehen wird und ein lang anhaltender Wachstumsprozess im Gange ist.

Dieser Selbstverstärkungsprozess ist positiv für prosperierende Regionen, aber schlecht für Regionen, die aus irgendeinem Grund Wachstumshemmnisse erfahren. Auch dieser Prozess soll anhand eines einfachen Beispiels nachgezeichnet werden, um die Mechanismen der regionalen Polarisationstheorie zu verdeutlichen. Wenn in einer Region ein großes Unternehmen schließt, verlieren viele Arbeitskräfte ihre Beschäftigung und müssen entsprechende Einkommenseinbußen hinnehmen. Mit weniger Einkommen werden sie weniger (regionale) Produkte konsumieren, so werden sie etwa seltener Brötchen beim Bäcker kaufen. Dies führt wiederum dazu, dass der Bäcker nun weniger Arbeitskräfte benötigt, da er weniger Brötchen verkaufen kann. Die in der Folge arbeitslos gewordenen Bäcker und Arbeitskräfte des eingangs genannten großen Unternehmens kaufen nun insgesamt weniger lokale Güter und Dienstleistungen, was zu weiteren Entlassungen auch in anderen Betrieben und Branchen in der Region führt. So hat zum Beispiel die Reduktion der Verkaufsmenge des Bäckers zur Folge, dass dieser nun weniger Mehl vom regionalen Müller bezieht und dieser einige Müllergesellen entlassen muss. Schlussendlich kann der Prozess darin enden, dass sowohl Unternehmen als auch Arbeitskräfte die Region verlassen, da die Geschäftsaussichten bzw. die Arbeitsmarktsituation keine Hoffnung auf Besserung zulassen. Verstärkend kommt hinzu, dass mit der sinkenden Wirtschaftskraft auch die regionalen Steuereinnahmen sinken und die Ausgaben der Sozialkassen steigen. So kann ein negativer Impuls dazu führen, dass eine ganze Region schrumpft.

Es gibt dann reiche, prosperierende Regionen, die immer reicher werden, und arme Regionen, die von Abwanderung und noch stärkerer Armut betroffen sind. Die Schere zwischen Arm und Reich öffnet sich weiter – ökonomisch ausgedrückt nehmen die regionalen Disparitäten weiter zu, wenn man den Marktkräften freien Lauf gewährt (vgl. Capello 2007, S. 221). Ausgangspunkt dieser Entwicklung ist, wie auch bei Perroux beschrieben, eine erfolgreiche Innovationstätigkeit in einer anderen Region, welche negative Folgeeffekte für die erste Region auslöst.

Wie eingangs bereits angesprochen, untersuchen Myrdal und Hirschman jedoch nicht nur die Wirkungen in einer einzelnen Region selbst, sondern sie thematisieren zudem die interregionalen polarisierenden Effekte, also die Wirkungen dieser Selbstverstärkungseffekte auf benachbarte Regionen. Myrdal spricht in diesem Zusammenhang von

Ausbreitungs- (*spread effects*) und Entzugseffekten (*backwash effects*), Hirschman nennt diese Effekte Sickereffekte (*trickling-down effects*) und Polarisationseffekte (*polarization effects*). Damit beschreiben sie in Anlehnung an Perroux' Anstoß- und Bremseffekte Wirkungsmechanismen, die von einer Region auf andere (benachbarte) Regionen ausstrahlen. Ausbreitungs- oder Sickereffekte beschreiben positive Wirkungen des Wachstums einer Region auf eine andere. So wird beispielsweise das steigende Einkommen in einer Region nicht nur dazu verwendet, um zusätzliche regionale Produkte zu konsumieren, sondern es werden auch mehr Güter aus anderen Regionen nachgefragt, wovon diese Regionen in Form von höherer Produktion und Beschäftigung profitieren. Zudem diffundiert das Wissen, welches zu Innovationen geführt hat, auch über Regionsgrenzen hinweg und andere (benachbarte) Regionen profitieren von der Wissensproduktion einer prosperierenden Region. Dies geschieht unter anderem in Form eines Wissenstransfers, eines Wachstums der Märkte für landwirtschaftliche Produkte für die Versorgung der prosperierenden Region mit Nahrungsmitteln sowie der Zulieferung von Produktionsrohstoffen an die expandierenden Industrien in den erfolgreichen Regionen.

Die von einer Region ausgehenden Entzugseffekte oder Polarisationseffekte wirken sich im Gegensatz zu Ausbreitungs- oder Sickereffekten negativ auf andere Regionen aus. Diese Effekte beschreiben hauptsächlich die Anreize für Unternehmen und Arbeitskräfte, sich ebenfalls in der prosperierenden Region niederzulassen, um beispielsweise Transportkosten zu sparen oder von dem großen Arbeitsmarkt und den vorhanden Zulieferbetrieben (s. Kap. 3) zu profitieren. Damit entzieht eine wachsende Region anderen Regionen wichtige Produktionsfaktoren und hemmt damit auch deren Innovationsfähigkeit. Die Problematik wird noch dadurch verstärkt, dass es insbesondere hochqualifizierte Arbeitskräfte und sehr produktive Unternehmen sind, welche am mobilsten und somit die Ersten sind, welche von einer stagnierenden in eine prosperierende Region wandern.

Mit einer Vergrößerung der regionalen Ungleichheit ist demnach immer dann zu rechnen, wenn die Entzugseffekte größer als die Ausbreitungseffekte sind. Dann wird es in einem System von Regionen im Zeitverlauf zu einer steigenden Divergenz kommen. Myrdal war ein vehementer Verfechter dieser These. Demnach wäre einer Marktwirtschaft der Trend zu einer ungleichen regionalen Entwicklung inhärent. Ohne eine ausgleichend wirkende Regionalpolitik würden die armen Regionen immer ärmer und die reichen immer reicher. Myrdal (1974, S. 37) beschreibt seine Erwartung folgendermaßen:

> „Wenn man die Dinge unbeeinflußt durch irgendwelche sozial- und wirtschaftspolitischen Eingriffe dem freien Spiel der Kräfte überließe, würden sich industrielle Produktion, Handel, Banken, Versicherungen, ja in der Tat all jene wirtschaftliche Aktivitäten, die in einer sich entwickelnden Wirtschaft einen mehr als durchschnittlichen Gewinn ergeben, so wie Wissenschaft, Kunst, Literatur, Erziehung und die höhere Kultur generell an bestimmten Orten und in einzelnen Regionen zusammen ballen, während der Rest des Landes mehr oder weniger brachliegen würde."

Daraus erkennt man auch Myrdals Sichtweise auf die sozialen und kulturellen Folgen einer divergenten regionalen Entwicklung. Darüber hinaus war Myrdal der Ansicht, dass die Tendenz zu Ungleichheiten größer ist, je ärmer ein Land ist. Ein Ausgleich von Entzugseffekten durch Ausbreitungseffekte tritt nur in Ländern auf hohem Entwicklungsniveau auf, in denen die Ausbreitungseffekte vergleichsweise stark sind, und stellt keineswegs ein stabiles Gleichgewicht dar. Die kleinste Veränderung der Kräfteverhältnisse wird wieder einen Selbstverstärkungsprozess in Gang setzen, wodurch auch die entwicklungsökonomische Dimension der Myrdalschen Theorie deutlich wird: Reichere Länder können es sich leisten, durch staatliche Investitionen sowie durch die naturgemäß relativ gut ausgebaute Infrastruktur den Entzugseffekten entgegenzuwirken. In ärmeren Ländern ist dies nicht der Fall und ohne eine entgegenwirkende Politik kann der Divergenzprozess nicht aufgehalten werden.

Hirschman war hinsichtlich der Entwicklung regionaler Divergenzen positiver eingestellt. Er ging davon aus, dass die Sickereffekte *langfristig* größer sind als die Polarisationseffekte. Im Laufe der Zeit werden nämlich in prosperierenden Regionen über steigende Faktorkosten — bedingt durch die erhöhte Faktornachfrage — die Polarisationseffekte abnehmen. Infolge unterschiedlicher regionaler Renditen in wirtschaftlich starken und schwachen Regionen kommt es zur Wanderung von Unternehmen in Regionen mit geringeren Faktorkosten und zur anschließenden Wanderung von Arbeitskräften in Regionen mit hoher Arbeitsnachfrage. So besteht zwar die Tendenz zu einer langsam angleichenden regionalen Entwicklung, ohne jedoch zwischen den Regionen bestehende Unterschiede gänzlich auszugleichen. Insofern ging auch Hirschman von einer ungleichen Regionalentwicklung aus — vor allem deshalb, weil die Entwicklung auf wenige Regionen konzentriert erfolgt und die Entwicklung der anderen Regionen über die Polarisationseffekte zunächst gehemmt wird. Im späteren Verlauf werden zwar die Polarisationseffekte schwächer, die ursprünglich prosperierenden Regionen halten aber ihre Entwicklungsvorsprünge.

Um die Unterschiede zwischen der regionalen Polarisationstheorie und der Neoklassischen Theorie zu verdeutlichen, wollen wir nun nochmals die gleiche Ausgangssituation wie oben betrachten und überlegen, welche Regionalentwicklung laut der Neoklassischen Theorie zu erwarten wäre:

Steigt infolge einer höheren Güternachfrage die Produktion eines Unternehmens, fragt dieses mehr Arbeitskräfte nach. Die erhöhte Arbeitsnachfrage führt aber zu steigenden Löhnen und damit auch zu höheren Produktionskosten für das Unternehmen. Dies resultiert in Preissteigerungen für seine Produkte, wodurch die Güternachfrage wieder gedämpft wird. In der Folge dämpft die Preisreaktion nach der Polarisationstheorie wieder die Selbstverstärkungskräfte. Sollte zudem noch vollkommene – oder zumindest hohe – Mobilität der Produktionsfaktoren vorherrschen, werden die Unternehmen infolge der Lohnsteigerungen in eine andere Region abwandern, in der die Arbeitsnachfrage noch vergleichsweise gering ist. Insofern wird die wirtschaftliche Entwicklung aufgrund unterschiedlicher Renditen in den Regionen gleichmäßig verlaufen: Unternehmen wandern aus prosperierenden Regionen mit hohen Löhnen und Güterpreisen in solche mit niedrigen Löhnen und Güterpreisen. Dadurch sinken Löhne und Güterpreise in der Ursprungsregion, während sie in der Zielregion ansteigen.

Der Neoklassischen Theorie zufolge wird auch in der zuvor beschriebenen kriselnden Region ein Ausgleichsmechanismus entfacht: Wenn eine große Fabrik in einer Region schließt und dadurch die regionale Arbeitslosigkeit ansteigt, kommt es auf dem Arbeitsmarkt zu einem Lohnunterbietungswettbewerb, als dessen Folge die regionalen Löhne sinken. Dies stellt nun wieder einen Anreiz für Unternehmen dar, in dieser Region zu produzieren, wodurch neuerlich ein Angleichungsprozess in Gang gesetzt wird. Laut der Neoklassischen Theorie hält dieser Angleichungsprozess so lange an, bis sowohl die Faktor- als auch die Güterpreise der Regionen identisch sind.

Im Gegensatz dazu bleiben — wie oben beschrieben — nach der Theorie der regionalen Polarisation dauerhafte Wachstumsdifferentiale bestehen, wenn sich diese auch im Zeitverlauf abschwächen. So wird ersichtlich, dass die regionale Polarisationstheorie aus der Kritik an deduktiv abgeleiteten Gleichgewichtstheorien (wie der Neoklassischen Theorie) entstanden ist und Wirkungsmechanismen beschreibt, die eine divergente regionale Entwicklung erklären können.

Literatur

Boudeville, J. R. (1966). *Problems of regional economic planning.* Edinburgh: Edinburgh University Press.

Capello, R. (2007). *Regional economics.* New York: Routledge.

Farhauer, O. (2001). Folgt aus der Theorie des endogenen Wachstums eine neue Wirtschaftspolitik? Wirtschaftspolitische Relevanz und ihre empirische Bedeutung. *Applied Economics Quarterly, 47*(3), 214–250.

Hirschman, A. O. (1958). *The strategy of economic development.* New Haven, CT: Yale University Press.

Lasuén, J. R. (1969). On growth poles. *Urban Studies, 6*(2), 137–161.

Maier, G., & Tödtling, F. (2006). *Regional- und Stadtökonomik 1: Standorttheorie und Raumstruktur.* Wien: Springer.

Maier, G., Tödtling, F., & Trippl, M. (2006). *Regional- und Stadtökonomik 2: Regionalentwicklung und Regionalpolitik.* Wien: Springer.

Myrdal, G. (1957). *Rich lands and poor. The road to world prosperity.* New York: Harper & Brothers.

Myrdal, G. (1974). *Ökonomische Theorie und unterentwickelte Regionen. Weltproblem Armut.* Frankfurt am Main: Fischer Taschenbuch Verlag.

Perroux, F. (1955). Note sur la notion de pôle de croissance. *Economie Appliquée, 7*(1–2), 307–320.

Stadt Essen (2012). Die Familie Krupp und die Firma Krupp in Essen Aufstieg und Niedergang. Stadt Essen. http://www.essener.org/krupp.htm. Zugegriffen: 02. Jan 2013

Exportbasistheorie

10

Zusammenfassung

Bei der Exportbasistheorie handelt es sich um einen Ansatz, der die Dynamik der Entwicklung von Regionen auf die dort ansässigen Branchen zurückführt. Zentraler Wachstumsmotor einer Region sind dieser Theorie zufolge Branchen, die Güter in andere Regionen exportieren. Durch die regionale Produktion und den anschließenden Güterexport fließt Geld aus anderen Regionen in die produzierende und exportierende Region. Das dadurch steigende regionale Einkommen hat weit reichende Wirkungen, denn es wird wieder ausgegeben – und zwar zum Teil für lokale Güter und Dienstleistungen, das heißt für solche, die in der Region selbst produziert oder gehandelt werden. Wegen der Verstärkung der Nachfrage nach lokalen Gütern nimmt auch die lokale Produktion zu. Damit ist der Effekt aber noch nicht erschöpft, denn im Weiteren entstehen für die heimische Region weitere positive Wirkungen. Daran zeigt sich, dass die Entwicklung einer Region im Sinne der behandelten Theorie von sogenannten Basissektoren abhängt, die Folgewirkungen auf den lokal orientierten Sektor generieren.

Die Exportbasistheorie zeichnet sich dadurch aus, dass sie die regionale Entwicklungsdynamik nicht auf einzelne, dominierende Sektoren zurückführt (wie dies z. B. die Polarisationstheorie tut), sondern vielmehr auf die Präsenz und Wirtschaftskraft eines *Export*sektors. Zentraler Wachstumsmotor einer Region ist diesem Ansatz zufolge ein Exportsektor, der Einkommen für die Region generiert. Als Begründer dieser Theorie gelten James Duesenberry (1950); Richard Andrews (1953); Douglass North (1955). Später machte Charles Tiebout (1962) diese Überlegungen populär, wodurch sie sich rasch in der Regionalwissenschaft verbreiteten. Die Idee dahinter ist, dass eine Region nur dann steigende Pro-Kopf-Einkommen realisieren kann, wenn ihre Bewohner zusätzliche Einkommen beziehen. Der zentrale Weg, dieses zusätzliche Einkommen für die Bevölkerung zu erhalten, führt über steigende (oder beginnende) Güterexporte in andere Regionen. Dadurch wird die Nähe des Ansatzes zum keynesianischen Einkommensmultiplikator deutlich, den wir schon kennen gelernt haben.

O. Farhauer und A. Kröll, *Standorttheorien*, DOI: 10.1007/978-3-658-01574-9_10,
© Springer Fachmedien Wiesbaden 2013

Bevor wir uns mit den Details dieser Theorie auseinandersetzen und das Modell auch formal darstellen, wollen wir uns zunächst die Grundidee vor Augen führen. Durch die regionale Produktion und den anschließenden Güterexport fließt Geld aus anderen Regionen in die produzierende und exportierende Region. Diese Einnahmen lukrieren die exportierenden Unternehmen und deren Arbeitskräfte. Das gestiegene regionale Einkommen hat aber noch weitere Wirkungen, denn es wird wieder ausgegeben – und zwar zum Teil für lokale Güter und Dienstleistungen, das heißt für Güter, die in der Region produziert oder gehandelt werden. Dadurch steigt die Nachfrage nach lokalen Gütern in der Region und die lokale Produktion steigt in einer ersten Runde. Damit ist der Effekt aber noch nicht erschöpft, denn in der nächsten Runde werden für die zusätzliche lokale Produktion weitere Arbeitskräfte eingestellt, die nun ebenso Einkommen beziehen, welches sie ihrerseits zum Teil für lokale Produkte ausgeben, wodurch abermals die Nachfrage nach und die Produktion von lokalen Gütern steigt. Die zweite Runde des Multiplikatorprozesses ist damit abgeschlossen. Auch diese zweite Runde ist positiv für die Region, doch ist der Einkommenseffekt bereits kleiner als in der ersten Runde.

Aus der Makroökonomik ist bekannt, dass zumeist nur ein Teil des Einkommens für den Konsum verwendet und der Rest gespart wird. Außerdem wird für gewöhnlich nur ein Teil des Konsums für lokale Güter und Dienstleistungen verwendet, da auch immer Güter aus anderen Regionen gekauft werden. Somit wird der Anteil der nachgefragten regionalen Güter von Runde zu Runde kleiner. Diese immer wiederkehrenden, wenn auch abnehmenden, Einkommenszuwächse sind letztlich nichts anderes als der keynesianische Einkommensmultiplikator, der allerdings vom regionalen Exportsektor getragen wird. Das verdeutlicht, dass das Wohlergehen einer Region wesentlich von den darin ansässigen Exportsektoren abhängt.

Steigt beispielsweise die gesamtwirtschaftliche Nachfrage nach Autos, dann wird eine ganze Region, die auf deren Produktion spezialisiert ist, wie zum Beispiel Detroit in den USA oder Wolfsburg in Deutschland, davon profitieren. Die Autohersteller exportieren mehr Fahrzeuge, weshalb auch mehr Arbeitskräfte eingestellt werden und die Stammbelegschaft Lohnzuwächse lukriert. Dieses Einkommen wird zum Teil in der Region selbst wieder ausgegeben. So kaufen die Arbeitskräfte des Automobilsektors neue Fernsehgeräte oder Computer, oder sie entschließen sich, ein Haus in der Region zu bauen. Von dieser gestiegenen regionalen Nachfrage profitieren dann wieder die lokalen Bauunternehmen und Elektronikhändler. Mit der Zeit dehnt sich dieser Effekt auch auf andere regionale Branchen aus. So kann der Aufstieg einer ganzen Region erklärt werden.

Im Umkehrschluss gilt aber, dass eine dominierende, exportorientierte Branche eine ganze Region mit in die Krise ziehen kann, wenn sie selbst ins Straucheln gerät, weil zum Beispiel die gesamtwirtschaftliche Nachfrage nach ihren Exportgütern sinkt. In der Folge wird in dieser Branche die Produktion gedrosselt und Arbeitnehmer verlieren ihre Beschäftigung, weshalb sie weniger regionale Güter konsumieren und die ganze Region in eine Abwärtsspirale gerät. Beispiele hierfür waren das Ruhrgebiet und das Saarland, als die Nachfrage nach Kohle zurückging, was für beide Regionen in einer Krise mit Beschäftigungsabbau und Abwanderung geendet hat.

Daran zeigt sich bereits, dass die Entwicklung einer Region im Sinne der behandelten Theorie von so genannten Basissektoren abhängt, die Folgewirkungen auf den lokal orientierten Sektor generieren. Genau zwischen diesen beiden Sektoren wird in der Exportbasistheorie auch unterschieden. Der Basissektor (*basic industry* oder *export-base industry*) zeichnet sich dadurch aus, dass er nationale oder globale Märkte bedient und seine Produkte über die Regionsgrenzen hinweg verkauft. Dabei ist wichtig zu verstehen, dass es sich bei „Exporten" um die Lieferung von Gütern oder Dienstleistungen über Stadt- oder Regionsgrenzen hinweg handelt. Somit zählen Lieferungen in andere Regionen des gleichen Landes genauso zu den Exporten wie Lieferungen in andere Länder. Deshalb wird die Nachfrage nach Gütern dieses Sektors von Bedingungen beeinflusst, die überwiegend außerhalb des lokalen Markts liegen. Die exportierenden Unternehmen bilden die wirtschaftliche Basis der Region, die von der gesamtwirtschaftlichen Nachfrage beeinflusst wird. Als Beispiele dafür können die Automobilbranche in Turin, Detroit oder Wolfsburg, die Luftfahrtindustrie in Toulouse oder die Finanzdienstleister in London oder Frankfurt am Main gelten. Aber auch die Champagner-Produktion in der Champagne kann als Basissektor gelten, da nur Schaumweine, die in der Champagne hergestellt werden, als Champagner bezeichnet werden dürfen und von dort aus in die ganze Welt exportiert werden.

Zum lokalen Sektor, dessen Entwicklung – wie oben aufgezeigt vom – Basissektor abhängt, zählt der nicht exportierende Teil der regionalen Wirtschaft. Der lokale Sektor wird auch Nicht-Basissektor (*non-basic industry* oder *service industry*) genannt. Er umfasst alle Branchen, die ihre Güter und Dienstleistungen überwiegend im lokalen Markt vertreiben. Typischerweise sind das Unternehmen, die im Handel sowie im Gast- und Freizeitgewerbe tätig sind oder wirtschaftsnahe Dienstleistungen erbringen. Auch das Bildungs- und das Gesundheitswesen werden dazu gezählt.

10.1   Exportbasismultiplikator

Demnach werden im Folgenden nur zwei Sektoren in einer Region unterschieden, der Basissektor und der Nicht-Basissektor. In den meisten Exportbasismodellen wird die Beschäftigung in diesen beiden Sektoren als zentrale Variable betrachtet. Dabei wird die Beschäftigung als Annäherung für die Entwicklung der Produktionsmenge herangezogen. Dieser Vorgehensweise wollen wir uns anschließen, wenn wir weiter unten auch kurz den Zusammenhang zwischen der Beschäftigung und der Produktionsmenge im Rahmen des Exportbasismodells aufzeigen wollen. Unabhängig davon, ob die Produktionsmenge oder die Beschäftigung betrachtet wird, bleibt die grundsätzliche Aussage des Modells gleich.

Die Beschäftigungsstruktur einer Region kann folgendermaßen definiert werden (vgl. dazu auch McCann 2001, S. 140ff.):

$$G = B + N, \tag{10.1}$$

wobei G die regionale Gesamtbeschäftigung darstellt, B die Beschäftigung im Basissektor und N die Beschäftigung im Nicht-Basissektor.

Gleichung 10.1 sagt aus, dass sich die Gesamtbeschäftigung in der Region aus den Beschäftigten des Basis- und Nicht-Basissektors zusammensetzt. Der Exportbasistheorie zufolge wird die Höhe der Beschäftigung des Basissektors von exogenen Faktoren beeinflusst, das heißt, sie wird von Einflussmechanismen bestimmt, die außerhalb der Region liegen. Demgegenüber wird die Leistungsfähigkeit des Nicht-Basissektors nur von der Wirtschaftskraft der Region selbst bestimmt. Folglich können wir $N = nG$ schreiben, wobei n ein Koeffizient ist, der zwischen null und eins liegt. Er gibt an, welcher Anteil der Gesamtbeschäftigung auf die Beschäftigung im Nichtbasissektor entfällt. Anders gesagt gibt er Auskunft darüber, wie stark die Beschäftigung im Nicht-Basissektor von der Gesamtbeschäftigung abhängt.

Star Trek und die Wissenschaft

Lieutenant Commander Data, eine Fantasiefigur aus einer bekannten Science Fiction-Serie, war ein Experte in Exobiologie, ein Wissenschaftler, der sich mit Lebensformen außerhalb der Erde, also nicht-irdischem Leben, beschäftigte. Dieses unnütze Wissen kann hilfreich sein, um sich den Unterschied zwischen endogen (innerhalb eines Systems) und exogen (außerhalb des Systems) zu merken. Datas Fähigkeit, alles einmal Gelesene sein Leben lang nicht mehr zu vergessen, ist wohl der Wunschtraum eines jeden Studierenden und würde die Prüfungszeit wesentlich stressfreier machen.

Um die Bedeutung des Faktors n näher zu erläutern und seine Anwendung auf die Produktionsmenge zu zeigen, machen wir uns klar, dass die Höhe des Effekts von G auf den lokalen Sektor vom Anteil des Einkommens, das für lokale Güter und Dienstleistungen ausgegeben wird, abhängt. Wie hoch der Ausgabenanteil für lokale Güter ist, hängt wiederum davon ab, wie viele regionale Güter von der einheimischen Bevölkerung nachgefragt werden. Dieser Zusammenhang lässt sich einfach als $(c - i)$ darstellen. Dabei ist c die marginale Konsumquote, also jener Anteil am Einkommen, den die Einwohner der Region für den Konsum ausgeben, und i ist die marginale Importquote. Dies ist jener Anteil des Einkommens, der für den Konsum von Importgütern, also von Gütern, die außerhalb der Region produziert werden, ausgegeben wird. Demnach bestimmt sich der Anteil, der für lokale Güter ausgegeben wird, durch $N = (c - i)G$. Es wird deutlich, dass der Anteil der konsumierten lokalen Güter größer ist, je größer der Ausdruck $(c - i)$ wird. Je mehr lokale Güter nachgefragt werden, desto mehr davon wird produziert und desto mehr Arbeitsplätze werden in der Region geschaffen. Somit können wir nun auf den Koeffizienten n zurückkommen: Je größer der Anteil des Einkommens ist, der für lokale Güter ausgegeben wird, desto sensitiver reagiert die Nichtbasisbeschäftigung auf Beschäftigungsveränderungen in der gesamten Wirtschaft. Letztlich steckt hinter n der eben dargestellte Produktionszusammenhang von $(c - i)$, wodurch wiederum die Nähe zum keynesianischen Einkommensmultiplikator hergestellt ist. Durch Einsetzen von $N = nG$ in Gl. (10.1) erhält man:

$$G = B + nG.$$

Fasst man nun G zusammen, folgt daraus $B = (1 - n)G$ und Umformen ergibt $G/B = 1/(1 - n)$. Der Exportbasismultiplikator ist nun definiert als die Veränderung von G bei einer Veränderung von B:

$$\frac{\mathrm{d}G}{\mathrm{d}B} = \frac{1}{1-n}. \tag{10.2}$$

Der Exportbasismultiplikator $1/(1-n)$ gibt an, wie stark sich eine Veränderung der Beschäftigung im Basissektor auf die Gesamtbeschäftigung auswirkt. Je größer der Wert von n, desto kleiner ist $1-n$ und umso größer ist der gesamte Bruch, also der Exportbasismultiplikator. Bei großem n wirkt sich ein kleiner Anstieg von B stark auf die Gesamtbeschäftigung aus, da ein großer Anteil des im Exportsektor zusätzlich generierten Einkommens in der Region verbleibt, also an den Nichtbasissektor fließt und dort die Beschäftigung erhöht. Bei einem großen Nichtbasissektor (wenn n groß ist, ist aufgrund von $N = nG$ die Beschäftigung im Nichtbasissektor relativ hoch) kann davon ausgegangen werden, dass nur wenige Güter aus anderen Regionen benötigt werden, um die gesteigerte regionale Nachfrage zu befriedigen. In diesem Fall ist schließlich davon auszugehen, dass die meisten Güter auch in der betreffenden Region produziert werden. Ist der Nichtbasissektor hingegen relativ klein (d. h. n und somit auch N ist klein), wird ein Großteil des zusätzlichen Einkommens aus dem Basissektor für den Konsum von Gütern aus anderen Regionen verwendet, da schlicht die Möglichkeit fehlt, regionale Produkte zu beziehen. Deshalb steigt die lokale Nichtbasissektor-Beschäftigung nur leicht an.

Zur erleichterten Interpretation kann Gl. 10.2 folgendermaßen umgeformt werden:

$$\mathrm{d}G = 1/(1-n)\,\mathrm{d}B. \tag{10.3}$$

Hieraus wird ersichtlich, dass der Exportmultiplikator angibt, wie stark die Gesamtbeschäftigung wächst, wenn die Beschäftigung im Basissektor aus exogenen Gründen ansteigt (z. B. aufgrund einer globalen Nachfragesteigerung). Daran kann man erkennen, dass die Wirtschaftskraft einer Region unmittelbar vom Potential ihres Basissektors abhängt. Dieser Zusammenhang kann anhand eines Zahlenbeispiels verdeutlicht werden. Ein Exportbasismultiplikator von zwei bedeutet beispielsweise, dass für jeden zusätzlichen Arbeitsplatz im Basissektor ein neuer Arbeitsplatz im Nicht-Basissektor geschaffen wird.

Um das Verständnis von Gl. 10.3 zu erleichtern, leiten wir den Exportmultiplikator Schritt für Schritt her. Wie bereits oben angemerkt, entfaltet der Multiplikatoreffekt seine Wirkung nicht mit einem Mal, sondern über mehrere (bzw. unendlich viele) Runden. Aufgrund der zusätzlichen Einkommen werden mehr lokale Güter gekauft. Durch die steigende lokale Produktion steigen in der nächsten Runde wieder die lokalen Einkommen. Infolgedessen werden abermals mehr lokale Güter nachgefragt – allerdings weniger als in der ersten Runde, da immer nur ein Teil der zusätzlichen Einkommen für lokale Güter ausgegeben und der Anteil der zusätzlich verkauften lokalen Güter von Runde zu Runde geringer wird. Das restliche Einkommen wird für den Kauf von Importgütern verwendet. Demnach ebbt der Multiplikatoreffekt mit jeder zusätzlichen Runde ab und geht nach unendlich vielen Runden gegen null. Mathematisch ausgedrückt wirkt n unendlich Mal auf B, das heißt $B(1 + n + n^2 + n^3 + \ldots)$.

Um nun den Exportmultiplikator herzuleiten, konzentrieren wir uns auf den Klammerterm und definieren ihn als μ.

$$\mu \equiv (1 + n + n^2 + n^3 + \ldots)$$

Zu zeigen ist, dass μ der Exportbasismultiplikator ist. Hierzu wird 1 vor die Klammer geschrieben und n aus dem übrigen Ausdruck ausgeklammert:

$$\mu = 1 + n(1 + n + n^2 + \ldots),$$

wobei der Ausdruck in der Klammer auf der rechten Seite μ entspricht (siehe die Definition von μ oben). Daraus folgt

$$\mu = 1 + n\mu,$$

und durch Umformen ($n\mu$ auf die linke Seite bringen, μ ausklammern, durch $1 - n$ dividieren) ergibt sich $\mu = 1/(1 - n)$, was den Exportmultiplikator abbildet, wie vorher bereits gezeigt. Gleichung 10.3, die den eben hergeleiteten Exportmultiplikator beinhaltet, verdeutlicht sehr schön die Wirkungsweise dieses Multiplikators, ist allerdings eine vereinfachte Darstellung.

Gelegentlich findet sich auch eine etwas andere Darstellung des Modells, in der sich die Beschäftigung im Nicht-Basissektor nicht linear zur Beschäftigung im Basissektor verhält und ein Teil der Nachfrage nach lokalen Gütern vom Basissektor unabhängig ist. Auch ohne den Exportsektor wird es immer eine Nachfrage nach lokalen Gütern geben, da jede Region – etwa durch staatliche Transfers – immer ein gewisses Einkommensniveau erreicht. Zudem gibt es immer nicht handelbare Güter, die von den Einwohnern der Region konsumiert werden. Darunter kann man sich einen Haarschnitt beim Frisör oder den Kauf von fangfrischem Fisch beim Fischhändler vorstellen. Niemand würde für den Kauf dieser Güter weite Strecken zurücklegen, sondern seine Nachfrage vor Ort befriedigen. Dies ändert aber nichts an der grundsätzlichen Interpretation des Ausdrucks

$$G = B + (N_0 + n_1 G).$$

N_0 steht dabei für den Teil der Nicht-Basis-Beschäftigung, der unabhängig vom Basissektor ist; es kann als eine Art autonomer Konsum interpretiert werden. Durch Umstellen kommen wir zu folgender Gleichung:

$$G = \frac{N_0}{1 - n_1} + \frac{B}{1 - n_1},$$

woraus sich nach Differenzenbildung

$$dG = \frac{1}{1 - n_1} dB \text{ ergibt.}$$

N_0 ist annahmegemäß eine zeitunveränderliche Konstante und fällt deshalb bei der Differenzenbildung weg (da dN_0 null ist). Der gesamte Beschäftigungseffekt einer Zunahme der Beschäftigung im Basissektor ist umso größer, je stärker die lokalen Unternehmen miteinander verflochten sind. Je intensiver die regionale Verflechtung der Unternehmen untereinander ist, desto größer ist auch der Anteil des regionalen Einkommens, das für (Vor-) Produkte etc. aus der Region ausgegeben wird. Sind die Nachfragebeziehungen zwischen den Unternehmen in der Region stark, wird auch die Beschäftigungszunahme im Nichtbasis-Sektor größer sein, als wenn die Unternehmen der Region untereinander nur wenige Beziehungen unterhalten. Überdies hängt die regionale Beschäftigungswirkung auch von der Größe und der Bedeutung ihres exportierenden Sektors ab. Sind in der Region exportorientierte Leitsektoren ansässig, die einen Großteil der gesamtwirtschaftlichen Nachfrage bedienen können, dann werden auch die ausgelösten Einkommenssteigerungen groß sein.

10.2   Empirische Anwendung und Bewertung

In der empirischen Forschung geht es nun darum, Leitsektoren in einer Region zu identifizieren und anschließend mit Hilfe des Multiplikators die Beschäftigungswirkung dieser Sektoren zu messen. Besonders in großen Städten mit einer eher diversifizierten Branchenstruktur ist es nicht immer leicht, die Basis- von den Nicht-Basissektoren strikt zu trennen, da einige Branchen sowohl den lokalen als auch den überregionalen Markt bedienen. Ein einfaches empirisches Instrument, um regionale Leitsektoren ausfindig zu machen, ist der Standortquotient (s. Abschn. 14.1). Er ist ein Konzentrationsmaß, das den Anteil der regionalen Beschäftigung in einer Branche zum Beispiel zur nationalen Branchenbeschäftigung ins Verhältnis setzt. Ergibt sich für den Standortquotienten ein Wert kleiner als eins, so ist die untersuchte Branche in der betreffenden Region unterdurchschnittlich stark vertreten. In diesem Fall wird davon ausgegangen, dass das Beschäftigungsniveau – relativ gesehen – so gering ist, dass keine Güter in andere Regionen exportiert werden können und es sich somit auch um keinen regionalen Leitsektor handeln kann.

Nimmt das Maß hingegen Werte größer als eins an, ist die Branchenbeschäftigung in dieser Region überdurchschnittlich konzentriert und es wird angenommen, dass in der Region auch überdurchschnittlich viele Güter der betrachteten Branche produziert werden. Geht man weiterhin davon aus, dass alle Konsumenten identische Präferenzen haben, also jeder von ihnen von jedem Gut gleich viel konsumiert wie alle anderen auch, dann müssen annahmegemäß die Produktionsüberschüsse über die Regionsgrenzen hinweg exportiert werden, weshalb es sich dann bei dieser Branche um einen Basissektor handelt. So ist etwa der Beschäftigungsanteil der Kfz-Branche in Wolfsburg überdurchschnittlich hoch und man geht davon aus, dass die Wolfsburger nicht mehr Autos kaufen als die Bewohner anderer deutscher Städte, weshalb der Autoüberschuss in Wolfsburg in andere Städte oder Länder geliefert wird.

Ein wesentlicher Vorteil des Standortquotienten sind die geringen Datenanforderungen für seine Ermittlung und seine relativ einfache Berechnung. So kann es nach dieser Maßzahl der Fall sein, dass es in einer Region mehrere Basissektoren gibt, da dort mehrere Branchen konzentriert sind. Außerdem kann ein Leitsektor auch zwei Regionen zugeordnet werden, wenn zum Beispiel sowohl in Wolfsburg als auch in Rüsselsheim der Standortquotient für den Kfz-Bereich Werte größer als eins annimmt. Die zugrunde gelegte Annahme, dass alle Konsumenten regionsübergreifend identisch seien, ist jedoch kritisierbar: Auch wenn der regionsinterne Konsum überdurchschnittlich ist, muss die überdurchschnittliche Beschäftigungskonzentration einer Branche in einer Region nicht zwingend bedeuten, dass es sich dabei um einen exportorientierten Leitsektor handelt. Die überdurchschnittliche Produktion kann auch nur deshalb in der Region erfolgen, weil die ansässigen Konsumenten überdurchschnittlich viele entsprechende Güter nachfragen. Außerdem ist es durchaus denkbar, dass die Produktion eines Guts in einer Region arbeitsintensiver ist als in anderen Regionen. Dadurch würde der Standortquotient in dieser Region einen größeren Wert annehmen. Allerdings müsste in diesem Fall ein hoher Standortquotient nicht mit einer überdurchschnittlichen Produktion eines Guts in einer Region einhergehen, sondern könnte schlicht durch eine arbeitsintensive Produktionstechnologie bedingt sein. Deshalb muss es sich nicht notwendigerweise um eine Branche handeln, die Güter über die Regionsgrenzen hinweg verkauft.

In der Regionalökonomik gilt die Exportbasistheorie als fruchtbarer Ansatz, der sehr gut erklärt, wie bestimmte Leitsektoren in einer spezialisierten Stadt über deren wirtschaftliche Gesamtentwicklung entscheiden können. Anhand der Exportbasistheorie kann auf sehr einleuchtende Art und Weise die Beobachtung erklärt werden, dass ein Rückgang der Exportnachfrage spezialisierte Städte und Regionen besonders hart trifft. So zog der Nachfragerückgang nach Eisen und Stahl infolge einer Krise der Schwerindustrie das gesamte Ruhrgebiet und das Saarland in die Krise — zwei Regionen, die darauf spezialisiert waren.

Als Schwachstelle dieses Ansatzes wird immer wieder vorgebracht, dass der entscheidende Faktor der Theorie, die Exportnachfrage, im Modell als exogen betrachtet wird. Das Modell kann also den für die Entwicklung ausschlaggebenden Faktor nicht erklären. Zudem werden weitere regionsspezifische Faktoren der Entwicklung, wie die regionale Innovationstätigkeit, die Gründertätigkeit oder etwa regionalpolitische Programme, nicht thematisiert. Wie zahlreiche andere Theorien zeigen, kann eine Region nämlich auch aufgrund dieser regionsinternen Faktoren eine positive wirtschaftliche Entwicklung aufweisen; solche Einflussfaktoren werden in der Exportbasistheorie jedoch nicht berücksichtigt. Außerdem eignet sich der Ansatz besonders gut für stark auf den Güterexport spezialisierte Regionen. Für andere, meist große, diversifizierte Regionen und Städte eignet er sich weniger, da diese nicht so stark von einzelnen Leitsektoren abhängig sind und über mehrere Industrien und Dienstleistungssparten verfügen.

Letztlich handelt es sich um einen monokausalen Erklärungsansatz, demzufolge die Entwicklung einer Region nur von ihren Exporten abhängt. Die Exportbasistheorie ist rein nachfrageorientiert. Als solches weist sie große Ähnlichkeiten mit der Input-Output-Analyse auf, welche die wechselseitige Abhängigkeit von Branchen innerhalb einer Volkswirtschaft untersucht. Mit diesem Verfahren lassen sich die Auswirkungen einer veränderten Nachfrage in einem Sektor auf die Produktion in der gesamten betrachteten Region ermitteln. Steigt die Nachfrage nach Gütern eines Sektors, so steigt auch dessen Nachfrage nach Zwischenprodukten aus anderen Sektoren, damit er mehr herstellen kann. Dieses Verfahren wird in Kap. 16 anhand eines Zahlenbeispiels verdeutlicht.

Obwohl die Exportbasistheorie als Forschungsansatz in der Regionalökonomik schon länger existiert, wird sie in aktuellen Publikationen immer noch verwendet. Ha und Swales (2012) zum Beispiel untersuchen, ob verschiedene Impulse auf den Exportsektor unterschiedlich starke Wirkungen entfachen. Konkret ergründen sie anhand von Input-Output-Analysen, ob angebots- oder nachfrageseitige Stimulierungen des Exportsektors für dessen Entwicklung und damit die gesamte regionale Performance wirksamer sind. Nachfrageseitige Stimulierungen des Exportsektors ergeben sich schlicht aus einem Anstieg der Nachfrage nach den Exportgütern einer Region. Demgegenüber wird unter einem angebotsorientierten Stimulus eine allgemeine Verbesserung der Wettbewerbsfähigkeit des Exportsektors verstanden, die in der Regel mit einer Senkung der Durchschnittskosten einhergeht.

Mit Hilfe von Simulationsstudien wird ein allgemeines interregionales Gleichgewichtsmodell für Schottland im Vergleich zum übrigen Großbritannien kalibriert. Dabei stellen Ha und Swales (2012) fest, dass von angebotsseitigen Effizienzverbesserungen des Exportsektors in Schottland stärkere Wirkungen auf das schottische Bruttoinlandsprodukt ausgehen als von nachfrageseitigen. Ein starker Nachfrageeinbruch im Exportbereich wirkt jedoch stärker auf die schottische Arbeitslosigkeit als eine Verschlechterung der Wettbewerbsfähigkeit des Sektors. Diese Studie unterstreicht einerseits die Relevanz des relativ simplen Exportbasismodells für die empirische Forschung. Andererseits zeigt sie, dass es sinnvoll ist, das Exportbasismodell um einige weitere Aspekte, wie beispielsweise die Angebotsseite, zu erweitern.

Literatur

Andrews, R. B. (1953). Mechanics of the urban economic base: Historical development of the base concept. *Land Economics, 29*(2), 161–167.

Duesenberry, J. S. (1950). Some aspects of the theory of economic development. *Explorations in Entrepreneurial History, 3*(2), 63–102.

Ha, S. J., & Swales, J. K. (2012). The export-base model with a supply-side stimulus to the export sector. *The Annals of Regional Science, 49*(2), 323–353.

McCann, P. (2001). *Urban and regional economics.* Oxford: Oxford University Press.

North, D. C. (1955). Location theory and regional economic growth. *Journal of Political Economy, 63*(3), 243–258.

Tiebout, C. M. (1962). *The community economic base study.* Supplementary Paper No. 16. New York: Committee for Economic Development.

Die Theorie des endogenen Wachstums

11

Zusammenfassung

Die Publikationen von Paul Romer (1986) und Robert Lucas (1988) gaben den Anstoß für eine neue Theorie des Wachstumsprozesses, die unterschiedliche Entwicklungen von Regionen und das Fortbestehen von regionalen Disparitäten erklären kann. Den beiden Autoren ist es gelungen, den technischen Fortschritt als entscheidenden Faktor für Wirtschaftswachstum in ihren Modellen endogen zu erfassen. Dies war eine bedeutende Neuerung in der wissenschaftlichen Literatur. Zwar galt auch in älteren Modellen der technische Fortschritt als entscheidende Größe für Wachstum, allerdings konnte er dort nicht modellendogen erklärt werden, sondern war ein exogener Faktor. Weiterhin kann mithilfe der Theorie des endogenen Wachstums ein dauerhafter Wachstumsprozess erklärt werden: Bei Investitionen in Wissens- und Humankapital treten positive Externalitäten auf. Diese erhöhen nicht nur das Einkommen des Investors selbst, sondern auch das anderer Akteure. In den älteren Wachstumsmodellen war ein dauerhafter Wachstumsprozess immer dadurch begrenzt, dass die Grenzerträge von Investitionen abnehmend waren. Durch die Berücksichtigung positiver Externalitäten in der endogenen Wachstumstheorie wurde es nun möglich, konstante oder sogar steigende Grenzerträge einer (Wissens-)Investition – und folglich dauerhaftes Wachstum – zu modellieren.

Paul Romer (1986) und Robert Lucas (1988) wirkten maßgeblich an der Entwicklung der Theorie des endogenen Wachstums mit. Deren wesentliche Errungenschaft ist, zu erklären, weshalb Wirtschaftswachstum nicht versiegt, sobald der Gleichgewichtszustand erreicht ist, sondern stattdessen im Gleichgewicht sehr häufig eine positive Wachstumsrate zu beobachten ist. Aus dieser Theorie lassen sich auch Implikationen für die Entwicklung von Regionen ableiten. Die Quintessenz ist, dass Regionen ihr Wirtschaftswachstum erhöhen können, indem sie Forschungs- und Entwicklungsinvestitionen vonseiten der Unternehmen und Bildungsinvestitionen seitens der Arbeitskräfte fördern.

O. Farhauer und A. Kröll, *Standorttheorien*, DOI: 10.1007/978-3-658-01574-9_11,
© Springer Fachmedien Wiesbaden 2013

11.1   Die Möglichkeit eines dauerhaften Wachstums

Ein dauerhafter Wachstumsprozess wird von der Theorie des endogenen Wachstums dadurch erklärt, dass bei Investitionen in Wissens- und Humankapital positive Externalitäten auftreten. Diese erhöhen nicht nur das Einkommen des Investors selbst, sondern auch das anderer Akteure. In den früheren Wachstumsmodellen war ein dauerhafter Wachstumsprozess immer dadurch begrenzt, dass die Grenzerträge von Investitionen abnehmend waren. Durch die Berücksichtigung positiver Externalitäten in der endogenen Wachstumstheorie gelang es nun, konstante oder sogar steigende Grenzerträge einer (Wissens-)Investition zu modellieren. Mittlerweile existieren sehr viele Modelle des endogenen Wachstums, die alle den Wachstumsprozess endogen erklären. Allerdings handelt es sich um sehr unterschiedliche Konzepte, sodass es schwierig ist, von einer einheitlichen Theorie zu sprechen (vgl. Aghion und Howitt 1998, S. 2ff). Es erscheint jedoch sinnvoll, die Modelle grob in zwei Familien einzuteilen: zum Einen die Forschungs- und Entwicklungsmodelle, und zum Anderen die Humankapitalmodelle. Paul Romer gilt mit seiner oben genannten Publikation als Schöpfer der Forschungs- und Entwicklungsmodelle und Robert Lucas als *der* Vertreter der Humankapitalmodelle.

Die Forschungs- und Entwicklungsmodelle analysieren insbesondere die Externalitäten, welche bei der Wissensproduktion in Forschung und Entwicklung auftreten. Begründet wird die Existenz externer Effekte dadurch, dass das in der Forschung und Entwicklung (fortan „F&E") aufwendig erlangte Wissen von den Unternehmen nicht vollständig patentrechtlich geschützt werden kann und somit diffundiert. Das von den innovativen Unternehmen gewonnene, aber von anderen Unternehmen aufgenommene, Wissen stellt eine positive Wissensexternalität dar, von der andere Akteure profitieren.

In den Humankapitalmodellen ersetzt man häufig den Produktionsfaktor Arbeit durch den Faktor Humankapital. Dies hat den Vorteil, dass das Wachstum nun nicht mehr an physische Grenzen stößt, weil der Faktor Arbeit nur durch Bevölkerungswachstum vermehrt werden kann. Im Gegensatz dazu ist beim Faktor Humankapital eine dauerhafte Akkumulation möglich, da sich das Wissen einer Gesellschaft durch Lernen erweitern kann. Ferner wird davon ausgegangen, dass mit Investitionen in Humankapital positive Wissensexternalitäten verbunden sind. Durch diese Externalitäten verbessert sich nicht nur die Produktivität des investierenden Individuums, sondern auch gleichzeitig – über die Diffusion des Wissens – die Produktivität Dritter.

Demnach wird der technische Fortschritt durch Innovationen ausgelöst, die als Folge von F&E-Aktivitäten der Unternehmen und von Bildungsanstrengungen der Arbeitskräfte entstehen. Durch den von Innovationen ausgelösten technischen Fortschritt können nun Regionen auf einen lang anhaltenden Wachstumspfad gelangen. Nelson und Phelps (1966) waren die ersten Autoren, die herausgearbeitet haben, dass Bildungsinvestitionen technischen Fortschritt induzieren können. Kurz gesagt geht es in ihrem Modell darum, dass Produktivitätswachstum und Innovationsrate mit einer Wissensakkumulation in der Bevölkerung ansteigen. Im Umkehrschluss steigt aber auch die Wissensakkumulation in der Bevölkerung mit dem Produktivitätswachstum und der Innovationsrate an. Somit besteht eine komplementäre Beziehung zwischen Innovationstätigkeit, Wissensakkumulation und Wachstum. Genauer formuliert ist es in diesem Modell wichtig, dass nicht allein das Bildungsniveau (Technologieniveau), sondern auch die Wissensakkumulation, also erfolgreiche F&E-Investitionen, volkswirtschaftliches Wachstum auslösen.

Redding (1996) entwickelte das ursprüngliche Modell von Nelson und Phelps (1966) weiter. Er erklärt die Innovationstätigkeit von Unternehmen modellendogen, indem er die eingangs besprochene komplementäre Beziehung zwischen Bildungsanstrengungen der Arbeitskräfte und F&E-Investitionen von Unternehmen herstellt. In der Folge ergeben sich zwei Gleichgewichte, wodurch auch die unterschiedliche Entwicklung von Regionen erklärt werden kann, auf die wir in diesem Kapitel einen besonderen Schwerpunkt legen.

In der sogenannten Wachstumsfalle werden keinerlei F&E-Aktivitäten unternommen und die Bildungsanstrengungen der Arbeitskräfte sind vergleichsweise gering. Die Wachstumsrate der Produktionsmenge beträgt null. Dieses Gleichgewicht symbolisiert eine schrumpfende oder stagnierende Region, die durch zu geringe F&E-Investitionen und damit eine zu geringe Innovationsrate in die Krise geraten ist. Dagegen gibt es ein weiteres Gleichgewicht, in dem viele F&E-Aktivitäten unternommen werden und die Bildungsanstrengungen der Arbeitskräfte vergleichsweise hoch sind. In diesem Gleichgewicht ist die Wachstumsrate positiv. Insofern prosperiert eine Region, in der die Innovationstätigkeit aufgrund umfangreicher Forschungs- und Entwicklungtätigkeit hoch ist. Um das Ergebnis des Modells vorweg zu nehmen: Das Ausmaß des Wachstums wird letztlich von der Höhe des Produktivitätszuwachses infolge einer erfolgreichen Innovationstätigkeit abhängen.

11.2 Ein Modell endogenen Wachstums

Wir stellen nun in Anlehnung an Redding (1996) ein Modell endogenen Wachstums dar, um die entscheidenden Faktoren, die Wachstum auslösen, zu erklären. In diesem existiert ein Kontinuum an überlappenden Generationen individueller Arbeitskräfte, von denen jede zwei Perioden lang lebt. Das bedeutet, es gibt zu jedem beliebigen Zeitpunkt zwei Generationen von Arbeitskräften, nämlich „Junge" und „Alte". Siehe hierzu auch Abb. 3.7 in Abschn. 3.2.8.

Die Nutzenfunktion der Arbeitskräfte $u(C_1, C_2)$ gibt den Gegenwartswert ihres Nutzens an. Dieser setzt sich zusammen aus dem Konsum heute (C_1) und dem Konsum morgen (C_2). Der Konsum in Periode 2 wird abdiskontiert, um seinen Gegenwartswert zu erhalten. Dies geschieht mittels des Diskontfaktors Delta (δ). Dabei wird der Konsum in der Nutzenfunktion so berücksichtigt, dass der heutige Konsum und der abdiskontierte Konsumwert von morgen Substitute darstellen. Das heißt, wenn zum Beispiel der Konsum von heute um einen bestimmten Wert reduziert wird, aber der abdiskontierte morgige Konsum um denselben Wert steigt, ändert sich der Nutzen nicht.

$$u(c_1, c_2) = c_1 + \delta c_2$$

In ihrer Jugend sind alle Arbeitskräfte nur zu Hause oder als Selbständige tätig und erst im Alter arbeiten sie dann in einem Unternehmen. Während ihrer Jugend haben alle Individuen eine Einheit an Humankapital. Solange sie jung sind, können sie allerdings in Bildung investieren und so Humankapital akkumulieren, was dem Modell zufolge auch alle Jungen machen. Diese Modellannahme lässt sich etwa mit der allgemeinen Schulpflicht begründen. Eine Unterscheidung unter den Jungen erfolgt dann nach der Dauer der Bildung bzw. der Höhe der Humankapitalinvestitionen. Um sich zu bilden, müssen sie einen Anteil v ihrer Arbeitszeit in Bildungsanstrengungen investieren. Dadurch ist ihr Humankapital im Alter $1 + v^\theta$. In ihrer Jugend hatten sie bereits 1 und durch Bildung erlangen sie zusätzlich noch v^θ.

Der Parameter θ ist ein Maß für die aus Sicht eines Individuums abnehmenden Grenzerträge der Bildungsanstrengung. Es wird unterstellt, dass der Zusammenhang zwischen dem Anteil der Arbeitszeit, der in Bildungsanstrengungen investiert wird, und dem Anstieg des Humankapitals unterproportional ist. Deshalb muss $0 < \theta < 1$ sein. Je kleiner Theta ist, umso stärker sinken die Grenzerträge einer Weiterbildung. Werden beispielsweise 10 % der Arbeitszeit, also ein Anteil von 0,1, in Bildung investiert, steigt das Humankapital im Alter um $0,1^\theta$ an, was bei $0 < \theta < 1$ einem Anstieg von weniger als 0,1 entspricht. Dieser Anstieg ist umso geringer, je höher θ ist. Es bestehen somit abnehmende Grenzerträge der Bildung aus Sicht des einzelnen Individuums: Je mehr man investiert (je größer v), umso geringer ist der marginale Effekt auf das Humankapital.

Neben den überlappenden Generationen von Arbeitskräften gibt es auch überlappende Generationen von Unternehmern, die nur im Alter Güter produzieren können. In ihrer Jugend produzieren die Unternehmer noch nicht, allerdings können sie die bislang verwendete Produktionstechnologie verbessern und diese dann im Alter anwenden. Die Unternehmer produzieren mit einer linearen Technologie, was nichts anderes bedeutet, als dass die Produktionsfunktion linear in den Inputfaktoren ist. Der Output y wird mit lediglich einem Inputfaktor, nämlich dem Humankapital h, hergestellt. Dabei wird annahmegemäß nur das Humankapital der alten Arbeitskräfte als Produktionsfaktor genutzt, da die Jungen noch gar nicht in den Unternehmen arbeiten. Zusätzlich beinhaltet die Produktionsfunktion einen Lageparameter, nämlich den Technologieparameter A. Dieser bestimmt die Produktivität eines Unternehmens. Je höher A ist, umso produktiver ist ein Unternehmen mit der verwendeten Technologie. Die Produktionsfunktion lautet somit:

$$y^i_{j,t+1} = A^i_{t+1} h_{j,t+1}. \tag{11.1}$$

Dabei ist i der Index für einen repräsentativen Unternehmer und j der Index für eine repräsentative Arbeitskraft. In diesem Modell ist es so, dass jeder Unternehmer genau eine Arbeitskraft beschäftigt. Das *Matching* einer Arbeitskraft zu einer Firma erfolgt dabei nach dem Zufallsprinzip. Der Index t bzw. $t+1$ gibt den Zeitpunkt an, zu dem eine Größe betrachtet wird. Hier ist der betrachtete repräsentative Unternehmer zum Zeitpunkt t jung und verbessert eventuell die zu diesem Zeitpunkt verwendete Technologie.

In *t +1* ist er hingegen alt und produziert mit einer Produktivität, die durch seine verfügbare Technologie bestimmt wird.

Gehen wir noch einmal etwas detaillierter auf den Produktivitätsparameter A ein. In der Jugend unseres Unternehmers ist die beste zur Verfügung stehende Technologie A_t. Es gibt viele Unternehmer i mit unterschiedlichen Technologien A_t^i und die beste davon ist A_t, also folgt $A_t = \max_i A_t^i$. Man kann dies auch so verstehen, dass die Unternehmer immer von der besten aktuellen Technologie ausgehen, wenn sie in der Jugend in die Entwicklung einer neuen Technologie investieren. Die Firma kennt also den aktuellsten Stand der Forschung und arbeitet von da aus an einer Innovation, um eine weitere Verbesserung herbeizuführen. Modelle dieser Art werden „Qualitätsleitermodelle" (*quality ladder models*) genannt, da – bildlich gesprochen – jeweils von der aktuell höchsten Sprosse der Qualitätsleiter aus versucht wird, eine noch höhere Sprosse mit höherer Produktqualität zu erklimmen.

Der betrachtete Unternehmer kann in seiner Jugend die jeweils momentan beste Technologie noch weiter verbessern, wodurch der Produktivitätsparameter um den Faktor λ ansteigt. Bei erfolgreicher Weiterentwicklung der Produktionstechnologie in seiner Jugend kann er im Alter mit dem Produktivitätsparameter λA produzieren und ist somit produktiver, weil dem Modell zufolge λ immer größer als 1 ist. Ein kleines Beispiel soll dies verdeutlichen: War der Produktivitätsparameter in der Jugend des Unternehmers $A = 4$ und eine Verbesserung der Technologie erhöht den Produktivitätsparameter um den Faktor $\lambda = 1{,}5$, so kann er im Alter mit dem höheren Produktivitätsparameter $\lambda A = 6$ produzieren und ist somit produktiver. Allerdings ist die Verbesserung der Technologie mit Risiken und Kosten verbunden. Erstens ist die Weiterentwicklung der Technologie nur mit der Wahrscheinlichkeit μ erfolgreich, wobei $0 \leq \mu \leq 1$ gilt. Diese Wahrscheinlichkeit ist vom Unternehmer direkt beeinflussbar und spiegelt seinen Aufwand wider. Zweitens fallen bei der Weiterentwicklung nichtmonetäre Kosten an – das könnten zum Beispiel der Zeitaufwand für die Innovation oder die Anstrengung sein. Betrachten wir diese beiden Punkte nacheinander.

Zu erstens: Die Wahrscheinlichkeit für eine erfolgreiche Weiterentwicklung der Technologie μ hat Einfluss auf die Technologie, die zum späteren Zeitpunkt $t +1$ zur Verfügung steht. Diese Technologie wird mit A_{t+1} notiert und ist aus Gl. 11.2 ersichtlich:

$$A_{t+1} = (1 - \mu)\, A_t + \mu \lambda A_t. \tag{11.2}$$

Mit der Wahrscheinlichkeit $1 - \mu$ ist die Weiterentwicklung nicht erfolgreich und es muss auch zum Zeitpunkt $t +1$ noch mit der ursprünglichen Technologie A_t produziert werden (siehe linker Term von Gl. 11.2). Mit der Wahrscheinlichkeit μ ist die Weiterentwicklung aber erfolgreich (siehe rechter Term von Gl. 11.2) und zum Zeitpunkt $t +1$ kann die um den Faktor λ erhöhte ursprüngliche Technologie angewendet werden, also λA_t.

Zu zweitens: Die nichtmonetären Kosten einer Weiterentwicklung der Technologie betragen $\alpha \mu A_t$ und sind somit umso höher, je größer die Erfolgswahrscheinlichkeit μ ist. Anders ausgedrückt ist die Erfolgswahrscheinlichkeit umso größer, je höher die Kosten sind, die der Unternehmer für Forschung und Entwicklung auf sich nimmt. Je mehr er sich anstrengt, umso größer ist die Wahrscheinlichkeit dafür, dass die Technologie auch erfolgreich verbessert wird. Die nichtmonetären Kosten sind auch umso höher, je höher A ist: Wenn die verfügbare Technologie A_t bereits sehr gut ist, fällt es dem Unternehmer schwer, sie noch weiter zu verbessern. Um die Technologie dennoch weiterzuentwickeln, muss sich der Unternehmer stärker anstrengen, was ihm naturgemäß höhere Kosten verursacht. α gibt an, wie stark μA_t auf die Kosten wirkt. Je höher α, umso stärker ist der Kostenanstieg in Folge einer Erhöhung von μ, A_t oder beiden. Auch von α hängt daher wesentlich ab, ob sich F&E-Anstrengungen lohnen. Dies wird bei der Betrachtung der Bedingung erster Ordnung der Gewinnfunktion eines Unternehmers deutlich, mit der wir uns im nächsten Schritt befassen.

Die Gewinnfunktion lautet:

$$\pi\left(\mu\right) = \delta\left(1 - \beta\right)\left[\mu\lambda A\left(1 + v^{\theta}\right) + \left(1 - \mu\right)A\left(1 + v^{\theta}\right)\right] - \alpha\mu A.$$

Der Unternehmer produziert nur im Alter, also fallen auch nur im Alter Erträge an. Um den Gegenwartswert dieser Erträge zu bestimmen, müssen sie mit dem Diskontfaktor Delta multipliziert werden. Für die Produktion stellt der Unternehmer eine Arbeitskraft ein und muss dieser einen gewissen Lohn zahlen. Der Lohn entspricht hier dem Anteil β an den Unternehmenserlösen. Folglich bleibt der Anteil $1 - \beta$ des Erlöses dem Unternehmer als sein eigener Lohn erhalten. Der Erlös selbst ist schließlich abhängig davon, ob der Unternehmer in der Jugend F&E-Anstrengungen unternommen hat oder nicht. Hat er erfolgreich in F&E investiert, was mit der Wahrscheinlichkeit μ der Fall ist, beträgt sein Erlös im Alter $\lambda A\left(1 + v^{\theta}\right)$. Hat er dies hingegen unterlassen, was mit der Wahrscheinlichkeit $1 - \mu$ passiert, hat er nur die Technologie A zur Verfügung und sein Erlös im Alter beläuft sich auf $A\left(1 + v^{\theta}\right)$. Vom Gewinn müssen schließlich noch die Anstrengungen für F&E abgezogen werden – diese fallen in der Jugend an und müssen deshalb nicht abdiskontiert werden. Sie fallen auch nur dann an, wenn F&E-Aufwendungen getätigt wurden, also wenn μ größer als null ist.

Der repräsentative Unternehmer kann die Erfolgswahrscheinlichkeit seiner F&E-Tätigkeit über die Wahl seiner Anstrengung beeinflussen. Er wird sich so sehr anstrengen, dass die daraus resultierende Erfolgswahrscheinlichkeit μ seinen Gewinn maximiert:

$$\max_{\mu} \pi(\mu) = \delta\left(1 - \beta\right)\left[\mu\lambda A\left(1 + v^{\theta}\right) + \left(1 - \mu\right)A\left(1 + v^{\theta}\right)\right] - \alpha\mu A.$$

Innerhalb der eckigen Klammer kann $A\left(1 + v^{\theta}\right)$ ausgeklammert werden, so ergibt sich

$$\max_{\mu} \pi\left(\mu\right) = \delta\left(1 - \beta\right)\left(\mu\lambda + 1 - \mu\right)A\left(1 + v^{\theta}\right) - \alpha\mu A.$$

Nun kann in der zweiten Klammer μ herausgehoben werden, um später die Ableitung zu vereinfachen. Die so umgeformte Gewinnfunktion lautet:

$$\max_{\mu} \pi\left(\mu\right) = \delta\left(1 - \beta\right)\left[\mu\left(\lambda - 1\right) + 1\right]A\left(1 + v^{\theta}\right) - \alpha\mu A.$$

Die Bedingung erster Ordnung folgt mit

$$\frac{\partial \pi}{\partial \mu} = \delta (1 - \beta) (\lambda - 1) A (1 + v^\theta) - \alpha A.$$

Wenn man durch A dividiert, fällt dieser Parameter weg. Es bleibt übrig:

$$\frac{\partial \pi}{\partial \mu} = \delta (1 - \beta) (\lambda - 1) (1 + v^\theta) - \alpha. \tag{11.3}$$

Im Optimum gilt also Gl. 11.3. Das optimale μ kann nicht aus der Bedingung erster Ordnung bestimmt werden, da es beim Ableiten weggefallen ist. Deshalb muss sich dieses optimale μ auf einem anderen Weg erschließen. Dazu verwenden wir die Umformung der Bedingung erster Ordnung und unterstellen folgende Situation:

Was wäre, wenn: $\delta (1 - \beta) (\lambda - 1) (1 + v^\theta) > \alpha$ gilt?

Daraus folgt, dass $\frac{\partial \pi}{\partial \mu} < 0$ ist.

Dies entspricht der ersten Lösung. Eine marginale Erhöhung von μ führt in diesem Fall also immer dazu, dass sich der Gewinn noch weiter erhöht. Folglich wird sich der Unternehmer maximal anstrengen, um seinen Gewinn so weit wie möglich zu erhöhen. Die maximale Anstrengung ist erreicht, wenn $\mu^* = 1$ ist, μ also seinen maximal möglichen Wert annimmt.

Was wäre hingegen, wenn gilt: $\delta (1 - \beta) (\lambda - 1) (1 + v^\theta) < \alpha$?

Dann folgt daraus, dass $\frac{\partial \pi}{\partial \mu} < 0$ ist.

Dies entspricht der zweiten Lösung. Eine marginale Erhöhung von μ führt in diesem Fall immer dazu, dass der Gewinn sinkt. Folglich wird μ so weit wie möglich reduziert, um eine Gewinnminderung zu vermeiden. Das minimal mögliche μ beträgt $\mu^* = 0$, der Unternehmer realisiert also gar keine F&E-Aktivitäten.

Falls gilt $\delta (1 - \beta) (\lambda - 1) (1 + v^\theta) = \alpha$,

folgt $\frac{\partial \pi}{\partial \mu} = 0$.

Dies entspricht nun der dritten Lösung. Dabei ist der Unternehmer indifferent zwischen dem Tätigen und dem Unterlassen von F&E-Anstrengungen, da sich sein Gewinn hierdurch nicht verändert. Der Wert von μ kann für diesen Fall nicht eindeutig bestimmt werden. Wir gehen aber davon aus, dass μ dann gleich null ist ($\mu = 0$). Damit bringen wir zum Ausdruck, dass der Unternehmer nur dann F&E-Investitionen tätigt, wenn er sicher ist, dass diese seinen Gewinn erhöhen – nicht aber, wenn sein Gewinn davon unberührt bleibt.

So lässt sich das optimale μ darstellen als:

$$\mu^* = \begin{cases} 1 & \text{falls } \delta (1 - \beta) (\lambda - 1) (1 + v^\theta) > \alpha \\ 0 & \text{falls } \delta (1 - \beta) (\lambda - 1) (1 + v^\theta) \leq \alpha. \end{cases} \tag{11.4}$$

Im Gleichgewicht wird ein Unternehmer entweder gar keine F&E-Aufwendungen tätigen ($\mu^* = 0$), oder er strengt sich so sehr an, dass seine F&E-Aufwendungen auch zum Erfolg führen ($\mu^* = 1$). Welche Strategie ein Unternehmer in diesem Modell letztlich verfolgt, hängt von der Höhe des Parameters α ab, also von den Kosten der F&E-Anstrengungen. Sind diese Kosten geringer als die Erlöse bei der Produktion mit der innovierten Technologie, so ist $\mu^* = 1$. Ist diese Bedingung nicht erfüllt, sind die Kosten so hoch, dass sich F&E-Investitionen nicht lohnen und $\mu^* = 0$ ist.

Die Erlöse der Produktion hängen interessanterweise von v ab: Je mehr die Arbeitskräfte in ihre Weiterbildung investieren (je größer v), umso höher ist auch der Ertrag eines Unternehmens bei der Produktion mit der innovierten Technologie. Somit steigt der Anreiz für Innovationen mit der Intensität der Weiterbildungsinvestitionen der Arbeitskräfte. Dadurch wird die komplementäre Beziehung zwischen dem Bildungsgrad der Arbeitskräfte und den F&E-Anreizen für Unternehmen, also der Kernpunkt des Modells, deutlich.

Man kann allerdings auch von der anderen Seite herangehen, um die Komplementarität von der Bildung der Arbeitskräfte und den F&E-Anreizen für Unternehmen zu beleuchten – nämlich aus der Perspektive der Arbeitskräfte, die sich Gedanken darüber machen, wie viel sie optimal in Bildung investieren sollten. Diese Überlegungen werden wieder anhand einer repräsentativen Arbeitskraft dargestellt, die den Gegenwartswert ihres Nutzens über die Wahl von v (also des Anteils ihrer Arbeitszeit, den sie in der Jugend in Bildung investiert) maximiert:

$$\max_v u = (1 - v) A + \delta\beta \left[\mu\lambda A \left(1 + v^\theta \right) + (1 - \mu) A \left(1 + v^\theta \right) \right].$$

Der erste Teil des Nutzens $(1 - v) A$ gibt den Wert der Produktion der Arbeitskraft in der Jugend an. In der Jugend sind annahmegemäß alle Arbeitskräfte selbständig oder arbeiten zu Hause (im Haushalt etc.), weshalb ihnen der Ertrag ihrer Produktion in der Jugend vollständig zufließt. Dabei ist $1 - v$ die tatsächliche Arbeitszeit, das heißt, die ihnen zur Verfügung stehende Zeit abzüglich des Anteils, der für Bildungsanstrengungen aufgewendet wird. A ist, wie oben dargestellt, die beste in ihrer Jugend verfügbare Technologie. Erst im Alter ist die Arbeitskraft bei einem Unternehmen angestellt, weshalb der Ertrag dann mit dem Diskontfaktor δ multipliziert wird, um seinen Gegenwartswert zu erhalten. Im Alter fließt der Arbeitskraft ein Anteil β des Unternehmenserlöses zu – der Unternehmenserlös ist aus der eckigen Klammer ersichtlich und wurde bereits oben beschrieben. Dies ist der Lohn für ihre Arbeit im Alter. Abermals kann der Unternehmenserlös durch Umformen vereinfacht werden, sodass sich das Maximierungsproblem der Arbeitskraft folgendermaßen darstellen lässt:

$$\max_v u = (1 - v) A + \delta\beta \left[\mu (\lambda - 1) + 1 \right] A \left(1 + v^\theta \right).$$

Die Bedingung erster Ordnung lautet

$$\frac{\partial u}{\partial v} = -A + \delta\beta\theta \left[\mu (\lambda - 1) + 1 \right] A v^{\theta-1}.$$

Die Interpretation des Terms erfolgt analog zur Interpretation der obigen Gewinnfunktion. Die Bedingung erster Ordnung ist entweder größer als null, kleiner als null oder gleich null. Deshalb kann durch A dividiert werden, diese Variable fällt damit weg, und die Bedingung erster Ordnung wird zu

$$\frac{\partial u}{\partial v} = -1 + \delta\beta\theta\left[\mu\left(\lambda-1\right)+1\right]v^{\theta-1}. \tag{11.5}$$

Die Interpretation dieser Ableitung in Bezug auf eine Arbeitskraft ist einfacher als die vorherige in Bezug auf einen Unternehmer. Ziel des Ableitens ist es, den Nutzen der Arbeitskraft zu maximieren. Dies geschieht genau dann, wenn in der Jugend ein so großer Anteil v der Arbeitszeit in Bildung investiert wird, dass $\partial u/\partial v = 0$ ist. Also setzen wir die vereinfachte Bedingung erster Ordnung in Gl. 11.5 gleich null und formen sie nach v um. Diese Vorgehensweise unterscheidet sich von der Vorgehensweise bei der Betrachtung des optimalen Verhaltens des Unternehmers: Beim Unternehmer fiel die Variable μ, die von Interesse war, bei der Ableitung weg. Hier aber ist v in der Ableitung noch enthalten, weshalb das optimale v einfach berechnet werden kann und man es sich nicht über Umwege erschließen muss:

$$\frac{\partial u}{\partial v} = -1 + \delta\beta\theta\left[\mu\left(\lambda-1\right)+1\right]v^{\theta-1} = 0.$$

Zunächst bringen wir die 1 auf die andere Seite:

$$\delta\beta\theta\left[\mu\left(\lambda-1\right)+1\right]v^{\theta-1} = 1$$

Im Anschluss daran wird alles außer dem Term, der v enthält, auf die andere Seite gebracht:

$$v^{\theta-1} = \frac{1}{\delta\beta\theta\left[\mu\left(\lambda-1\right)+1\right]} = \{\delta\beta\theta\left[\mu\left(\lambda-1\right)+1\right]\}^{-1}.$$

Indem mit $1/(\theta-1)$ potenziert wird, kürzt sich die Potenz von v weg:

$$v = \{\delta\beta\theta\left[\mu\left(\lambda-1\right)+1\right]\}^{-1/(\theta-1)}.$$

Nun ziehen wir noch das negative Vorzeichen der Potenz auf der rechten Seite der Gleichung in den Nenner des Bruchs, wodurch sich dort die Vorzeichen verändern:

$$v = \{\delta\beta\theta\left[\mu\left(\lambda-1\right)+1\right]\}^{1/(1-\theta)}$$

Dieser Ausdruck entspricht nun beinahe schon dem optimalen v. Beinahe deshalb, weil er nicht uneingeschränkt das optimale v angibt: v ist ein Anteil, demnach muss gelten, dass $0 \leq v \leq 1$ ist. v kann jedoch auf keinen Fall negativ sein, weil alle Parameter in v entweder ≥ 0 oder strikt positiv, das heißt > 0, sind. Es ist jedoch möglich, dass der Term für v größer als 1 wird. Das ist aber nur mathematisch möglich; rein logisch ist dies nicht vorstellbar, da ein Anteil höchstens 1 sein kann. So kann man nicht 120 % der verfügbaren Zeit für Bildung aufwenden. Insofern muss der Mathematik an dieser

Stelle sozusagen mit Hilfe der Logik nachgeholfen werden, um ein ökonomisch sinnvolles Ergebnis zu erhalten. Dies wird gemacht, indem angenommen wird, dass grundsätzlich v^* das Optimum ist. Nur in dem Fall, wenn v^* mathematisch größer als eins wird, „deckelt" man das ökonomische v^*, sodass es den Wert eins annimmt. Würde mathematisch beispielsweise ein Wert von 1,1 für v ermittelt, wäre das ökonomische v^* gleich eins. Dies lässt sich folgendermaßen darstellen:

$$v^* = \min\left(1; \{\delta\beta\theta\,[\mu\,(\lambda - 1) + 1]\}^{1/(1-\theta)}\right). \tag{11.6}$$

Eine andere Schreibweise, die aber exakt dasselbe aussagt, sieht folgendermaßen aus:

$$v^* = \begin{cases} \{\delta\beta\theta\,[\mu\,(\lambda - 1) + 1]\}^{1/(1-\theta)} & \text{falls } 0 \leq \{\delta\beta\theta\,[\mu\,(\lambda - 1) + 1]\}^{1/(1-\theta)} \leq 1 \\ 1 & \text{falls } \{\delta\beta\theta\,[\mu\,(\lambda - 1) + 1]\}^{1/(1-\theta)} > 1. \end{cases}$$

v^* ist der optimale Anteil der verfügbaren Zeit, der in Bildung investiert wird, wenn die repräsentative Arbeitskraft jung ist. Es ist zu erkennen, dass v^* mit μ ansteigt (wenn weder δ noch β noch θ gleich null sind). Schließlich ist der Term $(\lambda - 1)$ größer als null, weil λ immer größer eins ist. Die optimalen Bildungsanstrengungen einer Arbeitskraft sind also umso größer, je höher die F&E-Anstrengungen eines repräsentativen Unternehmers sind. So wird abermals das komplementäre Verhältnis von Bildungs- und F&E-Investitionen deutlich.

Diese Komplementarität zwischen den Bildungsentscheidungen der Arbeitskräfte und den F&E-Tätigkeiten der Unternehmen führt dazu, dass es multiple *steady-state* Gleichgewichtspfade gibt. Ein *steady-state* ist ein Gleichgewicht, in dem alle Größen mit einer konstanten Rate wachsen. In unserem Fall gibt es ein Gleichgewicht ohne Outputwachstum und eines mit hohem. Aus der Existenz von multiplen Gleichgewichten kann nun auf die unterschiedliche Entwicklung von Regionen geschlossen werden. Sind die F&E-Anstrengungen und damit auch die Bildungsinvestitionen der Arbeitskräfte null bzw. zu niedrig, dann wird in der betreffenden Region kein Wachstum generiert und sie gerät in eine Krise. Ist hingegen die Innovationstätigkeit und damit auch die Bildungsaktivität in einer Region hoch, gelangt sie auf einen Entwicklungspfad mit hohen Wachstumsraten.

Betrachten wir zuerst das Gleichgewicht ohne Outputwachstum (*low development trap*). Dieses entsteht, wenn $\mu^* = 0$ ist, also die Unternehmer nicht in F&E investieren. Die Bedingung dafür, dass $\mu^* = 0$ ist, lässt sich aus Gl. 11.4 für μ^* ablesen und lautet $\delta\,(1 - \beta)\,(\lambda - 1)\,(1 + v^\theta) \leq \alpha$. Die optimale Bildungsanstrengung der Arbeitskräfte als Reaktion auf $\mu^* = 0$ lässt sich durch Einsetzen von $\mu = 0$ in v^* (s. Gl. 11.6) ermitteln. v^* in dieser „Wachstumsfalle" wird mit $\underline{v}$ notiert:

$$v^* = \underline{v} = \{\delta\beta\theta\}^{\frac{1}{1-\theta}}$$

Damit Wachstum möglich ist, muss im Gleichgewicht mit hohem Wachstum gelten, dass $\mu^* = 1$ ist. Die Bedingung dafür lässt sich ebenfalls aus Gl. 11.4 ablesen und lautet

$\delta (1 - \beta) (\lambda - 1) (1 + v^{\theta}) > \alpha$. Das zugehörige v^* kann man aus Gl. 11.6 durch Einsetzen von $\mu^* = 1$ ermitteln. Das v^* im Gleichgewicht mit hohem Wachstum wird als $\bar{v}$ notiert:

$$v^* = \bar{v} = \{\delta\beta\theta\lambda\}^{\frac{1}{1-\theta}} .$$

Bereits an dieser Stelle ist zu erkennen, dass sich die Terme nur durch die Existenz von λ, dem Produktivitätsfortschritt infolge der Innovationstätigkeit, voneinander unterscheiden.

Abschließend wollen wir noch die Wachstumsraten der Produktionsmenge in den beiden Gleichgewichten berechnen. Im Gleichgewicht ohne Wachstum ist die Wachstumsrate selbstverständlich null, aber dennoch kann man sie formal herleiten, was wir im Folgenden auch tun werden. Im Gleichgewicht mit hohem Wachstum ist die Wachstumsrate noch unbekannt und muss ohnehin hergeleitet werden. Eine diskrete Wachstumsrate g der Produktionsmenge ist definiert als:

$$g \equiv \frac{y_{t+1} - y_t}{y_t} = \frac{y_{t+1}}{y_t} - 1.$$

y_{t+1} ist in Gl. 11.1 gegeben und lautet

$$y_{t+1} = A_{t+1}h_{t+1}.$$

Die Darstellung erfolgt nun ohne die Indizes i und j. Die Produktionsmenge y ergibt sich aus der Technologie A, multipliziert mit dem aktuellen Humankapital einer Arbeitskraft h. Daraus kann man y zum Zeitpunkt t logisch herleiten:

$$y_t = A_t h_t.$$

Die Bildungsanstrengungen der Arbeitskräfte variieren im Gleichgewicht nicht von Periode zu Periode, deshalb ist h zum Zeitpunkt $t+1$ gleich wie zum Zeitpunkt t und der Index kann weggelassen werden. Zusätzlich wissen wir, ebenfalls von oben (siehe Gl. 11.2), dass $A_{t+1} = (1 - \mu) A_t + \mu\lambda A_t = [(1 - \mu) + \mu\lambda] A_t$ gilt. Das Zusammenführen dieser Informationen und deren Einsetzen in g ergeben

$$g = \frac{[(1 - \mu) + \mu\lambda] A_t h}{A_t h} - 1.$$

Dabei können A_t und h im ersten Term gekürzt werden:

$$g = [(1 - \mu) + \mu\lambda] - 1 = 1 - \mu + \mu\lambda - 1 = \mu (\lambda - 1).$$

Nun können wir überprüfen, ob im Gleichgewicht ohne Outputwachstum die Wachstumsrate g tatsächlich null ist. Dazu wird in g für μ null eingesetzt, da in diesem Gleichgewicht $\mu^* = 0$ gilt:

$$\underline{g} = 0 \cdot (\lambda - 1) = 0$$

Interessanter ist jedoch die Bestimmung der Wachstumsrate im Gleichgewicht mit hohem Wachstum $\bar{g}$. Es gilt $\mu^* = 1$. Durch Einsetzen in g folgt:

$$\bar{g} = 1\,(\lambda - 1) = \lambda - 1$$

Da $\lambda > 1$ ist, ist die Wachstumsrate $\bar{g}$ in jedem Fall positiv.

11.3 Implikationen für die Regionalentwicklung

Fassen wir die Ergebnisse noch einmal zusammen. Das Modell zeigt eine komplementäre Beziehung zwischen den Bildungsanstrengungen von Arbeitskräften und den F&E-Investitionen von Unternehmen. In der Folge ergeben sich zwei Gleichgewichte: In der Wachstumsfalle werden keinerlei F&E-Aktivitäten unternommen und die Bildungsanstrengungen der Arbeitskräfte sind vergleichsweise gering. Die Wachstumsrate der Produktionsmenge beträgt null. Daneben gibt es ein weiteres Gleichgewicht, in dem viele F&E-Aktivitäten unternommen werden und die Bildungsanstrengungen der Arbeitskräfte vergleichsweise hoch sind. Dieses Gleichgewicht ist durch eine positive Outputwachstumsrate gekennzeichnet, die vom Produktivitätsfortschritt infolge einer Innovation (λ) abhängt.

Daraus kann eine Erwartung hinsichtlich des unterschiedlich starken Wachstums von Regionen abgeleitet werden. In der Realität sind immer wieder prosperierende und kriselnde Regionen zu beobachten, die zeitgleich völlig unterschiedliche Entwicklungen aufweisen. In der wirtschaftswissenschaftlichen Theorie wird unterschiedlich starkes Wachstum oftmals durch unterschiedliche Forschungs- und Bildungsinvestitionen erklärt. Schon die Polarisationstheorie hat die Innovationstätigkeit als den Motor für die wirtschaftliche Entwicklung identifiziert. Die gleiche Ursache für das Wachstum wird auch in den (neo-) schumpeterianischen und *leap-frogging* Ansätzen ausgemacht. Diesem Modell der endogenen Wachstumstheorie zufolge sind es eben diese Faktoren, die unterschiedliche Wachstumspfade von Regionen erklären. Ist die F&E-Tätigkeit der Unternehmen – und damit einhergehend auch die Bildungsanstrengung der Arbeitskräfte – gering, dann gerät eine Region in die Wachstumsfalle. Hohe Wachstumsraten realisiert hingegen eine innovative Region, in der die Bildungsinvestitionen der Arbeitskräfte/Bevölkerung hoch sind. Insofern ist die endogene Wachstumstheorie hervorragend dafür geeignet, dauerhafte regionale Disparitäten zu erklären und den entscheidenden Faktor für deren Vorhandensein offenzulegen. Beschäftigen wir uns nun noch kurz näher mit den maßgeblichen Faktoren.

Lambda ist der Faktor, um den man eine vorhandene Technologie durch eine erfolgreiche Innovation verbessern kann. Je höher die Effizienzgewinne von Innovationen, also λ, umso höher ist die Wachstumsrate der Produktionsmenge im Gleichgewicht mit positivem Wachstum. Ein weiteres zentrales Ergebnis dieses Modells ist, dass in seinem Rahmen staatliche Bildungspolitik und staatliche F&E-Förderungen die gleiche Wirkung erzielen. Aufgrund des komplementären Verhältnisses von Bildungs- und F&E-Anstrengungen sind beide Instrumente dafür geeignet, eine Region aus einer Wachstumsfalle zu befreien und Bildungs- sowie F&E-Aktivitäten anzuregen. Unter praktischen Gesichtspunkten scheint jedoch Bildungspolitik erfolgversprechender zu sein als die Förderung von F&E, da insbesondere bei Letzterer sowohl Vergabe als auch Verwendung von Subventionen eher intransparent sind (vgl. Farhauer 2001, S. 236f.).

Literatur

Aghion, P., & Howitt, P. (1998). *Endogenous growth theory*. Cambridge, MA: MIT Press.

Farhauer, O. (2001). Folgt aus der Theorie des endogenen Wachstums eine neue Wirtschaftspolitik? Wirtschaftspolitische Relevanz und ihre empirische Bedeutung. *Applied Economics Quarterly, 47*(3), 214–250.

Lucas, R. E. (1988). On the mechanics of economic development. *Journal of Monetary Economics, 22*(1), 342.

Nelson, R., & Phelps, E. (1966). Investment in humans, technological diffusion, and economic growth. *American Economic Review, 56*(1–2), 6975.

Redding, S. (1996). The low-skill, low-quality trap: Strategic complementarities between human capital and R&D. *Economic Journal, 106*(435), 458470.

Romer, P. (1986). Increasing returns and long-run growth. *Journal of Political Economy, 94*(5), 10021037.

(Neo-)Schumpeterianische Ansätze 12

Zusammenfassung

Joseph Schumpeter führte als einer der Ersten Konjunkturschwankungen nicht auf exogene Faktoren wie Missernten oder Naturkatastrophen zurück, sondern erklärte sie durch technologische Neuerungen und unternehmerisches Engagement. Diese Idee Schumpeters haben einige Zeit später so genannte neo-schumpeterianische Erklärungsansätze der regionalen Entwicklung aufgegriffen. Sie alle beruhen auf der Annahme, dass die wirtschaftliche Aktivität sowohl kurz- als auch mittel- und sogar langfristig zyklischen Bewegungen folgt. Durch die Innovationstätigkeit von Unternehmen werden langfristige Schwankungen der wirtschaftlichen Aktivität (Kondratieff-Zyklen) ausgelöst. Die Entstehung von neuen Produkten und Dienstleistungen infolge der Innovationstätigkeit von besonders dynamischen und risikofreudigen Unternehmern und die damit einhergehende Entstehung neuer Märkte wird auch als Prozess der *schöpferischen Zerstörung* bezeichnet. Demnach verdrängen neue Technologien, Güter und Märkte im Wettbewerb die älteren und die wirtschaftliche Aktivität nimmt zu. Diese wichtigen neuen Entdeckungen und Erfindungen treten immer dann auf, wenn in Zeiten der Krise eine Akzeptanz für die neuen Technologien geschaffen worden ist.

Gemäß den neo-schumpeterianischen Ansätzen ist wirtschaftliche Aktivität in der kurzen, mittleren und auch langen Frist durch Zyklen gekennzeichnet. Das heißt, auf Zeiten der wirtschaftlichen Prosperität folgt ein Abschwung, der schließlich wieder von einer Boomphase abgelöst wird. Der kürzeste Konjunkturzyklus ist der *Kitchin*-Zyklus, dem eine Dauer von etwa 40 Monaten zugeschrieben wird. Diese Schwankungen wirtschaftlicher Aktivität werden von Schumpeter (1912) mit der betrieblichen Produktionsplanung bzw. der Lagerhaltung in Verbindung gebracht. Während einer Boom-Phase wird mehr produziert und die Lagerhallen werden gefüllt. Wenn das wirtschaftliche Wachstum nachlässt, wird die Produktion gedrosselt, um die Lager wieder zu leeren. Dadurch entsteht zunächst eine verstärkte und dann eine gedämpfte wirtschaftliche Aktivität.

O. Farhauer und A. Kröll, *Standorttheorien*, DOI: 10.1007/978-3-658-01574-9_12,
© Springer Fachmedien Wiesbaden 2013

Der mittelfristige Zyklus wird als *Juglar*-Zyklus bezeichnet. Er währt in etwa 6 bis 10 Jahre und mit ihm geht eine steigende oder sinkende Investitionstätigkeit von Unternehmen einher. Ausgelöst wird dieser Zyklus durch Neuinvestitionen der Unternehmen in ihren Maschinenpark, um veraltete Maschinen durch neue zu ersetzen, weshalb er auch *Maschineninvestitionszyklus* genannt wird. Die Kitchin- und Juglar-Zyklen wurden nach dem britischen Unternehmer und Statistiker Joseph Kitchin und dem französischen Arzt und Konjunkturforscher Clement Juglar benannt, die erstmalig Evidenz für Wellenbewegungen finden konnten. Im Mittelpunkt der Theorien der regionalen Entwicklung steht jedoch das *langfristige* Auf und Ab der wirtschaftlichen Aktivität. Diesen langfristigen Zyklen wollen wir uns im nachfolgenden Unterkapitel widmen.

12.1   Die Theorie der langen Wellen

Langfristige Schwankungen der wirtschaftlichen Aktivität werden durch die Innovationstätigkeit von Unternehmen ausgelöst. Die Entstehung von neuen Produkten und Dienstleistungen infolge der Innovationstätigkeit von besonders dynamischen und risikofreudigen Unternehmern und die damit einhergehende Entstehung neuer Märkte wird auch als Prozess der *schöpferischen Zerstörung* bezeichnet. Demnach verdrängen neue Technologien, Güter und Märkte im Wettbewerb die älteren und die wirtschaftliche Aktivität nimmt zu. Schumpeter bezeichnete die langen Wellen zu Ehren des russischen Ökonomen Nikolai D. Kondratieff, dem Leiter des Moskauer Konjunkturforschungsinstituts, als Kondratieff-Zyklen. Kondratieff (1926) publizierte im Archiv für Sozialwissenschaften und Sozialpolitik seinen Aufsatz *Die langen Wellen der Konjunktur*. Darin versuchte er anhand von verschiedenen Zeitreihen auf der Basis von Daten zur Roheisenerzeugung und den Arbeitslöhnen in Deutschland, England und Frankreich zu beweisen, dass die kurzen Konjunkturzyklen von langen überlagert werden. Mithilfe gleitender Durchschnitte konnte er 40 bis 60 Jahre andauernde *lange Wellen* identifizieren, die durch eine länger andauernde Aufstiegsphase und eine etwas kürzere Abstiegsphase gekennzeichnet sind. Die Talsohle des Zyklus wird durchschnittlich nach 52 Jahren durchschritten (s. Abb. 12.1). In seiner Arbeit konnte Kondratieff zweieinhalb lange Wellen nachweisen, die aufgrund von Gesetzmäßigkeiten im Kapitalismus ausgelöst wurden und meist Folgen neuer Technologien, wie der Dampfmaschine oder des Automobils, waren.

Für Kondratieff persönlich erwies sich seine Forschung als fatal. Stalin ließ ihn 1930 verhaften und später hinrichten. Seine Thesen hätten ja bedeutet, dass der Kapitalismus eine schwere Krise erfolgreich bewältigen kann. Demnach sind die Kapitalisten in der Krise lernfähig und finden Strategien, die wieder aus der Krise heraus führen. Die Kommunisten glaubten bis dahin, dass der Kapitalismus unweigerlich zum Scheitern verurteilt war. Aufgrund dessen passten die Gedankengänge von Kondratieff nicht zur kommunistischen Denkweise. Somit wurde er unter dem Vorwurf, eine Bauernpartei gründen zu wollen, verhaftet, was schließlich mit seinem viel zu frühen Tod endete.

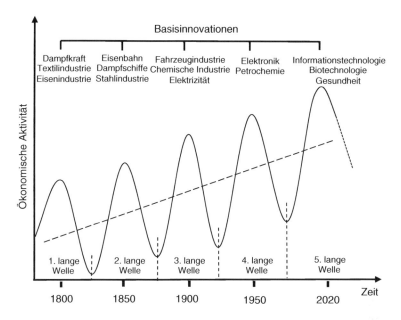

Abb. 12.1 Verlauf der Kondratieff-Zyklen. Nach Dicken (1998, S. 148)

Schumpeter (1912) lieferte später die theoretische Grundlage für die Entstehung dieser von Kondratieff identifizierten langen Wellen. Ihm zufolge sorgen so genannte Basisinnovationen dafür, dass die Talsohle des Zyklus durchschritten wird. Diese wichtigen neuen Entdeckungen und Erfindungen treten immer dann auf, wenn in Zeiten der Krise eine Akzeptanz für die neuen Technologien geschaffen worden ist. Schumpeter geht davon aus, dass Firmen immer genügend Inventionen zur Verfügung haben, diese aber nicht sofort als Innovation umsetzen. Die reine Idee (Invention) wird erst dann zur Marktreife (Innovation) gebracht, wenn sich die Wirtschaft in der Talsohle eines Kondratieff-Zyklus befindet. Dann ist die Akzeptanz für neue Ideen, Technologien und Güter am größten, weil die Kapitaleigner und Unternehmer einsehen, dass die Krise nur durch Neuerungen überwunden werden kann. Laut Mensch (1975) schaffen Basisinnovationen als radikale Produktinnovationen neue Märkte sowie Wachstumsindustrien und verändern als Prozessinnovationen auch bereits bestehende Branchen tiefgreifend. Seiner Meinung nach leiten Basisinnovationen den wirtschaftlichen Aufschwung lediglich ein. Nachhaltig gestützt wird der Aufschwung hingegen durch die auf Basisinnovationen folgenden Verbesserungsinnovationen.

Die dynamischen Unternehmen nehmen nun vermehrt Bankkredite auf, um ihre Inventionen zur Marktreife zu bringen und mit ihren Innovationen Marktanteile zu gewinnen. Zudem werden Produktionsfaktoren von anderen Unternehmen abgeworben. Die Nachfrage nach Krediten steigt weiterhin an, weil nun massenhaft weitere Unternehmen, welche die Produkte der Pionierunternehmen imitieren wollen, ebenfalls Kredite für die Produktion benötigen. Gleichzeitig fragen nun auch diese Unternehmen verstärkt

Produktionsfaktoren nach. Durch Imitationen werden viele weitere Unternehmen mit Verbesserungs- und Folgeinnovationen auf dem Markt aktiv und durch Multiplikator- und Akzeleratoreffekte (s. Abschn. 9.1) steigt die wirtschaftliche Aktivität stark an.

Mit der Zeit steigen durch die große Nachfrage nach Krediten und vor allem nach dem Produktionsfaktor Arbeit Zinsen und Löhne an. Die künftigen Gewinnaussichten für die Unternehmen verschlechtern sich dadurch, weshalb die Innovationstätigkeit langsam abebbt. Der (langfristige) Aufschwung verlangsamt sich zunehmend, bis er zum Erliegen kommt. Die immer geringer werdende Innovationstätigkeit der Unternehmen führt die Wirtschaft wieder in einen Abschwung, der so lange andauert, bis in der Talsohle dieses Abschwungs wieder mutige Pionierunternehmen ihre Ideen in Innovationen umsetzen und auf den Markt bringen. Dadurch wird die nächste lange Welle eingeleitet und der Prozess beginnt von Neuem.

Auf der Grundlage von Kondratieffs und Schumpeters Arbeiten sind mittlerweile fünf Kondratieff-Zyklen identifiziert, die Abb. 12.1 verdeutlicht. Der zyklische Verlauf der ökonomischen Aktivität wird dabei mit Hilfe der langen Wellen entlang eines langfristigen Wachstumstrends dargestellt. Die erste lange Welle wurde zu Beginn des 19. Jahrhunderts durch neue Technologien, wie etwa die Dampfkraft, die Baumwollindustrie (vgl. auch die Ausführungen in Kap. 13) und die Eisen verarbeitende Industrie, ausgelöst. Die Weiterentwicklung der Basisinnovationen im Verkehrssektor aus der ersten Welle löste dann sozusagen die zweite lange Welle aus. In dieser war aufgrund der besseren Transportmöglichkeiten die Eisen- und Stahlindustrie der zentrale Sektor. Im dritten Zyklus verbesserten sich die Transportmöglichkeiten abermals. Der Einsatz von Verbrennungsmotoren und die Neuerungen in der chemischen Industrie führten zu einer lang anhaltenden Phase der Prosperität, die bis ca. 1920 andauerte. Die um 1940 einsetzende vierte Welle wurde durch Innovationen im Bereich der Elektronik und der Petrochemie ausgelöst.

Mittlerweile existieren auch Einschätzungen über den Verlauf des fünften Kondratieff-Zyklus. Der Zeitforscher Nefiodow (2006) ist der Ansicht, dass im Zentrum der fünften Welle der gesunde Mensch steht. Es gibt aber auch die Meinung, dass der fünfte Zyklus durch die Mikroelektronik, die in allen Bereichen der Wirtschaft Anwendung findet, und die Biotechnik ausgelöst wurde. Allerdings ist die Existenz eines fünften Zyklus in der wissenschaftlichen Diskussion noch umstritten. Über die zentralen Innovationen in dieser Phase besteht noch keine Einigkeit. Manche Forscher sind sogar der Auffassung, dass es bereits sechs Kondratieff-Zyklen gibt und dem sechsten ein kurzer fünfter vorgelagert war, der durch den Internethype geprägt war (vgl. Goldschmidt 2009). Ebenso herrscht noch Uneinigkeit hinsichtlich der empirischen Evidenz der Theorie der langen Wellen. Allerdings existiert hierzu eine viel beachtete empirische Arbeit über die langen Wellen von Mensch (1975) Er stellte fest, dass die Innovationstätigkeit in den Jahren 1825, 1886 und 1935 jeweils eine Häufung von Basisinnovationen hervor gebracht hat, im Zuge derer es zu einer Entwicklung von neuen Industriebranchen kam.

In der Theorie der langen Wellen wird der räumliche Aspekt nicht beachtet. Die empirische und historische Analyse räumlicher Zusammenhänge zeigt jedoch, dass sich die Innovationszentren global und auch regional von Welle zu Welle verlagert haben.

Dies könnte zum Beispiel auf unterschiedliche Standorterfordernisse der jeweiligen Basisinnovation zurückzuführen sein. Meist waren diese Zentren durch eine Ballung der jeweiligen innovierenden Industrie gekennzeichnet. Mit einer neuen Welle entstehen immer neue Strukturen und Verbindungen im Raum. So konnte beobachtet werden, dass sich die Zentren der Innovationstätigkeit in den fünf langen Wellen beständig änderten. Daraus lässt sich ableiten, dass die Theorie der langen Wellen als Erklärung für die räumliche Verlagerung von ökonomischer Aktivität herangezogen werden kann. Bei (beinahe) jedem Zyklus konzentrierte sich die wirtschaftliche Aktivität auf eine oder wenige Regionen. Die für eine innovierende Industrie günstigen Standortfaktoren scheinen einem Wandel zu unterliegen, weshalb sich zu Beginn einer nachfolgenden langen Welle neue Standorte mit anderen Vorteilen herausbilden. Die Standortfaktoren aus der vorgelagerten Welle hatten dann in der nächsten Phase nicht mehr dieselbe Bedeutung wie zuvor. Das räumliche Zentrum konnte so lange prosperieren, bis die Innovationskraft der Technologie erschöpft war. Die neue Technologie im nachfolgenden Zyklus suchte sich dann einen neuen Standort mit den für sie günstigen Standortfaktoren.

An der ersten langen Welle war Deutschland nicht beteiligt. Die neuen Technologien dieser Welle wurden allesamt in England entwickelt und angewendet. In der zweiten langen Welle gelten in Deutschland das Ruhrgebiet und das Saarland als Zentren der wirtschaftlichen Aktivität. Für die Standortschwerpunkte der Eisen- und Stahlindustrie waren aufgrund der großen Bedeutung der Transportkosten lokale Rohstoffvorkommen ausschlaggebend. Diese konnten mit ihren Kohlevorkommen in Deutschland nur das Ruhrgebiet und das Saarland bieten. Schon im dritten Zyklus verlagerte sich der Produktions- und Innovationsschwerpunkt aber deutlich nach Süddeutschland. Vor allem in Bayern und Baden-Württemberg fand die Erzeugung von Kraftfahrzeugen und Elektrizität statt. Nichtsdestotrotz konnte das Ruhrgebiet - wohl aus Gründen natürlicher Standortvorteile – die chemische Industrie gewinnen: Für die Produktion von chemischen Erzeugnissen waren große Energievorräte notwendig, die das Ruhrgebiet mit seinen Steinkohlevorkommen aufbieten konnte. Allerdings war der Wandel schon eingeleitet und spätestens in der vierten langen Welle wurde Süddeutschland zum alleinigen Zentrum der wirtschaftlichen Aktivität. So hat im Laufe des dritten und vierten Kondratieff-Zyklus eine Verlagerung des Schwerpunkts der ökonomischen Aktivitäten in die Regionen Stuttgart und München stattgefunden. Ähnliche Trends zur Standortverlagerung können auch international beobachtet werden. In den USA zum Beispiel hat sich die ökonomische Aktivität von den Neu-England-Staaten über den Mittleren Westen nach Kalifornien verlagert (vgl. Booth 1987 und Glaeser 2005). Offensichtlich haben die Standortanforderungen der alten Welle nicht mehr den Anforderungen der neuen Wachstumsbranchen entsprochen.

Agglomerationszentren für den fünften Kondratieff-Zyklus auszumachen ist nicht ganz einfach, wenn man den Gesundheitssektor als treibende Kraft dieser Welle betrachtet. Da es bei Gesundheits- und Wellnessgütern in der Regel um Dienstleistungen und nicht handelbare Güter geht, ist zu vermuten, dass sich nicht nur ein oder wenige Zentren herausbilden werden, sondern die wirtschaftliche Aktivität über den Gesamtraum verbreitet wird. Dies scheint in abgeschwächter Form zum Beispiel für die Biotechnologieunternehmen zu gelten, die überwiegend in den großen Ballungsräumen über Deutschland verteilt sind. Die Biotechnologiebranche ist damit ebenfalls in mehreren Zentren stark vertreten. Zentren der Informationstechnologien dürften hingegen die Räume München und Berlin sein.

In früheren Zeiten waren, wie zuvor beschrieben, für die industrielle Produktion und die Umsetzung von Innovationen teilweise Standortvoraussetzungen wie Rohstoffvorkommen, eine spezialisierte Infrastruktur und Ähnliches bedeutend. Dadurch haben sich am Ende einer langen Welle immer spezialisierte Industrieregionen herausgebildet, deren gesamtes regionales Umfeld, wie etwa die Infrastruktur, der Arbeitskräftepool und die Zulieferer- und Absatzbeziehungen, auf eine einzelne Branche ausgerichtet war. Daraus ergibt sich fast zwangsläufig, dass diese spezialisierten Regionen kaum gute Standortvoraussetzungen für neue Wachstumsbranchen boten (vgl. Storper und Walker 1989). Die Akteure (Unternehmen, Gewerkschaften und Politik) in den spezialisierten Regionen haben am Bewährten festgehalten, das ihnen einst den Aufschwung mit der Produktion erfolgreicher Güter und Dienstleistungen brachte. Dadurch haben sie bedeutende Neuerungen verpasst, wodurch ihre Region in eine Krise geriet. Sofern zu Beginn einer neuen Welle neue Technologien und neue Sektoren entstanden, waren aufgrund des Wandels der benötigten Standortfaktoren andere Städte und Regionen geeignete Entwicklungs- und Produktionsstandorte. Somit gerieten im Laufe des Alterungsprozesses der Branchen im Sinne des Produkt-/Branchenlebenszyklus (vgl. Kap. 13) die alten Industrieregionen immer mehr in die Krise und neue prosperierende Städte und Regionen bildeten sich als Folge der Einführung von neuen Technologien heraus. Erweitert man diese Idee, dann werden insbesondere Krisenregionen bereit sein, aufgrund mangelnder Alternativen das Risiko des Neuen einzugehen und sich für neue Technologien und Branchen offen zeigen. Natürlich ist auch denkbar, dass eine Stadt genau für eine spezielle neue Technologie erhebliche Standortvorteile hat und deshalb die Ansiedlung innovativer Unternehmen gerade dort erfolgt.

Eine derartige Entwicklung hat auch Auswirkungen auf das Umland der jeweiligen Standorte. Zu Beginn einer langen Welle wächst der Ballungskern mit der steigenden Bedeutung der neuen Technologie, bevor er im Laufe der Zeit in eine Krise gerät und zurückgebaut wird. Aufgrund der Interdependenz zwischen dem Ballungskern und seinem Umland wirkt sich das Auf und Ab des Zentrums auch auf die Peripherie aus. Zunächst wird sie vom Wachsen des Zentrums profitieren und gegen Ende der langen Welle ihrerseits einen Bedeutungsverlust erfahren. Die hierbei auftretenden Effekte sind parallel zu den in Kap. 9 beschriebenen Ausbreitungs- und Entzugseffekten zu sehen.

12.2   Die neo-schumpeterianische Innovationstheorie

Freeman und Pérez (1988) haben diese Ideen aufgenommen und einen eigenen Ansatz erarbeitet, der die langfristige Entwicklung von Regionen mit der Theorie der langen Wellen in Einklang bringt und dadurch Disparitäten in der regionalen Entwicklung erklären kann. Die beiden Autoren gehen davon aus, dass das Phänomen der langen

Wellen nicht nur Auswirkungen auf die ökonomische Aktivität hat, sondern ein gesamtes System erfasst. So gehen mit den zyklischen Bewegungen der wirtschaftlichen Aktivität auch Veränderungen der gesamten gesellschaftlichen Struktur, wie beispielsweise der materiellen und immateriellen Infrastruktur oder von Führungs- und Politikstilen, einher. Sie haben Einfluss auf das technisch-ökonomische Paradigma, worunter man zum Beispiel die erforderliche Infrastruktur, spezialisierte Lieferanten und Händler oder Kundendienstnetze verstehen kann. Damit Innovationen aber ihre ganze Breitenwirkung entfachen können, muss dieses technisch-ökonomische Paradigma in ein sozio-institutionelles System eingebettet sein. So wird eine technologische Neuerung auch Einfluss auf die Verhaltensweisen der Akteure im Technologieverbund haben. Ingenieure, Manager und selbst die Konsumenten werden mit der neuen Technologie umgehen müssen und gegebenenfalls ihre Verhaltensweisen verändern. Die Kunden müssen die neuen Technologien allerdings erst annehmen, damit diese ihre Wirkung voll entfachen können. Aber auch Manager und Ingenieure müssen sich auf veränderte Produktionsprozesse, neue Konsumentenwünsche und Führungsstile, die damit einhergehen, einstellen.

Dabei unterscheiden Freeman und Pérez (1988) zunächst zwischen der Erfindung (Invention) und der Innovation. Eine Invention kann von Unternehmen gleich umgesetzt werden oder zunächst nur auf dem Papier existieren, bis sich die Umsetzung der jeweiligen Idee entweder lohnt oder diese ganz verworfen wird. Hingegen ist eine Innovation wirtschaftliche Realität. Sie wird auf dem Markt eingeführt und dieser „entscheidet", ob sie angenommen wird. Wenn die Innovation erfolgreich am Markt umgesetzt werden kann, dann nimmt sie auch Einfluss auf die zuvor beschriebenen Paradigmen.

Ist eine neue Technologie auf dem Markt erfolgreich, diffundiert sie und nimmt Einfluss auf das technisch-ökonomische Paradigma. Für die neuen Produkte wird zum Beispiel eine spezialisierte materielle oder immaterielle Infrastruktur benötigt. Der Arbeitskräftepool muss für die Produktion der neuen Güter qualifiziert werden, oder bestimmte Zulieferer müssen ebenfalls am Standort ansässig sein. Es bleibt aber nicht bei Änderungen des technisch-ökonomischen Paradigmas. Zusätzlich wird sich auch eine institutionelle Neujustierung einstellen.

Eine neue Technologie und neue Produkte ziehen auch neue Regelungen und Gesetze (wie z. B. den Schutz des geistigen Eigentums im Zeitalter des Internets) nach sich. Unter gewissen Umständen müssen auch spezialisierte Qualifizierungsinstitutionen sowohl für Konsumenten als auch für Arbeitskräfte erst errichtet werden. Käufer eines Autos beispielsweise müssen erst eine umfangreiche Qualifizierung absolvieren, um das Gut „Auto" selbst konsumieren zu dürfen. Darunter kann man sich vorstellen, dass die Einführung einer neuen Technologie nicht nur ökonomische Auswirkungen auf eine neue Branche hat, sondern jeweils auch die institutionelle Ebene verändert. Dem Beispiel zufolge haben sich daraus neue Berufsgruppen entwickelt, zum Beispiel die Fahrschullehrer und Kfz-Mechaniker, die neue Qualifizierungsinstitutionen erfordern.

Freeman und Pérez (1988) zufolge zieht eine radikale Innovation drastische Veränderungen der beiden Paradigmen (technisch-ökonomisches und sozio-institutionelles Paradigma) nach sich. In der Folge einer radikalen Innovation treten aber auch inkrementelle Innovationen auf. Diese bewirken eine schrittweise Verbesserung der neuen Güter oder führen über Prozessinnovationen zu Produktivitätssteigerungen. Während radikale Innovationen einen schockartigen Wandel der Paradigmen hervorrufen, sorgen inkrementelle Innovationen dafür, dass sich das technisch-ökonomische und das sozio-institutionelle Paradigma immer weiter verfestigen. Wenn sich die Konsumenten erst an eine neue Technologie gewöhnt haben, werden inkrementelle Innovationen reihenweise auf den Markt gebracht. Pérez (1998, S. 25) verdeutlicht dies am Beispiel der Elektrizität. Bis die Basisinnovation „Elektrizität" im dritten Kondratieff-Zyklus ihre volle Breitenwirkung entfalten konnte, dauerte es ziemlich lange. Erst Jahrzehnte nach der Einführung dieser Innovation besaß die Mehrzahl der Haushalte einen Elektroherd, einen Kühlschrank und eine Waschmaschine, danach aber dauerte es nur wenige Jahre, um die Konsumenten mit elektrischen Dosenöffnern, Messern und Saftpressen auszustatten. Wenn die Konsumenten eine neue Technologie angenommen haben, verbreiten sich inkrementelle Innovationen rasant.

Mit der Verbreitung der jeweils neuen Technologie entwickelt sich im Innovationszentrum ein ökonomisches, kulturelles und institutionelles Umfeld, das sich immer mehr auf die neue Industrie spezialisiert. Im Laufe der Zeit verfestigen die technisch-ökonomischen und sozio-institutionellen Paradigmen durch das oben beschriebene Zusammenspiel die regionalen Strukturen. Es entwickelt sich ein Ausweitungs-, aber auch ein Selbstausgrenzungsmechanismus. Das Problem der Verfestigung von regionalen Strukturen entsteht aber immer erst dann, wenn eine neue Industrie ihre Reife- bzw. Marktsättigungsphase erreicht.

Der eingeschlagene Entwicklungspfad mit den verfestigten regionalen Strukturen bzw. Paradigmen kann in Krisenzeiten nur sehr schwer, wenn überhaupt, wieder verlassen werden. Beharrungskräfte wirken einer Veränderung der sozio-ökonomischen Rahmenbedingungen entgegen. Schlussendlich endet die Verfestigung der sozio-institutionellen und ökonomischen Paradigmen in einem *lock-in*. Selbst wenn eine aufkommende Krise infolge einer eingetretenen Marktsättigung bereits abzusehen ist, sind die gesellschaftlichen Institutionen und die übergeordnete regionale Rahmenordnung im Regelfall äußerst träge. Diese Trägheit ist zum einen die Folge der früheren Bewährung der einst erfolgreichen Technologie, zum anderen kann sie aus Besitzstandsinteressen resultieren. Häufig ist ein Technologiewechsel für einige Gruppen mit Verlusten verbunden, die diese aber verständlicherweise nicht erleiden wollen. Diese Gruppen versuchen nun darauf hinzuwirken, weiter an den alten Strukturen festzuhalten. Im Ruhrgebiet und im Saarland war seit langer Zeit bekannt, dass die erfolgreichen Zeiten des Steinkohlebergbaus zu Ende sind, dennoch wurde mit staatlicher Hilfe und umfangreichen Subventionszahlungen über Jahrzehnte weiter an dieser veralteten Technologie festgehalten. Es dauert häufig Jahrzehnte, bis eine Region den einmal eingeschlagenen Pfad wieder verlassen kann und die gesamte Region erlebt einen lang anhaltenden Abschwung am Ende einer langen Welle.

Dieser regionale *lock-in* und die Beharrungskräfte sowie die Spezialisierung der Ökonomie und der Institutionen auf eine alte Technologie verhindern zudem die Ansiedlung und Verbreitung neuer Technologien am alten Standort. Die Entscheidungsträger und

Institutionen öffnen sich lange nicht für Neuerungen auf den Märkten. Die neue lange Welle mit ihren Basisinnovationen sucht sich aus diesem Grund ihr Innovationszentrum in anderen Regionen, die noch nicht auf ein bestimmtes Paradigma festgelegt sind. Damit ist das Auf und Ab von ökonomischer Aktivität wie auch der Aufstieg und Niedergang von Regionen, die auf bestimmte Technologien spezialisiert waren, erklärbar.

Storper (1986, S. 62) stellte ähnliche Überlegungen an. Laut diesem Autor haben neue Technologien die Tendenz, sich nicht in etablierten Zentren anzusiedeln, sondern an neuen Standorten, was er als *leap-frogging in space* bezeichnet. Die Unternehmen neuer Sektoren werden den sozialen und institutionellen Rigiditäten der etablierten Regionen ausweichen, damit sich an den neuen Standorten ein Umfeld mit Zuschnitt auf die neue Technologie herausbilden kann. Nach Storper kann man davon ausgehen, dass neue Technologien immer abseits der etablierten Zentren entwickelt werden, allerdings kann nicht prognostiziert werden, an welchen Standorten sich die neuen Industrien ansiedeln werden. Für Regionen gibt es ein *window of enhanced locational opportunity*, das sich für einen bestimmten Zeitraum öffnet, um neue Industrien zu attrahieren. Da in bestimmten Regionen jedoch wesentliche Elemente der Infrastruktur fehlen bzw. nicht ausreichend Produktionsfaktoren vorhanden sind, entwickeln sich nach Storper und Walker (1989) neue Industrien vorzugsweise in Zwischenzonen, etwa mittelgroßen Zentren oder Regionen, die im Einflussbereich von Großstädten liegen.

Die hier vorgestellten älteren Ansätze beschreiben anschaulich, weshalb sich neue Industrien an neuen Standorten ansiedeln und die etablierten Standorte in eine Krise geraten. Demgegenüber machen die neuen Standorte große Wachstumssprünge und überholen die alten. Modelle dieser Art werden in der Literatur als *leap-frogging*-Modelle bezeichnet, da die ökonomische Aktivität bildlich gesprochen von einem Zentrum zum nächsten springt. Eines dieser Modelle (jenes von Brezis und Krugman 1997) schließt den Teil der Theorien der regionalen Entwicklung ab.

Literatur

Booth, D. D. (1987). *Regional long waves, uneven growth, and the cooperative alternative*. New York: Praeger.

Brezis, E. S., & Krugman, P. R. (1997). Technology and the life cycle of cities. *Journal of Economic Growth, 2*(4), 369–383.

Dicken, P. (1998). *Global shift. Transforming the world economy* 3. (Aufl.). London: Paul Chapman Publishing.

Freeman, C., & Pérez, C. (1988). Structural crises of adjustment, business cycles and investment behaviour. In G. Dosi, C. Freeman, R. Nelson, G. Silverberg, & L. Soete (Hrsg.), *Technical change and economic theory* (S. 38–66). London: Pinter Publishers.

Glaeser, E. L. (2005). Reinventing Boston: 1630–2003. *Journal of Economic Geography, 5*(2), 119–153.

Goldschmidt, A. J. W. (2009). Gesundheitswirtschaft in Deutschland. In S. Fichtner-Rosada & M. Schütte (Hrsg.), *Medizin, Ökonomie, Management und Pflege* (S. 6–33). Essen: MA Akademie Verlag.

Kondratieff, N. D. (1926). Die langen Wellen der Konjunktur. *Archiv für Sozialwissenschaften und Sozialpolitik, 56,* 573–609.

Mensch, G. (1975). *Das technologische Patt. Innovationen überwinden die Depression.* Frankfurt am Main: Umschau.

Nefiodow, L. A. (2006). *Der sechste Kondratieff: Wege zur Produktivität und Vollbeschäftigung im Zeitalter der Information,* (6. Aufl.). St. Augustin: Rhein-Sieg Verlag.

Pérez, C. (1998). Neue Technologien und sozio-institutioneller Wandel. In H. Thomas & L. A. Nefiodow (Hrsg.), *Kondratieffs Zyklen der Wirtschaft* (S. 17–51). Herford: BusseSeewald.

Schumpeter, J. A. (1912). *Theorie der Wirtschaftlichen Entwicklung.* Leipzig: Duncker & Humblot.

Storper, M. (1986). Technology and new regional growth complexes: The economics of discontinuous Spatial Development. In P. Nijkamp (Hrsg.), *Technological change, employment and spatial dynamics* (S. 46–75). Berlin: Springer.

Storper, M., & Walker, R. (1989). *The capitalist imperative. Territory, technology, and industrial growth.* New York: Blackwell.

Technologischer Fortschritt und der Lebenszyklus von Städten

13

Zusammenfassung

Nicht nur Güter und Branchen unterliegen einem Lebenszyklus, sondern auch Städte und Regionen durchlaufen Phasen des Auf- und Abschwungs. Dabei variieren die Zentren des Wachstums (Städte oder Regionen) von Zyklus zu Zyklus. Analytische Modelle, die eine derartige Entwicklung darstellen, werden auch als *leap-frogging*-Modelle bezeichnet, weil laut ihnen die Zentren der ökonomischen Aktivität im Zeitverlauf von einer Stadt oder Region zur anderen „springen". Zum Beispiel kann eine ehemals benachteiligte Region für die Einführung neuer Technologien offener sein als etablierte Zentren und mit deren Anwendung einen Wachstumsschub erfahren, durch den sie bereits erfolgreiche Regionen in ihrer wirtschaftlichen Bedeutung und Prosperität ein- oder gar überholt. Durch den stetigen technologischen Wandel veralten mit der Zeit vormals erfolgreiche und revolutionäre Technologien. Dies führt zu einem ständigen Wechsel von Aufstieg und Niedergang von Städten und Regionen: Diejenigen, die auf veraltete Technologien setzen, büßen gegenüber solchen, welche neue Technologien einsetzen, an Wettbewerbsfähigkeit ein.

Im vorigen Kapitel haben wir uns unter anderem mit der Theorie der langen Wellen beschäftigt und mithilfe dieser herausgearbeitet, dass die wirtschaftliche Aktivität Zyklen unterliegt, wobei die Zentren des Wachstums (Städte oder Regionen) von Zyklus zu Zyklus variieren. Der Lebenszyklus von Städten ähnelt dem von Gütern und Branchen (s. Abschn. 4.2): Zu Beginn ist eine Stadt sehr klein, wächst dann, bis sie ihre maximale Größe erreicht, und beginnt schließlich wieder zu schrumpfen.

Im Modell von Elise Brezis und Paul Krugman (1997), auf dem dieses Kapitel basiert, werden die Phasen im Lebenszyklus einer Stadt entscheidend vom technologischen Fortschritt bestimmt. Wenn zwei Städte das gleiche Produkt mit unterschiedlichen Technologien herstellen, ist es möglich, dass eine der beiden wächst, während die andere schrumpft – obwohl beide das gleiche Gut produzieren. Ein besonders treffendes Beispiel hierfür ist die Textilproduktion zu Beginn der Industriellen Revolution. Die niederländischen Städte Leiden und Haarlem waren auf die Oberflächenausführung und das Färben von Wolle spezialisiert. Im

O. Farhauer und A. Kröll, *Standorttheorien*, DOI: 10.1007/978-3-658-01574-9_13,
© Springer Fachmedien Wiesbaden 2013

Tab. 13.1 Wachstum und Niedergang von Städten

a) Niedergang holländischer Städte (spezialisiert auf die Bearbeitung von Wolle)

–	1600	1700	1750	1800
Leiden	44	65	37	31
Haarlem	39	37	27	22
Amsterdam	54	200	210	217

b) Wachstum englischer Städte (spezialisiert auf die Bearbeitung von Baumwolle)

–	1700	1750	1800	1850
Manchester	8	18	84	303
Birmingham	7	24	71	233
Sheffield	3	12	46	135
London	575	675	948	2.236

Die Bevölkerung ist in 1.000 angegeben

Quelle eigene Darstellung nach Brezis und Krugman (1997, S. 371)

18. Jahrhundert verlor Wolle zu Gunsten von Baumwolle an Bedeutung, aber die beiden Städte Leiden und Haarlem hielten trotzdem an der Bearbeitung von Wolle fest. Obwohl die Bevölkerung in der niederländischen Hauptstadt Amsterdam, die zum Vergleich herangezogen wird, von 1600 bis 1800 kontinuierlich gewachsen ist, ging die Bevölkerung von Leiden und Haarlem seit dem Beginn des 18. Jahrhunderts drastisch zurück (s. Tab. 13.1a).

Gleichzeitig konnten Städte, die ebenso auf die Herstellung von Textilien – aber eben nicht aus Wolle, sondern aus Baumwolle – spezialisiert waren, ein starkes Bevölkerungswachstum verzeichnen. Zu diesen Städten gehören zum Beispiel Manchester, Birmingham und Sheffield (s. Tab. 13.1b). Zum Vergleich wird hier das starke Bevölkerungswachstum Londons dargestellt, das (relativ betrachtet) von den eben genannten Städten sogar noch übertroffen wurde.

Mithilfe des Modells von Brezis und Krugman (1997) lässt sich erklären, weshalb Leiden und Haarlem ihre Produktion nicht von Wolle auf Baumwolle umgestellt und nicht ebenfalls hohe Bevölkerungswachstumsraten verbucht haben. Wenn alte Zentren, in diesem Fall Leiden und Haarlem, eine neue Technologie nicht sofort übernehmen, bedeutet dies, dass sie mit ihrer alten Technologie produktiver sind, als sie es mit der neuen wären. Dass die neue Technologie aber dennoch verwendet wird, nämlich in neuen Zentren, heißt, dass ein anfänglicher Produktivitätsnachteil durch niedrigere Produktionskosten abseits von alten Zentren kompensiert werden kann.

13.1 Produktivitätswachstum durch Lerneffekte

Produktivitätsvorteile können in zwei verschiedenen Formen auftreten. Einerseits können sie sich in Form von Lerneffekten bei der Verwendung einer bestimmten Technologie zeigen (Spezialisierungsvorteile). Je länger diese Technologie bereits angewendet

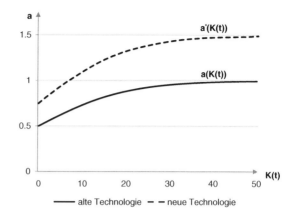

Abb. 13.1 Lernfunktion der alten und neuen Technologie. Nach Brezis und Krugmann (1997, S. 380)

wird und je mehr Güter schon damit hergestellt wurden, umso mehr Erfahrung haben die Arbeitskräfte gesammelt und umso produktiver sind sie mit dieser Technologie. So entstehen beispielsweise inkrementelle Prozessinnovationen. Einen zweiten Kanal des technologischen Fortschritts stellen radikale Prozessinnovationen dar. Für die neue Technologie ist das Wissen, das in der Produktion mit der alten Technologie angehäuft wurde, praktisch irrelevant. Leiden und Haarlem waren schon lange auf die Bearbeitung von Wolle spezialisiert und hatten daher einen beträchtlichen Wissenskapitalstock akkumuliert. Aufgrund dessen waren diese beiden Städte sehr produktiv bei der Bearbeitung von Wolle, ihre Erfahrung war allerdings für die Bearbeitung von Baumwolle größtenteils wertlos. Hätten sie also den technologischen Wandel – weg von der Wolle hin zur Baumwolle mitgemacht, hätten sie ihren Produktivitätsvorteil eingebüßt.

Dennoch schaffte es die neue Technologie, sich abseits der etablierten Zentren, zum Beispiel in Manchester, Birmingham und Sheffield, anzusiedeln. Wenn noch kaum Erfahrung in der Anwendung einer neuen Technologie vorhanden ist, kann bei deren Umsetzung anfänglich ein Produktivitätsnachteil bestehen. Auch wenn die neue Technologie grundsätzlich produktiver ist als die alte, besteht bereits Erfahrung im Umgang mit der alten Technologie, weshalb die Produktivität mit der alten Technologie relativ hoch ist. Dieser Prozess wird in Abb. 13.1 dargestellt und weiter unten ausführlich erläutert.

Im Modell wird von zwei Gütern ausgegangen. Im Zentrum einer Stadt wird ein Gut des Verarbeitenden Gewerbes produziert, in ihrem Umland ein landwirtschaftliches Produkt. Für den Ausschnitt des Modells, den wir im Folgenden betrachten, ist allerdings nur das Gut des Verarbeitenden Gewerbes von Interesse, da annahmegemäß nur in diesem Sektor technologischer Fortschritt zugelassen wird.

Innerhalb einer Produktionstechnologie ist die Produktivität a eine steigende Funktion der in einer Stadt kumulierten Erfahrung $K(t)$. Je mehr Erfahrung bei der Produktion mit einer bestimmten Technologie schon gesammelt wurde, umso besser können die Arbeitskräfte damit umgehen und umso produktiver sind sie:

$$a = a(K(t)).$$

Da die Produktivität eine steigende Funktion der in einer Stadt kumulierten Erfahrung ist, gilt:

$$\frac{da}{dK(t)} > 0.$$

Die Erfahrung $K(t)$ wird als kumulierter Output, der in einer Stadt von Zeitpunkt 0 bis Zeitpunkt t hergestellt wurde, modelliert:

$$K(t) = \int_0^t \int_0^m Y_i(\tau) di \; d\tau.$$

$Y_i(\tau)$ gibt den Output von einer Arbeitskraft i zu einem Zeitpunkt τ an. Um die gesamte Erfahrung $K(t)$, die bis zum Zeitpunkt t in einer Stadt gesammelt wurde, zu ermitteln, muss $Y_i(\tau)$ über alle Arbeitskräfte i und über alle Zeitpunkte τ summiert werden. Zur Vereinfachung des Modells wird von einem Kontinuum an Arbeitskräften und Zeitpunkten ausgegangen, die Bedingung einer ganzzahligen Anzahl an Arbeitskräften wird also gelockert. Deshalb muss hier statt der einfachen Summenbildung das Integral verwendet werden. Dadurch kann die Annahme von wettbewerblichem Verhalten aufrecht erhalten werden, da es sehr viele Akteure gibt, und das Modell ist wesentlich einfacher zu lösen als unter der Annahme unvollkommenen Wettbewerbs. Jede Arbeitskraft wird mit einem Index i gekennzeichnet und insgesamt gibt es m Arbeitskräfte ($i \in [0,m]$), weshalb das Integral von 0 bis m läuft. Von Interesse ist der kumulierte Output zum Zeitpunkt t, folglich läuft das Integral über alle Zeitpunkte τ, mit $\tau \in [0,t]$.

Der Zusammenhang zwischen der Produktivität a und dem kumulierten Output $K(t)$ in einer Stadt, das heißt ihrem Wissensstand bei der Anwendung einer bestimmten Technologie, lässt sich mithilfe folgender logistischer Lernfunktion beschreiben:

$$a = \Gamma \frac{e^{vK}}{e^{vK} + \mu}. \tag{13.1}$$

Dabei wird $K(t)$ zur Vereinfachung der Schreibweise mit K abgekürzt. $e^{vK}/(e^{vK} + \mu)$ ist die typische Form einer logistischen Funktion. Dabei ist e die Eulersche Zahl und v ein konstanter Parameter, der einen Einfluss darauf hat, wie steil die Funktion ansteigt. μ ist ebenfalls ein konstanter Parameter, welcher einer logistischen Funktion ihren charakteristischen Verlauf gibt, wie in Abb. 13.1 dargestellt.

Im Zeitverlauf, das heißt wenn t steigt, steigt auch der kumulierte Output $K(t)$. Dies führt zu einem Anstieg der Komponente e^{vK}. Wird die betrachtete Zeitspanne unendlich groß, geht also t gegen unendlich, so wird e^{vK} sehr groß, die Addition von μ im Nenner wirkt sich kaum noch aus und der Wert des Bruchs geht gegen eins:

$$\lim_{t \to \infty} \left[\frac{e^{vK}}{e^{vK} + \mu} \right] = 1.$$

Somit gilt auch:

$$\lim_{t \to \infty} [a\,(K\,(t))] = \lim_{t \to \infty} \left[\Gamma \frac{e^{vK}}{e^{vK} + \mu} \right] = \Gamma.$$

Γ (der griechische Großbuchstabe Gamma) gibt die maximale Produktivität an, die mit einer Technologie erzielt werden kann. Wird diese Technologie sehr lange verwendet, ist die Wissensbasis, auf welche die Arbeitskräfte zurückgreifen können, sehr groß, die Kenntnis der Technologie ist sehr gut und es kommt nur mehr zu marginalen Produktivitätsverbesserungen durch Lerneffekte. Lässt man t gegen unendlich laufen, wird das Produktivitätsmaximum Γ erreicht.

Diese Form der Lernfunktion hat einige praktische Eigenschaften. Selbst wenn mit einer Technologie noch keine Güter hergestellt wurden und daher noch keine Wissensbasis durch Lerneffekte aufgebaut wurde, ist die Produktivität größer als null. Zum Zeitpunkt null lautet die Lernfunktion in Gl. 13.1 $a(0) = \Gamma/(1 + \mu)$, da der Wissenskapitalstock K zum Zeitpunkt null noch nicht existiert ($K(0) = 0$) und folglich e^{vK} gleich eins ist (da $e^{v.0} = e^0 = 1$). Danach wächst die Produktivität im Zeitverlauf, allerdings mit einer abnehmenden Rate, und geht gegen das Produktivitätsmaximum Γ.

13.2   Technologischer Wandel

Nun wird von einer Situation ausgegangen, in der ein etabliertes Zentrum, zum Beispiel die Stadt Leiden oder Haarlem aus dem obigen Beispiel, einen so großen Wissenskapitalstock angehäuft hat, dass die Möglichkeiten zu Produktivitätsverbesserungen nur mehr sehr gering sind. Dann wird eine neue Technologie eingeführt, wie etwa die Umstellung von Wolle auf Baumwolle zur Herstellung von Textilien. Mit der neuen Technologie kann annahmegemäß entweder das gleiche Gut wie vorher, bloß mit einer anderen Technologie, oder ein anderes Gut, welches ein Substitut zum alten Gut darstellt, produziert werden. Für die neue Technologie gilt nun eine neue Lernfunktion, die mit $a^*(K^*)$ notiert wird. Dabei ist a^* die Produktivität der neuen Technologie in Abhängigkeit von K^*, der kumulierten Erfahrung, die durch Anwendung der neuen Technologie bereits angehäuft wurde. Für die neue Technologie ist dabei die Erfahrung, die bei der Produktion mit der alten Technologie erworben wurde, per Annahme vollkommen irrelevant.

Weiterhin wird angenommen, dass die neue Technologie besser ist als die alte. Für ein gegebenes Ausmaß an Erfahrung x mit der jeweiligen Technologie ist die neue Technologie produktiver als die alte, weshalb gilt: $a^*(x) > a(x)$. So ist zum Beispiel eine Stadt, welche die neue Technologie anwendet und damit schon 30 Gütereinheiten hergestellt hat, produktiver als eine Stadt, welche die alte Technologie anwendet und damit ebenfalls bereits 30 Stück produziert hat. Dies wird bei der Betrachtung von Abb. 13.1 deutlich. Bei jedem Output, so auch bei 30 Stück, liegt die Lernfunktion der neuen Technologie $a^*(K(t))$ über der Lernfunktion der alten Technologie $a(K(t))$. Damit ist die neue Technologie bei jedem beliebigen Ausmaß an gesammelter Erfahrung x produktiver als die alte. Somit ist auch das Produktivitätsmaximum Γ^*, das mit der neuen Technologie erreicht werden kann, höher als jenes, das mit der alten Technologie möglich ist. Für die Darstellung in Abb. 13.1 wurden folgende Parameterwerte verwendet: $v = 0{,}1$; $\mu = 1$; $\Gamma = 1$ für die alte Technologie und $\Gamma^* = 1{,}5$ für die neue Technologie. Für größer werden-des t bzw. K geht die Lernfunktion der alten Technologie gegen ihr Maximum 1, während die Lernfunktion der neuen Technologie gegen ihr Maximum 1,5 konvergiert.

Tatsächlich ist aber bei der Einführung einer neuen Technologie kein akkumuliertes Wissen durch Lernprozesse im Umgang mit ihr vorhanden, da sie ja gerade neu eingeführt wird. Demgegenüber hat ein etabliertes Zentrum, das schon lange die alte Technologie verwendet, einen erheblichen Wissenskapitalstock aufgebaut. Die Erfahrung, die durch Lernef-fekte entstanden ist, lässt das etablierte Zentrum mit der alten Technologie produktiver sein als es mit der neuen Technologie wäre, da sein Wissenskapitalstock für die neue Technolo-gie wertlos wäre. Folglich gilt $a^*(0) < a(K)$, falls K groß genug ist. Da hier von einem etablier-ten Zentrum ausgegangen wird, welches die alte Technologie schon lange verwendet, ist die im Produktionsprozess gesammelte Erfahrung groß und die Beziehung $a^*(0) < a(K)$ erfüllt.

Angenommen, Leiden und Haarlem, welche die alte Technologie verwenden, haben zum Zeitpunkt der Einführung der neuen Technologie einen Wissenskapitalstock in Höhe von 40 aufgebaut ($K = 40$) und damit ihr Produktivitätsmaximum in Höhe von eins beinahe erreicht. Bleiben diese Städte bei der alten Technologie, profitieren sie von ihrem hohen Erfahrungswert und ihre Produktivität beträgt

$$a(40) = 1 \frac{e^{0{,}1*40}}{e^{0{,}1*40} + 1} = 0{,}9820.$$

Würden sie hingegen zur neuen Technologie wechseln, wäre ihre Erfahrung mit der alten Technologie wertlos und ihre Produktivität wäre mit

$$a^*(0) = 1{,}5 \frac{e^{0{,}1*0}}{e^{0{,}1*0} + 1} = 0{,}75$$

deutlich geringer. Aus diesem Grund blieben die beiden Städte bei der alten Technologie.

Trotzdem konnte sich die neue Technologie mit Baumwolle gegenüber der alten mit Wolle durchsetzen. Obwohl eine neue Technologie anfangs für ein etabliertes Zentrum zweitklassig ist, kann sie nämlich für ein neues, kleineres Zentrum vorteilhaft sein. Das neue, kleinere Zentrum verfügt ebenfalls über keine Erfahrung bezüglich der Anwen-dung dieser Technologie, aber dieser Nachteil kann durch niedrigere Produktionskosten ausgeglichen werden. In kleineren Städten sind Mieten, Bodenpreise, Transport- und Arbeitskosten für gewöhnlich geringer. Somit kann eine kleine Stadt, welche das betref-fende Gut überhaupt erst mit der Einführung einer neuen Technologie produziert, auf-grund der geringeren Produktionskosten ein höheres Nutzenniveau U erreichen als ein etabliertes Zentrum mit der alten Technologie:

$$U(a^*(\varepsilon),\varepsilon) > U(a(K),L).$$

Der Nutzen eines repräsentativen Individuums in einer Stadt ist abhängig vom Wissens-kapitalstock K und der Stadtgröße L. Ist ε nahe null, so ist die Stadt, welche die neue

Abb. 13.2 Verteilung der Arbeitskräfte auf die beiden Städte. Nach Brezis und Krugman (1997, S. 379)

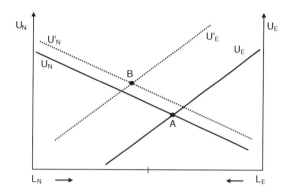

Technologie verwendet, äußerst klein und die Produktionskosten dort sind sehr gering. Daher ist es möglich, dass der Nachteil des fehlenden Wissenskapitalstocks in der kleineren Stadt durch die niedrigeren Produktionskosten überkompensiert und ein höheres Nutzenniveau erreicht wird als im größeren etablierten Zentrum unter Verwendung der alten Technologie. Dies traf offenbar auf die englischen Städte Manchester, Birmingham und Sheffield zu, welche die neue Technologie, also die auf Baumwolle basierende Produktion, angenommen haben. Noch 1700 und 1750 waren diese drei englischen Städte bedeutend kleiner als Leiden und Haarlem. Als sie jedoch durch Lerneffekte im Produktionsprozess mit der Zeit einen immer größeren Wissenskapitalstock aufgebaut hatten, wuchsen sie immer stärker, während die niederländischen Städte, welche auf die alte Technologie spezialisiert waren, schrumpften (s. Tab. 13.1).

Die Stadtgrößen verändern sich so lange, bis ein Gleichgewicht erreicht wird. Im Gleichgewicht müssen sich die Nutzenniveaus von repräsentativen Arbeitskräften in allen Städten entsprechen. Wäre dem nicht so, hätte mindestens eine Arbeitskraft einen Anreiz, in eine Stadt mit höherem Nutzenniveau umzuziehen und es würde noch kein Gleichgewicht herrschen. Abbildung 13.2 zeigt die Nutzenkurven U_N und U_E von repräsentativen Arbeitskräften in einer niederländischen bzw. englischen Stadt, also etwa in Haarlem und Sheffield. Der Nutzen einer repräsentativen Arbeitskraft in einer Stadt ist in diesem Modell umso höher, je weniger Einwohner sie hat. Schließlich steigen mit zunehmender Bevölkerungszahl die Überfüllungskosten an, so zum Beispiel die Grundstückspreise und die Stau- bzw. Transportkosten.

Das Ausgangsgleichgewicht ist durch Punkt A gekennzeichnet: Hier gleicht der Nutzen einer typischen Arbeitskraft in den Niederlanden dem eines Engländers. Wenn die neue Technologie zur Verfügung steht, wird die niederländische Stadt sie nicht annehmen, die englische Stadt hingegen schon. Im Zeitverlauf steigt die Produktivität in beiden Städten, die Nutzenkurven verschieben sich nach oben. Die niederländische Stadt verwendet die alte Technologie, folglich sind nur mehr geringe Produktivitäts-, und damit Nutzensteigerungen, durch Lerneffekte möglich und die Nutzenkurve steigt lediglich geringfügig auf $U_{N'}$. Demgegenüber verwendet die englische Stadt die neue Technologie. Insbesondere in der Anfangsphase steigt dort die Produktivität infolge des Sammelns von Erfahrung im Produktionsprozess stark an, und ebenso die Nutzenkurve (auf $U_{E'}$). Dadurch ergibt sich ein neues Gleichgewicht in Punkt B, in dem die Nutzen in beiden Städten einander wieder gleichen, allerdings auf einem höheren Niveau als vor dem technologischen Fortschritt in Punkt A. In Punkt B wird deutlich, dass die englische Stadt auf Kosten der niederländischen an Bevölkerung zulegen konnte: Manchester, Birmingham und Sheffield sind gewachsen, während Leiden und Haarlem geschrumpft sind.

Ziel dieses Modells ist es, das empirische Phänomen zu erklären, dass einige Städte wachsen, während andere schrumpfen – obwohl diese Städte häufig auf ein und dieselbe Branche spezialisiert sind, wie am Beispiel der Textilproduktion gezeigt. Einen Grund für diese Entwicklung sehen Brezis und Krugman (1997) im technologischen Fortschritt. Wird eine neue Technologie eingeführt, lohnt es sich häufig für ein etabliertes Zentrum nicht, diese anzuwenden, da es bei Verwendung der alten Technologie Produktivitätsvorteile gibt. Die neue Technologie wird von einer kleineren Stadt verwendet und die dort niedrigeren Produktionskosten entschädigen die Unternehmen für die anfänglich niedrigere Produktivität (da bei Verwendung der neuen Technologie noch auf keinen Wissenskapitalstock zurückgegriffen werden kann). Im Zeitverlauf steigt die Produktivität aufgrund der Annahme einer logistischen Lernfunktion in den Städten, welche die neue Technologie verwenden, stärker an, wodurch auch der Nutzen in diesen Städten stärker steigt. Die Mobilität der Arbeitskräfte zwischen Städten führt zu einem Ausgleich der Nutzenniveaus, daher wächst die neue Stadt, während die Stadt, die an der alten Technologie festhält, schrumpft.

Literatur

Brezis, E. S., & Krugman, P. R. (1997). Technology and the life cycle of cities. *Journal of Economic Growth, 2*(4), 369–383.

Teil VI

Empirische Methoden zur Analyse von Standortentscheidungen und regionaler Wirtschaftsentwicklung

Bislang haben wir uns hauptsächlich mit den theoretischen Hintergründen der Agglomeration von Branchen, der Herausbildung verschiedener Branchenstrukturen und der wirtschaftlichen Entwicklung von Regionen beschäftigt. Um feststellen zu können, welche Ballungs- und Spezialisierungstendenzen nun aber in der Realität vorzufinden sind, benötigt man geeignete Instrumente, um diese zu messen. Das Werkzeug hierfür wollen wir dem Leser in Kap. 14 an die Hand geben. Dort stellen wir eine Reihe verschiedener Maßzahlen vor, mit denen entweder die räumliche Konzentration einer Branche oder die Spezialisierung einer Region auf bestimmte Branchen ermittelt werden kann. Dabei beginnen wir mit relativ einfachen Maßen, die aber die Grundlage für komplexere Indizes darstellen, die wir im weiteren Verlauf dieses Kapitels behandeln. Sämtliche Indizes werden anhand von einfachen Beispielen veranschaulicht, die es dem Leser ermöglichen, die Maßzahlen leichter nachzuvollziehen und selbst nachzurechnen. Indizes, für deren Berechnung ein Statistiksoftwarepaket oder ein eigens geschriebenes Programm benötigt wird, erklären wir intuitiv

Auch zur empirischen Analyse der Entwicklung und des Wachstums von Regionen geben wir dem Leser relativ einfache Verfahren an die Hand. Dabei handelt es sich um zwei in der Regionalökonomik und Wirtschaftsgeographie äußerst populäre Methoden: die Shift-Share-Analyse (s. Kap. 15) und die Input-Output-Analyse (s. Kap. 16). Eine Shift-Share-Analyse ermöglicht die Abschätzung der Entwicklungsdynamik von Regionen. Dabei wird die wirtschaftliche Entwicklung von Regionen auf verschiedene Faktoren zurückgeführt, so zum Beispiel auf die regionale Branchenstruktur und standortspezifische Gegebenheiten. Demgegenüber bringt die Input-Output-Analyse die Verflechtung verschiedener Branchen untereinander ans Licht. Vor allem illustriert sie über Zulieferer- und Abnehmerbeziehungen die Auswirkungen der Outputveränderung einer einzigen Branche auf die gesamte Region. Auch diese beiden Verfahren werden anhand von leicht nachvollziehbaren Zahlenbeispielen ausführlich dargestellt.

Indizes räumlicher Konzentration und regionaler Spezialisierung

14

Zusammenfassung

Die in diesem Kapitel dargestellten Maßzahlen haben gemeinsam, dass sie entweder die räumliche Konzentration einer Branche oder aber das Ausmaß der regionalen Spezialisierung messen. Dies sind zwei ganz bedeutende Fragestellungen in der regionalpolitischen Praxis. Wird von räumlicher oder geographischer Konzentration gesprochen, meint man damit die Ballung einer Branche in einer oder wenigen Regionen. In Deutschland zum Beispiel konzentrieren sich die Unternehmen der Finanzdienstleistungsbranche überwiegend in Frankfurt am Main. Regionale Spezialisierung beschreibt hingegen die überdurchschnittlich starke Fokussierung einer Region auf eine bestimmte Branche. Ein ziemlich bekanntes Beispiel dafür ist die Automobilherstellung in Wolfsburg. Die regionale Spezialisierung äußert sich darin, dass ein sehr großer Anteil der Wolfsburger Beschäftigten im Automobilsektor tätig ist. Die ersten Unterkapitel behandeln eher einfachere Maße, die sich in der Regionalökonomik und der Wirtschaftsgeographie schon seit Längerem großer Beliebtheit erfreuen. Anschließend widmen wir uns neueren Indizes, die anstreben, Probleme der älteren Index-Generation zu beheben. Diese zeichnen sich überwiegend durch die Messung regionsübergreifender Ballungen und die Bestimmung der statistischen Signifikanz der ermittelten Maßzahlen aus.

Ist eine Branche räumlich konzentriert, so verteilt sie sich nur auf eine oder wenige Regionen. Als Beispiel hierfür kann die ehemals starke Konzentration der Schwerindustrie (Kohle und Stahl) im Ruhrgebiet und im Saarland gelten. Räumliche Spezialisierung hingegen meint, dass ein Großteil der wirtschaftlichen Aktivität einer Region auf eine oder wenige Branchen entfällt. Beispielhaft hierfür sei Wolfsburg genannt – diese Stadt ist sogar so stark auf die Automobilherstellung spezialisiert, dass ein Großteil ihrer Wirtschaftskraft davon abhängt.

In der Realität ist oft zu beobachten, dass eine Region auf eine Branche spezialisiert ist und diese Branche gleichzeitig in der betreffenden Region räumlich konzentriert ist. Dies

O. Farhauer und A. Kröll, *Standorttheorien*, DOI: 10.1007/978-3-658-01574-9_14,
© Springer Fachmedien Wiesbaden 2013

trifft zum Beispiel auf die Chemie-Branche im Rhein-Main-Gebiet zu. Da sich Betriebe dieser Branche im genannten Gebiet konzentrieren, kann von geographischer Konzentration gesprochen werden. Gleichzeitig führte diese Ballung dazu, dass sich die Region im Laufe der Zeit auf die Chemische Industrie spezialisiert hat und nun ein großer Anteil der dort Beschäftigten in dieser Branche tätig ist.

Grundbausteine dieses Kapitels finden sich in Farhauer und Kröll (2010). In den nachfolgenden Unterkapiteln stellen wir ein breites Spektrum an Maßzahlen für die räumliche Konzentration einer Branche und die Spezialisierung einer Region vor. Die Palette reicht von einfacheren bis hin zu komplexeren Indizes, für deren Berechnung ein Statistiksoftwarepaket oder ein eigens geschriebenes Programm benötigt wird. Dabei wiederholen sich bestimmte Elemente der Notation bei fast jedem Index. Deshalb fassen wir diese Elemente hier überblicksmäßig zusammen, sodass sie nicht jedes Mal neu definiert werden müssen.

Legende zur Notation

$i,\ldots,I$	Laufindex der Branche
$j,\ldots,J$	Laufindex der Stadt oder Region
$k,\ldots,K$	Laufindex der Betriebe
E	Gesamtbeschäftigung
E_i	Gesamtbeschäftigung in Branche i
E_j	Gesamtbeschäftigung in Region j
E_{ij}	Beschäftigung in Branche i in Region j
E_{ik}	Beschäftigung in Branche i in Betrieb k

14.1 Standortquotient/Hoover-Balassa-Index

Beginnen wir unsere Reise durch die regionalökonomischen Kennzahlen mit einem der einfachsten Maße: dem Standortquotienten, auch Lokalisationsquotient genannt. Mithilfe des Standortquotienten lässt sich bereits ein erster Eindruck davon gewinnen, ob eine Branche in einer bestimmten Region geballt ist. So kann zum Beispiel ermittelt werden, ob es in Nürnberg – relativ betrachtet – mehr Konditoren gibt als im gesamten Freistaat Bayern. Aufgrund seiner relativen Betrachtungsweise zählt der Standortquotient zu den relativen Maßen. Das heißt, er misst die räumliche Konzentration einer Branche in einer Region relativ zu einer übergeordneten Raumeinheit. Der zahlenmäßige Anteil der Nürnberger Konditoren an allen Konditoren Bayerns wird zu Nürnbergs Anteil an der gesamten Beschäftigung in diesem Bundesland ins Verhältnis gesetzt. Etwas allgemeiner ausgedrückt bedeutet das, der Anteil der Beschäftigung in Branche i in Region j an der Gesamtbeschäftigung in Branche i wird zum Anteil der Beschäftigung in Region j an der Gesamtbeschäftigung in Relation gesetzt:

$$LQ_{ij} = \frac{E_{ij}/E_i}{E_j/E}. \tag{14.1}$$

Ergibt sich für den Standortquotienten ein Wert kleiner als eins, so ist die untersuchte Branche in der betreffenden Region unterdurchschnittlich stark vertreten. Das ist der Fall,

Tab. 14.1 Berechnungsbeispiel: Standortquotient *Quelle* eigene Darstellung

Region A		Übergeordnete Vergleichsregion	
E_{ij}	E_j	E_i	E
1.714	79.006	879.213	15.593.224

wenn das Verhältnis E_{ij}/E_i kleiner als E_j/E ist. Dann wären zum Beispiel nur 5 % aller bayerischen Konditoren in Nürnberg beschäftigt, obwohl Nürnberg für – sagen wir – 10 % der bayerischen Beschäftigung aufkommt. Nimmt das Maß hingegen Werte größer als eins an, ist die Branche in dieser Region überdurchschnittlich konzentriert, es würden also beispielsweise 15 % aller bayerischen Konditoren in Nürnberg arbeiten. Bei einem Standortquotienten von genau eins entspricht die Konzentration der Branche in der Region der durchschnittlichen Konzentration in der Gesamtheit aller Regionen bzw. in der übergeordneten Vergleichsregion.

Der Standortquotient lässt sich einfach berechnen und stellt die Grundlage für komplexere Indizes der Regionalökonomik dar, zum Beispiel für den Gini-Index räumlicher Konzentration, mit dem wir uns in Abschn. 14.2.1 ausführlich beschäftigen. Durch Umformung des Standortquotienten ergibt sich der so genannte *Hoover-Balassa-Index*. Dieser ist zum Beispiel Grundlage des Gini-Index für regionale Spezialisierung (s. Abschn. 14.2.2). Der Standortquotient und der Hoover-Balassa-Index entsprechen einander und unterscheiden sich lediglich in ihrer Darstellung. In der Handelstheorie wird meist vom *Balassa-Index* gesprochen, während in der Wirtschaftsgeographie und der Regionalökonomik die Bezeichnung *Standortquotient* verwendet wird.

$$HB_{ij} = \frac{E_{ij}/E_j}{E_i/E} \tag{14.2}$$

Im Folgenden berechnen wir den Standortquotienten für die Beschäftigung in einer bestimmten Branche in Region A. Die Daten in Tab. 14.1 geben die jeweilige Anzahl der Beschäftigten an.

Durch Einsetzen der Werte aus Tab. 14.1 in Gl. 14.1 ergibt sich in diesem Beispiel der Wert 0,3848 für den Standortquotienten. Dieser Wert liegt deutlich unter eins. Daraus folgt, dass die betrachtete Branche in Region *A* im Vergleich zur übergeordneten Vergleichsregion unterdurchschnittlich stark vertreten ist. Diese Branche ist in Region *A* daher von relativ geringer Bedeutung.

14.2 Gini-Koeffizient

Der Gini-Koeffizient wurde von dem italienischen Statistiker und Ökonomen Corrado Gini (1912) entwickelt. Dieser Index ist ein Maß für die Ungleichheit einer Verteilung. Besonders beliebt ist der Gini-Koeffizient als Maß für die Ungleichheit der Einkommensverteilung. Wir wenden uns hier aber zwei regional- und stadtökonomischen Anwendungen des Gini-Koeffizienten zu und betrachten zuerst die Verteilung der ökonomischen Aktivität in einer Branche auf verschiedene Regionen (räumliche Konzentration einer Branche) und anschließend die Verteilung der Beschäftigung in einer Region auf verschiedene Branchen (regionale Spezialisierung).

14.2.1 Räumliche Konzentration einer Branche

Im Gegensatz zum Standortquotienten lässt sich mit dem Gini-Koeffizienten einer etwas breiter formulierten Fragestellung nachgehen: Ist eine bestimmte Branche in einer Region räumlich konzentriert? Betrachten wir nochmals die Konditor-Branche, dann könnte die Frage lauten: Ballen sich die Konditoren in einer bayerischen Stadt, oder sind sie gleichmäßig auf die bayerischen Städte verteilt? So, wie der Gini-Koeffizient beispielsweise in Krugman (1991, S. 55) verwendet wird, ist er ein Maß für eine relative Konzentration. Es gibt allerdings auch Formen des Gini-Index, die Maße für eine absolute Konzentration sind. Eine Anwendung findet sich zum Beispiel bei Aiginger und Rossi-Hansberg (2006).

Vorliegend wird der Gini-Koeffizient als relatives Konzentrationsmaß dargestellt. Das bedeutet, er setzt die Beschäftigung in einer Branche in einzelnen Regionen zu der durchschnittlichen Beschäftigung in dieser Branche in der Gesamtheit der Regionen ins Verhältnis. Eine Branche ist räumlich konzentriert, wenn eine oder wenige Regionen für den Großteil der Beschäftigung in dieser Branche aufkommen.

Die Formel zur Berechnung des Gini-Index G_i lautet:

$$G_i = \frac{2}{J^2 \overline{C}} \sum_{j=1}^{J} \lambda_j \left(C_j - \overline{C} \right) \tag{14.3}$$

Wir geben dem Koeffizienten ein Subskript i. So wird deutlich, dass der Gini-Index für räumliche Konzentration für eine *Branche i* berechnet wird, und er kann auf den ersten Blick von dem in Abschn. 14.2.2 dargestellten Gini-Index für regionale Spezialisierung unterschieden werden.

Wenden wir uns nun den einzelnen Bestandteilen der Formel zur Berechnung des Gini-Index für räumliche Konzentration zu. C_j gibt die Konzentration unserer Branche i in einer betrachteten Region j an. Wie bereits im vorigen Kapitel angekündigt, findet sich hier der Standortquotient wieder – er wird durch C_j zum Ausdruck gebracht (wie ein Vergleich mit Gl. 14.1 zeigt):

$$C_j = \frac{s_{ij}^k}{s_j} = \frac{E_{ij}/E_i}{E_j/E} \tag{14.4}$$

Dabei gibt s_{ij}^k das Gewicht bzw. den Anteil der Beschäftigung in Branche i in Region j an der Gesamtbeschäftigung in Branche i an. Der Anteil der Beschäftigung in Region j an der Gesamtbeschäftigung über alle Regionen hinweg (beides branchenunabhängig) wird mit s_j notiert:

$$s_{ij}^k = \frac{E_{ij}}{E_i} \quad \text{und} \quad s_j = \frac{E_j}{E}. \tag{14.5}$$

Gemäß Gl. 14.3 wird von C_j der Wert für $\overline{C}$ subtrahiert. Bei $\overline{C}$ handelt es sich um den durchschnittlichen Standortquotienten – also den Mittelwert der C_j – aller betrachteten Regionen:

$$\overline{C} = \frac{1}{J} \sum_{j=1}^{J} C_j. \tag{14.6}$$

Die Differenz zwischen C_j und $\overline{C}$ wird mit λ_j multipliziert. Stellen wir uns vor, wir hätten für alle untersuchten Regionen bereits ihren jeweiligen Wert für C_j berechnet und diese Werte anschließend in aufsteigender Reihenfolge geordnet. Die Region mit dem geringsten Wert für C_j steht somit in der Rangliste auf dem ersten Platz usw. Der Faktor λ_j gibt für jede Region ihren Rang auf dieser Liste wieder. Steht Region j zum Beispiel auf dem dritten Rang, so nimmt λ_j den Wert drei an. Kurzum, die Differenz zwischen C_j und $\overline{C}$ wird mit dem Rang von Region j gewichtet. Weist eine Region einen besonders hohen Wert für C_j auf, befindet sie sich auf einem der unteren Ränge, weshalb λ_j groß ist und die Differenz $C_j - \overline{C}$ für diese Region vergleichsweise stark gewichtet wird. Wenn ihr Wert für C_j besonders hoch ist, impliziert dies, dass er weit über dem Durchschnitt $\overline{C}$ liegt. Die Differenz zwischen diesen beiden Werten ist folglich positiv und groß. Ihre starke Gewichtung trägt zu einem hohen Wert des Gini-Index bei, der wiederum auf eine räumliche Konzentration der betrachteten Branche in einer oder wenigen Regionen schließen lässt.

Die mit λ_j gewichtete Differenz zwischen C_j und $\overline{C}$ wird zur Berechnung des Gini-Koeffizienten über alle Regionen aufsummiert und mit dem Faktor $2/\left(J^2\overline{C}\right)$ multipliziert. Dieser normiert den Gini-Koeffizienten auf Werte zwischen null und $(J-1)/J$. Bei einer großen Anzahl von Regionen J geht der Term $(J-1)/J$ gegen eins. Diesen Maximalwert nimmt der Gini-Koeffizient an, wenn sich unsere Branche vollständig in einer einzelnen Region ballt. Dies wäre beispielsweise der Fall, wenn die Konditoren in nur einer bayerischen Stadt (zum Beispiel in Nürnberg) vorzufinden wären.

Demgegenüber bedeutet ein Wert von null, dass die untersuchte Branche in allen Regionen gleichmäßig stark vertreten ist. Das heißt, alle ihre regionsspezifischen Standortquotienten sind gleich hoch. In diesem Fall spricht man von einer *Gleichverteilung* bzw. einer *egalitären Verteilung* der Branchen-Beschäftigung auf die Regionen. Dies schließt aber nicht aus, dass unsere Branche möglicherweise in der Gesamtheit der analysierten Regionen besonders stark vertreten ist. So könnte zum Beispiel der Gini-Index einer Untersuchung der räumlichen Konzentration von Konditoren in bayerischen Städten den Wert null annehmen. Dennoch wäre nicht auszuschließen, dass diese Branche in allen bayerischen Städten stärker räumlich geballt ist als bundesweit. Wenn der Gini-Koeffizient Werte zwischen den beiden Extremen annimmt, sollte er immer zusammen mit der Lorenzkurve interpretiert werden – wir kommen in Abschn. 14.2.3 auf diese Kurve zurück.

Im nachstehenden fiktiven Beispiel wird die Konzentration der Konditorbranche in einem Land mit fünf Regionen berechnet. Tabelle 14.2 enthält die hierfür notwendigen Informationen bezüglich der jeweiligen Beschäftigungsniveaus E_j, E_{ij}, E_i und E. Die Werte für $s_{ij}{}^k$ und s_j wurden mittels der Formeln in Gl. 14.5 berechnet und C_j folgt aus dem Einsetzen dieser Beschäftigungsniveaus bzw. -anteile in Gl. 14.4:

Tab. 14.2 Berechnungbeispiel: Gini-Koeffizient für die räumliche Konzentration einer Branche

Region j	E_j	E_{ij}	s_{ij}^{k}	s_j	C_j	λ_j	$\lambda_j(C_j - \overline{C})$
3	20.000	500	0,05	0,2	0,25	1	−0,72
1	15.000	500	0,05	0,15	0,33	2	−1,27
5	20.000	1.000	0,1	0,2	0,50	3	−1,40
4	40.000	7.000	0,7	0,4	1,75	4	3,13
2	5.000	1.000	0,1	0,05	2,00	5	5,17
Summe	E = 100.000	E_i = 10.000	1	1	4,83	–	4,92

Quelle eigene Darstellung

Die Regionen *j* müssen nach dem Wert ihres Standortquotienten C_j aufsteigend geordnet werden, was wir in Tab. 14.2 bereits getan haben. $\overline{C}$ folgt aus Gl. 14.6, das heißt aus der Division von 4,83 durch 5, und beträgt 0,966. Nach Einsetzen in Gl. 14.3 ergibt sich für den Gini-Koeffizienten der Wert $G_i = 0{,}4075$ (mit den gerundeten Werten aus Tab. 14.2 berechnet):

$$G_i = \frac{2}{5^2 * 0,966} 4,92 = 0,4075.$$

Demnach liegt eine mäßige räumliche Konzentration der Konditoren in diesem Land vor. Zu beachten ist jedoch, dass der Gini-Index nicht zwischen geographischer und industrieller Konzentration, also der Verteilung der Beschäftigung auf die Betriebe, unterscheiden kann. Er kann nicht differenzieren, ob in einer Region wenige große Unternehmen oder viele kleine Unternehmen einer Branche aktiv sind. Der Index misst lediglich die geographische Konzentration einer Branche im Raum, über die Verteilung der Beschäftigten auf die Betriebe kann keine Aussage getroffen werden, da in seine Berechnung die Anzahl der Betriebe nicht eingeht. Wenn in einer großen Konditorei 20 % der regionalen Arbeitskräfte beschäftigt sind, kann sich deshalb der gleiche Wert für den Index ergeben, wie wenn 20 % der Arbeitskräfte einer Region in zehn kleineren Konditoreien beschäftigt sind. Der Grund dafür ist, dass in beiden Fällen der Anteil der Konditoren an der regionalen Gesamtbeschäftigung gleich groß ist. Aufgrund der Einfachheit seiner Berechnung und der geringen Datenanforderungen wird der Gini-Koeffizient in empirischen Untersuchungen ziemlich häufig verwendet, eine Anwendung findet sich zum Beispiel in Brülhart (2001).

14.2.2 Regionale Spezialisierung

Durch Substitution einiger Parameter des Gini-Index für räumliche Konzentration kann ein Gini-Koeffizient für die Spezialisierung einer Region errechnet werden. Im Gegensatz zu vorhin wird nun gefragt, wie stark eine Region branchenmäßig spezialisiert bzw. diversifiziert ist. So kann man mithilfe des Gini-Index für die regionale Spezialisierung beispielsweise untersuchen, ob Nürnberg stark auf eine bestimmte Branche spezialisiert ist, oder eher eine diversifizierte Branchenstruktur aufweist. Der entscheidende Unterschied zur Berechnung des Maßes für räumliche Konzentration liegt darin, dass nun nicht von einer bestimmten Branche, sondern von einer bestimmten Region ausgegangen wird. Von Spezialisierung wird dann gesprochen, wenn die untersuchte Region von einer oder wenigen Branchen dominiert ist, also in diesen Sektoren besonders hohe Beschäftigungsanteile aufweist.

Der Gini-Koeffizient für regionale Spezialisierung lässt sich mit folgender Formel ermitteln:

$$G_j = \frac{2}{I^2 \overline{R}} \sum_{i=1}^{I} \lambda_i \left(R_i - \overline{R} \right). \tag{14.7}$$

Um zu verdeutlichen, dass er für eine *Region j* berechnet wird, bekommt der Gini-Index für regionale Spezialisierung das Subskript *j*. Diese Maßzahl ist nach dem gleichen Schema aufgebaut wie der Gini-Index für räumliche Konzentration. Es muss nun lediglich *C* statt *R* eingesetzt werden. Auch *R* entspricht dem Standortquotienten (bzw. in der hier gewählten Darstellung dessen Umformung – dem Hoover-Balassa-Index), wird nun allerdings nicht für eine Region, sondern für eine Branche berechnet. Somit gibt R_i den regionalen Beschäftigungsanteil von Branche *i* relativ zu ihrem überregionalen Beschäftigungsanteil an:

$$R_i = \frac{s_{ij}^s}{s_i}. \tag{14.8}$$

Hier steht s_{ij}^s für den Anteil der Beschäftigung in Branche *i* in Region *j* an der Gesamtbeschäftigung in Region *j*. Hingegen steht s_i für den Anteil der Beschäftigung in Branche *i* an der Gesamtbeschäftigung (beides regionsunabhängig):

$$s_{ij}^s = \frac{E_{ij}}{E_j} \text{ und } s_i = \frac{E_i}{E}. \tag{14.9}$$

Gl. 14.7 zufolge wird von R_i der Wert für $\overline{R}$ abgezogen. Dabei steht $\overline{R}$ für den über alle Branchen hinweg ermittelten Durchschnitt des Hoover-Balassa-Index, das heißt, das arithmetische Mittel aller R_i:

$$\overline{R} = \frac{1}{I} \sum_{i=1}^{I} R_i. \tag{14.10}$$

Die Differenz zwischen R_i und $\overline{R}$ wird mit λ_i multipliziert, das auch hier wieder den Rang angibt. Allerdings ist Vorsicht geboten, da λ_i nun den Rang einer *Branche i* angibt, wenn alle Branchen gemäß dem Wert ihres Hoover-Balassa-Index R_i aufsteigend gereiht werden. Die Branche mit dem niedrigsten Wert für R_i belegt Rang eins und wird mit $\lambda_i = 1$ gewichtet. Anhand der Argumentation im vorhergehenden Abschn. 14.2.1 kann sich der Leser überlegen, welche Auswirkungen eine große positive Differenz zwischen einem R_i und $\overline{R}$ auf den Wert des Gini-Index für regionale Spezialisierung hat.

Zur Bestimmung des Spezialisierungsmaßes wird die mit λ_i gewichtete Differenz zwischen R_i und $\overline{R}$ über alle Branchen aufsummiert. Um den resultierenden Wert des Gini-Index auf Werte zwischen 0 und $(I - 1)/I$ zu normieren, erfolgt eine Multiplikation des eben beschriebenen Ausdrucks mit $2/(I^2 \overline{R})$. Die resultierenden Werte sind ebenso zu

Tab. 14.3 Berechnungsbeispiel: Gini-Koeffizient für die Spezialisierung einer Region

Branche i	E_i	E_{ij}	$s_{ij}{}^s$	s_i	R_i	λ_i	$\lambda_i(R_i - \bar{R})$
2	30.000	700	0,014	0,182	0,07	1	−0,61
5	15.000	600	0,012	0,091	0,13	2	−1,12
1	10.000	500	0,01	0,061	0,16	3	−1,59
4	60.000	10.000	0,193	0,364	0,53	4	−0,63
3	50.000	40.000	0,772	0,303	2,55	5	9,3
Summe	$E = 165.000$	$E_j = 51.800$	1	1	3,44	−	5,35

Quelle eigene Darstellung

interpretieren, wie beim räumlichen Gini-Koeffizienten, bloß liegen die Werte des Gini-Koeffizienten für regionale Spezialisierung zwischen null und $(I - 1)/I$.

Tabelle 14.3 zeigt ein Beispiel zur Berechnung des Gini-Index für die Spezialisierung einer Region, in der es fünf Branchen gibt, und enthält die benötigten Informationen zur Beschäftigung E_i, E_{ij}, E_j und E. Aus diesen können mithilfe der Formeln in Gl. 14.9 $s_{ij}{}^s$ und s_i bestimmt werden. R_i lässt sich schließlich aus Gl. 14.8 ermitteln.

Die Branchen i müssen nach dem Wert ihres jeweiligen Hoover-Balassa-Index R_i aufsteigend geordnet werden, was wir in der Tabelle bereits erledigt haben. $\bar{R}$ bestimmt sich aus Gl. 14.10 wie folgt: $3,44/5 = 0,688$. Einsetzen der Informationen aus Tab. 14.3 in Gl. 14.7 ergibt einen Wert von $G_j = 0,6221$ für den Gini-Koeffizienten (berechnet mit den gerundeten Werten aus Tab. 14.3):

$$G_j = \frac{2}{5^2 * 0,688} 5,35 = 0,6221.$$

Die untersuchte Region ist demzufolge stark auf eine Branche spezialisiert. Welche Branche dies ist, lässt sich nicht am Gini-Koeffizienten, sondern in Tab. 14.3 an den jeweiligen Werten für den Hoover-Balassa-Index R_i ablesen. In diesem Fall besteht eine Spezialisierung auf Branche 3, da diese den bei Weitem höchsten Wert für R_i aufweist.

14.2.3 Interpretation des Gini-Index mithilfe der Lorenzkurve

Die beiden Gini-Indizes sind einfach anwendbar und erfordern nur wenig umfangreiches Datenmaterial, denn für ihre Berechnung werden lediglich die regionalen Zahlen zur Gesamtbeschäftigung und zur Beschäftigung nach Branchen benötigt. Allerdings kann ein und derselbe Wert des Gini-Koeffizienten unterschiedliche Verteilungen der Beschäftigten abbilden. Deshalb sollte der Gini-Koeffizient in der Regel nur gemeinsam mit der so genannten *Lorenzkurve* interpretiert werden. Diese Situation mit identischen Gini-Werten bei unterschiedlichen Verteilungen untersuchen wir in diesem Unterkapitel anhand eines Beispiels.

Die Lorenzkurve geht auf den US-amerikanischen Ökonomen und Statistiker Max Otto Lorenz zurück. Sie dient der grafischen Darstellung der räumlichen Konzentration oder

Tab. 14.4 Fortführung des Beispiels zur räumlichen Konzentration einer Branche

Region j	s_{ij}^k	s_j	$s_{ij}^{k,kum.}$	s_j^{kum}
3	0,05	0,2	0,05	0,2
1	0,05	0,15	0,1	0,35
5	0,1	0,2	0,2	0,55
4	0,7	0,4	0,9	0,95
2	0,1	0,05	1	1

Quelle eigene Darstellung

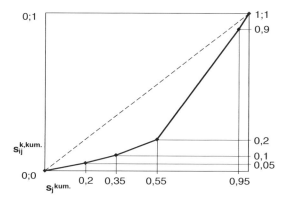

Abb. 14.1 Lorenzkurve

regionalen Spezialisierung. Die Reihenfolge der Regionen bzw. Branchen, die zur Berechnung der Gini-Koeffizienten hergestellt wurde, bleibt erhalten. Das heißt, die Regionen bzw. Branchen sind nach dem Wert ihres jeweiligen Standortquotienten (Hoover-Balassa-Index) aufsteigend geordnet. Zur Konstruktion der Lorenzkurve werden die kumulierten Werte von s_{ij}^k und s_j bzw. s_{ij}^s und s_i benötigt. Der erste Punkt der Kurve hat die Koordinaten (0;0) und der letzte die Koordinaten (1;1). Zusätzlich zur Lorenzkurve zeichnen wir in Abb. 14.1 die so genannte *Gleichverteilungskurve* ein, welche die beiden Punkte (0;0) und (1;1) miteinander verbindet und so das Quadrat in zwei gleich große Dreiecke teilt.

Ab hier beschränken wir unsere Ausführungen auf die Interpretation des Gini-Koeffizienten für die räumliche Konzentration einer Branche. Die Analyse kann aber analog auch für den Gini-Index der regionalen Spezialisierung durchgeführt werden. Kommen wir nun auf das Beispiel zur geographischen Konzentration der Konditorbranche zurück. In Tab. 14.4 geben wir nochmals die Werte für s_{ij}^k und s_j aus Tab. 14.2 an. Die beiden letzten Spalten zeigen die kumulierten Anteile s_{ij}^k und s_j. Dabei ergibt sich zum Beispiel $s_{ij}^{k,kum.}$ für Region 5 aus der Addition der Werte von s_{ij}^k für die Regionen drei, eins und fünf: $s_{i5}^{k,kum} = 0{,}05 + 0{,}05 + 0{,}1 = 0{,}2$.

Diese kumulierten Anteile werden für die Konstruktion der Lorenzkurve benötigt. Auf der Abszisse in Abb. 14.1 wird der kumulierte Anteil der Regionen *j* an der

Abb. 14.2 Die Zweideutigkeit
des Gini-Koeffizienten

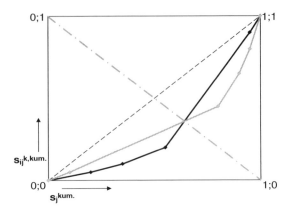

Gesamtbeschäftigung aufgetragen ($s_j^{kum.}$). Die Ordinate bildet den kumulierten Anteil der branchenspezifischen Beschäftigung in den Regionen j an der branchenspezifischen Gesamtbeschäftigung ab ($s_{ij}^{k,kum.}$).

In Region 3 arbeiten 20 % aller Beschäftigten, aber nur 5 % aller Konditoren. In den Regionen 3 und 1 zusammen arbeiten 35 % aller Beschäftigten und 10 % der Konditoren, usw. Die Lorenzkurve verbindet alle Punkte, die sich durch die Koordinaten von $s_j^{kum.}$ und $s_{ij}^{k,kum.}$ ergeben. In Abb. 14.1 wird sie von der durchgezogenen Linie dargestellt. Die gestrichelte Linie darüber entspricht der Gleichverteilungskurve. Wäre die Beschäftigung der Konditorbranche gleichmäßig im Raum verteilt, müssten 35 % aller Konditoren in den Regionen 3 und 1 arbeiten, da diese beiden Regionen zusammen auch 35 % der Gesamtbeschäftigung aufeinander vereinen. In diesem speziellen Fall würde die Lorenzkurve der Gleichverteilungskurve entsprechen und der Gini-Koeffizient würde den Wert null annehmen. Je größer die Fläche zwischen den beiden Kurven – also die Abweichung der Lorenzkurve von der Gleichverteilungskurve – ist, umso stärker ist die geographische Konzentration der Branche.

Somit haben wir Konstruktion und Interpretation der Lorenzkurve beschrieben. Nun wollen wir zeigen, warum es notwendig ist, Gini-Koeffizienten und zugehörige Lorenzkurven immer als Paar zu betrachten. Im Beispiel mit der geographischen Konzentration der Konditorbranche ergab sich ein Gini-Koeffizient von 0,4075. Allerdings existieren mehrere Lorenzkurven, die zu diesem Wert korrespondieren; zwei davon sind in Abb. 14.2 dargestellt. Das Gini-Konzentrationsmaß misst die Fläche zwischen Lorenz- und Gleichverteilungskurve. Das Problem ist, dass mehrere Lorenzkurven existieren, die mit der Gleichverteilungskurve eine Fläche mit dem exakt gleichen Flächeninhalt einschließen. Anders gesagt kann sich der gleiche Gini-Koeffizient für verschiedene Verteilung wirtschaftlicher Aktivität im Raum ergeben. Daher ist es ratsam, Gini-Index und Lorenzkurve als Paar zu betrachten und gemeinsam zu interpretieren. In Abb. 14.2 haben wir die ursprüngliche schwarze Lorenzkurve an der gestrichelten Linie von (0;1) bis (1;0) gespiegelt und so eine zweite Lorenzkurve konstruiert. Letztere ist hellgrau gefärbt und schließt per Konstruktion dieselbe Fläche mit der Gleichverteilungskurve ein wie auch die schwarze Lorenzkurve.

Ausgehend von der schwarzen Lorenzkurve teilen die Regionen drei, eins und fünf 55 % der Gesamtbeschäftigung unter sich auf, aber nur 20 % aller Konditoren arbeiten in einer dieser drei Regionen. Betrachten wir stattdessen die hellgraue Lorenzkurve, so teilen die gleichen drei Regionen 90 % der Gesamtbeschäftigung und 65 % der Konditoren unter sich auf. Trotz insgesamt gleicher Größe der Konzentrationsflächen und gleich hoher Gini-Koeffizienten ist die Aktivität der Branche je nach herangezogener Lorenzkurve sehr unterschiedlich verteilt. Würde man ausschließlich den Gini-Index betrachten, könnte man zwar dessen Wert interpretieren, die zugrunde liegende Verteilung der wirtschaftlichen Aktivität würde aber vernachlässigt. Genau deshalb sollten – wie gesagt – Gini-Koeffizienten immer in Zusammenhang mit der zugehörigen Lorenzkurve interpretiert werden. Durch diese Vorgehensweise können bedeutende Erkenntnisse bezüglich der Hintergründe und der Entstehung eines bestimmten Index-Werts gewonnen werden.

14.3 Krugman-Index

Zwei weitere relative regionalökonomische Maße sind der Krugman-Spezialisierungsindex und der Krugman-Konzentrationsindex. Diese beiden Indizes sind Dissimilaritätsmaße, das heißt, sie betonen die Unterschiede zwischen zwei untersuchten Einheiten. Krugman verwendet nur den Spezialisierungsindex, der laut ihm ein grobes Maß dafür ist, regionale Unterschiede in puncto Spezialisierung aufzuzeigen (vgl. Krugman 1991, S. 76). Der Index bietet den Vorteil, dass für seine einfache Berechnung nur wenig Datenmaterial notwendig ist und er einen ersten Überblick über die Spezialisierung von Regionen bzw. die Konzentration von Branchen bietet. Krugman (1991) zieht den Spezialisierungsindex heran, um den Grad der Spezialisierung zweier Regionen j und l miteinander zu vergleichen. Dabei stellt er fest, dass US-amerikanische Regionen stärker spezialisiert sind als europäische Länder. Die in dieser Untersuchung verwendete Formel für den Spezialisierungsindex lautet:

$$K_{jl} = \sum_{i=1}^{I} \left| s_{ij}^s - s_{il}^s \right|. \tag{14.11}$$

Das Subskript von K gibt an, dass der Wert des Krugman-Index zum Vergleich der beiden Regionen j und l ermittelt wird. Die Funktionsweise bzw. der Aufbau dieses Index ist schnell erklärt: Für jede Branche i wird der Anteil ihrer regionalen Beschäftigung an der Gesamtbeschäftigung in Region j bzw. l berechnet, so ergeben sich s_{ij}^s und s_{il}^s.

$$s_{ij}^s = \frac{E_{ij}}{E_j} \text{ und } s_i = \frac{E_i}{E}.$$

Ebenfalls wird für jede Branche die absolute Differenz zwischen diesen Anteilen berechnet und anschließend über alle Branchen aufsummiert. Somit stellt der Krugman-Index ein Maß für die Unterschiedlichkeit der Branchenstrukturen zweier Regionen dar.

Um die Beschreibung des Index anschaulicher zu gestalten, nennen wir die beiden betrachteten Regionen Lübeck und Dresden. Ist zum Beispiel der Anteil der regionalen

Tab. 14.5 Der Wert des Krugman-Index bei maximaler Divergenz.

Branche	$s_{ij}{}^{s}$	$s_{il}{}^{s}$	$\lvert s_{ij}{}^{s} - s_{il}{}^{s} \rvert$
1	0,2	0	0,2
2	0,1	0	0,1
3	0,7	0	0,7
4	0	0,6	0,6
5	0	0,4	0,4
–	–	–	$\Sigma = 2$

Quelle eigene Darstellung

Beschäftigung in der Chemiebranche an der regionalen Gesamtbeschäftigung in Lübeck sehr gering und in Dresden sehr hoch, ist die betragsmäßige Differenz zwischen diesen Anteilen groß, was den Wert des Krugman-Index ansteigen lässt. Je höher sein Wert ist, umso stärker unterscheiden sich die untersuchten Regionen. Allerdings wird der Index nicht nur von einer, sondern von mehreren Branchen beeinflusst. Wenn beispielsweise der Anteil der regionalen Beschäftigung in der Gesundheitsbranche an der regionalen Gesamtbeschäftigung in Lübeck und Dresden in etwa gleich groß ist, ergibt sich eine relativ geringe (betragsmäßige) Differenz dieser Anteile. Dies trägt wiederum zu einem niedrigen Wert des Krugman-Index bei. Letztlich ergibt sich der Wert des Index aus einem Zusammenspiel aller betrachteten Branchen. An den Beispielen mit der Chemie- und der Gesundheitsbranche möchten wir aufzeigen, welchen Einfluss die Unterschiedlichkeit bzw. die Ähnlichkeit der Beschäftigungsanteile von Branchen in den beiden Regionen auf das Ergebnis hat.

Die Werte für K liegen zwischen null und zwei. Ist K null, so bedeutet das, die beiden Regionen j und l haben die gleiche Branchenstruktur. Jede untersuchte Branche wäre dann in Lübeck – im Verhältnis zur Gesamtbeschäftigung der Stadt – gleich stark vertreten wie in Dresden. Analog zeigt der Wert zwei an, dass es keine Branche gibt, die in beiden Regionen vertreten ist. In diesem Fall entspricht der Betrag der Differenz zwischen $s_{ij}{}^{s}$ und $s_{il}{}^{s}$ entweder $s_{ij}{}^{s}$ oder $s_{il}{}^{s}$ – je nachdem, in welcher Region die Branche vertreten ist und in welcher nicht. Der jeweilige Anteil geht somit vollständig in die Berechnung des Krugman-Index ein. Wir wollen dies anhand eines kleinen Beispiels illustrieren. Tab. 14.5 zeigt für die Branchen eins bis fünf ihre jeweilige regionale Beschäftigung, relativiert an der Regionsbeschäftigung für die beiden Regionen j und l. Die letzte Spalte bildet die absolute Differenz zwischen diesen beiden Anteilen ab.

Die Branchen eins bis drei sind lediglich in Region j vertreten, und zwar kommen sie dort für 20, 10 bzw. 70 % der regionalen Gesamtbeschäftigung auf. Im Gegensatz dazu sind die Branchen vier und fünf ausschließlich in Region l anzutreffen und machen dort 60 bzw. 40 % der gesamten Beschäftigung aus. Es gibt also keine Branche, die in beiden Regionen vertreten ist, die Branchenstrukturen von j und l unterscheiden sich maximal. Bildet man die absolute Differenz zwischen den jeweiligen regionalen branchenspezifischen Beschäftigungsanteilen, ergibt sich die letzte Spalte in Tab. 14.5. Die Spaltensumme gibt den Wert des Krugman-Index an (s. Gl. 14.11): Er beträgt zwei.

In den folgenden beiden Abschnitten wenden wir uns Variationen des Krugman-Index zu. Auch für diese Variationen gelten der eben dargestellte Ergebnisraum des Index zwischen null und zwei sowie die Interpretation seiner Werte.

14.3.1 Spezialisierungsindex

Midelfart et al. (2004) ändern den eben vorgestellten Krugman-Index leicht ab und verwenden statt einer einzigen Vergleichsregion den Durchschnitt mehrerer Regionen. Als Region j wählen sie ein europäisches Land und als Vergleichsregion den Durchschnitt aller übrigen Länder Europas. Mithilfe dieses Krugman-Spezialisierungsindex lässt sich ermitteln, ob die betrachtete Region eine ähnliche Branchenstruktur wie der Vergleichsraum aufweist oder auf andere Branchenschwerpunkte spezialisiert ist als dieser. Formal ergibt sich:

$$K_j = \sum_{i=1}^{I} \left| s_{ij}^{s} - \overline{s}_{il}^{s} \right| \tag{14.12}$$

Dabei ist $s_{ij}{}^{s}$ abermals als E_{ij}/E_j definiert und $\overline{S}_{il}^{s}$ als

$$\overline{s}_{il}^{s} = \frac{1}{J-1} \sum_{l}^{J} s_{il}^{s} \operatorname{mit} l \neq j. \tag{14.13}$$

Die Bildung dieses Durchschnitts bedarf genauerer Erklärung: Hier wird die betrachtete Region j außer Acht gelassen, weshalb der Bruch vor der Summe in Gl. 14.13 nicht $1/J$ lautet, sondern $1/(J-1)$. Schließlich fließen in die Berechnung des Durchschnitts nicht alle J Regionen ein, sondern eine weniger. Die Summe läuft darum von l bis J und es gilt, dass l ungleich j ist. Somit wird $s_{il}{}^{s}$ über alle Regionen – mit Ausnahme von Region j – aufsummiert.

Angenommen, Region j ist Schweden und die Spezialisierung dieses Landes auf einige Branchen soll mit der durchschnittlichen Spezialisierung aller übrigen skandinavischen Länder verglichen werden. Dementsprechend werden die absoluten Differenzen zwischen der Bedeutung der jeweiligen Branche in Schweden und im Rest Skandinaviens gebildet und über alle fünf Branchen aufsummiert. Mit der Bedeutung einer Branche sind ihre regionalen Beschäftigungsanteile $s_{ij}{}^{s}$ bzw. $\overline{S}_{il}^{s}$ gemeint.

Die für die Berechnung benötigten Ausgangsdaten sind in Tab. 14.6 angegeben. Mithilfe dieser Daten lässt sich für jede Branche ihr regionaler Anteil an der Gesamtbeschäftigung einer Region bestimmen. Diese Anteile entsprechen $s_{ij}{}^{s}$ und sind in Tab. 14.7 dargestellt. Für jede Branche kann $\overline{S}_{il}^{s}$ durch Summieren der branchenspezifischen Werte für $s_{ij}{}^{s}$ über die Vergleichsregionen und Teilen durch vier berechnet werden (da der Durchschnitt über die vier Länder Norwegen, Dänemark, Finnland und Island gebildet wird). Für die Forstwirtschaft beispielsweise lautet die Rechnung folgendermaßen: $(0{,}3271 + 0{,}3922 + 0{,}4000 + 0{,}5634)/4 = 0{,}4207$. Die letzte Zeile von Tab. 14.7 zeigt die absolute Differenz zwischen dem branchenspezifischen Wert $s_{ij}{}^{s}$ für Schweden und dem

Tab. 14.6 Beispiel: Krugman-Spezialisierungsindex (a)

Region j	E_{ij}					E_j
	Forstwirtschaft	Bergbau	Chemie	Glasgewerbe	Fahrzeugbau	
Norwegen	35.000	12.000	30.000	8.000	22.000	107.000
Dänemark	40.000	10.000	25.000	9.000	18.000	102.000
Finnland	30.000	11.000	18.000	3.000	13.000	75.000
Island	40.000	6.000	11.000	2.000	12.000	71.000
Schweden	45.000	15.000	32.000	10.000	30.000	132.000

Quelle eigene Darstellung

Tab. 14.7 Beispiel: Krugman-Spezialisierungsindex (b)

Region j	s_{ij}^s					–
	Forstwirtschaft	Bergbau	Chemie	Glasgewerbe	Fahrzeugbau	
Norwegen	0,3271	0,1121	0,2804	0,0748	0,2056	–
Dänemark	0,3922	0,0980	0,2451	0,0882	0,1765	–
Finnland	0,4000	0,1467	0,2400	0,0400	0,1733	–
Island	0,5634	0,0845	0,1549	0,0282	0,1690	–
Schweden	0,3409	0,1136	0,2424	0,0758	0,7244	–
$\overline{S}_{il}^s$	0,4207	0,1103	0,2301	0,0578	0,1811	–
$\left| s_{ij}^s - \overline{S}_{il}^s \right|$	0,0798	0,0033	0,0123	0,0180	0,0462	$\Sigma = 0,1595$

Quelle eigene Darstellung

entsprechenden Wert $\overline{S}_{il}^s$ für das übrige Skandinavien als Vergleichsregion. Der Krugman-Spezialisierungsindex ergibt sich durch Summation dieser absoluten Differenzen. K_j nimmt in unserem Beispiel den Wert 0,1595 an, was bedeutet, dass die Spezialisierung Schwedens im Vergleich zu den übrigen skandinavischen Ländern sehr gering ist.

In ihrer Studie wenden Midelfart et al. (2004) den Krugman-Spezialisierungsindex auf europäische Länder an. Dabei verwenden sie als Variable nicht wie wir die Beschäftigung, sondern den Wert der produzierten Güter. Sie zeigen, dass in den meisten Ländern in den 1970ern eine zunehmende Angleichung der Branchenstrukturen stattgefunden hat. In den 1980ern kehrte sich dieser Trend um und seitdem hat die Spezialisierung in fast allen untersuchten europäischen Staaten zugenommen. Ein Großteil der zunehmenden Spezialisierung ist auf Veränderungen der Branchenstrukturen in den Ländern zurückzuführen. Währenddessen ist nur ein Fünftel dieses Trends durch die Verstärkung ursprünglicher Unterschiede in der Branchenstruktur erklärbar, etwa durch unterschiedliche Wachstumsraten einer Branche in verschiedenen Ländern (vgl. Midelfart et al. 2004, S. 118f.). Midelfart et al. stellen sowohl eine steigende Spezialisierung von europäischen Staaten im Vergleich zum EU-Durchschnitt fest als auch im bilateralen Vergleich der meisten Staaten miteinander. Wie aus der Studie von Südekum (2006,

S. 865ff.) hervorgeht, in der ebenfalls der Krugman-Spezialisierungsindex verwendet wird, hat sich die Spezialisierung innerhalb der Länder aber kaum verändert. Das heißt, die Regionen innerhalb eines Staates zeigen keine Veränderung oder eine leichte Abnahme der Spezialisierung, während die nationale Spezialisierung steigt.

14.3.2 Konzentrationsindex

Durch eine leichte Abänderung des Spezialisierungsindex kann ein Index für die räumliche Konzentration einer Branche berechnet werden. Diese Abänderung besteht darin, statt s_{ij}^s den Anteil s_{ij}^k zu verwenden. Somit stellt beim Krugman-Konzentrationsindex nicht eine Region, sondern eine Branche den Bezugspunkt dar. Mithilfe dieses Maßes kann untersucht werden, ob eine Branche in einer Region stärker bzw. schwächer konzentriert ist als im Durchschnitt der übrigen Regionen. Die branchenspezifischen Beschäftigungsanteile des Durchschnitts der übrigen Regionen werden jeweils mit $\bar{S}_{uj}^k$ notiert. Dabei steht u für alle Branchen mit Ausnahme der untersuchten Branche, die wir weiterhin mit i bezeichnen. Die Berechnung des Krugman-Konzentrationsindex erfolgt anhand nachstehender Formel:

$$K_i = \sum_{j=1}^{J} \left| s_{ij}^k - \bar{S}_{uj}^k \right| \tag{14.14}$$

Die beiden Anteile s_{ij}^k und $\bar{S}_{uj}^k$ sind definiert als

$$s_{ij}^k = \frac{E_{ij}}{E_i} \text{ sowie } \bar{S}_{uj}^k = \frac{1}{I-1} \sum_{u}^{I} s_{uj}^k \text{ mit } u \neq i \cdot \tag{14.15}$$

Die Formel für $\bar{S}_{uj}^k$ muss genauer erklärt werden: Der Durchschnitt wird nicht über I, sondern über $I - 1$ Regionen gebildet, daher stammt der Bruch $1/(I-1)$ vor der Summe. Die Summe selbst läuft von u bis I, wobei $u \neq i$ gilt. Somit wird über alle Branchen aufsummiert – mit Ausnahme von Branche i, für die der Krugman-Konzentrationsindex berechnet wird.

Im Beispiel in Tab. 14.8 wird die räumliche Konzentration des Bergbaus analysiert. Die Fragestellung ist, ob diese Branche stärker auf eine oder wenige Regionen konzentriert ist, als dies auf die durchschnittliche geographische Konzentration der übrigen vier Branchen zutrifft.

Die relevanten Ursprungsdaten zur Berechnung des Krugman-Konzentrationsindex sind in Tab. 14.8 angegeben. Damit lassen sich die Anteile s_{ij}^k berechnen, wie in Tab. 14.9 dargestellt. Für jede Region ergibt sich $\bar{S}_{uj}^k$ durch Summieren der regionsspezifischen Werte für s_{ij}^k über die Vergleichsbranchen und Teilen durch vier (der Durchschnitt wird schließlich über die vier Vergleichsbranchen Chemie, Sozialwesen, Elektronik und Holz gebildet). Wir illustrieren die Ermittlung von $\bar{S}_{uj}^k$ am Beispiel von Region A: $(0{,}2222 + 0{,}4000 + 0{,}1613 + 0{,}1111)/4 = 0{,}2237$. Schließlich muss für jede

Tab. 14.8 Beispiel: Krugman-Konzentrationsindex (a)

Branche i	E_{ij}					E_i
	Region A	Region B	Region C	Region D	Region E	
Chemie	20.000	11.000	31.000	8.000	20.000	90.000
Sozialwesen	40.000	10.000	25.000	9.000	16.000	100.000
Elektronik	10.000	11.000	14.000	14.000	13.000	62.000
Holz	7.000	7.500	11.000	1.500	36.000	63.000
Bergbau	4.320	7.811	3.900	2.300	47.560	65.891

Quelle eigene Darstellung

Tab. 14.9 Beispiel: Krugman-Konzentrationsindex (b)

Branche i	$s_{ij}{}^k$					
	Region A	Region B	Region C	Region D	Region E	
Chemie	0,2222	0,1222	0,3444	0,0889	0,2222	–
Sozialwesen	0,4000	0,1000	0,2500	0,0900	0,1600	–
Elektronik	0,1613	0,1774	0,2258	0,2258	0,2097	–
Holz	0,1111	0,1190	0,1746	0,0238	0,5714	–
Bergbau	0,0656	0,1185	0,0592	0,0349	0,7218	–
$\overline{S}_{uj}^{k}$	0,2237	0,1297	0,2487	0,1071	0,2908	–
$\left\|s_{ij}^{k}-\overline{S}_{uj}^{k}\right\|$	0,1581	0,0111	0,1895	0,0722	0,4310	$\Sigma = 0,8619$

Quelle eigene Darstellung

Region von den Werten für die Anteile $s_{ij}{}^k$ des Bergbaus der durchschnittliche Beschäftigungsanteil der Vergleichsbranchen $\overline{S}_{uj}^{k}$ abgezogen und der Betrag davon genommen werden, was in der untersten Zeile geschieht.

Durch Aufsummieren dieser untersten Zeile in Tab. 14.9 ergibt sich der Krugman-Konzentrationsindex $K_i = 0,8619$. Dieser Wert lässt auf eine starke räumliche Konzentration der Bergbaubranche im Vergleich zu den anderen untersuchten Branchen schließen. Dies ist bereits aus den Daten in Tab. 14.9 ersichtlich, so zum Beispiel bei Betrachtung der Zelle Bergbau-Region E. Hier zeigt der hohe Wert für $s_{ij}{}^k$ die Ballung der Bergbaubranche in Region E an.

Der Krugman-Konzentrationsindex findet häufig empirische Anwendung, so zum Beispiel in Vogiatzoglou (2006). In der genannten Studie werden mithilfe dieser regionalökonomischen Maßzahl räumliche Konzentrationsmuster in den NAFTA-Staaten von 1988 bis 2000 untersucht. Der Grad der räumlichen Konzentration ist während dieses Zeitraums in den meisten Branchen signifikant gestiegen. Wie auch in Studien, die andere Maße verwenden und andere Räume untersuchen, zeigt sich, dass traditionelle, arbeitsintensive Branchen des Verarbeitenden Gewerbes am stärksten zur Ballung neigen. Genau diese Branchen weisen auch eine starke Zunahme der räumlichen Konzentration auf, während Hightech-Branchen eine entgegengesetzte Entwicklung durchlaufen. Die Resultate dieser Studie sind allerdings aufgrund von Einschränkungen bezüglich der Datenverfügbarkeit mit Vorsicht zu interpretieren. Dennoch entspricht die aufgezeigte Entwicklung der räumlichen Konzentrationsmuster verschiedener Branchen auch den Ergebnissen von Krugman (1991).

14.4   Hirschman-Herfindahl-Index

Die bisher betrachteten Indizes ermöglichen Aussagen darüber, ob in einer Region vergleichsweise viele oder wenige Beschäftigte in einer bestimmten Branche tätig sind. Damit wissen wir allerdings noch nicht, ob diese räumliche Ballung der Branche durch die Anwesenheit eines einzigen großen Unternehmens zustande kommt, oder ob sich dort viele kleine und mittlere Unternehmen angesiedelt haben. Dieser Aspekt ist aber von großer Bedeutung, wenn man die Gründe für die Entstehung einer Ballung herausfinden möchte. Stellen wir in einer Region die Ballung einer Branche fest, weil sich zufällig ein sehr großes Unternehmen dort angesiedelt hat, können wir daraus nicht auf externe Agglomerationseffekte schließen, welche diese Region für Unternehmen der betreffenden Branche attraktiv machen würden. Siedeln sich jedoch sehr viele bzw. die überwiegende Anzahl der Unternehmen einer Branche in einer Region an, lässt sich viel eher darauf schließen, dass sie dies tun, um sich etwa einen Arbeitsmarkt und spezifische Zulieferer zu teilen. Ein in der Praxis recht häufig verwendetes Maß zur Ermittlung der industriellen Konzentration der Beschäftigung ist der Hirschman-Herfindahl-Index. Mit *industrieller Konzentration* ist dabei die Verteilung der Beschäftigten auf die Betriebe gemeint.

Dieser Index geht auf die Beiträge der beiden Ökonomen Albert Hirschman und Orris Herfindahl zurück. Hirschman (1945) war der erste, der den Index vorgestellt und angewendet hat. Wenige Jahre später wurde er von Herfindahl (1950) in seiner Dissertation nochmals „erfunden". Während deren Erstellung war Herfindahl der bereits von Hirschman eingeführte Index wohl nicht bekannt. Vor der Einreichung seiner Arbeit fügte Herfindahl allerdings eine Fußnote ein, in der er die Arbeit von Hirschman anerkannte. Hirschman hatte jedoch das Pech, dass ein anderer Autor seinen Index inkorrekterweise als Herfindahl-Index bezeichnete und sich diese Bezeichnung in weiten Kreisen durchgesetzt hat. In einer kurzen Erklärung machte Hirschman (1964) seinem Frust darüber Luft und bemühte sich um eine Richtigstellung der Gegebenheiten.

Indem er die industrielle Konzentration, also die Verteilung der Beschäftigung auf die Betriebe, misst, zielt der Hirschman-Herfindahl-Index auf die strukturelle Dimension der Konzentration einer Branche ab. Insofern wird er als ein Indikator für die Wettbewerbsintensität zwischen den Betrieben einer Branche verwendet. Verteilt sich die Beschäftigung auf nur sehr wenige Betriebe, kann man davon ausgehen, dass jeder Betrieb vergleichsweise hohe Marktmacht besitzt und der Wettbewerbsdruck in dieser Branche eher gering ist. Konkurrieren hingegen viele Betriebe mit geringeren Beschäftigungsanteilen miteinander, ist die Marktmacht eines jeden einzelnen Betriebs aufgrund des regen Wettbewerbs gering.

Zur Berechnung dieses Index werden für jeden Betrieb k Daten zu seinem Beschäftigungsanteil an der gesamten Beschäftigung einer Branche i in der Untersuchungsregion benötigt. Diese Anteile werden jeweils mit z_{ik} notiert und sind formal definiert als

$$z_{ik} = \frac{E_{ik}}{E_i}.$$ (14.16)

Im nächsten Schritt werden diese Anteile quadriert und über alle Betriebe aufsummiert. Der Hirschman-Herfindahl-Index für eine Branche i berechnet sich also aus der Summe der quadrierten Anteile der einzelnen Betriebe an der Beschäftigung dieser Branche:

$$H_i = \sum_{k=1}^{K} z_{ik}^2.$$ (14.17)

Durch das Quadrieren der jeweiligen Beschäftigungsanteile wird verhindert, dass der Hirschman-Herfindahl-Index unabhängig von der tatsächlichen Verteilung der Beschäftigten auf die Betriebe immer den Wert eins annimmt: Ohne dieses Quadrieren würden die Beschäftigungsanteile z_{ik} schlicht addiert – alle Anteile zusammen ergäben aber immer eins. Damit der Index eine ganze Bandbreite von Werten annehmen kann, müssen die einzelnen Anteile vor ihrer Addition transformiert, also zum Beispiel quadriert, werden. Auf die Bandbreite der Werte des Hirschman-Herfindahl-Index gehen wir unten näher ein.

Anstatt die Verteilung der Beschäftigung auf die Betriebe also die relativen Betriebsgrößen zu berechnen, können Hirschman-Herfindahl-Indizes auch für die regionale Spezialisierung und die räumliche Konzentration einer Branche berechnet werden (vgl. z. B. Ceapraz 2008, S. 18). Wir betrachten allerdings lediglich den Hirschman-Herfindahl-Index der Betriebsgrößen, da die beiden anderen Indizes nach dem gleichen Schema berechnet werden können und wir gleich im anschließenden Abschn. 14.5 nochmals auf den Hirschman-Herfindahl-Index der Betriebsgrößen zurückgreifen werden.

Die Werte dieses Index können zwischen $1/K$ und eins liegen, wobei die untere Grenze $1/K$ Gleichverteilung bedeutet und die obere Grenze eins maximale Ungleichverteilung. Letzteres bedeutet, dass alle Beschäftigten einer Branche im selben Betrieb tätig sind. Betrachten wir die beiden Grenzen des Wertebereichs etwas genauer. Die obere Grenze eins ist schnell erklärt: Wenn alle Beschäftigten einer Branche im selben Betrieb arbeiten, so ist sein Anteil an der Branchenbeschäftigung eins ($z_{ik} = 1$). Quadriert man diesen Anteil, folgt daraus der Wert eins für den Hirschman-Herfindahl-Index. Das Aufsummieren der z_{ik}-Werte über alle Betriebe ist hinfällig, wenn es in der betrachteten Branche nur einen davon gibt.

Wenden wir uns nun der unteren Grenze des Wertebereichs zu und überlegen dazu ein kleines Beispiel, in dem es in einer Branche zwei Betriebe ($K = 2$) und zehn Beschäftigte ($E_i = 10$) gibt. Der Minimalwert des Index resultiert dann, wenn sich die Beschäftigten gleichmäßig auf diese beiden Betriebe aufteilen, also jeder Betrieb 5 Arbeitskräfte beschäftigt ($E_{i1} = 5$ und $E_{i2} = 5$). Aus Gl. 14.16 folgt dann $z_{i1} = 0{,}5$ und $z_{i2} = 0{,}5$ und aus Gl. 14.17 folgt der Wert des Hirschman-Herfindahl-Index: $H_i = 0{,}5^2 + 0{,}5^2 = 0{,}5 = 1/2$, was genau $1/K$, also dem Minimalwert des Index, entspricht.

Nach den US-Fusionsrichtlinien gilt ein Hirschman-Herfindahl-Index unter 0,1 als niedrig, zwischen 0,1 und 0,18 liegt eine mittlere Konzentration vor und ab einem Wert von 0,18 besteht eine starke Konzentration. Je kleiner der Index, umso höher ist im Normalfall die Wettbewerbsintensität einer Branche und umso geringer die Marktmacht einzelner Betriebe. Bei der Interpretation ist zu berücksichtigen, dass der Wert des

Tab. 14.10 Beispiel: Hirschman-Herfindahl-Index

Betrieb k	E_{ik}	z_{ik}	z_{ik}^2
1	200	0,00300	0,00001
2	650	0,00929	0,00009
3	12.000	0,17143	0,02939
4	100	0,00143	0,00000
5	50	0,00071	0,00000
6	16.000	0,22857	0,05224
7	13.000	0,18571	0,03449
8	1.500	0,02143	0,00046
9	1.500	0,02143	0,00046
10	25.000	0,35714	0,12755
Summe	$E_i = 70.000$	1	$H_i = 0,24469$

Quelle eigene Darstellung

Hirschman-Herfindahl-Index wesentlich von den Betrieben mit den größten Beschäftigungsanteilen beeinflusst wird.

Angenommen, in Wien gibt es zehn Betriebe, die Süßwaren erzeugen. Mithilfe des Hirschman-Herfindahl-Index wollen wir untersuchen, ob in unserem fiktiven Beispiel eine Gleichverteilung der Beschäftigung auf die Betriebe vorliegt, oder ob die Beschäftigung stattdessen größtenteils auf einen oder mehrere Betriebe konzentriert ist. Tab. 14.10 enthält die hierfür notwendigen Informationen.

Die zweite Spalte von Tab. 14.10 zeigt das Beschäftigungsvolumen eines jeden Süßwaren herstellenden Betriebs E_{ik}. Addiert man die individuellen Beschäftigungszahlen jedes einzelnen Betriebs, so erhält man die Gesamtbeschäftigung in dieser Branche E_i – sie ist in der letzten Zeile von Spalte 2 angegeben und beträgt 70.000. Mithilfe dieser Informationen kann nun durch Einsetzen in Gl. 14.16 für jeden Betrieb sein Anteil an der Branchenbeschäftigung ermittelt werden. Diese Anteile sind aus der dritten Spalte ersichtlich. Die vierte und letzte Spalte gibt das Quadrat der jeweiligen Beschäftigungsanteile wieder. Ein Blick auf Gl. 14.17 verrät, dass zur Berechnung des Hirschman-Herfindahl-Index lediglich noch diese quadrierten Beschäftigungsanteile über alle Betriebe aufsummiert werden müssen. Dies haben wir in der letzten Zeile getan: Es ergibt sich der Wert 0,24469.

Als Nächstes stellen wir uns die Frage, wie der Wert des Hirschman-Herfindahl-Index von 0,24469 einzuordnen ist. Betrachten wir dazu den Wertebereich des Index im vorliegenden Beispiel mit zehn Betrieben: In diesem Fall kann der Hirschman-Herfindahl-Index Werte zwischen 1/10, also 0,1, und eins annehmen. Bereits vorhin haben wir beschrieben, dass ein Wert des Index über 0,18 eine starke industrielle Konzentration anzeigt. Da der Wert des Index mit 0,24469 deutlich über der kritischen Marke von 0,18 liegt, besteht in unserem Beispiel eine starke Konzentration der Beschäftigten in der Wiener Süßwarenproduktion auf einen oder wenige Betriebe. Bereits aus der Datenlage (s. nochmals Tab. 14.10) ist ersichtlich, dass Betrieb 10 einen überproportional hohen Anteil der Arbeitskräfte beschäftigt, während die Betriebe 1, 4, 5 und auch

2 nur sehr wenige Beschäftigte haben. Somit liegt eine starke absolute Konzentration der Beschäftigung in der Süßwarenproduktion in Wien vor. Allerdings wird durch den Hirschman-Herfindahl-Index nicht deutlich, welche Rolle der Süßwaren-Branche an der Gesamtbeschäftigung Wiens zukommt; um diese Frage zu beantworten, müssen andere regionalökonomische Maßzahlen angewandt werden.

Beim Hirschman-Herfindahl-Index handelt es sich um ein absolutes Konzentrationsmaß. Dabei wird die Verteilung von Merkmalen (zum Beispiel der Beschäftigung) auf die *Anzahl* der Merkmalsträger (wie etwa Regionen oder Betriebe) gemessen, ohne das Ergebnis an einer weiteren Größe zu relativieren. Im Gegensatz dazu messen relative Konzentrationsmaße die Verteilung der Merkmale auf die jeweiligen *Anteile* der Merkmalsträger. So wird beim Standortquotienten und beim Gini-Koeffizienten die regionale Konzentration der branchenspezifischen Beschäftigung durch Division ins Verhältnis zum Beschäftigungsanteil einer Region gesetzt. Beim Krugman-Index erfolgt diese Relativierung am Durchschnitt der Vergleichsregionen. Um die praktischen Auswirkungen dieser Eigenschaften zu illustrieren, betrachten wir das Beispiel eines Duopols. Produzieren die beiden Anbieter jeweils die Hälfte der nachgefragten Menge, ist die relative Konzentration, etwa am Gini-Koeffizienten gemessen, gleich null. Es liegt aber eine sehr starke absolute Konzentration vor und absolute Konzentrationsmaße würden einen positiven Wert annehmen (nämlich den Minimalwert $1/K$, siehe hierzu auch das Beispiel mit zwei Betrieben und zehn Beschäftigten in einer Branche weiter oben in diesem Abschnitt).

Der Hirschman-Herfindahl-Index stellt einen wesentlichen Bestandteil eines weiteren Index, nämlich des Ellison-Glaeser-Index, dar. Dieser Index ist Gegenstand des folgenden Abschnitts.

14.5   Ellison-Glaeser-Index

Der von Glenn Ellison und Edward Glaeser (1997) entwickelte Index misst die geographische Konzentration einer Branche. Das Besondere an diesem Index ist, dass er die räumliche Konzentration der Beschäftigung in einer Branche im Vergleich zu einer theoretischen zufälligen Verteilung der Beschäftigung in dieser Branche berechnet. Anhand der Abweichung zwischen der beobachteten und der zufälligen Verteilung der Branchenbeschäftigung im Raum lässt sich die statistische Signifikanz des beobachteten Standortmusters ermitteln.

Der Ellison-Glaeser-Index zeichnet sich auch dadurch aus, zwischen räumlicher und industrieller Konzentration zu unterscheiden. Räumliche Konzentration bezeichnet die Ballung ökonomischer Aktivität – hier der Beschäftigung – im Raum. Von industrieller Konzentration hingegen wird gesprochen, wenn die Anzahl der Betriebe einer Branche äußerst gering ist, die Beschäftigung also stark auf wenige Unternehmen konzentriert ist. Die Bedeutsamkeit der Unterscheidung zwischen räumlicher und industrieller Konzentration verdeutlichen Ellison und Glaeser (1997) an einem kleinen Beispiel: 75 % aller in der Staubsaugerbranche Beschäftigten arbeiten in einem der vier größten Betriebe dieser Branche. Auch wenn alle vier Betriebe unterschiedliche Standorte wählen, ist die industrielle Konzentration hoch, da diese vier Betriebe 75 % der in der Staubsaugerbranche Tätigen beschäftigen. Allerdings kann dabei nicht von räumlicher Konzentration gesprochen werden, denn eine solche läge nur bei gleicher Standortwahl durch mehrere Unternehmen vor. Damit nicht fälschlicherweise industrielle Konzentration als räumliche Konzentration interpretiert wird, erfolgt bei der Berechnung des Ellison-Glaeser-Index eine Berücksichtigung der industriellen Konzentration einer Branche.

Das Ergebnis der Standortentscheidungen aller Unternehmen einer Branche wird mit einer theoretischen willkürlichen Verteilung von Betrieben und Beschäftigung, die auch als *dartboard approach* bezeichnet wird, verglichen. Bildlich gesprochen werfen Unternehmer mit Pfeilen auf Dartscheiben. Wo ein Pfeil auf der Scheibe auftrifft, wird sich der Betrieb ansiedeln. Die Standortentscheidung ist in diesem Fall in dem Sinne vollkommen willkürlich, dass Agglomerationskräfte für die Standortentscheidung von Unternehmen keine Rolle spielen. Erzeugen hingegen Agglomerationskräfte einen Anreiz zur Ballung der ökonomischen Aktivität, dann werden sich Betriebe in der Nähe anderer Unternehmen ansiedeln. Diese Agglomerationseffekte spielen im Modell von Ellison und Glaeser eine zentrale Rolle: Die Situation, in der Unternehmen willkürlich ihren Standort wählen (*dartboard approach*), wird der Situation gegenübergestellt, in der Agglomerationskräfte einen wesentlichen Einfluss auf die Erklärung der Ballung wirtschaftlicher Aktivität haben.

Die Bedeutung von Agglomerationskräften als Motiv für die gemeinsame Standortwahl von Betrieben einer Branche wird mit γ notiert. Die Quelle der Agglomerationskräfte können natürliche Standortvorteile γ_{na} (Index *na* für *natural advantage*) sowie lokale Externalitäten γ_s (*spillover*) sein. Natürliche Standortvorteile sind statische Agglomerationskräfte. Dabei handelt es sich um Faktoren, die einen unmittelbaren Einfluss auf die Rentabilität eines Unternehmens haben und dem Standort inhärent sind. So stellt zum Beispiel ein Standort an einem Gewässer für eine Schiffswerft einen bedeutenden natürlichen Standortvorteil dar. Lokale Externalitäten können sowohl statischer als auch dynamischer Art sein. Unter lokalen externen Effekten werden sowohl physische Externalitäten wie Produktivitätssteigerungen durch eine Vielfalt an regionalen Zulieferbetrieben verstanden, als auch positive Wissensexternalitäten zwischen Wirtschaftssubjekten, welche deren Produktivität steigern. Das Zusammenspiel natürlicher Standortvorteile und lokaler Externalitäten bestimmt die Bedeutung, die Agglomerationskräften bei der Standortwahl von Betrieben zukommt. Dieser Zusammenhang wird von Ellison und Glaeser (1997) folgendermaßen dargestellt, wobei die Agglomerationskräfte insgesamt mit γ notiert werden:

$$\gamma = \gamma_s + \gamma_{na} - \gamma_s \gamma_{na} \tag{14.18}$$

Dabei gilt $\gamma, \gamma_s, \gamma_{na} \in [0;1]$.

Durch Addition dieser beiden Effekte (natürliche Standortvorteile und lokale Externalitäten) und Subtraktion ihres Produkts ergibt sich ein Maß für die Bedeutung von natürlichen Vorteilen und Externalitäten für eine Branche. Die Subtraktion des Produkts $\gamma_s \gamma_{na}$ stellt sicher, dass selbst dann, wenn die Summe aus γ_s und γ_{na} größer ist als eins, der Wert für γ trotzdem noch im oben definierten Intervall zwischen null und eins liegt.

Gamma entspricht dem Wert des Ellison-Glaeser-Index und ist die uns interessierende Größe. Da weder die Stärke von Externalitäten als Ursache für die gemeinsame Standortwahl von Betrieben noch die Bedeutung von natürlichen Standortvorteilen messbar sind, entwickelten Ellison und Glaeser einen Schätzer für Gamma. Anhand der räumlichen Konzentration der Beschäftigung und unter Berücksichtigung der industriellen Konzentration von Betrieben soll die Bedeutung der Agglomerationskräfte für die Standortwahl ermittelt werden.

Im Folgenden wird zwischen den Ellison-Glaeser-Indizes zur Messung von *Agglomeration* und *Koagglomeration* unterschieden. Der Index zur Messung von Agglomeration beschränkt sich auf die Konzentrationsmessung innerhalb einer Branche. In diesem Fall wird lediglich die Bedeutung von Lokalisationseffekten bzw. MAR-Externalitäten (s. Abschn. 3.3) untersucht, denen zufolge für Betriebe ein und derselben Branche ein Anreiz besteht, sich im Raum zu ballen. Demgegenüber lässt der Koagglomerationsindex externe Effekte zwischen Betrieben verschiedener Branchen zu und misst die branchenübergreifende Konzentration ökonomischer Aktivität. Dabei wird also auf die Relevanz von Urbanisierungskräften bzw. Jacobs-Externalitäten abgestellt.

14.5.1 Agglomerationsindex

Für die Berechnung des Agglomerationsindex wird von einer bestimmten Branche i ausgegangen. Eine wesentliche Komponente des Agglomerationsindex ist G_i, ein Maß für die räumliche Konzentration einer Branche. Dieses Konzentrationsmaß berechnet sich folgendermaßen:

$$G_i = \sum_{j=1}^{J} \left(s_{ij}^{k} - s_j \right)^2. \tag{14.19}$$

s_{ij}^{k} und s_j sind definiert als

$$s_{ij}^{k} = \frac{E_{ij}}{E_i} \text{ und } s_j = \frac{E_j}{E}. \tag{14.20}$$

Wenden wir uns Gl. 14.19 näher zu: Für jede betrachtete Region j wird die Differenz zwischen s_{ij}^{k} und s_j gebildet. Diese beiden Anteile finden sich auch beim Standortquotienten wieder, allerdings wird s_{ij}^{k} dabei durch Division an s_j relativiert und hier – beim Agglomerationsindex – durch Subtraktion. Für die Berechnung des Konzentrationsmaßes G_i wird also von der Bedeutung einer Region für eine Branche E_{ij}/E_i die Bedeutung dieser Region für die Gesamtbeschäftigung E_j/E abgezogen. Diese Differenz wird quadriert, damit positive und negative Abweichungen zwischen s_{ij}^{k} und s_j einander nicht aufheben. Sinngemäß könnte statt des Quadrierens ebenso der Betrag der Differenz herangezogen werden. Anschließend müssen die quadrierten Differenzen über alle betrachteten Regionen J aufsummiert werden.

Die erwartete Stärke der Konzentration von Branche i entspricht dem Erwartungswert für G_i, also $E(G_i)$, und ist gegeben durch

$$E\left(G_i\right) = \left(1 - \sum\nolimits_{j=1}^{J} s_j^2\right)\left[\gamma + (1-\gamma)\,H_i\right]. \tag{14.21}$$

H_i entspricht dabei dem Hirschman-Herfindahl-Index für die industrielle Konzentration der untersuchten Branche:

$$H_i = \sum\nolimits_{k=1}^{K} z_{ik}^2 \text{ mit } z_{ik} = \frac{E_{ik}}{E_i}. \tag{14.22}$$

Treffen Unternehmen ihre Standortentscheidungen mittels des *dartboard approach*, also völlig willkürlich und zufällig, ist die erwartete Konzentration $E(G_i)$ gleich

$$\left(1 - \sum\nolimits_{j=1}^{J} s_j^2\right)H_i,$$

was aus dem Einsetzen von $\gamma = 0$ in Gl. 14.21 folgt. Dieser Ausdruck bedeutet, dass von der beobachteten industriellen Konzentration (H_i) jener Teil der industriellen Konzentration

$$\left(\sum\nolimits_{j=1}^{J} s_j^2 H_i\right)$$

abgezogen wird, der auf unterschiedliche Regionsgrößen zurückzuführen ist. Diese „Bereinigung" des Hirschman-Herfindahl-Index erfolgt aufgrund der Tatsache, dass große Betriebe zumeist auch in wirtschaftlich bedeutenden Regionen (mit großem s_j) ansässig sind. Wenn gar keine Agglomerationsvorteile vorherrschen ($\gamma = 0$), wirken auch große Regionen nicht anziehend auf große Betriebe. Die erwartete geographische Konzentration entspricht dann der des beobachteten Hirschman-Herfindahl-Index abzüglich des Ausmaßes der Anziehungskraft großer Regionen auf große Betriebe.

Für eine bessere Interpretation des Erwartungswerts des Rohmaßes geographischer Konzentration bei $\gamma > 0$ formen wir Gl. 14.21 um:

$$E\left(G_i\right) = \left(1 - \sum\nolimits_{j=1}^{J} s_j^2\right)\gamma\,(1-H_i) + \left(1 - \sum\nolimits_{j=1}^{J} s_j^2\right)H_i. \tag{14.23}$$

Wie oben beschrieben, gibt der zweite Term die erwartete Konzentration an, die nach dem *dartboard approach* resultieren würde. Ist nun aber $\gamma > 0$, kommt zu dieser zufälligen Konzentration noch die durch Agglomerationskräfte bedingte Konzentration hinzu. Diese wird mithilfe des ersten Terms in Gl. 14.23 abgebildet. Der Einfluss von Agglomerationskräften γ auf $E(G_i)$ ist umso größer, je ähnlicher einander die Regionen sind

$$\left(1 - \sum\nolimits_{j=1}^{J} s_j^2 \text{ ist groß}\right)$$

und je geringer die industrielle Konzentration ist ($1 - H_i$ ist ebenfalls groß). Wenn die Regionen ähnliche Größen aufweisen und nur schwache industrielle Konzentration vorliegt, kann davon ausgegangen werden, dass die Ballung der Beschäftigung nicht aufgrund der bloßen Regionsgröße oder aufgrund von wenigen großen Betrieben entsteht, sondern aufgrund von Agglomerationskräften.

Die interessierende Größe im Erwartungswert ist γ. Die Bestimmungsfaktoren von Gamma – komparative (das heißt natürliche) Vorteile und Externalitäten – können aber nicht einfach gemessen oder berechnet werden. Deshalb wird nach einem anderen Weg gesucht, um Gamma bestimmen zu können. Wenn wir den Term für den Erwartungswert der räumlichen Konzentration in Gl. 14.21 bzw. Gl. 14.23 nach γ umformen, erhalten wir Gl. 14.24 ein Maß für die Ballungsintensität einer Branche, die wir mit γ_i notieren:

$$\gamma_i = \frac{G_i - \left(1 - \sum_{j=1}^{J} s_j^2\right) H_i}{\left(1 - \sum_{j=1}^{J} s_j^2\right)(1 - H_i)}. \tag{14.24}$$

Im Zähler des Bruchs in Gl. 14.24 steht G_i, das auch als *Rohmaß* der geographischen Konzentration einer Branche bezeichnet wird. Davon wird die Konzentration, die nach dem *dartboard approach* resultieren würde, subtrahiert $\left(1 - \sum_{j=1}^{J} s_j^2\right) H_i$.

Dies entspricht genau dem Term, den wir oben als Ergebnis für den Erwartungswert von G_i gefunden haben, falls γ gleich null ist, also keine externen Effekte wirksam werden. Somit gibt der Zähler die Differenz zwischen der beobachteten und der zufälligen Konzentration der ökonomischen Aktivität dieser Branche an. Alle Komponenten von γ_i lassen sich mithilfe von empirischen Daten berechnen, somit haben wir mit Gl. 14.24 einen Weg gefunden, γ_i zu bestimmen.

Der Nenner von γ_i repräsentiert einerseits die Konzentration der Beschäftigung (unabhängig von der jeweiligen Branche) auf Regionen und andererseits auf Betriebe. Er bereinigt daher das Konzentrationsmaß um die Verteilung der Beschäftigung auf Regionen und Betriebe. So werden Vergleiche zwischen Branchen mit einem unterschiedlichen Grad an räumlicher Konzentration und ungleichen Betriebsgrößenstrukturen möglich.

Der Ellison-Glaeser-Index enthält sowohl absolute (H_i) als auch relative (G_i) Elemente. Er ist so konstruiert, dass er den Wert null annimmt, wenn eine derartige geographische Konzentration vorliegt, wie man sie erwartet, wenn alle Betriebe ihren Standort mittels des *dartboard approach* auswählen. Der Zähler des Bruchs, also die Differenz zwischen tatsächlicher und zufälliger Verteilung der Beschäftigung, ist in diesem Fall null. Somit ist auch γ_i gleich null und die unternehmerische Standortwahl wird nicht von natürlichen Vorteilen und/oder Externalitäten beeinflusst. Nimmt γ_i Werte kleiner als null an, ist G_i ebenfalls kleiner als die willkürliche Verteilung und der Zähler bekommt ein negatives Vorzeichen. Folglich liegt eine geringere Konzentration vor als bei einer zufälligen Standortwahl der Unternehmen. Jeder Wert über null bedeutet, dass eine stärkere Konzentration vorliegt, als bei willkürlicher Verteilung zu erwarten wäre. Im Rahmen einer empirischen Studie sprechen Ellison und Glaeser bei einem Wert für γ_i unter

0,02 von einer sehr schwachen und bei Werten über 0,05 von einer sehr starken Konzentration (vgl. Ellison und Glaeser 1997, S. 902ff.).

Unabhängig davon, welchen Wert das Konzentrationsmaß γ_i annimmt, kann keine Aussage darüber getroffen werden, ob die Ballung der ökonomischen Aktivität einer Branche auf natürliche Standortvorteile oder positive Externalitäten zurückzuführen ist. Da sich γ_i aus einer Kombination von γ_s und γ_{na} ergibt (s.o.), ist es möglich, dass ausschließlich positive Externalitäten oder ausschließlich natürliche Standortvorteile für die errechnete Konzentration verantwortlich sind. Wenn γ_{na} beispielsweise null ist, dann gilt $\gamma_i = \gamma_s$. In diesem Fall gäbe es keine natürlichen Standortvorteile für Betriebe, sondern die Standortwahl würde ausschließlich von positiven externen Effekten beeinflusst.

Von Interesse ist, ob bzw. auf welchem Niveau der ermittelte Wert für γ_i statistisch signifikant ist. Dazu berechnen Ellison und Glaeser die Varianz der beobachteten Roh-Konzentration G_i. Mithilfe seiner Varianz wird dieses Rohmaß geographischer Konzentration anschließend standardisiert, sodass die Werte der Standardnormalverteilung anwendbar sind. Damit lässt sich ein Signifikanzniveau für γ_i bestimmen. Beginnen wir mit dem ersten Schritt, der Berechnung der Varianz. Unter der Nullhypothese, dass $\gamma_{na} = \gamma_s = 0$ gilt, wird folgende Formel ermittelt:

$$var\,(G_i) = 2\left\{H_i^2\left[\sum\nolimits_{j=1}^{J} s_j^2 - 2\sum\nolimits_{j=1}^{J} s_j^3 + \left(\sum\nolimits_{j=1}^{J} s_j^2\right)^2\right]\right.$$
$$\left. - \sum\nolimits_{k=1}^{K} z_{ik}^4\left[\sum\nolimits_{j=1}^{J} s_j^2 - 4\sum\nolimits_{j=1}^{J} s_j^3 + 3\left(\sum\nolimits_{j=1}^{J} s_j^2\right)^2\right]\right\}. \tag{14.25}$$

G_i folgt einer unbekannten Verteilung. Im nächsten Schritt erfolgt daher eine so genannte *Standardisierung* von G_i, um eine Normalverteilung dieses Rohmaßes für geographische Konzentration zu erreichen. Folgt G_i einer Normalverteilung, kann die statistische Signifikanz der Ergebnisse aus einer Normalverteilungstabelle abgelesen werden. Im Rahmen einer Standardisierung wird von der zu standardisierenden Größe ihr Wert unter der Nullhypothese abgezogen und diese Differenz anschließend durch die Standardabweichung der zu standardisierenden Größe geteilt. Diese Beschreibung klingt etwas abstrakt, deshalb wiederholen wir sie in anderen Worten und beziehen sie direkt auf unser Problem: Die standardnormalverteilte Prüfgröße z berechnet sich aus der Differenz zwischen beobachteter (G_i) und erwarteter Konzentration der Beschäftigung unter der Nullhypothese $\gamma_{na} = \gamma_s = 0$, geteilt durch die Standardabweichung von G_i:

$$z = \frac{G_i - \left(1 - \sum_{j=1}^{J} s_j^2\right) H_i}{SE\,(G_i)} \tag{14.26}$$

Die Standardabweichung von G entspricht der Wurzel der Varianz von G_i in Gl. 14.25:

$$SE\,(G_i) = \sqrt{var\,(G_i)} \tag{14.27}$$

Für den für z resultierenden Wert muss der zugehörige Wert der Verteilungsfunktion aus einer Standardnormalverteilungstabelle abgelesen werden. Dieser Wert wird mit $\Phi(z)$ bezeichnet. Durch Berechnung von $1-2(1-\Phi(z))$ ergibt sich die statistische Signifikanz für γ_i. Die Formel zur Bestimmung der statistischen Signifikanz leiten wir im Anhang ausführlich her. Die statistische Signifikanz gibt die Wahrscheinlichkeit an, mit der die berechnete geographische Konzentration einer Branche *nicht* dem Zufall geschuldet ist, sondern tatsächlich dem Vorherrschen von Agglomerationskräften.

Um die Berechnung und die Funktionsweise dieses doch recht komplexen Index besser nachvollziehen zu können, sehen wir uns nun einige Beispiele dazu an. Tab. 14.11 enthält Daten für drei verschiedene Regionen bzw. Städte (Wien, Linz und Graz), die im Folgenden unseren Untersuchungsraum darstellen. Greifen wir auf das Beispiel mit der Branche der Süßwarenherstellung aus dem vorigen Kapitel zurück und sagen wir, in Wien gibt es fünf Betriebe, die Süßwaren produzieren, in Linz vier und in Graz einen. Tab. 14.11 zeigt zusätzlich Informationen zur Beschäftigung in jedem dieser Betriebe, zur branchenunabhängigen Beschäftigung in den drei Städten, sowie zur jeweiligen städtischen Beschäftigung in der Süßwarenproduktion.

Aus den Informationen zu E_{ik} und E_i kann z_{ik}^2 berechnet werden (s. Gl. 14.22). Die Werte für z_{ik}^2 sind äußerst klein. Wir geben deshalb sehr viele Nachkommastellen an, um dennoch eine halbwegs exakte Berechnung der Summe, also des Hirschman-Herfindahl-Index, zu ermöglichen. s_j und s_j^2 folgen aus E_j und E, und s_{ij}^k ergibt sich aus E_{ij} und E_i (s. Gl. 14.20). Alle Größen, die wir für die Berechnung von γ_i benötigen, können aus der letzten Zeile in Tab. 14.11 abgelesen werden und müssen in Gl. 14.24 eingesetzt werden:

$$\gamma_i = \frac{G_i - \left(1 - \sum_{j=1}^{J} s_j^2\right) H_i}{\left(1 - \sum_{j=1}^{J} s_j^2\right)(1 - H_i)} = \frac{0,1682 - (1 - 0,42)\,0,2447}{(1 - 0,42)\,(1 - 0,2447)} \approx 0,06.$$

Demnach beträgt der Wert für γ_i gerundet 0,06. Zur Orientierung kann etwa ab einem Wert von 0,05 von einer starken räumlichen Konzentration einer Branche ausgegangen werden. Unser Ergebnis für den Wert von γ_i liegt eindeutig darüber. Die Süßwarenhersteller in unserem Beispiel sind also sehr stark im Raum geballt. Aus Tab. 14.11 ist an den Werten für E_{ij} ersichtlich, dass sich das Gros der Beschäftigung in dieser Branche in Linz befindet und dort auf vier Betriebe aufgeteilt ist. Nun stellt sich aber die Frage, mit welcher Wahrscheinlichkeit wir mit unserer Aussage richtig liegen, dass in der Süßwarenherstellung eine sehr starke geographische Konzentration der Beschäftigung vorliegt. Um die statistische Signifikanz des Ergebnisses zu berechnen, müssen zuallererst die Varianz und der Standardfehler des Rohmaßes der geographischen Konzentration G_i ermittelt werden. Dazu berechnen wir mithilfe der entsprechenden Werte aus Tab. 14.11 einige Größen, die für die Berechnung der Varianz benötigt werden:

Tab. 14.11 Beispiel: Ellison-Glaeser-Agglomerationsindex 1

Region j	Betrieb k	E_{ik}	z_{ik}^2	E_j	E_{ij}	s_j	s_j^2	s_{ij}^k	$(s_{ij}^k - s_j)^2$
Wien	–	–	–	500.000	13.000	0,5	0,25	0,1857	0,0988
–	1	200	$8,1632 \cdot 10^{-6}$	–	–	–	–	–	–
–	2	650	$8,6224 \cdot 10^{-5}$	–	–	–	–	–	–
–	3	12.000	0,02938775	–	–	–	–	–	–
–	4	100	$2,0408 \cdot 10^{-6}$	–	–	–	–	–	–
–	5	50	$5,1020 \cdot 10^{-7}$	–	–	–	–	–	–
Linz	–	–	–	400.000	32.000	0,4	0,16	0,4571	0,0033
–	6	16.000	0,05224489	–	–	–	–	–	–
–	7	13.000	0,03448979	–	–	–	–	–	–
–	8	1.500	0,00045918	–	–	–	–	–	–
–	9	1.500	0,00045918	–	–	–	–	–	–
Graz	–	–	–	100.000	25.000	0,1	0,01	0,3571	0,0661
–	10	25.000	0.12755102	–	–	–	–	–	–
Summe	–	$E_i = 70.000$	$H_i = 0,2447$	$E = 1.000.000$	$E_i = 70.000$	1	0,42	1	$G_i = 0,1682$

Quelle eigene Darstellung

$$H_i^2 = 0{,}2447^2 = 0{,}0599$$

$$\sum\nolimits_{j=1}^{J} s_j^2 = 0{,}42$$

$$\sum\nolimits_{j=1}^{J} s_j^3 = 0{,}5^2 + 0{,}4^2 + 0{,}1^2 = 0{,}19$$

$$\left(\sum\nolimits_{j=1}^{J} s_j^2\right)^2 = 0{,}42^2 = 0{,}1764$$

$$\sum\nolimits_{k=1}^{K} z_{ik}^4 = \left(\frac{200}{70.000}\right)^4 + \left(\frac{650}{70.000}\right)^4 + \left(\frac{12.000}{70.000}\right)^4 + \ldots + \left(\frac{25.000}{70.000}\right)^4 = 0{,}0211$$

Nun kann in Gl. 14.25 eingesetzt werden:

$$\text{var}(G_i) = 2\left\{ H_i^2 \left[\sum\nolimits_{j=1}^{J} s_j^2 - 2\sum\nolimits_{j=1}^{J} s_j^3 + \left(\sum\nolimits_{j=1}^{J} s_j^2\right)^2 \right] \right.$$
$$\left. - \sum\nolimits_{k=1}^{K} z_{ik}^4 \left[\sum\nolimits_{j=1}^{J} s_j^2 - 4\sum\nolimits_{j=1}^{J} s_j^3 + 3\left(\sum\nolimits_{j=1}^{J} s_j^2\right)^2 \right] \right\},$$

$$\text{var}\,(G_i) = 2\,\{0,0599\,[0,42 - 2*0,19 + 0,1764] - 0,0211\,[0,42 - 4*0,19 + 3*0,1764]\} = 0,0179.$$

Die Standardabweichung von G_i (s. Gl. 10) folgt mit:

$$SE\,(G_i) = \sqrt{0,0179} = 0,134.$$

Mit diesen Informationen kann nun anhand von Gl. 14.26 die standardnormalverteilte Prüfgröße z berechnet werden:

$$z = \frac{G_i - \left(1 - \sum_{j=1}^{J} s_j^2\right) H_i}{SE\,(G_i)} = \frac{0,1682 - (1 - 0,42)\,0,2447}{0,134} \approx 0,2$$

Gemäß der Standardnormalverteilungstabelle lautet der zu $z = 0{,}2$ gehörende Wert der Verteilungsfunktion $\Phi(z) = 0{,}5793$. Die statistische Signifikanz ergibt sich durch Berechnung von $1 - 2(1 - \Phi(z)) = 1-2(1-0{,}5793) = 0{,}1586$. Daher ist der für γ_i resultierende Wert von 0,06 zu 15,86 % statistisch signifikant. Das heißt, es handelt sich mit einer Wahrscheinlichkeit von 15,86 % um *keine* zufällige Konzentration der Branche im ermittelten Ausmaß, sondern um das Resultat des Wirkens von Agglomerationskräften.

Wir wollen im Folgenden verdeutlichen, wie der Index auf Veränderungen der Verteilung der Beschäftigten auf die Betriebe reagiert. Deshalb greifen wir nochmals auf Beispiel 1 in Tab. 14.11 zurück, verteilen aber die Beschäftigung in Wien erstens auf zehn statt wie vorher auf fünf Betriebe und zweitens gleichmäßig statt wie wie vorher − ungleichmäßig. Das solcherart leicht abgeänderte Beispiel 2 ist in Tab. 14.12 dargestellt. Während bei der vergleichsweise geringen Anzahl von Betrieben in Beispiel 1 noch eher von einer zufälligen Standortentscheidung der Unternehmen in Wien ausgegangen werden kann, ist die Wahrscheinlichkeit für so eine Zufälligkeit in Beispiel 2 wesentlich geringer. Da sich in Beispiel 2 die Beschäftigung in der Süßwarenherstellung in Wien gleichmäßiger und auf deutlich mehr Betriebe verteilt als zuvor, ist anzunehmen, dass sich die Betriebe aufgrund von natürlichen Standortvorteilen und/oder positiven Externalitäten dort angesiedelt haben und nicht durch Zufall. Die verglichen mit Linz und Graz große Anzahl von eher kleineren Betrieben in Wien deutet darauf hin, dass sich die Betriebe dort angesiedelt haben, weil sie sich Vorteile durch die Niederlassung in einer Region versprechen, in der schon Betriebe der gleichen Branche geballt sind.

Wenn Unternehmen hauptsächlich von internen Skaleneffekten, also steigenden Skalenerträgen innerhalb des eigenen Betriebs, profitieren, gibt es weniger und dafür größere Betriebe. Dominieren hingegen in einer Branche externe Skalenerträge, die alleine durch die Größe der Branche in einer Region entstehen, existieren mehrere und kleinere Betriebe. Dies findet Ausdruck in dem wesentlich höheren Wert des Ellison-Glaeser-Index in Beispiel 2 (0,0912), bei dem es sich mit einer 28,12 %igen Wahrscheinlichkeit um *keine* zufällige Ballung der Branche handelt. Die Berechnung sowohl des Agglomerationsindex als auch seiner statistischen Signifikanz erfolgt analog zu dem oben vorgestellten Schema, allerdings müssen nun die Werte in Tab. 14.12 verwendet werden. Als kleine Hilfestellung sind unterhalb der Tab. 14.12 einige für die Berechnung benötigte Werte angegeben.

Tab. 14.12 Beispiel: Ellison-Glaeser-Agglomerationsindex 2

Region j	Betrieb k	E_{ik}	z_{ik}^2	E_j	E_{ij}	s_j	s_j^2	s_{ij}^k	$(s_{ij}^k - s_j)^2$
Wien	–	–	–	500.000	13.000	0,5	0,25	0,1857	0,0988
–	1	1.300	0,0003449	–	–	–	–	–	–
–	2	1.300	0,0003449	–	–	–	–	–	–
–	3	1.300	0,0003449	–	–	–	–	–	–
–	4	1.300	0,0003449	–	–	–	–	–	–
–	5	1.300	0,0003449	–	–	–	–	–	–
–	6	1.300	0,0003449	–	–	–	–	–	–
–	7	1.300	0,0003449	–	–	–	–	–	–
–	8	1.300	0,0003449	–	–	–	–	–	–
–	9	1.300	0,0003449	–	–	–	–	–	–
–	10	1.300	0,0003449	–	–	–	–	–	–
Linz	–	–	–	400.000	32.000	0,4	0,16	0,4571	0,0033
–	6	16.000	0,05224489	–	–	–	–	–	–
–	7	13.000	0,03448979	–	–	–	–	–	–
–	8	1.500	0,00045918	–	–	–	–	–	–
–	9	1.500	0,00045918	–	–	–	–	–	–
Graz	–	–	–	100.000	25.000	0,1	0,01	0,3571	0,0661
–	10	25.000	0,12755102	–	–	–	–	–	–
Summe	–	$E_i = 70.000$	$H_i = 0,2187$	$E = 1.000.000$	$E_i = 70.000$	1	0,42	1	$G_i = 0,1682$

$\gamma_i = 0,0912$
$var(G_i) = 0,013044$
$SE(G_i) = 0,1142$
$z = 0,36$
$\Phi(z) = 0,6406$
Signifikanz: 28,12 %
Quelle eigene Darstellung

Für die Berechnung der Varianz sind $H_i^2 = 0{,}0478$ und $\sum_{k=1}^{K} z_{ik}^4 = 0{,}0202$ erforderlich. Ebenso werden $\sum_{j=1}^{J} s_j^2$, $\left(\sum_{j=1}^{J} s_j^2\right)^2$ und $\sum_{j=1}^{J} s_j^3$ benötigt.

Ein Blick auf Tab. 14.11 zeigt, dass sich die Anteile s_j im Vergleich zu Beispiel 1 nicht verändert haben, weshalb wir die Werte der drei letztgenannten Terme von dort übernehmen können. Auch hier haben wir wieder jeweils auf so viele Nachkommastellen gerundet, dass die mit dem Computer berechneten Ergebnisse mit den mittels Tab. 14.12 und eines Taschenrechners ermittelten übereinstimmen.

Ziehen wir noch ein letztes Beispiel zum Agglomerationsindex heran. Dazu verdoppeln wir im Vergleich zu Beispiel 2 die Anzahl der Betriebe in Wien und Linz, lassen aber die Beschäftigung in der Süßwarenherstellung in den Städten jeweils konstant. Zudem verteilen wir die Beschäftigung in Wien vollkommen gleichmäßig auf die lokalen Betriebe und in Linz wesentlich gleichmäßiger als noch in Beispiel 2. Durch diese Veränderung steigt der Wert des Agglomerationsindex abermals an – er beträgt im dritten Beispiel 0,1587.

Die Erklärung des Anstiegs des Index erfolgt erneut über die Anzahl der Süßwarenhersteller in der jeweiligen Stadt, auf die sich die Beschäftigten verteilen. Je mehr Betriebe einer Branche in der Stadt tätig sind, desto unwahrscheinlicher ist eine zufällige Ballung vor Ort nach dem *dartboard approach*. In Beispiel 3 ist zum Einen der Wert des Ellison-Glaeser-Agglomerationsindex mit 0,1587 extrem hoch. Zum Anderen ist auch seine statistische Signifikanz hoch: Mit einer Wahrscheinlichkeit von 76,2 % handelt es sich bei dem beobachteten Standort- und Beschäftigungsmuster um *keine* zufällige Ballung der Süßwarenhersteller. Vermutlich haben die Betriebe die Standorte Wien oder Linz gewählt, da diese entweder einen natürlichen Vorteil bieten und/oder die Ballung von Unternehmen derselben Branche einen Vorteil für die Betriebe darstellt.

Die Varianz wurde berechnet mit $H_i^2 = 0{,}0243$ und $\sum_{k=1}^{K} z_{ik}^4 = 0{,}0164$, für $\sum_{j=1}^{J} s_j^2$, $\left(\sum_{j=1}^{J} s_j^2\right)^2$ und $\sum_{j=1}^{J} s_j^3$ siehe abermals Beispiel 1.

Die Zwischenergebnisse werden wieder mit so vielen Nachkommastellen angegeben, dass eine exakte Berechnung nahezu genau die gleichen Ergebnisse liefert wie die Verwendung der gerundeten Werte in Tab. 14.13.

Ellison und Glaeser (1997) untersuchen mit ihrem Index 459 US-amerikanische Branchen des Verarbeitenden Gewerbes auf 4-Steller-Ebene. Dabei stellen sie fest, dass fast alle untersuchten Branchen räumlich konzentriert sind, ihr γ_i also größer als null ist. In 444 der 459 Branchen ist G_i, das Rohmaß geographischer Konzentration, höher als bei einer zufälligen Verteilung nach dem *dartboard approach* zu erwarten wäre. Allerdings sind beinahe alle Branchen nur sehr schwach konzentriert. Abbildung 14.3 zeigt die Häufigkeitsverteilung der Gamma-Werte, die für die einzelnen Branchen berechnet wurden. Jeder Balken des Histogramms gibt an, wie oft die jeweiligen Gamma-Werte jeweils in einem Intervall mit der Breite 0,01 errechnet wurden.

Es resultiert eine ziemlich rechtsschiefe (das heißt linkssteile) Verteilung. Für die meisten Branchen ergeben sich sehr niedrige Gamma-Werte. Der Balken, der Gammas zwischen null und 0,01 repräsentiert, ist der längste. Das heißt, Werte in diesem Bereich

Tab. 14.13 Beispiel: Ellison-Glaeser-Agglomerationsindex 3

Region j	Betrieb k	E_{ik}	z_{ik}^2	E_j	E_{ij}	s_j	s_j^2	s_{ij}^k	$(s_{ij}^k - s_j)^2$
Wien		–		500.000	13.000	0,5	0,25	0,1857	0,0988
–	1	650	$8,6224 \cdot 10^{-5}$	–	–	–	–	–	–
–	2	650	$8,6224 \cdot 10^{-5}$	–	–	–	–	–	–
–	3	650	$8,6224 \cdot 10^{-5}$	–	–	–	–	–	–
–	4	650	$8,6224 \cdot 10^{-5}$	–	–	–	–	–	–
–	5	650	$8,6224 \cdot 10^{-5}$	–	–	–	–	–	–
–	6	650	$8,6224 \cdot 10^{-5}$	–	–	–	–	–	–
–	7	650	$8,6224 \cdot 10^{-5}$	–	–	–	–	–	–
–	8	650	$8,6224 \cdot 10^{-5}$	–	–	–	–	–	–
–	9	650	$8,6224 \cdot 10^{-5}$	–	–	–	–	–	–
–	10	650	$8,6224 \cdot 10^{-5}$	–	–	–	–	–	–
–	11	650	$8,6224 \cdot 10^{-5}$	–	–	–	–	–	–
–	12	650	$8,6224 \cdot 10^{-5}$	–	–	–	–	–	–
–	13	650	$8,6224 \cdot 10^{-5}$	–	–	–	–	–	–
–	14	650	$8,6224 \cdot 10^{-5}$	–	–	–	–	–	–
–	15	650	$8,6224 \cdot 10^{-5}$	–	–	–	–	–	–
–	16	650	$8,6224 \cdot 10^{-5}$	–	–	–	–	–	–
–	17	650	$8,6224 \cdot 10^{-5}$	–	–	–	–	–	–
–	18	650	$8,6224 \cdot 10^{-5}$	–	–	–	–	–	–
–	19	650	$8,6224 \cdot 10^{-5}$	–	–	–	–	–	–
–	20	650	$8,6224 \cdot 10^{-5}$	–	–	–	–	–	–

(Fortsetzung)

Tab. 14.13 (Fortsetzung)

Region j	Betrieb k	E_{ik}	z_{ik}^2	E_j	E_{ij}	s_j	s_j^2	s_{ij}^k	$(s_{ij}^k - s_j)^2$
Linz	–	–	–	400.000	32.000	0,4	0,16	0,4571	0,0033
–	21	3.500	0,0025	–	–	–	–	–	–
–	22	3.500	0,0025	–	–	–	–	–	–
–	23	4.000	0,00326531	–	–	–	–	–	–
–	24	5.000	0,00510204	–	–	–	–	–	–
–	25	3.500	0,0025	–	–	–	–	–	–
–	26	3.500	0,0025	–	–	–	–	–	–
–	27	4.000	0,00326531	–	–	–	–	–	–
–	28	5.000	0,00510204	–	–	–	–	–	–
Graz	–	–	–	100.000	25.000	0,1	0,01	0,3571	0,0661
–	29	25.000	0.12755102	–	–	–	–	–	–
Summe	–	$E_i = 70.000$	$H_i = 0,1560$	$E = 1.000.000$	$E_i = 70.000$	1	0,42	1	$G_i = 0,1682$

$\gamma_i = 0,1587$
$\mathrm{var}(G_i) = 0,0043$
$SE(G_i) = 0,0656$
$z = 1,18$
$\Phi(z) = 0,881$
Signifikanz: 76,2 %
Quelle eigene Darstellung

Abb. 14.3 Histogramm der Gamma-Werte. Nach Ellison und Glaeser (1997, S. 908)

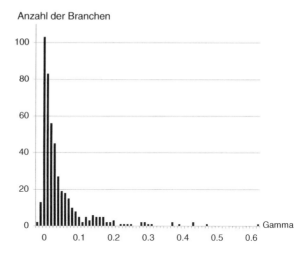

sind am häufigsten. Insgesamt ist Gamma für etwa 44 % aller Branchen kleiner als 0,02, was auf eine sehr schwache räumliche Konzentration dieser Branchen schließen lässt. Allerdings muss das Histogramm als Ganzes betrachtet werden und es gibt auch Branchen, die eine hohe räumliche Konzentration aufweisen. So hat etwas mehr als ein Viertel der betrachteten Branchen Agglomerationsindizes von mindestens 0,05, was bedeutet, dass sie stark konzentriert sind.

Die am stärksten konzentrierten Branchen in den Vereinigten Staaten von Amerika sind Fellprodukte sowie die Herstellung von Wein und Brandy, Strumpfwaren und Equipment für Öl- und Gasfelder. Die Branchen, welche die geringste räumliche Konzentration bzw. sogar Dispersion aufweisen, sind Schuhwaren aus Gummi und Kunststoff, Spezialitäten-Konserven, Malzgetränke und Staubsauger für den Hausgebrauch. Das bedeutet aber nicht zwingend, dass die Nähe zu den Verbrauchern für die letztgenannten Branchen besonders wichtig ist. In der bereits angesprochenen Staubsaugerbranche beispielsweise besteht eine hohe industrielle Konzentration. Die wenigen Betriebe in dieser Branche haben sich zwar relativ weit voneinander entfernt angesiedelt, aufgrund ihrer geringen Anzahl ist aber trotzdem keine besonders ausgeprägte Kundennähe gegeben. Zusammengefasst zeigt die Studie von Ellison und Glaeser (1997), dass in den Vereinigten Staaten beinahe alle Branchen des Verarbeitenden Gewerbes auf 4-Steller-Ebene eine leichte räumliche Konzentration aufweisen. Branchen mit starker räumlicher Konzentration sind hingegen bedeutend seltener.

Alecke und Untiedt (2006) wenden den Agglomerationsindex auf Industrie- und Dienstleistungsbranchen in Deutschland an. Auch diese Studie kommt zu dem Ergebnis, dass nahezu alle Branchen räumlich konzentriert sind, die meisten davon jedoch nur sehr schwach. Die stärkste räumliche Konzentration weisen Branchen auf, für die natürliche Standortvorteile bedeutend sind, so zum Beispiel die Gewinnung von Erdöl und Erdgas, der Eisenerzbergbau sowie die See- und Küstenschifffahrt. Im Verarbeitenden Gewerbe sind die eher traditionellen Branchen am stärksten konzentriert, wie etwa die Herstellung von Uhren. Forschungs- und entwicklungsintensive Industriezweige sind hingegen deutlich

schwächer im Raum geballt. Im Gegensatz zu Ellison und Glaeser (1997) untersuchen Alecke und Untiedt (2006) auch Branchen des Dienstleistungsgewerbes. Überraschenderweise
befinden sich unter den zwanzig Branchen mit dem höchsten Agglomerationsindex gleich
drei Dienstleistungsbranchen. Anzunehmen wäre, dass Dienstleistungen nicht räumlich
konzentriert sind, da sie sehr kundenorientiert sind und daher nahe an den Verbrauchern
angeboten werden. Die hohe Konzentration dieser drei Dienstleistungsbranchen wird in
der genannten Studie damit erklärt, dass es sich dabei um unternehmensorientierte Dienstleistungen handelt (mit dem Kreditgewerbe verbundene Tätigkeiten, Forschung und Entwicklung im Bereich Rechts-, Wirtschafts- und Sozialwissenschaften sowie im Bereich
Sprach-, Kultur- und Kunstwissenschaften, sonstige Finanzierungsinstitutionen). Für diese
ist es häufig nicht notwendig, die Dienstleistung am gleichen Ort zu erbringen, an dem sich
der Kunde befindet. Daher ist es möglich, dass sich unternehmensorientierte Dienstleister
an einem Ort ballen und so Agglomerationsvorteile ausnutzen können.

14.5.2 Koagglomerationsindex

[W]e find evidence suggesting that spillover benefits are restricted neither to the county
level nor to the most narrowly defined industries. Industries also appear to coagglomerate
both with important upstream suppliers and with important downstream customers. (Ellison und Glaeser 1997, S. 892)

Bis jetzt haben wir nur eine Branche betrachtet und uns auf Externalitäten in Form von
Lokalisationskräften bzw. MAR-Externalitäten beschränkt, die nur zwischen Betrieben
ein und derselben Branche wirksam werden. Tatsächlich existieren bei gleicher Standortwahl von Betrieben aber auch branchenübergreifende externe Effekte in Form von
physischen Externalitäten und branchenübergreifenden Wissensexternalitäten. Zu den
physischen Externalitäten zählen zum Beispiel die gemeinsame Nutzung von Infrastruktureinrichtungen oder ein spezialisierter Arbeitskräftepool. Währenddessen versteht
man unter branchenübergreifenden Wissensexternalitäten etwa Prozessinnovationen im
Bereich der Verwaltung oder des Managements, die auch von anderen Branchen genutzt
werden, oder branchenübergreifende technologische Neuerungen. Des Weiteren kann
davon ausgegangen werden, dass natürliche Standortvorteile, wie zum Beispiel eine günstige geographische Lage des Standorts, anziehend auf *mehrere* Branchen wirken.

All diese interindustriellen Urbanisierungseffekte bzw. Jacobs-Externalitäten werden in
dem von Ellison und Glaeser (1997) entwickelten Koagglomerationsindex γ^c berücksichtigt. Dabei ist γ^c ein Maß für die branchenübergreifende Konzentration von Betrieben in der
betrachteten Region. Ausgangspunkt für die Berechnung des Koagglomerationsindex ist –
wie beim Agglomerationsindex – ebenfalls das Konzentrationsmaß G. Allerdings werden
beim Koagglomerationsindex alle untersuchten Branchen in die Berechnung des Rohmaßes
geographischer Konzentration mit einbezogen. Die Formel für G lautet wie folgt:

$$G = \sum_{j=1}^{J} \left(x_j - s_j \right)^2. \tag{14.28}$$

Dabei sind x_j und s_j definiert als

$$x_j = \sum_{i=1}^{u} \frac{E_{ij}}{E_i} \quad \text{und} \quad s_j = \frac{E_j}{E}. \tag{14.29}$$

Zur Berechnung von x_j wird der Anteil der regionalen Beschäftigung in einer Branche an der Gesamtbeschäftigung der betreffenden Branche ermittelt. Anschließend werden diese Anteile aufsummiert, aber − und hier ist Vorsicht geboten − lediglich über die *untersuchten* Branchen u und nicht über alle Branchen I: es gilt $u \leq I$. Somit gibt x_j die Summe der Anteile der Beschäftigung in jeder der untersuchten Branchen u in Region j an der überregionalen Gesamtbeschäftigung der betreffenden Branche u an. Der Unterschied zwischen den beiden Anteilen x_j und s_j ist, dass x_j ausschließlich für die untersuchten Branchen u berechnet wird und s_j für alle existierenden Branchen I. Selbst wenn $u = I$ wäre, würden sich x_j und s_j unterscheiden, da $\sum_{i=1}^{I} \frac{E_{ij}}{E_i} \neq \frac{E_j}{E}$ ist (weil Punkt- vor Strichrechnung gilt).

Das Rohmaß der räumlichen Konzentration quadriert die Differenz zwischen x_j und s_j. Das entspricht dem Quadrat des Unterschieds zwischen dem Anteil der regionalen Beschäftigung in den untersuchten Branchen an der Gesamtbeschäftigung dieser Branchen und dem Anteil der (branchenunabhängigen) regionalen Beschäftigung an der Gesamtbeschäftigung. Schließlich werden diese Differenzen für alle betrachteten Regionen aufsummiert.

Der Erwartungswert des Rohmaßes räumlicher Konzentration, also von G, berechnet sich folgendermaßen:

$$E\left(G\right) = \left(1 - \sum_{j=1}^{J} s_j^2\right)\left[H + \gamma^c \left(1 - \sum_{i=1}^{u} s_i^2\right) + \sum_{i=1}^{u} \gamma_i s_i^2 \left(1 - H_i\right)\right]. \tag{14.30}$$

Die Beschäftigungsanteile sind dabei wie bisher definiert:

$$s_j = \frac{E_j}{E} \quad \text{und} \quad s_i = \frac{E_i}{E}.$$

H bezeichnet den Hirschman-Herfindahl-Index der aggregierten untersuchten Branchen u. Für seine Bestimmung wird der Hirschman-Herfindahl-Index der Betriebe einer Branche i (der mit H_i notiert wird) mit der Bedeutung dieser Branche für die Volkswirtschaft multipliziert, genauer gesagt dem Quadrat ihres Anteils an der Gesamtbeschäftigung. Wird dieses Produkt über die betrachteten Branchen u aufsummiert, erhält man den aggregierten Hirschman-Herfindahl-Index für diese Branchen:

$$H = \sum_{i=1}^{u} s_i^2 H_i. \tag{14.31}$$

Wie bereits in vorhergehenden Abschnitten erläutert, lautet der Hirschman-Herfindahl-Index einer Branche i

$$H_i = \sum_{k=1}^{K} z_{ik}^2 \quad mit \quad z_{ik} = \frac{E_{ik}}{E_i}. \tag{14.32}$$

Schließlich gibt γ_i die räumliche Konzentration der Branche i (aufgrund von natürlichen Vorteilen und externen Effekten) an, die anhand des oben thematisierten Agglomerationsindex ermittelt werden kann. Hingegen gibt γ^c die Tendenz zur Ansiedlung von Betrieben einer Branche in der Nähe von Betrieben einer anderen Branche an, was als Koagglomeration bezeichnet wird und sich durch Urbanisierungskräfte bzw. Jacobs-Externalitäten begründen lässt.

Liegen keine branchenübergreifenden Agglomerationskräfte vor ($\gamma^c = 0$), entspricht E(G) der nach dem *dartboard approach* erwarteten Konzentration der Beschäftigung plus der Ballung der Beschäftigung, die auf brancheninterne Agglomerationskräfte zurückzuführen ist. Diese Situation ist in Gl. 14.33 wiedergegeben, die sich ergibt, wenn man in Gl. 14.30 $\gamma^c = 0$ setzt und eine Klammer auflöst:

$$E\left(G\right) = \left(1 - \sum\nolimits_{j=1}^{J} s_j^2\right) H + \left(1 - \sum\nolimits_{j=1}^{J} s_j^2\right) \sum\nolimits_{i=1}^{u} \gamma_i s_i^2 \left(1 - H_i\right) \cdot \quad (14.33)$$

Ebenso wie beim Agglomerationsindex wäre der Erwartungswert von G gleich $\left(1 - \sum_{j=1}^{J} s_j^2\right) H$, wenn *alle* Unternehmen ihre Standortentscheidungen in Abwesenheit von natürlichen Vorteilen und Externalitäten träfen und die Standortwahl dem *dartboard approach* folgte. Dann wären nämlich sowohl γ_i als auch γ^c null und E(G) würde sich auf den eben angegebenen Ausdruck reduzieren.

Die interessierende Größe ist nun γ^c, da wir die Koagglomeration von Betrieben verschiedener Branchen untersuchen wollen. Wir stehen aber erneut vor dem Problem, weder die Bedeutung natürlicher Standortvorteile noch die Relevanz von Externalitäten für die Standortentscheidung von Betrieben messen zu können. Aus diesem Grund leiten wir γ^c ähnlich wie in Abschn. 14.5.1 aus dem Erwartungswert für G her. Umformen von Gl. 14.30 nach γ^c resultiert in einem Schätzer für die Intensität der gemeinsamen Ballung mehrerer Branchen, also ihrer Koagglomeration:

$$\gamma^c = \frac{G / \left(1 - \sum_{j=1}^{J} s_j^2\right) - H - \sum_{i=1}^{u} \gamma_i s_i^2 \left(1 - H_i\right)}{1 - \sum_{i=1}^{u} s_i^2} \cdot \quad (14.34)$$

Wenn $\gamma^c = 0$ gilt, kann davon ausgegangen werden, dass für die Standortwahl von Betrieben entweder lediglich brancheninterne Agglomerationseffekte entscheidend waren oder sie nach dem *dartboard approach*, also zufällig, zustande kam. Bei $\gamma^c = 0$ existieren demnach keine interindustriellen Externalitäten und keine gemeinsamen Vorteile. Die Werte des Koagglomerationsindex sind analog zum Agglomerationsindex zu interpretieren, wir sprechen also ab einem Wert von 0,02 für γ^c von einer sehr schwachen und bei Werten über 0,05 von einer sehr starken Koagglomeration der analysierten Branchen.

Zum besseren Verständnis des Koagglomerationsindex wenden wir ihn in einem Beispiel an. Ausgehend von vier Branchen in drei Regionen soll untersucht werden, inwiefern eine Koagglomeration dieser Branchen besteht. Bei den untersuchten Branchen handelt es sich um das Bekleidungsgewerbe, das Textilgewerbe, die Forstwirtschaft und

Tab. 14.14 Beispiel: Ellison-Glaeser-Koagglomerationsindex: Bekleidungsgewerbe

Region j	Betrieb k	E_{ik}	z_{ik}^2	E_j	E_{ij}	s_j	s_j^2
1	–	–	–	360.000	8.575	0,6	0,36
–	1	1.020	0,010404	–	–	–	–
–	2	1.250	0,015625	–	–	–	–
–	3	1.255	0,01575025	–	–	–	–
–	4	1.750	0,030625	–	–	–	–
–	5	1.720	0,029584	–	–	–	–
–	6	1.580	0,024964	–	–	–	–
2	–	–	–	108.000	645	0,18	0,0324
–	7	315	0,00099225	–	–	–	–
–	8	330	0,001089	–	–	–	–
3	–	–	–	132.000	780	0,22	0,0484
–	9	210	0,000441	–	–	–	–
–	10	370	0,001369	–	–	–	–
–	11	200	0,0004	–	–	–	–
Summe	–	$E_i = 10.000$	$H_i = 0,1312435$	$E = 600.000$	10.000	1	0,4408

Quelle eigene Darstellung

die Textilfärberei in den Regionen eins bis drei. Der besseren Übersichtlichkeit wegen stellen wir die Daten jeder Branche in Tab. 14.14, 14.15, 14.16 und 14.17 separat dar:

Die Tab. 14.14, 14.15, 14.16 und 14.17 beinhalten Informationen zu Beschäftigung und einzelnen Beschäftigungsanteilen. Zur Berechnung des Koagglomerationsindex werden aber noch weitere Größen benötigt, deren Berechnung in Tab. 14.18 illustriert wird.

s_i gibt den Anteil der jeweiligen Branchenbeschäftigung an der Gesamtbeschäftigung an. Für das Bekleidungsgewerbe zum Beispiel folgt es aus $10.000/600.000 \approx 0,016667$. Sowohl E_i als auch E können aus der untersten Zeile von Tab. 14.14 abgelesen werden. H_i, der Hirschman-Herfindahl-Index für Branche i, kann mithilfe von Gl. 14.32 berechnet oder gleich aus der jeweils letzten Zeile der Branchen-Tabellen abgelesen werden. Für die Berechnung des Agglomerationsindex γ_i verweisen wir auf Abschn. 14.5.1, die dafür benötigten Werte können aus der Tabelle für die jeweilige Branche abgelesen werden. Die übrigen Größen s_i^2, $s_i^2 H_i$ und $\gamma_i s_i^2 (1-H_i)$ können anhand der bereits ermittelten Daten in Tab. 14.18 bestimmt werden. Der Hirschman-Herfindahl-Index der aggregierten u untersuchten Branchen ergibt sich aus der Summe ihrer individuellen Hirschman-Herfindahl-Indizes gewichtet mit s_i^2, s. Gl. 14.31.

Zusätzlich werden G und die Summe der s_j^2 benötigt. Die Werte der jeweiligen Region für s_j^2 können aus der Summenzeile in Tab. 14.14, 14.15, 14.16 oder 14.17 abgelesen werden. Zur Berechnung von G greifen wir auf Gl. 14.28 und Gl. 14.29 zurück:

$$G = \sum\nolimits_{j=1}^{J} \left(x_j - s_j\right)^2, \text{ mit } x_j = \sum\nolimits_{i=1}^{u} \frac{E_{ij}}{E_i} \quad \text{und} \quad s_j = \frac{E_j}{E}.$$

Tab. 14.15 Beispiel: Ellison-Glaeser-Koagglomerationsindex: Textilgewerbe

Region j	Betrieb k	E_{ik}	z_{ik}^2	E_j	E_{ij}	s_j	s_j^2
1	–	–	–	360.000	7.765	0,6	0,36
–	1	1.320	0,017424	–	–	–	–
–	2	1.250	0,015625	–	–	–	–
–	3	1.255	0,01575025	–	–	–	–
–	4	1.300	0,0169	–	–	–	–
–	5	1.320	0,017424	–	–	–	–
–	6	1.320	0,017424	–	–	–	–
2	–	–	–	108.000	1.245	0,18	0,0324
–	7	615	0,00378225	–	–	–	–
–	8	630	0,003969	–	–	–	–
3	–	–	–	132.000	530	0,22	0,0484
–	9	530	0,002809	–	–	–	–
Summe	–	$E_i = 9.540$	$H_i = 0,1111075$	$E = 600.000$	9.540	1	0,4408

Quelle eigene Darstellung

Tab. 14.16 Beispiel: Ellison-Glaeser-Koagglomerationsindex: Forstwirtschaft

Region j	Betrieb k	E_{ik}	z_{ik}^2	E_j	E_{ij}	s_j	s_j^2
1	–	–	–	360.000	6.425	0,6	0,36
–	1	1.020	0,010404	–	–	–	–
–	2	1.100	0,0121	–	–	–	–
–	3	1.055	0,01113025	–	–	–	–
–	4	1.100	0,0121	–	–	–	–
–	5	1.070	0,011449	–	–	–	–
–	6	1.080	0,011664	–	–	–	–
2	–	–	–	108.000	4.295	0,18	0,0324
–	7	1.015	0,01030225	–	–	–	–
–	8	1.150	0,013225	–	–	–	–
–	9	1.100	0,0121	–	–	–	–
–	10	1.030	0,010609	–	–	–	–
3	–	–	–	132.000	480	0,22	0,0484
–	11	210	0,000441	–	–	–	–
–	12	170	0,000289	–	–	–	–
–	13	100	0,0001	–	–	–	–
Summe	–	$E_i = 11.200$	$H_i = 0,1159135$	$E = 600.000$	11.200	1	0,4408

Quelle eigene Darstellung

Tab. 14.17 Beispiel: Ellison-Glaeser-Koagglomerationsindex: Textilfärberei

Region j	Betrieb k	E_{ik}	z_{ik}^2	E_j	E_{ij}	s_j	s_j^2
1	–	–	–	360,000	8,575	0,6	0,36
–	1	1.020	0,010404	–	–	–	–
–	2	1.250	0,015625	–	–	–	–
–	3	1.255	0,01575025	–	–	–	–
–	4	1.750	0,030625	–	–	–	–
–	5	1.720	0,029584	–	–	–	–
–	6	1.580	0,024964	–	–	–	–
2	–	–	–	108,000	645	0,18	0,0324
–	7	315	0,00099225	–	–	–	–
–	8	330	0,001089	–	–	–	–
3	–	–	–	132,000	210	0,22	0,0484
–	9	210	0,000441	–	–	–	–
Summe	–	$E_i = 9.430$	$H_i = 0,1294745$	$E = 600,000$	9,430	1	0,4408

Quelle eigene Darstellung

Tab. 14.18 Hilfstabelle zur Berechnung des Ellison-Glaeser-Koagglomerationsindex

Branche i	s_i	s_i^2	H_i	γ_i	$s_i^2 H_i$	$\gamma_i s_i^2 (1-H_i)$
Bekleidungsgewerbe	0,016667	0,000278	0,131244	0,054382	0,000036	0,000013
Textilgewerbe	0,015900	0,000253	0,111108	0,026418	0,000028	0,000006
Forstwirtschaft	0,018667	0,000348	0,115914	0,017516	0,000040	0,000005
Textilfärberei	0,015717	0,000247	0,129475	0,153732	0,000032	0,000033
Summe	–	0,001126	–	–	$H = 0,000137$	0,000058

Quelle eigene Darstellung

Für Region 1 wird x_1 beispielsweise folgendermaßen ermittelt:

$$x_1 = \frac{8.575}{10.000} + \frac{7.765}{9.540} + \frac{6.425}{11.200} + \frac{8.575}{9.430} = 3,1544.$$

Analog dazu ergibt sich für x_2 ein Wert von 0,6469 und für x_3 erhält man 0,1987. Zusammen mit den jeweiligen Werten der Regionen für s_j, die laut den Tabellen 0,6, 0,18 bzw. 0,22 für die Regionen eins bis drei betragen, folgt daraus

$$G = (3,1544 - 0,6)^2 + (0,6469 - 0,18)^2 + (0,1987 - 0,22)^2 = 6,7434.$$

Nun werden alle berechneten Variablen in Gl. 14.34 für den Koagglomerationsindex eingesetzt:

$$\gamma^c = \frac{G/\left(1 - \sum_{j=1}^{J} s_j^2\right) - H - \sum_{i=1}^{u} \gamma_i s_i^2 (1 - H_i)}{1 - \sum_{i=1}^{u} s_i^2}$$

$$\gamma^c = \frac{6,7434/\left(1 - 0,4408\right) - 0,000137 - 0,000058}{1 - 0,001126} = 12,07.$$

Der für γ^c resultierende Wert ist extrem hoch, es liegt daher eine sehr starke branchen-übergreifende Ballung von Unternehmen in den betrachteten Regionen vor, was auf die Existenz von interindustriellen Agglomerationsvorteilen schließen lässt. Im vorliegenden Beispiel ist der hohe Wert des Koagglomerationsindex darauf zurückzuführen, dass die Berechnung mit lediglich drei Regionen durchgeführt wurde. Aufgrund dieser geringen Anzahl an Regionen sind die Werte für s_j sehr groß, was dazu führt, dass auch das Konzentrationsmaß G einen sehr hohen Wert annimmt (s. Gl. 14.28 für die Berechnung von G). Dies resultiert wiederum in einem hohen Wert für γ^c (s. Gl. 14.34 für γ^c). Ein weiterer Grund für den hohen Wert des Koagglomerationsindex kann darin bestehen, dass wir das Beispiel so konstruiert haben, dass ganz eindeutig eine starke Koagglomeration von Branchen in einer der Regionen vorliegt. Natürliche Standortvorteile und interindustrielle Agglomerationsvorteile führen dazu, dass sich Unternehmen verschiedener Branchen an einem Ort konzentrieren. Daher handelt es sich in unserem Beispiel offensichtlich um eine Ballung von Betrieben des Textilgewerbes, der Textilfärberei und der Bekleidungsindustrie in der ersten Region. Dort werden die Textilien von den Betrieben des Textilgewerbes produziert, anschließend gefärbt und schließlich zu fertigen Kleidungsstücken verarbeitet.

In ihrer empirischen Studie zur Koagglomeration von Branchen analysieren Ellison und Glaeser (1997) Branchenpaare, die jeweils durch extrem starke Beziehungen zwischen einander vor- oder nachgelagerten Bereichen gekennzeichnet sind. Das heißt, eine Branche des Paars liefert Vorprodukte für die andere Branche. Ellison und Glaeser zeigen, dass die meisten der untersuchten Branchenpaare positive Werte des Koagglomerationsindex aufweisen. So haben zum Beispiel die Malz- und die Malzgetränkebranche einen Koagglomerationsindex von 0,032, es besteht also eine eher starke Koagglomeration dieser beiden Branchen. Eine sehr starke Koagglomeration zeigt sich auch zwischen den beiden Branchen Herstellung von Autoteilen bzw. -zubehör sowie Herstellung der Karosserie von Automobilen: der Koagglomerationsindex beträgt 0,107. In einer weiteren Studie untersuchen Ellison et al. (2010), auf welche Gründe sich die Koagglomeration verschiedener Branchen zurückführen lässt. Dabei stellen sie fest, dass sich Betriebe überwiegend nahe an ihren Zulieferern und/oder Kunden ansiedeln. Beinahe ebenso wichtig für die Standortentscheidung wie die Nähe zu in der Wertschöpfungskette vor- und nachgelagerten Stationen sind die Vorteile eines großen Arbeitskräftepools, einen etwas schwächeren Einfluss haben Wissensexternalitäten.

14.5.3 Kritische Würdigung des Ellison-Glaeser-Index

Der (Ko-)Agglomerationsindex von Ellison und Glaeser ist sozusagen der Rennwagen unter den bisher vorgestellten Indizes – seine Leistung ist beachtlich, seine Konstruktion aber etwas komplizierter und seine Anforderungen an die Daten sind anspruchsvoll. Die Verwendung dieses Konzentrationsmaßes bringt einige Vorteile mit sich. So lassen sich die Werte des Index zum Beispiel zwischen Branchen vergleichen, die unterschiedliche Betriebsgrößenstrukturen aufweisen, da deren Einfluss durch die Berücksichtigung des Hirschman-Herfindahl-Index aufgefangen wird. Zudem können wir nun statistische Tests auf das Vorliegen geographischer Konzentration durchführen: γ hat unter der Nullhypothese der Abwesenheit von komparativen (also natürlichen) Vorteilen und externen Effekten einen Erwartungswert von null und die Varianz lässt sich berechnen.

Es ist davon auszugehen, dass γ mit höherer räumlicher Aggregation ansteigt, da Externalitäten Regionsgrenzen überschreiten. Bei Heranziehung kleinerer räumlicher Einheiten werden Externalitäten zwischen an der Grenze zweier benachbarter Regionen liegenden Betrieben ausgeblendet, was mit der Realität unvereinbar ist. Werden hingegen größere räumliche Einheiten untersucht, werden auch Externalitäten zwischen den ihnen zugrunde liegenden kleineren Einheiten erfasst, weshalb der Wert für γ mit einer höheren räumlichen Aggregationsebene ansteigt. Ebenso wie die anderen hier behandelten regionalökonomischen Indizes kann auch der Ellison-Glaeser-Index nicht zwischen natürlichen Standortvorteilen und externen Effekten als Agglomerationsursachen unterscheiden.

Ein wesentlicher Unterschied zu anderen Konzentrationsmaßen, wie zum Beispiel dem Gini-Koeffizienten, ist, dass ein Wert des Ellison-Glaeser-Index von null *nicht* bedeutet, dass die Beschäftigung gleichmäßig auf alle Regionen verteilt ist. Stattdessen ist die Beschäftigung nur in einem Maße konzentriert, das zu erwarten wäre, wenn alle Betriebe einer Branche ihren Standort gemäß dem *dartboard approach* festlegten. Betriebe sind unterschiedlich groß und ihre Anzahl an Beschäftigten variiert. Gäbe es in Region 1 einen großen Betrieb mit 100 Beschäftigten und in Region 2 fünf kleinere Betriebe mit jeweils 20 Beschäftigten, so wäre die Gesamtbeschäftigung in dieser Branche in beiden Regionen gleich hoch. Der Gini-Index würde daher den Wert null annehmen. Dennoch besteht in Region 2 eine Konzentration von Betrieben. Der Ellison-Glaeser-Index, der den Anteil der einzelnen Betriebe an der Gesamtbeschäftigung in Region j in Branche i berücksichtigt, würde folglich einen Wert größer als null annehmen und so die räumliche Konzentration aufdecken.

Ein allgemeines Manko von Maßen räumlicher Konzentration, so auch des Ellison-Glaeser-Index, ist für gewöhnlich ihre Vernachlässigung der Distanz zwischen den untersuchten Raumeinheiten. Verläuft etwa eine Regionsgrenze durch eine Ballung, würde die Agglomeration von diesen Indizes möglicherweise nicht erkannt, da sie meist nur die Konzentration in den einzelnen Regionen messen. Aber auch dafür wurde mittlerweile Abhilfe geschaffen, indem zum Beispiel ein Maß für die räumliche Distanz zwischen den verschiedenen Untersuchungsregionen entwickelt wurde (s. Abschn. 14.7).

14.6 Maurel-Sédillot-Index

Der Index von Maurel und Sédillot (1999) beruht auf dem von Ellison und Glaeser (1997) vorgeschlagenen Modell der Standortwahl von Betrieben und besitzt im Wesentlichen die gleichen Eigenschaften. Die einzelnen Standortentscheidungen gehen entweder auf natürliche Vorteile oder externe Effekte zurück oder sind – im Gegensatz dazu – gänzlich voneinander unabhängig. Die Berechnung des Maurel-Sédillot-Index unterscheidet sich nur minimal von der Vorgehensweise Ellisons und Glaesers bei ihrem Agglomerationsindex. Der Unterschied besteht alleine in der Definition von G_i, dem Rohmaß geographischer Konzentration. Das G_i von Ellison und Glaeser erhält im Folgenden den Index EG und das von Maurel und Sédillot den Index MS:

$$G_{EG} = \sum\nolimits_{j=1}^{J} \left(s_{ij}^k - s_j\right)^2 \quad \text{versus} \quad G_{MS} = \sum\nolimits_{j=1}^{J} \left(s_{ij}^k\right)^2 - \sum\nolimits_{j=1}^{J} \left(s_j\right)^2.$$

s_{ij}^k und s_j sind einmal mehr definiert als

$$s_{ij}^k = \frac{E_{ij}}{E_i} \text{ und } s_j = \frac{E_j}{E}.$$

Im übrigen Aufbau unterscheidet sich die Version des Agglomerationsindex von Maurel und Sédillot nicht von der Ellisons und Glaesers. Die Formel für den Maurel-Sédillot-Agglomerationsindex lautet somit

$$\gamma_i = \frac{\sum_{j=1}^{J} \left(s_{ij}^k\right)^2 - \sum_{j=1}^{J} \left(s_j\right)^2 - \left(1 - \sum_{j=1}^{J} s_j^2\right) H_i}{\left(1 - \sum_{j=1}^{J} s_j^2\right)(1 - H_i)}. \tag{14.35}$$

Der essentielle Unterschied zwischen diesen beiden Indizes besteht in ihrer Herleitung. Um einen Schätzer für Gamma zu erhalten, gehen Ellison und Glaeser von G_i, dem Rohmaß räumlicher Konzentration einer Branche, aus, das *a priori* definiert wird. Demgegenüber hat der Index von Maurel und Sédillot den Vorteil, dass er direkt von einem Wahrscheinlichkeitsmodell der Standortwahl von Betrieben abgeleitet wird. Die Standortwahl ist somit keine Annahme, sondern wird aus dem Modell heraus – also endogen – erklärt. Den Ausgangspunkt dafür bildet die Wahrscheinlichkeit, mit der sich zwei Betriebe einer Branche in der gleichen Region niederlassen. Diese Wahrscheinlichkeit wird über alle Regionen aufsummiert. Im nächsten Schritt entwickeln Maurel und Sédillot einen Schätzer für diese Wahrscheinlichkeit. Dieser Schätzer bildet einen integralen Bestandteil ihres Agglomerationsindex (s. Gl. 12).

Aufgrund des nur kleinen Unterschieds zwischen dem Schätzer für Gamma nach Ellison und Glaeser und jenem nach Maurel und Sédillot weichen auch die Ergebnisse für den Wert des Index nur geringfügig voneinander ab. Im Gegensatz zu Ellison und Glaeser wenden Maurel und Sédillot (1999) ihren Index nicht auf die USA an, sondern auf Branchen der 4-Steller-Ebene in französischen Bezirken. Auch hier zeigt das Histogramm der Gamma-Werte eine stark rechtsschiefe Verteilung. Von den insgesamt 273 untersuchten Branchen ist die Hälfte kaum bis sehr schwach im Raum geballt, während 23 % eine Ballung mittleren Grades aufweisen. Die übrigen 27 % der Branchen sind stark konzentriert, sie weisen Gamma-Werte über 0,05 auf. Zu letzteren gehören zum Beispiel Gewinnungsindustrien (Eisenerz und Kohle, Uranerz etc.), die an den Orten der jeweiligen Rohstoffvorkommen geballt sind. Ebenfalls auf natürliche Vorteile zurückzuführen ist die starke

Agglomeration der Schiffbau- und Werftindustrien, während die Ballung von traditionellen Branchen des Verarbeitenden Gewerbes wie – beispielsweise Lederverarbeitung und Uhrmacherei – auf historische Gründe zurückzuführen ist. Diese Branchen waren früher aufgrund von Rohstoffvorkommen oder auch Agglomerationsvorteilen stark räumlich konzentriert und sind es durch Pfadabhängigkeiten und sich selbst verstärkende Effekte bis heute geblieben. Ein Hinweis auf die Bedeutung von Agglomerationsexternalitäten für die geographische Konzentration einer Branche lässt sich in einigen Hightech-Industrien finden, wie zum Beispiel der Datenübertragung per Radio und Fernsehen, die zum Großteil im Pariser Umland angesiedelt ist.

14.7 Räumliches Distanzmaß

Das Räumliche Distanzmaß wurde von Midelfart et al. (2004) vorgeschlagen. Im Unterschied zu den bislang vorgestellten Indizes berücksichtigt das Räumliche Distanzmaß die relative Lage von Agglomerationen zueinander. Es berücksichtigt also die Entfernung zwischen Regionen, in denen sich die untersuchte Branche ballt. Ist diese Entfernung gering, befinden sich die Agglomerationen in unmittelbarer Nähe zueinander und sind vermutlich in aneinander angrenzenden Kreisen oder Ländern zu finden. Die meisten Maße räumlicher Konzentration lassen nur Rückschlüsse darauf zu, ob eine Branche in wenigen Regionen konzentriert ist oder nicht. Sie geben allerdings keine Auskunft darüber, ob diese Regionen benachbart sind oder weit voneinander entfernt liegen. Bei Anwendung eines der bisher vorgestellten Maße räumlicher Konzentration ist es möglich, dass laut dem Index zwei Branchen gleich stark konzentriert sind, obwohl eine hauptsächlich in zwei angrenzenden Regionen vorzufinden ist und die andere in zwei weit voneinander entfernten. Midelfart et al. (2004) bezeichnen das Räumliche Distanzmaß als eine Ergänzung zu den herkömmlichen Indizes und als überregionalen Index für die Lage der Ballungsgebiete einer Branche zueinander. Es bietet sich an, dieses Maß zusätzlich zu klassischen Indizes der räumlichen Konzentration zu verwenden, um überregionale Konzentrationsmuster zu untersuchen bzw. aufzudecken. Konkret lässt sich damit bestimmen, ob Regionen, die auf eine bestimmte Branche spezialisiert sind, nahe beieinander oder weiter voneinander entfernt liegen. Das Räumliche Distanzmaß für Branche i ist wie folgt definiert:

$$DM_i = C \sum_{j=1}^{J} \sum_{l=1}^{L} s_{ij}^s s_{il}^s \delta_{jl}. \tag{14.36}$$

Dabei ist C eine Konstante, der Index i bezeichnet die betrachtete Branche und δ_{jl} die Distanz zwischen den Regionen j und l. Die beiden Anteile s_{ij}^s bzw. s_{il}^s stehen für den regionalen Beschäftigungsanteil von Branche i an der Gesamtbeschäftigung in Region j bzw. l:

$$s_{ij}^s = \frac{E_{ij}}{E_j} \quad \text{und} \quad s_{il}^s = \frac{E_{il}}{E_l}. \tag{14.37}$$

Analysieren wir zuerst die einzelnen Komponenten des Räumlichen Distanzmaßes in Gl. 14.36: Für eine Region j gibt

$$\sum_{l=1}^{L} s_{il}^s \delta_{jl}$$

die durchschnittliche Entfernung zur Produktion der betrachteten Branche i in anderen Regionen an. Genauer gesagt wird der Anteil der Beschäftigung in Region l in Branche i an der Gesamtbeschäftigung in Branche i mit der Distanz zwischen den Regionen j und l multipliziert. Je nach ihrer Entfernung zu Region j wird daher der Anteil von Region l an der Branchenbeschäftigung mit Hilfe von δ_{jl} stärker oder schwächer gewichtet. Dadurch wird einerseits der Einfluss von Ballungen dieser Branche, die sich in der Nähe von Region j befinden, auf das Räumliche Distanzmaß größer und andererseits der Einfluss von weiter entfernten Ballungen geringer. Die erste Summe

$$\left(\sum_{j=1}^{J} \right)$$

addiert dies über alle Regionen j, gewichtet mit ihrem Anteil an der Beschäftigung in dieser Branche an der gesamten Branchenbeschäftigung (s_{ij}^s).

Wenn die gesamte Produktion in einer Region stattfindet, also die Beschäftigung vollständig in dieser Region konzentriert ist, nimmt das Räumliche Distanzmaß den Wert null an. Wird nur in einer Region produziert, ist nämlich δ_{jl} in allen Fällen null, da außer einer Region j keine anderen Produktionsstandorte existieren, zu denen eine Distanz δ_{jl} berechnet werden könnte. Durch die multiplikative Verknüpfung von δ_{jl} mit den beiden Anteilen s_{ij}^s und s_{il}^s wird der Gesamtausdruck, also das Distanzmaß null. Demgegenüber wird der Wert des Räumlichen Distanzmaßes immer höher, je weiter die Regionen, in denen die untersuchte Branche stark vertreten ist, im Raum verstreut sind. Bei einer großen Entfernung zwischen den Regionen, die auf diese Branche spezialisiert sind, ist δ_{jl} jeweils groß, wodurch der Wert des Distanzmaßes ebenfalls groß wird.

Mit Hilfe des Räumlichen Distanzmaßes wird somit ersichtlich, ob Regionen, die auf ein und dieselbe Branche spezialisiert sind, einander geographisch nahe sind oder nicht. Wie hoch die Werte des Distanzmaßes sind, hängt von der Wahl der Konstanten C ab. Diese sollte so gewählt werden, dass die Ergebnisse gut interpretierbar sind. So bietet es sich zum Beispiel an, $C = 1$ zu setzen, damit die Konstante bei der Berechnung nicht weiter berücksichtigt werden muss. Da Midelfart et al. (2004) keinen Wertebereich für das Räumliche Distanzmaß angeben, ist es sinnvoll, dieses Maß aus Vergleichszwecken nicht nur für eine, sondern für mehrere Branchen zu berechnen. So kann der Wert des Maßes für die interessierende Branche besser eingeordnet und interpretiert werden.

Auch Konstruktion und Interpretation dieses Index sollen anhand eines einfachen Beispiels illustriert werden. Dazu betrachten wir ein Land mit zwölf Regionen, deren Zentren in Abb. 14.4 jeweils mit einem Punkt dargestellt werden.

Die Koordinaten dieser Zentren sind in Tab. 14.19 angegeben.

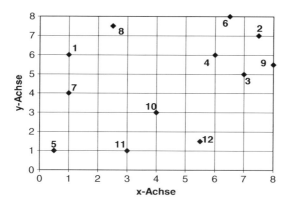

Abb. 14.4 Grafische Darstellung der Zentren der zwölf Regionen

Tab. 14.19 Beispiel: Räumliches Distanzmaß – Koordinaten der Zentren

Region	1	2	3	4	5	6	7	8	9	10	11	12
x-Koordinate	1	7,5	7	6	0,5	6,5	1	2,5	8	4	3	5,5
y-Koordinate	6	7	5	6	1	8	4	7,5	5,5	3	1	1,5

Quelle eigene Darstellung

Mithilfe der Koordinaten der Regionszentren können die paarweisen Distanzen zwischen den Regionen berechnet werden. Die Entfernung zwischen zwei Zentren, also δ_{jl}, wird als *euklidische Distanz* bezeichnet. Diese Distanzen lassen sich am einfachsten mit dem Satz des Pythagoras ermitteln: $x^2 + y^2 = \delta^2$. Dabei ist x die Differenz zwischen den x-Koordinaten der beiden Zentren, also $x_j - x_l$, und y die Differenz zwischen den y-Koordinaten $y_j - y_l$. Einsetzen dieser Definitionen in den Satz des Pythagoras und Umformen nach δ ergibt:

$$\delta_{jl} = \sqrt{\left(x_j - x_l\right)^2 + \left(y_j - y_l\right)^2} \tag{14.38}$$

Diese anhand von Gl. 14.38 berechneten paarweisen Distanzen zwischen den Regionszentren sind in Tab. 14.20 dargestellt.

Auch wenn dies nur als grobe Annäherung an die Wirklichkeit dient, wird die Entfernung zwischen Regionen schlicht als Entfernung zwischen deren Zentren gemessen. Alternativ wäre denkbar, die Distanz zwischen Regionsgrenzen zu verwenden, allerdings ist dies aufgrund fehlender Daten zur Entfernung zwischen zwei Regionsgrenzen in vielen Fällen empirisch kaum umsetzbar. Zudem ist es ohne weitere Informationen realistisch, davon auszugehen, dass sich die ökonomische Aktivität einer Region hauptsächlich in deren Zentrum konzentriert, weshalb auch die Distanz zwischen zwei *Zentren* als geeignetes Entfernungsmaß erscheint.

Tabelle 14.21 zeigt die jeweilige Regionsbeschäftigung E_j sowie die absolute Beschäftigung und die Beschäftigungsanteile (gemäß Gl. 14.37) der zwölf Regionen in zwei verschiedenen Branchen, Chemie und Elektrotechnik. Die Gesamtbeschäftigung in beiden Branchen E_C bzw. E_E beträgt jeweils 1.088.

Tab. 14.20 Paarweise Distanzen zwischen den Regionszentren

$j \setminus l$	1	2	3	4	5	6	7	8	9	10	11	12
1	0	6,58	6,08	5,00	5,02	5,85	2,00	2,12	7,02	4,24	5,39	6,36
2	6,58	0	2,06	1,80	9,22	1,41	7,16	5,02	1,58	5,32	7,50	5,85
3	6,08	2,06	0	1,41	7,63	3,04	6,08	5,15	1,12	3,61	5,66	3,81
4	5,00	1,80	1,41	0	7,43	2,06	5,39	3,81	2,06	3,61	5,83	4,53
5	5,02	9,22	7,63	7,43	0	9,22	3,04	6,80	8,75	4,03	2,50	5,02
6	5,85	1,41	3,04	2,06	9,22	0	6,80	4,03	2,92	5,59	7,83	6,58
7	2,00	7,16	6,08	5,39	3,04	6,80	0	3,81	7,16	3,16	3,61	5,15
8	2,12	5,02	5,15	3,81	6,80	4,03	3,81	0	5,85	4,74	6,52	6,71
9	7,02	1,58	1,12	2,06	8,75	2,92	7,16	5,85	0	4,72	6,73	4,72
10	4,24	5,32	3,61	3,61	4,03	5,59	3,16	4,74	4,72	0	2,24	2,12
11	5,39	7,50	5,66	5,83	2,50	7,83	3,61	6,52	6,73	2,24	0	2,55
12	6,36	5,85	3,81	4,53	5,02	6,58	5,15	6,71	4,72	2,12	2,55	0

Quelle eigene Darstellung

Tab. 14.21 Regionale Branchenbeschäftigung

Region j	E_j	Chemie		Elektrotechnik	
		E_{Cj}	s_{Cj}^s	E_{Ej}	s_{Ej}^s
1	481	0	0	0	0
2	1.600	608	0,38	0	0
3	1.500	0	0	570	0,38
4	800	0	0	308	0,385
5	768	288	0,36	0	0
6	9.917	0	0	0	0
7	3.333	0	0	0	0
8	512	192	0,24	0	0
9	840	0	0	210	0,25
10	325	0	0	0	0
11	764	0	0	0	0
12	8.678	0	0	0	0
Summe	$E = 29.518$	$E_C = 1.088$	–	$E_E = 1.088$	–

Quelle eigene Darstellung

Die Beschäftigung in beiden Branchen ist auf jeweils nur drei Regionen aufgeteilt. Die Beschäftigung in der Chemiebranche ist auf die Regionen zwei, fünf und acht verteilt, die relativ weit voneinander entfernt liegen (s. Abb. 14.4). Indessen weisen nur die Regionen drei, vier und neun Beschäftigung in der Elektrotechnikbranche auf. Diese drei Regionen trennt jedoch eine weitaus geringere Distanz. Die meisten herkömmlichen Konzentrationsmaße würden hier eine starke räumliche Konzentration der beiden

Branchen ausweisen. Anhand des Räumlichen Distanzmaßes zeigt sich aber, dass lediglich die Elektrotechnikbranche räumlich konzentriert ist. Für die Chemiebranche zum Beispiel wird das Distanzmaß mit den Daten aus Tab. 14.20 und 14.21 folgendermaßen berechnet:

$$DM_C = 1 * \left(s^s_{C1} s^s_{C2} \delta_{1,2} + s^s_{C1} s^s_{C3} \delta_{1,3} + \ldots + s^s_{C12} s^s_{C10} \delta_{12,10} + s^s_{C12} s^s_{C11} \delta_{12,11} \right) \quad (14.39)$$

$$DM_C = (0 * 0{,}38 * 6{,}58 + 0 * 0 * 6{,}08 + \ldots + 0 * 0 * 2{,}12 + 0 * 0 * 2{,}55) \approx 4{,}614 \cdot$$

Analog ergibt sich $DM_E = 1{,}023$. Die Terme, bei denen $j = l$ gilt, können weggelassen werden, da die Distanz $\delta_{jl} = \delta_{jj}$ in diesem Fall null ist und somit der gesamte Term null wird. Deshalb wird die Summation in Gl. 14.39 nicht mit $s_{C1} \cdot s_{C1} \cdot \delta_{1,1}$, sondern mit $s_{C1} \cdot s_{C2} \cdot \delta_{1,2}$ begonnen und endet nicht mit $s_{C12} \cdot s_{C12} \cdot \delta_{12,12}$, sondern mit $s_{C12} \cdot s_{C11} \cdot \delta_{12,11}$. Es ist anzumerken, dass in die Berechnung des Räumlichen Distanzmaßes im Prinzip jeder Term zwei Mal eingeht, so zum Beispiel $s_{C1} \cdot s_{C2} \cdot \delta_{1,2}$ und $s_{C2} \cdot s_{C1} \cdot \delta_{2,1}$. Insofern könnte die Konstante C gleich ½ gesetzt werden, damit jeder Term nur ein Mal berücksichtigt wird. Letztlich spielt es jedoch keine Rolle, ob die jeweiligen Terme ein oder zwei Mal in die Berechnung mit einfließen, da im ersten Fall die ermittelten Maßzahlen halb so groß sind wie im zweiten. Solange aber nur solche Indizes miteinander verglichen werden, die mit dem gleichen Wert der Konstanten C berechnet wurden, ist die absolute Höhe des Index-Werts gleichgültig.

Obwohl die überregionale Beschäftigung in beiden Branchen 1.088 beträgt und diese auf jeweils drei Regionen verteilt ist, ergeben sich für das Räumliche Distanzmaß unterschiedliche Werte. DM_E, der Wert für die Elektrotechnikbranche, liegt mit 1,023 näher bei null als jener für die Chemiebranche mit 4,614. Das heißt, die Beschäftigung in der Elektrotechnikbranche ist stärker räumlich konzentriert als in der Chemiebranche. Dies wird durch einen Blick auf Abb. 14.4 verdeutlicht: Die Regionen, in denen Beschäftigte der Elektrotechnikbranche tätig sind, liegen nahe beieinander. Folglich ist die räumliche Konzentration der Beschäftigung hoch und der Wert des Räumlichen Distanzmaßes liegt relativ nahe bei null. Im Gegensatz dazu sind die Distanzen zwischen den Regionen, in denen Beschäftigte der Chemiebranche arbeiten, vergleichsweise groß. Daher ist die Branche relativ weit im Raum verstreut, was durch den vergleichsweise hohen Wert des Distanzmaßes zum Ausdruck gebracht wird.

Wie aus diesem Beispiel ersichtlich, ist ein Nachteil des Distanzmaßes, dass Vergleichswerte benötigt werden, um es sinnvoll interpretieren zu können. Ohne den Vergleichswert für die Elektrotechnikbranche könnte nur mit Schwierigkeiten eingeschätzt werden, ob DM_C mit 4,614 ein hoher Wert – ist die Branche also dispers ist – oder nicht. Dennoch darf die Wichtigkeit der Anwendung des Räumlichen Distanzmaßes nicht unterschätzt werden: Nach der Berechnung herkömmlicher Konzentrationsmaße würde man vermuten, dass sowohl die Chemie- als auch die Elektrotechnikbranche räumlich konzentriert ist, da sich die Beschäftigung beide Male auf nur drei der zwölf Regionen beschränkt. Durch das Räumliche Distanzmaß wird aber deutlich, dass nur die Elektrotechnikbranche räumlich konzentriert ist und die Chemiebranche nicht, weil es die Distanz zwischen den jeweiligen Ballungsgebieten einer Branche mit einbezieht.

In Midelfart et al. (2004) wird das Räumliche Distanzmaß ergänzend zum Gini-Koeffizienten eingesetzt. Von Anfang der 1970er bis Mitte der 1980er Jahre hat die räumliche Distanz zwischen den Ballungsgebieten einer Branche des Verarbeitenden Gewerbes in Europa im Durchschnitt zugenommen. Seit den 1990ern ist jedoch eine Trendumkehr hin zu geringeren Distanzen zwischen Zentren einer Branche zu beobachten. Im Allgemeinen sind Branchen des Verarbeitenden Gewerbes stärker konzentriert als Dienstleistungsbranchen.

Von den Branchen, die zu Beginn des Untersuchungszeitraums, das heißt Anfang der 1970er, räumlich konzentriert waren, blieb eine Gruppe konzentriert, die andere wurde disperser. Räumlich konzentriert blieben hauptsächlich Industrien, in denen starke steigende Skalenerträge vorherrschen, wie zum Beispiel der Flugzeug- und Kraftfahrzeugbau. Währenddessen hat die Konzentration in Branchen, die überwiegend hoch Qualifizierte beschäftigen, schnell wachsen und im Hightech-Sektor tätig sind, abgenommen (ist aber größtenteils noch immer hoch). Beispielhaft genannt dafür seien die Tabakverarbeitung, die Büro- und EDV-Technik sowie der Bereich Radio, TV und Kommunikation. Von den Branchen, die anfangs über Europa verstreut waren, haben sich diejenigen, die langsam wachsen und weniger humankapitalintensiv sind, in Niedriglohnländern mit reichlichem Angebot an unqualifizierten Arbeitskräften konzentriert. Dazu zählen etwa die Herstellung von Textilwaren und Möbeln sowie die Bekleidungsindustrie.

14.8 Clustermaß

Das Clustermaß wurde von Hallet (2002) im Rahmen einer Studie vorgeschlagen, die sich – unter anderem – mit der geographischen Konzentration von Branchen in der Europäischen Union befasst. Das Clustermaß ermöglicht zu analysieren, ob eine Branche stark oder schwach im Raum geballt ist. In den vorhergehenden Abschnitten haben wir bereits mehrere Indizes betrachtet, die genau diese Information liefern. Das Clustermaß hebt sich von diesen ab, indem es – ähnlich wie das Räumliche Distanzmaß – die Entfernung zwischen den einzelnen Gebieten der Untersuchungsregion berücksichtigt. Dadurch können Agglomerationen, die durch administrative Regionsgrenzen geteilt werden, trotzdem identifiziert werden. Ausgehend von einer bestimmten Branche i lässt sich das Clustermaß wie folgt berechnen:

$$C_i = \frac{\sum_{j=1}^{J} \sum_{l=1}^{L} \frac{s_{ij}^k s_{il}^k}{\delta_{jl}}}{\sum_{j=1}^{J} \sum_{l=1}^{L} \frac{s_j s_l}{\delta_{jl}}}, \quad \text{mit} \quad j \neq l. \tag{14.40}$$

Dabei sind die Anteile $s_{ij}{}^k$ und $s_{il}{}^k$ einmal mehr definiert als

$$s_{ij}^k = \frac{E_{ij}}{E_i} \text{ bzw. } s_{il}^k = \frac{E_{il}}{E_i}. \tag{14.41}$$

s_j und s_l hingegen bestimmen sich durch

$$s_j = \frac{E_j}{E} \text{ bzw. } s_l = \frac{E_l}{E}. \tag{14.42}$$

Im Zähler von Gl. 14.20 werden die Anteile der regionalen an der überregionalen Branchenbeschäftigung in den Regionen j und l miteinander multipliziert, wobei gilt, dass $j \neq l$ ist. Zusätzlich wird dieses Produkt an der Entfernung ihrer Zentren zueinander (δ_{jl}) relativiert. Dies geschieht für alle möglichen Kombinationen von (unterschiedlichen) Regionen, also für die Regionen 1 und 2, 1 und 3,…, 1 und L, 2 und 1, 2 und 3,…, J und L. Wie bereits durch diese Aufzählung illustriert, wird dabei erst Region j konstant gehalten, während der Laufindex l über alle anderen Regionen „wandert", was durch

$$\sum\nolimits_{l=1}^{L} \left(s_{ij}^k s_{il}^k \right) / \delta_{jl}$$

illustriert wird. Sind schließlich alle Kombinationen von Region 1 mit anderen Regionen durchgespielt, geschieht dasselbe mit $j =$ Region 2 usw. Dies wird durch $\sum\nolimits_{j=1}^{J}$ gezeigt.

Wenn der Anteil der regionalen Beschäftigung an der Gesamtbeschäftigung einer Branche in zwei Regionen j und l jeweils groß ist und diese noch dazu nahe beieinander liegen, ist das Produkt $s_{ij}^k s_{il}^k$ groß und δ_{jl} klein, was in einem großen Wert für den Zähler resultiert. Umgekehrt ist der Zähler umso kleiner, je kleiner das Produkt $s_{ij}^k s_{il}^k$ und je größer die Distanz zwischen zwei betrachteten Regionen δ_{jl} ist.

Die Beschreibung des Nenners können wir kürzer fassen: Es gilt das Gleiche, was wir bereits für den Zähler herausgearbeitet haben mit − der Ausnahme, dass wir statt s_{ij}^k und s_{il}^k im Nenner s_j und s_l einsetzen müssen. Grob gesagt stellt das Clustermaß daher den branchenspezifischen Anteil der regionalen an der überregionalen Beschäftigung dem branchenunabhängigen Anteil der regionalen an der überregionalen Beschäftigung gegenüber. Insofern ist es vom Schema her ähnlich wie ein Standortquotient aufgebaut. Im Gegensatz zum Standortquotienten berücksichtigt das Clustermaß allerdings die paarweisen Entfernungen zwischen den untersuchten Regionen.

Nimmt das Clustermaß den Wert eins an, liegt keine überdurchschnittliche Ballung der analysierten Branche vor. Der Anteil der regionalen an der überregionalen Beschäftigung in der Branche ist dann in allen Regionen gleich dem branchenunabhängigen regionalen Anteil an der Gesamtbeschäftigung. Die betrachtete Branche ist genau so stark oder schwach räumlich konzentriert, wie auch die branchenunabhängige Gesamtbeschäftigung. Ist der Wert des Clustermaßes kleiner als eins, ist die Beschäftigung in der untersuchten Branche disperser als die Gesamtbeschäftigung im Raum verteilt. Es ist jedoch möglich, dass die Branche in Regionen, die weit auseinander liegen, räumlich konzentriert ist. Dies wird durch das Clustermaß nicht erkennbar. Nimmt der Index hingegen einen Wert größer als eins an, ist unsere Branche im Raum geballt.

Ein einfaches Beispiel soll die Anwendung des Clustermaßes demonstrieren. Untersucht wird die räumliche Konzentration von Teigwaren herstellenden Betrieben in zwölf Regionen. Eine räumliche Konzentration liegt dann vor, wenn wenige Regionen, deren Zentren nahe beieinander liegen, einen Großteil der Branchenbeschäftigung auf sich vereinen. Die Zentren der Regionen werden in Abb. 14.4 in Abschn. 14.7 mit einem Punkt

Tab. 14.22 Beispiel: Clustermaß Beschäftigungsdaten

Region j	E_{ij}	E_j	$s_{ij}{}^k$	s_j
1	12	3.687	0,015	0,092
2	86	3.212	0,108	0,080
3	46	3.007	0,058	0,075
4	80	2.981	0,100	0,075
5	321	2.700	0,401	0,068
6	87	3.994	0,109	0,100
7	31	4.151	0,039	0,104
8	36	4.275	0,045	0,107
9	57	1.983	0,071	0,050
10	18	3.548	0,023	0,089
11	12	3.642	0,015	0,091
12	14	2.820	0,018	0,071
Summe	$E_i = 800$	$E = 40.000$	1	1

Quelle eigene Darstellung

dargestellt und die paarweisen Distanzen zwischen diesen Regionen in Tab. 14.20, ebenfalls in Abschn. 14.7.

Zur Berechnung des Clustermaßes werden darüber hinaus noch zusätzliche Informationen zur Beschäftigung in den Regionen und in der Branche, der Herstellung von Teigwaren, benötigt. Tab. 14.22 enthält die erforderlichen Angaben.

$s_{ij}{}^k$ und s_j wurden gemäß Gl. 14.41 und Gl. 14.42 berechnet. Die Werte aus Tab. 14.22 müssen nun in die Gl. 14.40 für das Clustermaß eingesetzt werden:

$$C_i = \frac{\sum_{j=1}^{J} \sum_{l=1}^{L} \dfrac{s_{ij}^k s_{il}^k}{\delta_{jl}}}{\sum_{j=1}^{J} \sum_{l=1}^{L} \dfrac{s_j s_l}{\delta_{jl}}}, \text{ mit } j \neq l \cdot$$

$$C_i = \frac{\dfrac{s_{i1}^k s_{i2}^k}{\delta_{1,2}} + \dfrac{s_{i1}^k s_{i3}^k}{\delta_{1,3}} + \ldots + \dfrac{s_{i11}^k s_{i12}^k}{\delta_{11,12}}}{\dfrac{s_1 s_2}{\delta_{1,2}} + \dfrac{s_1 s_3}{\delta_{1,3}} + \ldots + \dfrac{s_{11} s_{12}}{\delta_{11,12}}}$$

$$C_i = \frac{\dfrac{0,015 \cdot 0,108}{6,58} + \dfrac{0,015 \cdot 0,058}{6,08} + \ldots + \dfrac{0,015 \cdot 0,018}{2,55}}{\dfrac{0,092 \cdot 0,08}{6,58} + \dfrac{0,092 \cdot 0,075}{6,08} + \ldots + \dfrac{0,091 \cdot 0,071}{2,55}} \approx 0,79$$

Das Clustermaß nimmt den Wert 0,79 an, ist also kleiner als eins. Die Herstellung von Teigwaren ist demnach nicht räumlich konzentriert. Die Branche ist sogar disperser als die Beschäftigung über alle Branchen hinweg. Das bedeutet, die Branche ist stärker verstreut als zu erwarten wäre, wenn man die Gesamtbeschäftigung betrachtet. Dieses Ergebnis lässt sich am besten durch einen Blick auf die gegebenen Daten verstehen. Aus Tab. 14.22 ist ersichtlich, dass der Großteil der Beschäftigten in der Herstellung von Teigwaren, nämlich 40 %, in Region 5 arbeitet, obwohl diese Region insgesamt nur für 6,8 % der Gesamtbeschäftigung aufkommt. Folglich ist der relative Anteil der Beschäftigten in der Herstellung von Teigwaren in Region 5 überdurchschnittlich hoch. Da dieser Anteil aber in keiner der umliegenden Regionen ebenfalls überdurchschnittlich hoch ist, liegt laut dem Clustermaß keine räumliche Konzentration vor. Das Maß gibt dabei jedoch keinerlei Information über eine räumliche Konzentration innerhalb von Region 5. Um diese zu untersuchen, müsste das Clustermaß auf Regionsebene angewandt werden. Dazu müssten j und l nicht Variablen für Regionen, sondern für Betriebe sein.

Hallet (2002) analysiert das Ausmaß der Ballung von 17 Branchen in der EU15. Als Indikator zieht er den Anteil der Bruttowertschöpfung der jeweiligen Branche eines Landes an der gesamten Bruttowertschöpfung des Landes relativ zu dem der EU15 heran. Die Branche mit der geringsten räumlichen Konzentration ist die Landwirtschaft, was einleuchtend erscheint. Die höchsten Werte nimmt das Clustermaß für die Branchen Erze & Metalle, vermutlich aufgrund von natürlichen Vorteilen, und chemische Produkte an. Im Allgemeinen ist räumliche Ballung eher in traditionellen Branchen des Verarbeitenden Gewerbes zu beobachten. Durch historische Pfadabhängigkeiten sind diese Branchen heute großteils immer noch dort zu finden, wo sie sich früher aufgrund von Rohstoffvorkommen angesiedelt haben. Obwohl die Transportkosten in den letzten Jahrzehnten gesunken sind, bleibt die historisch gewachsene räumliche Konzentration dieser Branchen bestehen: Diese haben sich bereits an den rohstoffreichen Standorten etabliert und ein Standortwechsel wäre, beispielsweise aufgrund von versunkenen Kosten, nicht rentabel.

Das Clustermaß hat den Vorteil, dass es einfach zu berechnen ist und die Distanzen zwischen Regionen berücksichtigt. So kann es zum Beispiel räumliche Konzentration anzeigen, selbst wenn eine Ballung je zur Hälfte in einer Region liegt und deshalb mit schlichteren Maßen nicht entdeckt würde. Allerdings lässt das Clustermaß keine Aussagen über die räumliche Konzentration innerhalb von Regionen zu und die industrielle Konzentration wird außer Acht gelassen. Diese Mängel werden durch den Clusterindex (s. den folgenden Abschn. 14.9) behoben, der im Gegenzug aber andere Schwächen aufweist.

14.9 Clusterindex

Gegenüber dem Clustermaß hat der Clusterindex von Litzenberger und Sternberg (2006) den Vorteil, dass er zusätzlich zur räumlichen Konzentration auch die regionale Spezialisierung und die durchschnittliche Betriebsgröße berücksichtigt. Die Formel für den Clusterindex lässt sich in drei Komponenten aufteilen, die alle nach dem Schema des Standortquotienten aufgebaut sind: ein Maß für die räumliche Konzentration von Branche i, die Spezialisierung der untersuchten Region j sowie für die Betriebsgrößenstruktur in der betrachteten Branche. Die Werte für die Region werden jeweils an den

Werten einer übergeordneten Vergleichsregion relativiert, um Abweichungen vom überregionalen Durchschnitt erkennen zu können. Gl. 14.43 zeigt, wie die drei Komponenten
Industriedichte, Industriebesatz und Betriebsgrößenstruktur zum Clusterindex zusam-
mengefügt werden:

$$CI_{ij} = \frac{E_{ij}/a_j}{E_i/a} \times \frac{E_{ij}/p_j}{E_i/p} \div \frac{E_{ij}/b_{ij}}{E_i/b_i} \tag{14.43}$$

Bisher unbekannt sind die Variablen a, p und b_i, die schnell erklärt sind: a gibt die Fläche
des Gesamtraums an, p die Anzahl seiner Einwohner und b_i die Anzahl der dort ansässigen Betriebe in Branche i. Zusätzlich mit dem Index j versehen, geben die jeweiligen
Variablen Auskunft über die Verhältnisse in Region j.

Gehen wir nun detaillierter auf die einzelnen Komponenten des Clusterindex ein. Die
räumliche Konzentration wird anhand der so genannten *Industriedichte* gemessen. Dazu
wird die Beschäftigung beispielsweise in der Forstwirtschaft in Niederbayern – durch die
Fläche Niederbayerns dividiert. Dieser Term wird schließlich an der deutschlandwei-
ten Beschäftigung in der Forstwirtschaft, dividiert durch die Fläche von Deutschland,
relativiert, falls wir Deutschland als unseren Vergleichsraum heranziehen wollen. Diese
Definition der räumlichen Konzentration unterscheidet sich also von der bisher verwendeten, welche die regionale Branchenbeschäftigung jeweils auf die regionale Gesamtbeschäftigung bezogen hat und nicht — wie hier — auf die Fläche einer Region.

Die räumliche Spezialisierung wird mit Hilfe des *Industriebesatzes* berechnet. Die
Beschäftigung in der Forstwirtschaft in Niederbayern wird durch die Anzahl der Einwohner Niederbayerns dividiert und an der bundesweiten Beschäftigung in der Forstwirtschaft, geteilt durch die Einwohnerzahl Deutschlands, relativiert.

Die Werte der beiden Maße für räumliche Konzentration und regionale Spezialisierung liegen zwischen null und positiv unendlich. Ein Wert von null bedeutet, dass es in
der untersuchten Region keine Beschäftigten in der Forstwirtschaft gibt, also E_{ij} null ist.
Da E_{ij} sozusagen im Zähler des Zählers steht (s. Gl. 14.43), wird auch das jeweilige Maß
null. Liegt der Wert der Industriedichte zwischen null und eins, ist die Branche in Niederbayern schwächer konzentriert als in ganz Deutschland. Ein Wert von eins hingegen
bedeutet, dass die Branche in der Region gleich stark vertreten ist wie im übergeordneten
Vergleichsraum. Werte über eins deuten auf eine räumliche Konzentration hin. Spiegelbildlich gilt für den Industriebesatz, dass bei Werten zwischen null und eins der Vergleichsraum stärker spezialisiert ist als die Teilregion. Ein Wert von eins impliziert, dass
die Region gleich stark oder schwach auf die Branche spezialisiert ist wie die Gesamtregion. Bei Werten größer als eins ist die Region stärker auf die untersuchte Branche spezialisiert als der Vergleichsraum.

Angenommen, in Niederbayern ist ein einziger sehr großer Betrieb ansässig, dessen Tätigkeitsbereich zur Forstwirtschaft zählt. Dadurch ist E_{ij} groß und die Werte
für die räumliche Konzentration und regionale Spezialisierung werden hoch, obwohl
keine Agglomeration besteht. Um zu verhindern, dass der Clusterindex in diesem Fall einen hohen Wert annimmt und fälschlicherweise eine Agglomeration der

Forstwirtschaftsbranche in Niederbayern indiziert, erfasst die dritte Komponente des Clusterindex die Betriebsgrößenstruktur. Der Quotient aus den Beschäftigten in der Forstwirtschaft in Niederbayern und der Anzahl der regionalen Forstwirtschaftsbetriebe wird zum korrespondierenden Quotienten für Deutschland ins Verhältnis gesetzt. Je höher dieser Quotient ist, umso niedriger ist der Wert des Clusterindex.

Die multiplikative Verknüpfung von Industriedichte und Industriebesatz verhindert, dass ein sehr niedriger Wert einer der beiden Komponenten durch einen hohen Wert der anderen ausgeglichen werden kann. Eine ähnliche Funktion erfüllt die Division durch die Betriebsgrößenstruktur: Sind die Werte für Industriedichte und -besatz hoch, aber der Wert der Betriebsgrößenstruktur ist ebenfalls hoch (die Beschäftigung also stark auf wenige Betriebe konzentriert), kann der Clusterindex insgesamt keinen allzu hohen Wert annehmen. Dies erscheint schlüssig, wenn man bedenkt, dass laut Litzenberger und Sternberg (2006) für das Vorliegen einer Agglomeration einer Branche sowohl räumliche Konzentration als auch regionale Spezialisierung vorliegen müssen und die Branchenbeschäftigung auf möglichst viele verschiedene Betriebe verteilt sein sollte.

Ebenso wie seine Komponenten – Industriedichte, Industriebesatz und Betriebsgrößen – liegt der Clusterindex zwischen null und unendlich im positiven Bereich. Ein Wert von eins bedeutet, dass die untersuchte Region die gleichen Clustereigenschaften aufweist, wie der Gesamtraum. Werte über eins zeigen eine stärkere Ballung im Teilraum als in der Bezugsregion an. Ab welchen Werten jedoch von einem Cluster gesprochen werden kann, ist nicht eindeutig festzulegen. Wichtig ist, dass die Werte der ersten beiden Komponenten des Clusterindex (Industriedichte und Industriebesatz) über eins, also über dem Durchschnittswert des Bezugsraums, liegen. Zudem muss der Wert der Betriebsgrößenstruktur-Komponente unter eins liegen, die branchenspezifische Beschäftigung also in der Teilregion relativ gesehen auf mehr Betriebe aufgeteilt sein als in der Gesamtregion. Wenn keine der Komponenten vom Wert des Gesamtraums abweicht, sind sie alle ebenso wie der Clusterindex eins. Nehmen wir an, Industriebesatz und -dichte in der Region sind doppelt so hoch wie im Gesamtraum, also zwei, und der durchschnittliche Anteil der regionalen Beschäftigung pro Betrieb ist halb so groß wie im Gesamtraum. Die Betriebe in der Untersuchungsregion sind also im Durchschnitt nur halb so groß wie jene im Gesamtraum und der Wert des Betriebsgrößen-Terms ist 1/2. Folglich nimmt der Clusterindex den Wert acht an ($2 \times 2 \div (1/2) = 8$). Liegt der Index zwischen eins und acht, so bestehen leichte Clusteransätze in einer Region.

Laut Litzenberger und Sternberg (2006, S. 214) liegt ab einem Wert des Clusterindex von 64 und damit korrespondierenden Werten von dessen Komponenten von vier bzw. 1/4 ein Cluster vor ($4 \times 4 \div (1/4) = 64$). Dieser Schwellenwert sollte aber für jede Studie individuell angepasst werden, da die Maximalwerte des Clusterindex mit zunehmender Aggregation von Branchen und Raumeinheiten abnehmen. Schließlich werden die Überschneidungen zwischen Untersuchungsregion und Gesamtraum bei zunehmender Aggregation immer größer, weshalb sich bei jeder Komponente des Clusterindex Zähler und Nenner immer ähnlicher werden. In der Folge nehmen die einzelnen Komponenten immer geringere Werte an, und ebenso der Clusterindex. Bei der Anpassung des

Tab. 14.23 Beispiel: Clusterindex

Zürich		Schweiz	
E_{ij}	1.743	E_i	5.740
a_j	50	a	576
p_j	488	p	4.621
b_{ij}	35	b_i	53

Quelle eigene Darstellung

Schwellenwerts ist zu beachten, dass der Grenzwert so hoch festgelegt werden muss, dass in Branchen, die sich aus logischen Gründen nicht räumlich konzentrieren können (zum Beispiel die Verarbeitung von Frischmilch), keine Cluster identifiziert werden. Darüber hinaus darf es nur wenige Cluster geben und ein Cluster muss sich deutlich von den anderen Teilräumen abheben.

Im folgenden fiktiven Beispiel soll ermittelt werden, ob in Zürich eine Ballung in der Tourismusbranche, also ein Tourismuscluster, existiert. Die notwendigen Informationen zur Berechnung des Clusterindex liefert Tab. 14.23.

Diese Angaben werden in Gl. 17 für den Clusterindex eingesetzt:

$$CI_{ij} = \frac{E_{ij}/a_j}{E_i/a} \times \frac{E_{ij}/p_j}{E_i/p} \div \frac{E_{ij}/b_{ij}}{E_i/b_i}$$

$$CI_{ij} = \frac{1.743/50}{5.740/576} \times \frac{1.743/488}{5.740/4.621} \div \frac{1.743/35}{5.740/53} \approx 21,87.$$

Für den Clusterindex ergibt sich ein Wert von 21,87. Nun muss ein Schwellenwert festgesetzt werden, ab dem es sich um eine Ballung der Branche handelt. In diesem Fall legen wir den Schwellenwert auf acht fest, da die Aggregationsebene sowohl in Bezug auf den Teilraum als auch auf die Branche hoch ist. Folglich sind die Maximalwerte, die das Maß annehmen kann, geringer und bereits kleinere Werte deuten auf eine Agglomeration hin, wie oben beschrieben. Anhand von Gl. 14.43 kann leicht nachgeprüft werden, dass Industriedichte und -besatz in Zürich mehr als doppelt so groß sind wie im Gesamtraum Schweiz und der Wert der Betriebsgrößenstruktur kleiner als 1/2 ist ($CI_{ij} = 3,5 \times 2,88 \div (1/2,17)$). Daher liegt in Zürich – gemäß dem definierten Schwellenwert von acht – ein Tourismuscluster vor.

Litzenberger und Sternberg (2006) wenden den Clusterindex auf Deutschland an. Auf Kreisebene werden vier Branchen untersucht: Herstellung von Schuhen, Uhren, chemischen Grundstoffen sowie Schlachten & Fleischverarbeitung. Die Branche Herstellung von chemischen Grundstoffen weist acht Cluster auf, die Herstellung von Schuhen sieben und die Herstellung von Uhren sechs. Lediglich die Branche Schlachten & Fleischverarbeitung ist in keinem Kreis geballt. Dies liegt vermutlich daran, dass die Tiere zumeist in der Nähe der Höfe, die über Deutschland verteilt sind, geschlachtet werden und das Fleisch gleich auf diesen Schlachthöfen weiterverarbeitet wird.

Ein wesentlicher Vorteil des Clusterindex ist, dass er sowohl räumliche Konzentration und regionale Spezialisierung als auch die Betriebsgrößenstruktur berücksichtigt. Allerdings beschränken sich Analysen mit dieser Maßzahl auf administrativ abgegrenzte Raumeinheiten, wie zum Beispiel Kreise, und die Entfernungen zwischen Betrieben bzw. Regionen werden vom Clusterindex, im Gegensatz zu anderen Maßen, wie etwa dem Clustermaß, nicht berücksichtigt. Weil die Kreise unabhängig voneinander betrachtet werden, erkennt der Clusterindex möglicherweise Kreisgrenzen übergreifende Cluster nicht als solche.

14.10 Duranton-Overman-Index

Das Maß von Duranton und Overman (2005) reiht sich in die Maße räumlicher Konzentration ein und gibt Aufschluss über das Ausmaß der Ballung einer Branche. Die Ballung einer Branche bezeichnen die beiden Autoren als *Lokalisation*. Um bei den bisher verwendeten Begriffen zu bleiben, sprechen wir hier aber nicht von *Lokalisation*, sondern von der *räumlichen Konzentration* einer Branche. Haben wir den Agglomerationsindex von Ellison und Glaeser als Rennwagen unter den bisher betrachteten Indizes bezeichnet, so müssen wir beim Duranton-Overman-Index nun vom Düsenjet sprechen: Dieses Maß ist über verschiedene Branchen hinweg vergleichbar, unabhängig von administrativen Regionsgrenzen im Untersuchungsraum und berücksichtigt die branchenunabhängige Verteilung der ökonomischen Aktivität. Darüber hinaus berücksichtigt es die industrielle Konzentration der Beschäftigung auf Betriebe und die statistische Signifikanz der Ergebnisse lässt sich bestimmen. Auf die hier aufgezählten Eigenschaften des Index werden wir im Laufe dieses Abschnitts näher eingehen.

Zur Bestimmung der Ballung oder Dispersion einer Branche werden die Standorte aller in dieser Branche aktiven Betriebe betrachtet. Zwischen ihnen werden die paarweisen Distanzen berechnet, also die Entfernungen von jedem einzelnen Betrieb zu allen anderen Betrieben. Kommt jede der ermittelten Distanzen in etwa gleich häufig vor, sind also ungefähr gleich viele Betriebe 1, 2, 3, 4 usw. Kilometer voneinander entfernt, ist die betrachtete Branche dispers. Kommen jedoch gewisse Distanzen besonders häufig vor, ist anzunehmen, dass die Branche an diesen „Punkten" geballt ist. Nun könnte aber der Fall sein, dass nicht nur die Betriebe der untersuchten Branche geballt sind, sondern dass die wirtschaftliche Aktivität an sich – das heißt branchenunabhängig – räumlich konzentriert ist. In diesem Fall wäre die untersuchte Branche nicht überdurchschnittlich stark geographisch konzentriert.

Damit festgestellt werden kann, ob eine Branche tatsächlich stärker räumlich konzentriert ist als die branchenunabhängige ökonomische Aktivität, wird ein Vergleichswert benötigt. Zur Ermittlung eines Vergleichswerts werden die tatsächlichen paarweisen Distanzen zwischen den Betrieben mit denen in einer fiktiven Branche mit der gleichen Anzahl an Betrieben verglichen. Diese fiktiven Betriebe werden auch *kontrafaktische* Betriebe genannt. Sie sind willkürlich, das heißt zufällig, auf die in der Untersuchungsregion vorhandenen Betriebsgelände verteilt. Die Nullhypothese von Duranton und Overman ist folglich, dass sich die Betriebe einer Branche willkürlich auf die vorhandenen Betriebsgelände beliebiger Branchen verteilen. Durch diese Vorgehensweise kann die

Signifikanz der tatsächlichen Ergebnisse getestet und die Nullhypothese der willkürlichen Betriebsansiedlung eventuell abgelehnt werden.

Die Nullhypothese der beliebigen Standortwahl ist ähnlich jener von Ellison und Glaeser (1997), laut der die Betriebe ihre Standorte mittels des *dartboard approach*, also ebenfalls willkürlich, wählen. Gemäß dem *dartboard approach* würde man eine mehr oder weniger gleichmäßige Ansiedlung von Betrieben im Raum erwarten, ohne dabei Rücksicht auf Gegebenheiten wie Berge, Flüsse und Seen zu nehmen. Im Gegensatz dazu schränken Duranton und Overman die möglichen Standorte von Betrieben ein, indem diese sich ausschließlich auf einem bereits vorhandenen Betriebsgelände niederlassen können. So wird ausgeschlossen, dass sich ein fiktiver Betrieb in einem See oder auf einem Berggipfel niederlassen könnte.

Die Berechnung des Duranton-Overman-Index ist äußerst komplex und erfordert die Verwendung eines Statistiksoftwarepakets. Dennoch wollen wir die Vorgehensweise von Duranton und Overman (2005) am Beispiel der Branche Metallerzeugung genauer erklären. Dazu betrachten wir alle Betriebe der Branche Metallerzeugung und berechnen ihre bilateralen euklidischen Distanzen zueinander. Die euklidische Distanz zwischen zwei Betrieben entspricht ihrer Luftlinien-Entfernung. Wenn n die Anzahl der Betriebe ist, gibt es $n(n - 1)/2$ bilaterale Distanzen.

Herleitung der Anzahl bilateraler Distanzen
Für jeden der n Betriebe lässt sich die jeweilige Distanz zu den übrigen $n - 1$ Betrieben berechnen, daher $n(n - 1)$. Allerdings werden dabei alle paarweisen Distanzen doppelt gezählt, so erfasst man damit zum Beispiel sowohl die Entfernung zwischen Betrieb 3 und Betrieb 6 als auch die (identische) zwischen Betrieb 6 und Betrieb 3. Deshalb ist die Gesamtzahl der bilateralen Distanzen nicht durch $n(n - 1)$, sondern durch $n(n - 1)/2$ gegeben.

Diese Entfernungen ergeben allerdings nur Näherungswerte für die Zeit, die benötigt wird, um von einem Betrieb zu einem anderen zu gelangen. Sind zwei Betriebe durch eine gerade Straße miteinander verbunden, so entspricht die euklidische der tatsächlichen Distanz. Hingegen liegt die tatsächliche Distanz zum Beispiel meist über der euklidischen, wenn die beiden Betriebe an gegenüber liegenden Ufern eines Flusses liegen, da ein Umweg über eine Brücke genommen werden muss. Zudem weichen die Fortbewegungsgeschwindigkeiten in ländlichen und städtischen Gebieten meist voneinander ab.

Um diese Fehler zu korrigieren, verwenden Duranton und Overman einen Gaußschen Kern-Dichte-Schätzer. Dieser Kern-Dichte-Schätzer funktioniert im Wesentlichen folgendermaßen: Der Ausgangspunkt ist ein Histogramm, das die Dichte der bilateralen euklidischen Distanzen zwischen den Betrieben abbildet. Jeder Balken dieses Histogramms zeigt die Anzahl der Betriebe, die um eine bestimmte Distanz voneinander entfernt sind. Die Balken des Histogramms bilden ein zackenförmiges Muster, siehe das Beispiel in Abb. 14.5. Durch den Kern-Dichte-Schätzer wird sozusagen eine geglättete Funktion über die Balken des Histogramms gelegt. Dadurch wird Ausreißerwerten – also großen Zacken im Histogramm – ein geringeres Gewicht beigemessen.

Abb. 14.5 Funktionsweise
eines Kern-Dichte-Schätzers

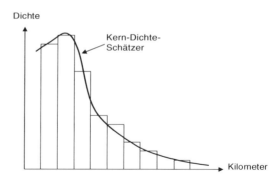

Betriebe des Verarbeitenden Gewerbes tendieren dazu, sich im Raum zu ballen. Um
diese Tatsache und die industrielle Konzentration der Beschäftigung in der Analyse zu
berücksichtigen, werden so genannte *kontrafaktische Betriebe* konstruiert. Dazu werden alle Betriebsgelände, auf denen ein Betrieb des Verarbeitenden Gewerbes ansässig
ist, als mögliche Standorte für einen Betrieb der untersuchten Branche, in diesem Fall
der Metallerzeugung, angesehen. Angenommen, es gibt 200 Betriebsgelände des Verarbeitenden Gewerbes und 12 Betriebe davon in der Branche Metallerzeugung. Diese
zwölf Betriebe werden per Zufall auf zwölf der 200 Betriebsgelände verteilt; es wird also
eine Standortwahl dieser Betriebe simuliert, die dem Zufallsprinzip folgt. Anschließend
werden die paarweisen Distanzen zwischen ihren Standorten berechnet und deren Verteilung – das heißt ihr Histogramm – mit dem Kern-Dichte-Schätzer geglättet. Dieser
Vorgang wird sehr oft wiederholt; in ihrer empirischen Studie haben Duranton und
Overman (2005) dies 1.000 Mal getan. Die beschriebene Vorgehensweise entspricht der
so genannten *Monte-Carlo*-Methode, die schlicht und einfach ein Simulations-Verfah-
ren darstellt. In unserem Fall besteht die Simulation darin, kontrafaktische Betriebe zu
generieren, die paarweisen Distanzen ihrer Standorte zu ermitteln und so für jedes Set an
kontrafaktischen Betrieben eine geschätzte Kern-Dichte-Funktion zu erhalten.

Mit Hilfe der kontrafaktischen Betriebe kann die statistische Signifikanz der beobachteten Verteilung von Metall erzeugenden Betrieben bestimmt werden. Dazu werden anhand
der kontrafaktischen Betriebe beidseitige Konfidenzintervalle von jeweils 5 % berechnet.
Betrachten wir beispielsweise eine bilaterale Distanz von zehn Kilometern. Dann bedeutet ein beidseitiges Konfidenzintervall von jeweils 5 %, dass in 90 % der Simulationen die
ermittelte Kern-Dichte-Funktion der Betriebe, die jeweils zehn Kilometer voneinander
entfernt sind, innerhalb der Intervallgrenzen liegt. Abbildung 14.6 illustriert das Beispiel.
Das obere Konfidenzintervall ist so definiert, dass 95 % der simulierten Kern-Dichte-
Funktionen bei zehn Kilometern Distanz Werte innerhalb dieses Intervalls annehmen
und nur 5 % der simulierten Funktionen höhere Werte ergeben. Umgekehrt ist das untere
Konfidenzintervall so definiert, dass 95 % aller Simulationen von Kern-Dichte-Funktionen
bei zehn Kilometern Distanz einen Wert innerhalb des Intervalls annehmen und lediglich 5 % aller simulierten Funktionswerte geringer sind. Mit diesen Konfidenzintervallen
kann festgestellt werden, ob die zwölf Betriebe der Branche Metallerzeugung geballt oder

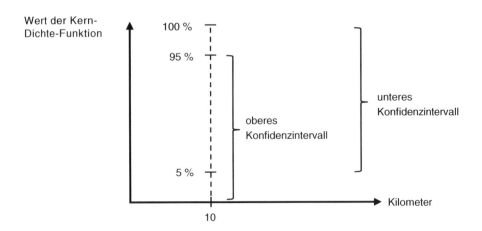

Abb. 14.6 Beispiel zur Berechnung der Konfidenzintervalle

dispers angesiedelt sind. Zusätzlich dazu kann dadurch ermittelt werden, bei welchen Distanzen Agglomeration oder Dispersion auftritt.

Duranton und Overman (2005) untersuchen die räumliche Konzentration von Betrieben des Verarbeitenden Gewerbes in Großbritannien auf 4-Steller-Ebene, also mit einer sehr feinen Untergliederung der Branchen. Sie stellen fest, dass 52 % der Betriebe räumlich konzentriert sind. Dieses Ergebnis ist zum 5 %-Niveau statistisch signifikant, was nichts anderes heißt, als dass diese Aussage mit einer Wahrscheinlichkeit von nur 5 % falsch ist. Eine Agglomeration von Betrieben einer Branche besteht hauptsächlich bei Distanzen unter 50 Kilometern. Das bedeutet, dass sich bei einem Großteil der Branchen die Betriebe in einem Gebiet mit einem Durchmesser von 50 Kilometern ballen. Ein möglicher Grund für dieses Agglomerationsmuster ist, dass in diesen Branchen positive Externalitäten bedeutend sind, diese aber mit zunehmender Entfernung immer stärker abnehmen. Der Grad der geographischen Konzentration variiert stark zwischen den einzelnen Industrien. Solche, die zur gleichen übergeordneten Branche gehören, weisen jedoch ähnliche Agglomerationsmuster auf. Die auf 4-Steller-Ebene in Großbritannien am stärksten konzentrierten Branchen sind Veröffentlichung und Vervielfältigung von Tonaufnahmen sowie Vorbereitung und Spinnen von baumwollartigen Fasern. Die Herstellung von Matratzen und von Fertignahrung für Nutztiere sowie Zimmerei- und Tischlereiarbeiten für das Baugewerbe weisen den geringsten Grad an räumlicher Ballung auf.

Eine Branche, für die ein detaillierter Überblick gegeben wird, ist die Herstellung grundlegender Arzneimittel. Abbildung 14.7 zeigt die Verteilung der Betriebe in der Branche, wobei jeder Punkt einen Betrieb repräsentiert. Auf den ersten Blick ist ersichtlich, dass ein Großteil der Branchenaktivität in und um London stattfindet. Da dort aber unabhängig von der Branche besonders viele Betriebe ansässig sind, ist nicht klar, ob es sich dabei tatsächlich um eine branchenspezifische räumliche Konzentration handelt.

Die beobachtete Verteilung der bilateralen Distanzen zwischen den Betrieben wird mithilfe der Schätzung der Kern-Dichte-Funktion geglättet. Letztere ist durch die

Abb. 14.7 Verteilung der Betriebe in der Branche „Herstellung grundlegender Arzneimittel". Nach Duranton und Overman (2005, S. 1082)

Großraum London

Abb. 14.8 Kern-Dichte-Funktion und Konfidenzintervalle für die Branche „Herstellung grundlegender Arzneimittel". Nach Duranton und Overman (2005, S. 1084)

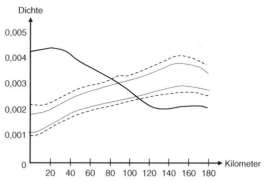

durchgezogene Linie in Abb. 14.8 markiert. Die gepunkteten Linien stellen so genannte *lokale Konfidenzintervalle* dar und die gestrichelten Linien *globale Konfidenzintervalle*. Alle Konfidenzintervalle werden, wie beschrieben, mithilfe kontrafaktischer Betriebe ermittelt. Der Unterschied zwischen lokalen und globalen Konfidenzintervallen ist subtil:

Lokale Konfidenzintervalle werden so konstruiert, dass 90 % der Werte der simulierten Kern-Dichte-Funktionen für eine bestimmte Distanz innerhalb dieser Intervalle liegen. Bei einer Distanz von zehn Kilometern beispielsweise sind die Grenzen der lokalen Konfidenzintervalle so definiert, dass in 90 % der simulierten Fälle die Werte der Kern-Dichte-Funktionen bei einer Entfernung von zehn Kilometern innerhalb der Intervallgrenzen liegen. Nur 10 % aller simulierten Kern-Dichte-Funktionen nehmen an dieser Stelle Werte an, die sich ober- oder unterhalb der Intervallgrenzen befinden. Genauer gesagt nehmen 5 % aller simulierten Kern-Dichte-Funktionen Werte an, die geringer sind als die untere Intervallgrenze. Analog nehmen 5 % der simulierten Kern-Dichte-Funktionen bei einer Distanz von zehn Kilometern Werte über der oberen Intervallgrenze an. Bei den oben bereits grob beschriebenen Konfidenzintervallen handelt es sich somit um *lokale* Konfidenzintervalle. An den Stellen, wo die tatsächliche Kern-Dichte-Funktion über dem oberen lokalen Konfidenzintervall liegt, ist die betrachtete Branche geballt. Die Branche Herstellung grundlegender Arzneimittel weist von null bis 90 Kilometern mit einer Wahrscheinlichkeit von 95 % eine räumliche Konzentration auf (s. Abb. 14.8). Das heißt, es existiert eine Region, in der die Aktivität der Branche geballt ist und die paarweisen Distanzen zwischen den dort aktiven Betrieben betragen zwischen null und 90 Kilometern. Anders gesagt ist die Herstellung grundlegender Arzneimittel innerhalb eines Kreises mit dem Durchmesser 90 Kilometer räumlich konzentriert und diese Ballung ist zum 5 %-Niveau statistisch signifikant – schließlich werden Werte der Kern-Dichte-Funktion über dem oberen lokalen Konfidenzintervall nur mit einer Wahrscheinlichkeit von 5 % erwartet.

Globale Konfidenzintervalle werden auch als *Konfidenzbänder* bezeichnet. Sie geben nicht an, wo, sondern ob eine Branche überhaupt geballt ist. Auf den ersten Blick könnte man meinen, dass bereits anhand der lokalen Konfidenzintervalle festgestellt werden kann, ob eine Branche irgendwo räumlich konzentriert ist. Allerdings sind die lokalen Konfidenzintervalle so konstruiert, dass bei jeder einzelnen Kilometermarke die Wahrscheinlichkeit für eine entdeckte Ballung einer Branche 5 % beträgt. Duranton und Overman untersuchen nun aber Distanzen von null bis 180 Kilometern. So betrachtet ist die Wahrscheinlichkeit, dass eine Branche auf mindestens einer Distanz als räumlich konzentriert erscheint, sehr groß: Diese Wahrscheinlichkeit beträgt beinahe eins: Die Wahrscheinlichkeit dafür, dass eine Branche an keinem einzigen der 180 betrachteten Kilometer lokal geballt ist, beträgt $0{,}95^{180}$. Folglich lässt sich die Wahrscheinlichkeit dafür, dass eine Branche an mindestens einer Distanz lokal konzentriert ist, mittels der Gegenwahrscheinlichkeit berechnen: $1 - 0{,}95^{180} \approx 0{,}999902$.

Um dennoch Aussagen über die *landesweite* Ballung einer Branche treffen zu können, werden zusätzlich globale Konfidenzbänder berechnet. Sie werden so konstruiert, dass 90 % aller simulierten Kern-Dichte-Funktionen der kontrafaktischen Betriebe innerhalb dieser Bänder liegen. Überschreitet die tatsächliche Kern-Dichte-Funktion das globale Konfidenzband an mindestens einer Stelle, so ist die Branche global geballt. Die Branche Herstellung grundlegender Arzneimittel zum Beispiel ist mit 95 %iger Wahrscheinlichkeit global geballt, da ihre Kern-Dichte-Funktion von null bis 80 Kilometer über dem gestrichelten globalen Konfidenzband liegt (s. Abb. 14.8).

Im Gegensatz zu den bisher vorgestellten Indizes ist das Konzentrationsmaß von Duranton und Overman nicht vom räumlichen Aggregationsniveau abhängig. Für gewöhnlich werden Maßzahlen jeweils für Kreise, Regierungsbezirke oder Bundesländer etc. berechnet. Duranton und Overman verzichten dagegen völlig auf eine Unterteilung des Gesamtraums in kleinere Regionen und betrachten den vollständigen Untersuchungsraum, also etwa ein ganzes Land. Dadurch werden Probleme mit den Werten des Maßes bei der Aggregation von Raumeinheiten und bei der Änderung administrativer Regionsgrenzen vermieden. Dieses Problem ist als *Modifiable Areal Unit Problem* (MAUP) bekannt. Bei einer Unterteilung des Untersuchungsgebiets in verschiedene Regionen werden zum Beispiel angrenzende Kreise gleich behandelt wie solche, die weit voneinander entfernt liegen. Dies kann zu einer Untererfassung der räumlichen Konzentration führen, da Ballungen häufig Kreisgrenzen übergreifend sind und durch eine separate Erfassung der Kreise eventuell nicht erkannt werden. Dieses Problem wird durch den Duranton-Overman-Index ebenfalls vermieden.

Zudem ermöglicht das Maß Vergleiche zwischen verschiedenen Branchen und die statistische Signifikanz der Ergebnisse lässt sich bestimmen. Eine weitere zentrale Eigenschaft dieses Index ist, dass er die allgemeine Agglomeration ökonomischer Aktivität berücksichtigt. Angenommen, die gesamte deutsche Produktion findet in Thüringen statt. Dann besteht zwar auf alle Fälle ein hoher Grad an allgemeiner räumlicher Konzentration, sofern aber zum Beispiel Optiker in Thüringen gleichmäßig über das Bundesland verteilt sind, herrscht keine räumliche Konzentration dieser Branche vor. Eine solche läge nur dann vor, wenn die deutsche Produktion über die gesamte Bundesrepublik verteilt wäre und lediglich die Optiker ausschließlich in Thüringen tätig wären.

Darüber hinaus berücksichtigt der Duranton-Overman-Index, ebenso wie der Ellison-Glaeser-Index, auch die industrielle Konzentration. Existieren in einer Branche zum Beispiel zehn Betriebe, wobei der Großteil der Beschäftigung auf nur drei davon entfällt, liegt eine starke industrielle Konzentration vor. Selbst wenn die Standorte dieser drei Betriebe nahe beieinander liegen, besteht nur eine geringe Anzahl an paarweisen Distanzen, weshalb die Kern-Dichte-Funktion einen niedrigen Wert annimmt und keine räumliche Ballung dieser Branche anzeigt. Obwohl dieses Maß viele Vorteile mit sich bringt, ist es nicht ganz einfach in der praktischen Handhabung. Um die paarweisen Distanzen zwischen den Betrieben berechnen zu können, müssen die Adressen bzw. Koordinaten der einzelnen Betriebe bekannt sein. Diese Daten sind allerdings nur selten verfügbar, was die praktische Anwendbarkeit dieses Index erheblich einschränkt. Duranton und Overman nutzen in ihrer Studie die Besonderheiten des britischen Postleitzahlsystems, das besonders fein räumlich gegliedert ist und so ziemlich exakte Rückschlüsse auf die Lage von Betriebsstandorten zulässt.

14.11   Marcon-Puech-Index

Marcon und Puech (2010) entwickelten einen Index zur Messung von intra- bzw. interindustrieller Konzentration, die so genannte *M-Funktion*. Wie bei dem Maß von Duranton und Overman erfolgt auch hier keine Einteilung des untersuchten Raums in Regionen, wie zum Beispiel Kreise. Stattdessen werden abermals die Entfernungen zwischen den untersuchten Betrieben berücksichtigt. So wird das *Modifiable Areal Unit Problem* umgangen.

Ausgehend von einer Branche i (zum Beispiel Chemie) soll ermittelt werden, ob diese räumlich konzentriert ist. Von räumlicher Konzentration einer Branche wird dann gesprochen, wenn die Betriebe der untersuchten Branche relativ gesehen besonders viele Nachbarn der gleichen Branche haben. Die Funktionsweise und der Aufbau des Index lassen sich am besten anhand einer Grafik erklären. Abbildung 14.9 zeigt den untersuchten Gesamtraum sowie die dort ansässigen Betriebe. Chemiebetriebe sind mit einer kleinen Raute dargestellt, alle übrigen Betriebe mit einem Punkt. Im ersten Schritt wird um jeden Betrieb k der Chemiebranche ein Kreis mit dem Radius r gezogen, wie in Abb. 14.9 dargestellt. Anschließend wird die Anzahl der Betriebe gezählt, die ebenfalls in der Chemiebranche tätig sind und im Kreis um einen Chemiebetrieb liegen. Diese Anzahl wird mit T_k notiert und für jeden einzelnen Kreis ermittelt. Dabei steht T für *target neighbours*, also inhaltlich gesagt für Nachbarn der gleichen Branche. Aus Abb. 14.9 ist ersichtlich, dass es vier Chemiebetriebe gibt, die jeweils einen Nachbarn der gleichen Branche haben, und drei Betriebe mit jeweils zwei „chemischen" Nachbarn. Alle übrigen vier Chemiebetriebe haben keinen weiteren Betrieb ihrer Branche als unmittelbaren Nachbarn innerhalb eines Gebiets mit dem Radius r um ihren Standort.

Um die branchenunabhängige Ballung der wirtschaftlichen Aktivität zu berücksichtigen, wird T_k durch N_k, die Anzahl der Betriebe aller Branchen in dem jeweiligen Radius, dividiert. N steht hierbei für *neighbours*, also alle Nachbarn eines Betriebs, unabhängig von ihrer Branchenzugehörigkeit. Zur Bestimmung von T_k müssen alle Rauten innerhalb eines Kreises gezählt werden (abzüglich der Raute, die den Betrieb im Kreismittelpunkt markiert). Demgegenüber werden zur Ermittlung von N_k alle Rauten (abermals abzüglich der Raute im Kreiszentrum) und Punkte zusammen gezählt, die in diesem Kreis liegen. Wir haben nun für jeden einzelnen Kreis das Verhältnis T_k/N_k ermittelt.

Diese Vorgehensweise bringt einen wesentlichen Vorteil mit sich, denn dadurch wird das so genannte „Randeffekt-Problem" vermieden. Dieses Problem entsteht bei der Konstruktion der Kreise um die Chemiebetriebe, wenn Betriebe nahe am Rand der Untersuchungsregion liegen. In Abb. 14.9 betrifft dies die beiden obersten Betriebe. Durch ihre Randlage enthält der um sie gezogene Kreis auch ein Gebiet, das außerhalb der Untersuchungsregion liegt. So kommt es zu einer Untererfassung der Anzahl der Nachbarn von Betrieben in Randlage, weil die Nachbarn, die außerhalb der Untersuchungsregion liegen, nicht mitgezählt werden. Die Division der Anzahl der Chemiebetriebe im Kreis durch alle Betriebe in einem Kreis um einen Chemiebetrieb herum löst das Problem: Die geringere Anzahl an Chemienachbarn wird auf eine ebenso geringere Anzahl an allen Nachbarn bezogen. Der Quotient T_k/N_k ist somit unabhängig davon, ob der gesamte Kreis um einen Chemiebetrieb herum in der Untersuchungsregion liegt, oder nur ein Teil davon.

Das Verhältnis T_k/N_k gibt für einen einzigen Kreis um den Betrieb k herum den Anteil seiner Chemiebetriebe an allen seinen Betrieben an. Der Durchschnitt von T_k/N_k über alle Kreise wird mit $\overline{T_k/N_k}$ notiert:

$$\frac{1}{K}\sum_{k=1}^{K}\frac{T_k}{N_k} \equiv \overline{T_k/N_k}.$$

Abb. 14.9 Marcon-Puech-Index

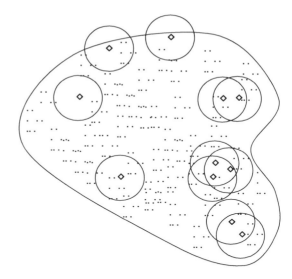

Dieser Durchschnitt wird mit dem Verhältnis der Anzahl der Chemiebetriebe T zu jener aller Betriebe N in der gesamten Untersuchungsregion verglichen, das heißt mit T/N. So ergibt sich die M-Funktion, die als Verhältnis der beiden beschriebenen Quotienten definiert ist:

$$M = \frac{\overline{T_k/N_k}}{T/N}.$$

Falls $\overline{T_k/N_k}$ größer ist als T/N, ist die Chemiebranche räumlich konzentriert. Es finden sich demnach mehr Betriebe der Chemiebranche innerhalb eines Radius r um andere Chemiebetriebe, als wenn die Kreise nicht um Chemiebetriebe, sondern beliebig irgendwo gezogen würden.

Bislang haben wir uns auf den Agglomerationsindex von Marcon und Puech (2010) konzentriert. Die beiden Autoren zeigen jedoch auch, wie daraus ein Index zur Messung von Koagglomeration gemacht werden kann: Möchte man zum Beispiel die Koagglomeration der Chemiebranche und der Pharmaziebranche untersuchen, so müssen in den jeweiligen Kreisen um Chemiebetriebe herum nun die pharmazeutischen Betriebe gezählt werden. Für jeden Kreis wird diese Anzahl anschließend zu der Gesamtzahl der Nachbarbetriebe (branchenunabhängig) eines Chemiebetriebs ins Verhältnis gesetzt. Dieser Quotient wird schließlich zum Verhältnis aller Pharmaziebetriebe an allen anderen Betrieben im Gesamtraum in Relation gesetzt. So lässt sich bestimmen, ob sich etwa Pharmaziebetriebe überdurchschnittlich stark an Standorten von Chemiebetrieben ballen.

Um die Signifikanz der Ergebnisse zu testen, konstruieren Marcon und Puech (2010) lokale und globale Konfidenzintervalle. Dazu werden mittels der in Abschn. 14.10 angesprochenen Monte-Carlo-Methode zum Beispiel die Chemiebetriebe zufällig auf Betriebsgelände beliebiger Branchen verteilt und die M-Funktionen berechnet. Nachdem dieser Vorgang sehr viele Male wiederholt wurde, lässt sich ein Konfidenzintervall bestimmen, in dem beispielsweise 90 % der generierten Werte liegen. Liegt ein tatsächlich berechneter Wert unter bzw. über diesem Intervall, so ist die betrachtete Branche mit 95 %iger Wahrscheinlichkeit verstreuter bzw. konzentrierter als erwartet. Die Nullhypothese, dass Betriebe der Chemiebranche einem gleichen räumlichen Muster folgen wie Betriebe der übrigen Branchen, könnte dann mit 95 %iger Wahrscheinlichkeit zu Recht abgelehnt werden.

Neben der Möglichkeit, die Signifikanz der Ergebnisse zu überprüfen, verfügt der Index über eine Reihe weiterer positiver Eigenschaften. So lassen sich die Befunde über verschiedene Distanzen und Branchen hinweg vergleichen und sind nicht von der administrativen Raumeinteilung abhängig. Des Weiteren wird dem angesprochenen „Randproblem" Rechnung getragen. Der Index berücksichtigt sowohl die Ballung der wirtschaftlichen Aktivität als auch die industrielle Konzentration. Ist die industrielle Konzentration nämlich hoch, ist die Anzahl der Nachbarn aus der gleichen (oder der koagglomerierenden) Branche gering, da es nur wenige große Betriebe der betreffenden Branche gibt, und der Index zeigt keine räumliche Konzentration an. Allerdings ist die Berechnung des Index äußerst aufwändig, weshalb Marcon und Puech im Internet ein eigens erstelltes Programm zum Download bereitstellen, mit dem die Berechnungen durchgeführt werden können.

14.12 Devereux-Griffith-Simpson-Index

Devereux et al. (1999) konstruieren einen Index zur Messung der geographischen Konzentration einer Branche. Bei der Beurteilung der geographischen Konzentration einer Branche wird deren industrielle Konzentration ebenfalls mit einbezogen. Wie wir sogleich zeigen werden, ist dieses Maß relativ einfach zu berechnen. Es zeichnet sich insbesondere dadurch aus, dass die damit ermittelten Ergebnisse denen des Ellison-Glaeser- und des Maurel-Sédillot-Index recht ähnlich sind, seine Berechnung jedoch wesentlich einfacher ist als die der beiden genannten Alternativen.

Das Konzentrationsmaß von Devereux et al. (1999) wird mit α_i notiert. Es entspricht der Differenz zwischen der räumlichen Rohkonzentration (F_i) und der industriellen (M_i) Konzentration. Um α_i von F_i zu unterscheiden, sprechen wir bei Ersterem von räumlicher Konzentration und bei Letzterem von räumlicher Rohkonzentration. α_i ist also die Rohkonzentration bereinigt um die industrielle Konzentration:

$$\alpha_i = F_i - M_i \tag{14.44}$$

Zur Bestimmung der industriellen Konzentration M_i greifen wir auf einen bereits in Abschn. 14.4 vorgestellten Index zurück: Die industrielle Konzentration entspricht dem Hirschman-Herfindahl-Index abzüglich des kleinsten Werts, den dieser annehmen kann. Gl. 14.45 verdeutlicht dies. Die erste Komponente von M_i entspricht dem Hirschman-Herfindahl-Index, die zweite dessen Minimalwert. Wenn die Beschäftigung gleichmäßig über alle Betriebe verteilt ist, nimmt der Hirschman-Herfindahl-Index den kleinstmöglichen Wert an. Dieser entspricht $1/K$ (s. Abschn. 14.4), weshalb M_i null wird und damit anzeigt, dass keine industrielle Konzentration vorliegt, die Beschäftigung vielmehr gleichmäßig auf die Betriebe verteilt ist.

$$M_i = \sum_{k=1}^{K} z_{ik}^2 - \frac{1}{K} \tag{14.45}$$

$$\text{mit } z_{ik} = \frac{E_{ik}}{E_i}$$

Die Subtraktion des Minimalwerts des Hirschman-Herfindahl-Index $1/K$ von seinem ermittelten Wert bewirkt, dass das Maß für die industrielle Konzentration M_i null wird, wenn eine vollkommen gleichmäßige Verteilung der Beschäftigung auf die Betriebe vorliegt. Wenn M_i null ist, entspricht die räumliche Konzentration α_i laut Gl. 14.44 der räumlichen Rohkonzentration F_i.

Zur Bestimmung der rohen geographischen Konzentration F_i in Gl. 14.46 wird ein Maß verwendet, das nach demselben Schema wie der Hirschman-Herfindahl-Index aufgebaut ist. Anstatt von z_{ik} wird nun allerdings $s_{ij}^{\ k}$ eingesetzt – der Anteil der Beschäftigung in Branche i in Region j an – der Gesamtbeschäftigung in Branche i. Anschließend wird über alle Regionen aufsummiert. Von dieser Summe wird $1/J^*$ abgezogen – der kleinste Wert, den F_i annehmen kann. Nach wie vor steht J für die Gesamtzahl der Regionen. Demgegenüber notiert J^* das Minimum der Anzahl der Regionen und der Anzahl der Betriebe. Dies bedarf genauerer Erklärung: Nehmen wir an, es gibt weniger Betriebe als Regionen. Dann ist die maximale Anzahl der Regionen, die einen Betrieb beheimaten können, nicht J, sondern K, da es nicht mehr als K Betriebe gibt. Um diesen Fall zu berücksichtigen, wird anstatt der Anzahl der Regionen hier J^* verwendet. Bei einer vollkommen gleichmäßigen Verteilung der branchenspezifischen Beschäftigung über alle Regionen nähme der abgeänderte Hirschman-Herfindahl-Index den Wert $1/J^*$ an. In diesem Fall würde F_i null, und es würde keinerlei räumliche Rohkonzentration der Branche vorliegen.

$$F_i = \sum_{j=1}^{J} \left(s_{ij}^k \right)^2 - \frac{1}{J^*} \tag{14.46}$$

$$\text{mit } s_{ij}^k = \frac{E_{ij}}{E_i}$$

α_i setzt sich wie in Gl. 14.44 angegeben aus – der industriellen Konzentration und der geographischen Rohkonzentration einer Branche zusammen. Der Wert des Maßes liegt zwischen -1 und $+1$. Von keiner räumlichen Konzentration ist auszugehen, wenn der Wert des Index -1 ist. Dieser Wert kommt zustande, wenn F_i den Wert null annimmt und der Großteil der branchenspezifischen Beschäftigung auf einen sehr großen Betrieb entfällt, also M_i gegen eins geht. Umgekehrt ist von einer starken räumlichen Konzentration auszugehen, wenn der Devereux-Griffith-Simpson-Index den Wert $+1$ annimmt.

In diesem Fall geht die Konzentration allein auf die räumliche Rohkonzentration der Beschäftigung zurück (F_i geht gegen eins) und es besteht keine industrielle Konzentration (M_i geht gegen null).

Wenn die geographische Konzentration F_i höher ist als die industrielle Konzentration M_i, so ist α_i positiv. Dies bedeutet, die betrachtete Branche ist im Raum geballt. Analog gilt, dass die Branche dispers angesiedelt ist, wenn $F_i < M_i$ und α_i folglich negativ ist. Falls die Beschäftigung hingegen sowohl gleichmäßig auf die Regionen als auch auf die Betriebe verteilt ist, sind F_i und M_i – und somit auch α_i – null. In diesem Fall ist die Branche gleichmäßig im Untersuchungsgebiet verteilt.

Betrachten wir hierzu ein kleines Zahlenbeispiel: Der Hirschman-Herfindahl-Index für die geographische Rohkonzentration der Branche Metallerzeugung ist mit 0,195 gegeben und jener für die industrielle Konzentration der Metall erzeugenden Betriebe mit 0,053 (s. Abschn. 14.4 für eine ausführliche Darstellung der Berechnung und Interpretation des Hirschman-Herfindahl-Index). Es liegt also eine starke räumliche Rohkonzentration der Branche vor, während die Beschäftigung relativ gleichmäßig auf die Betriebe verteilt ist. Ausgehend von einem Land mit $J = 29$ Regionen und $K = 207$ Metall erzeugenden Betrieben soll der Devereux-Griffith-Simpson-Index berechnet werden. Dazu werden die angegebenen Werte in die Gl. 14.46, 14.45 und 14.44 eingesetzt, der Index M steht dabei für die Branche Metallerzeugung:

$$F_M = \sum_{j=1}^{J} \left(s_{Mj}^k\right)^2 - \frac{1}{J^*} = 0,195 - \frac{1}{29} = 0,1605$$

$$M_M = \sum_{k=1}^{K} z_{Mk}^2 - \frac{1}{K} = 0,053 - \frac{1}{207} = 0,0482$$

$$\alpha_M = F_M - M_M = 0,1605 - 0,0482 = 0,1123.$$

Hier kann für J^* einfach J eingesetzt werden, da es weniger Regionen als Betriebe gibt. α_M ist positiv, folglich sind die Metall erzeugenden Betriebe räumlich konzentriert. Das heißt, selbst wenn die industrielle Konzentration der Branche berücksichtigt wird, liegt eine räumliche Konzentration der Beschäftigung vor. Ohne Vergleichswerte anderer Branchen wird allerdings nicht ersichtlich, wie stark die betrachtete Branche lokalisiert ist, da Devereux et al. (1999) keine weitere Interpretation ihres Maßes liefern. Ist der Wert von α_M positiv, liegt eine räumliche Konzentration der analysierten Branche vor. Ab welchem Wert eine starke Ballung vorliegt, kann aber nur durch den Vergleich mit anderen Branchen beurteilt werden.

Ein Vorteil dieses Maßes ist seine relativ einfache Berechnung. Allerdings werden hierfür, wie auch für den Ellison-Glaeser- und den Maurel-Sédillot-Index, aufgrund der Notwendigkeit der Berücksichtigung des Hirschman-Herfindahl-Index Daten zur Betriebsgrößenstruktur benötigt, die möglicherweise schwer zugänglich sind. Zudem fehlt die Möglichkeit, die Ergebnisse auf ihre statistische Signifikanz zu überprüfen. Laut Devereux et al. (1999) ähnelt ihr Maß jenen von Ellison und Glaeser (1997) und Maurel und Sédillot (1999), ist aber einfacher zu berechnen. Tatsächlich besteht auch zwischen den Ergebnissen aus der Anwendung des Devereux-Griffith-Simpson-Index und der beiden anderen genannten Indizes weitgehende Übereinstimmung.

14.13 Relativer Diversitätsindex

Zum Abschluss dieses Kapitels soll ein Maß für die Branchenstruktur vorgestellt werden, das inhaltlich etwas aus der Reihe tanzt: der Relative Diversitätsindex. Im Gegensatz zu den bisherigen Maßen für die Branchenstruktur misst er nicht die Spezialisierung einer Region, sondern ihre Diversifizierung. Allgemein gilt die Branchenstruktur einer Stadt oder Region entweder dann als diversifiziert, wenn sich ihre Beschäftigung möglichst gleichmäßig auf die verschiedenen Branchen verteilt, oder wenn sich ihre Branchenstruktur nur geringfügig von der einer übergeordneten Vergleichsregion unterscheidet. Der Relative Diversitätsindex folgt der zweiten Definition und würde zum Beispiel die Stadt Innsbruck als diversifiziert erkennen, wenn ihre Branchenstruktur der Tirols in hohem Maße ähnlich wäre.

Oftmals wird die Diversifizierung einer Region anhand der Inversen (also des Kehrwerts) des Hirschman-Herfindahl-Index gemessen. Wir stellen hier Durantons und Pugas (2000) Version eines Diversifizierungsmaßes vor – den Relativen Diversitätsindex. Gegenüber der einfachen Inversen des Hirschman-Herfindahl-Index hat dieses Maß den Vorteil, die gesamträumliche Bedeutung der einzelnen Branchen zu berücksichtigen. Wenn beispielsweise eine Branche im Gesamtraum eher unbedeutend ist, hat dies zumeist Auswirkungen auf ihre regionale Bedeutung, gemessen an ihrem regionalen Beschäftigungsanteil. Ein Blick auf die Formel zur Berechnung des Relativen Diversitätsindex verdeutlicht diese Argumentation:

$$RDI_j = \frac{1}{\sum_{i=1}^{I} \left| s_{ij}^s - s_i \right|} \tag{14.47}$$

$$\text{mit } s_{ij}^s = \frac{E_{ij}}{E_j} \text{ und } s_i = \frac{E_i}{E}.$$

Im Nenner von Gl. 14.47 wird für jede Branche die absolute Differenz zwischen ihrer regionalen und ihrer überregionalen Bedeutung gemessen. Vereint sie zum Beispiel in der betrachteten Region einen großen Anteil der dortigen Beschäftigung auf sich, ist aber im überregionalen Kontext gesehen eher unbedeutend, so ist die Differenz zwischen s_{ij}^s und s_i groß. Umgekehrt ist diese Differenz umso kleiner, je näher der regionale Beschäftigungsanteil dieser Branche an ihrem gesamträumlichen Beschäftigungsanteil liegt.

Daraus lassen sich Implikationen für den Wert des Relativen Diversitätsindex ableiten: Je stärker sich die Branchenstrukturen der untersuchten Region und des Gesamtraums voneinander unterscheiden, umso größer ist die Summe der absoluten Differenzen von s_{ij}^s

und s_i im Nenner von Gl. 14.47. Der Wert für den Relativen Diversitätsindex ist somit gering. Umgekehrt ist der Wert des Diversifizierungsmaßes umso höher, je ähnlicher sich die betrachtete Region und der Gesamtraum sind. Je mehr sich die Branchenstrukturen gleichen, umso geringer ist nämlich der Wert des Nenners und umso größer ist somit der Index-Wert.

Wenden wir uns nun dem Wertebereich des Relativen Diversitätsindex zu. Die Untergrenze dieses Wertebereichs lässt sich nicht bestimmen: Ein sehr kleiner Wert des Index bedeutet, dass sich Innsbruck sehr stark vom übrigen Bundesland unterscheidet. Bestimmte Branchen sind dann entweder nur in Innsbruck oder nur im übrigen Tirol vorhanden. Im ersten Fall steht zwischen den Betragsstrichen im Nenner $s_{ij}^2 - s_i$, wobei s_i äußerst klein ist, da es sich dabei nur um den Anteil der Innsbrucker Beschäftigung an der Gesamtbeschäftigung Tirols handelt. Im zweiten Fall ist $s_{ij}{}^s$ null und s_i positiv. Welchen Wert der Nenner letztlich annimmt, hängt davon ab, wie viele Branchen nur in Innsbruck und wie viele nur im restlichen Tirol vorzufinden sind. Der Wert des Index wird aber auch bei maximaler Unterschiedlichkeit der Branchenstrukturen immer positiv sein, da der Nenner aufgrund seines Betrags stets positiv ist. Hinsichtlich der oberen „Grenze" des Wertebereichs lassen sich konkretere Aussagen treffen: Gleichen sich die Branchenstrukturen der beiden Räume bis auf minimale Abweichungen, wird der Nenner sehr klein – er geht gegen null, weshalb der Wert des Relativen Diversitätsindex gegen positiv unendlich geht.

Ein kleines Beispiel soll die Funktionsweise des Index und vor allem auch die Vorgehensweise bei seiner Berechnung illustrieren. Insgesamt gibt es acht Branchen und zwei Städte (Innsbruck und Kufstein), für die jeweils der Relative Diversitätsindex berechnet werden soll. Als Vergleichsraum dient dabei das Bundesland Tirol. Anstatt die Beschäftigtenzahlen anzugeben, haben wir in Tab. 14.24 eine Abkürzung gewählt und gleich die Beschäftigtenanteile der jeweiligen Regionen in den verschiedenen Branchen angegeben.

Die erste Zeile von Tab. 14.24 zeigt für den Vergleichsraum Tirol den Anteil der jeweiligen Branchenbeschäftigung an der Gesamtbeschäftigung. Für Innsbruck wird dieser Anteil in der zweiten Zeile dargestellt und für Kufstein in der vierten. Die Zeilen drei bzw. fünf geben die betragsmäßige Differenz zwischen dem Tiroler und dem Innsbrucker bzw. Kufsteiner Anteil an. Aufsummiert ergeben diese betragsmäßigen Differenzen jeweils den Nenner ihres regionsspezifischen Relativen Diversitätsindex, wie in der letzten Spalte dargestellt. Für Innsbruck ergibt sich der Relative Diversitätsindex daher als $1/0{,}026 = 38{,}46$ und für Kufstein folgt er mit $1/1{,}346 = 0{,}74$.

Innsbrucks Wert des Index in Höhe von 38,46 ist für sich alleine schwierig zu interpretieren. Zu Vergleichszwecken haben wir daher den Index für eine zweite Stadt, Kufstein, berechnet. Auf den ersten Blick fällt auf, dass der Index für Innsbruck einen vielfach höheren Wert annimmt als für Kufstein. Demnach ist die Branchenstruktur Innsbrucks der von Tirol wesentlich ähnlicher, als dies auf die Branchenstruktur von Kufstein zutrifft. Dies wird auch bei Betrachtung der Zeilen drei und fünf in Tab. 14.24 deutlich: Die absoluten Differenzen zwischen der regionalen Branchenstruktur und der des übergeordneten Vergleichsraums sind durchwegs für Kufstein wesentlich größer als für Innsbruck.

Tab. 14.24 Beispiel: Relativer Diversitätsindex

	Branche								
	1	2	3	4	5	6	7	8	Summe
Tirol, s_i	0,177	0,035	0,315	0,165	0,016	0,14	0,035	0,117	1
Innsbruck, s_{ij}^s	0,178	0,036	0,31	0,17	0,015	0,141	0,04	0,11	1
Innsbruck, $\lvert s_{ij}^s - s_i \rvert$	0,001	0,001	0,005	0,005	0,001	0,001	0,005	0,007	0,026
Kufstein, s_{ij}^s	0,42	0,001	0,002	0,05	0,321	0,037	0,16	0,009	1
Kufstein, $\lvert s_{ij}^s - s_i \rvert$	0,243	0,034	0,313	0,115	0,305	0,103	0,125	0,108	1,346

Quelle eigene Darstellung

Nach der Art und Weise, wie der Relative Diversitätsindex die Diversifizierung einer Branchenstruktur misst, ist es durchaus möglich, dass eine Region als diversifiziert erscheint, obwohl sie auf eine bestimmte Branche spezialisiert ist. Eine Spezialisierung auf eine Branche würde zwar die absolute Differenz der regionalen und überregionalen Beschäftigungsanteile dieser Branche groß werden lassen. Entspricht die Branchenstruktur der Region aber abgesehen von dieser Spezialisierung mehr oder weniger der des Gesamtraums, sind alle übrigen absoluten Differenzen gering. Insgesamt kann dann der Relative Diversitätsindex trotz der Spezialisierung auf eine Branche einen eher hohen Wert annehmen und so anzeigen, dass die regionale Verteilung der Beschäftigung auf die verschiedenen Branchen im Wesentlichen der überregionalen ähnlich ist. Aus diesem Grund kann es vorteilhaft sein, den Relativen Diversitätsindex ergänzend zu einem Maß der regionalen Spezialisierung zu berechnen.

14.14   Fazit

Die hier vorgestellten Maßzahlen bilden in vielen Fällen das Fundament, um mit Hilfe der festgestellten räumlichen Spezialisierungs- und Konzentrationsmuster ökonometrisch weiter zu arbeiten. Diese fortgeführten Analysen haben meist das Ziel, zu untersuchen, ob eher branchenspezifische oder branchenübergreifende Agglomerationskräfte zu einer Ballung von wirtschaftlichen Akteuren in einer Region führen, bzw. welche Art der Ballung für die wirtschaftliche Entwicklung einer Region vorteilhafter ist. Die empirischen Ergebnisse hierzu sind am ehesten als „vielseitig" zu bezeichnen. Es lassen sich etwa genauso viele Studien finden, welche die Bedeutung von brancheninternen Agglomerationskräften betonen, wie Studien zu finden sind, welche in branchenübergreifenden Agglomerationskräften die wahren Gründe einer Ballung sehen.

Neuere empirische Studien zu dieser Thematik gehen mit den Ergebnissen insofern weniger grundsätzlich um, als nicht immer nur eine der beiden Kräfte vorteilhaft für Betriebe sein kann. So hängt die Vorteilhaftigkeit von inter- oder intrasektoralen Ballungseffekten entscheidend davon ab, um welche spezifische Branche es sich handelt, bzw. in welcher Phase des Lebenszyklus sich diese Branche momentan befindet. Häufig kommen Untersuchungen dabei zu dem Ergebnis, dass für innovative junge Branchen branchenübergreifende Externalitäten essenziell sind. In Branchen, die am Anfang ihres Lebenszyklus stehen, werden häufig Querschnittstechnologien angewendet und additive Produktinnovationen hervorgebracht, bei denen innovative Unternehmen verschiedener Branchen durch Wissensexternalitäten voneinander profitieren können. Nimmt im Laufe des Lebenszyklus jedoch die Bedeutung von Prozessinnovationen zu und für die Unternehmen rücken zunehmend Kostenvorteile bei der Produktion in den Mittelpunkt, scheinen branchenspezifische Agglomerationsvorteile wichtiger zu werden. Unternehmen derselben Branche und mit ähnlichen Produktionsverfahren profitieren dann verstärkt von ihrer gegenseitigen Anwesenheit, da sie durch Imitation, Kooperation oder auch Wissensexternalitäten Prozessinnovationen einfacher umsetzen können.

Die hier vorgestellten Maßzahlen werden aber auch häufig dafür herangezogen, um Agglomerations- bzw. Dispersionstendenzen zu belegen, die teilweise Ergebnisse von theoretischen Modellen – wie zum Beispiel der Neuen Ökonomischen Geographie – sind. Mittlerweile kann die Entwicklung von räumlichen Maßzahlen zur Messung räumlicher Konzentrations- und Spezialisierungsmuster auf eine längere Tradition zurückblicken. Die hier vorgestellten und häufig verwendeten Maße können deshalb nur eine Auswahl darstellen. Dennoch stellt dieses breit gefächerte Grundlagenwissen eine solide Basis für das empirische Arbeiten mit solchen Maßzahlen dar und erleichtert hoffentlich auch das Verständnis weiterer Maßzahlen, die in Zukunft noch eingeführt werden.

In der Literatur werden einige Kriterien genannt, die ein Index zur Messung räumlicher Konzentration oder regionaler Spezialisierung erfüllen sollte. Wir wollen die bedeutendsten davon nochmals ansprechen. Ein wichtiger Punkt betrifft die Vergleichbarkeit der Maße: Die Werte eines Index sollten sowohl zwischen verschiedenen Branchen als auch über verschiedene räumliche Aggregationsebenen hinweg vergleichbar sein. Dies impliziert, dass die Werte eines Maßes nicht von einer Änderung administrativer Regionsgrenzen beeinflusst werden sollten. Zudem sollten sie sowohl die Ballung der ökonomischen Aktivität in den untersuchten Regionen als auch die industrielle Konzentration berücksichtigen. Des Weiteren ist die Existenz eines Werts wünschenswert, den der jeweilige Index unter der Nullhypothese der Abwesenheit von systematischen Standortentscheidungen annimmt und mit dem sein tatsächlich ermittelter Wert verglichen werden kann. So besteht die Möglichkeit, die Ergebnisse auf ihre statistische Signifikanz zu testen.

Literatur

Aiginger, K., & Rossi-Hansberg, E. (2006). Specialization and concentration: A note on theory and evidence. *Empirica, 33*(4), 255–266.

Alecke, B., & Untiedt, G. (2006). Die geografische Konzentration von Industrie und Dienstleistungen in Deutschland. Neue empirische Evidenz mittels des Ellison-Glaeser-Index. *GEFRA Working Paper 2.*

Brülhart, M. (2001). Evolving geographical concentration of european manufacturing industries. *Weltwirtschaftliches Archiv, 137*(2), 215–243.

Ceapraz, I. L. (2008). The concepts of specialisation and spatial concentration and the process of economic integration: Theoretical relevance and statistical measures. the case of Romania's regions. *Romanian. Journal of Regional Science, 2*(1), 68–93.

Devereux, M. P., Griffith, R.,& Simpson, H. (1999). The geographic distribution of production activity in the UK. *Econometric Society World Congress 2000 Contributed Papers* 1397.

Duranton, G., & Overman, H. G. (2005). Testing for localization using micro-geographic data. *Review of Economic Studies, 72*(4), 1077–1106.

Duranton, G., & Puga, D. (2000). Diversity and specialisation in cities: Why, where and when does it matter? *Urban Studies, 37*(3), 533–555.

Ellison, G., & Glaeser, E. L. (1997). Geographic concentration in U.S. manufacturing industries: A dartboard approach. *Journal of Political Economy, 105*(5), 889–927.

Ellison, G., Glaeser, E. L., & Kerr, W. (2010). What causes industry agglomeration? evidence from coagglomeration patterns. *American Economic Review, 100*(3), 1195–1213.

Farhauer, O., & Kröll, A. (2010). Regionalökonomische Maße der räumlichen Konzentration und regionalen Spezialisierung, *WiSt Wirtschaftswissenschaftliches Studium 39* (9), 444–451.

Gini, C. (1912). *Variabilità e Mutuabilità. Contributo allo Studio delle Distribuzioni e delle Relazioni Statistiche.* Bologna: Cuppini.

Hallet, M. (2002). Regional specialisation and concentration in the EU. In J. R. Cuadrado-Roura, M. Parellada (Hrsg.), *Regional convergence in the European union. facts, prospects and policies* (S. 5376). Berlin: Springer.

Herfindahl, O. C. (1950). *Concentration in the U.S. Steel Industry.* Nicht publizierte Dissertation an der, Columbia University.

Hirschman, A. O. (1945). *National power and the structure of foreign trade.* Berkeley: University of California Press.

Hirschman, A. O. (1964). The paternity of an index. *American Economic Review, 54*(5), 761.

Krugman, P. (1991). *Geography and trade.* Cambridge, MA: MIT Press.

Litzenberger, T., & Sternberg, R. (2006). Der Clusterindex – eine Methodik zur Identifizierung regionaler Cluster am Beispiel deutscher Industriebranchen. *Geographische Zeitschrift, 94*(4), 209–224.

Marcon, E., & Puech, F. (2010). Measures of the geographic concentration of industries: Improving distance-based methods. *Journal of Economic Geography, 10*(5), 745–762.

Maurel, F., & Sédillot, B. (1999). A measure of the geographic concentration in French manufacturing industries. *Regional Science and Urban Economics, 29*(5), 575–604.

Midelfart, K.-H., Overman, H. G., Redding, S. J., & Venables, A. J. (2004). The location of European industry. In A. Dierx, F. Ilzkovitz, K. Sekkat (Hrsg.), *European integration and the functioning of product markets* (S.113168). Cheltenham: Edward Elgar Publishing.

Südekum, J. (2006). Concentration and specialisation trends in Germany since re-unification. *Regional Studies, 40*(8), 861–873.

Vogiatzoglou, K. (2006). Agglomeration or dispersion? Industrial specialization and geographic concentration in NAFTA. *Journal of International Economic Studies, 20*, 89–102.

Shift-Share-Analyse

Zusammenfassung

In der Regional- und Clusterforschung werden häufig die Entwicklungsaussichten von Regionen herangezogen, um zu bestimmen, wohin staatliche Fördergelder fließen sollen. Auf diesem Forschungsgebiet ist mittlerweile unstrittig, dass die Branchenschwerpunkte einer Region bedeutenden Einfluss auf deren wirtschaftliche Prosperität haben. Weit verbreitet ist die Ansicht, dass Wachstumsfelder einer gesamten Volkswirtschaft oder gar der Weltwirtschaft automatisch auch positive Wirkungen auf Regionen ausüben, sobald dort eine gewisse Konzentration von Aktivitäten in den Wachstumsbranchen vorhanden ist. Hingegen ist inzwischen bekannt, dass von der wirtschaftlichen Entwicklung einer Branche im nationalen oder globalen Kontext nicht einfach auf die Wachstumsperspektive dieser Branche in einer einzelnen Region geschlossen werden kann. Um dennoch Anhaltspunkte für die Abschätzung der Dynamik der Entwicklung einer Region zu erhalten, ist die Durchführung einer Strukturkomponenten-Analyse notwendig. Die einfachste und am weitesten verbreitete Form der Strukturkomponenten-Analyse stellt dabei die Shift-Share-Analyse dar. Probleme, die mit der deterministischen Shift-Share-Analyse einhergehen, werden durch eine Weiterentwicklung – die Shift-Share-Regression – behoben.

In den meisten Fällen kann von der wirtschaftlichen Entwicklung eines Gesamtraums nicht auf die Entwicklung seiner einzelnen Regionen geschlossen werden. Die Dynamik eines Gesamtraums beeinflusst zwar jene seiner Regionen, doch treten regionsspezifische Faktoren auf, welche ein Abweichen der regionalen von der überregionalen Entwicklung bewirken. Zum Einen ist die spezifische Branchenstruktur einer Region ausschlaggebend für deren wirtschaftliches Wachsen oder Schrumpfen. Insofern die Entwicklung einer Region von der Dynamik ihrer Branchen abhängt, kommt den Zukunftsaussichten der lokalen Branchen große Bedeutung zu. Zum Anderen existieren spezifische regionale Eigenheiten, die eine positive oder auch negative Abweichung von der Dynamik der übergeordneten Bezugsräume bedingen können. Selbst wenn zum Beispiel die

O. Farhauer und A. Kröll, *Standorttheorien*, DOI: 10.1007/978-3-658-01574-9_15,
© Springer Fachmedien Wiesbaden 2013

Biotechnologiebranche deutschlandweit betrachtet eine sehr dynamische Wachstums-
branche ist, kann sie sich in einer bestimmten Region auf dem absteigenden Ast befinden. Ein möglicher Grund für solch eine Beobachtung könnte sein, dass diese Region
für Arbeitskräfte unattraktiv ist und es den dortigen Biotechnologieunternehmen nicht
gelingt, ausreichend viele (insbesondere hoch qualifizierte) Mitarbeiter anzuwerben.
Die regionsspezifische Eigenheit wäre in diesem Fall eine für Arbeitskräfte unattraktive
Umgebung, etwa die Nähe eines Atommeilers.

Um die Abweichung der regionalen von der gesamträumlichen Entwicklung zu analysieren, ist es sinnvoll, diese Abweichung in verschiedene Komponenten zu unterteilen. So
kann identifiziert werden, welche Faktoren für eine vergleichsweise positive oder negative
Dynamik der betrachteten Region verantwortlich sind. Eine derartige Strukturkomponenten-Analyse ist mit Hilfe der Shift-Share-Analyse möglich. Diese wird bereits seit geraumer
Zeit in Untersuchungen zur Regionalentwicklung immer wieder verwendet. Einige anwen-
dungsorientierte Beispiele dafür finden sich in Ashby (1964); Fuchs (1962) und Schönebeck (1996). Die Shift-Share-Analyse stellt nur geringe Anforderungen an das notwendige
Datenmaterial. Sie ist eine deskriptive, leicht durchführbare empirische Technik zur Analyse von regionalem Wachstum bzw. regionaler Schrumpfung im Zeitverlauf. Ziel dieses
Kapitels ist es, das Verfahren der Shift-Share-Analyse anhand von einfachen Beispielen
leicht nachvollziehbar darzustellen und ihre Ergebnisse zu interpretieren. Zudem werden
Kritikpunkte an diesem Verfahren, die in der Literatur immer wieder vorgebracht werden,
diskutiert. Einige dieser Kritikpunkte an der herkömmlichen Shift-Share-Analyse lassen
sich indes durch eine Weiterentwicklung dieses Verfahrens – der so genannten Shift-Share-
Regression – beheben. Diese werden wir ebenfalls in ihren Grundzügen vorstellen.

15.1 Die klassische Shift-Share-Analyse

Die Shift-Share-Analyse ist in der Regionalökonomik ein beliebtes Instrument zur Erklärung unterschiedlicher wirtschaftlicher Entwicklungen von Regionen, wie zum Beispiel
der Beschäftigungs- oder Einkommensentwicklung. Zudem wird sie häufig zur Abschätzung der Entwicklungsdynamik eines Raums herangezogen. Bei einer Shift-Share-
Analyse wird die Entwicklung von Regionen grundsätzlich unter Berücksichtigung der
gesamträumlichen Entwicklung bewertet. Als Gesamtraum wird eine übergeordnete
Raumeinheit (häufig ein ganzes Land) herangezogen. Auf diese Art und Weise kann
ermittelt werden, ob bzw. wie stark sich die Entwicklung einzelner Regionen – beispielsweise von Bundesländern – von der des Gesamtraums unterscheidet. Somit wird mit
einer Shift-Share-Analyse die regionale Abweichung von der gesamträumlichen Entwicklung gemessen. Häufig wird die Beschäftigungsentwicklung als Indikator für das allgemeine Aktivitätsniveau einer Region angesehen und die Shift-Share-Analyse daher mit
der Anzahl der Beschäftigten als zentraler Variable durchgeführt.

Bei diesem Verfahren wird die beobachtete (reale) Beschäftigungsentwicklung einer
Branche in einer Region mit einer (fiktiven) Veränderung verglichen, die sich einstellen

würde, wenn die Entwicklung dieser Branche in der betrachteten Region genauso ver-
liefe wie im übergeordneten Wirtschaftsraum. So kann zum Beispiel untersucht werden,
wie die tatsächliche Veränderung der Beschäftigung in der Chemiebranche in Nordrhein-Westfalen von der fiktiven Beschäftigungsveränderung abweicht, die sich vollzogen hätte, wenn die Branche in diesem Bundesland mit der gleichen Rate gewachsen
wäre wie in der Bundesrepublik insgesamt. Relevant ist dies etwa, um die Wettbewerbsfähigkeit von Regionen beurteilen zu können bzw. um zu untersuchen, ob eine Region
im Beobachtungszeitraum gegenüber anderen Regionen Wettbewerbsvorteile erlangen
konnte. Wie bereits angemerkt, können beispielsweise von einer positiven Entwicklung
einer bestimmten Branche auf gesamtwirtschaftlicher Ebene keine Rückschlüsse auf die
Dynamik dieser Branche in einer bestimmten Region gezogen werden: Die regionale
Entwicklung kann von der des Gesamtraums sowohl positiv als auch negativ abweichen.
Diese Abweichung wird in der Regel einerseits auf die örtliche Branchenstruktur und
andererseits auf standortspezifische (lokale) Effekte anderer Art zurückgeführt.

Es gibt mehrere verschiedene Shift-Share-Ansätze, die sich jeweils in Feinheiten voneinander unterscheiden. Wir stellen im Folgenden das „klassische" Shift-Share-Modell
vor, das im Wesentlichen auf Dunn (1960) zurückgeht. In diesem wird die während des
Untersuchungszeitraums beobachtete Beschäftigungsveränderung in drei Faktoren zerlegt (s. Gl. 15.1): Konjunktur-, Struktur- und Standortkomponente. Die Begriffe *Komponente*, *Effekt* und *Faktor* verwenden wir fortan synonym.

$$e_{t+1} - e_t = n_{t,t+1} + m_{t,t+1} + c_{t,t+1} \tag{15.1}$$

Dabei ist e die Beschäftigung in der betrachteten Region und die Indizes t und $t+1$
stehen für den Anfangs- bzw. Endzeitpunkt der untersuchten Periode. Auf der linken
Seite von Gl. 15.1 steht folglich die absolute Beschäftigungsdifferenz zwischen dem aktuellen Zeitpunkt $t+1$ und einem vergangenen Zeitpunkt t. Die rechte Seite von Gl. 15.1
illustriert, dass die Veränderung der Beschäftigung durch ein Zusammenspiel der drei
genannten Faktoren entsteht: n (*national growth*) bildet die Konjunkturkomponente ab,
m (*industry mix*) die Struktur- und c (*competition*) die Standortkomponente. Auch diese
drei Faktoren geben jeweils absolute Beschäftigungsveränderungen an, die sich auf die
Zeitspanne zwischen t und $t+1$ beziehen. Als Hinweis zur Notation wollen wir festhalten, dass $n_{t,t+1}$ die verkürzte Schreibweise von $n_{t+1} - n_t$ ist. Analoges gilt für die Variablen m und c.

Betrachten wir nun die einzelnen Komponenten, in welche die Beschäftigungsentwicklung aufgespalten wird, genauer. Eine zentrale Annahme der Shift-Share-Analyse
ist, dass das Wachstum des Gesamtraums einen wesentlichen Einfluss auf das Beschäftigungswachstum in den einzelnen Regionen hat. Der *Konjunktureffekt*, auch „Wachs-
tumseffekt" genannt, spiegelt dies wider. Aus Abb. 15.1 wird ersichtlich, dass die
Beschäftigungsentwicklung von Regionen, in diesem Fall ausgewählter Bundesländer
Deutschlands, mit leichten Abweichungen dem allgemeinen Trend der Entwicklung der
Bundesrepublik folgt (1999 = 100 %).

Berechnet wird die Konjunkturkomponente folgendermaßen:

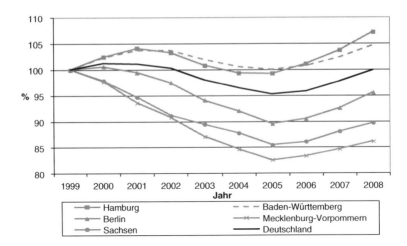

Abb. 15.1 Beschäftigungsentwicklung in der Bundesrepublik Deutschland und in ausgewählten Bundesländern. Nach Daten der Bundesagentur für Arbeit (2009)

$$n_{t,t+1} = e_t \left(\frac{E_{t+1}}{E_t} - 1 \right).$$

Zur erleichterten Interpretation des Konjunktureffekts bevorzugen wir die in Gl. 15.2 dargestellte Umformung dieser Beziehung:

$$n_{t,t+1} = e_t \frac{E_{t+1}}{E_t} - e_t. \tag{15.2}$$

Wie oben notiert *e* die Beschäftigung in der betrachteten Region und *E* entspricht der Beschäftigung im übergeordneten Vergleichsraum. Dabei wird davon ausgegangen, dass sich die Region wie der Bezugsraum entwickelt hat, das heißt, dass beispielsweise die Beschäftigung in Nordrhein-Westfalen mit dem gleichen Faktor gewachsen oder geschrumpft ist, wie in der Bundesrepublik insgesamt. Dazu wird in Gl. 15.2 die regionale Beschäftigung zum Anfangszeitpunkt (e_t) mit dem Beschäftigungswachstumsfaktor des Bezugsraums Deutschland (E_{t+1} / E_t) multipliziert und davon die regionale Beschäftigung zur Anfangszeit (e_t) abgezogen. Inhaltlich bedeutet dies, dass der Konjunktureffekt $n_{t,t+1}$ den Teil des regionalen Beschäftigungswachstums abbildet, der durch den Beschäftigungswachstumsfaktor des Vergleichsraums erklärt wird. Selbstverständlich sind aber auch negative Wachstumsraten möglich.

Wir sprechen hier von Wachstumsfaktoren. Möglicherweise hat sich der Leser schon gefragt, was diese von einer Wachstumsrate unterscheidet. Ein Wachstumsfaktor (auch Wachstumskonstante genannt) entspricht einer Wachstumsrate plus eins. So lautet die Wachstumsrate der Beschäftigung in der Bundesrepublik

$E_{t+1}/E_t - 1 = (E_{t+1} - E_t)/E_t$, während der zugehörige Wachstumsfaktor durch E_{t+1}/E_t gegeben ist.

Eine etwas differenziertere Betrachtung ermöglicht der *Strukturfaktor*. Bei seiner Berechnung (s. Gl. 15.3) werden die Branchenstrukturen der jeweiligen Region und des Vergleichsraums berücksichtigt. Die zentrale Annahme hinsichtlich der Strukturkomponente ist, dass sich die Sektoren in der Region mit der gleichen sektorspezifischen Wachstumsrate entwickeln wie im Gesamtraum. Anders gesagt, es wird davon ausgegangen, dass sich die gesamtwirtschaftliche Veränderung proportional auf der regionalen Ebene niederschlägt. Es wird also beispielsweise angenommen, dass sich die Chemiebranche in Nordrhein-Westfalen mit der nationalen Wachstumsrate dieser Branche entwickelt.

Die Formel für den Strukturfaktor lautet:

$$m_{t,t+1} = \sum_{i=1}^{I} e_t^i \left(\frac{E_{t+1}^i}{E_t^i} - \frac{E_{t+1}}{E_t} \right).$$

Auch hier bevorzugen wir eine Darstellung, in der die Klammer ausmultipliziert wurde, da sich die Terme so einfacher interpretieren lassen. Diese Darstellung erfolgt in Gl. 15.3, in der wir im Subtrahenden $\sum_{i=1}^{I} e_t^i = e_t$ verwendet haben:

$$m_{t,t+1} = \sum_{i=1}^{I} e_t^i \frac{E_{t+1}^i}{E_t^i} - e_t \frac{E_{t+1}}{E_t}. \tag{15.3}$$

Der Index i steht für eine Branche und es gilt $1 \leq i \leq I$. Aus Gl. 15.3 wird nun deutlich, dass der Strukturfaktor die Beschäftigungsveränderung angibt, die auf die regionsspezifische Branchenstruktur zurückzuführen ist. Er entspricht der Differenz zwischen der erwarteten Beschäftigungsveränderung unter Berücksichtigung des regionalen Branchenmix und der erwarteten Beschäftigungsveränderung ohne Rücksicht auf die lokale Sektorenstruktur. Der Minuend $\sum_{i=1}^{I} e_t^i E_{t+1}^i / E_t^i$ bildet die regionale Beschäftigung in einer Branche e_t^i, multipliziert mit dem nationalen Wachstumsfaktor der jeweiligen Branche E_{t+1}^i / E_t^i, summiert über alle Branchen, ab. Der Subtrahend spiegelt hingegen wider, wie sich die regionale Beschäftigung verändern würde, wenn sie sich mit dem nationalen (branchenunabhängigen) Wachstumsfaktor entwickelte. Somit fängt der Struktureffekt denjenigen Teil der Beschäftigungsveränderung auf, der auf die Abweichung der regionalen von der nationalen Branchenstruktur zurück geht.

Die dritte Komponente ist der *Standortfaktor*. Dieser spiegelt alle Einflüsse wider, die – abgesehen vom Konjunkturfaktor und der Branchenstruktur – einen Einfluss auf die regionale Beschäftigungsentwicklung haben. Er stellt einen Indikator dar, welcher die Wettbewerbsfähigkeit von Regionen beschreibt, denn am Standortfaktor kann man ablesen, wie sich die Marktanteile von Regionen untereinander verändern. Ein positiver Standortfaktor bedeutet, dass eine Region gegenüber anderen Regionen Marktanteile gewinnen konnte. Eine solche gesteigerte regionale Wettbewerbsfähigkeit kann zum

Beispiel auf gute Infrastruktureinrichtungen, die Nähe zu großen Märkten oder einen Pool hoch qualifizierter Arbeitskräfte zurückzuführen sein. Ein Rückgang der Wettbewerbsfähigkeit erfolgt etwa durch die Abwanderung qualifizierter Arbeitskräfte, inadäquate regionale Wirtschaftspolitik oder Umweltverschmutzung. Der Standortfaktor kann sowohl als Residualgröße aus Gl. 15.1 $\left(c_{t,t+1} = e_{t+1} - e_t - n_{t,t+1} - m_{t,t+1}\right)$ als auch mit der Formel in Gl. 15.4 bestimmt werden. Bei korrekter Berechnung der anderen Komponenten stimmen die Ergebnisse in beiden Fällen überein. Zur Verifizierung der Berechnung der anderen Faktoren empfiehlt es sich jedoch, den Standortfaktor mittels Gl. 15.4 zu ermitteln:

$$c_{t,t+1} = \sum_{i=1}^{I} e_t^i \left(\frac{e_{t+1}^i}{e_t^i} - \frac{E_{t+1}^i}{E_t^i} \right). \tag{15.4}$$

Der Standorteffekt gibt die Beschäftigungsveränderung im Beobachtungszeitraum an, die allein auf regionsspezifische Gegebenheiten zurückzuführen ist. Rechnerisch lässt er sich ermitteln als über alle Branchen summierte Differenz zwischen den branchenspezifischen regionalen und nationalen Wachstumsfaktoren $e_{t+1}^i / e_t^i - E_{t+1}^i / E_t^i$, multipliziert mit der regionalen Beschäftigung in einer Branche zum Startzeitpunkt e_t^i. Der Standorteffekt umfasst somit den Teil der Beschäftigungsveränderung, der durch Einflussfaktoren induziert wird, welche die regionalen Wachstumsfaktoren der einzelnen Branchen von ihrem jeweiligen nationalen Pendant abweichen lassen. Beispielhaft dafür können klimatische Bedingungen oder die örtliche Infrastruktur genannt werden.

In der ursprünglichen Formulierung von Dunn (1960) sah die Darstellung des Shift-Share-Modells und seiner Komponenten leicht anders aus. Die eben vorgestellte Darstellungsweise kann jedoch durch eine einfache Umformung auf den Ansatz von Dunn zurückgeführt werden. Durch Subtraktion der Konjunkturkomponente $n_{t,t+1}$ auf beiden Seiten der Gl. 15.1 $\left(e_{t+1} - e_t = n_{t,t+1} + m_{t,t+1} + c_{t,t+1}\right)$ ergibt sich die Darstellung von Dunn (1960):

$$e_{t+1} - e_t - n_{t,t+1} = m_{t,t+1} + c_{t,t+1}.$$

Definieren wir den Regionalfaktor als $t_{t,t+1} \equiv e_{t+1} - e_t - n_{t,t+1}$. Somit gibt dieser Faktor die Veränderung der regionalen Beschäftigung an, wenn konjunkturelle Einflüsse „herausgerechnet" werden, was durch Subtraktion von $n_{t,t+1}$ geschieht. Aus der eben vorgenommenen Definition des Regionalfaktors folgt:

$$t_{t,t+1} = m_{t,t+1} + c_{t,t+1}. \tag{15.5}$$

Auf der rechten Seite der Gl. 15.5 verbleiben der Strukturfaktor (*net proportionality shift*) und der Standortfaktor (*net differential shift*) und auf der linken Seite steht nun der so genannte Regionalfaktor (*net total shift*). Um den Aussagegehalt des Regionalfaktors anschaulicher zu erklären, verwenden wir seine eben eingeführte Definition $t_{t,t+1} \equiv e_{t+1} - e_t - n_{t,t+1}$ und setzen für $n_{t,t+1}$ unter Beachtung der Vorzeichen Gl. 15.2 ein:

Tafel 1

	A	B	C	Σ
Beschäftigung in t				
1	90	60	250	400
2	20	30	100	150
3	10	30	110	150
4	60	40	300	400
Σ	180	160	760	1100

Tafel 2

	A	B	C	Σ	
Beschäftigung in t+1					
1	100	85	255	440	
2	40	55	115	210	
3	10	40	85	135	
4	55	35	390	480	
Σ	205	215	845	1265	a

Tafel 3

	A	B	C	Σ	
Erwartete Beschäftigung in t+1 (ohne Berücksichtigung der Sektorenstruktur)					
1	103,5	69	287,5	460	
2	23	34,5	115	172,5	
3	11,5	34,5	126,5	172,5	
4	69	46	345	460	
Σ	207	184	874	1265	b

Tafel 4

	A	B	C	Σ	
Erwartete Beschäftigung in t+1 (unter Berücksichtigung der Sektorenstruktur)					
1	99	66	275	440	
2	28	42	140	210	
3	9	27	99	135	
4	72	48	360	480	
Σ	208	183	874	1265	c

Tafel 5

Sektorale Wachstumsrate	
1	1,1
2	1,4
3	0,9
4	1,2

Tafel 6

	A	B	C	Σ	
	Regionalfaktor				
Σ	-2	31	-29	0	d=a-b
	Strukturfaktor				
Σ	1	-1	0	0	e=c-b
	Standortfaktor				
Σ	-3	32	-29	0	f=a-c

Abb. 15.2 Beispiel zur Shift-Share-Analyse

$$t_{t,t+1} = e_{t+1} - e_t - e_t \frac{E_{t+1}}{E_t} + e_t = e_{t+1} - e_t \frac{E_{t+1}}{E_t}. \qquad (15.6)$$

Aus Gl. 15.6 wird nun ersichtlich: Der Regionalfaktor gibt an, wie sich die Beschäftigung in der betrachteten Region im Vergleich zur übergeordneten Region entwickelt hat. Er stellt die Differenz zwischen der beobachteten Beschäftigungsänderung in der Region (e_{t+1}) und der erwarteten Veränderung für den Fall dar, dass sich die Region im Gleichlauf mit der übergeordneten Vergleichsregion entwickelt hätte ($e_t E_{t+1}/E_t$). Er bringt also beispielsweise den Unterschied zwischen der tatsächlichen Beschäftigungsveränderung in einem Bundesland und der Veränderung, die sich bei einer Übertragung der nationalen Wachstumsrate auf dieses Bundesland eingestellt hätte, zum Ausdruck.

Anhand eines Beispiels in Abb. 15.2 erfolgt die Darstellung der drei Komponenten wie in Dunn (1960) durch Regional-, Struktur- und Standortfaktor. Die Tafeln 1 und 2 zeigen Daten zur Beschäftigung in einem Land mit drei Regionen *A*, *B* und *C* und vier Sektoren 1, 2, 3 und 4 zum Anfangszeitpunkt *t* und zum Endzeitpunkt *t + 1*. Im Folgenden wird zur Erleichterung des Verständnisses eine Illustration mithilfe einer in mehrere Tafeln aufgeteilten Abbildung gewählt (s. Abb. 15.2). Dies ist jedoch nicht zwingend notwendig und es wird gezeigt, dass man die gleichen Ergebnisse auch durch Einsetzen in die Gl. 15.2 bis 15.4 erhält.

Die Tafeln 1 und 2 zeigen, wie sich die Beschäftigung in jeder der drei Regionen *(A, B, C)* auf die vier Branchen (1, 2, 3, 4) aufteilt. Tafel 1 bezieht sich auf den Zeitpunkt *t* und Tafel 2 auf *t + 1*. Die jeweiligen Zeilensummen geben die nationale Gesamtbeschäftigung (das heißt, in allen drei Regionen zusammen) eines Sektors an, während die jeweiligen Spaltensummen die Gesamtbeschäftigung einer einzelnen Region wiedergeben. Die Zelle rechts unten zeigt die nationale Gesamtbeschäftigung für alle Branchen zusammen.

Als erstes soll nun der Regionalfaktor berechnet werden. Dazu wird davon ausgegangen, dass sich die Beschäftigung in den betrachteten Regionen in allen Branchen mit dem nationalen Wachstumsfaktor $1265/1100 = 1,15$ entwickelt. Das heißt, es wird angenommen, dass alle Branchen mit dem gleichen branchenunabhängigen, nationalen Faktor wachsen. In Tafel 3 von Abb. 15.2 wird daher die Anzahl der Beschäftigten zum Anfangszeitpunkt *t* mit dem nationalen Wachstumsfaktor 1,15 multipliziert. Anschließend werden die Ergebnisse für jede Region und für jeden Sektor aufsummiert. Wird nun die Differenz zwischen dem beobachteten und dem erwarteten Beschäftigungswachstum gebildet, wird also von der grau unterlegten Zeile a in Tafel 2 die Zeile b aus Tafel 3 subtrahiert, ergibt sich der Regionalfaktor in Zeile d von Tafel 6. Alternativ können die entsprechenden Werte für die Berechnung des Regionalfaktors auch einfach in Gl. 15.6 eingesetzt werden. So ergibt sich etwa für den Regionalfaktor der Region *A* der Wert -2:

$$t_{t,\,t+1} = e_{t+1} - e_t \frac{E_{t+1}}{E_t} = 205 - 180\frac{1265}{1100} = -2.$$

Aus Tafel 6 in Abb. 15.2 lassen sich auch die Regionalfaktoren für die Regionen *B* $(+31)$ und *C* (-29) ablesen. Diese Werte bedeuten, dass sich sowohl Region *A* als auch *C* schlechter entwickelt haben als der Gesamtraum. Hätten sich die Regionen wie die übergeordnete Vergleichsregion entwickelt, wäre die Beschäftigung in *A* zum Endzeitpunkt um 2 Beschäftigte bzw. in Region *C* um 29 höher. Region *B* hingegen weist ein überdurchschnittlich hohes Beschäftigungswachstum auf. Hätte sich *B* wie der Gesamtraum entwickelt, wäre die Anzahl der Beschäftigten in *t + 1* um 31 geringer.

Nun soll untersucht werden, inwieweit die Werte der Regionalfaktoren durch die regionale Branchenstruktur erklärt werden können. Um die Strukturkomponente zu berechnen, werden die Beschäftigtenzahlen der Anfangsperiode mit den jeweiligen Wachstumsfaktoren der *Sektoren* auf gesamträumlicher Ebene multipliziert. Diese nationalen sektoralen Wachstumsfaktoren werden in Tafel 5 ausgewiesen. Für Sektor 1 beispielsweise lässt er sich durch $440/400 = 1,1$ berechnen. So ergibt sich Tafel 4 in Abb. 15.2, welche die erwartete Beschäftigung am Ende des Untersuchungszeitraums unter Berücksichtigung der regionalen Branchenstruktur zeigt. Auch hier müssen die

Ergebnisse aufsummiert werden, wodurch sich Zeile c in Tafel 4 ergibt. Den Strukturfaktor erhält man durch Subtraktion der Zeile b von Zeile c. Von der erwarteten Beschäftigung in $t+1$ unter Berücksichtigung der Branchenstruktur wird also die erwartete
Beschäftigung in $t+1$ ohne Berücksichtigung der Sektorenstruktur abgezogen. Diese
Differenz stellt den Strukturfaktor dar und wird in Tafel 6 in Zeile e dargestellt.

Es zeigt sich, dass Region A eine günstige und Region B eine ungünstige Branchenstruktur aufweist (Strukturfaktor $+1$ bzw. -1), während Region C die gleiche Branchenstruktur wie das ganze Land hat (Strukturfaktor 0). Die Anteile der Beschäftigten in den
einzelnen Sektoren an der Gesamtbeschäftigung in Region C entsprechen in etwa den
korrespondierenden Anteilen in der Gesamtregion. Aufgrund nur minimaler Abweichungen in diesen Anteilen ergibt sich der Wert null für die Strukturkomponente in
Region C. Auch der Strukturfaktor lässt sich selbstverständlich durch Einsetzen in die
entsprechende Formel in Gl. 15.3 ermitteln. Für Region A sei dies beispielhaft vorgeführt:

$$m_{t,t+1} = \sum_{i=1}^{I} e_t^i \frac{E_{t+1}^i}{E_t^i} - e_t \frac{E_{t+1}}{E_t} = 90\frac{440}{400} + 20\frac{210}{150} + 10\frac{135}{150} + 60\frac{480}{400} - 180\frac{1265}{1100} = 1.$$

Die letzte zu berechnende Komponente ist der Standortfaktor. Da er alle Einflüsse auf
die Beschäftigungsentwicklung widerspiegelt, die nicht auf die regionale Branchen-
struktur zurückzuführen sind, kann er als Residualgröße berechnet werden, indem vom
Regionalfaktor der Strukturfaktor subtrahiert wird. Dies ist in Zeile f der Tafel 6 von
Abb. 15.2 dargestellt. Zusätzlich soll nun die Berechnung anhand der Formel für den
Standorteffekt aus Gl. 15.4 wieder beispielhaft an Region A vorgeführt werden:

$$c_{t,t+1} = \sum_{i=1}^{I} e_t^i \left(\frac{e_{t+1}^i}{e_t^i} - \frac{E_{t+1}^i}{E_t^i} \right) = 90 \left(\frac{100}{90} - \frac{440}{400} \right) + 20 \left(\frac{40}{20} - \frac{210}{150} \right)$$
$$+ 10 \left(\frac{10}{10} - \frac{135}{150} \right) + 60 \left(\frac{55}{60} - \frac{480}{400} \right) = -3.$$

Der Standortfaktor für Region A beträgt demnach -3, der für Region B $+32$ und jener
für C -29. Dies bedeutet, dass sowohl in Region A als auch in C negative standortspezifi-
sche Eigenheiten vorherrschen, die das Beschäftigungswachstum hemmen bzw. zu einem
Beschäftigungsrückgang führen. Im Gegensatz dazu zeichnet sich der Standort B durch
Besonderheiten aus, die das Beschäftigungswachstum fördern. Dies können etwa gute
Infrastruktureinrichtungen, eine erfolgreiche lokale Wirtschaftspolitik oder eine gute
Verkehrsanbindung sein.

Mit Hilfe der Shift-Share-Analyse kann eine regionale Abweichung von der gesamträumlichen Entwicklung, also der Regionalfaktor, in die beiden Komponenten Struktur- und
Standortfaktor aufgespalten werden. So wird zum Beispiel ersichtlich, dass in Region A zwar
eine günstige Branchenstruktur vorherrscht, deren positiver Effekt aber durch negative Einflüsse anderer Art überlagert wird. In Region C, die annähernd die gleiche Struktur wie der
Bezugsraum aufweist, lässt sich der negative Regionalfaktor einzig und allein durch negative

Standortbedingungen begründen. Währenddessen ist das positive Abschneiden von Region *B* nicht auf die regionale Sektorenstruktur zurückzuführen, sondern auf weitere, nicht näher spezifizierbare Standortgegebenheiten (s. Abschn. 15.3, in dem Kritikpunkte an der Shift-Share-Analyse angesprochen werden). Die Summe der Regional-, Struktur- und Standort-komponenten ergibt jeweils null. Dies lässt sich folgendermaßen erklären: Addiert man die jeweiligen regionalen Abweichungen, muss die Summe null ergeben, da die Entwicklung der drei Regionen nicht von der des Gesamtraums abweichen kann – schließlich entsprechen diese drei Regionen dem Gesamtraum. Folglich sind die aggregierten Komponenten jeweils null.

15.2   Verschiedene Darstellungsweisen der Shift-Share-Identität

Die vorgestellte Shift-Share-Gleichung wird in wissenschaftlichen Arbeiten kaum noch in ihrer ursprünglichen, eben betrachteten, Form verwendet. Vielmehr wurde das Spektrum der Darstellungsmöglichkeiten des Regionalfaktors erweitert und je nach Erkenntnisinter-esse kann eine passende Darstellungsform (von denen alle Vor- und Nachteile aufweisen) gewählt werden. Die nachstehende Darstellung erfolgt in Anlehnung an Tengler (1989).

Die verschiedenen Darstellungsweisen unterscheiden sich in ihrer Definition des Regionalfaktors. Bei den nachfolgenden Formeln der drei vorgestellten Darstellungs-möglichkeiten beschreibt jeweils der erste Klammerterm auf der rechten Seite der Glei-chung den Strukturfaktor und der zweite den Standortfaktor.

Das *Differenzenmodell* (Gl. 15.7) gibt im Regionalfaktor nur den absoluten Beschäfti-gungsunterschied einer Region zwischen Anfangs- und Endzeitpunkt an. Daher bestehen keine Anhaltspunkte dafür, wie das Ergebnis im volkswirtschaftlichen Kontext einzu-ordnen ist. Da im Regionalfaktor jede Relativierung in Bezug auf den Gesamtraum fehlt, kann nicht festgestellt werden, ob bzw. um wie viel sich eine Region besser oder schlechter entwickelt hat als der nationale Durchschnitt. Allerdings ist an dem Wert des Regional-faktors unmittelbar ersichtlich, in welcher Größenordnung die regionale Beschäftigung zu- oder abgenommen hat. Wie bereits erwähnt, entspricht der erste Klammerterm auf der rechten Seite in Gl. 15.7 dem Strukturfaktor und der zweite dem Standortfaktor.

$$t_{t,t+1} = e_{t+1} - e_t = \left(\sum_{i=1}^{I} e_t^i \frac{E_{t+1}^i}{E_t^i} - e_t \right) + \left(e_{t+1} - \sum_{i=1}^{I} e_t^i \frac{E_{t+1}^i}{E_t^i} \right) \quad (15.7)$$

Das *Indexmodell* (Gl. 15.8) behebt das Problem der fehlenden Vergleichbarkeit der für den Regionalfaktor resultierenden Werte, indem der Regionalfaktor als Verhältnis der Entwicklung des Teilraums zu der des Gesamtraums dargestellt wird. So wird die unter-schiedliche Anzahl an Beschäftigten in den betrachteten Regionen ausgeglichen bzw. berücksichtigt. Allerdings besteht hier der Nachteil, dass keine absoluten Veränderungen ausgewiesen werden. Im Indexmodell liefert die gesamträumliche Wachstumsrate mit dem Index 1 die Bezugsgröße für die relative Entwicklung des Teilraums. Je nachdem, ob der Regionalfaktor größer, kleiner oder gleich 1 ist, hat sich der Teilraum besser oder schlechter entwickelt als der Gesamtraum, oder eben gleich wie dieser.

$$t_{t,t+1} = \frac{e_{t+1}}{e_t} : \frac{E_{t+1}}{E_t} = \left(\frac{\sum_{i=1}^{I} e_t^i \frac{E_{t+1}^i}{E_t^i}}{e_t} : \frac{E_{t+1}}{E_t} \right) \cdot \left(\frac{e_{t+1}}{\sum_{i=1}^{I} e_t^i \frac{E_{t+1}^i}{E_t^i}} \right) \quad (15.8)$$

Beim *Prozentpunktemodell* (Gl. 15.9) wird im Regionalfaktor der Vergleich zwischen regionaler und gesamträumlicher Wachstumsrate als Differenz ausgewiesen. Der Regionalfaktor nimmt den Wert null an, wenn die regionale Entwicklung mit der gesamträumlichen übereinstimmt. Ein Regionalfaktor größer oder kleiner null besagt, auf wie viele Prozentpunkte (Regionalfaktor multipliziert mit 100) sich der Wachstumsunterschied zwischen der Teil- und der Gesamtregion im Untersuchungszeitraum beläuft. Ebenso wie beim Indexmodell ist der Unterschied zwischen diesen beiden Entwicklungen am Vorzeichen des Regionalfaktors ersichtlich, was eine gute Vergleichbarkeit der Ergebnisse mit sich bringt. Allerdings wird auch hier die absolute Veränderung der Beschäftigung nicht ausgewiesen.

$$t_{t,t+1} = \frac{e_{t+1}}{e_t} - \frac{E_{t+1}}{E_t} = \left(\frac{\sum_{i=1}^{I} e_t^i \frac{E_{t+1}^i}{E_t^i}}{e_t} - \frac{E_{t+1}}{E_t} \right) + \left(\frac{e_{t+1} - \sum_{i=1}^{I} e_t^i \frac{E_{t+1}^i}{E_t^i}}{e_t} \right)$$
$$(15.9)$$

Im Folgenden führen wir an Region A beispielhaft vor, dass diese drei verschiedenen Darstellungsformen jeweils die gleichen Ergebnisse hervorbringen, lediglich in unterschiedlichen Werteinheiten ausgedrückt. Die Ergebnisse, die man durch Einsetzen der jeweiligen Werte aus Abb. 15.2 in die Formeln der Gl. 15.7 bis 15.9 erhält, sind in Tab. 15.1 dargestellt. Die Strukturfaktoren ergeben sich durch Einsetzen der Werte in den jeweils ersten Klammerterm auf der rechten Seite der genannten Gleichungen und die Standortfaktoren durch Einsetzen in den zweiten Klammerterm.

Hier werden die Vor- und Nachteile der verschiedenen Modelle ersichtlich. Im Differenzenmodell werden die absoluten Beschäftigungsunterschiede ausgewiesen, jedoch könnte der positive Regionalfaktor (25) dazu veranlassen, eine positive Entwicklung zu sehen, was aber im nationalen Kontext nicht so ist, da sich das Land insgesamt besser entwickelt hat als Region A. Wäre die Entwicklung gleich verlaufen, müsste der Regionalfaktor von Region A daher noch höher sein: Er müsste gleich hoch sein wie der Strukturfaktor und somit 28 betragen. Das Indexmodell wiederum lässt zwar am Regionalfaktor erkennen, dass sich die Region etwas schlechter als der Bezugsraum entwickelt hat (Strukturfaktor > Regionalfaktor), jedoch fehlen Anhaltspunkte dafür, um welche Größenunterschiede es sich dabei handelt. Das Gleiche gilt für das Prozentpunktemodell, bei dem ebenfalls eine leicht unterdurchschnittliche regionale Entwicklung ersichtlich wird, da natürlich auch hier der Strukturfaktor größer ist als der Regionalfaktor. Alle Modelle verdeutlichen, dass in Region A die Branchenstruktur einen positiven und standortspezifische Merkmale einen negativen Einfluss auf das Beschäftigungswachstum ausüben.

Tab. 15.1 Verschiedene Darstellungsformen der Shift-Share-Komponenten

–	Strukturfaktor (m)	Standortfaktor (c)	Regionalfaktor (t)	
Differenzenmodell	28	−3	t = m + c	25
Indexmodell	1	0,99	t = m ∗ c	0,99
Prozentpunktemodell	0,01	−0,02	t = m + c	−0,01

Quelle eigene Darstellung

15.3   Kritik an der Shift-Share-Analyse

Trotz der einfachen Anwendung und verschiedener Darstellungsmöglichkeiten ist die Shift-Share-Analyse nicht unumstritten. So kritisiert zum Beispiel Stilwell (1969) an dem Verfahren, dass Änderungen der Branchenstruktur im Gesamtraum nicht berücksichtigt werden. Die Strukturkomponente wird meist anhand des Branchenmix zu Beginn des Untersuchungszeitraums berechnet und nimmt daher keine Rücksicht auf eine sich im Verlauf der betrachteten Periode verändernde Branchenstruktur. Zudem bleibt die Veränderung der Beschäftigung in den Jahren zwischen Anfangs- und Endzeitpunkt unberücksichtigt. So könnte beispielsweise die Beschäftigung in den ersten Jahren des Beobachtungszeitraums ansteigen und gegen dessen Ende wieder leicht abnehmen. Wird daher nur die Differenz zwischen Anfangs- und Endzeitpunkt betrachtet, würde so ein Beschäftigungswachstum festgestellt, obwohl möglicherweise eine Trendumkehr stattgefunden hat. Barff und Knight (1988) lösen dieses Problem, indem sie eine dynamische Shift-Share-Analyse durchführen, bei der alle Komponenten jährlich berechnet und erst dann zusammengeführt werden.

Dawson (1982) und Houston (1967, S. 579) kritisieren, dass die Ergebnisse der Analyse von der räumlichen und sektoralen Aggregationsebene abhängig sind und somit die Strukturkomponente bei einer feineren Untergliederung der Branchen ansteigt, während die Standortkomponente sinkt (vgl. Loveridge und Selting 1998, S. 40). Ein weiterer Kritikpunkt ist, dass der Shift-Share-Methode eine theoretische Fundierung fehlt. Dem hat jedoch Casler (1988) Abhilfe geschaffen, indem er ein mikrofundiertes regionales Wachstumsmodell entwickelte.

Zudem wird in der Literatur häufig der Standortfaktor kritisiert, wie etwa von Dawson (1982). Gelegentlich sind Unternehmen in der amtlichen Statistik nicht in den korrekten Sektoren klassifiziert worden, da einzelne Unternehmen falsch oder Mehrproduktunternehmen lediglich einer Branche zugeordnet wurden. Dies verzerrt den Struktur- und damit indirekt letztlich auch den Standorteffekt. Der Struktur- und der Standortfaktor sind schließlich voneinander abhängig. Angenommen, es soll die Wettbewerbsfähigkeit einer Branche in zwei verschiedenen Regionen untersucht werden. Wenn diese Branche in beiden Regionen mit der gleichen Rate wächst, aber das Ausgangsniveau der Beschäftigung in einer der beiden Regionen höher ist, ergeben sich zwei unterschiedliche Standortfaktoren. Somit kann die Wettbewerbsfähigkeit einer Region nicht unabhängig von ihrer Branchenstruktur, also der Anzahl der Beschäftigten in den jeweiligen Branchen, gemessen werden (vgl. Fritz und Streicher 2005, S. 5f.). Dies ist das Resultat der Interdependenz von Struktur- und Standortfaktor und stellt einen weiteren kritisierbaren Aspekt der Shift-Share-Analyse dar.

Wiederholt wird auch bemängelt, dass der Standortfaktor positiv beeinflusst wird, wenn in einer Region starke interindustrielle Verflechtungen bestehen, obwohl dieser Vorteil eigentlich auf den regionalen Branchenmix und damit auf den Strukturfaktor zurückzuführen ist (vgl. Dinc et al. 1998, S. 279). Dadurch wird in den Ergebnissen von Shift-Share-Analysen häufig die Bedeutung der Branchenstruktur für die regionale Entwicklung unterschätzt, obwohl empirische Untersuchungen zeigen, dass die Branchenstruktur einen wesentlichen Einfluss auf den Regionalfaktor und damit Bedeutung für die Erklärung der Regionalentwicklung hat (vgl. Farhauer und Granato 2006). Diese Kritik wird jedoch von Loveridge und Selting (1998) mit dem Argument abgeschwächt, dass eine intensive regionale Verflechtung einer Branche auch Teil der Standortkomponente sein kann, da diese Charakteristik dem lokalen Standort inhärent ist. Ein weiteres Problem bei der Standortkomponente ist, dass diese als Restgröße berechnet wird. Daher finden sich hier alle zufälligen Elemente wieder. Tengler (1989, S. 76) spricht in diesem Zusammenhang von einer Art „Mülleimerfunktion" des Standortfaktors.

Trotz einiger Versuche, diese Defizite der Shift-Share-Analyse durch Erweiterungen zu beheben (siehe unter anderem Esteban-Marquillas 1972; Arcelus 1984; Barff und Knight 1988; Haynes und Dinc 2000), wurde der klassische Ansatz auch wegen der fehlenden Möglichkeit, die statistische Signifikanz der Ergebnisse zu beurteilen und Einflussfaktoren auf den Regionalfaktor durch die Einbeziehung weiterer erklärender Variablen zu identifizieren, kritisiert. Um die angesprochenen Mängel zu beheben, wurde ein regressionsanalytisches Analogon zur deskriptiven Shift-Share-Analyse entwickelt. Die Shift-Share-Regression ermöglicht es, Signifikanztests durchzuführen und Aussagen über die Güte des Regressionsmodells zu treffen.

15.4   Shift-Share-Regression

Durch Anwendung einer Shift-Share-Regression können Standorteffekte von zufälligen Einflüssen getrennt werden. Die Zufallseinflüsse, die sich bei der klassischen Shift-Share-Analyse im Standortfaktor wiederfinden, schlagen sich nun in der Störgröße des Regressionsmodells nieder. Dies führt dazu, dass der Standorteffekt, so wie es sein sollte, lediglich standortspezifische Merkmale widerspiegelt. Weitere Vorteile der Shift-Share-Regression gegenüber der deskriptiven Shift-Share-Analyse bestehen darin, dass zusätzliche erklärende Variablen in das Modell aufgenommen werden können und die statistische Signifikanz der Regressoren an der Signifikanz der Koeffizienten ersichtlich wird. Zudem können diverse statistische Tests durchgeführt werden. Die Idee zur Weiterentwicklung der klassischen Shift-Share-Analyse zu einer Regressionsanalyse geht auf Stilwell (1969) zurück.

Die einfachste Form einer Shift-Share-Regression umfasst drei Regressoren: den Perioden-, den Regions- und den Brancheneffekt, die jeweils als binäre Variablen (auch Dummyvariablen genannt) eingeführt werden. Binäre Variablen können lediglich zwei Werte annehmen. Meist sind dies die Werte null und eins, so auch im vorliegenden Fall. Zum Beispiel kann die Perioden-Dummyvariable so kodiert werden, dass sie den Wert eins annimmt, wenn die Beobachtung zum Zeitpunkt t erfolgte, und andernfalls den Wert null. Gleiches gilt für die Regions- und die Brancheneffekte: Diese werden ebenfalls als binäre Variablen eingeführt, wie wir am Beispiel des Regionseffekts genauer erläutern wollen.

Gibt es mehr als zwei mögliche „Zustände" einer Variablen, müssen mehrere Dummyvariablen definiert werden, um diese Zustände abzubilden. Gehen wir wie im obigen Beispiel davon aus, dass es in einer Volkswirtschaft drei Regionen A, B und C gibt. In diesem Fall gibt es drei Ausprägungen der Variable „Region", weshalb wir zwei Dummyvariablen einführen müssen, um die Variable „Region" zu beschreiben. Die erste binäre Variable nimmt den Wert eins an, falls eine Beobachtung in Region A gemacht wurde, und ansonsten den Wert null. Die zweite nimmt den Wert eins an, falls die Beobachtung in Region B gemacht wurde, und ist andernfalls null. Für Region C darf keine eigene Dummyvariable eingeführt werden, denn dass eine Beobachtung in Region C gemacht wurde, wird schon dadurch angezeigt, dass die beiden binären Variablen für die Regionen A und B jeweils null sind. Stammt eine Beobachtung weder aus Region A noch aus B, muss sie in Region C entstanden sein.

Dummy variable trap

Würde man dennoch auch für Region C eine Dummyvariable einführen, so würde man im Modell perfekte Multikollinearität erzeugen, da eine Beobachtung aus Region C bereits durch den Wert null der binären Variablen für die Regionen A und B definiert ist. Diese Tatsache ist als *dummy variable trap* bekannt und kann zum Beispiel in Stock und Watson (2012, S. 243) genauer nachgelesen werden.

Die genannten unabhängigen Variablen (Perioden-, Regions- und Brancheneffekt) sollen den jeweiligen Wert des Regressanden (des regionalen Beschäftigungswachstums in einer Branche) erklären. Formal ergibt sich:

$$B_{irt} = \alpha_i + \beta_t + \gamma_r + \varepsilon_{irt},$$

mit $B_{irt} = \frac{e_{t+1}^i - e_t^i}{e_t^i}$... regionale Beschäftigungswachstumsrate in der Branche i

α_i... Effekt der Branche i ($i = 1,..., I$)

β_t... Periodeneffekt zum Zeitpunkt t ($t = 1,..., T$)

γ_r... Effekt der Region r ($r = 1,..., R$)

ε_{irt}... Störterm

Die Jahres-Dummyvariablen β_t stellen die Konjunkturkomponente dar. Sie geben an, welchen Einfluss die Konjunktur auf die Entwicklung der Regionen hat. Der Einfluss der Sektorenstruktur auf die regionale Veränderung der Beschäftigung wird in einer

Shift-Share-Regression vom Struktureffekt α_i abgebildet. Was die Shift-Share-Regression von der klassischen Shift-Share-Analyse abhebt, ist, dass der Standorteffekt γ_r nicht als Restgröße berechnet, sondern ebenso wie Konjunktur- und Struktureffekt geschätzt wird. Daher umfasst der Standorteffekt hier lediglich Einflussfaktoren, die auf alle Branchen einer Region gleich wirken – beispielhaft hierfür seien das Klima und die Verkehrsinfrastruktur genannt. Wie bei Regressionsgleichungen üblich, gibt ein positives bzw. negatives Vorzeichen eines Koeffizienten dessen positiven bzw. negativen Einfluss auf die abhängige Variable, in diesem Fall die regionale Wachstumsrate der Beschäftigung in einer Branche, an.

Bei Verwendung des üblicherweise herangezogenen Kleinste Quadrate-Schätzers kann jedoch folgendes Problem auftreten: Wenn eine Branche nur für einen äußerst geringen Anteil der Gesamtbeschäftigung aufkommt, können kleine absolute Veränderungen der Beschäftigung sehr große relative Veränderungen bewirken. Zum Beispiel erscheint ein Anstieg der Beschäftigung um 10 Arbeitskräfte zwar absolut nicht groß, allerdings handelt es sich dabei um einen Anstieg um 200 %, wenn die Ausgangsbeschäftigung in dieser Branche nur 5 beträgt. Diese Tatsache ist als *shipbuilding-in-the-midlands* bekannt. Diese Bezeichnung leitet sich davon ab, dass ein sehr geringer absoluter Beschäftigungszuwachs in der Schiffbaubranche im Inneren eines Landes mit einem hohen relativen Beschäftigungszuwachs einherginge, weil das Ausgangsniveau der Beschäftigung in dieser Branche dort üblicherweise sehr gering ist. So könnte fälschlicherweise angenommen werden, dass der Schiffbau in einer weit von jeder Küste entfernten Region eine boomende Branche sei. Das Problem dabei ist, dass der Kleinste Quadrate-Schätzer die Residuenquadratsumme minimiert und dabei alle Observationen bzw. Residuen gleich stark gewichtet. Dadurch wird solchen Ausreißerwerten der Wachstumsfaktoren das gleiche Gewicht verliehen wie den übrigen Beobachtungen, was sich auf die Werte der geschätzten Koeffizienten auswirkt, aber in der Regel unerwünscht ist. Zudem verursachen solche Ausreißerwerte heteroskedastische Fehlerterme (das heißt, ihre Varianzen unterscheiden sich zwischen den einzelnen Beobachtungen). Dies kommt davon, dass die Varianz der Wachstumsfaktoren – und somit der Residuen – in Regionen, die in manchen Jahren einen Ausreißerwert verzeichnen, größer ist als anderswo. Liegt Heteroskedastie vor, ist ein *gewichteter* Kleinste Quadrate-Schätzer dem gewöhnlichen vorzuziehen.

Zum Einen ist der gewichtete Kleinste Quadrate-Schätzer beim Vorliegen von Heteroskedastie effizienter als der herkömmliche Kleinste Quadrate-Schätzer. Zum Anderen weist er jeder Beobachtung bzw. jedem Residuum ein bestimmtes Gewicht zu. So kann erreicht werden, dass Ausreißerwerte unter den Wachstumsfaktoren schwächer gewichtet werden als beim herkömmlichen Schätzverfahren, wodurch ihr Einfluss auf das Schätzergebnis gering ist. Im Fall der Shift-Share-Regression entsprechen die Gewichte dem jeweiligen Anteil der regionalen Branche an der gesamten Beschäftigung der übergeordneten Vergleichsregion im Basisjahr (vgl. Fritz und Streicher 2005, S. 7). Da die Schiffbaubranche im Binnenland üblicherweise sehr schwach vertreten ist und nur einige wenige Beschäftigte aufweist, ist das ihr zugewiesene Gewicht sehr gering. Deshalb nimmt sie kaum Einfluss auf die Schätzung der Koeffizienten der Shift-Share-Regressionsgleichung und das Problem des *shipbuilding-in-the-midlands* wird relativiert oder sogar behoben.

15.5   Fazit

Die Shift-Share-Analyse ist ein relativ einfach anzuwendendes Verfahren, das lediglich geringe Anforderungen an Umfang und Tiefe des Datenmaterials stellt. Obwohl die angeführten Kritikpunkte zum Teil starke Einschränkungen der Aussagekraft dieses Verfahrens bedeuten, handelt es sich dabei um eine sinnvolle Anwendung zur Einschätzung der Entwicklungsdynamik von Regionen und deren Abweichung vom nationalen bzw. überregionalen Durchschnitt. Insbesondere in der Clusterforschung ist es notwendig, eine Shift-Share-Analyse durchzuführen, bevor die Entwicklungsperspektive eines globalen Wachstumsfelds auf eine Region übertragen wird. Selbst wenn zum Beispiel die Textilverarbeitung deutschlandweit hohe Beschäftigungszuwächse verzeichnet, ist nicht gesagt, dass dies auf jede einzelne Region zutrifft, in der Textil verarbeitende Unternehmen ansässig sind. So kann etwa die Nachfrage nach neumodischen Textilien hoch sein – davon wird aber eine Region, in der hauptsächlich Blaumänner oder Kochmützen hergestellt werden, nicht profitieren. Deshalb kann nicht ohne Weiteres von der nationalen Entwicklung einer Branche auf ihre regionale Entwicklung geschlossen werden. Solch ein Vorgehen birgt bei der Clusterförderung sogar ein großes Risiko, da die regionalspezifischen Entwicklungszusammenhänge deutlich von den nationalen und globalen abweichen können. Aufgrund dessen bedarf eine seriöse Einschätzung der Entwicklungsdynamik von Branchen in einer Region zumindest der Durchführung einer Shift-Share-Analyse, um nicht von vornherein einer möglichen Fehleinschätzung bezüglich der regionalen Wachstumsfelder zu verfallen.

Um detaillierte Aussagen über die Ursachen regionaler Entwicklungen treffen zu können, sind weitere komplexere und analytische Verfahren notwendig. Ein mögliches Verfahren stellt dabei die Shift-Share-Regression dar. Sie behebt die Mängel der klassischen Shift-Share-Analyse. Bei diesem Verfahren können zusätzliche erklärende Variablen mit einbezogen und statistische Tests, beispielsweise auf die Signifikanz der Ergebnisse, durchgeführt werden. Zudem wird die Entwicklung zwischen Anfangs- und Endzeitpunkt, also die jährliche Veränderung der Beschäftigung und der Branchenstruktur, berücksichtigt. Dies impliziert allerdings, dass ein größerer Datenumfang notwendig ist.

Um grobe Entwicklungstrends in der Regionalökonomik – dem Gebiet, auf dem die Shift-Share-Analyse am häufigsten eingesetzt wird – abzuschätzen, ist die klassische Shift-Share-Methode ein geeignetes Verfahren. Für eine umfassende Erklärung regionaler Entwicklungen ist jedoch eine Shift-Share-Regression der klassischen, rein deskriptiven, Shift-Share-Analyse vorzuziehen.

Literatur

Arcelus, F. J. (1984). An extension of shift-share analysis. *Growth and Change, 15*(1), 3–8.
Ashby, L. D. (1964). The geographical redistribution of employment: An examination of the elements of change. *Survey of Current Business, 44*(10), 13–20.

Barff, R. A., & Knight, P. L. (1988). Dynamic shift-share analysis. *Growth and Change, 19*(2), 1–10.

Casler, S. D. (1988). A theoretical context for shift and share analysis. *Regional Studies, 23*(1), 43–48.

Dawson, J. A. (1982). Shift-share-analysis: A bibliographic review of technique and applications. *Public Administration Series: Bibliography P-949*. Monticello, IL: Vance Bibliographies.

Dinc, M., Haynes, K. E., & Qiangsheng, L. (1998). A comparative evaluation of shift-share models and their extensions. *Australasian Journal of Regional Studies, 4*(2), 275–302.

Dunn, E. S. Jr. (1960). A statistical and analytical technique for regional analysis. *Papers and Proceedings of the Regional Science Association, 6*, 97–112.

Esteban-Marquillas, J. M. (1972). A reinterpretation of shift-share analysis. *Regional and Urban Economics, 2*(3), 249–255.

Farhauer, O., & Granato, N. (2006). Regionale Arbeitsmärkte in Westdeutschland: Standortfaktoren und Branchenmix entscheidend für Beschäftigung. *IAB-Kurzbericht 4*.

Fuchs, V. R. (1962). Statistical explanations of the relative shift of manufacturing among regions of the United States. *Papers of the Regional Science Association, 8*, 1–5.

Fritz, O., Streicher, G. (2005). Measuring changes in regional competitiveness over time. A shift-share regression exercise. *WIFO Working Paper 243*.

Haynes, K. E., & Dinc, M. (2000). Changes in manufacturing productivity in the U.S. south: Implications for regional growth policy. In B. Johansson, C. Karlsson & R. R. Stough (Hrsg.), *Theories of endogenous regional growth* (S. 368–392). Berlin: Springer.

Houston, D. B. (1967). The shift and share analysis of regional growth: A critique. *Southern Economic Journal, 33*, 577–581.

Loveridge, S., & Selting, A. C. (1998). A review and comparison of shift-share identities. *International Regional Science Review, 21*(1), 37–58.

Schönebeck, C. (1996). *Wirtschaftsstruktur und Regionalentwicklung. Theoretische und empirische Befunde für die Bundesrepublik Deutschland*. Dortmund: Institut für Raumplanung.

Stilwell, F. J. B. (1969). Regional growth and structural adaptation. *Urban Studies, 6*(2), 162–178.

Stock, J. H., & Watson, M. W. (2012). *Introduction to Econometrics*. (3. Aufl). Boston: Pearson.

Tengler, H. (1989). *Die Shift-Analyse als Instrument der Regionalforschung*. Stuttgart: Poeschel.

Input–Output-Analyse

16

Zussamenfasung

Regionalpolitische Akteure stehen häufig vor dem Problem, die Wirkungen der Realisierung eines Großprojekts auf das regionale Bruttoinlandsprodukt abzuschätzen. Angenommen, eine Stadt steht vor der Entscheidung, ein großes Bauprojekt zu realisieren.
Gegner des Projekts rechnen der Stadtverwaltung vor, dass die Investitionsausgaben in
keinerlei Relation zum erwarteten Nutzen des Projekts stünden. Befürworter des Baus
gehen aber davon aus, dass nicht nur die Stadt als Investor vom Großprojekt profitieren
würde, sondern auch viele regionale Unternehmen, die in direkter oder indirekter Weise
mit dem Neubau verbunden wären. Während des Baus könnten zum Beispiel Zulieferer
der Werkstoffe und regionale Bauunternehmen von dem Investitionsvorhaben profitieren. Zudem würden auch nach seiner Fertigstellung positive Folgewirkungen auf diverse
Branchen der betreffenden Region ausgehen. Mithilfe einer Input–Output-Analyse kann
diese Interdependenz von Branchen in einer Volkswirtschaft untersucht werden und es
lassen sich die Auswirkungen einer veränderten Nachfrage in einer Branche auf Produktion, Beschäftigung und Einkommen in der gesamten betrachteten Region ermitteln.

Eine Input–Output-Analyse ermöglicht es, die Auswirkungen einer Nachfrageveränderung in einer Branche auf die gesamte untersuchte Region zu bestimmen. Steigt zum
Beispiel die Nachfrage nach den Gütern einer Branche, so steigt auch deren Nachfrage
nach Zwischenprodukten aus anderen Branchen, um mehr herstellen zu können. Über
diesen Prozess ist für gewöhnlich der gesamtwirtschaftliche Produktionsanstieg höher als
der branchenspezifische. Input–Output-Analysen werden häufig durchgeführt, um die
Auswirkungen von geplanten Projekten, wie etwa einer neuen Hotelanlage oder einem
Freizeitpark, auf eine Region abschätzen zu können. Jones et al. (2010) zum Beispiel
wenden die Input–Output-Analyse zur Untersuchung der Bedeutung eines Sportstadi-
ons, des *Wales Millennium Stadiums* in Cardiff, für die Region an. Eine weitere Anwendung der Input–Output-Analyse besteht in der Gewinnung eines Eindrucks von den

O. Farhauer und A. Kröll, *Standorttheorien*, DOI: 10.1007/978-3-658-01574-9_16,
© Springer Fachmedien Wiesbaden 2013

Auswirkungen einer Verschiebung der Staatsausgaben, zum Beispiel von Agrarsubventionen zu einer Aufstockung der Mittel für die Bundeswehr, auf Produktion, Einkommen und Beschäftigung.

16.1   Input–Output-Tabellen

Die Basis von Input–Output-Analysen stellen Input–Output-Tabellen dar, die jährlich etwa vom Statistischen Bundesamt Deutschland veröffentlicht werden. Um mit der Input–Output-Analyse vertraut zu werden, betrachten wir erst diese Tabellen genauer und beschreiben ihre einzelnen Bestandteile ausführlich. Input–Output-Tabellen umfassen in der Regel 71 Produktionsbereiche und bilden sowohl ab, aus welchen Branchen eine bestimmte Branche wie viele ihrer Vorprodukte bezieht, als auch an welche Branchen sie ihre eigenen Güter als Vorprodukte verkauft. Um die Darstellung zu vereinfachen werden die 71 Produktionsbereiche hier zu zwölf Branchen (AB bis MNOP) aggregiert (s. Tab. 18.3 und 18.4 im Anhang). Zudem werden einige weitere Positionen der Input–Output-Tabelle, wie sie von der Seite des Statistischen Bundesamts heruntergeladen werden kann, aggregiert oder umbenannt, um das Konzept dieser Analysemethode möglichst eingängig darzustellen (s. Tab. 18.1 und 18.2 im Anhang).

Input–Output-Tabellen setzen sich zumeist aus drei verschiedenen Bereichen zusammen: einer Zwischenproduktmatrix, einer wertschöpfungsorientierten und einer nachfrageorientierten Matrix. Abb. 16.1 illustriert dieses Schema. Die Zwischenproduktmatrix gibt an, woher eine Branche ihre Zwischengüter bezieht und an welche Branchen sie ihre eigenen Güter verkauft. Die wertschöpfungsorientierte Matrix enthält im Wesentlichen Informationen über die Beiträge einzelner Produktionsfaktoren zur Wertschöpfung einer Branche. Hingegen lässt die nachfrageorientierte Matrix erkennen, woher (z. B. aus dem In- oder Ausland) die Nachfrage nach Gütern einer Branche kommt. Auf diese Matrizen werden wir sogleich näher eingehen.

Betrachten wir nun ein konkretes Beispiel: Abb. 16.2 zeigt eine Input–Output-Tabelle zu Herstellungspreisen für Deutschland im Jahr 2007. Diese Tabelle basiert auf der Branchenklassifikation der Wirtschaftszweigsystematik 2003 (WZ03, vgl. Statistisches Bundesamt 2003) und alle Werte sind in Millionen Euro angegeben.

Wie wir zeigen werden, setzen sich Input–Output-Tabellen aus drei wesentlichen Elementen zusammen, nämlich der Zwischenproduktmatrix sowie zwei weiteren wertschöpfungs- bzw. nachfrageorientierten Matrizen. Die Zwischenproduktmatrix ist die Fläche, welche von den Zellen AB und MNOP aufgespannt wird, inklusive der grau hinterlegten Summenzeilen an ihrem rechten und unteren Rand. Diese Matrix veranschaulicht die Ströme von Zwischengütern bzw. Vorleistungen zwischen den verschiedenen Branchen innerhalb einer Region. Sie gibt an, aus welchen Branchen eine bestimmte Branche ihre Zwischenprodukte bezieht bzw. an welche Branchen sie selbst hergestellte Zwischenprodukte verkauft.

Horizontal gelesen gibt die Zwischenproduktmatrix Auskunft über den Wert der Zwischenprodukte, welche ein Sektor verkauft. So verkauft etwa das Verarbeitende Gewerbe (D)

Abb. 16.1 Anordnung der Matrizen in einer Input–Output-Tabelle

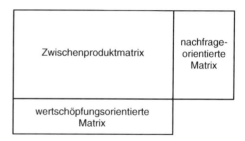

Zwischenprodukte – wie zum Beispiel Motorsägen, Traktoren und Mähdrescher – im Wert von 11.880 Mio. € an die Landwirtschaft (AB). Zusätzlich werden innerhalb des Verarbeitenden Gewerbes Zwischenprodukte im Wert von 846.115 Mio. € verkauft und weiterverarbeitet. Die Spalte Σ4 gibt den Gesamtwert der verkauften Zwischenprodukte einer Branche innerhalb der betrachteten Region an. Das Verarbeitende Gewerbe beispielsweise verkauft Zwischenprodukte im Wert von 1.042.145 Mio. € an den eigenen und an andere Sektoren.

Vertikal gelesen ist aus der Zwischenproduktmatrix ersichtlich, aus welchen Branchen welcher Wert an Vorleistungen in die eigene Produktion einfließt. Die Landwirtschaftsbranche (AB) bezieht zum Beispiel Zwischenprodukte im Wert von 8.837 Mio. € aus dem eigenen Produktionsbereich und nur Vorleistungen im Wert von 156 Mio. € aus der Öffentlichen Verwaltung (L). Der Gesamtwert der Zwischenprodukte, welche eine Branche bezieht, ist in der Zeile Σ1 dargestellt. Werden zum Gesamtwert der Zwischenprodukte Gütersteuern addiert und Gütersubventionen subtrahiert, ergibt sich der Wert der gekauften Zwischenprodukte zu Anschaffungspreisen in der Zeile Σ2.

Unter der Zwischenproduktmatrix steht eine wertschöpfungsorientierte Matrix. Sie gibt den Beitrag von Arbeitnehmern, Kapitaleignern und dem Staat zur Bruttowertschöpfung sowie Produktionswert, Importe und Gesamtproduktion jeder Branche an. Aus diesem Abschnitt der Input–Output-Tabelle wird ersichtlich, wie viel Arbeit, Kapital, staatliche Leistungen und Importe für die gesamte Produktion einer Branche benötigt werden. Die staatliche Komponente umfasst hierbei „sonstige Produktionsabgaben abzüglich sonstige Subventionen". Darunter fallen sämtliche Steuern abzüglich Subventionen, die für Unternehmen unabhängig von der Menge und dem Wert der hergestellten Güter anfallen. Die gesamte Bruttowertschöpfung (BWS) einer Branche wird von der Zeile Σ3 wiedergegeben.

Für die Landwirtschaft (AB) beispielsweise beträgt die gesamte Bruttowertschöpfung 19.970 Mio. €. Zusätzlich zu Zwischenprodukten bezieht die Landwirtschaftsbranche zum Beispiel Leistungen von Arbeitnehmern in Höhe von 8.161 Mio. €, was dem Arbeitnehmerentgelt in dieser Branche entspricht. Gleichzeitig müssen Unternehmen dieses Sektors 6.238 Mio. € „sonstige Produktionsabgaben abzüglich sonstige Subventionen" an den Staat zahlen. Beispiele für sonstige Produktionsabgaben sind Grundsteuer, Gebäudesteuer oder Lohnsteuern, während Landwirte möglicherweise sonstige Subventionen

						Zukäufe								Finalgüternachfrage			Gesamt-
	AB	C	D	E	F	G	H	I	J	K	L	MNOP	Σ4	Inland	Exporte	Σ5	prod.
AB	8.837	54	36.254	0	0	15	796	94	6	680	1.069	961	48.766	23.109	7.504	30.613	79.379
C	436	2.563	57.054	9.511	1.530	493	54	50	66	159	532	470	72.918	11.746	2.566	14.312	87.230
D	11.880	3.103	846.115	8.007	61.041	19.627	10.982	26.602	1.577	13.590	11.598	28.023	1.042.145	483.895	923.212	1.407.107	2.449.252
E	1.021	941	25.837	25.359	359	4.205	1.146	2.016	722	2.005	1.486	5.140	70.237	33.995	9.275	43.270	113.507
F	274	189	4.207	1.254	9.877	1.534	437	1.840	630	20.214	2.935	4.779	48.170	167.748	169	167.917	216.087
G	3.162	481	64.825	1.528	11.296	15.933	3.601	7.368	366	2.204	2.669	9.551	122.984	233.815	57.428	291.243	414.227
H	5	20	1.254	17	216	889	34	1.234	320	558	942	871	6.360	63.150	4.811	67.961	74.321
J	337	823	43.525	2.950	1.404	46.784	681	89.128	3.179	5.253	4.152	6.530	204.746	78.038	49.103	127.141	331.887
K	973	184	14.923	1.541	4.074	7.149	1.224	6.135	70.052	20.941	3.360	7.815	138.371	78.317	13.066	91.383	229.754
L	7.221	2.189	154.533	7.077	28.424	61.656	7.452	29.198	44.644	138.645	13.621	34.385	529.045	286.050	46.806	332.856	861.901
MNOP	156	153	4.098	4.532	1.060	704	184	591	190	2.851	2.878	1.437	18.834	162.955	1.036	163.991	182.825
Σ1	35.180	11.065	1.269.467	62.406	120.688	165.642	28.331	167.545	123.578	229.045	50.745	144.904		414.975	416.299		522.319
Güter T-S	1.235	212	11.038	1.289	1.626	2.978	1.826	6.967	8.813	6.185	7.963	15.321					
Σ2	36.415	11.277	1.280.505	63.695	122.314	168.620	30.157	174.512	132.391	235.230	58.708	160.225					
Arbeitnehmer	8.161	4.966	306.663	14.261	53.157	158.772	24.630	65.507	54.430	155.545	102.351	231.987					
Staat	-6.238	-1.772	9.635	1.651	868	9.682	193	1.718	4.273	13.784	-299	-5.225					
Kapitaleigner	18.047	2.614	151.984	27.143	36.395	72.500	13.279	52.807	24.087	417.274	21.210	130.530					
Σ3	19.970	5.808	468.282	43.055	90.420	240.954	38.102	120.032	82.790	586.603	123.262	357.292					
Prod.wert	56.385	17.085	1.748.787	106.750	212.734	409.574	68.259	294.544	215.181	821.833	181.970	517.517					
Importe	22.994	70.145	700.465	6.757	3.353	4.653	6.062	37.343	14.573	40.068	855	4.802					
Gesamtprod.	79.379	87.230	2.449.252	113.507	216.087	414.227	74.321	331.887	229.754	861.901	182.825	522.319					

(Verkäufe — Zeilenbereich; BWS — Bruttowertschöpfung)

Abb. 16.2 Input–Output-Tabelle für Deutschland. Nach Daten des Statistischen Bundesamts (2007)

für den Bio-Status ihres Hofes etc. erhalten. Der Beitrag, den die Kapitaleigner zur Bruttowertschöpfung in der Landwirtschaft leisten, indem sie ihr Kapital (etwa in Form von Maschinen) zur Produktion zur Verfügung stellen, beträgt 18.047 Mio. €. Der inländische Produktionswert (56.385 Mio. €) dieser Branche ergibt sich als Summe der zugekauften Vorleistungen inklusive Gütersteuern, abzüglich Gütersubventionen (36.415 Mio. €) und der Bruttowertschöpfung in der Zeile Σ3 (19.970 Mio. €). Werden zum inländischen Produktionswert die Importe (22.994 Mio. €) addiert, resultiert die sektorale Gesamtproduktion (79.379 Mio €).

Der dritte Abschnitt der Input–Output-Tabelle, die nachfrageorientierte Matrix, ist rechts an die Zwischenproduktmatrix angegliedert. Hier werden die Beiträge von Privatpersonen, Kapitaleignern und dem Staat zur inländischen Nachfrage nach Endprodukten sowie der Wert von Exporten und der Gesamtproduktion dargestellt. Damit die Tabelle nicht allzu groß wird, haben wir hier die Positionen Privatpersonen, Kapitaleigner und Staat zur inländischen Finalgüternachfrage zusammengefasst (s. vierte Spalte von links). Durch Addition der Nachfrage nach Zwischenprodukten in Spalte Σ4 und der gesamten (d. h., in- und ausländischen) Finalgüter-Nachfrage in Spalte Σ5 lässt sich ebenfalls die Gesamtproduktion einer Branche ermitteln (48.766 + 30.613 = 79.379, alles in Mio. €).

16.2 Die Input–Output-Analyse im Kontext der Volkswirtschaftlichen Gesamtrechnung

Die Input–Output-Analyse steht in engem Zusammenhang mit der Volkswirtschaftlichen Gesamtrechnung. Vereinfacht dargestellt ergibt sich die Gesamtproduktion X_j einer Branche j aus der Summe der von allen Branchen i zugekauften Zwischenprodukte X_{ij}, der Bruttowertschöpfung – die sich aus den Arbeitseinkommen W und den Gewinneinkommen der Kapitaleigner P zusammensetzt – sowie den Importen ähnlicher Güter M. Dieser Zusammenhang ist in Gl. 16.1 dargestellt.

$$\sum_i X_{ij} + W_j + P_j + M_j = X_j \tag{16.1}$$

Abbildung 16.2 enthält auch eine staatliche Komponente der Bruttowertschöpfung. Hier wird diese allerdings außer Acht gelassen, um die gleiche Notation wie in der Volkswirtschaftlichen Gesamtrechnung beizubehalten. Als Gedankenkonstrukt kann der Staat als nicht privater Kapitaleigner angesehen und die staatliche Komponente der Bruttowertschöpfung als in die Wertschöpfung des Kapitals integriert betrachtet werden. Somit sind unter *Kapitaleignern* hier nicht nur private Personen zu verstehen, sondern auch öffentliche.

Zur Berechnung der Gesamtproduktion einer Branche nach Gl. 16.1 werden die Zwischenproduktmatrix und die darunter liegende wertschöpfungsorientierte Matrix benötigt. In die Produktion des Gastgewerbes (H) zum Beispiel fließen insgesamt Zwischenprodukte im Wert von 30.157 Mio. € und Leistungen des Faktors Arbeit in Höhe von 24.630 Mio. €. ein. Der Faktor Kapital leistet im Gastgewerbe einen Beitrag in Höhe von 13.472 Mio. € (= 193 + 13.279) zur Gesamtproduktion. Zudem werden Güter im Wert von 6.062 Mio. € importiert. In Gl. 16.1 eingesetzt ergeben diese Werte die Gesamtproduktion des Gastgewerbes:

$$30.157 + 24.630 + 13.472 + 6.062 = 74.321.$$

Gleichzeitig kann die Gesamtproduktion X_i einer Branche i auch dargestellt werden als Summe der Zwischenprodukte X_{ij}, die an alle Branchen j verkauft werden, plus der Finalgüternachfrage des Inlands F und des Auslands E, also den Exporten. Die inländische Nachfrage nach Endprodukten setzt sich zusammen aus privatem Konsum, Staatskonsum und Investitionen. Zur vereinfachten Darstellung fassen wir diese drei Komponenten in Abb. 16.2 aber zusammen und sprechen nur von der inländischen Nachfrage nach Endprodukten, wie oben erläutert. Diese alternative Bestimmung der Gesamtproduktion einer Branche wird von Gl. 16.2 verdeutlicht:

$$\sum_j X_{ij} + F_i + E_i = X_i. \tag{16.2}$$

Zur Notation der sektoralen Gesamtproduktion
Die sektorale Gesamtproduktion wird einmal als X_j und einmal als X_i notiert. Dies reflektiert nur, dass sie als Gesamtheit von zugekauften Zwischenprodukten, Bruttowertschöpfung und Importen als Spaltensumme *(j)* berechnet wird, aber als Gesamtheit von verkauften Zwischenprodukten und Finalgüternachfrage eine Zeilensumme *(i)* darstellt.

Für diese Berechnung der sektoralen Gesamtproduktion nach Gl. 16.2 werden die Zwischenproduktmatrix und die rechts an sie angrenzende nachfrageorientierte Matrix benötigt. Ziehen wir abermals die Branche Gastgewerbe (H) beispielhaft heran: Der Wert der Zwischenprodukte, die an den eigenen und an andere Sektoren verkauft werden, beträgt 6.360 Mio. €. Die inländische Nachfrage nach Finalgütern beträgt 63.150 Mio. €. Addieren der ausländischen Nachfrage nach Endprodukten, also der Exporte, in Höhe von 4.811 Mio. € und Einsetzen in Gl. 16.2 ergeben einmal mehr die Gesamtproduktion des Gastgewerbes:

$$6.360 + 63.150 + 4.811 = 74.321.$$

Die (branchenunabhängige) Gesamtproduktion der betrachteten Volkswirtschaft lässt sich ermitteln, indem man die Gesamtproduktion aller Branchen von AB bis MNOP aufsummiert. Dies lässt sich erreichen, indem man die sektorale Gesamtproduktion aus Gl. 16.1 oder Gl. 16.2 über alle Branchen j bzw. i summiert. Daraus resultieren Gl. 16.3 bzw. Gl. 16.4:

$$\sum_j \left(\sum_i X_{ij} + W_j + P_j + M_j \right) = \sum_j X_j \tag{16.3}$$

$$\sum_i \left(\sum_j X_{ij} + F_i + E_i \right) = \sum_i X_i. \tag{16.4}$$

Sowohl i als auch j sind Laufindizes der Branchen. Ob der Gesamtoutput einer Branche über die Spalten- oder die Zeilensumme ermittelt wird, ändert nichts an dessen Wert

(5.562.689 Mio. €). Das heißt, die Summe der untersten Zeile in Abb. 16.2 entspricht der Summe der äußersten Spalte am rechten Rand. Daher gilt

$\sum_j X_j = \sum_i X_i$ und aus Gl. 16.3 und 16.4 folgt:

$$\sum_j \left(\sum_i X_{ij} + W_j + P_j + M_j \right) = \sum_i \left(\sum_j X_{ij} + F_i + E_i \right). \qquad (16.5)$$

Die Summe von X_{ij} über j bzw. i steht auf beiden Seiten und kann daher gekürzt werden. Definieren wir nun die übrigen Variablen als (Spalten-)Vektoren, dann ergibt sich Gl. 16.6. Auf der linken Seite dieser Gleichung steht die Bruttowertschöpfung ($\mathbf{W} + \mathbf{P}$) plus den Importen und die rechte Seite gibt die inländische plus ausländische Nachfrage nach Finalgütern wieder:

$$\mathbf{W} + \mathbf{P} + \mathbf{M} = \mathbf{F} + \mathbf{E}. \qquad (16.6)$$

Für jede Branche i bzw. j enthält Gl. 16.6 daher eine Gleichung in einer separaten Zeile. Dies kann für die Branchen 1, 2, etc. auch folgendermaßen dargestellt werden:

$$\begin{pmatrix} W_1 \\ W_2 \\ \vdots \end{pmatrix} + \begin{pmatrix} P_1 \\ P_2 \\ \vdots \end{pmatrix} + \begin{pmatrix} M_1 \\ M_2 \\ \vdots \end{pmatrix} = \begin{pmatrix} F_1 \\ F_2 \\ \vdots \end{pmatrix} + \begin{pmatrix} E_1 \\ E_2 \\ \vdots \end{pmatrix}.$$

Vektoren (und später auch Matrizen) werden fett gedruckt dargestellt, um sie auf den ersten Blick als solche erkennbar zu machen. Durch Umformen von Gl. 16.6 erhalten wir

$$\mathbf{W} + \mathbf{P} = \mathbf{F} + \mathbf{E} - \mathbf{M}. \qquad (16.7)$$

Auf beiden Seiten von Gl. 16.7 steht das Bruttonationaleinkommen (bzw. das Bruttosozialprodukt). Dies illustriert den Zusammenhang zwischen der Input–Output-Analyse bzw. von Input–Output-Tabellen und der Volkswirtschaftlichen Gesamtrechnung (vgl. Hewings 1985, S. 26 f. für diese Darstellung). Der wesentliche Unterschied zwischen den beiden Konzepten liegt darin, dass die Input–Output-Analyse die gegenseitige Abhängigkeit von Branchen im Produktionsprozess verdeutlicht und Bruttowertschöpfung und Finalgüternachfrage (s. Gl. 16.6) sowie Bruttonationaleinkommen (s. Gl. 16.7) nicht aggregiert, sondern auf Ebene der einzelnen Branchen bzw. Gruppen von Branchen betrachtet.

16.3   Grundschema der Input–Output-Analyse

Nun, da wir einen Überblick gewonnen haben, wie die Input–Output-Analyse in die ökonomische Theorie, genauer gesagt in die Volkswirtschaftliche Gesamtrechnung, einzuordnen ist, wollen wir tiefer ins Detail gehen. Bevor wir jedoch selbst eine Input–Output-Analyse durchführen können, müssen wir uns zunächst einige Grundlagen dieser Methode aneignen. Im Rahmen einer solchen Analyse kann unter anderem der Frage nachgegangen werden, wie hoch der Gesamtoutput X_i eines Sektors sein muss,

Tab. 16.1 Schematische Darstellung des Zusammenhangs zwischen der Nachfrage nach Zwischen- und Endprodukten und der Gesamtproduktion

–	–	Zukäufe der Sektoren $j = 1,\dots, n$					Nachfrage nach Zwischenpro- dukten	Nach- frage nach Endprodukten	Gesamt- output
–	–	1	2	3	…	n			
Verkäufe	1	X_{11}	X_{12}	X_{13}	…	X_{1n}	$\Sigma_j X_{1j}$	f_1	X_1
der Sektoren	2	X_{21}	X_{22}	X_{23}	…	X_{2n}	$\Sigma_j X_{2j}$	f_2	X_2
$i = 1,\dots, n$	3	X_{31}	X_{32}	X_{33}	…	X_{3n}	$\Sigma_j X_{3j}$	f_3	X_3
	⋮	⋮	⋮	⋮	⋱	⋮	⋮	⋮	⋮
	n	X_{n1}	X_{n2}	X_{n3}	…	X_{nn}	$\Sigma_j X_n$	f_n	X_n

Quelle eigene Darstellung

damit dieser sowohl die Nachfrage nach Zwischen- als auch nach Endprodukten befrie-digen kann (hier wird die Zeilensumme X_i berechnet, da nur so die Finalgüternachfrage berücksichtigt werden kann, siehe z. B. Abb. 16.2). Diesen Zusammenhang illustrieren wir schematisch in Tab. 16.1. Die grau hinterlegten Zellen stellen dabei die Verkäufe und Zukäufe von Zwischenprodukten der Branchen untereinander dar. Für die nachfolgen-den Ausführungen vgl. Hewings (1985, S. 28 ff).

Beispielsweise kauft Branche 1 Zwischenprodukte X_{11} aus dem eigenen Sektor. Gleichzeitig kauft Branche 2 ebenso Zwischenprodukte aus Branche 1, nämlich im Wert von X_{12}, und so weiter für alle n Branchen. In Bezug auf Abb. 16.2 bedeutet dies, dass die Landwirtschaftsbranche (AB) Zwischenprodukte $X_{AB,AB}$ im Wert von 8.837 Mio. € aus der eigenen Branche kauft, während die Bergbaubranche (C) Zwischenprodukte im Wert von $X_{AB,C} = 54$ Mio. € aus der Landwirtschaft bezieht. Die Menge aller Zwischenin-puts X_{1j}, die aus Branche 1 gekauft werden, entspricht der Nachfrage nach Zwischen-produkten aus dieser Branche, das heißt, $X_{AB,j} = 48.766$ Mio. €, um noch einmal die Verbindung zwischen Tab. 16.1 und Abb. 16.2 herzustellen. Wird zur Nachfrage nach Zwischenprodukten diejenige nach Endprodukten f_1 addiert, erhält man den Gesamtout-put von Branche 1:

$$\sum_j X_{1j} + f_1 = X_1,$$

wie sie aus der letzten Spalte von Tab. 16.1 abzulesen ist. Im Hinblick auf die Landwirt-schaftsbranche ist das $48.766 + 30.613 = 79.379$ Mio. €. Allgemein ausgedrückt berech-net sich die Gesamtproduktion einer Branche i als

$$\sum_j X_{ij} + f_i = X_i. \tag{16.8}$$

Der Bedarf einer Branche an Zwischenprodukten kann auch mittels so genannter *techni-scher Inputkoeffizienten* ausgedrückt werden, die wir mit b notieren wollen. Technische

Inputkoeffizienten geben schlicht den Anteil der Zwischenprodukte X_{ij}, die Branche i zur Produktion von Branche j beisteuert, an der Gesamtproduktion von Branche j an:

$$b_{ij} = X_{ij}/X_j. \tag{16.9}$$

Verdeutlichen wir das Konzept der technischen Inputkoeffizienten an einem Beispiel: Angenommen, Branche 1 benötigt für ihre Produktion gewisse Zwischengüter oder Vorleistungen aus Branche 3. Der technische Inputkoeffizient von Branche 1 (in Bezug auf Branche 3) lautet dann $b_{31} = X_{31}/X_1$. Werden wir noch konkreter und greifen auf die Daten in Abb. 16.2 zurück: Die Landwirtschaftsbranche (AB) benötigt beispielsweise 11,13 % ($8.837/79.379 = 0{,}1113$) ihrer Gesamtproduktion selbst als Zwischenprodukt für die weitere Produktion; der technische Inputkoeffizient $b_{AB,AB}$ beträgt daher 0,1113. Ein Beispiel hierfür ist Saatgut, das in der Landwirtschaft hergestellt, aber zugleich auch wieder für die Produktion in dieser Branche benötigt wird. Ein weitaus geringerer Anteil der Gesamtproduktion der Landwirtschaftsbranche geht an das Verarbeitende Gewerbe (D). Der Inputkoeffizient $b_{AB,D}$ beträgt 0,0148 ($= 36.254/2.449.252$). Das Verarbeitende Gewerbe bezieht also nur 1,48 % des Werts seiner Gesamtproduktion aus der Landwirtschaft, wie zum Beispiel Schilf, das anschließend zu Korbsesseln weiterverarbeitet wird.

Um den Zusammenhang zwischen technischen Inputkoeffizienten und Input–Output-Tabellen zu verdeutlichen, formen wir Gl. 16.9 um nach X_{ij}. Daraus ergibt sich Gl. 16.10, mit deren Hilfe sich die in der Zwischenproduktmatrix in Abb. 16.2 abgebildeten Werte X_{ij} bestimmen lassen:

$$X_{ij} = b_{ij} X_j. \tag{16.10}$$

Einsetzen von Gl. 16.10 in 16.8 für die Gesamtproduktion einer Branche führt zu

$$\sum_j b_{ij} X_j + f_i = X_i. \tag{16.11}$$

Im nächsten Schritt stellen wir Gl. 16.11 in Matrixschreibweise dar, um so ihre Analogie zur schematischen Darstellung des Zusammenhangs der Nachfrage nach Zwischen- und Endprodukten und dem Gesamtoutput in Tab. 16.1 aufzuzeigen:

$$\begin{bmatrix} b_{11} & b_{12} & b_{13} & \dots & b_{1n} \\ b_{21} & b_{22} & b_{23} & \dots & b_{2n} \\ b_{31} & b_{32} & b_{33} & \dots & b_{3n} \\ \vdots & \vdots & \vdots & \ddots & \vdots \\ b_{n1} & b_{n2} & b_{n3} & \dots & b_{nn} \end{bmatrix} * \begin{bmatrix} X_1 \\ X_2 \\ X_3 \\ \vdots \\ X_n \end{bmatrix} + \begin{bmatrix} f_1 \\ f_2 \\ f_3 \\ \vdots \\ f_n \end{bmatrix} = \begin{bmatrix} X_1 \\ X_2 \\ X_3 \\ \vdots \\ X_n \end{bmatrix} \tag{16.12}$$

Gleichung 16.12 sagt aus, dass sich die Gesamtnachfrage aus der Summe der Nachfragen nach Zwischen- und Finalgütern zusammensetzt. Die Matrix der technischen Inputkoeffizienten b_{ij} wird nun als **B** definiert, der Outputvektor X_i bzw. X_j als **X** und der Endprodukt-Nachfragevektor f_i als **f**. So kann Gl. 16.12 vereinfacht in Matrixnotation als

$$BX + f = X \tag{16.13}$$

dargestellt werden.

Wir interessieren uns jetzt dafür, wie sich die Nachfrage nach Finalgütern einer einzelnen Branche auf die Gesamtproduktion **X** auswirkt. Deshalb lösen wir Gl. 16.13 nun nach **X** auf:

$$f = X - BX,$$

$$f = (E - B)\,X,$$

wobei **E** eine Einheitsmatrix ist. Durch Bildung der Inversen folgt schließlich die Lösung für **X**:

$$X = (E - B)^{-1}\,f. \tag{16.14}$$

Einheitsmatrix und Inverse

Eine Einheitsmatrix, auch *Identitätsmatrix* genannt, ist eine quadratische Matrix, die nur auf ihrer Hauptdiagonale Einsen enthält, alle weiteren Elemente sind null. *Quadratisch* bedeutet, dass sie immer gleich viele Spalten wie Zeilen haben muss. Es gibt daher nur 1×1, 2×2 usw. Einheitsmatrizen. Eine 3×3-Einheitsmatrix beispielsweise sieht folgendermaßen aus:

$$E_{3x3} = \begin{pmatrix} 1 & 0 & 0 \\ 0 & 1 & 0 \\ 0 & 0 & 1 \end{pmatrix}.$$

Eine Eigenschaft der Einheitsmatrix, auf die wir noch einmal kurz zu sprechen kommen, betrifft ihr Verhalten bei Multiplikation mit einer anderen Matrix: Wird eine Matrix **Y** mit einer Einheitsmatrix multipliziert, entspricht das Ergebnis einfach Matrix **Y**.

In der „Matrixsprache" wird unter einer Inversen nichts anderes als eine Umkehrfunktion verstanden. Etwas technischer ausgedrückt: Wenn für eine Matrix **Y**

$$Y * Y^{-1} = Y^{-1} * Y = E$$

erfüllt ist, heißt Y^{-1} die Inverse zu Matrix **Y**, wobei **E** eine Einheitsmatrix bezeichnet und die Reihenfolge der Multiplikation (**Y** mit Y^{-1} oder Y^{-1} mit **Y**) gleichgültig ist. Die Analogie der Inversen zu einer Umkehrfunktion wird am besten anhand eines kleinen Beispiels deutlich: Wenn 2 mit ½ multipliziert wird, ergibt sich eins. In diesem Fall ist ½ $(= 2^{-1})$ die Umkehrfunktion von 2. Die Inverse einer Matrix wird häufig benötigt, wenn eine Matrix durch eine andere dividiert werden soll, da Matrizen nicht einfach dividiert werden können, sondern eine Matrix mit der Inversen der anderen multipliziert werden muss – so auch bei der Herleitung von Gl. 16.14.

In Gl. 16.14 entspricht der Ausdruck $(E - B)^{-1}$ der *Multiplikatormatrix* (auch *Leontief Inverse Matrix* oder *Leontief-Multiplikator* genannt, vgl. Leontief 1986, S. 24 f), auf die später noch mehrmals zurückgegriffen wird. Unter ihrer Zuhilfenahme lässt sich berechnen, wie sich die Gesamtproduktion verändert, wenn es in einer Branche zu Änderungen der Nachfrage kommt. Auf jeden Fall wird bei einem Nachfrageanstieg die Produktion in der betreffenden Branche zunehmen. Zusätzlich wird aber auch die Produktion in anderen Branchen ansteigen, da diese nun mehr Zwischenprodukte an die Branche mit der gestiegenen Nachfrage liefern können. Somit wird der gesamte Anstieg der Produktion in der betrachteten Volkswirtschaft über den ursprünglichen Nachfrageanstieg hinausgehen.

Ein Beispiel soll dies verdeutlichen: Wenn die Nachfrage nach Bier steigt, so nimmt auch die Nachfrage nach Gütern anderer Branchen zu, beispielsweise nach landwirtschaftlichen Produkten wie Malz, Hopfen und Hefe, nach Gütern des Verarbeitenden Gewerbes (wie etwa Sudkessel), nach Energie und Wasser, nach Leistungen der Branche Verkehr und Nachrichtenübermittlung zum Transport des Biers von der Brauerei zu Einzelhändlern usw. Kurz gesagt, der gesamtwirtschaftliche Nachfrageanstieg ist höher als der ursprüngliche Anstieg der Nachfrage nach Bier. Die Zulieferbranchen benötigen aufgrund der Mehrproduktion ihrerseits zusätzliche Zwischengüter aus verschiedenen Branchen. Daher kommt es abermals zu einem Anstieg der Produktion – sozusagen in den Zulieferbranchen der Zulieferbranchen von Brauereien. Dies lässt sich formal darstellen, indem der Ausdruck $(\mathbf{E} - \mathbf{B})^{-1}$ für die Multiplikatormatrix in Gl. 16.14 folgendermaßen aufgelöst wird:

$$X = \left(\boldsymbol{E} + \boldsymbol{B} + \boldsymbol{B}^2 + \boldsymbol{B}^3 + \ldots\right)\boldsymbol{f}. \tag{16.15}$$

Gleichung 16.15 zeigt eine Reihe, die gegen $(\mathbf{E} - \mathbf{B})^{-1}\mathbf{f}$ konvergiert. So lässt sich der Zusammenhang zwischen Gl. 16.15 und 16.14 erklären. Im obigen Beispiel haben wir von einer Veränderung der Nachfrage gesprochen. Hier ist allerdings Vorsicht geboten, denn die Multiplikatormatrix wird typischerweise in absoluten Kategorien ausgewiesen, so auch in Gl. 16.15. Jedoch wirken sich Veränderungen der Nachfrage auf $\mathbf{X}$ einfach wie ein Anstieg oder Rückgang des Niveaus von $\mathbf{f}$ aus. Deshalb sind die statische und die dynamische Argumentation als analog zu verstehen. Die dynamische Argumentation ist allerdings etwas anschaulicher, weshalb wir Gl. 16.15 in Differenzen darstellen wollen:

$$\Delta X = \left(\boldsymbol{E} + \boldsymbol{B} + \boldsymbol{B}^2 + \boldsymbol{B}^3 + \ldots\right)\Delta \boldsymbol{f}. \tag{16.16}$$

In Gl. 16.16 entspricht nun $\Delta\mathbf{f}$ der Veränderung der Finalgüternachfrage und $\Delta\mathbf{X}$ der daraus resultierenden Veränderung der Gesamtproduktion. In Gl. 16.15 bzw. Gl. 16.16 werden die einzelnen so genannten *Multiplikatorrunden*, die wir oben verbal beschrieben haben, deutlich: Ausgangspunkt ist der Nachfrageanstieg nach einem Gut – etwa Bier, um an das obige Beispiel anzuschließen. Der ursprüngliche Effekt auf die Gesamtproduktion entspricht der Einheitsmatrix $\mathbf{E}$, multipliziert mit dem Nachfrageanstieg $\Delta\mathbf{f}$, also $\Delta\mathbf{f}$ (weil $\mathbf{E} * \Delta\mathbf{f} = \Delta\mathbf{f}$). Das heißt, die Bierproduktion steigt im Ausmaß des Nachfrageanstiegs. Die Brauereien benötigen in der Folge aber mehr Zwischenprodukte, wie etwa Zutaten und Maschinen zur Herstellung von Bier, aus anderen Branchen. Daher steigt die Nachfrage nach diesen Zwischenprodukten an: In der ersten

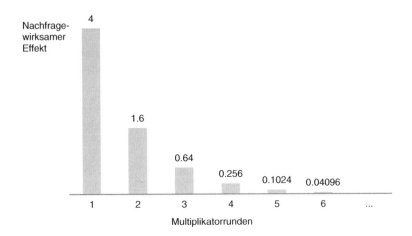

Abb. 16.3 Darstellung eines Multiplikatorprozesses

Multiplikatorrunde steigt sie um **BΔf**, wobei **B** die Matrix der technischen Inputkoeffizienten ist und **Δf** die Veränderung der Endproduktnachfrage.

Da diejenigen Branchen, die Zwischenprodukte an die Brauereien liefern, mehr produzieren, steigt im nächsten Schritt auch deren Nachfrage nach Zwischengütern für ihre eigene Produktion im Ausmaß von **B²Δf**, was in der zweiten Multiplikatorrunde Ausdruck findet. Der Term **B²Δf** lässt sich ebenso als **B** ∗ **BΔf** schreiben, woraus sein ökonomischer Hintergrund leichter deutlich wird: Die erste Multiplikatorrunde brachte einen Nachfrageanstieg in Höhe von **BΔf** hervor. Aufgrund dessen erhöht sich die Nachfrage in der zweiten Runde um das Ausmaß des Impulses **BΔf** aus der ersten Runde, multipliziert mit dem Faktor **B** – also insgesamt um **B** ∗ **BΔf**. Dieser Prozess läuft über unendlich viele Runden. Mit zunehmender Anzahl an Multiplikatorrunden wird der Effekt aber geringer, sofern die Elemente von **B** kleiner als eins sind. Dies ist im vorliegenden Fall erfüllt, da die technischen Inputkoeffizienten Anteile der Zwischenprodukte an der Gesamtproduktion angeben und somit für gewöhnlich kleiner als eins sind.

Angenommen, der Wert der Nachfrage nach Bier erhöht sich um 10 € und der Anteil von Zwischenprodukten des Brauereisektors an der Produktion in allen anderen Branchen beträgt konstant 0,4. (Diese Annahme treffen wir, um den Multiplikatorprozess möglichst einfach grafisch darstellen zu können.) Der Ausgangseffekt entspricht der Nachfrageerhöhung selbst, nämlich 10. In der ersten Multiplikatorrunde sinkt der Effekt auf $0{,}4 * 10 = 4$, in der zweiten auf $0{,}4^2 * 10 = 1{,}6$ und so weiter. Das heißt, der Nachfrageanstieg in Höhe von 10 € induziert in der ersten Multiplikatorrunde eine zusätzliche Nachfrage im Wert von 4 €, in der zweiten von 1,6 € und so weiter. Dieser Prozess ist in Abb. 16.3 grafisch dargestellt.

Zur Durchführung einer Input–Output-Analyse sind Daten in Form einer Input–Output-Tabelle erforderlich. Solche Tabellen werden zum Beispiel vom Statistischen

Bundesamt Deutschland regelmäßig erstellt und veröffentlicht. Im Folgenden sind jedoch nicht nationale, sondern regionale Input–Output-Tabellen von Interesse, um die Input–Output-Analyse auf das Thema dieses Buchs anzuwenden – die Regional- und Stadtökonomik. Da die Input–Output-Rechnung von der amtlichen Statistik nicht auf regionaler Ebene durchgeführt wird, müssen alternative Methoden angewandt werden, um regionale Input–Output-Tabellen zu erstellen. Einige der am häufigsten verwendeten Methoden zur Konstruktion regionaler Input–Output-Tabellen beschreiben wir im nachfolgenden Kapitel kurz. Anschließend verwenden wir eine dieser Methoden, um die Erstellung einer regionalen Tabelle anhand eines Beispiels zu illustrieren und wenden uns danach einer Diskussion über die Aussagekraft von Input–Output-Analysen für regionale Entscheidungsträger zu.

16.4 Regionale Input–Output-Tabellen

16.4.1 Verfahren zur Erstellung regionaler Input–Output-Tabellen

Es gibt zahlreiche Methoden zur Konstruktion regionaler Input–Output-Tabellen. Die folgenden Ausführungen orientieren sich, soweit nicht anders angegeben, an Hewings (1985, S. 46 ff) und Hewings und Jensen (1986, S. 307 ff). Im Wesentlichen kann zwischen umfragebasierten und nicht umfragebasierten Verfahren sowie diversen Mischformen unterschieden werden. Erstere beruhen auf Informationen aus Unternehmensbefragungen. Hierbei wird erhoben, aus welchen Branchen diese Unternehmen Vorleistungen beziehen und an welche Branchen sie selbst Zwischenprodukte liefern. Zudem wird dabei zwischen intra- und interregionalem Handel unterschieden. Aus den erhobenen Daten kann dann eine regionale Input–Output-Tabelle erstellt werden.

Häufig fehlen allerdings die finanziellen Ressourcen zur Durchführung einer Unternehmensbefragung oder die Analyse unterliegt zeitlichen Restriktionen. Deshalb wurden Alternativen, zum Beispiel nicht umfragebasierte Verfahren, entwickelt. Dabei werden regionale Input–Output-Tabellen von nationalen Tabellen abgeleitet. Da zumeist nur spärliche Informationen bezüglich der regionalen Produktionstechnologie (Alter des Kapitalstocks, Technologieunterschiede etc.) verfügbar sind, wird davon ausgegangen, dass die Produktionstechnologie der einzelnen Sektoren auf regionaler Ebene der auf nationaler Ebene gleicht. Bundesweit betrachtet bezieht zum Beispiel die Landwirtschaftsbranche (AB) Zwischenprodukte im Wert von 11.880 Mio. € aus dem Verarbeitenden Gewerbe (D) (s. Abb. 16.2). Folglich kauft die Landwirtschaftsbranche in einer einzelnen Region nur einen Bruchteil x dieser Zwischenprodukte, nämlich $x * 11.800$ Mio. €. Die Schwierigkeit besteht darin, den Anteil x zu bestimmen. Dieser könnte etwa das Verhältnis der Bevölkerung in der Region zur Bevölkerung Deutschlands sein.

Eine allgemein gebräuchliche Möglichkeit besteht darin, für x Standortquotienten einzusetzen. Damit geht aber eine Reihe von problematischen Prämissen einher, wie zum Beispiel einschränkende Annahmen in Bezug auf den interregionalen Handel: Bei dieser Methode wird berücksichtigt, dass Regionen mehr Güter von solchen Branchen importieren, die vor Ort vergleichsweise schwach vertreten sind, also deren Standortquotient kleiner als eins ist. Geht man davon aus, dass alle Regionen mit der gleichen Technologie produzieren, benötigen sie auch alle gleich hohe Anteile an den verschiedenen Zwischengütern. Wenn nun aber einige Branchen in einer Region unterdurchschnittlich stark vertreten sind, besteht ein örtliches Defizit an bestimmten Zwischenprodukten, die folglich importiert werden müssen; so weit, so gut. Allerdings wird dabei nicht berücksichtigt, dass Regionen auch Zwischenprodukte von überdurchschnittlich stark vertretenen Branchen (mit Standortquotienten größer als eins) exportieren und sogar importieren. Der Export von Überschüssen erscheint in einem solchen Fall schlüssig, genauerer Erklärung bedürfen jedoch die Importe: Aufgrund von heterogenen Produkten kann es trotz eines Angebotsüberschusses einer Branche in einer Region zu Importen kommen – nämlich von solchen Gütervarietäten, die vor Ort nicht hergestellt werden.

Demzufolge kommt es zu einer Untererfassung des Handels zwischen Regionen. Selbst wenn zum Beispiel das Verarbeitende Gewerbe in einer Region prominent vertreten ist, wird vermutlich nur ein kleiner Ausschnitt aus der breiten Güterpalette dieser Branche in der Region produziert. Die übrigen Güter dieser Branche müssen importiert werden. Je kleiner eine Region ist, umso geringer ist die Vielfalt der Produkte einer Branche und umso höher sind die Importe, während der Überschuss der eigenen Erzeugnisse exportiert wird. Genau das wird aber bei der Anwendung herkömmlicher Standortquotienten nicht berücksichtigt, weshalb es mittlerweile zahlreiche Abwandlungen dieses Maßes gibt, welche diesen Mangel beheben sollen. (Siehe Hewings (1985, S. 47 ff), Flegg et al. (1995) und Tohmo (2004, S. 44 f) für weitere Details.) Nichtsdestotrotz stellt die Verwendung von Standortquotienten eine häufig herangezogene, einfache Möglichkeit zur Konstruktion regionaler Input–Output-Tabellen dar.

Neben umfragebasierten und nicht umfragebasierten Verfahren werden häufig auch teilweise umfragebasierte Verfahren verwendet. Die so generierten Tabellen sind meist präziser als nicht umfragebasierte Analysen und zugleich weniger kostenintensiv und zeitaufwändig als umfragebasierte Tabellen.

Zur Illustration der Erstellung einer regionalen Input–Output-Tabelle anhand eines Beispiels verwenden wir eine nicht umfragebasierte, also *derivative*, Technik. Dabei wird die regionale Tabelle von einer nationalen abgeleitet. Wir haben uns für diese Vorgehensweise entschieden, um das Konzept der Input–Output-Analyse möglichst einfach nachvollziehbar darzustellen und eine Anleitung zur selbständigen Durchführung dieser Analyse mit leicht zugänglichen Daten zu bieten.

16.4.2 Beispiel zur Konstruktion einer regionalen Input–Output-Tabelle

Aus der nationalen Input–Output-Tabelle für Deutschland im Jahr 2007 in Abb. 16.2 soll eine regionale Tabelle für die Stadt Emden erstellt werden. Folglich müssen alle Zellen

Tab. 16.2 Sektorale Beschäftigung in Emden und Deutschland

–	Beschäftigte (in 1.000)		Anteil Emden/
Branche	Emden	Deutschland	Deutschland
AB	105	314.311	0,000334
C	34	103.147	0,000330
D	11.962	6.693.391	0,001787
E	199	259.158	0,000768
F	1.175	1.541.573	0,000762
G	2.359	3.941.848	0,000598
H	340	781.078	0,000435
I	2.056	1.553.590	0,001323
J	429	981.094	0,000437
K	3.554	3.627.617	0,000980
L	1.405	1.640.689	0,000856
MNOP	3.669	5.384.790	0,000681
Σ	27.281	26.822.286	0,001017

Quelle eigene Darstellung nach Statistische Ämter des Bundes und der Länder (2010)

der Zwischenproduktmatrix Deutschlands mit einem Gewichtungsfaktor x multipliziert werden, um die entsprechenden Werte für Emden anzunähern. Wir folgen dabei der Vorgehensweise von Kronenberg (2007). Als Gewichtungsfaktor wählen wir den Anteil der regionalen Beschäftigung in einer Branche an der nationalen Beschäftigung dieser Branche (Anteil Emden/Deutschland). Diese Berechnung ist in Tab. 16.2 dargestellt.

Der Gewichtungsfaktor x kann aus der Spalte *Anteil Emden/Deutschland* in Tab. 16.2 abgelesen werden. So arbeiten beispielsweise 0,1323 % aller deutschlandweit in Branchengruppe I (Verkehr und Nachrichtenübermittlung) Beschäftigten in Emden. Daher ist Spalte I der nationalen Zwischenproduktmatrix in Abb. 16.2 mit dem Faktor 0,001323 zu multiplizieren, woraus sich Spalte I der regionalen Zwischenproduktmatrix für Emden in Abb. 16.4 ergibt. Die Logik dahinter ist folgende: Wenn die Branche Verkehr und Nachrichtenübermittlung in Emden nur 0,001323 Mal so groß ist wie in Deutschland, kauft sie annahmegemäß auch nur Zwischenprodukte im Wert von 0,001323 Mal dem Wert für Deutschland von anderen Branchen in der Region zu. Auch $\Sigma 1$, Gütersteuern abzüglich Gütersubventionen, $\Sigma 2$, die Komponenten der Bruttowertschöpfung sowie der Produktionswert lassen sich durch Multiplikation mit dem jeweiligen branchenspezifischen Gewichtungsfaktor (im Fall von Branche I mit gerundet 0,001323) für Emden ermitteln. $\Sigma 4$ ergibt sich aus der Summierung der Spalten AB bis MNOP.

Aus der Summenzeile in Tab. 16.2 ist abzulesen, dass der branchenunabhängige Anteil Emdens an der Beschäftigung Deutschlands 0,1017 % beträgt. Folglich wird davon ausgegangen, dass die inländische Nachfrage nach Endprodukten jeder Branche in Emden 0,1017 % der Nachfrage im gesamten Bundesgebiet beträgt. Die Spalten der nationalen

		Zukäufe													Finalgüternachfrage			Gesamt-
		AB	C	D	E	F	G	H	I	J	K	L	MNOP	Σ 4	Inland	Exporte	Σ 5	prod.
Verkäufe	AB	3	0	65	0	0	0	0	0	0	1	1	1	70	24	7	30	101
	C	0	1	102	7	1	0	0	0	0	0	0	0	113	12	3	15	128
	D	4	1	1.512	6	47	12	5	35	1	13	10	19	1.665	492	2.098	2.591	4.255
	E	0	0	46	19	0	3	0	3	0	2	1	4	79	35	6	41	120
	F	0	0	8	1	8	1	0	2	0	20	3	3	46	171	0	171	216
	G	1	0	116	1	9	10	2	10	0	2	2	7	159	238	4	242	401
	H	0	0	2	0	0	1	0	2	0	1	1	1	7	64	4	68	74
	I	0	0	78	2	1	28	0	118	1	5	4	4	242	79	114	194	436
	J	0	0	27	1	3	4	1	8	31	21	3	5	104	80	8	88	192
	K	2	1	276	5	22	37	3	39	20	136	12	23	576	291	41	332	907
	L	0	0	7	3	1	0	0	1	0	3	2	1	19	166	1	167	186
	MNOP	0	0	30	0	1	4	1	4	1	21	5	31	99	422	1	423	522
	Σ 1	12	4	2.269	48	92	99	12	222	54	224	43	99					
	Güter T-S	0	0	20	1	1	2	1	9	4	6	7	10					
	Σ 2	12	4	2.288	49	93	101	13	231	58	230	50	109					
BWS	Arbeitnehmer	3	2	548	11	41	95	11	87	24	152	88	158					
	Staat	-2	-1	17	1	1	6	0	2	2	14	0	-4					
	Kapitaleigner	6	1	272	21	28	43	6	70	11	409	18	89					
	Σ 3	7	2	837	33	69	144	17	159	36	575	106	243					
Prod.wert		19	6	3.125	82	162	245	30	390	94	805	156	353					
Importe		82	122	1.130	38	54	155	45	46	98	102	30	169					
Gesamtprod.		101	128	4.255	120	216	401	74	436	192	907	186	522					

Abb. 16.4 Regionale Input–Output-Tabelle für Emden. Nach Daten des Statistischen Bundesamts (2007)

Input–Output-Tabelle, welche die inländische Nachfrage nach Finalgütern angeben, ergeben mit 0,001017 multipliziert die jeweiligen Werte für Emden. So entspricht die inländische Nachfrage nach Endprodukten der Landwirtschaftsbranche (AB) in Emden gerundet 24 ($\approx$ 23.109 $\ast$ 0,001017). Somit können die gesamte Zwischenproduktmatrix und Teile der wertschöpfungs- und nachfrageorientierten Matrizen der regionalen Input–Output-Tabelle in Abb. 16.4 bereits mit Daten gefüllt werden.

Schwierigkeiten entstehen hingegen bei der Berechnung der Importe und Exporte, die wiederum für die Bestimmung der Nachfrage nach Endprodukten und der Gesamtproduktion notwendig sind. In der nationalen Tabelle erfassen Importe und Exporte Transaktionen mit dem Ausland, während sie in der regionalen Tabelle Kennzahlen für den Handel sowohl mit dem Ausland als auch mit anderen inländischen Regionen sind. Es spielt keine Rolle, aus welcher Region Exporte bezogen werden, bzw. wohin Importe verkauft werden – entscheidend ist lediglich, dass der Handel interregional ist. Die Importe und Exporte in der regionalen Tabelle sind also im Gegensatz zur nationalen Tabelle nicht nur auf Transaktionen mit dem Ausland beschränkt, sondern berücksichtigen auch den Handel mit anderen inländischen Regionen. Somit werden die Positionen *Importe* und *Exporte* in der nationalen Input–Output-Analyse anders definiert als in der regionalen. Deshalb ist es nicht möglich, die regionalen Importe und Exporte durch Multiplikation der nationalen Werte mit einem Gewichtungsfaktor zu berechnen, wie dies zum Beispiel für die Zwischenproduktmatrix möglich ist (s.o.).

Eine mögliche Lösung dieses Problems wird in Kronenberg (2007) vorgestellt. Zunächst werden die Gründe dafür, dass Regionen miteinander handeln, auf zwei Hauptursachen zurückgeführt: regionale Angebots- oder Nachfrageüberschüsse und intraindustriellen Handel. Regionale Angebots- oder Nachfrageüberschüsse bewirken interindustriellen Handel: Hat eine Region zu wenig von den Gütern einer Branche, importiert sie diese, während sie Güter einer anderen Branche, über die sie über den eigenen Bedarf hinaus verfügt, exportiert. So wird die Differenz zwischen regionaler Produktion und regionalem Konsum ausgeglichen. Insbesondere im vorliegenden Beispiel, das mit nur zwölf Sektoren eine hohe Aggregationsebene aufweist, dürfte jedoch der intraindustrielle Handel von großer Bedeutung sein und muss daher ebenfalls berücksichtigt werden. Daraus ergibt sich folgende Beziehung:

$$HV = |HB| + IH. \tag{16.17}$$

Das Handelsvolumen HV entspricht dem Betrag der Handelsbilanz HB plus dem Ausmaß des intraindustriellen Handels IH. Die Handelsbilanz ist dabei als Exporte E abzüglich Importe M definiert (s. Gl. 16.19) und kann folglich negativ sein. Deshalb wird in Gl. 16.17 der Betrag dieser Differenz genommen. Bei dieser Definition der Handelsbilanz fällt allerdings der intraindustrielle Handel durch das Raster: Bei Letzterem tauschen Regionen Güter einer Branche von bestimmtem Wert gegen andere Güter dieser Branche im selben Wert. Das Volumen des intraindustriellen Handels steckt somit sowohl in den Exporten als auch in den Importen, weshalb es bei der Berechnung der Handelsbilanz herausfällt. Aus diesem Grund muss der intraindustrielle Handel separat erfasst und zur Handelsbilanz addiert werden, um das gesamte Handelsvolumen einer Region zu erhalten. Da der ausgehende und der eingehende Strom an Gütern dabei den gleichen Wert haben, muss keine (absolute) Differenz gebildet werden, sondern das Volumen des intraindustriellen Handels kann einfach zur absoluten Handelsbilanz addiert werden.

Das gesamte Handelsvolumen ist schließlich definiert als Summe von Exporten E und Importen M (s. Gl. 16.18):

$$HV = E + M \tag{16.18}$$

$$HB = E - M \tag{16.19}$$

Umformen von Gl. 16.18 und 16.19 ergibt

$$E = HV - M \text{ und} \tag{16.20}$$

$$M = E - HB, \tag{16.21}$$

zwei Gleichungen, die wir weiter unten noch brauchen werden.

Aus dem Einsetzen von Gl. 16.21 in 16.20 folgt

$$E = \frac{HV + HB}{2}. \tag{16.22}$$

Analog ergibt sich Gl. 16.23 durch Einsetzen von Gl. 16.20 in 16.21:

$$M = \frac{HV - HB}{2}. \tag{16.23}$$

Herleitung von Gl. 16.22
Aus dem Einsetzen von Gl. 16.21 in 16.20 ergibt sich

$$E = HV - (E - HB)$$

$$E = HV - E + HB$$

$$2E = HV + HB$$

und somit der Ausdruck in Gl. 16.22: $E = \frac{HV+HB}{2}$.

Die Handelsbilanz HB muss der Differenz zwischen regionaler Produktion und regionaler Nachfrage entsprechen. Die regionale Produktion wurde bereits durch die Multiplikation der nationalen Werte mit den regionalen Beschäftigungsanteilen als Gewichtungsfaktor ermittelt und kann aus der Zeile *Prod.wert* in Abb. 16.4 abgelesen werden. Diese Werte werden zur Verbesserung der Darstellung in die erste Spalte von Tab. 16.3 übertragen. Die regionale Nachfrage setzt sich aus der Nachfrage nach regionalen Zwischen- und Endprodukten zusammen, die ebenso von Abb. 16.4 in Tab. 16.3 übertragen werden. Letztere kann nun um die Handelsbilanz, die der Differenz aus regionaler Produktion und regionalem Konsum entspricht, ergänzt werden. Für Branche AB zum Beispiel ergibt sich die Handelsbilanz aus $19-70-24 = -75$.

Tab. 16.3 Regionale Handelstabelle der Stadt Emden

–	Regionale Produktion	Regionale Nachfrage (ohne Exporte)		Handels-bilanz	ε	Handels-volumen	Exporte	Importe
Branche	Produk-tionswert	Zwischen-produkte	Endpro-dukte					
AB	19	70	24	−75	0,1170	88	7	82
C	6	113	12	−119	0,0504	126	3	122
D	3.125	1.665	492	969	0,4278	3.228	2.098	1.130
E	82	79	35	−32	0,0641	44	6	38
F	162	46	171	−54	0,0008	54	0	54
G	245	159	238	−152	0,0121	159	4	155
H	30	7	64	−41	0,0698	48	4	45
I	390	242	79	68	0,1294	160	114	46
J	94	104	80	−89	0,0605	106	8	98
K	805	576	291	−61	0,0490	143	41	102
L	156	19	166	−29	0,0047	31	1	30
MNOP	353	99	422	−168	0,0025	170	1	169
Σ	5.466	3.178	2.073	216	–	4.359	2.287	2.072

Quelle eigene Darstellung nach Statistisches Bundesamt (2007)

Die Berechnung von Handelsvolumen, Exporten und Importen erweist sich als etwas komplexer. Beginnen wir mit der Bestimmung des Handelsvolumens. Dieses entspricht der Summe aus dem Betrag der Handelsbilanz und dem intraindustriellen Handel (s. Gl. 16.17). Die Handelsbilanz wurde in Tab. 16.3 bereits bestimmt, es fehlt aber noch eine Schätzung für das Ausmaß des intraindustriellen Handels. Diese Form des Handels tritt nur dann auf, wenn die Produkte einer Branche zu einem gewissen Grad heterogen sind. Wie auch Kronenberg (2007), treffen wir die Annahme, dass das Ausmaß des intraindustriellen Handels *IH* von der Summe aus regionaler Produktion und regionaler Nachfrage sowie dem Parameter ε abhängt. ε ist ein Maß für die Verschiedenartigkeit der Produkte eines Sektors. Je unterschiedlicher die Güter einer Branche sind, desto eher ist davon auszugehen, dass jede Region nur einen Ausschnitt aus dieser Güterpalette produziert. Die in einer Region nicht verfügbaren Varianten von Gütern werden daher importiert, während die Region ihre eigenen Produkte exportiert. Je größer die Summe aus regionaler Produktion und Nachfrage ist, umso größer sind die Auswirkungen des Parameters ε auf das Ausmaß des intraindustriellen Handels.

$$IH = \varepsilon * (regionale\ Produktion + regionale\ Nachfrage) \qquad (16.24)$$

Die Heterogenität der Produkte einer bestimmten Branche wird wiederum auf nationaler Ebene bestimmt und weicht annahmegemäß regional nicht von den gesamtdeutschen Werten ab. Deshalb leiten wir im Folgenden ε für Gesamtdeutschland her und

Tab. 16.4 Hilfstabelle zur Berechnung von ε aus nationalen Werten

–	Regionale Produktion	Regionale Nachfrage (ohne Exporte)		Exporte	Importe	Handels-bilanz	Handels-volumen	ε
Branche	Produk-tionswert	Zwischen-produkte	End-produkte					
AB	56.385	48.766	23.109	7.504	22.994	−15.490	30.498	0,1170
C	17.085	72.918	11.746	2.566	70.145	−67.579	72.711	0,0504
D	1.748.787	1.042.145	483.895	923.212	700.465	222.747	1.623.677	0,4278
E	106.750	70.237	33.995	9.275	6.757	2.518	16.032	0,0641
F	212.734	48.170	167.748	169	3.353	−3.184	3.522	0,0008
G	409.574	122.984	233.815	57.428	4.653	52.775	62.081	0,0121
H	68.259	6.360	63.150	4.811	6.062	−1.251	10.873	0,0698
I	294.544	204.746	78.038	49.103	37.343	11.760	86.446	0,1294
J	215.181	138.371	78.317	13.066	14.573	−1.507	27.639	0,0605
K	821.833	529.045	286.050	46.806	40.068	6.738	86.874	0,0490
L	181.970	18.834	162.955	1.036	855	181	1.891	0,0047
MNOP	517.517	106.020	414.975	1.324	4.802	−3.478	6.126	0,0025
Σ	4.650.619	2.408.596	2.037.793	1.116.300	912.070	204.230	2.028.370	–

Quelle eigene Darstellung nach Statistisches Bundesamt (2007)

übertragen es dann in unsere Tabelle für Emden. Durch Übertragung der entsprechenden Werte aus Abb. 16.2 ergibt sich Tab. 16.4. Die inländische Nachfrage nach Zwischenprodukten korrespondiert hier zur Spalte Σ4 und Handelsbilanz und -volumen können mithilfe von Gl. 16.19 und 16.18 berechnet werden.

Zur Bestimmung des Parameters ε, der von eigentlichem Interesse ist, wird Gl. 16.24 in 16.17 eingesetzt:

$$HV = |HB| + \varepsilon * (\text{inländische Produktion} + \text{inländische Nachfrage}) \quad (16.25)$$

und dieser Ausdruck nach ε umgeformt:

$$\varepsilon = \frac{HV - |HB|}{\text{inländische Produktion} + \text{inländische Nachfrage}}. \quad (16.26)$$

Hierbei ist zu beachten, dass Gl. 16.25 und 16.26 nicht regionale Produktion und Nachfrage, sondern *inländische* Produktion und Nachfrage beinhalten, da die Berechnung von ε für Deutschland erfolgt. Mit Hilfe von Gl. 16.26 kann nun die letzte Spalte von Tab. 16.4 berechnet und anschließend in Tab. 16.3 übertragen werden. Nun können wir Tab. 16.3 vervollständigen: Das regionale Handelsvolumen der Stadt Emden lässt sich berechnen, indem in Gl. 16.25 regionale Produktion und regionaler Konsum eingesetzt werden. Aus Gl. 16.22 und 16.23 ergeben sich die beiden letzten Spalten der regionalen

Handelstabelle, welche in die regionale Input–Output-Tabelle in Abb. 16.4 übertragen werden. Somit können die gesamte Nachfrage nach Endprodukten und die Gesamtproduktion von Emden berechnet werden. Damit lassen sich die restlichen Zellen der wertschöpfungs- und nachfrageorientierten Matrizen füllen und die regionale Input–Output-Tabelle ist nun vollständig.

Aus der regionalen Handelstabelle in Tab. 16.3 wird ersichtlich, dass Emden Güter der Branchengruppe Land- und Forstwirtschaft, Fischerei und Fischzucht (AB) im Wert von lediglich 7 Mio. € exportiert, aber gleichzeitig im Wert von 82 Mio. € importiert. Dies ist nicht überraschend, da eine Stadt wenige Ressourcen zur Produktion dieser Güter hat und daher einen Großteil ihres Bedarfs durch Importe decken muss. Deshalb ist die Handelsbilanz der genannten Branche negativ. Die bei Weitem höchste positive Handelsbilanz und das größte Handelsvolumen weist das Verarbeitende Gewerbe (D) auf. Ein Blick auf das Handelsvolumen (hoch) und die Handelsbilanz (gering) dieser Branche zeigt, dass der intraindustrielle Handel besonders stark ausgeprägt ist (die Differenz zwischen Handelsvolumen und Handelsbilanz ist groß), obwohl die Gesamtproduktion von Gütern des Verarbeitenden Gewerbes in Emden hoch ist. Güter des Verarbeitenden Gewerbes sind typischerweise stark heterogen. Aufgrund der hier gewählten hohen Aggregationsebene in Bezug auf die Einteilung der Branchen kommt es so zu starkem intrasektoralem Handel, da Emden vermutlich nur einen kleinen Ausschnitt aus der breiten Güterpalette dieser Branchen produziert. Diese lokal hergestellten Produkte werden zwar exportiert, aber andere Güter des Verarbeitenden Gewerbes, die nicht in Emden hergestellt werden, müssen importiert werden.

Die Input–Output-Analyse ist ein in der Regionalforschung vielseitig anwendbares Instrument. Mithilfe von Input–Output-Tabellen können zum Beispiel die Auswirkungen von Multiplikatoreffekten infolge einer Veränderung der Nachfrage nach den Erzeugnissen einer Branche und den daraus resultierenden Veränderungen von Einkommen und Beschäftigung bestimmt werden. Zudem lassen sich Aussagen über den Bedarf an Zwischenprodukten zur Befriedigung einer gegebenen Nachfrage nach Endprodukten treffen.

Darüber hinaus kann die Input–Output-Analyse unterstützend zur Identifizierung von (vertikalen) Clustern verwendet werden, da mit diesem Instrument Verflechtungen zwischen Branchen, die miteinander entlang einer Wertschöpfungskette verbunden sind, ans Licht gebracht werden können. Für viele dieser Anwendungsmöglichkeiten ist die Bestimmung der Multiplikatormatrix (s.o.) notwendig. Bevor wir detaillierter auf die Anwendungsmöglichkeiten von Input–Output-Analysen eingehen, stellen wir die Vorgehensweise zur Bestimmung der Multiplikatormatrix dar. Sowohl das Aufstellen der Multiplikatormatrix als auch die Berechnung diverser Multiplikatoreffekte etc. wird hier nur für die Stadt Emden beispielhaft dargestellt, die Berechnung für Deutschland erfolgt jedoch analog. Sämtliche „Zwischenergebnisse" hierfür können im Anhang nachgeschlagen werden.

16.5   Die Multiplikatormatrix

Die Multiplikatormatrix hat die Form $(\mathbf{E} - \mathbf{B})^{-1}$ (s.o.). $\mathbf{B}$ ist die Matrix der technischen Inputkoeffizienten, die in Tab. 16.5 dargestellt ist und die wir ab jetzt als *Inputkoeffizienten-Matrix* bezeichnen wollen. Sie ergibt sich aus der spaltenweisen Division der Elemente der Zwischenproduktmatrix durch die jeweilge Gesamtproduktion einer Branche in der Input–Output-Tabelle von Emden in Abb. 16.4. So entspricht beispielsweise Zelle [AB,K] der Tab. 16.5 dem Wert $2/101 = 0{,}024$. Dies bedeutet, dass Branche AB 2,4 % ihrer Zwischengüter aus Branche K bezieht.

Die in Tab. 16.5 dargestellte Inputkoeffizienten-Matrix der Stadt Emden $\mathbf{B}$ wird nun von einer 12×12-Einheitsmatrix $\mathbf{E}$ subtrahiert, um $(\mathbf{E} - \mathbf{B})$ zu erhalten. Die Regeln für Matrix-Operationen verlangen, dass die Einheitsmatrix eine 12×12-Matrix ist, da die Zwischenproduktmatrix ebenfalls eine 12×12-Matrix ist – das bedeutet, dass sie sowohl zwölf Spalten als auch zwölf Zeilen hat. Tabelle 16.6 zeigt diese Matrix $(\mathbf{E} - \mathbf{B})$, die durch Subtraktion der Inputkoeffizienten-Matrix von der Einheitsmatrix entsteht.

Wird von der Matrix in Tab. 16.6 nun die Inverse gebildet, erhält man die Multiplikatormatrix $(\mathbf{E} - \mathbf{B})^{-1}$ in Tab. 16.7.

Der Einfachheit halber empfiehlt es sich, diese Berechnung mithilfe einer Statistiksoftware durchzuführen. In STATA beispielsweise lautet die Syntax zur Eingabe der Inputkoeffizienten-Matrix $\mathbf{B}$ folgendermaßen:

$$matrix\, B = (0{,}0293, 0{,}0001, 0{,}0152, \ldots \backslash 0{,}0014, 0{,}0066, 0{,}0240, \ldots 0{,}0254, 0{,}0587)$$

Hierbei ist anzumerken, dass die Software STATA in erster Linie für den angelsächsischen Sprachraum konzipiert wurde, in dem Nachkommastellen von Zahlen mittels eines Punkts abgetrennt werden. Zudem ist zu beachten, dass die einzelnen Matrixelemente in STATA durch ein Komma voneinander getrennt eingeben werden müssen und ein Wechsel in die nächste Zeile einer Matrix mit einem umgekehrten Schrägstrich\ angezeigt wird.

Anschließend wird eine 12×12-Einheitsmatrix $\mathbf{E}$ generiert

$$matrix\, E = I\,(12)$$

und von der Einheitsmatrix die Inputkoeffizienten-Matrix subtrahiert; die resultierende Matrix $(\mathbf{E} - \mathbf{B})$ nennen wir $\mathbf{A}$:

$$matrix\, A = E - B.$$

Im nächsten Schritt muss die Inverse von Matrix $\mathbf{A}$ gebildet werden, die wir $\mathbf{Ainv}$ nennen:

$$matrix\, Ainv = inv\,(A).$$

Matrix $\mathbf{Ainv}$ entspricht nun der in Tab. 16.7 abgebildeten Multiplikatormatrix $(\mathbf{E} - \mathbf{B})^{-1}$. Die Berechnung der Multiplikatormatrix für Deutschland erfolgt analog (s. Tab. 18.5, Tab. 18.6 und Tab. 18.7 im Anhang).

Tab. 16.5 Inputkoeffizienten-Matrix von Emden (**B**)

-	AB	C	D	E	F	G	H	I	J	K	L	MNOP
AB	0,0293	0,0001	0,0152	0,0000	0,0000	0,0000	0,0047	0,0003	0,0000	0,0007	0,0049	0,0013
C	0,0014	0,0066	0,0240	0,0608	0,0054	0,0007	0,0003	0,0002	0,0002	0,0002	0,0025	0,0006
D	0,0395	0,0080	0,3554	0,0512	0,2151	0,0293	0,0642	0,0808	0,0036	0,0147	0,0534	0,0366
E	0,0034	0,0024	0,0109	0,1621	0,0013	0,0063	0,0067	0,0061	0,0016	0,0022	0,0068	0,0067
F	0,0009	0,0005	0,0018	0,0080	0,0348	0,0023	0,0026	0,0056	0,0014	0,0218	0,0135	0,0062
G	0,0105	0,0012	0,0272	0,0098	0,0398	0,0238	0,0211	0,0224	0,0008	0,0024	0,0123	0,0125
H	0,0000	0,0001	0,0005	0,0001	0,0008	0,0013	0,0002	0,0037	0,0007	0,0006	0,0043	0,0011
I	0,0011	0,0021	0,0183	0,0189	0,0049	0,0699	0,0040	0,2706	0,0073	0,0057	0,0191	0,0085
J	0,0032	0,0005	0,0063	0,0098	0,0144	0,0107	0,0072	0,0186	0,1598	0,0226	0,0155	0,0102
K	0,0240	0,0056	0,0649	0,0452	0,1002	0,0921	0,0436	0,0887	0,1018	0,1497	0,0628	0,0449
L	0,0005	0,0004	0,0017	0,0290	0,0037	0,0011	0,0011	0,0018	0,0004	0,0031	0,0133	0,0019
MNOP	0,0029	0,0009	0,0071	0,0040	0,0050	0,0099	0,0102	0,0100	0,0042	0,0237	0,0254	0,0587

Quelle eigene Darstellung nach Statistisches Bundesamt (2007)

Tab. 16.6 Einheitsmatrix minus Inputkoeffizienten-Matrix von Emden ($E – B$)

	AB	C	D	E	F	G	H	I	J	K	L	MNOP
AB	0,9707	−0,0001	−0,0152	0,0000	0,0000	0,0000	−0,0047	−0,0003	0,0000	−0,0007	−0,0049	−0,0013
C	−0,0014	0,9934	−0,0240	−0,0608	−0,0054	−0,0007	−0,0003	−0,0002	−0,0002	−0,0002	−0,0025	−0,0006
D	−0,0395	−0,0080	0,6446	−0,0512	−0,2151	−0,0293	−0,0642	−0,0808	−0,0036	−0,0147	−0,0534	−0,0366
E	−0,0034	−0,0024	−0,0109	0,8379	−0,0013	−0,0063	−0,0067	−0,0061	−0,0016	−0,0022	−0,0068	−0,0067
F	−0,0009	−0,0005	−0,0018	−0,0080	0,9652	−0,0023	−0,0026	−0,0056	−0,0014	−0,0218	−0,0135	−0,0062
G	−0,0105	−0,0012	−0,0272	−0,0098	−0,0398	0,9762	−0,0211	−0,0224	−0,0008	−0,0024	−0,0123	−0,0125
H	0,0000	−0,0001	−0,0005	−0,0001	−0,0013	−0,0013	0,9998	−0,0037	−0,0007	−0,0006	−0,0043	−0,0011
I	−0,0011	−0,0021	−0,0183	−0,0189	−0,0049	−0,0699	−0,0040	0,7294	−0,0073	−0,0057	−0,0191	−0,0085
J	−0,0032	−0,0005	−0,0063	−0,0098	−0,0144	−0,0107	−0,0072	−0,0186	0,8402	−0,0226	−0,0155	−0,0102
K	−0,0240	−0,0056	−0,0649	−0,0452	−0,1002	−0,0921	−0,0436	−0,0887	−0,1018	0,8503	−0,0628	−0,0449
L	−0,0005	−0,0004	−0,0017	−0,0290	−0,0037	−0,0011	−0,0011	−0,0018	−0,0004	−0,0031	0,9867	−0,0019
MNOP	−0,0029	−0,0009	−0,0071	−0,0040	−0,0050	−0,0099	−0,0102	−0,0100	−0,0042	−0,0237	−0,0254	0,9413

Quelle eigene Darstellung nach Statistisches Bundesamt (2007)

Tab. 16.7 Multiplikatormatrix und sektorale Multiplikatoren für Emden $(\mathbf{E} - \mathbf{B})^{-1}$

–	AB	C	D	E	F	G	H	I	J	K	L	MNOP
AB	1,0313	0,0003	0,0247	0,0020	0,0058	0,0012	0,0066	0,0036	0,0004	0,0016	0,0068	0,0026
C	0,0034	1,0072	0,0394	0,0761	0,0149	0,0031	0,0036	0,0058	0,0009	0,0017	0,0058	0,0030
D	0,0669	0,0139	1,5698	0,1116	0,3591	0,0670	0,1077	0,1868	0,0147	0,0409	0,1005	0,0693
E	0,0054	0,0032	0,0219	1,1962	0,0076	0,0099	0,0101	0,0136	0,0031	0,0042	0,0106	0,0099
F	0,0021	0,0008	0,0068	0,0129	1,0410	0,0064	0,0048	0,0127	0,0053	0,0274	0,0171	0,0088
G	0,0134	0,0018	0,0462	0,0174	0,0538	1,0296	0,0256	0,0385	0,0025	0,0060	0,0180	0,0167
H	0,0001	0,0001	0,0012	0,0006	0,0013	0,0019	1,0004	0,0054	0,0010	0,0009	0,0047	0,0014
I	0,0051	0,0036	0,0461	0,0377	0,0233	0,1021	0,0118	1,3819	0,0140	0,0120	0,0326	0,0169
J	0,0059	0,0011	0,0178	0,0192	0,0265	0,0199	0,0122	0,0379	1,1949	0,0337	0,0239	0,0162
K	0,0378	0,0088	0,1359	0,0855	0,1634	0,1321	0,0672	0,1712	0,1473	1,1906	0,0955	0,0690
L	0,0010	0,0006	0,0040	0,0358	0,0054	0,0022	0,0019	0,0039	0,0011	0,0041	1,0145	0,0028
MNOP	0,0049	0,0014	0,0167	0,0099	0,0135	0,0160	0,0139	0,0213	0,0094	0,0309	0,0314	1,0652
Σ	1,1773	1,0429	1,9307	1,6050	1,7155	1,3915	1,2658	1,8825	1,3945	1,3540	1,3614	1,2818

Quelle eigene Darstellung nach Statistisches Bundesamt (2007)

Die Zwischenproduktmatrix gibt lediglich Auskunft über den Wert der Zwischenprodukte und Vorleistungen, die eine Branche aus der eigenen und aus anderen Branchen bezieht, also den so genannten *direkten Bedarf* an Zwischenprodukten. Die Inputkoeffizienten-Matrix $\mathbf{B}$ gibt diese Information in Form von Anteilen an der branchenspezifischen Gesamtproduktion wieder.

Häufig sind jedoch nicht die Verflechtungen verschiedener Sektoren an sich von Interesse, sondern vielmehr die Auswirkungen dieser Interdependenzen auf die Produktionsmenge einer Branche. Zur Analyse dieses Zusammenhangs greifen wir auf die Multiplikatormatrix $(\mathbf{E} - \mathbf{B})^{-1}$ in Tab. 16.7 zurück. Aus ihren Spalten lässt sich der *direkte + indirekte Bedarf* an Zwischenprodukten pro hergestellter Einheit Finalgut ablesen. So muss der von uns betrachtete Wirtschaftsraum Emden zur Bedienung einer Endproduktnachfrage nach Gütern des Verarbeitenden Gewerbes (D) im Ausmaß von einer Einheit beispielsweise 0,0247 Einheiten Output der Landwirtschaftbranche (AB) herstellen. Zusätzlich werden 0,0394 Einheiten Output des Bergbaus (C) und 1,5698 Einheiten Güter des Verarbeitenden Gewerbes (D) selbst etc. benötigt. Betrachtet man die gesamte Spalte D in der Multiplikatormatrix in Tab. 16.7, lassen sich die Beiträge aller Branchen zur Produktion einer Einheit Finalgut des Verarbeitenden Gewerbes ablesen.

Die genannten Beiträge der verschiedenen Branchen zur Herstellung einer Einheit Finalgut des Verarbeitenden Gewerbes gehen als Zwischenprodukte in die Produktion dieser Branche ein. Nun stellt sich aber die Frage, weshalb zum Beispiel das Verarbeitende Gewerbe 1,5698 Einheiten Endprodukte herstellen muss, um eine Nachfrage nach Endprodukten von Gütern derselben Branche in Höhe von lediglich einer Einheit befriedigen zu können. Dies ist der Fall, da der direkte Bedarf an Finalgütern des Verarbeitenden Gewerbes einen indirekten Zusatzbedarf an Gütern dieser Branche erzeugt. Das Verarbeitende Gewerbe benötigt Zwischengüter aus anderen Sektoren, die wiederum Güter des Verarbeitenden Gewerbes als Zwischenprodukte brauchen. Daraus wird abermals der Multiplikatorprozess deutlich.

Die gleiche Argumentation gilt für alle Zellen in der Inputkoeffizienten-Matrix entlang der Diagonalen von links oben nach rechts unten: Jeder Sektor muss mehr als eine Einheit von einem Gut produzieren, um schlussendlich eine Einheit Endproduktnachfrage bedienen zu können, da ein Teil der produzierten Güter an andere Sektoren verkauft und dort als Zwischenprodukt weiterverarbeitet wird. Somit muss die Produktion einer Branche typischerweise größer sein als die Nachfrage nach ihren Endprodukten.

16.6   Multiplikatoreffekte

Die Input–Output-Analyse wird oftmals dazu verwendet, die Auswirkungen verschiedener Projekte auf eine Region zu untersuchen oder Kurswechsel der Politik, die beispielsweise eine Verschiebung von Staatsausgaben für Agrarsubventionen zugunsten der Bundeswehr nach sich ziehen, zu bewerten. Von besonderem Interesse ist dabei, welche Branchen dadurch expandieren bzw. schrumpfen und wie sich Einkommen und

Beschäftigung verändern. Mithilfe der Multiplikatormatrix und der Inputkoeffizienten-Matrix lassen sich branchenspezifische (auch: sektorale) Multiplikatoren sowie Einkommens- und Beschäftigungsmultiplikatoren berechnen, um die genannten Auswirkungen quantifizieren zu können. Allen gemeinsam ist, dass sie die direkten und indirekten Effekte von Veränderungen von Nachfrage, Einkommen oder Beschäftigung in einer Branche auf den betrachteten Wirtschaftsraum angeben. Um eine Vergleichsbasis für die Höhe der regionalen Multiplikatoreffekte zu haben, berechnen wir diese sowohl für Emden allein als auch für Deutschland insgesamt. Im Fließtext dieses Abschnitts beschränken wir uns allerdings auf die Berechnung der regionalen Multiplikatoreffekte. Die nationalen Effekte können analog dazu berechnet werden, die dafür notwendigen „Zwischenergebnisse" finden sich in Tab. 18.7, Tab. 18.8 und Tab. 18.9 im Anhang.

16.6.1 Sektorale Multiplikatoren

Sektorale Multiplikatoren geben Auskunft darüber, wie sich die *Gesamtproduktion* einer Volkswirtschaft (im Gegensatz zu oben, wo wir die Produktion einer einzelnen Branche betrachtet haben) verändert, wenn sich die Nachfrage in einer einzelnen Branche verändert. Bevor wir diese Definition an einem Beispiel verdeutlichen, berechnen wir erst die sektoralen Multiplikatoren und greifen dann ein Beispiel heraus.

Zur Berechnung von sektoralen Multiplikatoren müssen die Spalten der Multiplikatormatrix in Tab. 16.7 summiert werden. Daraus ergeben sich die sektoralen Multiplikatoren für die Stadt Emden, welche aus der untersten Zeile – der Summenzeile – abzulesen sind. Beispielsweise beträgt der Multiplikator für das Baugewerbe (F) gerundet 1,7155. Das heißt, wenn die Nachfrage nach Gütern des Baugewerbes um eine Einheit zunimmt, führt dies zu einem Anstieg der branchenunabhängigen Gesamtproduktion von 1,7155 Einheiten. Wenn die Produktion im Baugewerbe steigt, bezieht diese Branche auch mehr Zwischenprodukte aus der eigenen und anderen Branchen. Dies führt wiederum dazu, dass Letztere ihrerseits mehr Zwischenprodukte nachfragen, um ihre eigene Produktionsmenge erhöhen zu können. Das Resultat ist ein erneuter Anstieg der Nachfrage und so weiter. Dadurch steigt die Produktion einer Volkswirtschaft stärker an, als es dem ursprünglichen Anstieg der Nachfrage in einer Branche entspräche. Dieser Vorgang entspricht einem Multiplikatorprozess.

Der Multiplikator in Höhe von 1,7155 lässt sich auf zwei verschiedene Ursachen zurückführen, die wir implizit gerade genannt haben: Einerseits beinhaltet er den Effekt einer Veränderung der Nachfrage um eine Einheit auf das Baugewerbe selbst. Dies entspricht dem *direkten* Effekt der veränderten Nachfrage, der, wie bereits beschrieben, aus der Hauptdiagonale der Multiplikatormatrix (s. Tab. 16.7) abzulesen ist. In unserem Beispiel mit einem Anstieg der Nachfrage um eine Einheit beträgt der direkte Effekt 1,0410 Einheiten. Die Differenz zwischen dem Gesamteffekt und dem direkten Effekt gibt den *indirekten* Effekt der veränderten Nachfrage an. Dieser umfasst die Auswirkungen der veränderten Nachfragesituation im Baugewerbe auf andere Branchen und entsteht, weil das Baugewerbe aus diesen mehr Zwischengüter nachfragt, um die zusätzliche Nachfrage

Tab. 16.8 Nationale und regionale sektorale Multiplikatoren

–	Deutschland	Emden
AB	1,7737	1,1773
C	1,2071	1,0429
D	1,9425	1,9307
E	1,9495	1,6050
F	1,9931	1,7155
G	1,6752	1,3915
H	1,6602	1,2658
I	1,9144	1,8825
J	1,9346	1,3945
K	1,4178	1,3540
L	1,4694	1,3614
MNOP	1,4548	1,2818
Summe	20,3923	17,4028
Gesamtmultiplikator	1,6994	1,4502

Quelle eigene Darstellung nach Statistisches Bundesamt (2007)

nach seinen Finalgütern decken zu können, und diese Zulieferer ihrerseits mehr Zwischengüter nachfragen etc. Hier beträgt der indirekte Effekt 0,6745 (= 1,7155 − 1,0410), was nichts anderes als einen Anstieg der Produktion um 0,6745 Einheiten in allen Branchen zusammen bedeutet (mit Ausnahme des Baugewerbes). Zusammen ergeben der direkte und indirekte Effekt den regionalen Multiplikator des Baugewerbes.

Die regionalen und nationalen sektoralen Multiplikatoren aller untersuchten Branchen sind in Tab. 16.8 dargestellt. Die Spalten entsprechen dabei den Summenzeilen in der jeweiligen Multiplikatormatrix (also Tab. 16.7 bzw. Tab. 18.7).

Die regionalen Multiplikatoren sind typischerweise kleiner als die nationalen. Um beim obigen Beispiel zu bleiben, beträgt der regionale sektorale Multiplikator für das Baugewerbe 1,7155, während der nationale Multiplikator dieses Sektors den Wert 1,9931 annimmt. Die sektoralen Multiplikatoreffekte entstehen durch den Handel von Branchen mit Vorleistungen und Zwischenprodukten innerhalb des betrachteten Raums. Je kleiner eine Region ist, umso stärker sind vermutlich ihre Handelsverflechtungen mit anderen Regionen bzw. dem Ausland, da sie selbst ihren Bedarf nicht decken kann oder nur eine kleine Auswahl an Gütern herstellt. Die Überschussnachfrage wird dann mit Importen befriedigt. Folglich wird bei einer Nachfragesteigerung in einer Branche ein Teil des Nachfrageanstiegs in andere Regionen transferiert, aus denen die zusätzlich benötigten Güter importiert werden. Der in der Region wirksame Multiplikatoreffekt wird abgeschwächt. Somit steigt die Produktion innerhalb kleiner Regionen verhältnismäßig schwächer an als in großen, welche sich in stärkerem Ausmaß selbst versorgen können. Daher sind auch regionale sektorale Multiplikatoreffekte geringer als nationale.

Die Zeile „Summe" von Tab. 16.8 zeigt die Summe der sektoralen Multiplikatoren. Diese gibt an, um wie viel sich die Gesamtproduktion erhöht, wenn in jeder der zwölf Branchengruppen die Nachfrage um eine Einheit ansteigt. Steigt beispielsweise der Wert der Nachfrage in jeder Branche Emdens um 1 €, so steigt die gesamte regionale Nachfrage um 12 €. Über Multiplikatoreffekte führt dies aber zu einer Steigerung der Gesamtproduktion im Wert von 17,4028 €. Die Division der Summe der Multiplikatoren durch die Anzahl der Branchen, also für Emden zum Beispiel 17,4028/12, ergibt den branchenunabhängigen Gesamtmultiplikator 1,4502, der aus der Zeile „Gesamtmultiplikator" abzulesen ist. Auch hier zeigt sich, dass der regionale Gesamtmultiplikator geringer ist als der nationale, was auf die stärkere Importabhängigkeit von kleinen Regionen zurückzuführen ist (s.o.) (vgl. Kronenberg 2007, S. 15 f).

16.6.2 Einkommensmultiplikatoren

Für viele Fragestellungen ist allerdings nicht die Veränderung des Produktionsvolumens – ausgelöst durch eine Veränderung der Nachfrage nach Finalgütern einer Branche – von Interesse, sondern die Veränderung von Einkommen. Einkommensmultiplikatoren geben den Effekt einer Veränderung der Nachfrage nach Gütern einer Branche auf das Einkommen in der betrachteten Wirtschaftseinheit an. Es existieren mehrere verschiedene Arten solcher Multiplikatoren. Wir berechnen hier den so genannten Typ I-Einkommensmultiplikator, der sowohl direkte als auch indirekte Effekte berücksichtigt, indem er den Effekt einer Nachfrageveränderung auf die eigene Branche sowie die durch Multiplikatorprozesse generierten Effekte auf andere Branchen zum Ausdruck bringt.

Zur Berechnung des Typ I-Einkommensmultiplikators muss zunächst ein Zeilenvektor, der die monetären Arbeitsinputkoeffizienten enthält, mit der Multiplikatormatrix multipliziert werden. Monetäre Arbeitsinputkoeffizienten geben den Wertanteil an, welchen der Faktor Arbeit zur Gesamtproduktion einer Branche beiträgt. Sie werden mittels Division der Bruttowertschöpfung der Arbeitnehmer, also des Arbeitnehmerentgelts, durch die sektorale Gesamtproduktion berechnet. Die erste Zeile von Tab. 16.9 zeigt die monetären Arbeitsinputkoeffizienten für Emden, die erste Zeile von Tab. 18.8 im Anhang diejenigen für Deutschland. Diese Koeffizienten geben den Anteil des Arbeitnehmerentgelts an der sektoralen Gesamtproduktion an und stellen gleichzeitig den direkten Einkommenseffekt dar. So steigt zum Beispiel das Einkommen im Gastgewerbe (H) um 14,40 Cent, wenn die Nachfrage nach Leistungen dieser Branche um 1 € ansteigt. Spiegelbildlich würde das Einkommen im Gastgewerbe um 14,40 Cent sinken, wenn die Nachfrage in dieser Branche um 1 € zurückginge.

Der Koeffizient in Spalte H beispielsweise ergibt sich aus 11 (Arbeitnehmerentgelt, ablesbar aus der Input–Output-Tabelle für Emden in Abb. 16.4) dividiert durch 74 (Gesamtproduktion, ebenfalls ablesbar aus der genannten Input–Output-Tabelle). Es zeigt sich, dass der Anteil der Arbeitnehmerentgelte an der Gesamtproduktion zwischen den einzelnen Branchen deutlich schwankt. In den Branchengruppen AB (Land- und

Tab. 16.9 Typ I-Einkommensmultiplikatoren, direkte und indirekte Einkommenseffekte für Emden

AB	C	D	E	F	G	H	I	J	K	L	MNOP
(1) 0,0271	0,0128	0,1288	0,0911	0,1873	0,2372	0,1440	0,1989	0,1242	0,1679	0,4716	0,3028
(2) 0,0507	0,0186	0,2589	0,1751	0,2972	0,3062	0,1863	0,3544	0,1832	0,2302	0,5357	0,3566
(3) 0,0236	0,0058	0,1301	0,0840	0,1099	0,0689	0,0423	0,1555	0,0590	0,0623	0,0642	0,0537
(4) 1,8713	1,4556	2,0103	1,9217	1,5868	1,2906	1,2935	1,7815	1,4755	1,3708	1,1361	1,1775

Quelle eigene Darstellung nach Statistisches Bundesamt (2007)
(1): Monetärer Arbeitsinputkoeffizient, direkter Einkommenseffekt
(2): Direkter + indirekter Einkommenseffekt
(3): Indirekter Einkommenseffekt
(4): Typ I-Einkommensmultiplikator

Forstwirtschaft, Fischerei und Fischzucht) und C (Bergbau und Gewinnung von Steinen und Erden) ist er relativ gering. In den Sektoren L (Öffentliche Verwaltung, Verteidigung, Sozialversicherung) und MNOP (Sonstige Dienstleistungen) hingegen beträgt der Wert des Arbeitseinsatzes sogar zwischen 47 und 30 % des Produktionswerts.

Nun wird der Zeilenvektor der monetären Arbeitsinputkoeffizienten (erste Zeile in Tab. 16.9) mit der Multiplikatormatrix (Tab. 16.7) multipliziert. Dabei darf nur die Multiplikatormatrix an sich verwendet werden, die Zeile mit den sektoralen Gesamtmultiplikatoren geht nicht in die Berechnung des Typ I-Einkommensmultiplikators ein. Aus dieser Multiplikation der Matrizen resultiert Zeile (2) von Tab. 16.9. Mit STATA beispielsweise kann die Berechnung von Zeile (2) folgendermaßen durchgeführt werden:

Im ersten Schritt wird Matrix **M** als Matrix der monetären Arbeitsinputkoeffizienten definiert:

$$matrix\ M = (0.0271, 0.0128, 0.1288, \ldots, 0.3028)$$

Im zweiten Schritt können wir nun Zeile (2) in Tab. 16.9 berechnen und nennen diese Zeile Matrix **W**. Matrix **W** bestimmt sich aus Matrix **M** (in Zeile 1), multipliziert mit der Multiplikatormatrix, die vorher bereits als Matrix **Ainv** definiert wurde:

$$matrix\ W = M * Ainv$$

Matrix **W** lässt sich mit folgendem Befehl anzeigen:

$$matrix\ list\ W$$

Die Matrix **W** ist ebenfalls ein Zeilenvektor. Im Gegensatz zu Zeile (1) gibt sie die direkten *und* indirekten Veränderungen des Einkommens wieder. Sinkt die Nachfrage nach Leistungen des Gastgewerbes beispielsweise um 1 €, so sinkt das Einkommen der in diesem Sektor Beschäftigten um 14,40 Cent (s.o.). Dies ist der *direkte* Effekt, der in Zeile (1) durch die monetären Arbeitsinputkoeffizienten dargestellt wird. Branchenunabhängig betrachtet führt jedoch ein Nachfragerückgang von 1 € im Gastgewerbe zu einem Rückgang des Einkommens der regionalen Wirtschaft um rund 18,63 Cent. Dies entspricht der Summe der direkten und indirekten Effekte. Sinkt die Nachfrage im Gastgewerbe, sinkt auch dessen Nachfrage nach Zwischengütern und Vorleistungen aus anderen Branchen, wodurch auch die Einkommen in diesen anderen Branchen sinken. Die Differenz aus den Zeilen (2) und (1) in Tab. 16.9 entspricht somit dem *indirekten* Effekt in Zeile (3). Für das Gastgewerbe beträgt dieser gerundet $0,1863 - 0,1440 = 0,0423$. Dies ist der Effekt, der nicht das Gastgewerbe, sondern ausschließlich die anderen Branchen betrifft.

Der Typ I-Einkommensmultiplikator ist als Quotient der Zeilen (2) und (1) definiert und ist aus Zeile (4) derselben Tabelle abzulesen. Das Verarbeitende Gewerbe (D) beispielsweise ist sehr stark mit den anderen Branchen verflochten, weshalb sein indirekter Einkommensmultiplikator relativ hoch ist. Folglich ist die Summe der direkten und indirekten Einkommensmultiplikatoren in Relation zum direkten Multiplikator vergleichsweise groß, was bewirkt, dass das Verarbeitende Gewerbe den größten Typ I-Multiplikator hat. Demnach ist zu erwarten, dass Veränderungen der Nachfrage in dieser Branche sehr starke Einkommenswirkungen auf die betrachtete Region haben. Konkret beträgt der Typ I-Multiplikator des Verarbeitenden Gewerbes 2,0103. Das bedeutet, wenn sich die Nachfrage nach Gütern dieser Branche um 1 € erhöht, steigt die gesamtwirtschaftliche Nachfrage um 2,0103 €. Der Nachfrageanstieg in Höhe von 1 € entfacht über Multiplikatorprozesse Folgewirkungen auf die gesamte untersuchte Volkswirtschaft und bewirkt, dass zusätzliche Nachfrage in Höhe von 1,0103 € generiert wird. Die Typ I-Multiplikatoren der anderen Branchen sind analog zu interpretieren.

Allerdings müssen bei der Interpretation der Typ I-Multiplikatoren auch die Größe der einzelnen Branchen und ihre jeweiligen monetären Arbeitsinputkoeffizienten berücksichtigt werden. Die Branche Öffentliche Verwaltung, Verteidigung, Sozialversicherung (L) beispielsweise hat mit 1,1361 einen ziemlich niedrigen Typ I-Multiplikator. Sie stellt jedoch den höchsten Anteil der Arbeitnehmerentgelte an der Gesamtproduktion in Höhe von 0,4716 und ist der sechstgrößte Sektor (s. Tab. 16.2). Dies könnte die Tatsache, dass ihr Typ I-Multiplikator gering ist, kompensieren (vgl. Hewings 1985, S. 34) und Nachfrageänderungen in dieser Branche könnten beinahe ebenso starke Einkommenswirkungen nach sich ziehen wie im Verarbeitenden Gewerbe.

Ein wesentlicher Nachteil von Typ I-Multiplikatoren ist, dass sie lediglich direkte und indirekte Einkommenseffekte beachten. So wird vernachlässigt, dass in einer Region ansässige Arbeitnehmer zumindest einen Teil ihres Einkommens auch dort ausgeben. Dadurch steigen Güternachfrage, Produktion und letztlich wieder die Einkommen. Diese so genannten *induzierten* Einkommenseffekte werden von Typ I-Multiplikatoren außer Acht gelassen. Dieser Mangel wird zum Beispiel durch Verwendung von Typ II-Multiplikatoren behoben. Dabei werden Haushalte als produzierender Sektor betrachtet und als Teil der Zwischenproduktmatrix – und in einem weiteren Schritt als Teil der Inputkoeffizienten-Matrix – gehandhabt. So wird berücksichtigt, dass auch Haushalte von Multiplikatorprozessen betroffen sind: Steigt zum Beispiel ihr Einkommen, werden sie typischerweise einen Teil dieses Einkommens für regionale Güter ausgeben, was die lokale Nachfrage erhöht, wodurch mehr produziert wird, ihr Einkommen abermals ansteigt und so weiter. Daher umfassen Typ II-Multiplikatoren neben direkten und indirekten auch induzierte Einkommenseffekte.

Grundsätzlich ist die Berechnung von Typ II-Multiplikatoren der von Typ I-Multipli-katoren recht ähnlich. Die Berechnung von Typ II-Multiplikatoren wird aufgrund von Datenrestriktionen hier aber nicht weiter erläutert. Zu deren Berechnung wären Infor-mationen darüber notwendig, an welche Branchen Haushalte Zwischenprodukte oder Vorleistungen verkaufen, und von welchen Branchen Haushalte Zwischenprodukte oder Vorleistungen beziehen. Informationen dieser Art sind in der Input–Output-Tabelle des Statistischen Bundesamts Deutschland jedoch nicht enthalten.

16.6.3 Beschäftigungsmultiplikatoren

Neben den Auswirkungen einer veränderten Finalgüternachfrage auf das Produk-tionsvolumen und die Einkommen einer Region, kann auch ihr Einfluss auf das Beschäftigungsvolumen bestimmt werden. Dies geschieht mit Hilfe von Beschäfti-gungsmultiplikatoren. Auch diese Multiplikatoren gibt es in mehreren Variationen. Aus denselben Gründen (Datenrestriktionen) wie bei den Einkommensmultiplikatoren berechnen wir in Bezug auf die Beschäftigung ebenfalls nur Typ I-Beschäftigungsmulti-plikatoren. Diese geben an, wie viele Arbeitsplätze in der betrachteten Wirtschaftsregion insgesamt geschaffen werden, wenn in einer der Branchen ein zusätzlicher Arbeitsplatz entsteht.

Im Wesentlichen funktioniert die Berechnung von Beschäftigungsmultiplikatoren analog zu der von Einkommensmultiplikatoren: Zunächst wird für jede Branche ihr physischer Arbeitsinputkoeffizient (im Gegensatz zum monetären in Abschn. 16.6.2) ermittelt. Dieser gibt an, wie viele Beschäftigte erforderlich sind, um Güter im Wert von 1 € herzustellen. Dazu wird die Anzahl der Beschäftigten einer Branche durch deren Gesamtproduktion dividiert. Hierbei ist zu beachten, dass die Beschäftigten in Tab. 16.2 in Tausend, der Gesamtoutput in Abb. 16.4 jedoch in Millionen € angegeben ist. Tab. 16.10 stellt deshalb sowohl die Beschäftigung als auch die Gesamtproduktion Emdens in Tausend dar, um die anschließende Interpretation der Ergebnisse zu erleich-tern. Da die Werte in der obersten Zeile gerundet wurden, entspricht die mittlere Zeile nicht exakt der obersten, multipliziert mit 1.000.

Die Division der Anzahl der Beschäftigten einer Branche durch deren Gesamtproduk-tion ergibt den physischen Arbeitsinputkoeffizienten von Zeile (1) in Tab. 16.11. Dieser Koeffizient repräsentiert die Anzahl an Beschäftigten, die zur Produktion von Gütern im Wert von 1 € notwendig ist. So werden in der Landwirtschaft (AB) beispielsweise 0,001 Beschäftigte benötigt, um Güter im Wert von 1 € herzustellen bzw. den Produktionswert um einen Euro zu steigern. Dies entspricht dem direkten Bedarf an Arbeitskräften und stellt daher den direkten Beschäftigungsmultiplikator dar.

Wenn etwa die Landwirtschaftsbranche expandiert, kommt es zunächst zu einem Beschäftigungsanstieg in der eigenen Branche. Allerdings steigt auch die Nachfrage nach Arbeitskräften in anderen Branchen, welche Zwischenprodukte an die Landwirt-schaft liefern. Zur Berücksichtigung beider Effekte, der intra- und der intersektoralen

Tab. 16.10 Hilfstabelle zur Berechnung des Beschäftigungsmultiplikators für Emden

	AB	C	D	E	F	G	H	I	J	K	L	MNOP
Gesamt-prod. in Mio. €	101	128	4.255	120	216	401	74	436	192	907	186	522
Gesamt-prod. in 1.000 €	100.585	128.002	4.255.115	120.159	216.322	400.525	74.438	435.814	191.672	907.494	185.861	521.978
Beschäft. in 1.000	105	34	11.962	199	1175	2.359	340	2.056	429	3.554	1.405	3.669

Quelle eigene Darstellung nach Statistisches Bundesamt (2007)

Tab. 16.11 Typ I-Multiplikatoren, direkte und indirekte Beschäftigungseffekte für Emden

	AB	C	D	E	F	G	H	I	J	K	L	MNOP
(1)	0,0010	0,0003	0,0028	0,0017	0,0054	0,0059	0,0046	0,0047	0,0022	0,0039	0,0076	0,0070
(2)	0,0015	0,0004	0,0057	0,0034	0,0079	0,0075	0,0056	0,0083	0,0034	0,0053	0,0090	0,0082
(3)	0,0005	0,0002	0,0029	0,0018	0,0025	0,0016	0,0010	0,0036	0,0012	0,0014	0,0015	0,0012
(4)	1,4807	1,6208	2,0339	2,0774	1,4570	1,2721	1,2176	1,7587	1,5361	1,3618	1,1953	1,1707

Quelle eigene Darstellung nach Statistisches Bundesamt (2007)
(1): Physischer Arbeitsinputkoeffizient, direkter Beschäftigungseffekt
(2): Direkter + indirekter Beschäftigungseffekt
(3): Indirekter Beschäftigungseffekt
(4): Typ I-Beschäftigungsmultiplikator

Beschäftigungsveränderung, wird der direkte + indirekte Beschäftigungseffekt berechnet, der sich aus Zeile (2) von Tab. 16.11 ablesen lässt. Dieser ergibt sich aus der Multiplikation von Zeile (1) mit der Multiplikatormatrix für Emden, welche zuvor bereits als **Ainv** definiert wurde. In STATA wird dies folgendermaßen durchgeführt:

Zuerst geben wir Zeile (1) von Tab. 16.11 ein und definieren diesen Zeilenvektor als Matrix **N**:

$$matrix\ N = (0.0010, 0.0003, \ldots, 0.0070)$$

Anschließend definieren wir Zeile (2) von Tab. 16.11 als Matrix **P** und teilen dem Programm mit, dass diese sich aus der Multiplikation der beiden Matrizen **N** und **Ainv** miteinander ergibt:

$$matrix\ P = N * Ainv$$

Zuletzt lassen wir uns den so ermittelten Zeilenvektor **P** anzeigen:

$$matrix\ list\ P$$

Die ausgegebene Matrix **P** entspricht Zeile (2) in Tab. 16.11. Wird vom direkten + indirekten Beschäftigungseffekt (Zeile 2) der direkte Effekt (Zeile 1) abgezogen, ergibt sich

der indirekte Beschäftigungseffekt in Zeile (3) der selben Tabelle. Dieser gibt die Auswirkungen an, die ein Anstieg oder Rückgang der Beschäftigung beispielsweise in der
Landwirtschaft auf die Beschäftigung aller übrigen Branchen hat. Der Typ I-Beschäftigungsmultiplikator ist als Quotient der Zeilen (2) und (1) definiert und in Zeile (4) abzulesen. Er gibt für jede Branche an, wie viele Arbeitsplätze insgesamt geschaffen werden,
wenn die Beschäftigung in der betrachteten Branche um eine Arbeitskraft ansteigt. So
werden in Emden zum Beispiel für jeden neuen Arbeitsplatz in der Energie- und Wasserversorgung (E) insgesamt 2,0774 neue Arbeitsplätze, also 1,0774 weitere, geschaffen.
Wird hingegen in der Branche Sonstige Dienstleistungen (MNOP) ein neuer Arbeitsplatz
geschaffen, entstehen dadurch insgesamt nur 1,1707 neue Arbeitsplätze in der Region.

Die nationalen Beschäftigungsmultiplikatoren für Deutschland werden in Tab. 18.9
(s. Anhang) dargestellt. Auch hier zeigt ein Vergleich, dass nationale Multiplikatoren
größer sind als regionale. Dies ist abermals auf die stärkere Importabhängigkeit von kleineren Regionen zurückzuführen: Werden in einer Region neue Arbeitsplätze geschaffen,
steigt dort auch die Nachfrage nach Zwischenprodukten. Da kleinere Regionen stärker
von Importen abhängig sind, wird ein größerer Anteil dieser zusätzlich nachgefragten
Zwischenprodukte importiert als in großen Regionen. Dies impliziert aber, dass sich der
indirekte Beschäftigungseffekt nicht nur auf die eigene Region erstreckt, sondern auch
auf die Regionen, mit denen gehandelt wird. Somit ist der Beschäftigungsmultiplikator
geringer, je kleiner eine Region ist bzw. je stärker sie auf Importe angewiesen ist.

16.7   Identifikation von Clustern anhand von Input–Output-Tabellen

Eine der vielfältigen Anwendungen von Input–Output-Tabellen bzw. -Analysen besteht
in der Identifizierung von Clustern. Da wir uns in diesem Buch bereits ausführlich mit der
Cluster- und Netzwerktheorie beschäftigt haben, wollen wir diesen Anwendungsfall heraus-
greifen und näher betrachten. Es gibt zahlreiche verschiedene Ansätze, Cluster anhand regionaler Input–Output-Tabellen zu identifizieren (siehe z. B. Lublinski 2001, S. 224 ff für einen
Überblick verschiedener Methoden; zwei neuere Ansätze werden in Midmore et al. 2006 und
Titze et al. 2011 dargestellt). Die meisten davon basieren auf einer Bewertung der Stärke von
interindustriellen Verflechtungen von Branchen, die einander in der Wertschöpfungskette
vor- bzw. nachgelagert sind. Wie stark eine solche Beziehung zwischen zwei Branchen sein
muss, damit sie ein und demselben Cluster zugerechnet werden, liegt jedoch häufig in subjektivem Ermessen oder wird durch Versuch und Irrtum festgelegt. Die Anzahl der in einer
Region identifizierten Cluster hängt wesentlich von dieser mehr oder weniger willkürlichen
Wahl eines Schwellenwerts ab, ab dessen Erreichen eine Branche einem Cluster angehört.

Ein weiteres Problem bei der Identifikation von Clustern anhand von (regionalen)
Input–Output-Tabellen ergibt sich hinsichtlich der Datenlage. Die Zwischenproduktmatrix der Input–Output-Tabellen des Statistischen Bundesamts Deutschland beinhaltet lediglich Informationen über Branchen auf 2-Steller-Ebene. Zur Identifikation

von Clustern ist jedoch die Verwendung von feiner gegliederten Daten auf mindestens 3-Steller-Ebene (oder besser: 4-Steller-Ebene) notwendig. Ansonsten können Cluster innerhalb einer 2-Steller-Kategorie nicht identifiziert werden.

Angenommen, es liegt ein Cluster vor, der auf die Herstellung von Düngemitteln und Stickstoffverbindungen einerseits und Schädlingsbekämpfungs-, Pflanzenschutz- und Desinfektionsmitteln andererseits spezialisiert ist. Dabei handelt es sich laut der Wirtschaftszweigsystematik 2003 um zwei Branchen der 4-Steller-Ebene, deren Codes 24.15 bzw. 24.20 lauten. Mittels einer Input–Output-Tabelle auf 2-Steller-Ebene kann dieser Cluster nicht erkannt werden, da beide Branchen in denselben 2-Steller-Bereich (mit dem Code 24) fallen. Hieraus würde sich bestenfalls starker intraindustrieller Handel in der Abteilung Herstellung von chemischen Erzeugnissen (2-Steller-Code 24) zeigen.

Zudem können anhand von Input–Output-Tabellen nur vertikale Cluster identifiziert werden, welche auf Transaktionen zwischen verschiedenen Branchen basieren. Horizontale Cluster hingegen beruhen meist auf dem Wissensaustausch innerhalb einer Branche; hierzu enthält die Zwischenproduktmatrix der Input–Output-Tabelle allerdings keine Information. Deshalb können solche horizontalen Cluster durch Input–Output-Analysen für gewöhnlich nicht entdeckt werden.

Trotz der angesprochenen Probleme bzw. Einschränkungen bei der Verwendung von Input–Output-Tabellen bei der Identifikation von Clustern kann es sich als hilfreich erweisen, solche Tabellen heranzuziehen, um bereits bestehende Vermutungen bezüglich der Existenz eines Clusters zu überprüfen. Dies ist zum Beispiel dann sinnvoll, wenn in einer Region bereits ein Cluster identifiziert wurde, aber von Interesse ist, ob eine bestimmte Branche auch diesem Cluster zuzurechnen ist oder nicht. In diesem Fall kann die Zwischenproduktmatrix herangezogen werden, um die Verflechtungen dieser Branche mit dem Cluster zu analysieren. Dies kann Hinweise darauf liefern, ob die betreffende Branche tatsächlich Teil des Clusters ist. Allerdings besteht auch hier das Problem, dass diese Bewertung mehr oder weniger willkürlich festgesetzten Schwellenwerten oder subjektivem Ermessen geschuldet ist. Schließlich muss irgendeine Grenze festgelegt werden, ab der die Verflechtung einer Branche mit dem Cluster so stark ist, dass sie als zum Cluster zugehörig angesehen wird. Des Weiteren ist diese Methode aufgrund der hohen sektoralen Aggregationsebene der Zwischenproduktmatrix – zumindest für Deutschland – nur begrenzt anwendbar.

16.8   Fazit

Die Input–Output-Analyse ist ein häufig eingesetztes Verfahren zur Abschätzung der Auswirkungen einer Veränderung der Nachfrage in einer Branche auf die Produktion, die Einkommen oder die Beschäftigung einer gesamten Region. In der Regionalökonomik liegt das Hauptaugenmerk auf regionalen Input–Output-Tabellen. Deren Erstellung geht mit einigen Schwierigkeiten einher. Daher gibt es zahlreiche Erweiterungen dieses Konzepts, die sich mit entsprechenden Lösungen befassen. Einen Überblick geben zum Beispiel Bonfiglio und Chelli (2008).

In diesem Kapitel haben wir eine nicht umfragebasierte Technik angewendet. Dabei mussten allerdings restriktive Annahmen getroffen werden; so darf zum Beispiel die regionale Produktionstechnologie nicht von der nationalen abweichen und der Kapitalstock in unserer Beispielsregion Emden ist annahmegemäß gleich alt wie der ganz Deutschlands. Trotz dieser restriktiven Annahmen bietet die Input–Output-Analyse die Möglichkeit, die Interdependenz von Branchen zu untersuchen. Durch die Berechnung von Multiplikatoreffekten lassen sich detailliertere Aussagen zum Ausmaß der Produktions-, Einkommens- und Beschäftigungswirkung von Veränderungen der Nachfrage in einer Branche auf die untersuchte Region treffen.

Input–Output-Analysen werden gelegentlich auch zur Identifikation von Clustern verwendet. Allerdings können hiermit nur vertikale Cluster erkannt werden und die Daten liegen meist nur auf 2-Steller-Ebene vor. Zur Identifikation von Clustern sind jedoch Daten auf mindestens 3- oder sogar 4-Steller-Ebene erforderlich. Daher sollte die Input–Output-Analyse nicht als einziges Kriterium für die Existenz eines regionalen Clusters herangezogen, sondern besser nur unterstützend eingesetzt werden.

Literatur

Bonfiglio, A., & Chelli, F. (2008). Assessing the behaviour of non-survey methods for constructing regional input–output tables through a monte carlo simulation. *Economic Systems Research, 20*(3), 243–258.

Flegg, A. T., Webber, C. D., & Elliott, M. V. (1995). On the appropriate use of location quotients in generating regional input-output-tables. *Regional Studies, 29*(6), 547–561.

Hewings, G. J. D. (1985). *Regional input-output analysis.* Beverly Hills: SAGE Publications.

Hewings, G. J. D., & Jensen, R. C. (1986). Regional, interregional and multiregional input-output-analysis. In P. Nijkamp (Hrsg.), *Handbook of Regional and urban economics 1. regional economics* (S. 295–355). Amsterdam: North-Holland.

Jones, C., Munday, M., & Roche, N. (2010). Can regional sports stadia ever become economically significant? *Regional Science Policy and Practice, 2*(1), 63–77.

Kronenberg, T. (2007). *Derivative construction of regional input-output-tables under limited data availability.* Forschungszentrum Jülich: STE Preprint. 10.

Leontief, W. (1986). Input-output analysis. In W. Leontief (Hrsg.), *Input-output-economics* (S. 19–40). Oxford: Oxford University Press.

Lublinski, A. E. (2001). Identifying geographical business clusters – A critical review and classification of methods using I/O data. In W. Pfähler (Hrsg.), *Regional input-output analysis* (S. 223–246). Baden–Baden: Nomos.

Midmore, P., Munday, M., & Roberts, A. (2006). Assessing industry linkages using regional input-output tables. *Regional Studies, 40*(3), 329–343.

Statistisches Bundesamt. (2003). *Klassifikation der Wirtschaftszweige mit Erläuterungen. Ausgabe 2003.* Wiesbaden: Statistisches Bundesamt.

Statistisches Bundesamt. (2007). Input-Output-Rechnung. Statistisches Bundesamt. https://www.destatis.de/DE/ZahlenFakten/GesamtwirtschaftUmwelt/VGR/InputOutputRechnung/InputOutputRechnung.html. Zugegriffen: 15. Nov 2010.

Statistische Ämter des Bundes und der Länder. (2010). Regionaldatenbank Deutschland. Statistische Ämter des Bundes und der Länder. https://www.regionalstatistik.de/genesis/online/logon. Zugegriffen: 15. Nov 2010.

Titze, M., Brachert, M., & Kubis, A. (2011). The identification of regional industrial clusters using qualitative input-output analysis (QIOA). *Regional Studies, 45*(1), 89–102.

Tohmo, T. (2004). New developments in the use of location quotients to estimate regional input-output coefficients and multipliers. *Regional Studies, 38*(1), 43–54.

Teil VII

Schlussbetrachtungen

Zusammenfassung

Wir hoffen natürlich, dass der Leser das gesamte Buch in Erinnerung behält. Dennoch wollen wir die wichtigsten Ergebnisse noch einmal herausstellen und die einzelnen Kapitel des Buchs Revue passieren lassen. Ein und derselbe Aspekt wird oftmals von mehreren verschiedenen Theorien aufgegriffen und auf unterschiedliche Art und Weise erklärt. Deshalb ist das vorliegende Abschlusskapitel nicht nach Theorien, sondern nach – im Buch herausgearbeiteten – Themen gegliedert.

17.1 Transportkosten beeinflussen die Standortentscheidung

Die Transportkosten machen es aus: Jeder, der schon einmal regelmäßig über eine längere Strecke zur Arbeit pendeln musste, wird dieser Aussage zustimmen. Zu den bloß monetären Ausgaben für Benzin oder Fahrkarten kommen erhebliche physische und psychische Kosten hinzu. Je kürzer die Wegstrecke zur Arbeit, umso günstiger und geistig frischer kommt man am Arbeitsplatz an. Auch beim Einkaufen gilt, dass die Transportkosten umso geringer sind, je kürzer die Strecke von der Wohnung zum Supermarkt ist. Für Unternehmen spielen Transportkosten eine ganz ähnliche Rolle. Zum Einen müssen sie ihre Vorprodukte zum Produktionsstandort schaffen und zum Anderen die Endprodukte an den Konsumenten bringen. Die Unternehmen sind bestrebt, die Transportkosten für ihre Vor- und Fertigprodukte möglichst gering zu halten und gleichzeitig nahe an den Konsumenten und so für diese leicht erreichbar zu sein. Obwohl die Relevanz der Transportkosten für individuelle Standortentscheidungen offensichtlich erscheint, hat es einige Zeit gedauert, bis diese Einzug in die ökonomische Theorie fanden. Zu den Pionieren auf diesem Gebiet zählen von Thünen, Hotelling, Weber, Christaller und Lösch, deren Arbeiten wir in Kap. 2 ausführlich darstellen. In Abschn. 3.2 zeigen wir, dass sich Unternehmen an Orten ballen, an denen ihre Zulieferbetriebe bereits ansässig sind. Aber auch in den neuesten Theorien werden die Transportkosten explizit betrachtet. In der Neuen

O. Farhauer und A. Kröll, *Standorttheorien*, DOI: 10.1007/978-3-658-01574-9_17,
© Springer Fachmedien Wiesbaden 2013

Ökonomischen Geographie (Kap. 7) spielen sie neben Agglomerationseffekten eine wichtige Rolle für die Verteilung der ökonomischen Aktivität im Raum.

17.2   Städte sind keine isolierten Orte

Vielmehr ist jede Stadt in ein System von Städten eingebunden. Welche Funktionen eine einzelne Stadt in diesem Städtesystem übernimmt, hängt wesentlich von ihrer wirtschaftlichen Bedeutung ab. In einer großen, gut erreichbaren Stadt wird eine breite Palette an Gütern und Dienstleistungen angeboten, während in einer kleineren oder weniger gut erreichbaren Stadt lediglich ein Ausschnitt aus dieser Produktvielfalt angeboten wird. Der Grund dafür ist darin zu sehen, dass sich das Anbieten bestimmter Güter und Dienstleistungen erst ab einem bestimmten Nachfragevolumen lohnt. Dies betrifft zum Beispiel Güter, die eher selten gekauft werden. So ist ein Konsument bereit, etwa für den Kauf einer Waschmaschine in die nächstgelegene größere Stadt zu fahren, nicht aber für den Kauf seiner täglichen Zeitung. Deshalb gibt es kleinere Städte, in denen hauptsächlich Güter und Dienstleistungen des alltäglichen Bedarfs angeboten werden. Größere Städte haben hingegen ein so großes Nachfragevolumen (auch aus den umliegenden kleineren Städten und Gemeinden), dass dort auch Produkte zu finden sind, die seltener gekauft werden. Ein derartiges Städtesystem wurde zum Beispiel von Christaller und Lösch in Kap. 2 beschrieben. Neben dieser Austauschbeziehung über die Konsumenten stehen Städte untereinander auch über Handelsbeziehungen in Verbindung. Häufig sind Städte auf die Produktion bestimmter Güter spezialisiert und produzieren davon Mengen, die über den Bedarf ihrer eigenen Einwohner hinausgehen. Diese Überschüsse werden in andere Städte exportiert und gleichzeitig werden in der eigenen Stadt nicht oder in zu geringen Mengen produzierte Güter aus anderen Städten importiert. Die Wirkung der Export- bzw. Importbeziehungen von Städten wird von der Exportbasistheorie in Kap. 10 aufgegriffen. Die Beziehungen zwischen Regionen werden ebenfalls von der Polarisationstheorie in Kap. 9 thematisiert. Dabei werden die Wirkungen einer Wachstumsregion auf ihr Umland analysiert. Einerseits entziehen die Wachstumspole anderen Regionen Produktionsfaktoren, was deren Wachstum hemmt. Andererseits profitieren aber die umliegenden Regionen über Wissensdiffusion vom Humankapitalbestand einer Wachstumsregion. Je nach Sichtweise werden diese gegenläufigen Effekte zu Konvergenz oder Divergenz der regionalen Entwicklung führen.

17.3   Ballung lohnt sich – Externalitäten als Standortfaktoren

Städte sind sowohl für Unternehmen als auch für Konsumenten attraktive Standorte. In Städten existieren vielfältige Agglomerationskräfte, die bewirken, dass Unternehmen einen Anreiz haben, sich in der Nähe anderer Unternehmen niederzulassen. So profitieren sie beispielsweise von einem großen, spezialisierten Arbeitskräftepool und einer regionalen Vielfalt an Zwischenprodukten. Zudem ist in einer Stadt vielfältiges Wissen vorhanden, von dem über Wissensexternalitäten gleich mehrere Unternehmen profitieren können. Auch die Konsumenten erfahren in Städten Agglomerationsvorteile, zum Beispiel in Form einer dort vorzufindenden Produktvielfalt und einer gut ausgebauten Infrastruktur. Darüber hinaus gibt es Agglomerationsvorteile, von denen Konsumenten und Unternehmen gleichermaßen profitieren. Dazu zählt etwa die erhöhte Wahrscheinlichkeit für Stellenbesetzungen in Agglomerationsräumen, in denen es gleichzeitig viele Bewerber und viele offene Stellen gibt. Gäbe es allerdings ausschließlich Agglomerationsvorteile, würde die gesamte Erdbevölkerung in einer einzigen Stadt leben. Gleichzeitig wirken den Agglomerationsvorteilen indes deglomerative Kräfte entgegen. Zu diesen – auch Agglomerationsnachteile genannten – Effekten gehören etwa Überfüllungseffekte wie Staus. Insgesamt dürften nach den vorliegenden empirischen Erkenntnissen jedoch die Agglomerationsvorteile überwiegen und die Agglomerationsnachteile begrenzen lediglich die jeweilige Stadtgröße. Die facettenreichen Wirkungen von Agglomerationseffekten werden in Kap. 3 ausführlich dargelegt. Agglomerationskräfte in Form von Marktgrößeneffekten sind auch in der – in Kap. 7 behandelten – Neuen Ökonomischen Geographie relevant. Dort sind sie die treibende Kraft für die Standortentscheidungen von Unternehmen oder mobilen Arbeitskräften. Je größer ein regionaler Markt, umso größer ist das lokale Nachfragevolumen und Unternehmen profitieren von einer Ansiedlung in diesem geographischen Bereich. Die mobilen Arbeitskräfte wiederum bevorzugen ebenfalls eine Ansiedlung im größeren Markt, da sie dort viele Gütervarietäten ohne Transportkosten beziehen können. Ein großer Markt bietet somit sowohl für Unternehmen als auch für Arbeitskräfte Vorteile, woraus eine Tendenz zur Ballung entsteht.

17.4   Aus der Kita in die Spezialisierung

Politische Entscheidungsträger stellen sich häufig die Frage nach einer optimalen Branchenstruktur für ihre Stadt oder Region. Auf diese Frage lässt sich aber keine pauschale Antwort finden. Ein innovatives Unternehmen mit einer viel versprechenden Geschäftsidee profitiert davon, sich in einer Stadt mit einer diversifizierten Branchenstruktur niederzulassen. Dort hat es die Möglichkeit, auf äußerst vielschichtiges Wissen aus den unterschiedlichsten Bereichen zugreifen zu können und durch Ausprobieren den vorteilhaftesten und effizientesten Produktionsprozess zu finden. Sobald dieser gefunden und in die Massenproduktion übergeführt ist, entfallen die Vorteile des Standorts in einer diversifizierten Stadt und die Nachteile der höheren Produktionskosten in den meist größeren diversifizierten Städten veranlassen das Unternehmen zu einem Standortwechsel. Dieser führt das Unternehmen meist in eine spezialisierte Stadt. Solche Städte sind für gewöhnlich kleiner, wodurch die Produktionskosten dort geringer sind (zum Beispiel durch geringere Löhne). Demnach ist eine diversifizierte Branchenstruktur für Produktinnovationen und für das Finden des optimalen Produktionsprozesses vorteilhaft. Im späteren Verlauf aber überwiegen die Vorteile spezialisierter Städte aufgrund von Kostenvorteilen und branchenspezifischen Externalitäten. Der Wandel im Anspruch eines Unternehmens an die lokale Branchenstruktur wird ausführlich in Kap. 4 thematisiert.

17.5   Alleine sind wir nichts, gemeinsam sind wir stark – Vernetzung für den Erfolg

Das auf den Management-Professor Michael Porter zurückgehende Cluster- und Netz-werkkonzept in Kap. 5 betont die Bedeutung der Vernetzung von Akteuren für den wirt-schaftlichen Erfolg einer Region. Diese Vernetzung muss aber bestimmte Charakteristika aufweisen: Die Unternehmen einer Region müssen entlang einer Wertschöpfungskette miteinander verbunden sein, also marktmäßige Austauschbeziehungen unterhalten. Zudem müssen sie auch nicht marktmäßige Beziehungen eingehen. Das heißt, es sind sowohl strategische Kooperationsbeziehungen mit anderen lokalen Unternehmen als auch mit weiteren regionalen Akteuren - wie Forschungs - und Entwicklungseinrich-tungen, Kammern etc. - erforderlich. Dieser strategische Austausch von Wissen führt zu einer erhöhten Innovationskraft der beteiligten Unternehmen und damit zur Entstehung einer wachstumsstarken Region. Damit nun diese gesteigerte Innovationskraft in der Region dauerhaft erhalten bleibt, ist es notwendig, dass der Cluster auch über strategi-sche Außenbeziehungen verfügt. Solche *global pipelines* sorgen für die beständige Erneu-erung des Wissensbestands eines Clusters. Dadurch ist es möglich, dauerhaft innovativ zu bleiben. Obwohl sich dieses Konzept in der Praxis großer Beliebtheit erfreut, wird die Kritik daran immer lauter. Damit und mit einer umfangreichen Auseinandersetzung mit der Clusterpolitik beschäftigen wir uns in Kap. 6.

17.6   Höhere Innovationsfähigkeit in Ballungsräumen

Bereits vor dem Aufkommen des Cluster- und Netzwerkkonzepts gab es mehrere öko-nomische Theorien, welche die Vorteilhaftigkeit von Ballung für die Innovationsfähig-keit von Unternehmen betonten. Gemäß der sektoralen Polarisationstheorie (Kap. 9) wird die Wachstumsdynamik einer Region wesentlich von der Innovationsfähigkeit ihrer dominanten Branche, also ihrer motorischen Einheit, bestimmt. Aufgrund ihres bereits bestehenden Entwicklungsvorsprungs können Wachstumspole Innovationen leichter aufnehmen als andere Regionen. Folglich erfahren sie stärkere Entwicklungsimpulse und können ihren Vorsprung so weiter ausbauen. Die regionale Polarisationstheorie über-nimmt diesen Grundgedanken und leitet daraus bestimmte Erwartungen hinsichtlich Tendenzen der Konvergenz bzw. Divergenz in der Entwicklung von Regionen ab. Zu einer divergenten regionalen Entwicklung kommt es demnach, wenn die Entzugseffekte die Ausbreitungseffekte dominieren. Indem sie ihr eigenes Wachstum forciert, entzieht eine Wachstumsregion ihrem Umland wichtige Produktionsfaktoren. So kommt es zu einer immer stärkeren Ballung der wirtschaftlichen Aktivität im Zentrum, wodurch auch dessen Innovationsfähigkeit ansteigt. Auch in Kap. 3 zeigt sich, dass für den Austausch von Wissen die räumliche Nähe der involvierten Akteure zueinander äußerst bedeutend ist, weshalb Lehren und Lernen verstärkt in Ballungsräumen erfolgen. Für Innovationen ist die Neukombination von Wissen äußerst bedeutend, wodurch Ballungsräume einen eindeutigen Wachstumsvorteil gegenüber peripheren Gebieten haben. Zudem gehen Innovationen häufig von kreativen Arbeitnehmern aus, die bevorzugt in Ballungsräumen leben, wie in Kap. 8 begründet wird.

17.7 Bildung und Forschung fördern

Die Wirkungskraft von Innovationen wird auch von einem anderen Ansatz thematisiert, der die Wachstumswirkung von Bildungs- und Forschungsinvestitionen in den Vordergrund stellt - gemeint ist die Theorie des endogenen Wachstums (Kap. 11). Aus dieser Theorie können ebenfalls Aussagen zur regionalen wirtschaftlichen Entwicklung abgeleitet werden. Dem Modell zufolge existieren zwei Gleichgewichte, eines mit hohem und eines ohne Wachstum. Um das erste Gleichgewicht zu realisieren, sind Forschungs- und Entwicklungsaktivitäten von Seiten der Unternehmen und Bildungsanstrengungen seitens der Arbeitskräfte notwendig. Bleiben diese aus, gerät eine Region in eine Wachstumsfalle. Damit kann die ungleiche Entwicklung von Regionen durch Unterschiede in Innovations- und Bildungsanstrengungen erklärt werden. Obwohl die daraus abzuleitende wirtschaftspolitische Empfehlung einfach erscheint - Bildung und Forschung fördern - ist die praktische Umsetzung problematisch: Die Kosten für eine derartige Politik fallen im Hier und Jetzt an, während es eine gewisse Zeit dauert, bis sich die Erträge daraus erkennen lassen. Häufig ist der Ertragshorizont von Politikern allerdings durch das Ende ihrer Legislaturperiode beschränkt und sie können sich erst später einstellende Erträge nicht mehr realisieren. Daraus folgt, dass ihr Anreiz zur Umsetzung einer solchen Politik beschränkt ist. Den Wählern hingegen fällt es schwer, die daraus resultierenden Erträge genau den Politikern zuzuordnen, die einmal für eine bestimmte Maßnahme verantwortlich waren. Deshalb unterbleibt oftmals die Implementierung einer Politik, die hohe Wachstumsraten für eine Region versprechen würde.

17.8 Kreativität als Wachstumsmotor

Für die Neukombination von Wissen, und damit für das Entstehen von Innovationen, ist Kreativität erforderlich. Dieser Grundgedanke findet sich schon in der Humankapitaltheorie und der Theorie des endogenen Wachstums wieder. Die Theorie der Kreativen Klasse (Kap. 8) greift ihn wieder auf und stellt die Kreativität als Schlüsselgröße für wirtschaftlichen Erfolg dar. Dem populärwissenschaftlichen Buch von Richard Florida zufolge bevorzugen kreative Menschen ein besonders offenes und tolerantes gesellschaftliches Umfeld, welches zumeist in Städten vorzufinden ist. Je offener und toleranter das Umfeld einer Stadt ist, umso attraktiver ist diese aus Sicht der Kreativen und somit auch der Unternehmen als Standort. Schließlich siedeln sich Unternehmen gemäß dieser Theorie dort an, wo ihnen kreative Arbeitskräfte zur Verfügung stehen. Die Gruppe der Kreativen ist meist deckungsgleich mit den Hochqualifizierten. Von diesen Leistungsträgern in einer Gesellschaft werden in der Regel Innovationen hervorgebracht, die Wirtschaftswachstum induzieren. In der Stadtökonomik ist aber schon seit Langem bekannt, dass Städte Brutstätten für neue Ideen und Innovationen sind und somit Motoren der wirtschaftlichen Entwicklung darstellen. Insofern handelt es sich bei Floridas Werk in erster Linie um ein Sammelsurium an bereits gewonnenen Erkenntnissen, die in vereinfachender Sprache gut lesbar wiedergegeben werden. Die aus der Theorie der Kreativen Klasse abgeleiteten Implikationen sind demnach großteils redundant.

17.9   Auf- und Abstieg von Regionen

Bislang wurden viele Faktoren besprochen, die Innovationen - und damit regionales Wirtschaftswachstum – auslösen können. In der Realität lässt sich aber immer wieder beobachten, dass Phasen des Wachstums nur von begrenzter Dauer sind und vormals erfolgreiche Regionen in wirtschaftliche Schwierigkeiten geraten. Die neo-schumpeterianischen Ansätze in Kap. 12 und die Betrachtungen zum Lebenszyklus von Städten in Kap. 13 thematisieren genau diese Beobachtung. Im Grunde lassen sich die Aussagen beider Theorien auf einen gemeinsamen Nenner bringen: Neue Technologien werden hauptsächlich von benachteiligten Regionen angenommen, die so einen nachhaltigen Wachstumsschub erfahren. Bereits erfolgreiche Standorte, die schon viel Erfahrung mit einer älteren Technologie gesammelt haben, halten aber an dieser fest und werden in ihrer Dynamik deshalb nach und nach von aufstrebenden Regionen überholt. Demnach erstreckt sich jede Innovationswelle wieder auf ein neues Zentrum, das so lange prosperiert, bis es im Zuge der nächsten Innovationswelle von anderen Zentren abgelöst wird. Insofern lässt sich das Auf und Ab von Regionen durch den technologischen Wandel erklären.

17.10   Räumliche Konzentration und regionale Spezialisierung lassen sich berechnen

Es existiert ein breites Spektrum an Maßzahlen zur Ermittlung der Ballung einzelner Branchen und der Spezialisierung von Regionen. Diesen widmen wir uns in Kap. 14. Diese Indizes stellen unterschiedliche Anforderungen an die jeweilige Datenlage und unterscheiden sich ebenfalls in der Komplexität ihrer Berechnung. Einfachere Maßzahlen, wie zum Beispiel der Standortquotient, der Gini-Koeffizient und der Krugman-Index, sind leicht zu berechnen und ermöglichen auch aufgrund ihrer geringen Anforderungen an die Datenverfügbarkeit einen schnellen ersten Überblick über die räumliche

Konzentration bzw. Spezialisierung. Allerdings reicht ihre Aussagekraft für wissenschaftliche Untersuchungen meist nicht aus, da die beobachtete räumliche Konzentration bzw. Spezialisierung auch auf zufällige Faktoren und die Ansiedlung von wenigen, aber sehr großen Betrieben zurückzuführen sein kann. Eine einfache Art der Berücksichtigung der Betriebsgrößenstruktur findet sich im Clusterindex. Dabei wird die branchenspezifische Betriebsgrößenstruktur einer Region an der des betrachteten Gesamtraums relativiert. Eine industrielle Konzentration lässt sich auch mit dem Hirschman-Herfindahl-Index bestimmen, der ebenfalls einfach zu bestimmen und häufig Bestandteil komplexerer Maßzahlen ist. Dazu gehören beispielsweise der Devereux-Griffith-Simpson-Index und der Ellison-Glaeser-Index. Letzterer stellt zudem die beobachtete Ballung einer zufälligen Verteilung der ökonomischen Aktivität (*dartboard approach*) gegenüber. Anhand dieses Vergleichs lässt sich die statistische Signifikanz der ermittelten Ballung bestimmen.

Die statistische Signifikanz der Ergebnisse kann auch bei den Indizes von Marcon und Puech sowie von Duranton und Overman beurteilt werden. Beide Indizes weisen noch eine weitere interessante Eigenheit auf: Marcon und Puech verwenden eine Methode, mit der Betriebe, die am Rand der Untersuchungsregion liegen, mit solchen verglichen werden können, die sich in deren Mitte befinden. Duranton und Overman berücksichtigen die Distanzen zwischen Betrieben einer Branche und können so ebenfalls unabhängig von Regionsgrenzen eine räumliche Konzentration einer Branche im Gesamtraum beurteilen. Durch die Betrachtung der Distanzen zwischen Betrieben berücksichtigt dieser Index zudem die industrielle Konzentration: Setzt sich eine Branche aus wenigen großen Betrieben zusammen, gibt es - selbst wenn sich diese in räumlicher Nähe zueinander niederlassen – nur wenige paarweise Distanzen. Die Kern-Dichte-Funktion wird daher geringe Werte annehmen und keine räumliche Konzentration anzeigen. Zwei Maßzahlen, in welche die Entfernungen zwischen den untersuchten Regionen einfließen, sind das Räumliche Distanzmaß und das Clustermaß. Grundsätzlich sind diese einfach zu berechnen, sie stellen aber wie alle Indizes, die Distanzen berücksichtigen, höhere Anforderungen an die Daten.

In Kap. 3 wurde herausgearbeitet, dass nicht nur Betriebe derselben Branche einen Anreiz haben, sich in der gleichen Region anzusiedeln. Vielmehr profitieren aufgrund von Urbanisierungsvorteilen und Jacobs-Externalitäten auch Betriebe unterschiedlicher Branchen von einer gemeinsamen Standortwahl. Diese so genannte Koagglomeration wird nur von relativ wenigen Indizes erfasst. Wir haben in Kap. 14 zwei Maßzahlen vorgestellt, mit denen dies möglich ist. Sowohl der Marcon-Puech- als auch der Ellison-Glaeser-Index können als Maße der Koagglomeration verwendet werden.

Neben einer reinen Identifizierung von Ballung bzw. Spezialisierung können die beschriebenen Indizes auch in ökonometrischen Analysen eingesetzt werden. Mithilfe von Regressionsanalysen kann zum Beispiel ermittelt werden, welche Branchenstruktur für das Wirtschafts- oder Beschäftigungswachstum besonders förderlich ist – eine Frage, der wir theoretisch bereits in Kap. 4 nachgegangen sind. In einer solchen Regressionsanalyse werden die Maßzahlen für räumliche Konzentration bzw. Spezialisierung als erklärende Variable eingesetzt und ihr Einfluss auf die regionale Wirtschaftsentwicklung wird geschätzt.

17.11 Faktoren der Regionalentwicklung sind identifizierbar

Zur Analyse und eventuellen Beeinflussung der wirtschaftlichen Entwicklung einer Region ist es notwendig, die zu Grunde liegenden treibenden Kräfte zu erkennen. Mithilfe der in Kap. 15 und 16 vorgestellten Verfahren ist es möglich, einige dieser Faktoren zu identifizieren und ihren jeweiligen Einfluss zu quantifizieren. Eine Shift-Share-Analyse (Kap. 15) ermöglicht die Zerlegung der wirtschaftlichen Leistungsfähigkeit einer Region in drei verschiedene Komponenten. Demnach hängt die regionale Entwicklung von konjunkturellen Einflüssen, von der lokalen Branchenstruktur sowie von standortspezifischen Charakteristika ab. Wird statt der klassischen Shift-Share-Analyse eine Shift-Share-Regression durchgeführt, können weitere erklärende Variablen in die Untersuchung mit einbezogen werden und die statistische Signifikanz der Ergebnisse lässt sich bestimmen. Durch die Analyse der Entwicklungsfaktoren einer Region kann die regionale Wirtschaftspolitik genau die Faktoren erkennen, an denen in dieser spezifischen Region angesetzt werden muss, um ihre wirtschaftliche Leistungsfähigkeit zu steigern. Die Wirkungsweise der lokalen Branchenstruktur, die theoretisch bereits in Kap. 4 abgehandelt wurde, ist auch Gegenstand der Input-Output-Analyse (Kap. 16). Ziel der Input-Output-Analyse ist das Aufdecken von Verflechtungen zwischen einzelnen Branchen in Form von Zulieferer- und Abnehmerbeziehungen. Damit können schließlich die Auswirkungen eines Nachfrageanstiegs in einer Branche auf das gesamte lokale Branchensystem bestimmt werden. Eine Standardanwendung der Input-Output-Analyse ist die Ermittlung des Einflusses eines Großprojekts mit all seinen Folgewirkungen auf die gesamte Region.

Wie wir gesehen haben, sind die Standortentscheidungen von Unternehmen und Konsumenten bzw. Arbeitskräften äußerst vielschichtig. Eine ganze Reihe von Faktoren hat jeweils unterschiedlichen Einfluss darauf und häufig bestehen zwischen ihnen auch noch Wechselwirkungen. Diese Faktoren und ihre Wechselwirkungen werden von zahlreichen verschiedenen Theorien thematisiert und ihr Einfluss auf Standortentscheidungen wird auf verschiedene Art und Weise modelliert. Die getroffenen Standortentscheidungen sind wiederum ausschlaggebend für die wirtschaftliche Entwicklung einer Region.

Wir hoffen, unseren Lesern mit diesem Buch sowohl theoretisches als auch praktisch anwendbares Wissen an die Hand gegeben zu haben, das ihren Studien-, Forschungs- oder Arbeitsalltag bereichert.

Teil VIII

Anhang

Erweiterungen zu ausgewählten Kapiteln

18

Zu Abschn. 3.2.3

Dies folgt aus der Ableitung der Produktionsfunktion nach der Zeit, die für die Produktion von Gut h aufgewendet wird. Damit Y als Funktion von $l(h)$ geschrieben werden kann, wird $x(h) = \beta \, [l(h)]^{1+\theta}$ in die Produktionsfunktion eingesetzt. Es folgt

$$Y = \left\{ \int_0^{\bar{n}} \left[\beta \, [l(h)]^{1+\theta} \right]^{1/(1+\varepsilon)} dh \right\}^{1+\varepsilon}.$$

Zur Vereinfachung des Ableitens werden beide Seiten der Gleichung mit $1/(1+\varepsilon)$ potenziert:

$$Y^{1/(1+\varepsilon)} = \int_0^{\bar{n}} \left[\beta \, [l(h)]^{1+\theta} \right]^{1/(1+\varepsilon)} dh.$$

$$\frac{\partial Y^{1/(1+\varepsilon)}}{\partial l(h)} = \frac{1}{(1+\varepsilon)} \left[\beta \, [l(h)]^{1+\theta} \right]^{1/(1+\varepsilon)-1} * \beta \, (1+\theta) \, [l(h)]^{\theta}$$

$$= \frac{1}{(1+\varepsilon)} \left[\beta \, [l(h)]^{1+\theta} \right]^{-\varepsilon/(1+\varepsilon)} * \beta \, (1+\theta) \, [l(h)]^{\theta}$$

$$= \frac{1}{(1+\varepsilon)} \beta^{-\varepsilon/(1+\varepsilon)+1} \, (1+\theta) \, [l(h)]^{(1+\theta)[-\varepsilon/(1+\varepsilon)]+\theta}$$

$$= \frac{1}{(1+\varepsilon)} \beta^{1/(1+\varepsilon)} \, (1+\theta) \, [l(h)]^{-\varepsilon/(1+\varepsilon)+\theta(-\varepsilon/(1+\varepsilon)+1)}$$

$$= \frac{1}{(1+\varepsilon)} \beta^{1/(1+\varepsilon)} \, (1+\theta) \, [l(h)]^{-\varepsilon/(1+\varepsilon)+\theta(1/(1+\varepsilon))}$$

$$\frac{\partial Y^{1/(1+\varepsilon)}}{\partial l(h)} = \frac{1}{(1+\varepsilon)} \beta^{1/(1+\varepsilon)} \, (1+\theta) \, [l(h)]^{(\theta-\varepsilon)/(1+\varepsilon)}$$

Alle Komponenten dieses Ausdrucks sind positiv, daher steigt der Output Y, wenn $l(h)$ steigt – der Grenzertrag ist *positiv*. Per Annahme ist aber $\theta < \varepsilon$, somit ist der Exponent von $l(h)$ negativ:

O. Farhauer und A. Kröll, *Standorttheorien*, DOI: 10.1007/978-3-658-01574-9_18,
© Springer Fachmedien Wiesbaden 2013

Der Grenzertrag nimmt mit steigendem $l(h)$ ab, es liegen zwar positive, aber *abnehmende* Grenzerträge vor. Dies wird auch bei der Betrachtung der zweiten Ableitung deutlich.

Zu Abschn. 3.2.5

Gesucht ist die Kovarianz cov $[\varepsilon(h), w]$, die als E $\{[\varepsilon(h) - E[\varepsilon(h)]] \cdot [w - E(w)]\}$ definiert ist. Dabei gilt E $[\varepsilon(h)] = 0$. Somit bleibt cov $[\varepsilon(h), w] = E\{\varepsilon(h) \cdot [w - E(w)]\}$ stehen. Nun werden die Gleichungen für den Lohn

$$w = \beta + \frac{1}{n}\sum_{h=1}^{n}\varepsilon(h) - \gamma\frac{L}{n}$$

und den Erwartungswert des Lohns $E(w) = \beta - \gamma L/n$ eingesetzt und der resultierende Ausdruck umgeformt.

$$\text{cov}\,[\varepsilon(h), w] = E\left\{\varepsilon(h) \cdot \left[\beta + \frac{1}{n}\sum_{h=1}^{n}\varepsilon(h) - \gamma\frac{L}{n} - \beta + \gamma\frac{L}{n}\right]\right\}$$

$$= E\left\{\varepsilon(h) \cdot \frac{1}{n}\sum_{h=1}^{n}\varepsilon(h)\right\}, \; 1/n \text{ ist konstant und kann vor den Erwartungswert gezogen werden:}$$

$$= \frac{1}{n}E\left\{\varepsilon(h) \cdot \sum_{h=1}^{n}\varepsilon(h)\right\}. \text{ Lösen wir nun die Summe auf}$$

$$= \frac{1}{n}E\{\varepsilon(h) \cdot [\varepsilon(1) + \varepsilon(2) + \ldots + \varepsilon(h) + \ldots + \varepsilon(n)]\}, \quad \text{multiplizieren die eckige Klammer aus}$$

$$= \frac{1}{n}E\{\varepsilon(h) \cdot \varepsilon(1) + \varepsilon(h) \cdot \varepsilon(2) + \ldots + \varepsilon(h) \cdot \varepsilon(h) + \ldots + \varepsilon(h) \cdot \varepsilon(n)\}$$

und ziehen den Erwartungswert in die Klammer:

$$= \frac{1}{n}\,[E(\varepsilon(h) \cdot \varepsilon(1)) + E(\varepsilon(h) \cdot \varepsilon(2)) + \ldots$$
$$+ E(\varepsilon(h) \cdot \varepsilon(h)) + \ldots + E(\varepsilon(h) \cdot \varepsilon(n))]\,.$$

Die unternehmensspezifischen Produktivitätsschocks sind paarweise unkorreliert, das heißt, der Produktivitätsschock von Firma 1 beispielsweise ist unabhängig vom Produktivitätsschock von Firma h. Folglich gilt für den Erwartungswert: E $(\varepsilon(h) \cdot \varepsilon(1)) = 0$. Dies gilt auch für alle anderen E $(\varepsilon(h) \cdot \varepsilon(j))$, wobei $j = 1, \ldots, n$ und $h \neq j$ ist. Mit anderen Worten, der erwartete Wert des Produkts des Produktivitätsschocks von Firma h und einer beliebigen anderen Firma ist immer null, da diese Schocks unabhängig voneinander auftreten. Lediglich E $(\varepsilon(h) \cdot \varepsilon(h)) \neq 0$, da der Produktivitätsschock von Firma h selbstverständlich mit dem Produktivitätsschock von Firma h (also mit sich selbst) korreliert ist.

In der Klammer bleibt dann stehen:

$$\text{cov}\,[\varepsilon(h), w] = \frac{1}{n}E\left\{[\varepsilon(h)]^2\right\}.$$

Die Anwendung des Verschiebungssatzes für die Varianz zeigt, dass

$$\text{var}\,[\varepsilon(h)] = E\left[(\varepsilon(h))^2\right] - [E[\varepsilon(h)]]^2 \text{ ist.}$$

Abb. 18.1 Signifikanzberechnung 1

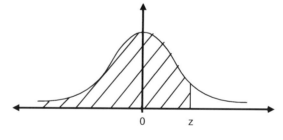

Abb. 18.2 Signifikanzberechnung 2

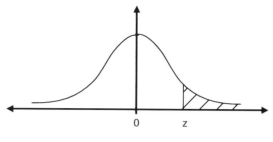

Abb. 18.3 Signifikanzberechnung 3

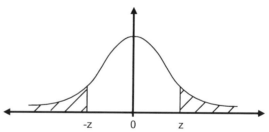

Der letzte Term ist abermals null und entfällt, da der Erwartungswert des unternehmens-spezifischen Produktivitätsschocks null ist. Daraus folgt:

$\operatorname{cov}[\varepsilon(h), w] = \frac{1}{n}\operatorname{var}[\varepsilon(h)]$, und mit $\operatorname{var}[\varepsilon(h)] = \sigma^2$ resultiert schließlich $\operatorname{cov}[\varepsilon(h), w] = \frac{1}{n}\sigma^2$, was – wie bereits im Fließtext berechnet – der Varianz von w entspricht.

Zu Abschn. 14.5.1

Abbildung 18.1 zeigt eine Normalverteilungskurve, auch Gaußsche Glockenkurve genannt. Der Wert für $\Phi(z)$ ist aus der Standardnormalverteilungstabelle abzulesen und wird durch die schraffierte Fläche dargestellt.

Da die Fläche unter der Gaußschen Glockenkurve eins beträgt, entspricht in Abb. 18.2 die schraffierte Fläche $1 - \Phi(z)$.

$2(1 - \Phi(z))$ entspricht den beiden schraffierten Flächen in Abb. 18.3. Dieser Wert gibt das Signifikanzniveau an, auf dem der Wert von G_i statistisch signifikant ist.

Wir wollen aber nicht das Signifikanzniveau bestimmen, sondern die Wahrscheinlichkeit ermitteln, mit der die ermittelte Konzentration statistisch signifikant ist. Dazu muss die Wahrscheinlichkeit bestimmt werden, mit der sich der beobachtete Wert unter der Nullhypothese realisiert. Diese Wahrscheinlichkeit wird durch die in Abb. 18.4 dargestellte schraffierte Fläche dargestellt. Diese Fläche entspricht einem Konfidenzintervall

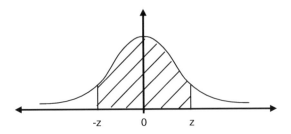

Abb. 18.4 Signifikanzberechnung 4

und ergibt sich aus $1 - 2(1 - \Phi(z))$. Multiplizieren wir mit 100, erhalten wir daraus die Wahrscheinlichkeit in Prozent (Tab. 18.1, 18.2, 18.3, 18.4, 18.5, 18.6, 18.7, 18.8, 18.9).

Zu Kap. 16

Tab. 18.1 Bezeichnungen des Statistischen Bundesamts und eigene Bezeichnungen bzw. Aggregationen

Bezeichnungen des Statistischen Bundesamtes	Eigene Bezeichnungen bzw. Aggregation
Vorleistungen der Produktionsbereiche bzw. letzte Verwendung von Gütern	$\Sigma 1$
Gütersteuern abzüglich Gütersubventionen	Güter T-S
Vorl. der Produktionsbereiche bzw. letzte Verwendung von Gütern zu Anschaffungspreisen	$\Sigma 2$
Arbeitnehmerentgelt im Inland	Arbeitnehmer
Sonstige Produktionsabgaben abzüglich sonstige Subventionen	Staat
Abschreibungen	Kapitaleigner
Nettobetriebsüberschuss	
Bruttowertschöpfung	$\Sigma 3$
Gesamtes Aufkommen an Gütern	Gesamtproduktion
Konsumausgaben privater Haushalte im Inland	C, privater Konsum
Konsumausgaben privater Organisationen ohne Erwerbszweck	
Konsumausgaben des Staates	G
Ausrüstungen und sonstige Anlagen	I, private Investitionen
Bauten	
Vorratsveränderungen und Nettozugang an Wertsachen	
Gesamte Verwendung von Gütern	Gesamtproduktion

Tab. 18.2 Weitere Definitionen von Abkürzungen

Definition	Abkürzung
Verkauf von Zwischenprodukten/Vorleistungen von Branche i	$\Sigma 4$
Gesamte Nachfrage nach Endprodukten	$\Sigma 5$

Tab. 18.3 Aggregation der Produktionsbereiche. Nach Statistisches Bundesamt (2003)

Nummer	Abteilung	Abschnitt
01	Erzeugnisse der Landwirtschaft und Jagd	AB
02	Forstwirtschaftliche Erzeugnisse und DL	
05	Fische und Fischereierzeugnisse	
10	Kohle und Torf	C
11	Erdöl, Erdgas, DL für Erdöl-, Erdgasgewinnung	
12	Uran- und Thoriumerze	
13	Erze	
14	Steine und Erden, sonstige Bergbauerzeugnisse	
15.1–15.8	Nahrungs- und Futtermittel	D
15.9	Getränke	
16	Tabakerzeugnisse	
17	Textilien	
18	Bekleidung	
19	Leder und Lederwaren	
20	Holz; Holz-, Kork-, Flechtwaren (ohne Möbel)	
21.1	Holzstoff, Zellstoff, Papier, Karton und Pappe	
21.2	Papier-, Karton- und Pappewaren	
22.1	Verlagserzeugnisse	
22.2–22.3	Druckerzeugnisse, bespielte Ton-, Bild- und Datenträger	
23	Kokereierzeugnisse, Mineralölerzeugnisse, Spalt- und Brutstoffe	
24.4	Pharmazeutische Erzeugnisse	
24 (ohne 24.4)	Chemische Erzeugnisse (ohne pharmazeutische Erzeugnisse)	
25.1	Gummiwaren	
25.2	Kunststoffwaren	
26.1	Glas und Glaswaren	
26.2–26.8	Keramik, bearbeitete Steine und Erden	
27.1.–27.3	Roheisen, Stahl, Rohre und Halbzeug daraus	
27.4	NE-Metalle und Halbzeug daraus	
27.5	Gießereierzeugnisse	
28	Metallerzeugnisse	
29	Maschinen	
30	Büromaschinen, Datenverarbeitungsgeräte und –einrichtungen	
31	Geräte der Elektrizitätserzeugung, -verteilung u.Ä.	
32	Nachrtechn., Rundf.- und Fernsehgeräte, elektron. Bauelemente	
33	Medizin-, mess-, regelungstechn., optische Erzeugnisse; Uhren	
34	Kraftwagen und Kraftwagenteile	
35	Sonstige Fahrzeuge (Wasser-, Schienen-, Luftfahrzeuge u.a.)	
36	Möbel, Schmuck, Musikinstrumente, Sportgeräte, Spielwaren u.Ä.	
37	Sekundärrohstoffe	

(Fortsetzung)

Tab 18.3 Fortsetzung

Nummer	Abteilung	Abschnitt
40.1, 40.3	Elektrizität, Fernwärme, DL der Elektrizitäts- u. Fernwärmeversorgung	E
40.2	Gase, DL der Gasversorgung	
41	Wasser und DL der Wasserversorgung	
45.1–45.2	Vorb. Baustellenarbeiten, Hoch- und Tiefbauarbeiten	F
45.3–45.5	Bauinstallations- und sonstige Bauarbeiten	
50	Handelsleist. mit Kfz; Rep. an Kfz; Tankleistungen	G
51	Handelsvermittlungs- und Großhandelsleistungen	
52	Einzelhandelsleistungen; Reparatur an Gebrauchsgütern	
55	Beherbergungs- und Gaststätten-DL	H
60.1	Eisenbahn-DL	I
60.2–60.3	Sonst. Landv.leistungen, Transportleistungen in Rohrfernleitungen	
61	Schifffahrtsleistungen	
62	Luftfahrtleistungen	
63	DL bezüglich Hilfs- und Nebentätigkeiten für den Verkehr	
64	Nachrichtenübermittlungs-DL	
65	DL der Kreditinstitute	J
66	DL der Versicherungen (ohne Sozialversicherung)	
67	DL des Kredit- und Versicherungshilfsgewerbes	
70	DL des Grundstücks- und Wohnungswesens	K
71	DL der Vermietung beweglicher Sachen (ohne Personal)	
72	DL der Datenverarbeitung und von Datenbanken	
73	Forschungs- und Entwicklungsleistungen	
74	Unternehmensbezogene DL	
75.1–75.2	DL der öffentlichen Verwaltung, Verteidigung	L
75.3	DL der Sozialversicherung	
80	Erziehungs- und Unterrichts-DL	MNOP
85	DL des Gesundheits-, Veterinär- und Sozialwesens	
90	Abwasser-, Abfallbeseitigungs- u. sonst. Entsorgungsleistungen	
91	DL von Interessenvertretungen, Kirchen u.Ä.	
92	Kultur-, Sport- und Unterhaltungs-DL	
93	Sonstige DL	
95	DL privater Haushalte	

Tab. 18.4 Definitionen der Wirtschaftsabschnitte. Nach Statistisches Bundesamt (2003)

Abschnitt	Definition
AB	Land- und Forstwirtschaft, Fischerei und Fischzucht
C	Bergbau und Gewinnung von Steinen und Erden
D	Verarbeitendes Gewerbe
E	Energie- und Wasserversorgung
F	Baugewerbe
G	Handel; Instandhaltung und Reparatur von Kraftfahrzeugen und Gebrauchsgütern
H	Gastgewerbe
I	Verkehr und Nachrichtenübermittlung
J	Kredit- und Versicherungsgewerbe
K	Grundstücks- und Wohnungswesen, Vermietung beweglicher Sachen, Erbringung von wirtschaftlichen Dienstleistungen, anderweitig nicht genannt
L	Öffentliche Verwaltung, Verteidigung, Sozialversicherung
MNOP	Sonstige Dienstleistungen

Tab. 18.5 Inputkoeffizienten-Matrix von Deutschland

	AB	C	D	E	F	G	H	I	J	K	L	MNOP
AB	0,1113	0,0006	0,0148	0,0000	0,0000	0,0000	0,0107	0,0003	0,0000	0,0008	0,0058	0,0018
C	0,0055	0,0294	0,0233	0,0838	0,0071	0,0012	0,0007	0,0002	0,0003	0,0002	0,0029	0,0009
D	0,1497	0,0356	0,3455	0,0705	0,2825	0,0474	0,1478	0,0802	0,0069	0,0158	0,0634	0,0537
E	0,0129	0,0108	0,0105	0,2234	0,0017	0,0102	0,0154	0,0061	0,0031	0,0023	0,0081	0,0098
F	0,0035	0,0022	0,0017	0,0110	0,0457	0,0037	0,0059	0,0055	0,0027	0,0235	0,0161	0,0091
G	0,0398	0,0055	0,0265	0,0135	0,0523	0,0385	0,0485	0,0222	0,0016	0,0026	0,0146	0,0183
H	0,0001	0,0002	0,0005	0,0001	0,0010	0,0021	0,0005	0,0037	0,0014	0,0006	0,0052	0,0017
I	0,0042	0,0094	0,0178	0,0260	0,0065	0,1129	0,0092	0,2685	0,0138	0,0061	0,0227	0,0125
J	0,0123	0,0021	0,0061	0,0136	0,0189	0,0173	0,0165	0,0185	0,3049	0,0243	0,0184	0,0150
K	0,0910	0,0251	0,0631	0,0623	0,1315	0,1488	0,1003	0,0880	0,1943	0,1609	0,0745	0,0658
L	0,0020	0,0018	0,0017	0,0399	0,0049	0,0017	0,0025	0,0018	0,0008	0,0033	0,0157	0,0028
MNOP	0,0111	0,0042	0,0069	0,0056	0,0065	0,0161	0,0234	0,0099	0,0079	0,0255	0,0301	0,0860

Quelle eigene Darstellung nach Statistisches Bundesamt 2007

Tab. 18.6 Einheitsmatrix minus Inputkoeffizienten-Matrix von Deutschland

–	AB	C	D	E	F	G	H	I	J	K	L	MNOP
AB	0,8887	−0,0006	−0,0148	0,0000	0,0000	0,0000	−0,0107	−0,0003	0,0000	−0,0008	−0,0058	−0,0018
C	−0,0055	0,9706	−0,0233	−0,0838	−0,0071	−0,0012	−0,0007	−0,0002	−0,0003	−0,0002	−0,0029	−0,0009
D	−0,1497	−0,0356	0,6545	−0,0705	−0,2825	−0,0474	−0,1478	−0,0802	−0,0069	−0,0158	−0,0634	−0,0537
E	−0,0129	−0,0108	−0,0105	0,7766	−0,0017	−0,0102	−0,0154	−0,0061	−0,0031	−0,0023	−0,0081	−0,0098
F	−0,0035	−0,0022	−0,0017	−0,0110	0,9543	−0,0037	−0,0059	−0,0055	−0,0027	−0,0235	−0,0161	−0,0091
G	−0,0398	−0,0055	−0,0265	−0,0135	−0,0523	0,9615	−0,0485	−0,0222	−0,0016	−0,0026	−0,0146	−0,0183
H	−0,0001	−0,0002	−0,0005	−0,0001	−0,0010	−0,0021	0,9995	−0,0037	−0,0014	−0,0006	−0,0052	−0,0017
I	−0,0042	−0,0094	−0,0178	−0,0260	−0,0065	−0,1129	−0,0092	0,7315	−0,0138	−0,0061	−0,0227	−0,0125
J	−0,0123	−0,0021	−0,0061	−0,0136	−0,0189	−0,0173	−0,0165	−0,0185	0,6951	−0,0243	−0,0184	−0,0150
K	−0,0910	−0,0251	−0,0631	−0,0623	−0,1315	−0,1488	−0,1003	−0,0880	−0,1943	0,8391	−0,0745	−0,0658
L	−0,0020	−0,0018	−0,0017	−0,0399	−0,0049	−0,0017	−0,0025	−0,0018	−0,0008	−0,0033	0,9843	−0,0028
MNOP	−0,0111	−0,0042	−0,0069	−0,0056	−0,0065	−0,0161	−0,0234	−0,0099	−0,0079	−0,0255	−0,0301	0,9140

Quelle eigene Darstellung nach Statistisches Bundesamt 2007

Tab. 18.7 Multiplikatormatrix und sektorale Multiplikatoren für Deutschland

	AB	C	D	E	F	G	H	I	J	K	L	MNOP
AB	1,1302	0,0019	0,0262	0,0035	0,0083	0,0023	0,0166	0,0039	0,0011	0,0021	0,0090	0,0042
C	0,0155	1,0333	0,0398	0,1164	0,0205	0,0058	0,0094	0,0064	0,0023	0,0022	0,0076	0,0053
D	0,2805	0,0649	1,5572	0,1755	0,4787	0,1139	0,2547	0,1895	0,0381	0,0503	0,1267	0,1087
E	0,0247	0,0158	0,0239	1,2940	0,0117	0,0181	0,0259	0,0153	0,0082	0,0053	0,0144	0,0166
F	0,0099	0,0040	0,0076	0,0207	1,0557	0,0116	0,0122	0,0137	0,0134	0,0308	0,0216	0,0141
G	0,0571	0,0090	0,0470	0,0280	0,0734	1,0495	0,0613	0,0396	0,0067	0,0077	0,0231	0,0263
H	0,0007	0,0004	0,0013	0,0010	0,0019	0,0032	1,0011	0,0055	0,0025	0,0010	0,0058	0,0022
I	0,0259	0,0176	0,0488	0,0601	0,0365	0,1689	0,0324	1,3816	0,0333	0,0147	0,0416	0,0280
J	0,0319	0,0066	0,0230	0,0369	0,0450	0,0411	0,0364	0,0474	1,4534	0,0455	0,0362	0,0310
K	0,1700	0,0436	0,1449	0,1424	0,2336	0,2285	0,1706	0,1839	0,3494	1,2178	0,1262	0,1139
L	0,0047	0,0029	0,0046	0,0538	0,0077	0,0040	0,0050	0,0044	0,0030	0,0047	1,0176	0,0046
MNOP	0,0226	0,0071	0,0182	0,0172	0,0203	0,0284	0,0347	0,0232	0,0234	0,0355	0,0397	1,0996
Σ	1,7737	1,2071	1,9425	1,9495	1,9931	1,6752	1,6602	1,9144	1,9346	1,4178	1,4694	1,4548

Quelle eigene Darstellung nach Statistisches Bundesamt 2007

Tab. 18.8 Typ I-Einkommensmultiplikatoren, direkte und indirekte Einkommenseffekte für Deutschland

	AB	C	D	E	F	G	H	I	J	K	L	MNOP
(1)	0,1028	0,0569	0,1252	0,1256	0,2460	0,3833	0,3314	0,1974	0,2369	0,1805	0,5598	0,4441
(2)	0,2359	0,0913	0,2751	0,2917	0,4252	0,5225	0,4597	0,3767	0,4387	0,2701	0,6619	0,5551
(3)	0,1331	0,0344	0,1499	0,1661	0,1792	0,1392	0,1283	0,1793	0,2018	0,0896	0,1021	0,1110
(4)	2,2943	1,6044	2,1973	2,3217	1,7284	1,3630	1,3870	1,9084	1,8519	1,4967	1,1824	1,2498

Quelle eigene Darstellung nach Statistisches Bundesamt 2007

Tab. 18.9 Typ I-Beschäftigungsmultiplikatoren, direkte und indirekte Beschäftigungseffekte für Deutschland

	AB	C	D	E	F	G	H	I	J	K	L	MNOP
(1)	0,0040	0,0012	0,0027	0,0023	0,0071	0,0095	0,0105	0,0047	0,0043	0,0042	0,0090	0,0103
(2)	0,0072	0,0020	0,0061	0,0057	0,0112	0,0127	0,0134	0,0088	0,0085	0,0062	0,0113	0,0128
(3)	0,0033	0,0008	0,0034	0,0034	0,0041	0,0032	0,0029	0,0042	0,0042	0,0020	0,0023	0,0025
(4)	1,8239	1,6663	2,2290	2,5086	1,5718	1,3356	1,2782	1,8905	1,9799	1,4850	1,2594	1,2455

Quelle eigene Darstellung nach Statistisches Bundesamt 2007

Sachverzeichnis

O. Farhauer und A. Kröll, *Standorttheorien*, DOI: 10.1007/978-3-658-01574-9,
© Springer Fachmedien Wiesbaden 2013

Druck: KN Digital Printforce GmbH · Schockenriedstraße 37 · 70565 Stuttgart